U0145077

國際民事
訴訟法論

李後政——著

三版序

　　話說從前。1983 年我在東吳大學法律學研究所修習陳長文先生之國際私法專題研究，以「外國法院判決之承認與執行」作為報告題目。次年，即請陳長文先生擔任碩士論文指導教授，並以該報告的部分擴充為「涉外民事案件決定管轄法院之方法」作為碩士論文，1986 年筆者當兵退伍，進入台大法律學研究所就讀博士班，同年 11 月擔任政治作戰學校法律學系（國防大學國防管理學院法律學系）講師。那時，讀了澤木敬郎、高橋宏志編著的「國際民事訴訟法之理論」（1987 年，有斐閣），開啓我對於國際民事訴訟法之興趣。之後陸續讀了這方面的幾本日文方面的著作。

　　1991 年 11 月初分發擔任台灣台東地方法院法官。幫台灣台東地方法院撰寫研究報告——兩岸條例民事審判實務，大量運用國際私法理論於「臺灣地區與大陸地區人民關係條例」，包括國際民事訴訟法。1997、8 年間奉命二度在司法院「大陸法制研究會」報告「兩岸條例民事審判實務」，為了題材之取捨大傷腦筋，最後，廣泛搜集 intranet 上最高法院等關於涉外民事之裁判、問題研究等（當時是 dos、80386 黑白電腦時期，沒有 internet），作大約三小時的報告。

　　2000 年我離開法官工作，同年擔任東吳大學法律學系兼任副教授，講授國際私法，第一年按照一般大學授課方式，講授「國際私法」，包括國際民事訴訟法，自己都覺得乏味。第二年改變上課方式。先發一份「國際私法概說」、「國際民事訴訟法概說」（日文，不記得是那一本書的影印資料），要求同學要翻譯（自行或找人翻譯），上課以之為綱要，大約花了三分之二學期把國際私法與國際民事訴訟法的問題，大致說明。剛開始使用板書，後來才有powerpoint。其餘時間則增補了前述關於大陸法制研究會之資料，成為「涉外民事之裁判選輯」。由同學分組報告。報告方式是要求整理同一類型之案例，「事實」「爭點」「法院見解」「評論或研究」。再由其他同學提問或與筆者對答。如果有不完備的，下週報告補充。

　　由於工作上之需要，一直對於民事訴訟法之研究與教學抱持高度的熱忱與興趣。從前述的案例搜集與整理，更發現前述「國際民事訴訟法之理論」中

的不少問題在實務上均曾經發生過，於是開始一系列的撰寫「涉外民事裁判評釋」，又陸續發表「國際民事訴訟之訴訟標的」、「大陸地區民事確定裁判之效力」。

當中包括：

涉外民事事件之處理流程——最高法院民事判決 91 年度台上字第 1164 號判決，討論涉外民事事件之處理流程。這是第一件談論涉外民事事件之處理流程的案例，也是強調「先程序後實體」的案例。

涉外海洋污染事件之一般管轄權——最高法院 95 年度台抗字第 2 號民事裁定等，最高法院關於涉外民事事件之一般管轄權裁判很多，惟類推適用說成為實務界之主流見解。

僱傭契約合意瑞士法院專屬管轄，最高法院肯定台灣關於侵權行為、不當得利等法律關係之一般管轄權——最高法院 78 年度台上字第 592 號民事判決。本案，兩造有約定關於僱用契約之爭議專屬瑞士法院管轄。原告根據「不當得利」、「侵權行為」之法律關係起訴，法院以瑞士籍被告在台北有居所，肯定自己的一般管轄權。

大陸地區法院合意管轄之效力——最高法院 85 年度台上字第 1880 號等，兩造關於大陸惠州的工程契約，合意選擇惠州人民法院管轄，當事人之一方在台北地方法院起訴，被告抗辯台北地方法院無管轄權，台北地方法院、台灣高等法院均不予理會，一直到最高法院才適用臺灣地區與大陸地區人民關係條例第 74 條，以既承認大陸法院之判決，當然也應承認大陸法院之一般管轄權為由，肯定大陸地區惠州人民法院之合意管轄之效力。

經台灣地區認可之大陸地區裁判之效力與債務人異議之訴—最高法院 97 年度台上字第 2376 號民事判決等——長榮國際案，主要談大陸法院之確定判決，台灣法院在債務人異議之訴得否為「實質審理」。

大陸地區公司之當事人能力——最高法院 89 年度台上字第 461 號民事判決——民事訴訟法第 40 條第 1 項與第 3 項之適用。以往的實務見解都認為未經認許之外國公司或未經許可之大陸公司，為「非法人團體」，依民事訴訟法第 40 條第 1 項，承認其當事人能力。本件，則認為依臺灣地區與大陸地區人民關係條例第 71 條：「未經許可之大陸地區法人、團體或其他機構，以其名義在臺灣地區與他人為法律行為者，其行為人就該法律行為，應與該大陸地區法

人、團體或其他機構，負連帶責任。」認爲大陸地區法人縱未經許可，亦應有權利能力，並依民事訴訟法第 40 條第 1 項有當事人能力。

涉外事件外國人之訴訟能力——最高法院 85 年度台抗字第 165 號民事裁定等，本件主要是關於民事訴訟之委任，委任人爲外國公司，應由何人代表公司委任台灣的律師？法院認爲應適用德國股份有限公司法之規定。

涉外民事事件之當事人適格——最高法院 83 年度台上字第 169 號民事判決等。分割共有物之訴，爲固有必要共同訴訟，即應以部分共有人爲原告，再以其餘共有人全體爲被告，當事人始爲適格。本件關於某二位大陸地區人民是否應列爲當事人，涉及其是否爲共有人，法院依據臺灣地區與大陸地區人民關係條例之規定，認爲準據法爲台灣地區法律，該二人爲大陸地區人民，不得取得台灣地區之土地，因此，並非共有人，未列爲當事人，該分割共有物之訴並非當事人不適格。亦即，關於當事人適格問題，應適用國際私法，進而適用準據法決定之。

外國仲裁協議與妨訴抗辯——最高法院民事庭 81 年度第 3 次會議決議，主要探討外國仲裁協議得否與內國之仲裁協議，爲妨訴抗辯，即仲裁協議之當事人不得在內國起訴，而應提付仲裁？

外國法院民事確定裁判之承認與執行——許多案例。

破產宣告之域外效力問題——最高法院 85 年度台上字第 1592 號民事判決等，台灣法院選出之破產管理人得否在香港執行其職務，取回原屬於破產人財產。

10 多年的案例教學，逐漸累積了多篇的判決例研究與評釋，加上前述「涉外民事案件決定管轄法院之方法」之碩士論文，總結成國際民事訴訟法論，2006 年第 2 版問世（第 1 版只少量印行），嗣後增補了若干篇新著，是爲第 3 版，敬請先進、前輩多多指教。

李後政

甲午年冬，紗帽山下九思堂書屋。

序

這本書記錄了筆者 20 多年研究國際民事訴訟法的成果。

筆者願將之呈獻給引領我入國際私法與國際民事訴訟法的恩師——碩士論文的指導教授陳長文先生與博士論文的指導教授馬大法官漢寶先生。感謝他們引領筆者入國際私法與國際民事訴訟法之堂奧之門。雖然國際私法的研究，在台灣本不屬於顯學。著作、論文本就不多，國際民事訴訟法，尤然。但是他們二位給與思考與資料搜集整理方法上的啓迪，卻是筆者一輩子取之不盡，用之不竭的寶藏。

〈論涉外民事案件決定管轄法院之方法〉，是筆者在私立東吳大學法律學研究所的碩士論文。會收在本書，是因爲成書之時的 1984 年，台北只有中文打字機，沒有中文電腦。原本印量不多的紙本碩士論文逐漸散逸，致偶有索求者，經常向背。因之出版，留作紀錄。更爲當年年少輕狂的寫作留下紀錄。其他篇章則是陸陸續續寫就的判決評釋、研究報告。

2000 年開始擔任東吳大學法律學系國際私法課程的教學。第一年，即爲教材及講授方法所困。在嘗試一年索然無味的演講式的教學後，從第二年開始即搜集涉外（或涉及兩岸）的民事裁判，發給同學研讀及報告；之後，我再參與討論或說明。每年都更新所選輯的裁判資料。在資質頗佳且相當用功的同學努力投入之下，每次上課都給我許多啓發，獲益良多，真所謂教學相長。

爲什麼要印發涉外民事裁判供教學之用？

除了前述增加同學之參與感外，最主要的是來自筆者的信念——法律的生命在實際的案例。筆者從事實務工作近 20 年。對於法律規定在實務中之運作，體會頗深，也一直努力於法理與實務見解之相互啓發、發明。以往經常聽說國際私法（及國際民事訴訟法）根本沒有什麼裁判……？從筆者蒐集的裁判觀之，絕非如此。反而有許多可供學理研究，頗饒趣味的裁判。此在在彰顯，國際私法（及國際民事訴訟法）絕非供在學術殿堂的學問，而是時時顯示其旺盛生命力，出現在各級法院的裁判的法律。既然如此，作爲國際私法（及國際民事訴訟法）的筆者，如何能割捨不顧？尤其，那些裁判都是法界前輩焚膏繼

昬、殫精竭慮的心血結晶？

　　本書之成，要感謝五南出版公司願意出版冷門的法律書。更要感謝默默從事編排、美工等辛勞工作的編輯女士與先生們。沒有他們，就沒有本書。感恩。

李後政

2006/12/9 寫於紗帽山下，秋高氣爽日。

目　錄

第一章

涉外民事事件之處理

▶▶台灣高等法院 89 年度國貿上字第 1 號民事判決評釋

第一節　案例事實及法院裁判要旨

壹、當事人及利害關係人

財團法人國際新象文教基金會（第一審被告，第二審上訴人兼被上訴人）

AIS PRODUCTIONS INC.（第一審原告，第二審上訴人兼被上訴人）

貳、事實概要

本件 AIS 為一藝術表演公司，受新象基金會邀請，於 86 年 8 月 20 日至 8 月 24 日分別於中壢及台北表演探戈，兩造訂立表演契約約定 AIS 29 位團員之飛機票金額及運費應由新象基金會負擔，飛機票每張金額訂為美金一千兩百元，AIS 29 位團員已依約表演完畢，新象基金會尚未給付機票費用、運費及律師費等情，業據其提出表演契約為證，並為新象基金會所不爭執，自堪信為真實。本件之兩造之爭執點為：新象基金會得以表演契約第 7 條 (c) 款為據，而拒為給付系爭機票及運費？Anywhere Everywhere 所提出之收據，是否可作為證明，並請求系爭運費與機票費用之依據？而其中表演人數及機票費用明細與表演契約所訂不符，是否影響給付之主張？AIS 是否可依表演契約第 13 條 (b) 向新象基金會主張律師費用之給付？

參、判決要旨

一、本件是否係涉外私法案件、我國法院是否取得該案件之管轄權及應適用何國之準據法為首應辨明之先決問題，茲析論如下：

（一）涉外私法案件：按涉外因素係指本案有涉外的部分，如當事人或行為地之一方為外國者而言。本件涉訟之當事人為新象基金會與 AIS，而其爭執之法律關係為兩造所訂立之表演契約。按 AIS 為外國法人，故本案就人的部分具有涉外案件所須具備之最基本要素，即涉外因素。且本案所涉及者係當事人間所訂立之表演契約法律關係，核其性質屬於私法案件，故本案為涉外私法案件。

（二）管轄法院之歸屬：按民事審判權乃普通法院所職掌審判民事訴訟案件之權限及其範圍，且國家對於人民有審判權乃基於主權之表彰所致，不容任意剝奪，本件我國法院是否為其管轄法院，亦即是否取得抽象管轄權，為得否審理之前提。經查，AIS 固未經我國認許設立之外國法人，惟其設有代表人，自有當事人能力（參見下述），AIS 起訴主張依兩造所簽立之表演契約，請求新象基金會給付運費及律師費用事件，因 AIS 為外國法人核屬涉外案件，且又屬私法關係涉訟，如前所述，為涉外私法案件。再者，本件係於我國法院所提起，一般認為若依我國民事訴訟法我國法院有管轄權，則我國法院取得對該涉外案件的管轄權。按對於私法人，由其主事務所或主營業所所在地之法院管轄，而因契約涉訟者，如經當事人定有債務履行地，得由該履行地之法院管轄，民事訴訟法第 2 條第 1 項及第 12 條定有明文。查，本件訴訟，「新象基金會」之事務所所在地位於台北市大安區金山南路二段二二二號五樓，而本件表演契約之履行地係於台灣，故依前開所述原則及法律規定，我國法院自為本案之管轄法院。確定其有抽象管轄權之後，則為歸由境內何法院之具體管轄權問題，基於上述二規定，及參酌 AIS 於原審起訴時，新象基金會亦未就有關管轄之抗辯而為本案之言詞辯論，本案就此無其他專屬管轄情形下，就本案亦可認有擬制之合意管轄，故台灣台北地方法院應取得本案之具體管轄權。綜合論之，我國法院為本案之管轄法院，並由台灣台北地方法院為本案之管轄法院及取得本案之管轄權。

（三）定性：本件之事實係依兩造所訂之表演契約而為之請求，依法庭地法，即我國法律判斷，此一法律關係屬債之關係之請求，而此首應尊重當事人意思之自主，故其定性為依法律行為而成立之債之關係，此一連繫因素與準據

法之連接，我涉外民事法律適用法第 5、6 條，就償之關係中法律行為之形式要件及實質要件所應遵循之準據法特別規定，其以當事人自主為原則，硬性規則為例外。定性涉外事件之法律關係後，方得決定本案準據法之適用。

（四）準據法之選擇：我涉外事件之處理依據，即準據法之選擇，係以涉外民事法律適用法為依歸。如同前述，本件定性為依法律行為成立之債之關係。按法律行為發生債之關係者，其成立要件及效力，依當事人意思定其應適用之法律。當事人意思不明時，同國籍者依其本國法，國籍不同者依行為地法，行為地不同者以發要約通知地為行為地，如相對人於承諾時不知其發要約通知地者，以要約人之住所地視為行為地，涉外民事法律適用法第 6 條第 1、2 項定有明文。對於因法律行為而發生債之關係者，其準據法之適用該條第 1 項採「當事人意思自主原則」，在意思不明時則有補充規定，於同條第 2、3 項硬性規定適用標準，當事人之國籍、行為地、履行地等為適用順序。經查，本件訴訟，兩造於先前所訂之表演契約第 18 條中，已明白約定適用台灣法律及由台灣法院以為管轄，此亦為兩造所不爭執。參諸前開法律之規定及兩造對本件實體法部分，應適用中華民國民法，亦均未提出異議，故本件準據法之選擇自應以當事人所明示之意思，即我國民法以為適用。

二、當事人能力部分

按「未經認許設立之外國法人，雖不能認其為法人，然仍不失為非法人團體，苟該非法人團體設有代表人或管理人者，依民事訴訟法第 40 條第 3 項規定，自有當事人能力，至於其在台灣是否設有事務所或營業所則非所問。」（參照最高法院 50 年台上字第 1898 號判例意旨）。又「被上訴人係在日本依法成立之公司，設有代表人，雖未經我國政府認許，在我國不能認其為法人，但仍不失為非法人團體，不論被上訴人在台灣是否設有事務所或營業所，依民事訴訟法第 40 條第 3 項規定，自有當事人能力。」（參照最高法院 70 年台上字第 4480 號判決意旨）。查，AIS 為美國合法成立之法人，此有法人證明發起人組織行動聲明、董事及股東聯合會議議事錄影本等附卷可稽，故依民事訴訟法第 40 條第 3 項之規定，暨參諸前開最高法院之判例、判決意旨，AIS 自有當事人能力。（實體部分略）

第二節　評　釋

壹、緣　起

本件判決雖已確定[1]，惟限於本文係以國際民事訴訟法爲題，本文不擬就其

---

[1] 最高法院 91 年台上字第 1164 號民事判決駁回新象公司之上訴，其內容略以：原審審理結果，以：本件因被上訴人係外國法人，且所涉及者為私法性質之系爭表演契約，雖屬涉外私法事件，但該表演契約之履行地係在台灣，且上訴人之事務所亦設於台北市，依民事訴訟法第 2 條第 2 項（原判決誤為第 1 項）及第 12 條之規定，台灣台北地方法院就本件即有管轄權。又系爭表演契約係依法律行為成立債之關係，且於第 18 條約定適用台灣法律，依涉外民事法律適用法第 6 條第 1 項之規定，並應以我國民法為準據法。被上訴人為美國合法成立之法人，有法人證明發起人組織行動聲明、董事及股東聯合會議議事錄可稽，參諸本院 50 年台上字第 1898 號判例意旨，其未經我國政府認許，仍不失為非法人團體，依民事訴訟法第 40 條第 3 項之規定，自有當事人能力。經查，被上訴人主張其受上訴人之邀請，於 86 年 8 月 20 日至 8 月 24 日分別於中壢及台北表演探戈，依系爭表演契約之約定，上訴人應負擔被上訴人 29 位團員機票費用（每張機票一千二百元）及運費，惟上訴人迄未給付該等費用之事實，有表演契約可證，並為上訴人所不爭執，自堪信為真實。被上訴人 29 位團員為履行契約所支付之機票費用（每張機票一千二百元）既應由上訴人負擔，且上訴人對於被上訴人 29 位團員確實來台表演，亦不爭執，則被上訴人主張 29 位團員之機票費用（每張機票一千二百元），自足採取。至運費部分，系爭表演契約固約定運送路線為巴勒摩至台北、台北至杜塞道夫，然由上訴人 86（即西元 1997）年 7 月 29 日致被上訴人之傳真函內容以觀，上訴人應知悉運送行李所需運費為五千元，而運送行程嗣後雖有些微變更，由台北至布宜諾賽利斯，與原約定由台北至賽道夫有所不同，但仍係被上訴人就系爭表演而為之支出，有 Anywhere Everywhere 收據可稽。況實際支出之運費僅有四千零二十六元，亦低於原定運送行程所需運費，將近一千元，故被上訴人主張上訴人應負擔之運費為四千零二十六元，亦可採取。雖上訴人辯稱機票人數及運送目的地等與約定不符，但系爭機票費用之費率固定（每張機票一千二百元），參以上訴人於上開傳真函中，明白表示被上訴人之旅行社在系爭表演契約約定之報價及被上訴人之旅遊行程範圍內，若能提供更好的安排，並能預訂全部 31 位，上訴人將依該報價給付此項機票費用，上訴人應已確認系爭機票費用明定為總金額三萬四千八百元，且如前述，上訴人依約應負擔之運費為四千零二十六元，則被上訴人安排之人數及運送之目的地，於約定之機票費用範圍內，皆無礙其請求系爭機票費用之權利；上訴人亦不得據以拒絕給付系爭運費。又系爭表演契約第 7 條第 c 款，雖約定被上訴人應交付機票存根予上訴人供報稅用，但此項義務與上訴人給付系爭機票費用之義務，並無對價關係，上訴人據以為同時履行之抗辯，並不足採。至被上訴人所提有關系爭機票費用及運費之收據，Anywhere Everywhere 於 86 年 8 月 17 日即已出具，但未經當地公證人公證及駐紐約台北經濟文化辦事處認證，嗣由 Anywhere Everywhere 重行製作內容相同之收據，經紐約州拿校市公證人公證無訛，再經駐紐約台北經濟文化辦事處認證，自屬真正，上訴人抗辯該收據非屬真正，不足證明系爭機票費用及運費，要難採取。次查，系爭表演契約第 13 條第 b

實體部分為評釋。台灣高等法院本件民事判決，在數百則之涉外民事事件之裁判中，相關論點及裁判理由構成，對於國際私法與國際民事訴訟法之研究饒有深意，爰為文評介之。

貳、國際私法與國際民事訴訟法之課題

筆者曾參與司法院涉外民事法律適用法之研修工作，與台北大學徐慧怡副教授、東吳大學陳榮傳教授，擔任所謂三人工作小組，受命起草涉外民事法律適用法之修正案。[2] 當時即對於國際私法與國際民事訴訟法之課題是否均納入修法範圍作相當的考慮。[3]

款之約定，係在確保債務之履行，並保全被上訴人受有損害之賠償請求，故只須上訴人有債務不履行之情事發生，被上訴人即得據此條款請求因此所生之一切損失及費用。上訴人既應負擔系爭機票費用及運費，且承諾於 86 年 8 月 26 日給付，嗣因財務拮据，要求延至 87 年 2 月 28 日給付，亦有傳真函可憑，則其迄未給付，實已構成上開條款之違約事由，自應賠償被上訴人因而提起本件訴訟所支付之律師費一萬元（87 年 10 月 5 日、同年 11 月 5 日、88 年 4 月 20 日及 89 年 2 月 16 日，先後給付五百元、一千五百元、五千元及三千元）。未查，系爭機票費用與運費本屬無確定給付期限之給付，惟上訴人於致被上訴人函中表示將於 87 年 2 月底清償，是上訴人自 87 年 3 月 1 日起即負遲延給付之責任。綜上所述，被上訴人依系爭表演契約，請求上訴人給付機票費用及運費共三萬八千八百二十六元及自 87 年 3 月 1 日起至清償日止之法定遲延利息；賠償律師費一萬元，及其中五百元自 87 年 10 月 5 日起、一千五百元自 87 年 11 月 5 日起、五千元自 88 年 4 月 20 日起、三千元自 89 年 2 月 16 日起，均至清償日止之法定遲延利息，自屬有據，應予准許，為其心證之所由得。因而將第一審就被上訴人請求賠償律師費七千元及其利息部分所為其敗訴判決廢棄，改判上訴人如數給付；維持第一審就被上訴人請求給付系爭機票費用及運費暨其利息部分所為上訴人敗訴判決，駁回其上訴；並就被上訴人擴張部分，命上訴人再給付三千元及其法定遲延利息，經核於法並無違誤。按參與辯論之法官有變更時，始應更新辯論，此觀民事訴訟法第 211 條規定自明。本件在審判長王聖惠、法官周美月及蕭忠仁參與原審辯論之前，並無由其他法官參與辯論之情事，依上說明，原審未更新辯論，自無違誤。又被上訴人應預納之第二審上訴裁判費，其已自行補繳不足之差額，有卷附收據可稽，亦無上訴人所指程序違背法令之瑕疵。此外，上訴論旨，係就原審取捨證據、認定事實之職權行使，指摘其為不當。從而，上訴人提起本件上訴，聲明廢棄原判決，非有理由。

2　該修正草案終於在 90 年 4 月 6 日完成交給司法院民事廳，提涉外民事法律適用法修正委員會討論。研議之初，修法規模甚大。初稿全文參見賴來焜，國際（私）法基礎論附錄。惟前揭送交司法院之草案，僅餘 67 條。

3　其中有一稿曾於草案中規定外國仲裁妨訴抗辯、仲裁法律關係之準據法。惟法務部表示反對意見，法務部 89 年 5 月 15 日（89）法律字第 161 號略以：大院「涉外民事法律適用法研究修正委員會」研修小組所提「涉外民事法律適用法修正草案」，其中有關涉外仲裁協議

（修正條文第 122 條至第 127 條）及外國仲裁判斷之承認與執行（第 134 條至 137 條）部分，本部意見如附件，請查照參考。附件：關於大院涉外民事法律適用法研究修正委員會所提「涉外民事法律適用法修正草案」（以下簡稱「修正草案」）修正條文第 122 條至第 127 條有關涉外仲裁協議及第 134 條至第 137 條有關外國仲裁判斷之承認與執行部分，究以於該法或仲裁法中規定為宜乙節，法務部意見如下：「一、按新修正之仲裁法（87 年 6 月 24 日修正公布，並於同年 12 月 24 日施行）已擴大仲裁之適用範圍，有關涉外民事法律關係現在或將來依法得和解之爭議，依該法第 1 條第 1 項及第 2 項規定，當事人原得訂立仲裁協議，約定由仲裁人一人或單數之數人成立仲裁庭，以仲裁方式解決。又關於仲裁協議之形式、仲裁條款獨立性之原則、仲裁協議妨訴抗辯之方式及其效果、仲裁程序之準據法、保全程序，以及外國仲裁判斷之定義、聲請承認及法院駁回之事由等，該法第 1 條第 3 項至第 4 項、第 3 條、第 4 條、第 19 條、第 39 條及第 47 條至第 51 條等均已明定。另由外國之仲裁人一人或單數之數人成立仲裁庭仲裁，如係在中華民國領域內依我國仲裁法作成仲裁判斷者，仍為內國仲裁判斷，並非外國仲裁判斷，尚不生聲請我國法院承認之問題，合先說明。二、經查聯合國國際貿易法委員會 1985 年所採行之國際商務仲裁模範法（即 UNCITRAL MODEL LAW ON INTERNATIONAL COMMERCIAL ARBIITRATION，以下簡稱「模範法」），將前揭有關涉外仲裁協議及外國仲裁判斷之承認與執行之規定均規定在內；而將之均規定於該國仲裁法中者，除我國外，尚有英國 1996 年仲裁法、德國 1998 年仲裁法、加拿大 1986 年商務仲裁條例、澳洲 1974 年國際仲裁法、澳洲維多利亞州 1984 年商務仲裁條例、新加坡 1994 年國際仲裁法及香港 1996 年仲裁條例。美國則將所有有關仲裁之規定，包括仲裁之一般性規定、外國仲裁判斷之承認與執行，均規定於第九編仲裁編（Title 9 Arbitration）中，另法國及義大利則規定於該國民事訴訟法中。次查各國立法例中，亦有於其他法律中明定有關仲裁之規定者，如羅馬尼亞 1992 年國際私法（第 180 條及第 181 條，但該國 1993 年民事訴訟法就國際仲裁仍規定於該法第 370 條至第 370 條之 3）、中華民國大陸 1997 年國際私法（第 46 條及第 160 條）、匈牙利人民共和國 1979 年國際私法（第 62 條及第 74 條，但該國 1994 年仲裁法則參照「模範法」制定，其內容包括涉外仲裁）、土耳其 1982 年國際私法（第 43 條至第 45 條係有關外國仲裁判斷執行之規定）、南斯拉夫 1983 年國際私法（第 97 條至第 101 條係有關外國仲裁判斷之承認與執行之規定，該國 1977 年民事訴訟法第 469 條則就涉外仲裁設有規定）、祕魯 1984 年新國際私法（第 2064 條及第 2110 條，但該國 1992 年仲裁法則於第 81 條至第 109 條規定涉外仲裁及外國仲裁判斷之承認與執行）及瑞士 1987 年新國際私法（第 7 條及第 176 條至 194 條）。其中除瑞士因無仲裁法，故將「國際仲裁」部分於該國國際私法中列專章（第 12 章第 176 條至第 194 條）作詳細規定（條文共計 19 條），情形較為特殊外，其餘各國多僅就仲裁管轄權及外國仲裁判斷之承認及執行等事項於該國國際私法中為規定，至有關仲裁協議、仲裁庭之組織及仲裁程序之進行等各事項，則均仍規定於該國仲裁法或民事訴訟法中。三、有關涉外仲裁協議及外國仲裁判斷之承認與執行相關規定，我國仲裁法既已定有明文，實務運作上並未發現有何窒礙難行之處，且為英國、德國、澳洲、加拿大、新加坡、美國等工商發達國家新近所採之立法方式，更為聯合國國際貿易法委員會所採行「模範法」之規範模式，如將有關該等事項之規定移列於涉外民事法律適用法，不僅與新近主流立法趨勢不符，且未能配合國際仲裁法統一化之世界潮流及理想，此外亦與涉外民事法律適用法為法律之適用法之本質有所扞格，故本部認該等事項仍以規定於仲裁法中為宜。」

　　國際私法的研究課題，學者所見不一，其著作所涉範圍亦有不同。以我國早期國際私法著作而言，多只及於國際私法選法規則。間有以國籍為論述對象者。[4]但晚近國際私法之著作則遠遠超過傳統國際私法選法規則之範圍。[5]

---

[4]　例如，研讀國際私法者人手一冊之馬漢寶教授著《國際私法總論》，共分十六章，範圍包括：第一章國際私法之概念，介紹國際私法之發生、性質（國內法、國際法；實體法、程序法；公法、私法）名稱、國際私法學之範圍。第二章國際私法之來源，介紹國際私法之法源，包括成文法、判例、條約及國際習慣。第三章國際私法立法之體制與類型，介紹國際私法立法之體制（民法、民法施行法、獨立法典）與國際私法之類型（單面法則與雙面法則）。第四章連繫因素，介紹連繫因素之意義、種類及屬人法兩大原則（本國法主義與住所地法主義）。第五章國籍，介紹國籍之概念、取得、喪失、回復、衝突及一國數法。第六章住所，介紹住所之概念及確定。第七章物之所在地與行為地，介紹物之所在地與行為地。行為地部分先介紹場所支配原則，進而介紹契約訂立地、契約履行地、侵權行為地及事實發生地。第八章當事人意思自主原則，介紹當事人意思自主原則之意義、理論、法制、實際運用及有關問題。第九章外國人地位，介紹外國人之地位與外國法人之地位，外國法人部分包括外國法人之意義、認許、權利及未經認許之外國法人。第十章法院管轄權，介紹管轄權確定之意義與原則及外國判決之承認與執行。第十一章外國法之適用，介紹外國法適用之性質及外國法之適用。第十二章外國法本身之問題，介紹外國法之性質、證明與外國法不明。外國法適用之錯誤，主要提及外國法適用錯誤得否上訴最高法院之問題。第十二章，外國法適用之限制，介紹涉外民事法律適用法第二十五條之公序良俗條款。第十三章反致問題，介紹反致之意義與種類、反致之實際與理論。第十四章定性問題，介紹定性之概念及定性之標準。第十五章規避法律，介紹規避法律之概念及規避法律之對策，第十六章國際私法法之發展與派別。

[5]　劉鐵錚先生和陳榮傳先生的《國際私法論》巨著，共分為八篇。第一篇為基礎論，共分為六章，其內容如下：國際私法之概念，介紹國際私法之意義、存在條件及名稱。國際私法之性質，檢討國際私法之性質，包括國內法或國際法；公法或私法；實體法或程序法。國際私法之根據及法源。國際私法之根據檢討各國法院適用外國法之理論根據。如主權說、禮讓說等，國際私法之法源則介紹國際私法之淵源，如成文法、條約等。國際私法之研究方法及範圍。前者介紹大陸法系之研究方法及英美法系之研究方法。至於國際私法之研究範圍則介紹國際私法學應包括如何之內容。國際私法學之演進，介紹國際私法之歷史。國際私法之立法沿革，介紹國內及國際立法之沿革。第二編為連結因素論，共分為五章，其內容如下：連繫因素之意義與種類，介紹連繫因素之概念及種類。屬人法之兩大原則，介紹本國法主義與住所地法主義。國籍，介紹國籍法之內容及國籍之衝突住所，介紹住所之概念與衝突當事人，介紹當事人意思與當事人意思自主原則。第三編為外國人地位論，分為三章，外國自然人之地位，介紹外國自然人地位之沿革、國際保護與制度類型。外國自然人之在我國法律上之地位，分別介紹外國自然人在我國公法、私法上之權利與義務。外國法人之地位，介紹法人國籍之概念、外國法人之認許及其在我國法律上之地位。第四編外國法適用論，共分為六章，外國法之性質，介紹外國法性質上之事實說與法律說。外國法適用之，介紹外國法適用之困難與職權。外國法之證明，介紹外國法之舉證責任。外國法之不明，介紹外國法不明時，該

以學問之角度觀之，國際私法研究課題，是否應將國際民事訴訟法納入，誠有爭議。晚近各國之發展，似有將二者區別之現象。[6]

由於國際民事訴訟法並未如國際私法有其獨自之法典，如我國之涉外民事法律適用法、日本法例、德國民法施行法等。因此，國際民事訴訟法究何所指，不無疑義。據筆者所信，國際民事訴訟法係指包括：一般管轄權（國際裁判管轄權，裁判管轄權）、國際多重訴訟（國際訴訟之重複繫屬，國際的訴訟競合）、外國人之當事人能力與訴訟能力與訴訟能力、涉外事件之當事人適格

涉外民事事件應如何處理之有關理論。外國法適用之錯誤，介紹外國法適用錯誤之裁判為裁判違背法令，得作為上訴第三審之事由。外國法適用之限制，介紹涉外民事法律適用法第 25 條公序良俗條款及其有關之問題。第五編準據法適用論，共分二十五章，通則，介紹準據法之結構、形式、確定、名稱及多數準據法之適用方式。權利能力，介紹一般權利能與特別權利能力之準據法。行為能力，介紹行為能力之準據法。禁治產宣告，介紹禁治產宣告之國際管轄權、禁治產宣告要件與效力之準據法及外國禁治產宣告之承認與禁治產宣告之撤銷。死亡宣告，介紹死亡宣告之國際管轄權及死亡宣告之準據法。法人，介紹法人之國籍、屬人法法律行為之方式，介紹法律行為方式之準據法。債權行為，介紹債權行為實質之準據法及當事人意思自主原則債之移轉，介紹債之移轉之準據法。無因管理，介紹無因管理之準據法。不當得利，介紹不當得利之準據法侵權行為，介紹侵權行為之準據法物權，介紹物權準據法婚姻之成立要件，介紹婚姻成立要件之準據法婚姻之身分效力，介紹婚姻身分效力之準據法夫妻財產制，介紹夫妻財產制之準據法離婚，介紹離婚之準據法子女之身分，介紹子女婚生性之準據法認領，介紹認領之準據法收養，介紹收養之準據法親權，介紹親權之準據法監護，介紹監護之準據法扶養，介紹扶養之準據法繼承，介紹繼承之準據法遺囑，介紹遺囑成立、效力及撤銷之準據法。第六編輔助法規論，共分八章，法規欠缺及補全，介紹選法規則之欠缺與補充一國數法問題，介紹準據法國為複數法域國家時，如何定其應適用之法律反致，介紹反致之概念、種類及反致肯定論與否定論定性問題，介紹定性問題之概念、階段及定性之基準規避法律問題，介紹規避法律問題之概念及其對策附隨問題，介紹附隨問題之概念、要件及其解決方法調整問題，介紹調整問題之意義、發生原因及解決方法時間因素問題，介紹時間因素所生之法律衝突問題及其解決第七編為涉外民事訴訟法論，共分七章，涉外裁判管轄權，介紹涉外裁判管轄權之決定及豁免外國法院判決之承認與執行，介紹外國法院裁判之承認要件及其執行涉外仲裁之國際私法問題，介紹涉外仲裁契約、程序、事件之準據法及外國仲裁判斷之承認與執行第八編為區際私法論，共分三章，區際私法之比較觀察，介紹區際私法之概念兩岸條例中之區際私法，介紹台灣地區與大陸地區人民關係條例之區際私法內容港澳關係中之區際私法，介紹港澳關係條例中區際私法之規定。

6 例如，東京大學國際民事訴訟法研究會曾於 1986 年出版國際民事訴訟法の基礎理論（有斐閣出版）。東京大學國際私法教授石黑一憲，於 1994 年同時出版國際私法與國際民事訴訟法二書（新世社）。石川明、三上威彥合編，國際民事訴訟法の基本問題，是德國國際民事訴訟法著作之日譯（1994 年，酒井書店）。矢澤舜治則著有法國國際民事訴訟法の研究（1995 年，創文社）。

問題、外國仲裁協議與妨訴抗辯等。

參、涉外民事事件之處理過程

　　就本件判決而言,值得注意的是其處理涉外民事事件之過程。詳言之,關於涉外民事事件(訴訟)之處理方法,馬漢寶先生在「談國際私法案件之處理」[7],劉鐵錚先生在「反致條款與判決一致」[8],及李訓民先生「國際私法基本認知」[9]均曾表示類似見解,茲據彼等所示及筆者所信,將涉外民事事件(國際私法實例)之處理過程試加歸納,並建構國際私法之體系如下:

　　首先應注意涉外民事事件與純粹內國民事事件之處理,有所不同。處理純粹內國事件,只需適用民法或其特別法即可。處理涉外民事事件,其方法之一須依據國際私法為之。涉外民事事件因而成為國際私法之適用對象。因此,須先確定系爭事件是否為涉外民事事件。

　　所謂涉外民事事件,即係具有涉外成分之民事事件。由於民事事件,無論係純粹內國事件,或涉外民事事件,均係指民事法律關係,而法律關係之構成又包括:法律關係之主體即人;包括法人及自然人。法律關係之客體,以物為主,另外,包括人(例如身分權、人格權)權利(例如,權利質權、準物權)、人的智慧創作物(例如,專利權、商標權等)。法律關係變動之事實,包括法律行為、事實行為、其他事實等。所謂涉外的成分,係指在法院之觀點,該事件中之當事人、標的物之所在地、事實發生地、行為地等連繫因素,不以法院地為限,尚涉及法院地以外之國家而言。如不涉及法院地以外國家,則係純粹內國民事事件。就法律關係之主體即當事人而言,有:內國人與外國人間、外國人與外國人(包括相同國籍之外國人與不同國籍之外國人)間之涉外民事事件。就法律關係之客體即標的物而言,其所在地在外國之涉外民事事件。就法律關係之變動事實而論,事實發生地、侵權行為地、契約訂立地、契約履行地在外國者屬之。一般言之,涉外民事事件係指當事人、標的物之所在地、事實發生地、行為地中,其中之一者與外國有關,但多數涉外民事事件,往往法律關係之主體、客體或法律關係變動之事實中數個要素均與外國有

7　參見馬漢寶教授,軍法專刊第 28 卷第 11 期,民國 71 年 11 月;司法院業務研究會,民事法律專題研究。
8　劉鐵錚教授,國際私法論叢,頁 195 以下。
9　李訓民,國際私法專題研究,頁 1 以下。

關者。亦即涉及外國人或標的物之所在地、事實發生地或行為地均在外國者而言。

關於涉外民事事件之處理，由其處理程序觀之，大致上，有下列幾種方式：

一、當事人和解或調解：當事人得循和解或調解之方式解決其爭議。基於契約私法自治原則，適用何種法律，如何適用法律即非重要。

二、當事人有交付仲裁之協議，仲裁機構不當然適用法律解決當事人間之爭議。例如，仲裁機構依據衡平、公允善意原則。[10]

三、法院依據法律或法理等解決當事人之爭議。

涉外民事事件如以法院訴訟之方式解決當事人間之爭議，則與純粹內國事件無異，須經由訴訟要件審查無誤後，始進一步處理其實體問題。

訴訟要件之審查包括：

一、受訴法院有無國際私法上之管轄權。

二、當事人間有無外國法院之合意管轄。

三、當事人間有無仲裁協議。

四、外國當事人有無當事人能力及訴訟能力，如無訴訟能力，其法定代理是否合法。

五、當事人是否適格。

六、同一事件是否在外國是否已有訴訟繫屬。

七、同一事件是否曾經外國法院判決確定。

八、是否欠缺其他訴訟要件。

涉外民事事件如以法院判決解決當事人之爭議，並經法院審核訴訟要件無誤後，即應解決當事人實體上之爭議。就此，一直有不同態度對立：

---

[10] 柯澤東先生，國際私法，頁24，稱：由於國際商事、投資等等需要，若干國際公法之法律原則；國際商事所需適用之非法律性之衡平、公允善意原則（不即等同於衡平原則），於涉外仲裁有其適用，並限於當事人有合意明定於仲裁契約為原則。此在仲裁（涉外）稱依衡平、公允善意原則為仲裁。

其一、直接適用內國法，其中有未意識其具有涉外之性質，一概適用內國法（法院地法）者，亦有針對涉外民事事件訂定特別適用之實體法者（一般稱之為外國人法）者。例如，土地法關於外國人取得中華民國土地之規定；公司法關於外國公司之規定。

涉外民事事件適用內國法固有其便利之處，外國人法之規定固亦有其立法理由。但畢竟有害於涉外私法生活之安定與當事人之期待，特別是法院地之決定取決於原告，如因此據以決定所應適用之準據法，並不妥當，故適用內國法並非妥適之方法。

其二、意識涉外民事事件涉及多數國家，而此多數國家之法律又有相當差異之可能，因此，經由國際組織或相關國家條約或公約，訂立世界各國統一的實體法，以解決法律因地因國而異所生之問題。

此之國際實體法公約之類型有二：[11]

（一）世界法型之公約：即關於公約所規範之對象，排除任何國家實體法之適用，一概適用該實體法之公約。例如，1930 年之關於匯票、本票之統一公約、1931 年關於支票之統一公約、1883 年關於工業所有權保護之巴黎公約、1886 年關於文學、美術著作物保護之伯恩公約。

（二）萬民法型之公約：此係借用羅馬法時代之用語。在羅馬帝國時代，羅馬市民相互間適用羅馬法，羅馬市民與羅馬市民以外之人，及羅馬市民以外之人相互間均適用萬民法。萬民法型之統一實體法即係指得就涉外民事事件所應適用之實體法訂立統一的實體法。例如，1910 年關於海難救助之統一公約、1924 年關於載貨證券之統一公約、1929 年關於國際航空運送之統一公約。

其三、適用國際私法（或稱為法律衝突法、法律選擇法）決定涉外民事事件所應適用之法律，即準據法。於此一階段，應注意幾個重要步驟：

（一）定性；藉此決定所應適用之國際私法選法規則。

（二）找尋連繫因素；根據國際私法選法規則所規定之連繫因素，確定該涉外民事事件之連繫因素為何。於此一階段，應注意：選法詐欺（規避法律）、一國數法（涉外民事法律適用法第 28 條）、屬人法二大原則，與國籍

---

[11] 山田鐐一，國際私法，頁 4-5。

及住所之衝突（涉外民事法律適用法第26條、第27條）、各個連繫因素之意義與確定（涉外民事法律適用法第1條至第24條）等問題。

（三）決定準據法：於此一階段應注意外國本身及其適用問題，包括外國法之適用根據、外國法之性質、外國法之舉證責任（民事訴訟法第283條）及外國法適用錯誤與判決違背法令問題（民事訴訟法第467條、第469條）。其次，外國法之範圍（程序法與實體法之區別；公法與私法之區別），包括外國之國際私法與否，即國際私法上反致問題（涉外民事法律適用法第29條）。再者，外國法有無違反公序良俗條款的問題（涉外民事法律適用法第25條）。

（四）適用該準據法，解決系爭涉外民事事件之爭議，以解決當事人間之爭議。於此應注意調整問題（適應問題）及先決問題（附隨問題）。

肆、本件判決簡評——代結論

據上所述，茲就本件判決所涉及之問題及其法律見解略加評釋，以代結論。

一、本件判決首先確定該事件是否係涉外民事事件，值得肯定。[12]

二、關於一般管轄權，本件判決認為：「按民事審判權乃普通法院所職掌審判民事訴訟案件之權限及其範圍，且國家對於人民有審判權乃基於主權之表彰所致，不容任意剝奪，本件我國法院是否為其管轄法院，亦即是否取得抽象管轄權，為得否審理之前提。」「本件係於我國法院所提起，一般認為若依我國民事訴訟法我國法院有管轄權，則我國法院取得對該涉外案件的管轄權。按對於私法人，由其主事務所或主營業所所在地之法院管轄，而因契約涉訟者，如經當事人定有債務履行地，得由該履行地之法院管轄，民事訴訟法第2條第1項及第12條定有明文。查，本件訴訟，「新象基金會」之事務所所在地位於台北市大安區金山南路二段二二二號五樓，而本件表演契約之履行地係於台

---

12 下級審法院之判決經常疏未注意係涉外民事事件而為最高法院指正。例如，最高法院87年度台上字第1303號：「本件運送契約之運送人及簽發載貨證券之人均為外國法人，應屬涉外民事訴訟事件，原審未依涉外民事法律適用法之規定確定其準據法，逕行適用我國法律而為上訴人敗訴之判決，自有疏略。」最高法院87年度台上字第363號判決：「被上訴人為外國公司，本件應屬涉外事件，原審未依我國涉外民事法律適用法第6條規定確定其準據法，遽依我國法律為上訴人不利之判決，自有可議。」

灣，故依前開所述原則及法律規定，我國法院自爲本案之管轄法院。確定其有抽象管轄權之後，則爲歸由境內何法院之具體管轄權問題，基於上述二規定，及參酌 AIS 於原審起訴時，新象基金會亦未就有關管轄之抗辯而爲本案之言詞辯論，本案就此無其他專屬管轄情形下，就本案亦可認有擬制之合意管轄，故台灣台北地方法院應取得本案之具體管轄權。綜合論之，我國法院爲本案之管轄法院，並由台灣台北地方法院爲本案之管轄法院及取得本案之管轄權。」採所謂逆推知說，與最高法院主流見解[13]似有不同。另判決書在陳述上仍有不精確之處，亦即，判決中之「民事審判權乃普通法院所職掌審判民事訴訟案件之權限及其範圍」，似係指公法爭議與私法爭議之普通法院之民事審判權」，與此之抽象管轄權不同，似係贅語。「國家對於人民有審判權乃基於主權之表彰所致，不容任意剝奪」，關於抽象管轄權有無之判斷，似乎採所謂國際主義，與該判決所採之逆推知說並不一致。

　　三、本件判決在處理完定性、準據法等問題後，再論述當事人能力問題，似有疑義。蓋當事人能力係民事訴訟之訴訟要件之一，應先確定當事人能力無欠缺，始可處理法律適用之定性、準據法決定問題。其次，關於未經認許外國法人之當事人能力，本件判決認爲：「未經認許設立之外國法人，雖不能認其爲法人，然仍不失爲非法人團體，苟該非法人團體設有代表人或管理人者，依民事訴訟法第 40 條第 3 項規定，自有當事人能力，至於其在台灣是否設有事務所或營業所則非所問。」（參照最高法院 50 年台上字第 1898 號判例意旨）。

---

[13] 例如，最高法院 87 年度台上字第 1672 號民事判決：「民事訴訟法第 568 條有關專屬管轄權之規定，若謂僅於國內婚姻事件始有其適用，且該法條第 1 項所稱夫妻之住所地法院或居所地法院，亦僅指我國領域內之當事人住所地或居所地法院，而不及於涉外婚姻事件之管轄或夫妻在國外之住居所地法院。則涉外婚姻事件之管轄權，於民事訴訟法既未規定，涉外民事法律適用法亦乏明文之情形，如夫妻之住所地或其之原因事實發生之居所地在外國，或其已廢止國內之住所時，是否仍有強制返回國內進行訴訟之必要？由其婚姻生活所在地之外國法院為調查裁判是否更為便捷，有助於訴訟之進行及形成正確之心證與妥適之裁判，而符合「專屬管轄」之法意？能否謂無民事訴訟法第 568 條第 1 項規定之類推適用，認該夫妻之住所地或居所地之外國法院有管轄權，自有再事研求之餘地。」最高法院 85 年度台上字第 1993 號判決：「本件運送契約涉及外國人及外國地區，本件訴訟為一涉外民事事件，由侵權行為而生之債，應依行為地法即新加坡法律，本件訴訟關於侵權行為損害賠償請求權部分，原審亦適用我國法律，能否謂無違誤，非無斟酌研求之餘地。」最高法院 83 年度台上字第 3281 號判決：「本件為涉外民事訴訟事件，原審未依涉外民事法律適用法之規定確定其準據法，逕行適用我國法律而為上訴人敗訴之判決，尚有疏略。」

又「被上訴人係在日本依法成立之公司，設有代表人，雖未經我國政府認許，在我國不能認其為法人，但仍不失為非法人團體，不論被上訴人在台灣是否設有事務所或營業所，依民事訴訟法第 40 條第 3 項規定，自有當事人能力。」（參照最高法院 70 年台上字第 4480 號判決意旨）。「AIS 為美國合法成立之法人，故依民事訴訟法第 40 條第 3 項之規定，暨參諸前開最高法院之判例、判決意旨，AIS 自有當事人能力。」依民事訴訟法第 40 條第 3 項，認係非法人團體，而有當事人能力。惟此一見解，最高法院似有不同見解。[14]

四、關於定性，本件判決認為：「本件之事實係依兩造所訂之表演契約而為之請求，依法庭地法，即我國法律判斷，此一法律關係屬債之關係之請求」。關於定性之基準，採法院地法說。

五、關於準據法之選擇，本件判決認為：「涉外事件之處理依據，即準據法之選擇，係以涉外民事法律適用法為依歸。本件定性為依法律行為成立之債之關係。按法律行為發生債之關係者，其成立要件及效力，依當事人意思定其應適用之法律。當事人意思不明時，同國籍者依其本國法，國籍不同者依行為地法，行為地不同者以發要約通知地為行為地，如相對人於承諾時不知其發要約通知地者，以要約人之住所地視為行為地，涉外民事法律適用法第 6 條第 1、2 項定有明文。對於因法律行為而發生債之關係者，其準據法之適用該條第 1 項採「當事人意思自主原則」，在意思不明時則有補充規定，於同條第 2、3 項硬性規定適用標準，當事人之國籍、行為地、履行地等為適用順序。」「兩造於先前所訂之表演契約第 18 條中，已明白約定適用台灣法律及由台灣法院以為管轄，應適用中華民國民法。」

---

[14] 最高法院 89 年度台上字第 461 號民事判決：「未經許可之大陸地區法人、團體或其他機構，不得在台灣地區為法律行為。」台灣地區人民與大陸地區人民關係條例第 70 條定有明文，準此，未經許可之大陸地區法人、團體或其他機構，原則上固應認其無權利能力，惟同條例第 71 條明定「未經許可之大陸地區法人、團體或其他機構，以其名義在台灣地區與他人為法律行為者，其行為人就該法律行為，應與該大陸地區法人、團體或其他機構，負連帶責任。」是未經許可之大陸地區法人、團體或其他機構，以其名義在台灣地區與他人為法律行為時，為保護其在台灣地區為法律行為之相對人，上開規定例外承認該大陸地區法人於此情形，在台灣地區亦為法律上之人格者，自亦有權利能力，而具有當事人能力，就該法律行為，應與行為人負連帶責任，此與民法總則施行法第 15 條規定之意旨相同，否則，上開條例第 71 條規定所謂「負連帶責任」，將形同具文。原審遽以被上訴人元福公司依上開條例第 70 條無當事人能力，駁回上訴人對被上訴人元福公司之訴，尚嫌速斷。

第二章

論涉外民事案件決定管轄法院之方法

第一節 序 言

壹、問題緣起

中華民國 70 年 8 月 22 日,遠東航空公司波音七三七,國內航線第 103 班次客機在苗栗縣三義鄉附近上空爆炸翻滾裂解墜毀,罹難者有 110 人之多,其國籍又不一[1],除刑事部分外[2],民事部分已由罹難者家屬與遠航公司成立和解[3]。惟亦有部分罹難者家屬另委請律師在美國法院控告波音飛機公司等,請求商品製作人責任之損害賠償,法院以中華民國法院有管轄權,及其本身並非便利法院,依法庭不便利原則,以裁量駁回原告之訴。案經上訴仍維持原判決。

在前述案例,美國法院係被告住所地或營業所、事務所所在地,被告在此進行訴訟,自不會構成時間、金錢、勞費之不相當負擔。訴訟原因之事實固發生於中華民國,而構成美國法院之調查證據之不便利,但其儘可利用中華民國政府之調查報告,或委請專家自行調查與鑑定[4],而且,原告所主張者乃被告飛機製造上之瑕疵,與保養維修之指導有所疏虞或過失,因而,有關之文件、證

---

[1] 據聯合報 70 年 8 月 23 日報導:罹難者 110 人。其中機員 6 人,乘客 104 人,乘客中中國人有 81 人,日本人 18 人,美國人 5 人。

[2] 遠航總經理胡侗清之業務過失刑責由法院審理中,台灣新生報 70 年 10 月 9 日。

[3] 否則誠屬一頗饒趣味的「涉外事件」,如管轄問題,準據法如何決定等,尤其如何「定性」。

[4] 波音公司的兩位鑑定專家曾參與空難事故原因之調查。聯合報 70 年 8 月 25 日。

據或人證多在美國。又，原告自願承受遠赴美國之被告所在地起訴所生之不相當負擔，難謂使其受不公平待遇。被告波音公司等固屬世界聞名之國際性飛機製造公司，資力雄厚，但在中華民國之資產畢竟有限，故中華民國如受理原告所提起之相同訴訟，並為原告勝訴之判決，則勢必無法在中華民國受滿足之執行[5]，而有待獲得美國之承認與執行。彼時，美國法院須先審查中華民國是否有管轄權等要件，再決定是否給予該判決充分誠實信用之效力；又中華民國與美國之間，並無正式之官方的外交關係，基於互惠原則，美國是否會承認中華民國法院之判決，頗有疑義[6]。何況，原告與被告又須為判決之承認與否，花費大量之時間、金錢與勞費，進行攻擊防禦，亦與訴訟經濟之觀念有違。

　　反之，被告公司資力雄厚，前來中華民國進行訴訟，不致構成不相當負擔，原告之生活中心地亦多在中華民國，中華民國法院對雙方當事人均非不便利；中華民國又係「事實發生地」，對於失事原因之調查，證據之蒐集與調查，更可乘「近水樓台」之便。故中華民國法院無疑係便利之法院。

　　基於上述之討論，吾人可發現中華民國與美國，均係本案有關連之國家，且各有其進行訴訟之優越處與不便處，則究竟應以何者最為適宜？回答上述問題，所考慮之因素有哪些？推而言之，「涉外民事案件」之管轄權如何在許多有關連之國家間，作合理之分配，始符合雙方當事人之利益與法院之便利與訴訟經濟？其傳統的方法如何？優缺點何在？有無更好的方法？具體內容如何？又，本案中美國法院所適用之法庭不便利原則之內容如何？其與吾等認為較妥當之方法間之關連與異同又如何？此等問題皆有待解明乃本論文之寫作重心與目的！

貳、本文之主要內容

　　對於前述一連串的問題，非就涉外民事案件之管轄問題作一澈底之研究，

---

[5] 依遠航公司與罹難家屬之和解內容，每位罹難乘客所得之賠償金額高達新台幣壹佰伍拾貳萬伍仟元，104 位乘客即高達壹億伍仟捌佰萬元之多，台灣新生報 70 年 10 月 9 日。

[6] 判決承認與外交或國家與政府承認之關係，固係建立在雙方之互惠上，亦即雙方互相承認對方法院所為之判決，俾使其在兩國、甚至其他國家均生效，使法律關係能確定而清楚，並保護當事人。惟若更深究，則其係建立在一國際法之大原則上，亦即，甲國若不承認乙國或其政府，自然否定其所制定之法律及政府組織具有任何地位與權限，亦否定其所為之任何行為之效力，包括法院之判決在內。換言之，判決承認之互惠條件僅係國家或政府之承認之衍生物而已。

將無法獲得令人較滿意之答案。惟涉外民事案件之管轄問題所涉亦甚廣，不能不加以取捨。本文之目的主要在於提供處理涉外民事案件之管轄問題之思索的新方向，故特別著重於「決定管轄法院之方法」，換言之，涉外民事案件如何決定管轄法院，是本文之中心內容，因此，本文之主要內容大致如左：

　　第二節為導論，首先在闡明管轄之意義及其與判決承認之關連。其次自國際私法之理想面與現實面，檢討其與準據法之關連。在國際私法之理想面，判決之一致是各國法制與學者一致之目標而努力追求者，惟其實現並不容易，且其實現祇有在民商實體法、國際私法之選法法則或管轄法則統一之後，始有可能。至於國際私法之現實面，則與國際私法理想之判決一致背離也遠，致訴訟在不同國家之法院進行，將會獲致不同的判決結果。其結果選法問題與管轄問題互相牽扯而難以釐清，致解決選法問題時，因法院地法之適用，使法院地成為重要的考慮因素；反之，解決管轄問題亦考慮準據法之適用，此種缺失乃本文努力而亟欲予以矯正者。

　　第三節為就各國處理管轄問題之法制與實務見解，作概略之介紹。限於資料與語文能力，祇介紹大陸法系與英美法系之主要或代表國家，即德國、日本、法國、英國與美國。

　　第四節則就前節各國之立法例，作一澈底之分析與檢討，可分為四方面言之，即立法體制、立法形式、決定管轄法院之方法與立法政策。立法體制主要介紹各國涉外民事案件之管轄法則之立法體制，即管轄法則規定於何種法律之中。立法形式則檢討直接管轄法則與間接管轄法則之「準據法」。在法制或學說上大致有二種見解：雙面法則說與單面法則說，依前者直接管轄法則與間接管轄法則之「準據法」相同；依後者，則直接管轄法則之「準據法」為受訴國（判決國），間接管轄法則則為判決國，而非承認國。其中又以單面法則說略優，然亦有若干難點，而須另尋解決方案。決定管轄法院之方法，則主要檢討各國法例處理管轄問題之方法或步驟。定性→找尋連繫因素→決定管轄法院為各國法制所同，其優點在於適用之便利，其缺點亦如同傳統選法法則一般[7]，而須予變革。立法政策之檢討中，可發現主權因素或其所衍生之實效性原則為各國管轄法則之主要立法政策。然由於涉外民事案件管轄權之行使，不若涉外刑

---

[7] 詳見陳豐榮，涉外民事法律適用法之研究——選法方法論與政策之檢討——東吳大學法律研究所碩士論文（民國 72 年 9 月）。

事案件，必然的侵犯他國主權，與當事人之權利義務之關連亦極輕微，故有更張而改採便利性或公平性為立法政策之必要。

第五節則以功能性分析方法，取代傳統管轄法則，冀能補救其缺點。首先敘述方法上之變革，及處理管轄問題之基本步驟與所依據之基本價值，其次則依各種情形而認可管轄權之行使，主要著重於各個連繫因素決定管轄法院之重要性之評斷。

第六節處理關連之問題計有：法庭不便利原則、訴訟競合與判決承認要件之管轄權存在。首先介紹傳統之處理方法，並加以分析檢討，進而以功能性分析之方法提出擬答。

第七節則為結論，首先檢討吾國之法制，其次提出改革之建議，結論是吾國應就涉外民事案件之管轄問題另為特別之立法，而不再準用或類推適用民事訴訟法之規定，至於其內容，依功能性分析之觀點，應不區別案件之性質，考慮具體事實情況下當事人或訴訟與吾國之關連，而決定吾國法院得否公平、便利、合理行使管轄權。

參、本文寫作之方法

由於本文旨在提出處理涉外民事案件管轄問題之新思索方向，故除介紹各國立法例之外，並不專就某國之法制予以詳細舖陳，而僅就各種學理上之原理原則加以論列，各國立法例、實務見解、學說則作為立論之根據。

研究之態度，由於吾國之法制、實務見解與學說尚未完備，甚至停滯不前，故足供借鏡者有限，故不得不採取比較法之方法，搜羅美、日最新之資料，用供參考。由於管轄問題外國自古即有充分而完備之討論，惟限於能力與時間，且欲掌握最新之思潮與趨勢，僅選擇最近及先前而較具影響力之資料。此外，本文雖就德法等國立法例有所論列，因語文能力有限，僅係參酌日文資料間接獲得，一併陳明。

第二節　導　論

壹、管轄權之意義

一、法規範、裁判機關與管轄權

「有社會斯有法律」之名諺表示人類之團體生活中，法規範之絕對不可欠缺。蓋人類之經濟的、身分的活動，必然的會與他人而發生特定的法律關係。該法律關係之權利義務之履行，如經由當事人之協調合作而不生任何爭執，固誠爲美事，但紛爭之發生亦在所難免[8]。此際，不能不依一定的行爲規範予以規制或約束，進而解決該紛爭。行爲規範中，又以國家或法域[9]依其主權之作用所訂定之法規範，因具有以國家強制力爲後盾之特性，最具實效。但法規範僅爲抽象的假言命題，對於具體生活關係之爭執，不能不借助人的判斷或外部的行爲予以介入，使法規範能支配之[10]。在現今各國之政治體制之下，依據法規範而就有爭執的具體生活關係，依其判斷或外部的行爲予以介入者，最典型的是法院[11]。其行使解釋，適用法律，就當事人雙方之爭執予以判斷。而其判斷在該國家或法域之領土範圍內，有拘束雙方當事人之效力之權能，即爲裁判管轄權（Jurisdiction to adudicate），亦稱管轄權[12]。

二、涉外案件之管轄權與純粹內國案件之管轄權

管轄權之行使依其對象之案件性質之不同，可區別爲二。一爲內國法上

8　三ケ月章，民事訴訟法第 1 頁。

9　法域（territorial legal unit）者即於特定土地領域有其獨自法律之謂，其概念與國際公法上之「國家」並不相同，未受他國承認之「國家」，或瑞士美國等聯邦體制之國家，其州或邦，或英國（大不列顛）之蘇格爾，愛爾蘭等，其法律均得成爲國際私法選法之對象。參見劉鐵錚，國際私法論叢，第 71 頁註六。

10　池原季雄、平塚真，涉外訴訟における裁判管轄，實務講座，民事訴訟法第 6 卷，第 3 頁，（1968 年，日本評論社）

11　此外，尚有行政機關或立法機關，參見 Russell J. *Weintraub Commentary on Conflict of laws.* (2nd. ed. 1980) at 90.

12　Restatement, Second, Conflict of Laws, ch. 3 introductory note at p.100 (1971)。惟亦有逕稱爲裁判權者，參見三ケ月章，前揭書第 247 頁。惟裁判權之用語，在國內易與一般所謂「對於公地放領事件應由普通法院審判，或循行政爭訟程序請求救濟之「裁判權」或「審判權」（參見姚瑞克，民事訴訟法第 5 頁註二，民國 67 年）相混淆，故仍採「管轄權」之用語。

之管轄權，或稱民事訴訟法上之管轄權，純粹內國案件之管轄權，內國的管轄權，或特別的管轄權、具體的法院等，係指內國各法院間，司法裁判事務之分配，其主要的著眼點在於司法裁判事務之平均分配，而不致有過重或過輕之處及當事人之便利與公平。其二為涉外案件之管轄權，或稱國際民事訴訟法上之管轄權、國際的管轄權、一般的管轄權、國際私法上之管轄權、或抽象的法院。[13] 則係指涉外民事案件，內外國法院間司法裁判事務之分配。

　　兩者之同在於司法裁判事項之分配，舉例以明之，問題緣起中之遠航空難事件，究竟由美國法院或中華民國法院管轄，是為涉外事件之法院管轄問題，其目的在於決定美國與中華民國法院間，司法裁判事項如何分配能比較符合當事人之利益，對法院或當事人而言較為便利？至於該案件如果由中華民國法院行使管轄權，則究竟由中華民國的台北或新竹地方法院管轄，則係民事訴訟法上之管轄問題，其目的在於決定內國法院間司法裁判事項之分配，以免各法院間之事務分擔有歧輕歧重之弊，對當事人亦不致構成不便。至於兩者之別則在於民事訴訟法上之管轄問題，僅係該國管轄權之分掌，有管轄權之法院所為之判決效力及於該國主權所及之全國範圍；至於國際私法上之管轄權問題則異於是，蓋甲國之有管轄權相對於他國而言，則係該他國管轄權之限制，甲國所為判決之效力亦僅於其自國之領土，欲在他國生效尚待他國之承認[14]。

　　至於兩者之關係則非常密切，民事訴訟法上之管轄權之存在，以該國法院對於特定涉外案件，有國際私法上之管轄權存在為前提。如果該國之任何法院對於特定涉外案件均無民事訴訟法上之管轄權，方可推知該國法院無國際私法上之管轄權[15]。

---

[13] 一般的管轄權（Conpetence generale）與特別的管轄權（Competence speciale），或國內的管轄權（Competence interne）與國際的管轄權（Competence internationale）係法國法上之用語，德國法則使用具體的法院（Konkretes gericht）與抽象的法院（Abstracts gericht），英國法上則以內國的管轄權（Local jurisdiction）與國際的管轄權（Intenational jurisdiction）。至於民事訴訟法與內國法、或國際民事訴訟法與國際私法之管轄權，則是學術之用語。參見，江川英文，國際私法における裁判管轄權（一），法學協會雜誌第 59 卷第 1765 頁。劉鐵錚，前揭書第 244 頁，註六。蘇遠成，國際私法上之裁判管轄權，法學叢刊第 53 期，第 77 頁。

[14] 三ケ月章，前揭書 247 頁。

[15] 同前註。

貳、管轄權問題與外國裁判承認之關連

　　國際私法上之管轄權問題，又可區分爲二，即直接的管轄權與間接的管轄權是也。前者發生於內國法院就特定涉外案件是否有管轄權之場合；後者則發生於外國判決請求承認時，外國法院就該涉外案件是否有管轄權之場合[16]。兩者雖屬相關，但性質互有不同，前者乃內國依其內國之國際私法或任何關於涉外案件決定管轄法院之法則，確定其管轄權；後者則係一國之司法程序在他國有無效力之問題[17]。前者之解決，固由各該國家自行決定，但如與他國主權作用之管轄權相抵觸，特別是對於當事人尤其被告構成應訴之困難時，應有一定之界限[18]；後者固亦係裁判國在受理訴訟之時，逕行決定，但於請求承認之時，仍會發生自承認國之觀點，判決國之法院就該訴訟有無管轄權之問題。外國判決之承認，在各國之實踐上，多以判決國之法院對該訴訟有管轄權爲前提[19]，而判決之外國對該案件有無管轄權，究竟以內國之管轄法院之決定法則爲標準，或仍以判決國之決定管轄法院之法則爲標準，不能無疑[20]。

參、管轄問題與案件準據法之關連

一、序說

　　涉外民事法律案件之問題，雖因各具體案件之絕大差異性而顯得複雜繁夥，但歸納之則不外二端：一爲法院之管轄問題，一爲法律之適用問題，而前者尤爲後者之先決問題[21]。詳言之，任何涉外民事法律案件，一國法院應爲解

---

[16] 江川英文，前揭文（一）第 1776 頁。

[17] 蘇遠成，前揭文第 78 頁。

[18] 駱永家，民事訴訟法第 15-16 頁。

[19] 參閱吾國民事訴訟法第 402 條第 1 款，德國民事訴訟法第 328 條第 1 款，日本民事訴訟法第 200 條第 1 款。關於外國判決之承認問題，諸參閱劉鐵錚，前揭書第 56-64 頁（外國離婚判決之承認）；曾陳明汝，外國判決之效力，國際私法專論第 14 章（民國 65 年）第 203-208 頁；蘇遠成，外國法院判決之承認與執行，法令月刊第 19 卷第 11 期，第 9-12 頁；A. T. Von Mehren & D. T. Trautman: Recognition of foreign adjudications: A surveye and suggested approach. Harv. L. Rev. 81: 1601. (1968).

[20] 此爲決定管轄法院之法則之立法形式之問題，詳見第四節傳統上決定管轄法院方法之分析與檢討，第三立法形式。

[21] 劉鐵錚，前揭書第 244 頁。

決之事項，其順序有如下列[22]：

（一）該國法院對本案件是否有管轄權？

（二）倘該國法院已認定合法享有管轄權，則進而決定系爭問題之法律性質，此即國際私法上之定性問題。

（三）依其國際私法之規定，決定應適用之準據法。

（四）適用該準據法以解決當事人間之爭端。

二、國際私法之理想面與現實面

因此，從邏輯言，管轄法院之問題似與準據法之決定不發生任何關連，但實際情形卻完全相反，此可從國際私法之現實面與理想面言之[23]：

(一) 國際私法之理想面——判決之一致[24]

判決之一致為國際私法之理想，亦即就特定當事人間之特定糾紛，無論訴訟在任何國家之法院進行，其所得結果之判決均相同而不致互相矛盾。其達成之途徑有二：

1. 國際私法之統一

國際私法之統一包含兩個層面，一是選法規則之統一[25]；一是準據法之統

---

[22] 劉鐵錚，前揭書第 195-196 頁。

[23] 建立國際私法之選法理論，首先應具有之基本理念即為理想與現實間之取捨。見陳豐榮，涉外民事法律適用法之研究——選法方法論與政策之檢討。東吳大學法律研究所碩士論文（民國 72 年 9 月），第 189 頁及註一。欲在現實與理想之間作一番取捨，則須對現實與理想面有更深一層之認識。

[24] 判決之一致又稱為判決之國際的調和。關於判決一致之立法政策在國際私法上重要性之評斷，請參閱，松岡博，吾國國際私法における政策考慮（一），阪大法學第 110 號（1979 年）第 3 頁以下。

[25] 例如，海牙國際私法會議於 1951 年曾簽訂關於規律本國法與住所地法衝突之公約（尚未生效），擬解決大陸法系國家之本國法主義與英美法系國家之住所地法主義間之衝突，其方法則依選法規則之統一而達成。其第 1 條規定：「系爭當事人之住所地之法律規定應適用其本國法，而該當事人之本國之法律卻規定應適用住所地法，各締約國應適用其住所地之實體法（internal law）」。第 2 條規定：「當事人之住所地與本國之法律，皆規定應適用住所地法，則各締約國皆應用其住所地之實體法。」第 3 條則規定：「當事人之住所地與本國之法律皆規定應適用本國法，則各締約國即應適用其本國法。」

一[26]。無論何者，因法院地依據相同之選法規則，而選定相同之準據法，或是直接適用相同之準據法，則判決結果可獲得一致，訴訟地何在即變得毫無重要性[27]。

2. 管轄法院決定法則之統一

如果能統一決定管轄法院之法則，則即使各國之選法規則或實體法內容如何不同，甚至各國均適用自國之實體法，因相同事實之案例祇由一特定法院管轄，故判決一致仍能因適用法院地之國際私法及其所指向之準據法而達成[28]。

是故，判決一致之理想，得因民商實體法之統一或國際私法之統一，或管轄法院之決定法則之統一而獲實現，雖然兩者之本質有異，但判決一致之成果同由系爭當事人共享[29]。

(二) 國際私法之現實面──判決不一致

由於國際私法案件先天上包含複雜性與不確定性之要素，因而判決一致在現實上成為一種不切實際的理想，或誇大不實而無法達成。此由以下幾點可以看出：

1. 實體法與程序法之區別

「程序事項」依法院地法（locus regit processum）幾為各國一致接受的見解，至於其根據則不外乎以下兩點：

---

[26] 例如，海牙國際私法會議自 1902 年迄 1972 年止，70 年間共簽訂 28 個條約，其中，如商品製作人責任準據法公約（Convention on the law applicable to products liability）統一其準據法。其詳請參見劉鐵錚，前揭書第 119-123 頁。

[27] 三浦正人、松岡博、川上太郎：わが國の國際私法における裁判管轄問題—Status を中心として，國際法外交雜誌第 70 卷 5 號（1971 年）第 432 頁。

[28] 同前註，舉例以言之，如關於不動產之訴訟由其所在地法院管轄，侵權行為之訴訟由侵權行為地法院管轄，契約關係之訴訟由債務履行地管轄，且皆屬專屬管轄而別無他國法院之「管轄競合」。

[29] 決定管轄法院法則之統一，往往是與各國國際私法或準據法之統一有異，但在準據法之特定化上，進而判決一致之結果之獲致，並無不同。例如，關於不動產物權之訴訟，各國統一由不動產所在地法院行使管轄權，則準據法是唯一的，或為法院地法（不動產所在地），或為所有權人之住所地法或本國法，無論如何，均依法院地之國際私法定之，不致產生相異的結果。若各國統一以不動產所在地法，或其他特定法律為準據法，因準據法之特定，在任何法院進行訴訟，其判決結果均相同。

(1)「法律行爲依行爲地法」（locus regit actum）。

(2) 訴訟程序之本質與關係上之「屬地主義」[30]。

以後者爲多數說。詳言之，程序法多爲公法，而一般看法是內國法院不得適用外國公法，且適用外國程序法將會造成法院地司法機關運作上之不合理負擔，尤其對於內國律師爲然[31]。至於實體問題則應依法院地國際私法之指示，決定其準據法[32]。問題是：何謂實體問題？何謂程序問題？法院地法官應依何種標準來決定？在學說上並無定見[33]，茲引數例來說明問題之困難：

① 債權之消滅時效究竟屬於實體問題或程序問題？[34]

② 詐欺條款之適用究竟屬於實體問題或程序問題？[35]

③ 離婚之訴之提起期間，究竟屬於實體問題，抑爲程序問題？[36]

④ 認領之訴之提起期間，究竟屬於實體問題，或程序問題？[37]

⑤ 保險契約中之無起訴條款（no action clause），究竟屬於程序問題或實體問題？[38]

---

[30] 參見，石黑一憲，國際私法と國際民事訴訟法との交錯（一）—國際私法の法律行為の「方式」をめぐて，法學協學雜誌第 96 卷第 1364 頁註十二。

[31] 劉鐵錚，前揭書第 237 頁。

[32] 劉鐵錚將實體法與程序法之區別，歸類於「定性問題」加以討論，並認爲係準據法適用範圍之問題，前揭書第 235 頁。但是「實體法與程序法」之區別，實係適用國際私法之「前」之問題，詳言之，法院在受理訴訟之「後」，整理有關之爭執點（issue），並將其分類爲實體問題與程序問題（這種分類在觀念上類似於「定性」），如爲程序問題則逕行適用法院地法，如爲實體問題，則依其國際私法，按「定性」→找尋連繫因素→決定準據法→適用準據法解決之。

[33] 大致上有法院地法說與準據法說，但其結論均甚荒謬，其詳請參閱劉鐵錚前揭書第 235-236 頁。

[34] 請參閱劉鐵錚，前揭書第 235 頁。

[35] 同前註書第 236 頁。

[36] 大正 5 年 1 月 19 日東京控訴法院民一判，大正 4 年（ネ）537 號，認爲係程序問題，但大正 10 年 10 月 11 日，東京控訴法院民二判，大正 8 年（ネ）第 319 號則認爲是實體問題。參見判例體系：國際私法（二）第 2091-2093 頁，（第一法規出版）。

[37] 昭和 29 年 10 月 28 日東京地判，昭和 29 年（タ）60 號，認爲是程序問題，昭和 21 年 7 月 7 日東京地判民一判，昭和 30 年（タ）264 號則認爲係實體問題。參見，前註書（二）第 2093 頁，（續）第 1087 頁。

[38] 昭和 37 年 7 月 20 日東京地判民四判，昭和 32 年（ワ）5293 號認係程序上之問題，而昭和

　　由上可見，實體問題與程序問題實在不易區別。且由於如果輕易將某些問題定義爲程序問題而適用法院地法，則相同事實關係之案件，可能會因歸類爲實體問題或程序問題之不同，或因歸類爲程序問題，因法院地不同而適用不同的準據法（法院地法），則判決結果之一致，將是不可能實現之理想矣！[39]

2. 定性問題（Charaterization）

　　定性問題在傳統的法條結構組織之形態上，本係不可避免之問題。[40] 在國際私法上，國際私法係就各個法律關係指定應適用之法律（準據法），然而各國國際私法，皆藉各種法律概念，如行爲能力、契約、侵權行爲、婚姻之成立要件與效力等，分別規定其選法法則，進而指定各該法律概念所指稱之法律關係，所應適用之準據法，是爲定性問題[41]。定性究竟應依何種標準爲之？學說上固有爭執[42]，問題迄今仍難解決，茲引數例說明之：

　　(1) 丈夫死亡後，遺妻對於丈夫所遺留之不動產之請求權，究竟屬於繼承

---

　　40 年 4 月 26 日，東京地判，昭和 38 年（ワ）6929 號，則認係實體問題。前註書（二）第 2094-2095 頁。（續）第 1087-1089 頁。

[39] 因此，劉鐵錚認為實體問題與程序問題之區別，應該視該問題於案件結果是否有影響而定，如可左右案件結果，影響當事人選擇法庭，且適用又不致增加內國法官實際上之困難之問題，即使某內國法規視該問題為程序問題，仍應認係實體問題。如純粹是關於證據法則及程序細節之規定，則為程序問題。此項見解殊值贊同，前揭書第 238-239 頁。

[40] 定性問題是跨越各個法領域之問題，不獨屬於國際私法，例如內國民事實體法上常見之設例，外科醫生對病患手術因其診斷錯誤而失敗，則其所負之責任究竟屬於侵權行為責任或契約債務不履行之責任，是為定性問題，參見孫森焱，民法債編總論，第 427-433 頁。刑事上某種行為構成何種犯罪，以便適用規定該犯罪之法條，亦可視為定性問題。此皆源自法律適用本身之問題，詳言之，在法律適用之邏輯結構上之三段論法，法律規定為大前提，將具體的生活事實通過「涵攝過程」，歸屬於法建構成要件之下，則通過三段論法之推論，導出規範爭法律事實之法律效果。法律規定之大前提，其尋找及其內容與意義之確定，即為定性問題（參見黃茂榮，法學方法與現代民法，第 179 頁。）

[41] 其詳，請參閱蘇遠成，國際私法，第 40-43 頁。馬漢寶，國際私法總論，第 224-235 頁。劉鐵錚，國際私法論叢，第 227-241 頁。

[42] 大致上有下列諸說：
　　1. 法院地法說；
　　2. 準據法說；
　　3. 比較法說；
　　4. 初步定性與次步定性說；
　　參見前註各書。

法上之權利，抑或夫妻財產制上之權利？[43]

(2) 未成年子女結婚應得父母之同意，究竟屬於婚姻之成立要件或婚姻之方式？[44]

(3) 乘客搭火車因失事而受傷，其向鐵路公司請求損害賠償，究竟屬於侵權行為抑或契約違反之請求？[45]

(4) 日常家事債務之問題究竟屬於婚姻之效力問題，抑或夫妻財產制之問題？[46]

(5) 伴隨離婚而生之子女監護權歸屬問題，究竟屬於離婚之問題，或親子間法律關係之問題？[47]

類此諸多困難之定性問題[48]，往往影響判決之一致，即相同事實之法律關係，在不同之法域或國家，而有不同之定性，致適用不同之選法法則，進而指定不同的準據法，判決自然難期一致[49]。

3. 選法規則

就國際私法之現狀而論，國際私法無疑是國內法而非國際法。世界各國各有其本身的國際私法，乃極明顯的事實，而各國國際私法之產生，與其通常之國內法又一般無二，至其內容，亦為一國立法者本諸主權而得以自由決定者，因此各國國際私法猶如其國內法，在內容上彼此不同。[50]例如，屬人法（personal law）上住所地法主義與本國法主義之對立幾達幾世紀[51]。由此可

---

43 馬漢寶，前揭書第 226 頁，蘇遠成，前揭書第 42-43 頁。

44 同前註書，劉鐵錚，前揭書第 230 頁。

45 劉鐵錚，前揭書第 229 頁。

46 石黑一憲，わが國際私法における本國法主義と例外案例の救濟—準據法選擇の妥當性と國際私法の反致—法學協會雜誌第 95 卷第 1299 頁。

47 同前註。

48 此外尚有因結婚之改姓、妻之行為能力、結婚成年、締結夫妻財產制契約之行為能力、夫妻間或親子間之扶養等難決之定性問題，參見前註文。

49 蘇遠成，前揭書第 43 頁。

50 馬漢寶，前揭書第 12 頁。

51 屬人法之本國法主義與住所地法主義之對立之史的描述與優劣比較，請參見馬漢寶前揭書第 60-64 頁。國際私法會議曾於海牙召開第七次會議訂立「關於規律本國法與住所地法衝突之公約」，擬減輕或解決本國法主義與住所地法主義之對立衝突狀態，惜迄今尚未生效，劉鐵錚，前揭書第 24 頁，註一○○。

見，相同事實關係之案件可能會因受訴法院之不同，而異其國際法之選法法則，進而適用不同的準據法，判決結果自然難以相同。

4. 連繫因素意義之確定 [52]

選法規則即使相同，亦可能因對連繫因素之意義之認識不同，致適用不同的準據法。例如，英國人在倫敦以郵遞發出要約，而德國人在柏林以郵遞方式寄出承諾。日後，關於契約是否成立，發生爭執而涉訟，雖德、英兩國國際私法皆規定，契約之方式要件應依締約國法，但締約地何在則有爭執，即依英國法爲德國（採承諾之發信主義），依德國法則在英國（採承諾之到達主義）。因而，本案因受訴法院在英國或德國，準據法即有不同 [53]。此外，又如分裂國家國民之本國法爲何，亦因看法之不同而導致準據法之本國法不同 [54]。因此，連繫因素之定性不同，亦會造成判決結果之不一致。

5. 反致問題

反致之存在根據，本爲消除屬人法上住所地法主義與本國法主義之衝突與對立，所致相同事實關係之事件，因受訴法院之不同，而適用不同的準據法

---

[52] 此即連繫因素之定性，參見劉鐵錚前揭書第 230 頁、第 234 頁。馬漢寶前揭書第 224-226 頁。

[53] 劉鐵錚，前揭書第 230 頁。

[54] 在學說上，關於韓國人、中國人等之本國法如何決定，大致可區分為六：

(1) 雖然在國際私法上，外交承認之有無不具特別的意義，但在處理本問題上，祇考慮吾國政府所承認之政府之國籍。

(2) 將分裂國家之兩個政府視為對立，而各在其支配領域內實施獨自之法律之政府，而直接適用關於「一國數法」之法則解決之（涉外民事法律適用法第 28 條參照）。

(3) 與前述 (2) 同，惟更注意兩對立政府存立基礎之價值理念（idealogy）之不同，而應「類推適用」關於「一國數法」之法則。

(4) 將分裂國家視為兩個國家，因各別適用該國之國籍法而決定其國籍，故係雙重國籍之人，又因雙重國籍之發生係因政治問題而起，故不能以後取得之國籍為其本國，而應視為同時取得雙重國籍，以關係最密切之國為其本國。

(5) 將分裂國家視為兩個國家，然分裂國家類似於新國家之分離獨立。新國家領土外之母國國民，並不因新國家之分離獨立而當然喪失母國國籍，而且分離獨立之新國家未得該國民之同意，亦不得授其國籍，因此，母國國民未同意新國家授與新國家之國籍，或雖同意而新國家尚未授與，其本國仍係母國。

(6) 此際，國籍已失其作為決定準據法之連繫因素之意義，應視為無國籍之人，而另依住所等其他標準，決定其準據法（涉外民事法律適用法第 27 條）。

其詳，請參見，山本敬三，分裂國家と本國法，國際私法の爭點，第 57-58 頁。早田芳郎，分裂國家の國民の本國法，涉外判例百選，第 18-19 頁。

之現象，故將本國法主義之國家常在內國國際私法中規定反致條款，藉以適用內國法，而減少國際私法本身之衝突或弊病[55]。反致固有許多種類[56]，其目的則在於求得判決之一致或擴大內國法之適用[57]。但是判決一致在反致條款之運用下，並不能達成[58]，蓋反致須有一定之限制，如直接反致中之兩國，一採反致而另一不採反致，或轉據反致中，兩採反致而第三國不採反致，判決一致始有可能達成[59]。至於強調內國法（法院地法）之擴大適用，則無異背離國際私法之理想——判決一致更遠矣[60]。

6. 公序良俗

外國法律適用之結果，如果違反法院地之公共秩序善良風俗者，得排除其適用。亦即公序良俗常作為外國法適用之限制，而屬於準據法適用階段之一種技術，藉以確保關於紛爭之實質的解決之最終的妥當性[61]，但公序良俗之意義為何，幾世紀以來，一直紛嚷不休，也無定論。例如公序良俗之國家性或超國家性[62]；或國際的公共秩序，國內的公共秩序；絕對的公共秩序與相對的公共秩序[63]；或「明確的」、「強而有力的」，用語均極為抽象而予以法官藉以擴大

---

[55] 馬漢寶，前揭書第 3-5 頁。

[56] 反致的分類大致如下：

1. 間接反致、直接反致、轉據反致與重覆反致。

2. 一部反致與全部反致。

3. 僅就特定連接因素為基礎所成立之準據法始採之反致，與基於一切連接因素為基礎所成立之準據法均採之反致。其詳請參閱劉鐵錚前揭書第 200-203 頁。

[57] 其他目的尚有保護外國法律之完整，表示國際的禮讓，或可得更合理的結果。同前註書第 203-206 頁。

[58] 反致條款與判決一致之關係，請參閱前註書第 209-212 頁。

[59] 馬漢寶，前揭書第 221 頁。

[60] 這也是反致理論受到嚴重反對之理由，參見，陳隆榮，前揭論文第 113-114 頁。

[61] 就此點而言，公序及俗實與「反致」、「定性」等準據法選擇之階段上，為確保判決一致之目的之實現，而與紛爭之實體的解決完全分離之法技術有異。詳見，石黑一憲，前揭「本國法主義」論文第 1331 頁。

[62] 主張公序觀念之超國家性者認為國際私法上之公序是以「人類共通之法律觀念為標準」是否違反公序之判斷基準則應為文明國家之共通基準」。主張公序觀念之國家性者，則雖然一面認為國際私法之公序應與民法等內國實體法之公序明確區別，但仍不能脫離社會之立場。參見，田村精一，公序則の適用，國際私法の爭點，第 63 頁。

[63] 馬漢寶，前揭書第 209-210 頁。

內國法之適用之良機[64]，判決之一致，更不可能達成矣。

7. 內國法適用之偏向

內國法適用之偏向，在各國國際私法立法例中頗爲常見，至於其情形，除運用上述「定性」、「反致」、或「公序良俗」等逃避手法之外，較常見的有：

(1) 爲維護內國之利益而適用內國法：例如關於侵權行爲之債之成立與效力[65]，或關於離婚之原因[66]。

(2) 爲維護內國之利益而適用於居住於內國之外國人之內國法：例如禁治產宣告[67]，死亡宣告或失蹤宣告[68]。

(3) 特定事項而被認爲與內國公益有密切關係者：例如未成年子女之監護、親權等事項[69]；勞動契約關係[70]或債權之消滅時效[71]；或傭船契約之準據法雖爲美國法，但依合意適用美國法設定留置權是不被允許的[72]。

(4) 基於內國交易之保護而適用內國法。例如，無行爲能力之外國人依內國法有行爲能力者，視爲有行爲能力[73]。

(5) 基於適用之便利而適用內國法，如關於本國法之決定，當事人有雙重

---

[64] 同前註第 208 頁、210 頁。內國法院法官往往囿於內國之公序良俗之觀念，而排除與內國法規定不同之外國準據法之適用，而代以內國法。例如，禁止離婚之外法，不承認死後認領之外國法、不承認強制認領之外國法、不承認妻於離婚時得為親權人之外國法等，皆因違反日本之公序良俗而被拒絕適用。其詳參見石黑一憲，前揭「本國法主義」文第 1333-1334 頁。

[65] 參見吾國涉外民事法律適用法第 20 條、日本法例第 11 條、德國民法施行法第 12 條。

[66] 參見吾涉外民事法律適用法第 14 條、日本法例第 16 條、德國民法施行法第 17 條。

[67] 參見吾涉外民事法律適用法第 3 條、日本法例第 4、5 條、德國民法施行法第 8 條。

[68] 參見吾涉外民事法律適用法第 4 條、日本法例第 6 條、德國民法施行法第 9 條。

[69] 美國人間基於監護權而請求交付子女之事件，東京控訴院大正 5 年 11 月 4 日判決，新聞 1214 號 21 頁。

[70] 美國人間在美國簽訂而約定以美國法為準據法之勞動契約，關於解僱效力之事件，東京地裁 40 年 4 月 26 日裁定（勞民集 16 卷 2 號 308 頁），適用勞務給付地兼法院地之日本法。

[71] 大審院大正 6 年 3 月 17 日判決（民錄 23 輯 378 頁）。

[72] 神戶地裁大正 6 年 9 月 16 日判決（法律新聞第 1329 號 23 頁），認為依合意設定留置權，違反「物權法定主義」。

[73] 參見吾涉外民事法律適用法第 1 條、日本法例第 3 條、德國民法施行法第 7 條。

國籍[74]，雙重住所或居所[75]時，以內國國籍、住所或居所為優先。「程序法應適用法院地法」亦係基於相同之考慮[76]。

內國法之優先於外國法之適用，必然導致案件之判決結果會因受訴法院之不同而使適用之準據法（法院地法或內國法）不同，判決一致之理想將無由實現矣！

三、國際私法理想與現實之調和：

在國際私法之現實上，判決一致僅成為空洞不切實際，而遙不可及的理想。則如何縮短現實與理想間之差距，不能無疑？基於實現國際私法上之正義，促進與保障國際私法生活之安全與圓滑，努力的方向可有二途：

（一）為避免當事人之任擇法院（forum shopping），應該改革選法方式，首先不再給予判決一致過高的推崇與評價，而比較注重具體的妥當性[77]。蓋判決一致祇有經由國際私上選法規則、準據法內容或管轄法則之統一始有可能，但在實踐上，基於特別的考慮，對於公序良俗等問題，仍不能不讓步[78]。注重具體的妥當性，在選法過程不再一味的逕以固定的連繫因素自動指向所找尋出之準據法，作為具體案件所應適用之準據法，而應多層面的考慮各種連繫因素，以應個別案件之事實與需要[79]。其方法大致如下：首先確定相關連之國家，再找尋相關法規，進而分析評價各相關法規適用於具體案件之關切程度，最後探討各相關法規之政策，尤其區別真衝突與假衝突，決定應適用之準據法，解決問題[80]。

（二）嚴格區別準據法適用之問題，與管轄法院之問題。前者屬於妥當選擇準據法之問題，重要的是不要過度的注重法院地利益之保護，並避免各國國

---

[74] 參見涉外民事法律適用法第 26 條、日本法例第 27 條第 1 項、第 29 條。

[75] 參見涉外民事法律適用法第 27 條、日本法例第 27 條第 2 項、第 28 條。

[76] 劉鐵錚前揭書第 237 頁。

[77] 松岡博，前揭論文第 21-27 頁，並再請參閱第 11-17 頁，關於「具體的妥當性」之論述。

[78] 例如海牙國際私法會議於 1968 年通過的「關於交通事故之法律適用公約」，即解決了「定性問題」，但對於應適用之法律顯然違反法院地之公序良俗時，法院得拒絕適用之問題，不得不予保留，參見劉鐵錚前揭書第 24 頁、第 28 頁。

[79] 陳豐榮，前揭論文第 191 頁。

[80] 同前註，第 192-197 頁。

際私法之過度「內國化」[81]；反之，前者屬於國際民事訴訟法之問題，注重的是當事人程序上的正義與法院進行訴訟之便利與否。詳言之，當事人如何以經濟的時間、費用與勞費，從事「超越國境之權利」追求；法院進行訴訟程序，如調查證據，進而攻擊防禦之聽取，而不致作出錯誤或不當之判決，是管轄法院之決定特應注意之處[82]。

第三節　傳統上決定管轄法院之方法

壹、緒說

　　傳統上，決定管轄法院之方法，不外乎三個步驟：即一、首先區別案件之性質；二、找尋各該類型訴訟管轄權行使之基礎；三、決定管轄法院。在大陸法系國家，通常無關於涉外民事案件之訴訟程序之法律，故涉外民事案件決定管轄法院之方法，不外乎「準用」或「類推適用」其國之民事訴訟法規，並由判例補充其成文法規之欠缺。因而，如內國民事訴訟法規，有普通管轄與特別管轄之別。普通管轄適用於除專屬管轄之案件外之一切訴訟案件，而特別管轄則適用於特定類型之案件。普通管轄與特別管轄立於排斥或競合之關係，亦即特別管轄如為專屬管轄則排斥普通管轄之適用，如為非專屬管轄（又稱任意管轄），則原告可任擇普通管轄或特別管轄為繫屬法院，即兩者皆得行使管轄權。[83] 在英、美、法系國家，因為成文法規闕如，法院判例成為其一般法律，即普通法（Common Law）之主要來源或直接來源，國際私法亦不例外。國際私法之原則或制度，多賴權威判例而建立。[84] 屬於國際私法之一部之管轄權問題[85]亦同。而判例之作成，多依一定之原理原則，如英國法之依「有效原則」（「實效性原則」）為國際私法上裁判管轄之最基本原則，而推衍出一切管轄權

---

[81] 同前註，第 190 頁。

[82] 即所謂「法院之人類化」或「國際訴訟之目的適合」。參見渡邊惺之譯，國際民事訴訟法：第一回國際民事訴訟法會議，一般報告，慶應大學法學研究第 56 卷第 1913 頁。此點，後文還要詳細研究。

[83] 參閱蘇遠成著，國際私法，第 126-127 頁。

[84] 關於普通管轄、專屬管轄、任意管轄之概念，請參閱國內有關民事訴訟法之著作。

[85] 馬漢寶著，國際私法總論，第 34 頁。

之行使，以涉訟財產位於英國或被告在該國收受訴訟程序文書爲必要。[86] 又如美國法，自 Pennoyer v. Neff 案 [87]，確定領域管轄（Territorial Principle）之理論後，其影響力達百餘年。管轄之理論因伴隨法院因應社會環境變遷與價值觀改變，作成不同之判決而演進。

　　本節以介紹大陸法系與英美法系之主要國家，關於涉外民事案件法院管轄問題之處理方法爲主。大陸法系國家中，德國與法國之法制差別頗大，日本法制初則從法國法制，嗣後改宗德國，故亦可大別爲德國法制與法國法制兩小類。英美法系中，英國與美國政治體制並不相同，英國爲單一主權國家，故所謂涉外民事案件多發生於英國與其他國家之國民間（少部分亦有英格蘭與蘇格蘭間者）。反之，美國則屬聯邦制度之國家，組成聯邦之各州，擁有獨立自主之立法權、行政權與司法權，然各州之上，另有聯邦政府、國會與聯邦法院，分別行使聯邦憲法之行政權、立法權與司法權。州與聯邦權限畫分井然，而州間之立法多少亦有差別，因而，有甚多涉外民事案件，屬於州際者，故處理其法院管轄問題，尚應以聯邦制度所特有之角度來考慮。此外，由於聯邦最高法院係聯邦憲法之守護者與闡釋者，對於聯邦立法或州法，享有違憲審查權，因而，州法院適用其州法所處理之涉外民事案件，不論是選法問題或管轄問題，往往因是否違憲之問題而上訴至聯邦最高法院，其所爲之判決亦與聯邦憲法密切相關。就管轄問題言之，聯邦憲法第十四修正案之正當法律程序條款，最常作爲州行使管轄權之限制，而聯邦憲法第五修正案，則控制聯邦法院管轄權之行使 [88]，且與他州或外國法院判決之承認與執行相關 [89]。

貳、大陸法系國家

第一項　法國

　　法國除其民法第 14 條或第 15 條外，並無關於涉外民事案件管轄法院之決定之成文法規，唯有依據判例類推適用或準用其民事訴訟法之規定來補充 [90]。

[86] 同前註第 27 頁。

[87] 劉甲一著，國際私法，第 304-305 頁。江川英文著，國際私法における裁判管轄權（二），法學協會雜誌第 60 卷第 1 號第 66 頁，稱「實效性原則」。

[88] 95, U. S. 714 (1877).

[89] Russel, J. Weintraub, *Commentary on Conflict of Laws*, §§4.3 at 95. (1980 3th ed.)

[90] 超越聯邦憲法之限制而行使管轄權所爲之判決，在其判決國無效，亦不能獲得他州或他國給

詳言之：

一、法國民法第 14 條規定：「外國人即使未居住於法國，如與法國人訂立契約，爲其契約義務之履行，得呈訴於法國法院，其在外國與法國人訂立契約，爲其契約義務之履行，亦同得呈訴於法國法院。」準此，被告之法國國籍爲法國法院行使管轄權之基礎。法國民法第 15 條則規定：「法國人在外國與外國人訂立契約，關於其契約義務之履行，得呈訴於法國法院。」使原告之法國國籍亦得作爲法國法院行使管轄權之基礎。[91] 此外，外國人間之訴訟，法國法院原則上無管轄權，但有下列例外 [92]：

（一）應適用關於法國之警察與公安之法律之訴訟。

（二）依公序良俗應適用法國法律之訴訟。

（三）關於在法國作成之身分證書之訴訟。

（四）關於位於法國之動產或不動產之訴訟。

（五）外國法院無管轄權之訴訟。

二、前述法國民法之規定，原本僅於契約關係之訴訟，始有適用，但由於法國法院之極度擴張其適用範圍，致任何類型之訴訟，祇要法國人爲原告或被告，法國法院即得行使管轄權。因此，美國人在瑞士死亡，在法國以外之國家遺留有若干動產與不動產，其法國子女得於法國法院，對於在法國無住所之寡母，提起宣告遺囑無效之訴訟。在瑞士日內瓦之法國人夫，得於法國法院，對設住所於英國而現居住於伊朗之妻，提起離婚之訴 [93]。亦即，舉凡侵權行爲之訴訟、準契約債權、身分關係，繼承關係之訴訟，皆有法國民法第 14 條、第 15 條之適用。[94]

三、法國民法第 14 條規定被告之法國國籍得作爲法國法院行使管轄權之基礎，按諸法國採用屬人法之本國法主義，固無疑問。惟法國民法第 15 條之

予充分誠實信用之效力。Id.

[91] 江川英文，前揭文（二）第 11 頁。

[92] 池原李雄、平塚真，涉外訴訟における裁判管轄，實務民事訴訟法講座第 6 卷，第 8-9 頁。

[93] 江川英文，前揭文（二）第 28-31 頁。Beale, The Jurisdiction of courts over Foreigners, Harv., L, Rev, 26:193, 208-209 (1913).

[94] Weser Martha, *Bases of Judicial Jurisdiction in the Common Market Courtries*, A. J. C. L., 10:323, 324-25 (1961).

規定原告之法國國籍亦得作為法國法院行使管轄權之基礎，不但不合理，亦易遭他國之報復[95]，其理由固在於：由於法國人之被告常享有在法國法院應訴之權利，亦給予外國人得在法國法院應訴之權利，作為補償[96]，但難免給人法國法院最為優越與其極度擴大管轄範圍之感。

四、當事人拋棄法國民法第 14 條、第 15 條呈訴於法國法院之權利，或外國人於法國享有民權，或條約排除該法條之適用時，則準用法國民事訴訟法之有關規定決定法國法院有無管轄權[97]，茲分述之：

(一) 物上訴權

關於不動產物權之訴訟，專屬於不動產所在地之法院管轄[98]，不問當事人是否具有法國國籍，或全非法國人，凡位於法國之不動產，關於其物權之訴訟，皆專屬於法國法院，若不動產位於外國，則法國法院無任何管轄權。[99]

(二) 混合訴權

凡物權設定契約之履行，不動產之讓與、不動產物權設立之無效、撤銷、解除等訴訟，由被告之住所地或不動產所在地法院行使管轄權[100]。

(三) 對人訴權

原則上由被告之住所地法院行使管轄權，如被告無住所時，以居所代替住所[101]，因此，凡被告有住所於法國，法國法院即有管轄權，否則，其管轄權屬於他國法院[102]。但下列類型之訴訟，則因其性質特殊，而有特別的管轄規定：

1.商事契約關係之訴訟：被告住所地、為要約及交付貨物地、或給付貨款地之法院皆得行使管轄權[103]。

---

[95] 池原季雄、卒塚真，前揭文第 9 頁。
[96] 劉鐵錚，國際私法論叢，第 245 頁及註九。
[97] 江川英文，前揭文（一），第 23 頁。
[98] 同前註第 12 頁。
[99] 民事訴訟法第 59 條第 5 項。
[100] 同註 16。
[101] 民事訴訟法第 59 條第 6 項。江川，前揭文（一）第 15 頁。
[102] 民事訴訟法第 59 條第 1 項。
[103] 池原季雄、平塚真，前揭文第 8 頁，江川英文，前揭文（二）第 13 頁。

2. 關於擔保之訴訟：由本訴（被擔保之債權所生訴訟現繫屬之法院）行使管轄權[104]。因此，本訴繫屬於法國法院，其有管轄權固無問題，然若本訴繫屬於外國，且該國有與法國有相同之規定，被告又設住所於法國者，外國法院無管轄權[105]。

3. 關於侵權行為之訴訟：由侵權行為地法院行使管轄權[106]。但侵權行為之概念非常廣泛，致阿根廷人夫甲，與美國人乙在法國結婚後，在墨西哥取得乙不知情之離婚判決，另與美國人丙結婚。嗣後甲與丙移居法國，乙遂在法國法院提起宣告甲丙婚姻無效之訴，法院認為甲一直是法國住民，其行為構成在法國之侵權行為，故得據此而行使管轄權[107]。又被告不限於侵權行為之加害人，如原告（被害人或其他請求權人），得直接向加害人之保險人請求損害賠償，即令加害人或保險人未在法國營業或設有住所，祇要侵權行為發生於法國，法國法院即得行使管轄權[108]。

4. 關於繼承之訴訟：由繼承開始時，被繼承人之住所地法院管轄[109]。但遺產為不動產時，則由不動產所在地之法院管轄，故不問繼承發生於何國，如遺產之不動產位於法國，法國法院即得行使管轄權，反之則否[110]。

5. 關於公司之訴訟：由公司設立地之法院行使管轄權[111]。

6. 關於定期扶養金之訴訟：由尊親屬之住所地法院行使管轄權[112]。

7. 關於供給、勞務、借貸或承攬所生之訴訟，如當事人之一方於契約訂立地或履行地設有住所者，由該地之法院行使管轄權[113]。

8. 關於收養之事件，包括收養無效、撤銷收養、確認收養成立或不成立及

---

[104] 民事訴訟法第 420 條，池原季雄、平塚真，同前註。江川英文同前註第 14 頁。

[105] 民事訴訟法第 59 條第 10 項，第 181 條。池原季雄，平塚真同前註，江川英文同前註第 15 頁。

[106] 江川英文，同前註。

[107] 民事訴訟法第 59 條第 12 項（1923 年 11 月 26 日修訂）。

[108] American France in private international law. at 152.

[109] Id.

[110] 民事訴訟法第 59 條第 8 項。

[111] 江川英文，前揭文（一）第 14 頁。池原季雄、平塚真，前揭文第 8 頁。Supra note 26, at 154.

[112] 民事訴訟法第 59 條第 7 項。

[113] 同右第 2 項（1932 年 4 月 6 日修訂）。

終止收養之訴訟，均由養親住所地之法院行使管轄權[114]。

9. 合意管轄：當事人得爲法律行爲之履行而選定住所，則被告之原住所及現住所均得行使管轄權[115]。

第二項　德國與日本

德國，除依其民法施行法，以本國法爲準據法之法律關係所生之訴訟，其民事訴訟法就其法院管轄權另有特別規定者外，其他類型之涉外民事案件，多依其民事訴訟法有關規定之準用或類推適用而獲得指示。詳言之，依德國民事訴訟法之規定，如其任何一個法院有普通管轄權、特別管轄權、或專屬管轄權、則可間接推知德國之法院對該涉外民事案件有一般管轄權[116]。

日本亦與德國法同，未就涉外民事案件之管轄爲特別之規定，故解釋上亦同[117]。

由於德國、日本兩國之規定極爲類似，故一併依訴訟類型之不同敘述之。

一、普通管轄權

由被告之生活中心地，即普通審判籍之法院行使管轄權。被告爲自然人時，其生活中心地爲住所所在地，被告爲法人或其他具有形式當事人能力之團體，則爲其事務所或營業所所在地[118]。被告無住所時，以居所代之，無居所者以在德國（或日本）之最後住所視爲住所[119]。被告爲公使、大使或其他專有治外法權之人，又不能依前條之規定定其普通審判籍者，以最高法院所定之地爲其普通審判籍[120]。

---

[114] 同右第 3 項。

[115] 川上太郎，養子緣組の國際的裁判管轄權之準據法問題，民商法雜誌第 62 卷第 4 期，第 40-41 頁。

[116] 民事訴訟法第 59 條第 11 項。

[117] 參見，池原季雄、平塚真，前揭文第 9 頁，江川英文（二）第 54-55 頁。

[118] 池原季雄、平塚真，前揭文第 19 頁，江川英文，前揭文（三）第 373 頁。兼子一，民事訴訟法體系（昭和 29 年），第 84 頁。

[119] 參閱德國民事訴訟法第 12 條（以下簡稱德，第 12 條）、第 13 條、第 17 條。日本民事訴訟法第 1 條、第 2 條第 1 項、第 4 條（以下簡稱日，第 1 條等）。

[120] 德，第 16 條。日，第 2 條第 2 項。惟本條項之適用以被告在內外國皆無住所或居所時爲限。參閱江川英文，前揭文（二），第 56 頁。（三）第 375-376 頁。

二、特別管轄權

德國法與日本法皆依案件之性質，而於普通管轄權之外，另為若干特別管轄權之規定，使其與普通管轄權立於競合或排他的之關係[121]，茲分述之：

（一）關於不動產所有權、物權之負擔，經界之確定，分割及占有之訴訟：由不動產所在地法院行使管轄權[122]。被告在日本享有治外法權者，亦然[123]。關於地役權、物上負擔、及先買權之訴訟，由承役地、受負擔之地之法院行使管轄權。其他不動產有關之訴訟之管轄法院亦為不動產所在地[124]。

（二）關於財產權之訴訟，由下列之法院之一行使管轄權：

1. 債務履行地[125]。

2. 船員為被告時，船舶之船籍所在地[126]。

3. 被告無住所時，請求或其擔保之標的物所在地，或被告得扣押之財產所在地[127]。

（三）關於票據關係所生之訴訟：由票據付款地行使管轄權[128]。

（四）關於船舶所生之訴訟，由下列法院管轄：

1. 被告為船舶所有人或船舶利用人，關於船舶或航海所生之訴訟：船舶之船籍所在地[129]。

2. 船舶債權或以船舶擔保之債權所生之訴訟：船舶所在地[130]。

---

[121] 德，第 15 條。日，第 3 條。

[122] 江川英文（三）第 376-377 頁。（二）第 56 頁。

[123] 德，第 24 條第 1 項，第 2 項，規定為專屬管轄。日，第 17 條則未明定為專屬管轄，學者有認為應與德法之解釋同，江川英文（三）第 12 頁，反對說見齋藤秀夫，注解民事訴訟法第 1 冊第 119 頁。

[124] 齋藤秀夫，前註書第 119 頁。

[125] 德，第 25 條、第 26 條。日，第 17 條，皆為任意管轄。

[126] 德，第 29 條。日，第 5 條。

[127] 德，第 20 條第 2 項。日，第 7 條。

[128] 德，第 23 條。日，第 8 條。

[129] 日，第 6 條。德，第 603 條第 1 項。

[130] 日，第 10 條。德，商法第 488 條。

3.關於海難救助所生之訴訟：救助地或被救助船舶最初到達地[131]。

（五）被告爲具有營業所或事務所之人，關於在其營業所、事務所之業務所生之訴訟：營業所或事務所所在地[132]。

（六）關於公司或其他團體之關係所生之訴訟：公司或其他團體之普通審判籍[133]。本訴訟之類型包括：

1.公司或其他團體對於社員，或社員對社員，基於社員資格所提起之訴訟。

2.社團或財團對於其成員，或公司對於其發起人或監事所提起之訴訟。

3.公司或其他團體之債權人對於社員，基於社員資格所提起之訴訟。

4.社團、財團、社員及社團之債權人，對於社員、成員、發起人、監事，或曾爲社員者對於社員，所提起之訴訟。

（七）關於侵權行爲所生之訴訟：

1.一般侵權行爲：由侵權行爲事實發生地之法院行使管轄權[134]。

2.船舶碰撞或其他海上事故：受損害船舶最初到達地[135]。

（八）關於登記所生之訴訟：由登記地法院行使管轄權[136]。

（九）關於離婚之訴訟：由夫妻一方之居所或住所行使管轄[137]。

（十）關於婚姻無效之訴訟：由當事人一方之常住地法院行使管轄權[138]。

---

[131] 日，第 11 條。德法無規定。

[132] 德商法第 488 條。日，第 16 條。

[133] 德，第 21 條。日，第 9 條。

[134] 德，第 22 條。日，第 12 條、第 13 條、第 14 條。

[135] 德，第 32 條。日，第 15 條第 1 項。

[136] 日，第 15 條第 2 項。

[137] 日，第 18 條。

[138] 日本之態度並不一致，東京地裁昭和 29 年 9 月 28 日判決，肯定原告之住所之管轄權，但最高法院昭和 39 年 3 月 25 日判決，卻認爲應以被告之住所地法院管轄爲原則，僅在被告遺棄原告或行蹤不明時，始例外的以原告之住所地法院行使管轄權。德國法尚有若干保護性之規定，即 (1) 夫爲德國人而於德國無住所，或夫喪失德國國籍但妻仍予以保留，或夫妻雙方均喪失國籍而未取得他國國籍；(2) 與外國人結婚之德國女子，提起婚姻無效或撤銷婚姻之訴

　　（十一）關於收養關係之訴訟：由養子之住居所[139]或養親之住居所地法院或本國法院管轄[140]。

　　（十二）關於未成年人之監護：日本法認爲：與離婚訴訟結合者，離婚訴訟之管轄法院有管轄權，若係獨立之案件，則以子之住居所地爲準[141]。德國法則以下列四國法院行使管轄權：(1) 子之居住所；(2) 子之本國；(3) 準據法國；(4) 其他基於監護必要之國家[142]。

　　（十三）關於遺產繼承之訴訟：繼承開始時，被繼承人之普通審判籍[143]。

　　（十四）合意管轄與應訴管轄：當事人雙方基於合意，以書面選定之法院，與被告不抗辯法院無管轄權而爲本案之言詞辯論，皆使各該法院得行使管轄權[144]。

參、英美法系國家

第一項　英國

　　英國法制，除依成文規定之情形外，所有民事案件之管轄，均依所謂實效性之原則（principle of effectiveness），及服從之原則（principle of submission）來決定。[145]所謂實效性之原則，係指法官對於不得於其自國領土內強制執行之判決，無爲宣告之權利之原則；而服從之原則，則爲於一定場合，如被告不自願服從，則該法院即無管轄權，亦即其管轄權之取得，因

　　訟；(3) 外國人間之離婚訴訟，如依夫之本國之法律，德國法院有管轄權時。均肯定德國法院之管轄權，是為當事人一方住居所主義之例外。

[139] 日本之判例亦不一致，有嚴守被告住所地主義，有更要求原被告雙力之住所地，有僅以原告或被告一方之住所為已足，參見三浦正人、松岡博、川上太郎，アメリカにおける裁判管轄問題—Status を中心として，國際法外交雜誌第 70 卷第 5 號，第 43 頁，德國之婚姻無效之管轄權與離婚訴訟相同。

[140] 日本判例之見解，見前註アメリカにおける裁判管轄問題，第 45 頁。

[141] 德國之見解，即養親之住居所在德國，或養親為德國人即使在德國法院無住所，德國法院均有權管轄。同前註。

[142] 同前註第 46-47 頁。

[143] 同前註第 47 頁。

[144] 日，第 19 條。德，第 27 條。

[145] 德，第 38、39、40 條。日，第 25、26、27 條。

被告之任意自願的服從而取得。[146] 而且，訴訟基於其性質可區分爲對人訴訟
（Action in Personam）及對物訴訟（Action in rem）和其他關於身分關係之訴
訟（Status）。對人訴訟管轄權之決定，帶有濃厚的訴訟程序之色彩，而爲訴
訟程序規則之適切反映[147]。詳言之，在普通法上（Common Law），任何人如
收受起訴狀或其他關於訴訟程序之文書之送達，而出現於法院之前，法院即有
權對其行使管轄權。[148] 而不問訴因（Cause of auction）與法院地有無事實上之
牽連，即令被告正途經法院地而收受訴訟文書之送達亦然。[149] 如果被告遠適外
國而逃避訴訟文書之送達，則法院對其將無從行使管轄權矣，即使法院地係其
住所地，或侵權行爲地或契約訂立地或營業所在地均然。[150] 由於重視對於被告
訴訟程序之文書之送達，也就特別講究被告之身分以決定送達之方式。[151] 被告
係自然人時，祇要在英國收受訴訟程序之文書之送達，英國法院即取得管轄
權，而不問其停留英國之期間如何短暫。因而，一法國人自巴黎前往倫敦並意
欲當日返回，在倫敦收受訴訟文書之送達，則英國法院對之得行使管轄權，而
不問該訴訟原因之債務係發生於法國或將在法國履行。[152] 如果被告在英國未收
受送達，則即使其在英國營業，英國法院亦不得行使管轄權。[153] 而訴訟文書之
送達，以原告或其代理人親自交付予被告爲原則。[154] 如果被告請求，並在被告
離去前由原告出示該文書之原本，則原告或其代理人得以該文書之影本之留
置，而完成送達。而如果對被告之送達實際上不可行時，法院亦得直接對被
告爲訴訟文書之通知而爲代替送達之命令[155]。例如，被告在訴訟文書作成時已
離開英國，但其主要目的在於逃避該文書之送達。至於被告爲合夥（partner）
時，如其在英國且以合夥之名義爲營業時，不問其合夥人是否均爲英國人，亦
不問其在他地有無營業行爲，則對合夥在英國之主營業所中，對合夥事務有控

---

[146] 江川，前揭文（三）第 66 頁。

[147] 同前註。Dicey & Morris 在其第七版 *Conflict of Laws* 以前之著書中，均詳細討論實效性之
原則。但第八版以後則予以省略。Dicey & Morris, *Conflict of laws*, at 8. n. 17., See also G. C.
Cheshire & P. M. North, *Private international law* 8th ed (1970), at 92 n. 6.

[148] 池原，平塚前揭文第 6 頁。

[149] Cheshire & North, Supra note 65, at 76.

[150] Id. at 76-77.

[151] Dicey and Morris, Supra note 65, at 170.

[152] Colt industries inc, v. Sarlie [1966] l. W. L. R. 440 (C. A).

[153] Dicey & Morris Supra note 65, at 171.

[154] Id., at 172.

[155] Id., at 172.

制權或管理權之人，或合夥人中之一人，爲訴訟文書之送達，法院得對合夥行使管轄權，不以全體合夥人收受送達爲必要。[156] 被告爲公司時，如係內國公司[157]，不問是純爲在外國營業而組織設立者，則對該公司之營業所，或其登記機關，留置或郵寄送達訴訟程序之文書，則法院有權行使管轄權？外國公司在英國有營業所，並指定在英國有住所之送達代收人，則對該送達代收人爲送達，即使該公司不再在英國營業或設有營業所，英國法院方得行使管轄權。如該送達代收人不能收受，而該公司在英國仍有營業時，則得對該公司在英國之營業所送達[158]。

此外，被告之服從（submission），無論是對未收受送達之訴訟之應訴，或是契約中之約定[159]，或被告之住所或當居所地在英國[160]，均爲英國法院得行使管轄權之基礎。而在特定類型之訴訟，諸如：

（一）關於土地之訴訟，訴訟標的物之土地在英國。[161]

（二）關於在英國之動產之訴訟，或關於載於文件之信託而應依英國法實行之訴訟[162]。

（三）關於在英國死亡者之遺產之處理之訴訟[163]。

（四）關於契約之訴訟，例如履行、撤銷、解除、無效或有關之損害賠償，如該契約係在英國訂立者，或透過在英國之代理人訂立，或指定準據法（明示或默示）爲英國法者[164]，或契約之違反係發生於英國屬之[165]。

（五）關於侵權行爲之訴訟，其事實發生於英國者[166]。

---

[156] Dicey & Morris, Id. at 172-174. Cheshire & North, Id., at 89-90.

[157] 英國關於內外國公司之別，採準據法説，即依英國法設立登記者為英國公司，否則為外國公司。

[158] Dicey & Morris Supra note 65, at 174-176. Cheshire & North Supra note 65, at 79.

[159] Dicey & Morris, Id., Rule 23, at 179, Cheshire & North Id., at 79.

[160] Dicey & Morris, Id., Rule 25, (2) at 189.

[161] Id., Rule 25, (1) (2).

[162] Id., Rule 25, (5).

[163] Id., Rule 25 (4).

[164] Id., Rule 25 (6).

[165] Id., Rule 25 (7).

[166] Id., Rule 25 (8).

（六）訴訟有關之禁止或強制命令（injunction）係命令或禁止被告在英國爲特定行爲者[167]。

（七）訴訟之被告已受訴訟程序文書之送達，而對於該訴訟所必要或適當之他利害關係人[168]。

（八）關於在英國之動產之抵押權之實施或其回復之訴訟[169]。

（九）關於船舶碰撞或其他海上事故，而發生於英國領海所造成生命或身體之傷害或喪失而請求損害賠償之訴訟[170]。

被告雖未收受訴訟程序文書之送達或未居住於英國，英國法院仍對其得行使管轄權，是爲例外。其主要目的即在於除去一般法上依據訴訟程序文書之送達，作爲對人管轄行使之唯一基礎所生之不適當[171]。

對物訴訟唯一的類型乃海事法院，對於船舶或其他「物」，例如貨載、運費所進行之訴訟等。[172] 其管轄權行使之要件乃對於該「物」之送達訴訟程序之文書[173]。

關於婚姻無效、或婚姻撤銷之訴訟，於下列情形之一，英國法院得行使管轄權[174]：

（一）雙方當事人設住所於英國[175]。

---

[167] Id., Rule 25 (9).

[168] Id., Rule 25 (10).

[169] Id., Rule 25 (11).

[170] Id., Rule 26.

[171] Cheshire & North, supra note 65, at 81-82. 此不但擴大一般法上管轄權行使之基礎，更重要的是其給予法院裁量權，亦即於各該情形下，法院是否行使管轄權完全基於其裁量，裁量之行使固須極爲慎重，並留意各種案例之情況，而法院在認定冀其非便利法院時，通常會拒絕行使管轄權。

[172] 對物訴訟似應包括任何對於「物」，如土地、動產所進行之訴訟，但自 Common law procedure act 1852 及承襲其理論之最高法院規則（Rules of the supreme court）第 11 條擴大管轄權行使之基礎後，對物管轄僅剩對船舶或其他貨載之海事法院之管轄權。Dicey & Morris Supra note 65, Rule 27 & Comment, at 214.

[173] Id., at 215-217.

[174] Cheshire & North, supra note 65, at 386-388.

[175] 由於妻子通常多未另設住所，故以丈夫之住所爲共同住所，惟如婚姻無效，則無「妻子」，亦無「丈夫」，更無共同住所，因而，妻子於無效之婚姻前設住所於外國，則除非證明妻子

（二）雙方當事人設居所於英國。

（三）丈夫於遺棄妻子之前曾設住所於英國，而妻子一直居住於英國。

（四）妻子設居所於英國達三年，而不問丈夫之住所何在。

又關於婚姻無效之訴訟，英國法院有下列情形之一者，亦得行使管轄權[176]：

（一）原告之住所在英國而不問被告之住居所何在。

（二）被告之住所在英國。

（三）婚姻舉行地在英國，而不問其停留英國之期間如何短暫，亦不問其住居所何在。

關於婚姻之解消或離婚之訴訟，唯一的管轄權行使之基礎為丈夫之住所，同時亦為夫妻之住所[177]。但是由於丈夫之遺棄妻子而他去，常成為離婚之原因，且妻子又以丈夫之住所為住所，故妻很難前往夫在外國之新住所地提起離婚之訴訟，因而承認因妻在英國之住所，或夫遺棄妻以前在英國亦設有住所，使英國法院有管轄權。[178]如妻在英國設有居所達三年而有上述情形時亦然[179]。

關於收養之事件，則以請求人（收養人）在英國有居所，英國法院始有管轄權。惟如收養人係有住所於英國者，且係在英國殖民地工作，除被收養人係學齡兒童，須在英國有三個月之居所外，不以收養人及被收養人有居所於英國為必要[180]。

關於非婚生子女之認否之事件，英國法院就原告所主張之婚生性與否或其本身或其父母或祖父母之婚姻關係有效與否之事件，於符合下列條件時，有管轄權，即：(1) 原告係英國國民；(2) 起訴時設有住所於英國，或有動產或不動

結婚時欲與丈夫共有住所，或另選擇在英國之獨立住所，英國法院將無法行使管轄權。

[176] Cheshire & North, supra note 65, at 388-392.

[177] 但住所之意義並不採嚴格的方式，在 Niboyet v. Niboyet (1878) L. R. 4. P. D. I. 案中，被告夫係法國人，妻係英國人，兩人於 1856 年於 Giblaltar 結婚，1862 年至 1869 年，及 1875 年至起訴時，被告一直住於英國而為法國領事，妻因夫之通姦而提起離婚之訴，英國法院仍認為有管轄權。Id., at 346.

[178] Mattrimonial causes Act (1865) S. 40 (1)(a).

[179] Mattrimonial causes Act (1965) S. 40 (1)(b).

[180] Cheshire & North, Supra note 65, at 449.

產於英國 [181]。

　　關於未成年子女之監護事件，如該未成年子女係英國國民或常居住地，或出現在英國，則英國法院有管轄權。在英國提起之離婚、婚姻無效或撤銷、或裁判分居、或配偶權利義務之回復或請求丈夫定期給付生活扶養費之訴訟，亦得對未成年子女之監護問題行使管轄權 [182]。

　　關於動產繼承之事件 [183]，英國法院如對遺囑執行人之允許能行使管轄權，亦得行使管轄權 [184]。所謂對遺囑執行人之允許能行使管轄權，係指被繼承人之財產在英國境內，或雖不在英國境內但有特殊情形，英國法院均得行使管轄權 [185]。

第二項　美國 [186]

　　美國法上，涉外案件包括國際案件與州際案件 [187]，其管轄法院之決定，如

---

[181] Dicey 7 Morris, Supra note 65, at 415-416.

[182] Id., at 383-389.

[183] 英國法上關於不動產繼承，亦以不動產所在地法院為管轄法院，故繼承問題祇及於動產之繼承。

[184] Dicey & Morris, Supra note 65, at 589.

[185] Id., at 569-571.

[186] 美國法上，由於在 1945 年以後，迭在州際案件之管轄問題上，作出令人矚目之判決，包括：

　　a、International shoe Co. v. Washington, 326, U. S. 310 (1945).

　　b、Traveler s Health Association v. Virginia 339 U. S. 643 (1952).

　　c、Perkin v. Benquet Consolidated mining company, 342 U. S. 437 (1952).

　　d、McGee v. International life insurance co, 355 U. S. 220 (1952).

　　e、Hanson v. Denkla 357, U. S. 235 (1958).

　　f、Shaffer v. Heitner 433 U. S. 186 (1997).

　　g、Kulko v. Superion court 436 U. S. 84 (1978).

　　h、World-wide volkwagln v. Woodson, 444, U. S. 286 (1980).

　　i、Rush v. Savchuck, 444, U. S. 320 (1980).

　　這些判例顯然採用最少限度關連（minimum contacts）之理論，決定州際案件管轄之方法，態度轉趨彈性，活潑，不再固定化，機械化。論者對這些判例之批評，或充分支持，或更形擴張其理論，與判例之內容，深深影響本論文之寫作，並構成其主要內容，為避免論文之內容重複，於此僅介紹美國迄 1945 年止，決定州際案件管轄法院之方法。1945 年以後案例之內容，與重要學者之意見，待第五章「功能性分析方法」相關章節時，一併提及。

[187] 由於構成美利堅合眾國之各州（state），各有其法律制度與司法組織，自國際私法之立場言之，各州本係具有獨立主權之法域，如同國際社會之國家，故涉外案件自然包括國際案件與

同英國，繼受一般法之原則，經由聯邦最高法院作成判例，構成其理論，其中最受矚目，影響所及幾達百年之久的乃1877年之案例Pennoyer v. Neff[188]，茲述其所揭示管轄權理論：

一、關於獨立國（州）對於人或財產之管轄權之行使，有已確立之國際公法之二個原則，即：

（一）各國對於其領域內之財產，具有完全排他的權限。

（二）任何國家對於其領域外之人或財產，無直接的權限。

二、因於財產權之訴訟，可區分爲三：對人訴訟（action in personam）、對物訴訟（action in rem）及準對物訴訟（action quasi in rem）[189]。

因而，由於獨立國（州）對於境內之人，擁有絕對的排他的權限，其管轄權之行使，以該被告在法院地出現（present）爲必要，即對人訴訟管轄權之行

州際案件。此外，由於各州又係構成聯邦之一州，除州法及州司法組織外，另有聯邦法律與聯邦司法組織，而各州又須服從聯邦憲法之約制，故其國際私法或州際私法之原理原則，不得不受聯邦憲法規定之支配，尤其受聯邦法院，特別是聯邦最高法院判決態度之影響。參見 Leflar, *American Conflicts Law*, at 35 (1968).

[188] 95, U. S. 714 (1877)，其事實要略為1866年，奧瑞岡（Oregon）州住民之律師M，對於加州住民 Neff，起訴請求給付律師費用，法院依據在奧瑞岡州報紙之公告，對 Neff 公示送達，依此而取得管轄權，並作成 Neff 敗訴之缺席判決，Neff 在奧瑞岡州之土地，因該判決之強制執行而出售予 Pennoyer。Nelf 對 Pennoyer 起訴請求回復該土地之所有權，其依據為奧瑞岡法院之原判決，因法院欠缺管轄權而無效，該土地不因拍賣而移轉予 Pennoyer。管轄權之爭議上訴至聯邦最高法院，法院採取否定之見解，亦即認為奧瑞岡法院之原判決因無管轄權而無效，蓋違反正當法律程序條款之故，因而，土地之拍賣即失其依據，拍定人 Pennoyer 因而不得取得該土地之所有權。本案中，Pennoyer 之善意受讓應予保護是另一值得注目之問題，但顯然為聯邦最高法院所忽略。

[189] 此種分類可謂由來於一般法院與衡平法院判決程序之差異，即，在一般法院所為之判決為「應支付金錢若干」之對物命令之型式，而衡平法院所為之判決，則為被告應為如何之行為之對人命令的型式，前者之訴訟稱為對物訴訟，其管轄權即為對物訴訟之管轄。後者之訴訟則為對人訴訟，其管轄則為對人訴訟之管轄，但此種法院或訴訟種類之區別，英國早在1873-5年即予以廢除。美國各州亦依其州法漸次予以廢止，今日所殘存者僅為依訴訟原因（Cause of action）所為之區別。某種訴訟原因之請求為對人訴訟，其管轄為對人訴訟之管轄，某種訴訟原因之請求為對物訴訟，其管轄則為對物訴訟之管轄，其詳容後再述。參見三浦正人，松岡博，川上太郎合著，アメリカ國際私法における裁判管轄問題—Status を中心として，國際法外交雜誌第70卷第5號，第6頁。

使以對被告送達訴訟程序之文書爲唯一基礎。[190] 再因獨立國（州）對於境內之財產，擁有完全的排他的權限，對物訴訟或準對物訴訟管轄權之行使，以物現在位於法院地爲必要條件，對於該物之所有人送達訴訟程序之文書並非必要，而可代替以公示送達。

總之，Pennoyer v. Neff 認爲管轄權行使之基礎在於對人或對物之完全的排他的支配權限，影響所及，涉外案件管轄法院之決定，將依訴訟之性質而定，以下謹就各種訴訟類型，指明其管轄法院爲何：

(一) 對人訴訟

對人訴訟之目的在於對特定人課予人的責任或義務（duty or obligation），例如金錢之支付，一定作爲或不作爲之履行。最常見的是侵權行爲請求損害賠償之訴訟，或契約違反而請求損害賠償之訴訟；判決之內容爲被告應對原告負擔一定之債務；爲實現判決之內容，可對於債務人之任何財產施以強制執行，不以在法院地者爲限[191]。至於其管轄權行使之基礎，則爲被告之順服或同意，及對被告送達訴訟程序之文書，即被告之出現於法院地並收受訴訟程序文書之送達，茲分述之：

1. 訴訟程序文書之送達

被告出現於法院地並收受訴訟程序文書之送達爲對人訴訟管轄權行使之基礎。訴訟程序文書之送達，係將法院傳喚書（summons）交付或朗讀，使被告得知訴訟開始之情事。其同時滿足通知之要件[192]與法院得行使管轄權之要件。對於被告交付或朗讀訴訟程序之文書，在自然人固無問題，但在法人則有問題。蓋法人僅因法律之擬制而存在，如何出現及收受訴訟程序文書之送達？由於法人除非透過其代理人或代表人之自然人，則無法進行任何活動，因而，訴訟程序文書之交付或朗讀通常對其代理人或代表人爲之[193]。收受訴訟程序文書送達之代理人或代表人，不以經特別指定者爲限，凡對法人事務或活動有經

---

[190] 例外的情形是，被告雖未收受訴訟程序文書之送達，仍同意或服從法院行使管轄權。

[191] Restatement, second, conflicts of laws, (cited as Restatement infra), introductory note, the types of judicial Jurisdiction (a), at 103 (1971).

[192] 美國法上，一直以被告受適當的訴訟程序開始之通知與充分的應訴機會爲法院判決有效之另一要件，參見：Restatment, §§25, & Comment.

[193] Leflar, supra note 105, §§24, at 42-43.

營管理或控制之權者皆屬之[194]。此外，由於訴訟程序文書之送達通常爲親手交付。亦即在被告出現於法院地時，由原告或其代理人交付其訴訟程序之文書而完成送達，因而使法院取得管轄權。故法院取得管轄權之基礎，亦可謂爲係被告之出現。因此，法人之成立地得認爲係其出現地，如其位於法院地，並對之送達訴訟程序之文書，亦使法院取得管轄權[195]。被告之出現，不以長久者爲限，凡短暫或基於其他目的，如商務、旅行而途經法院地，原告若適時送達訴訟程序之文書，其即應受法院之管轄[196]，亦不問訴訟原因是否發生於法院地[197]。但是，由於法院行使管轄權有過度擴張之傾向，法院遂承認下列情形時，得拒絕管轄權之行使[198]：

(1) 被告出現於法院地係出於原告之強暴脅迫。

(2) 被告出現於法院地係出於原告之詐騙。

(3) 被告因其他訴訟，應法院之召喚而出現於法院地。不問爲民事案件或刑事案件，亦不問係基於證人或其他訴訟關係人之身分或當事人之身分。

(4) 基於國際公法上之例外，如元首、領事或外交官等[199]。

2. 被告之順服或同意

由於管轄權行使之根據在於法院對於被告之支配的權限，因此，即使被告不在法院之支配範圍內，即並未收受訴訟程序文書之送達或出現於法院地，亦得基於被告順服或同意法院對其行使支配權，而使法院得以行使管轄權[200]。被告之同意或順服之情形有二：

(1) 起訴前之同意：起訴前之同意又有兩種情形，一爲訴訟原因發生後之

---

[194] Id., at 45-46.

[195] Kenneth M. Murchison, *Jurisdiction over persons, things and status*, Lousiana L. Rev., 41:1053, at 1065-1066 (1981).

[196] Beale, Treastise on the conflict of laws, §§78. 1 at 339-340 (1935).

[197] Id.

[198] Beale, Id., at 340-343; Leflar, supra note 105, at 43-44.

[199] 國家元首、領事或外交人員，通常享有豁免權（immunity），不問管轄權之基礎爲何皆然，不限於被告之情形，其詳，請參閱陳長文著，現代國際法，第389-409頁（台北，三民書局，民國67年版，丘宏達主編）。

[200] 於此情形，各州通常會規定親自送達以外之若干送達訴訟程序之方式。Beale, supra note 114, at 344.

同意，較無問題[201]。再爲原告被告基於合意（agreement），預先選擇特定國家之法院作爲管轄法院。其合意固以明示者爲常，例如：在商務契約中訂定選擇管轄法院之條款（Choice of forum provision）[202]。但不以此爲限，例如，當事人於契約中合意該契約所生之一切訴訟，應於甲國以仲裁方式解決，曾被解爲合意接受甲國仲裁機構之管轄及接受甲國法院管轄，以執行該判斷[203]。然而，契約上有選擇準據法之條款，並不當然解爲當事人合意由準據法國之法院就該契約所生之爭執，行使管轄權[204]。

(2) 起訴後之同意（appearance）：即被告不抗辯法院無管轄權而爲應訴，自可認爲係同意法院之行使管轄權或抗辯權之放棄（waiver）[205]。應訴之情形有二：即所謂通常應訴（general appearance）與特別應訴（special appearance），前者係指被告爲除了抗辯法院無管轄權以外之任何目的而應訴，後者則指被告應訴之惟一目的在於抗辯法院無管轄權而言[206]。被告之通常應訴賦與法院管轄權以原告所主張之訴因爲限，如被告應訴後原告變更訴因[207]，或被告誤認原告所主張之契約違反之訴因爲有效而爲應訴，對眞正的侵

---

[201] 例如，雙方當事人間因經濟力之優勢劣勢之不同，而基於「非眞正的合意」而選擇特定管轄法院，特別有利於一方當事人。

[202] 選擇管轄法院之條款是否有效，美國判例在態度上殊不一致，有認爲無效，有認爲有效，有認爲可作爲有效之表面證據（prima facie）。國內文獻，請參閱劉鐵錚，論國際管轄權衝突之防止，收於氏著，國際私法論叢（民國 71 年，作者自版，政大法學叢書），第 243-262 頁。第 252-254 頁介紹若干美或最近之判例。國外文獻請參閱 James T. Gillert, *Choice of forum clauses in international and interstate contracts*, kentucky Law J. 65:1 (1976).; Partrick J. Barrett, *Choice of forum provisions and the interstate dilemma: is ouster*, Fordham L. Rev., 48:568 (1980).; *Forum selection clauses in international and interstate commercial agreement*, by Michael Gruson, University of Illinois L. Rev., 1982:133 (1982).; Willis, L. M. Reese, The contractual forum: situation in the united states, A. J. C. L. 13:187 (1964).

[203] 劉鐵錚，前揭書，頁 248 及註廿一。

[204] 同前註。但是基於「準據法國之法院對於其本國法最熟悉，最易於適用」之觀點，此點似有可議。「準據法適用之容易性」係國際私法上主要之立法政策，參見，松岡博，吾國國際私法における政策考慮について（二）阪大法學第 114 號，第 7-10 頁（1980 年）。

[205] 劉鐵錚，前揭書第 248 頁，認爲被告到庭應訴而不抗辯法院無管轄權之情形，係當事人以行爲暗示接受管轄權，但 Albert. A. Ehrenzweig, A treatise on the conflict of laws, (1962) at 90 則認爲通常應訴等同於明示同意（express consent）。

[206] Leflar supra note 105, at 49-50, Beale, supra note 114, at 347-352.

[207] 劉鐵錚，前揭書第 248 頁。Ehrenzweig, supra note 123, at 91-92.

權行爲之訴因，亦不賦予原法院管轄權[208]。被告之應訴不能既爲通常應訴又爲特別應訴，否則法院通常認爲係通常應訴。被告特別應訴失敗後，就案件之實體的權利義務（merits）進行攻擊防禦，是否喪失或放棄在上級法院爲特別應訴之權，各州態度並不一致，但仍以未喪失爲妥當[209]。至於被告在法院爲特別應訴失敗，進而爲實體權利義務之攻擊防禦並經法院判決後，在上級法院不再爲特別應訴，亦使原審判決不再因無管轄權而無效[210]。

此外，原告在某法院提起本訴，則關於以其爲被告之本訴而由被告所提起之反訴，通常認爲該本訴原告已同意本訴所繫屬之法院，得行使管轄權[211]。

訴訟程序文書之送達（即被告之出現）、同意與應訴等作爲管轄權行使之基礎，固非無據，但由於社會狀況之急遽變遷，諸如汽車等機動交通工具之普遍使用，以法人之型態作爲商業交易活動之主體，成爲一般趨勢，涉外的經濟活動，更趨活絡……漸使其不足以因應，因而，不得不承認管轄權行使之例外情形，即被告未同意，未自動應訴，亦未收受訴訟程序文書之送達，具有下列情形時，法院即得依代替送達或擬制送達，而行使管轄權[212]。

3. 住所或居所

承認住所得作爲管轄權行使之基礎，乃因住所地國或州對於其境內住民享有一定之權限，例如維護社會安寧秩序之警察權而對該住民代替送達或擬制送達，因該地係其生活之中心地，不致使其之應訴機會有所不充分[213]。居所得作爲管轄權行使之基礎，其理由亦相似。惟居所與住所之區別，各州法院之見解殊不一致，同法院前後見解亦不同，殊屬困難之問題[214]。

---

[208] Leflar, supra note 105, at 50 認爲同頁 n. 7 之 New York 案件採取相反見解對被告不公平。

[209] Beale, supra note, 114, at 351.

[210] Leflar, supra note 105 at 53-54, c. f. Beale, Id., at 351-352.

[211] Id.

[212] Leflar, supra note 105, at 45-46。雖然各州立法充分授權其法院或各州法院基於裁判先例而得行使管轄權，但仍不能逾越憲法之限度。即代替送達或擬制送達應保證被告能受適當之通知，並提供其充分的應訴機會，否則被告因而使其權利義務受影響，均構成正當法律程序條款之違反，該州法或法院裁判亦屬違憲。Beale, supra note 114, at 344。

[213] Beale, supra note 114, at 344.

[214] 英美國際私法教科書，一開始即討論住所與居所之問題，足見該概念之重要，亦見其問題之艱難。

4. 國籍或公民籍

因州或國家對其公民或國民享有一定之權限[215]，故允許其以之爲基礎，加上代替送達或擬制送達，使法院得以行使管轄權[216]。

5. 對於公眾造成危險的行爲

由於汽車之普遍使用，交通運輸大爲便捷，越境使用汽車的情形益爲普遍，致汽車事故也普遍增加，肇事人在事故發生後，往往迅速逃逸無蹤，關於該汽車事故之請求損害賠償事件，肇事地法院因無法對肇事人爲訴訟程序文書之送達，致無法行使管轄權，被害人因而投訴無門。爲彌補這種缺憾，各州遂有「非住民汽車使用人法規（non-resident statute）之出現，承認肇事地法院有管轄權。至於其根據最初爲默示同意[217]，即汽車使用人將車駛入肇事地（法院地）時，即默示同意任何有關汽車事故之訴訟，該地之法院得行使管轄權。[218]亦有若干州法規規定：凡在境內使用汽車之人均需指定州書記（secretary of state）爲代理人，以便收受任何關於該汽車之使用之訴訟之訴訟程序文書之送達。此類型之法規爲聯邦最高法院所接受而不宣告爲違憲[219]，其理由指明：基於汽車之高速移動性，且對公眾造成之可能危險性，保障各州對汽車使用人執行刑事處罰與民事賠償之能力，以便維持法律……該法規並未對非住民之汽車使用人造成不公平的待遇。最後，終於以汽車係迅速而嚴重的危險物品，極易造成法院地生命財產之損害可能，故允許事故發生地之法院有權管轄[220]。

6. 爲營業行爲

隨著經濟發展，超越州界進行交易活動的情形愈來愈普遍，於是發生一問題—州對於與其有重要商務或交易關係之人，能否行使管轄權[221]？尤其，與法

---

[215] 例如，得令其繳納稅捐、服兵役，接受國民教育，適用刑罰法規等。

[216] c. f. Beale, supra note 114, at 344-345, Leflar, supra note 105, at 45-46. See also, Restatement, §§31, comment c.

[217] 由於汽車使用人越過州境，進入肇事地，即有「明示同意」該地法院對將來可能發生之汽車事故，行使管轄權，殊不可想像，故祇能求之於默示同意，實則與擬制同意無異。

[218] Philip, B, Kurland, The supreme court, the due process clauses, and the personam Jurisdiction of state courts, 25 University of Chicago L. Rev., 569, 576.

[219] Kane v. New Jersey, 242, U. S. 160 (1916).

[220] Kurland, surpra note 136, at 576-577, Austin, W. Scott, Jurisdiction over nonresident motorists, Harvard L. Rev., 39:563, (1926); See also, Restatment, §§36 & comment a.

[221] 通常情形，各州爲加強其境內營利法人，尤其公司之控制與管理，對於他州公司而欲至州內

人之問題相關連時，更令人困擾[222]。法院關於自然人方面，採取肯定的態度[223]。其根據則為「同意」之理論，亦即，被告請求法院地（其擬活動之地）允許其在境內活動，即係默示同意該地法院行使管轄權[224]。被告為法人時，亦根據相同之原理[225]。嗣後則改為「出現」之理論，即以被告法人之代表人或代理人之活動，視為法人之出現[226]，由於前述兩種理論，無論以被告之默示同意或出現作為管轄權行使之基礎，均以被告之營業行為為前提，故最後乾脆以被告之營業行為作為管轄權行使之基礎[227]，可是問題仍然未完全解決，即何謂營業行為是也[228]。

營業者，均要求其指定收受訴訟程序文書之代理人，其法院對該公司或法人即得因對此等收受訴訟程序文書之代理人，為訴訟程序文書之送達而取得管轄權，然此處對於遵守法規指定收受訴訟程序文書送達之人之法人，固無任何疑難，但對於未遵守法規而指定收受訴訟程序文書之代理人之法人，則無從行使管轄權，原本有關法人管理之規章亦成空文，甚至，對不守法規者，比對守法規者，更為優遇，當非立法本旨，因而始有「核實認定」營業行為，輔以擬制送達或代替送達之方式，而得行使其管轄權矣。

[222] 法人在觀念上係法律之創造物，如已脫離其所由創造之主權之領域範圍，則無法律上之存在，亦即，法人之存在祇是依恃法律之強制力及大係法律之冥想（fiction），一旦法律停止運作（包括在領域外之情形），法人即失其存在。然而，現實上，法人並非不得於其創立地以外之地為任何活動，因而發生許多問題，認許、管轄權之行使即是其二，相關的尚有法人之「國籍」、「住所」、「同意」或「出現」等。

[223] Henry, L. Doherty Company v. goodman, 294, U. S. 623 (1953)，本案被告 Henry，L. Donerty 係紐約州住民，在愛荷華州有營業所，透過代理人進行證券之交易。原告 Goodman 在有關被告所買賣之證券之訴訟中，對被告之受僱人送達訴訟程序之文書，愛荷華州認為其有管轄權，並受到聯邦最高法院支持。

[224] 同前註，聯邦最高法院即認為被告自願在愛荷華州建立營業所，並經營被該州視為特殊而予特別管理之證券買賣，可認為其同意該州法院管轄。Id., at 627-28。

[225] Kurland, supra note 136, at 577; Beale, supra note 114, at 61-2, Austin. w. Scott, Jurisdiction over nonresidents doing business within a state, Havard L. Rev., 32:871, at 880.

[226] St. Louis southwestern Ry. v. Alexander, 227, U. S. 218 (1913)。法院認為被告公司 St. Louis southwestern Ry 雖係德州法人，但在紐約州為營業行為，設立營業所，故應受紐約州法院管轄，因其「出現」於法院地境內之故。

[227] Kurland, supra note 136, at 585。由於默示同意僅係擬制同意，完全是虛擬的，而出現之概念最初僅指被告收受訴訟程序文書之送達，其本身在法院地之物理的存在（physical existence），尚難包括被告之營業行為，故不得不直接以營業行為作為管轄權行使之基礎。

[228] 參閱：An analysis of doing business, by Elcannon, Issacs, 25, Col. L. Rev., 1018 (1925)，詳細分析 interstate commerce 與 doing business 之異同，因 interstate commerce 之行為足以抗拒州法院之行使管轄權，但 doing business 卻是其管轄權行使之基礎。也因為營業行為概念之不易確定，遂導致 International shoe co. v. Washington state, 326, U. S. 310 (1945)。全面屏棄傳統的

7. 財產所在地

　　財產所在地得作爲管轄權行使之基礎，是否以與訴訟原因有關者爲限，固有爭議[229]，但通常所謂準對物訴訟之管轄，則以被告之財產預爲原告請求財產所在地法院予以扣押，進而使該扣押法院對於原告擬以該財產滿足其請求，如侵權行爲損害賠償或契約違反損害賠償之訴訟，得行使管轄權[230]。其根據則爲：在通常情形，被告之財產經常在其管領之下，對之爲扣押必然會使被告得知法院即將進行有關之訴訟程序及處分該物[231]，並不會造成被告嚴重的不便利。而且，對於將其財產移置於法院地外之被告，以期逃避其應負之責任，爲給予原告充分的救濟手段，有承認扣押地法院得行使管轄權之必要[232]。被告財產之種類繁多，不以有體物爲限，無體物亦在其內，例如：被告之保險契約上之權利，其所在地爲該保險人之營業所所在地，得由該法院予以扣押而行使管

法律概念，而代以最少限度關連之概念（minimum contacts concept）。在本案中，被告公司 International shoe co., 曾在許多州設立營業所經營鞋類之製造及銷售，但在華盛頓州則爲例外，祇派遣被告公司若干推銷員，在旅館或大廈中租借場地展示鞋類樣品，並接受訂單轉往總公司核可及承諾，再由總公司以 FOB 運送條款直接將貨物交運予顧客，貨款亦直接由顧客交寄予總公司，買賣契約之成立與履行均不透過推銷員。華盛頓州爲命其依受催之薪金之一定比例，繳納受催人失業補償基金，發生華盛頓州法院對該公司得否行使管轄權之問題。雖然訴訟程序文書已送達被告公司在華盛頓州之推銷員並郵寄至總公司，但被告仍抗辯其在華盛頓州之行爲，不能構成營業行爲，且因未設有任何住所，亦未同意華盛頓州法院行使管轄權，故其無管轄權。

[229] Restatement, §§38, comment a，採取肯定之態度，但 Seider v. Roth, 17, N. Y. 2d, 111, 216, N. E. 2d 312 (1966) 則認爲並不以訴訟原因與被告之財產有關連者爲限，該案係紐約州住民以汽車事故之受害人身分。在紐約州提起之請求損害賠償之訴訟，被告係加拿大人；但其保險人則在紐約州設有營業所而爲營業行爲，主要的爭點在於該保險人所簽發之保險單，是否得扣押，進而成爲管轄權行使之基礎，法院採取肯定之見解。

[230] 準對物訴訟，固然因其係決定特定人對於特定財產之權利，與對人訴訟之決定原告對於被告之一切權利義務，或對物訴訟之決定全部人對於特定物之權利義務，皆有所不同。但其範圍寬窄，學者之見解並不一致，有認爲包括兩種類型，即其一，決定特定人在特定物上優先的權利，或排除他人在特定物上優先的權利之訴訟，如關於實行抵押權之訴訟（action for the foreclosure of mortgage）；其二，原告對被告爲一定之請求或主張，如侵權行爲或契約違反之請求損害賠償，原告意欲以被告之特定財產滿足其請求，同時成預先對該財產予以扣押，並主張由扣押法院對其請求或主張之訴訟行使管轄權。Restatement, introductory note, the types of Judicial Jurisdiction, (c), Leflar, supra note 105, at 34-35 採之，有認爲以第二種類型爲限，第一種類型則應歸類於對物訴訟之範疇。Ehrenzweig, supra note 123, at p.79-81.

[231] Pennoyer v. Neff, 95, U. S. 714, 727 (1878).

[232] Beale, supra note 114, at 449-450.

轄權[233]。公司之主營業所所在地，即係該公司股權所在地，得由該法院予以扣押而取得管轄權[234]。至於被告之財產爲債權時，究竟應以被告之住所地爲該債權之所在地，抑或以被告之債務人住所地爲該財產之所在地，抑或以被告及其債務人之住所地爲該財產之所在地，則尚難斷言[235]。

(二) 對物訴訟 (action in rem)

訴訟之目的在於影響全部的人對於特定物之權利義務，因而，祇要法院對於該特定物得行使管轄權即可，即使對於權利義務受影響之人無管轄權亦然。最重要的案型是海事法院對於船舶所爲之判決，影響該船舶有關之人全部之利益，其次是關於土地登記之訴訟，亦影響該土地有關之全部人之利益[236]。此外，關於土地之分割之訴訟，抵押權之實行之訴訟，亦應包括在內[237]。對物訴訟通常由物之所在地法院管轄[238]，凡該物出現於法院地之內，該地法院皆得行使管轄權[239]。對於法院地以外之物，則以下列情形爲限，始得行使管轄權[240]。

1. 該物經常的位於法院地，而目前暫時的位於境外。

2. 該物移出於法院地未得所有人之同意。

3. 該物之所有權證券化，而該證券屬於該法院管轄。

對物訴訟對於被告訴訟程序文書之送達，並不要求親自送達，而以代替送

[233] Harris, v. Balk, 198, U. S. 215 (1905), Seider v. Roth, 17 N. Y. 2d, 111, 216 N. E. 2d, 312, 269, N. Y. S. 2d 99 (1966), c. f. Rush v. savchuck, 444, U. S. 320, 100 S. Ct, 571, (1980), See also, Jurisdiction ad infinitum: New york's "Rem" seizure of the insurance policy for jurisdiction in accident case, by Dawid, D, Siegel, I. C. L. Q. 20:99; Quasi in rem Jurisdiction based on insurer s obligation, Standford L. Rev., 19:654 (1967).

[234] Beale, supra note note 114, at 452-453, c. f. Shaffer v. Heitner。本案中，原告以被告係灰狗公司（Greyhound corp）或其子公司之董事、監事或經理，因違反善良管理人之義務，請求損害賠償。原告先依灰狗公司之所在地之德拉瓦州法，扣押被告公司股票，進而主張德拉瓦州法院對本案非住民之被告，得行使管轄權，但為聯邦最高法院所不認可。

[235] 其詳情參閱 Beale, supra note 114, at 455-467.

[236] Restatement, introductory note, the types of judicial Jurisdiction (b).

[237] 參閱前註 147。

[238] George w. Stumberg, *Principle of conflict of laws*, (3rd, ed. 1963) The Foundation press inc., Brooklyn.

[239] Leflar, supra note 105, at 34-35, Ehrenzweig, supra note 123, at 79-81.

[240] Beale, supra note 105, at 457.

達或擬制送達即爲已足 [241]。

(三) 關於身分關係之訴訟

關於身分關係之訴訟，決定其管轄法院之法則，並不在 Pennoyer v. Neff 所揭示之原理原則之內[242]，因而，被告未出現於法院地之情形，法院仍須依據決定管轄法院之標準，是否符合正當法律程序與充分誠實信用之要件，以下分別就離婚、監護與扶養三方面論之：

1. 離婚之訴訟

離婚之訴訟，並未如同對人訴訟或對物訴訟，企圖發展其決定管轄法院之法則，反而將離婚訴訟之管轄問題與離婚之允許與否之實體問題，互相牽扯不清。詳言之，在嚴格限制或禁止離婚之甲州，其住民往往前往不嚴格限制離婚之乙州取得離婚之協議或判決，致甲州之關於離婚限制或禁止之立法形同具文，甲州爲避免其離婚實體法所面臨之窘境與維持其主權，遂以拒絕承認乙州之離婚協議或離婚判決之效力之手段爲之，尤其以乙法院欠缺管轄權爲其根據[243]，因而發展出獨特的關於離婚訴訟管轄法院之法則：

(1) 視離婚訴訟爲對人訴訟，要求乙法院對被告須有對人管轄權，其目的在於防止夫妻雙方爲離婚而遠赴准許離婚之州，取得離婚協議或裁判，但問題卻愈演愈烈[244]。

(2) 視離婚訴訟之當事人爲「物」（res），凡其出現之地之法院皆有管轄權，亦即配偶一方之出現地皆有權行使管轄權。其目的固在於保護被遺棄之配偶，得不必尋覓爲遺棄之配偶之所在，而取得離婚判決，但仍殘存若干未能解決之問題[245]。

---

[241] Pennoyer v. Neff 95, U. S. 714, 721, Beale, supra note 11, at 437.

[242] Justice Field 在 Pennoyer v. Neff 案之多數意見中宣稱：「本院不欲否認各州決定其公民與非住民間之身分關係之權能。非住民即使未收受訴訟程序文書之送達，亦受該法院裁判之拘束。」95 U. S. 714, 723。

[243] Murchison, Supra note 113, at 1072-1073.

[244] 原目的仍可能因配偶之一方「同意」乙法院行使管轄權而不能達到，且在一方配偶遺棄他方配偶時，被遺棄之配偶須尋覓爲遺棄之配偶之所在，提起離婚訴訟，殊失保護該被遺棄配偶之道。更且，如被遺棄之配偶如無法覓出遺棄配偶之所在，則將永遠無法取得有效之離婚判決矣，此亦即 Pennoyer v. Neff 將離婚訴訟排除於對人訴訟之外的理由。Id., 1073。

[245] Id., 1073-74。例如，爲遺棄之配偶而仍輕易的在其現在地取得有效之離婚判決，或，配偶雙

（3）視離婚所欲解消之婚姻關係為「物」，凡「物」之所在地皆有管轄權，但婚姻關係之物之所在地為何，不無疑問，不得不借助「婚姻住所」（Matrimonial domicill）之概念，亦即以配偶身分營婚姻生活之居住地。所謂婚姻住所之觀念能解決許多問題而為前述二種說法所不能解決者[246]。

2. 未成年子女監護之訴訟

如同關於離婚之訴訟，Pennoyer v. Neff 將未成年子女監護之訴訟，歸類於身分關係之訴訟，而不適用其所揭示之關於管轄之原理原則[247]。亦即，各州對於其住民之身分有決定之權能，因而未成年子女之住所即成為決定管轄法院之惟一基礎[248]。但是仍有若干難決之問題，例如未成年子女往往以其父母之住所為住所，而未成年子女如與其父母實際上未居住於同一處所時，其住所如何決定[249]。因而，子女之現在地（非其住所地）法院對於其境內之未成年子女之監護關係，即無從決定矣。更且，子女監護關係之法院裁判，不具有確定性，他州法院可依據原裁判作成時之基本情況已發生重大改變而修正原裁判，不構成充分誠實信用條款之違背[250]。此與以未成年子女之住所為惟一管轄法院之論調，顯不協調一致。

3. 關於扶養之訴訟

離婚或決定未成年子女監護人之裁判，通常同時會涉及扶養或生活扶養費

方可前往一不嚴格限制或禁止離婚之乙州取得有效之離婚，而使其原居住地或婚姻住所地關於禁止離婚或嚴格限制離婚之立法政策遭受嚴重挫折。

[246] 如能對被遺棄之配偶能在婚姻住所地提起離婚訴訟取得有效之離婚裁判。且不虞為遺棄之配偶能在其任何所在地取得有效之離婚裁判，又不虞配偶雙方協同遠赴非婚姻住所地之不嚴格限制或禁止離婚之他地，達成離婚之目的，而挫折婚姻住所地之嚴格限制或禁止離婚之立法政策。Id., at 1074。

[247] 參閱註一五九。惟論者亦有反對將子女監護之訴訟歸類於身分關係之訴訟。see generally, Stumberg, *The status of children in the conflict of laws*, U. Chi. L. Rev. 8:42 (1940).

[248] Beale, supra note 114, at 717-718.

[249] 傳統上，未成年子女往往以其父之住所為住所，但在父母仳離時，法院往往以與子女同居住之父或母之住所為其住所。Stumberg, supra note 165, at 54, n. 37.

[250] Halvey v. Halvey, 330, U. S. 610 (1947)，本案，佛羅里達州法院將監護權給予 Mrs. Halvey，但在法院裁決前，Mr. Halvey 並得 Mrs. Halvey 之同意將系爭未成年子女帶回紐約州，嗣後的訴訟程序，法院維持佛羅里達州裁決之觀點，同意 Mrs. Halvey 行使監護權，但另賦予 Mr. Halvey 探訪權，並命 Mrs. Halvey 作成保證書（Surety bond）保證其將尊重 Mr. Halvey 之探訪權。聯邦最高法院認為紐約州法院並未違反充分誠實信用條款，而不尊重佛羅里達州之裁決。

之問題。可是法院在態度上顯然認為離婚訴訟或監護訴訟之管轄法院對於扶養問題並無必然的管轄權,而以該法院對於扶養義務人或充為扶養之用之財產,能行使管轄權為必要 [251]。

第四節　傳統上決定管轄法院方法之分析與檢討

壹、緒說

涉外民事法律案件決定管轄法院之傳統方法,略述如上,乍見之下,似有極大的差別,但究其實,其差別僅係表面的,非本質的。詳言之,所謂差別,例如:

一、本國法院管轄範圍之不同:同就大陸法系國家之法國法與德國法或日本法言之,本國法院(當事人國籍所屬國)對於其管轄範圍,法國法顯然比德國法成日本法為廣,亦即,在法國法,不問訴訟之種類或特質為何,祇要原告或被告具有法國國籍,法國法院即具有管轄權。在日本法或德國法,則限於被告為其國民及關於身分關係而與內國公序良俗有密切關係之案件。至於英美法系則一概拒絕以國籍作為管轄權行使之基礎。

二、大陸法系之德國法與日本法,有普通管轄與特別管轄及專屬管轄之別 [252],而英美法系則將訴訟分為對人訴訟與對物訴訟及身分關係之訴訟,法國法亦然,兩者顯有極大不同 [253]。

但是,揭開以國籍作為管轄權行使之基礎之問題不談,各國法制之相似性極多,例如:

(一)對物訴訟與關於物權之訴訟,皆以物之所在地為管轄權行使之唯一

---

[251] Thompson, v. Thompson 226, U. S. 551 (1913) 認為基於住所或對離婚訴訟有管轄權之法院對於扶養亦有管轄權。Pennington v. Fourth National Bank,則承認扶養訴訟之準對物訴訟管轄權。

[252] 專屬管轄固係與任意管轄相對稱之用語,此分類似無必要,然鑑於普通管轄與任意管轄之適用,祇在非專屬管轄案件始可,而普通管轄與特別管轄又立於競合或並存之地位,故可作普通管轄、特別管轄、專屬管轄之大致性分類,以理解第一審法院間裁判事務之分配。

[253] 此外,訴訟程序文書之送達或被告之出現,在英美法系亦係管轄權行使之基礎,但在大陸法系國家則為訴訟程序繼續進行,尤為判決宣示之要件,參見吾民事訴訟法第385條,第386條,德、日立法例大致相同。

基礎[254]。

（二）對人訴訟和普通管轄或特別管轄雖有用語上之不同，但前者係指以人之債權債務或權利義務爲訴訟之標的，而普通管轄與特別管轄，除繼承事件和關於不動產物權之事件之管轄外，亦均係以人之債權債務或權利義務爲訴訟之標的，兩者實無不同[255]。而且，對人訴訟，英美法上固以被告在法院地收受訴訟程序文書之送達爲要件，但亦承認若干例外，如住居所，訴訟原因事實之發生地（包含結果發生地），營業行爲地，均足爲管轄權行使之基礎，與大陸法上，除不動產物權之訴訟和關於繼承之訴訟，訴訟標的限於特定物或財產之權利義務外，承認住所、事實發生地、契約履行地等作爲管轄權行使之基礎，亦無絕大差異[256]。

（三）關於身分關係之訴訟：大陸法系均以國籍作爲管轄權行使之基礎，甚至還以過去之國籍爲基礎。至於英美法上則擇住所而捨國籍，惟其理由並無不同，即由來於身分之法律關係之性質也。其所以不同，勿寧與其傳統——本國法主義與住所地法主義之長久對立，有密切關連吧！[257]

（四）關於合意管轄，各國大抵上承認當事人得合意選擇特定法院作爲管轄法院[258]，各國之規定雖未見一致，但立法意旨大抵相同。

---

[254] 德國法上，國際私法上之管轄權與民事訴訟法上之管轄權，關於不動產物權之訴訟，皆以不動產所在地法院爲管轄法院。法國法上，關於物權之訴訟，以標的物所在地爲準，而不問當事人之國籍如何，皆無民法第 14 條、第 15 條之適用。英國法和美國法上，雖以被告在法院地收受訴訟程序文書之通知爲管轄權行使之原則，但關於物權之訴訟，即對物訴訟，祇要標的物位於法院地，該法院皆得行使管轄權，而不以訴訟程序文書之送達爲必要。參見江川英文，國際私法における裁判管轄權（三），法學協會雜誌第 60 卷第 3 號，第 371 頁。

[255] 因此，美國學者 A. T. Vonmehren 與 D. A. Trautman 認爲對物訴訟（Action in rem）中，物僅是權利義務之標的物，人才是訴訟之主體，人在物上之權利義務才是訴訟之標的。而且對人訴訟（Action in Personam），人並非訴訟之（標的）客體而是主體，人之權利義務才是訴訟之標的（客體），故對人訴訟、對物訴訟之用語均有不妥，宜如大陸法系國家改爲普通管轄與特別管轄。更且，準對物訴訟既無從其用語看出該類訴訟之內涵，更應廢除，參見 A. T. Vonmehren: D. A. Trautman, Jurisdiction to Adjudicated, a Suggested Approach, Harvard, L. Rev., 79: 1121, 1122-23 (1996).

[256] 江川英文，前揭文（三）第 371-372 頁。

[257] 同前註文第 372-373 頁。

[258] 同前註文第 373 頁。美國判例上之演變，參閱劉鐵錚，論國際管轄權衝突之防止，國際私法論叢，第 252-254 頁。

　　因此，世界主要國家對於涉外案件管轄問題之處理，態度上大致上是相同的。問題是，管轄問題仍然層出不窮，尤其是被告缺席之外國判決請求承認與執行時爲然。爲能對於上述問題之解決，提出較理性的方法，有必要對傳統決定管轄法院之方法，作更進一步之分析與檢討，以明瞭其優缺點之所在，進而提出改革上之建議。以下謹就立法體制、立法形式、立法政策及決定管轄法院之方法，加以分析與檢討：

貳、立法體制

　　涉外民事案件決定管轄法院之法則，在一國立法編制上之地位，即立法體制上，有三種情形：

一、規定於民法

　　最典型之事例爲法國民法第 14 條、第 15 條規定當事人爲法國人時，法國法院得行使管轄權。此外，法國法系之國家亦有類似之規定者，例如比利時民法第 15 條、盧森堡民法第 14 條、第 15 條、荷蘭民事訴訟法第 127 條等 [259]。

二、規定於民事訴訟法

　　德國、日本和絕大部分國家，均未就涉外事件之法院管轄爲特別之立法，而由其法院依其民事訴訟法之規定，決定本身有無管轄權 [260]。法國在無民法第 14 條或第 15 條之適用之情形時，亦依其民事訴訟法第 59 條各款之規定，決定該涉外案件之管轄法院。

三、單獨立法

　　英美法系國家，其國際私法（包括涉外案件決定管轄法院之法則）均由

---

[259] 參閱岡本善八：1978 年「擴大 EEC 判決執行條約」（一）（二），同志社法學第 158 號 81 頁以下，159 號 129 頁以下（1979 年），尤其（一）第 158 號第 84-85 頁（以下簡稱 1978 年文）。

[260] 例如丹麥民事訴訟法第 248 條第 2 項，格陵蘭民事訴訟法第 2 章第 3 條等因與德國民事訴訟法第 23 條（因財產之扣押而取得管轄權）相同意旨，及荷蘭民事訴訟法等 127 條因與法國民法第 14 條相同意旨，而被歐洲共同市場國家拒絕作為涉外案件各該國家法院行使管轄權之依據，可知這些國家處理涉外案件管轄問題，係依據其民事訴訟法為之。參閱，岡本善八前註文（一），第 85 頁。

其判例所創造[261]，但亦偶見單獨之立法，如1962年美國之統一州際與國際程序法（Uniform Interstate and International Procedure Act 1962）是。美國法律學會（American Law Institute）雖係以私人地位[262]編成「國際私法新編」、「國際私法第二次新編」，雖非法典，惟觀其體例，亦屬單獨之立法[263]。

此外，另有許多散見於單行法規者，例如吾國涉外民事法律適用法第3條、第4條關於禁治產宣告、死亡宣告，吾國法院有管轄權之規定是[264]。又例如民用航空法、海商法分別有關於航空器事故、船舶扣押、船舶碰撞之訴訟管轄法院之規定[265]，大抵也是為內國民訴訟案件而為規定，而同時適用於涉外民事案件。

參、立法形式

一、涉外案件決定管轄法院之法則，就其立法形式觀察，大抵有二種情形：

(一) 單面法則

屬於此一類型之條文，對於某種涉外民事案件之法院管轄問題，僅規定內國法院有管轄權之情形。換言之，僅從內國法院之立場有所指示[266]。例如，法國民法第14條即規定：「外國人雖未居住於法國，然於法國與法國人訂立契約，為該契約之履行，得呈訴於法國法院。」同法第15條規定：「法國人於外

---

[261] 劉鐵錚，國際私法論叢，第1頁註二。
[262] 美國法律協會係由與法官、律師、法律學者所組成，以為供裁判及法學研究而將現行法單純化或明確化為目的，於1923年成立之團體。其中心工作在就各種法領域作成「新編」，其方法則自判決中選擇足為典範之判例，以條文之方式表現出來。但其作成卻時受報告者個性所左右，尤其第一次新編，因受報告者哈佛大學 Beale 教授既得權理論之影響，未必與現行法一致，致屢受批判。然而，第二次新編報告者哥倫比亞大學 Reese 教授，學風比較穩健，故忠實的將判例條文化，係深具信賴性之資料。參照三浦正人、松岡博、川上太郎，アメリカ國際私法けおける裁判管轄問題——Status を中心として，國際法外交雜誌第70卷5號，第435-436頁註六。
[263] 參見，陳豐榮：涉外民事法律適用法之研究，東吳法律研究所碩士論文，第56頁（1982年9月）。
[264] 劉鐵錚，前揭書第195頁註二。
[265] 參見民用航空法第85條，海商法第4條，第141條。
[266] 選法規則亦有類似之分類，參見馬漢寶，國際私法總論，第53頁（民國71年，新版）。

國與外國人訂立契約，關於該契約之債務，得呈訴於法國法院。」祇片面的規定法國法院之管轄權，是其適例。深受法國民法影響之荷蘭民事訴訟法第 127 條亦規定荷蘭法院得基於原告或被告之國籍而行使管轄權；第 126 條第 3 項規定，被告即使未設住所或居所於荷蘭，荷蘭法院亦得本於原告之住所行使管轄權 [267]，亦係片面規定荷蘭法院之管轄權。此外，比利時 1876 年 3 月 25 日之法律第 53 條與第 54 條規定，凡被告之外國人之基礎不足以使比利時法院行使管轄權時，比利時法院得本於原告之住所或居所行使管轄權 [268]；義大利民事訴訟法規定以外國人爲被告之訴訟，如該外國人之本國於以義大利人爲被告之相同類型之訴訟，得行使管轄權，則義大利法院亦得行使管轄權（第 4 條第 4 項）[269]，均片面規定比利時法院或義大利法院之管轄權，皆屬單面法則。

(二) 雙面法則

或稱全面法則、完整法則。屬於此一類型之條文，對於某種涉外民事訴訟之管轄權，不以規定屬於內國法院者爲限，而係以抽象方法，就某種涉外民事案件之管轄法院，不分內外，統予指示 [270]。絕大部分的管轄法則均屬於此類。例如，歐洲共同市場國家 1968 年，關於民事與商事之法院管轄與判決執行之公約 [271]，第 1 條規定：「（一）除本公約另有規定外，於締約國領域內設有住所者，不問國籍爲何，均作爲被告而服從該國法院管轄。（二）無住所地國之國籍者，適用該國國民所適用之管轄規定。」[272] 即係就涉外案件之法院管轄權，不問誰屬，通予指示。其第 5 條關於契約債務、扶養義務、侵權行爲或準侵權行爲之請求等特別的管轄權亦同 [273]。此外，各國之民事訴訟之規定，均係雙面

---

[267] Weser, Bases of Judicial Jurisdiction in The Common Market Countries, A. J. C. L.,, 10: 323, 326, 327.

[268] Id., 325-326.

[269] Id., 326.

[270] 選法法則亦有類似之分類，參見馬漢寶，前揭書第 54 頁。

[271] 1968 年 9 月 27 日在布魯塞爾簽署，1973 年 2 月 1 日在六個創立國生效。

[272] 岡本善八，わが國際私法事件における EEC 裁判管轄條約（一）（以下簡稱一九六八年文（一）），同志社法學第 29 卷 4 號第 5 頁。「一九七八年擴大 EEC 判決執行條約」雖因丹麥、愛爾蘭及大不列顛與北愛爾蘭聯合王國之加入歐洲經濟共同體而修正前約，但仍未改變。參見，岡本善八，前揭一九七八年文（一），同志社法學 31 卷 2 號，第 84 頁。

[273] 參見岡本善八，前揭一九六八年文（一）第 6 頁，一九七八年文（一）第 85-86 頁。

規定 [274]。又美國法律協會所編之「國際私法第二次新編」第 27 條規定：「州得基於下列基礎之一或以上，而有權行使管轄權：(1) 出現；(2) 住所；(3) 居所；(4) 國籍或公民籍；(5) 同意；(6) 應訴；(7) 在州內爲營業行爲；(8) 在州內爲行爲；(9) 在他州爲行爲而在州內引起結果；(10) 在州內擁有、占有或使用特定物；(11) 其他足使管轄權合理行使之關係 [275]。」雖非法律，惟就其規定之形式觀之，仍係雙面法則。

二、雙面法則與單面法則區別之實益，不在於規範形式之優劣，而主要見之於外國判決之承認。

詳言之，外國（判決國）判決之獲得內國（承認國）之承認，必須判決國對該案件具有國際私法上之管轄權 [276]，但是，判決國之管轄權存在與否，究竟

---

[274] 由於各國之民事訴訟法多係爲解決其內國法院間純粹內國之事件，關於司法裁判事項之分配所爲之規定，並不適用於涉外案件。且再基於「不屬於內國任一法院管轄之案件，即可推知內國法院無國際私法之管轄權。」之說法，此類民事訴訟法之規定，或可認爲係就內國之管轄權之範圍，片面的予以指示，而爲單面法則。惟就其文字用語而言，例如日本民事法第 15 條：「關於侵權行爲之訴，得於其行爲地之法院提起。」如類推適用或準用於涉外案件，並未明白特就日本法院之管轄權範圍予以指示，而係就各國法院之管轄權之分配統予指示，仍可認係雙面法則。東京地裁昭和 40 年 5 月 27 日判決（昭和 35 年（才）第 548 號請求確認債務不存在之訴訟）。（下級民集 16 卷 5 號 923 頁）。法院說：「本件乃基於侵權行爲之損害賠償債務之確認不存在之訴，該種訴訟雖係由主張有前述債務不存在之人所提起，但與由主張存在之人所提起之基於侵權行爲請求損害賠償之訴或確認該債務存在之訴，在審理的對象上均相同。此種情形有民事訴訟法第 15 條第 1 項之適用，並依被告所主張之損害賠償債務之存在，決定同項所謂侵權行爲地……然而侵權行爲地不以實施行爲之地爲限，尚包含損害發生地在內，被告所主張之損害中包括被告之代理人停滯於東京之費用及電影在東京上映所應得之純收益，故東京乃損害發生地無疑。」此項見解足供參考。
[275] Restatement, second, Conflict of Laws §§ 27(1), at 120.
[276] 請參閱馬漢寶，前揭書第 182 頁。劉鐵錚，前揭書第 56-61 頁。再請參閱下列立法例或判例：日本民事訴訟法第 200 條第 1 款以「依法令或條約，不予否認外國法院之管轄權時。」爲外國判決承認之要件之一。
法國 1964 年 1 月 7 日破毀院判決指出「爲該判決之外國法院之管轄權之存在」乃外國判決承認之要件之一。
比利時 1876 年 3 月 25 日法第 10 條第 5 款、或 1967 年 10 月 10 日裁判法第 570 條第 3 款規定「外國法院非因原告之國籍而有管轄權」，爲外國判決之要件之一。
義大利民事訴訟法第 797 條第 1 款規定，「判決國之法院，依義大利關於裁判管轄權之法律原則，得審理該事件」，爲承認外國判決之要件之一。
1958 年「關於對於子女之扶養義務之裁判之承認與執行之條約第 2 條第 1 款第 3 條，與關

以判決國之管轄法則爲準，抑或以承認國之管轄法則爲準？不無疑問。如管轄
規則係單面法則，則其決定內國法院對某特定涉外案件有無管轄權，至於他國
法院有無管轄權非其所關心。因此，在外國判決承認之程序，判決國法院就該
訴訟有無管轄權，不依承認國之管轄法則決定之，而係以判決國之管轄法則爲
準。詳言之，國際私法上之管轄問題，直接管轄與間接管轄之「準據法」並不
一致，於直接管轄之情形，受訴國法院有無管轄權逕依其管轄法則定之；在間
接管轄之情形，判決國有無管轄權，則不將承認國之單面的管轄法則，擴充爲
雙面的管轄法則，以決定之，而僅依判決國之管轄法則定之[277]。如管轄法則係
雙面法則，則其不但決定內國對於某特定涉外案件有無管轄權，並關切他國對
該案件有無管轄權。詳言之，在外國判決承認之程序，判決國法院就該訴訟有
無管轄權，應依承認國之管轄法則定之。因此，國際私法上之直接管轄問題或
間接管轄問題，其「準據法」均爲承認國之管轄法則[278]。

於「民事及商事之外國判決之承認與執行之條約」第4條第1項、第10條亦同，講參見三
井哲夫，外國判決承認の要件としての外國裁判所の管轄權，實務民事訴訟法講座第6卷
第75-77頁。EEC 1968年「關於民事與商事之裁判管轄與判決執行之公約」與1978年擴
大案第28條，均有類似規定。參見，岡本善八，前揭一九六八年文（一）第11頁，前揭
一九七八年文（二）第133頁。

[277] 此爲法國學者 Weiss 與 Niboyet 和 Batiffol 所主張。Weiss 所主張者稱爲「單純的單面法則
説」，Niboyet 和 Batiffol 所主張者稱爲「雙重的單面法則説」。其間的區別在於單純的單面
法則説認爲間接管轄之「準據法」爲判決國之直接管轄法則，但如其違反承認國之公序良俗
時，則被排除而不適用。如依雙重的單面法則説，則非專屬管轄之案件，其準據法爲判決國
之直接管轄法則，而專屬管轄案件，則同時適用承認國之直接管轄法則與判決國之直接管轄
法則，前者係基於公序之資格而適用，後者則作爲間接管轄之「準據法」而適用。詳見，三
井哲夫，前揭文第101-102頁，109-110頁。但仔細比較兩者，後者僅係將前者之「公序」
具象爲「專屬管轄」而已。

[278] 此説爲法國學者 Bartin 所主張，同前註81-82頁。該説與單純的「單面法則説」之區別在於
間接管轄之「準據法」，依前者爲承認國，但依後者則爲判決國，第109頁。該説與「雙重
的單面法則説」之區別在於：依前者，無論專屬管轄案件與否，其間接管轄之準據法均爲承
認國之管轄法則；若依後者，則在專屬管轄案件之準據法爲承認國與判決國，兩國之法則衝
突時，承認國優先於判決國，至於非專屬管轄案件之準據法則爲判決國。三井哲夫，前揭文
第111頁、第113頁。

三、雙面法則與單面法則之區別有如上述，至於兩者之優劣。可大致爲如下之說明

(一) 理論依據

雙面法則之根據主要是：1. 選法法則與管轄法則之類似性或同一性[279]，兩者同係國家主權之作用[280]，直接管轄法則與間接法則均由得各國自由行定其內容[281]，但不免有侵害他國主權之嫌[282]，蓋管轄法則既係各國主權之作用，判決國之管轄問題，自應依其管轄法則定之。2. 管轄主要是就各國法院間司法裁判事務之分配，因此，內國法院在決定其對特定涉外民事案件有無管轄權時，如認已有管轄權，同時亦決定他國法院無管轄權。因此，在外國判決承認與否之場合，承認國如對請求承認之案件認爲本身有管轄權，則判決國當然的無管轄權[283]。但是上述論據，祇適用於專屬管轄案件之情形。大部分之非專屬管轄案件，各國法院之管轄權均有「競合」之情形，此即所謂管轄權之衝突或競合[284]，亦即同一事件有二個以上之國家均得行使管轄權[285]。內國決定其法院得行使管轄權，並不當然意味著他國法院無管轄權。例如法國民法第 14 條或第 15 條之規定，如解爲係專屬管轄之案件[286]，則當事人若爲法國人與德國人，則德國法院顯然無管轄權，其判決亦不得得法國法院之承認，蓋本案屬於法國法院專屬管轄也[287]。但將法國民法第 14 條或第 15 條轉換成雙面法則——「案件之管轄法院爲當事人之本國法院」——則德國法院同係當事人之本國法院，故有管轄權，其所爲之判決法國不得不予以承認[288]，兩者顯有矛盾，因此，專屬管轄案件之管轄法則，不得不解爲單面法則矣。至於非專屬管轄案件，內國認爲

---

[279] 例如法國民法第 3 條第 2 項規定：「不動產由法國法律管轄，即使是外國人所有者，亦然。」可轉換成：「不動產由其所在地國之法律管轄。」參閱馬漢寶，前揭書第 53 頁、55 頁。

[280] 國際私法（包括涉外民事案件決定管轄法院之法則），在現階段仍屬於國內法之性質，其內容任由各國依其意願自由決定。

[281] 參見三井哲夫，前揭文第 85 頁。

[282] 馬漢寶，前揭書第 55 頁，雖係針對選法規則之雙面法則所爲之批評，於此方可適用。

[283] 三井哲夫，前揭文第 92-93 頁，此即直接管轄與間接管轄之互相補充性。

[284] 劉鐵錚，前揭書第 261 頁。

[285] 道垣內正人，國際的訴訟競合（一），法學協會雜誌第 99 卷，第 1151 頁。

[286] 破毀院 1974 年 6 月 25 日民事第一庭判決表示：「依民法第 14 條、第 15 條賦予法國法院之管轄權，因得完全排除競合之外國法院之管轄權。」錄自道垣內正人前揭文第 1349-1350 頁。

[287] 同前註第 1370 頁所引之破毀院 1979 年 3 月 27 日第一民事庭判決。

[288] 三井哲夫，前揭文第 94 頁。

已有管轄權之案件，並不當然意味著他國法院無管轄權，更無所謂「互補性」
矣。

(二) 外國判決承認之可能性

外國判決之承認係基於公平正義之要求與共同利益之維護，詳言之，承
認外國判決之制度可獲致下述利益：1. 對於已解決爭執之案件，能避免重覆審
理，以符合訴訟經濟之要求；2. 保護原告免其受僅能於可以執行判決之法院起
訴之苦惱，同時，保護被告免於受敗訴原告繼續選擇法院起訴而致之損害；
3.保障勝訴當事人，免受敗訴當事人推脫逃避等技倆之困擾[289]。因此，外國判
決均使其易得內國之承認[290]。凡與此種理念相反者，皆不足採，而雙面法則說
正是如此。舉例以明之，甲國之直接管轄法則，承認侵權行爲地法院之管轄
權，乙國之直接管轄法則則承認加害人住所地法院之管轄權，加害人李四於乙
國設有住所，因在甲國之侵權行爲致張三受損害。依甲國之管轄法則，則甲國
法院有管轄權，依乙國管轄法則則乙國法院亦有管轄權。但問題是，張三得在
甲乙兩國法院中之任一者提起訴訟，也可能獲得勝訴判決，但甲國或乙國法院
之判決，乙國或甲國會予以承認乎？答案顯然是否定的！[291]足見雙面法則之違
背時代趨勢，而縮小了外國判決承認之可能性。再舉一例說明較複雜的情形：
甲國直接管轄法則規定：「侵權行爲發生於甲國之領域時，關於該侵權行爲之
訴，甲國法院有管轄權。」乙國之直接管轄法則規定：「侵權行爲之加害者於
乙國具有住所時關於該侵權行爲之訴，乙國法院有管轄權。」丙國之直接管轄
法則則規定：「侵權行爲發生於內國之領域時，關於該侵權行爲之訴，丙國法
院有管轄權。」若李四於乙國有住所，因在丙國之侵權行爲致張三受損害，則
張三得於乙國或丙國對李四起訴請求賠償，蓋依乙國法與丙國法，兩國均有管
轄權，若依單面法則說，則兩國之判決均得在甲國獲得承認。若該訴同時繫屬

---

[289] Von Mehren & Trautman: *The Law of Multistate Problem*, p. 835.

[290] 例如 1978 年「擴大 EEC 判決執行條約」禁止審查判決內容之適當與否（第 29 條）；準據法
之適用除先決問題關於身分能力所爲之判斷外，亦不能過問，判決國法院之管轄權除關於保
險，消費者之交易及專屬管轄案件外，承認國不得予以審查。而外國判決承認之拒絕，以：
(1) 違反承認國之公序良俗；(2) 被告防禦權之不備；(3) 不以二一條關於重覆訴訟之情形，所
謂同一訴訟原因爲限，凡與承認爲既爲之判決內容矛盾時。可見外國判決應廣泛予以承認之
一般趨勢。參見，岡本善八，前揭一九七八年文（二），同志社法學第 31 卷第 3 號，第 130
頁。

[291] 三井哲夫，前揭文第 105-106 頁。

於乙、丙兩國，並得有相矛盾之判決，則甲國究竟承認乙國或丙國之判決？依雙面法則說固祇承認丙國判決，依單面法則說則視侵權行爲之訴訟，是否屬於專屬管轄之案件而定，如爲專屬管轄案件則祇能承認丙國判決，如非屬專屬管轄案件則不免遭遇困難[292]，不得不另尋其他解決之方法。此外，如張三在丙國起訴並獲得勝訴判決，則在雙面法則說之下，兩國不得不承認甲國之判決；反之，如張三在乙國起訴並獲得勝訴判決，兩國均不得承認其判決，其結果不得不謂爲奇特[293]，若依單面法則則無此缺點。

四、總而言之，從外國判決承認之觀點，單面法則遠比雙面法則爲便，惟尚有二種缺點不能完全消彌，即

（一）專屬管轄案件與非專屬管轄之案件之劃分，仍不能不依內國之觀點，如擴大專屬管轄之範圍，有如法國民法第14條或第15條之解釋，則其結果與雙面法則無異。

（二）單面法則亦會面臨困窘的局面，如訴訟競合致有矛盾的兩國判決是。

因此，間接管轄之問題，顯非依據傳統的管轄法則所得解決，而須另闢蹊徑不可，此即第五節之「功能性分析方法」所要討論者。

肆、決定管轄法院之方法與其檢討

一、決定管轄法院之方法

涉外民事案件之管轄法院之決定，各國在態度上，大抵做下列步驟爲之：定性→連繫因素之找尋→指定管轄法院。以下分別說明之：

(一) 定性

即決定法律關係之性質。如同選法法則一般，管轄法則不得不藉若干法律

---

[292] 同前註，第113-115頁，引述法學者 Batiffol 之見解認爲應基於內國之管轄法則與甲國同，而應優先適用，Niboyet 則認爲應以先請求承認之判決爲優先，但兩者均有瑕疵，蓋前者將非專屬管轄案件亦合併適用承認國之管轄法則，或逕認係承認國管轄法則之單獨適用，不免於單面法則說之自我矛盾之批評。至於後者則純係便宜主義，而無任何理論基礎，更不能免於機會主義之批評。

[293] 同前註，第100頁，在判決國無效或不存在之甲國判決，祇要越過國境即取得在判決國所未有之效力，而在判決國完全合法之判決，一越過國境便完全有如廢紙一般，毫無效力矣。

概念來區別各管轄法則間之不同。例如，英美法上藉訴訟程序之觀念，將案件區別為對人訴訟、對物訴訟與身分關係之訴訟，而各有其不同之管轄法則[294]。又例如大陸法上，則將管轄大別為普通管轄與特別管轄；特別管轄又可區別為若干類，如關於契約債務之訴訟，關於侵權行為之訴訟，關於離婚之訴訟，關於監護關係之訴訟，關於遺產繼承之訴訟，不一而足[295]。法院受理訴訟之初，即須立即判別系爭案件究竟屬於何種類型之紛爭。例如問題緣起中之遠航空難事件，如果罹難家屬，在新竹地方法院起訴控告遠東航空公司，請求賠償生命、財產之損害，則該法院首先須確定該訴訟，屬於何種類型之爭執，如屬旅客運送契約之違反，則新竹地方法院得基於何種基礎行使契約事件之管轄權？如屬於侵權行為之性質，則其得基於何種基礎行使管轄權？又例如，遠航空難事件罹難乘客之家屬如在同法院控告飛機製造者之波音公司，講求基於商品製作人責任之損害賠償，同法院仍須先判斷該訴訟究竟屬於何種類型之爭執，進而再決定其有何基礎，得行使管轄權[296]。

(二) 尋找連繫因素 (基礎)

法院既將原告提起之訴訟，「定性」為某種類型之後，進而依其直接管轄之法則，認定得行使管轄權之連繫因素（基礎）為何？一般而言，內國直接管轄之法則，在連繫因素之設定上，大抵有二種類型：[297]

1. 單元選擇：僅得由一國法院得行使管轄權者謂為單元選擇。例如關於不動產物權之訴訟，各國大致上均以不動產所在地國之法院為管轄法院。

2. 多元選擇：得由數國法院行使管轄權者是為多元選擇。管轄法則與選法法則最大的不同點在於後者往往以特定國之法律，如關於身分能力之事項之

---

[294] 參見前章第三節，關於英美法上如何決定管轄法院之敘述。

[295] 參見前章第二節，關於大陸法系如何決定管轄法院之敘述。

[296] 類似案例參見日本東京地鐵昭和 49 年 7 月 4 日民事 24 部中間判決（昭和 46 年（ワ）第 11084 號請求損害賠償事件），（判例時報 754 號 58 頁），其事實概要略為：昭和 41 年 2 月 4 日 17 時 55 分，於北海道千歲機場起飛之全日本航空公司之波音七二七客機（JA 八三〇二），於同日 19 時許在羽田沖之東京灣上空墜落，沉沒於海中，致乘客甲等死亡，甲之繼承人以飛機之設計不當及結構之缺陷為事件發生原因，控告美國波音公司，請求損害賠償，東京地裁即係將其「定性」為侵權行為之訴訟，而基於其係侵權行為事實發生地及其他考慮，而得行使管轄權。詳見涉外判例百選，第 268-269 頁。（1976 年，增補版，有斐閣）。

[297] 選法法則在連繫因素之設定上，亦有類似之情形。詳見，劉甲一，國際私法，第 64 頁。

本國法主義，或住所地法主義，為唯一的準據法；但後者，則大部分類型之訴訟，皆承認有二國以上之法院得行使管轄權[298]。例如在大陸法系國家中之德國、日本等，關於非專屬管轄案件，均承認被告住所地國法院有普通管轄權；而其他國法院，如契約履行地國、侵權行為地國之法院，亦具有特別的管轄權[299]。普通管轄與特別管轄又立於併存之地位，即兩者皆得行使管轄權，故管轄法則大多屬於多元選擇。

(三) 管轄法院之指定

受訴法院依其管轄法則，經由定性、找尋連繫因素之步驟後，即可斷定該連繫因素何在，如其位於法院地，則即屬有管轄權而予以受理。否則，即將該訴訟予以駁回。例如，關於不動產物權之訴訟，在中華民國法院提起，如系爭標的物之不動產位於中華民國，則受訴法院得行使管轄權，否則，祇有駁回原告之訴訟。其他類型之訴訟，如侵權行為[300]，婚姻關係[301]等亦然。

二、檢討

涉外案件決定管轄法院之傳統方法，有如前述，於茲檢討其特色與優缺點：

(一) 方法上之特色

傳統上決定涉外案件之管轄法院之方法，係依定性→尋找連繫因素→決定

---

[298] 三井哲夫，前揭文第 95 頁。

[299] 參見前章第二節之敘述。另請參照，「EEC 一九七八年擴大執行之公約」，其第 2 條規定被告之住所地國法院得行使「普通管轄」；第 5 條、第 6 條有關於「特別管轄」之規定；第 3 節規定保險事件之管轄；第 4 節規定消費者契約之管轄；均與「普通管轄」發生「競合」之關係 (第 3 條、第 7 條、第 13 條參照)。詳講參照岡本善八，前揭一九七八年文 (一) 第 84-90 頁，其態度相同。

[300] 參見，東京地裁昭和 49 年 7 月 24 日民事第 24 部中間判決 (昭和 46 年 (ワ) 第 11084 號請求損害事件) (判例時報第 754 號第 58 頁)，前註四五。

[301] 參見，最高裁昭和 39 年 3 月 25 日大法庭判決：(昭和 37 年「才」字第 449 號離婚請求事件)，(民集 18 卷 3 號 486 頁)，本案之事實略為：妻甲原係日本人，後與韓國人乙在上海市結婚而入韓國籍，嗣後，兩人在上海市共同生活，二次大戰後，則回到韓國與夫之家族共同生活。但由於習慣與環境之不同而使甲不堪共同生活，甲獲得乙事實上離婚之承認而回到日本，15 年來毫無乙之音信，乃提起離婚之訴。法院認為原告在日本之善意的住居所，且長達 15 年，足使其得以行使管轄權。

管轄法院之三步驟為之，因而，其特色為形式的思惟。詳言之，祇要是一定類型之訴訟，並具有法院得行使管轄權之連繫因素（基礎），則得行使管轄權。例如英美法上之對物訴訟或準對物訴訟，往往以物之所在地為唯一的連繫因素（基礎），即憑以決定物之所在地法院為管轄法院[302]，而不顧慮其他因素。大陸法上之普通管轄亦以被告之住所為決定管轄法院之唯一考慮因素。其他各個類型之訴訟亦然，如侵權行為案件之侵權行為地，契約違反案件之債務履行地，繼承案件之被繼承人住所地，婚姻事件之夫之住所地等皆是。因此，其方法上之特色即是一種形式的，即祇考慮一部分，少數或一個之相關因素，而捨棄其餘立法者認為不重要者[303]。因此，祇要法院認為系爭案件屬於某種類型，並認定某特定連繫因素位於何處或指向何處，該國即係有管轄權之法院。

（二）優點：較易符合當事人之預見可能性（Predicability）

在國際私法之領域，當事人之預見可能性係一重要的立法政策[304]，亦即，國際私法雖係決定準據法之適用法則，而指示法官如何適用法律，屬於「法官之法律」，但當事人於著手處理或進行某涉外關係時，同樣會接受國際私法之指示[305]，期能預防糾紛之發生，即令有糾紛發生，當事人亦能預期準據法如何？其適用之結果又如何？屬於國際私法一支之涉外案件管轄問題[306]，亦受相同政策之支配。詳言之，預見可能性在管轄問題上對當事人亦深具重要性。對原告而言，其涉訟之目的並非處理管轄問題，而係解決實質之紛爭，任何因管轄問題之抗辯之訴訟遲延，將對原告造成極嚴重的困擾[307]。而且，原告在花費許多時間與金錢而獲得一最後判決，卻發現該判決因法院欠缺管轄權而毫無用處[308]，甚至會因限制法規（The Statute of Limitation）或權利之時效消滅而使其權利永遠喪失[309]。對於被告而言，在其未確知現繫屬之法院有無管轄權之前，

---

[302] Steven, E. Cumming, Jurisdiction-A methodological analysis insplication for presence and domicil jurisdictional bases: Shaffer v. Heiter, 433. U. S. 186, (1977), Washington. L. Rev., 53: 537, 540.

[303] Id., at 542.

[304] 松岡博，わが國際私法における政策考慮について（二），阪大法學第114號第1頁。

[305] 馬漢寶，國際私法總論，第19-20頁。

[306] 同前註書第27頁。

[307] Cumming, Supra Note 51, at 549.

[308] Restatement, seccond, Conflict of laws, at 104.

[309] 即所謂原告坐在兩張椅子中間而落空。即在內國案件之場合，為避免原告因原先繫屬之法院無管轄權，致其實體上之權利無由貫徹，另行尋覓有管轄權之法院，又可能因怠於行使權利

慎重會趨使其前往該法院應訴，無論路途多遙遠，即使其最後獲勝，其勝利之代價亦極慘重，蓋管轄問題所擬避免之罪惡——遙遠而不便利之訴訟——已然發生了[310]。此外，其亦可減輕當事人與法院之負擔，因爲決定管轄法院時祇考慮少數因素，即訴訟類型與連繫因素之存否，尤其便利上級法院審查管轄權存否之決定是否妥當。[311]

（三）缺點

傳統決定管轄法院之方法，固有其優點，但亦有以下的問題：

1. 定性問題

如同傳統的選法法則，面臨的第一個問題是定性問題，即依何種標準作訴訟類型之歸類。選法法則之定性問題係依任何標準，缺點均不能免[312]，管轄法則基於其「程序」之性格，多依法院地法而爲定性。因此，對於選法法則上定性問題依法院地法解決之批評，可同樣適用之。詳言之，甲國與乙國對於系爭案件定性之不同，往往使管轄法院之決定結果不同，進而影響外國判決獲得內國承認之可能性[313]。例如，甲國與乙國均認爲侵權行爲之訴訟以侵權行爲地

而不得再行使，故有所謂移送之制度之設計，責由原先受訴法院將該案件移送至有管轄權之法院，受移送之法院並不得拒絕受移送而否定其管轄權。但在涉外訴訟之場合並無所謂移送之制度，故原告免於坐空於兩椅子中間之保障，將無由獲致矣。渡邊惺之譯，國際民事訴訟法——第一回民事訴訟法國際會議——一般報告，慶應大學法學研究，第 56 卷第 11 期，第 50-51 頁。

[310] Cumming, Supra Note 51. at 549.

[311] Martin B. Louis, The Grasp of long am Jurisdiction finally exceeds its reach: A comment on World-wide volkeagen corp. v. Woodson, and Rush v. Savchack, North. Calolina. L. Rev. 58: 407, 432.

[312] 選法法則之定性標準大致有以下四說：

1. 法院地法說：其缺點在於：(1) 祇解決準據法之適用問題，對於判決一致之國際私法之理想無任何助益；(2) 可能發生本應適用外國法而不予適用，或本不應適用而予以適用，而竄改所應適用外國法之結果；(3) 法院地欠缺外國法之制度時，將無從解決定性問題，或將導致極度不公平之結果。

2. 準據法說：易陷於循環論斷，準據法之選擇如係多元時，其標準若非武斷，即難合理說明，是為其缺點。

3. 比較法說：概念模糊而不切實際，大量增加受訴法庭之負荷，故無法有效解決定性問題。

4. 初步與次步定性說：但初步定性與次步定性之定限之區分標準亦難期一致。詳請參照劉鐵錚，前揭書第 231-233 頁。

[313] 管轄法則之不同，會影響外國判決之承認，祇有在內國對於間接管轄法則，與直接管轄法則

爲管轄法院，而契約關係之訴訟則以債務履行地爲管轄法院。張三爲鍋爐安全
弁膜之製造商（甲國法人），李四爲乙國法人，向張三購買安全弁膜，並裝置
於其生產之鍋爐上，而出售乙國之消費者王五，王五使用該鍋爐發生爆炸而受
傷，王五控告張三、李四請求損害賠償。張三、李四兩人當時安全弁膜之買賣
係FOB之交易[314]。如乙國將該訴訟定性爲侵權行爲之訴訟，並以已係損害發生
地，包括在侵權行爲地之概念中，故得行使管轄權，而爲王五勝訴之判決，王
五以張三在乙國無財產遂請求甲國承認，俾使執行。但甲國卻將該訴訟定性爲
契約關係之訴訟，契約履行地爲甲國，故甲國法院有管轄權，乙國法院之判決
係無管轄權而爲之者，故不應予以承認與執行。

2. 連繫因素之意義

有如選法法則依特定連繫因素，決定特定類型案件所應適用之準據法，
管轄法則同樣依特定連繫因素，決定特定法院得行使管轄權。例如，契約關係
之事件，以契約債務之履行地爲連繫因素，決定履行地法院得行使管轄權。侵
權行爲地之連繫因素對於侵權行爲之訴訟亦同。選法法則上有連繫因素之意義
難予確認之問題[315]，管轄法則亦然。質言之，當事人主張連繫因素位於受訴法
院，但可能爲法院所不認可，而拒絕行使管轄權[316]；反之，當事人抗辯連繫因
素未位於受訴法院，其不得行使管轄權，法院駁回其抗辯而逕行主張有管轄

採取相同態度時，始爲可能，此即直接管轄法則雙面化而適用於間接管轄之謂。詳請參照，
本文第三章第三節「立法形式」。

[314] 本設例事實採自 Gray v. American Radiator Stadard Sanitary Corp. 26. 111. 2d. 432. 176. N.E. 2D
761 (1961), Willis L. M. Reese, Maurice Roseberg, *Conflict of Laws*, Cases and Material, at 99 (1978
3th ed).

[315] 此即選法法則上連繫因素之定性問題，其「準據法」大抵依法院地法，蓋訟爭問題之定性與
連繫因素意義之確定，實具有不可分離之關係，因前者是構成本案訴因之事實，而後者則係
右述事實中，與某特定法域發生連繫者也，而且訟爭問題之定性應採法院地法之故，但國籍
住所之確定，則應採領土法說。詳見，劉鐵錚，前揭書第 234-235 頁。

[316] 例如 14/76, Establishments. A. Bloos Sprl v. Establishment Bouyer SA, 6. Oct. 1976. 之案中，原
告 De Bloos 在比利時有主營業所，被告在法國有主營業所，雙方於 1959 年 10 月 24 日訂約，
由原告取得被告產品在比利時、盧森堡與比屬剛果（現薩伊共和國）之獨家銷售權。被告以
原告違約於比利時法院起訴諸求損害賠償。受訴法院卻認為不問產品交付之運送方法為何，
有關商品均係在被告之主營業所所受領，價金亦在該地支付，故債務履行地在法國而非在比
利時，受訴法院實無管轄權。參見，岡本善八，1968 年前揭（二）文第 18-19 頁。

權[317]。尤有進者，判決國認定連繫因素位於其國內，而主張有管轄權，但承認國卻爲相反之認定，而認爲判決國無管轄權，遂不承認其判決[318]。因此，發生繫因素之意義如何確定之問題，亦即，確定其意義之「準確法」爲何？學說上，大抵有二：

(1) 準據法說：即依據案件應適用之準據法，確定管轄法則之連繫因素之意義。例如，東京地裁昭和 42 年 10 月 27 日判決（下級民集第 18 卷第 9、10 號第 82 頁），係日本企業之原告，委託丹麥之海運公司之被告，自香港運貨至橫濱，貨至橫濱，卻因包裝毀損致內容物腐壞，原告以被告違反運送契約，請求損害賠償。法院認爲本案依契約之準據法，即當事人合意選定之香港法，債務履行地未約定時，以債權人之住所地爲準，即日本，故肯定其管轄權[319]。歐洲共同市場國家法院之態度亦同，亦即，該法院認爲：「依第 5 條第 1 款，原告得於債務履行地之法院提起契約債務之訴訟，至於條約而定之履行地是否位於受訴法院之國內，應由其決定。亦即，由其依其國際私法所定該法律關係

---

[317] 例如 12/76, Industrie Tessili Italiana Como v. Dunlop A.G. 6 Oct. 1976. 原告 Dunlop 公司委託被告公司 Tessili 承製滑雪器材，訂購函中有「裁判管轄──關於本契約之一切紛爭，由德國 Hanau, am Main 管轄。」之印刷條款。被告承製完成，在交付運送之同時，發函載明其係普通買賣契約，其中有：「關於將來所生之一切紛爭，由義大利法院管轄，購買者無論是否基於任何之訴訟合併，均放棄受他法院判決之權利。」原告嗣後以被告之商品有瑕疵，於 1973 年 6 月 28 日在德國提起解除契約並請求損害賠償之訴。被告基於其函，抗辯該法院無管轄權，但爲該法院所拒絕，於 1974 年 5 月 10 日，以中間判決肯定其管轄權。參見，同前註文第 10-16 頁。

[318] 例如 Sherrer v. Sherrer, 334, U.S. 343, (Willis L. M. Reese Maurice Rosenberg, Conflict of Laws, at. 825-829.) 案中，甲男與乙女於麻塞諸塞州結婚並定居達十餘年，後因長年婚姻生活之不適應與爭吵，乙女攜其子女遠適佛羅里達州，聲稱不願返回。嗣後，乙女主張其係善意住民而提起離婚訴訟於佛州法院。甲男委請律師答辯，包括對乙女居所之主張。佛州法院判決甲男與乙女離婚，並因甲男未上訴而確定。未幾，乙女另與在麻州相識而跟隨乙女至佛州之丙男結婚，婚後未久，兩人遷回麻州。甲男在麻州起訴主張佛州之離婚無效，乙女丙男之婚姻無效與甲男仍係乙女之合法丈夫。麻州法院審查佛州法院就乙女住所之認定，認爲不妥，乙女在佛州無住所何言，佛州法院之離婚判決係無管轄權爲之者，遂不予承認。

[319] 此爲日本法院一貫之態度，參見以下判決：
1. 東京地裁昭和 34 年 6 月 11 日判決，法院依契約準據法之美國加州法律，認爲債務不履地不在日本，而否定其管轄權（下級民集第 10 卷第 1204 頁）。
2. 東京地裁昭和 45 年 3 月 27 日判決，日本公司控告法國銀行請求基於交易委任契約不履行之損害賠償。法院依契約準據法之法國法，認爲債務履行地不在日本而否認其管轄權。

應適用之準據法定之。」[320]。

(2) 法院地法說：管轄法則具有程序法則之性質，依「程序法依法院地法」之原則，自應依法院地法確定其連繫因素之意義。而且，基於管轄問題係準據法選定之前的先決問題，在次序上應先予解決[321]，除契約關係之訴訟，法院尊重當事人之自主意思，依其指定，得預知準據法外，其他事件確實無從得知[322]。同時，連繫因素之確定，在於確定系爭案件與受訴法院國或判決國有無一定之關連，使其有權行使管轄權，自應由法院地依其法律之觀點定之[323]。

惟兩說各有缺點，依準據法難免有邏輯謬誤之缺點，蓋即不知連繫因素何在，自無從依其指向而決定管轄法院，更無從依法院地國際私法之指示，確知準據法為何。依法院地法說，在直接管轄之場合固無問題[324]，於間接管轄之場合。判決國法院有無得行使管轄權之連繫因素，自不能由承認國依其本身之觀點予以審查，蓋此乃關於判決國與系爭訴訟之事實之間，是否具有一定之關連也[325]。因此，連繫因素意義之確定，實係傳統選法法則不可避免，又極難解決之問題。

3. 預設連繫因素可能不適當

傳統之管轄法則，如同選法法則一般，係由一個法律類型，與一個或數個相應之連繫因素所組成，而各個連繫因素之選定，皆依特定之立法政策為之[326]。例如，以被告之住所為普通管轄權行使之基礎（連繫因素），主要是基於被告之保護。特別是管轄權之行使以被告之住所以外之連繫因素為準，亦係基於當事人或法院之便利[327]。但是，特定涉外案件事實所包含之連繫因素不止

---

[320] 同註 66，第 17 頁。

[321] 馬漢寶，前揭書第 17 頁。

[322] 準據法說所引之日本與歐洲共同市場國家法院之判決，均係契約關係之訴訟，且當事人已選定特定法律為其準據法，應予注意。

[323] 池原季雄、平塚真即採此見解。前揭文第 19 頁稱：「國際的裁判管轄基礎之住所，應依吾國國際民事訴訟法獨自之立場決定之。」第 20 頁關於債務履行地，第 21 頁關於侵權行為地亦同。

[324] 但亦可能因判決國與承認國對於連繫因素意義之確定有所不同，而影響判決之獲得承認。參見註 67。

[325] 此於住所或國籍何屬之認定尤然，亦係應採領土法說之理由。參閱劉鐵錚，前揭書第335頁。

[326] 管轄法則之立法政策之分析與評價，請參閱本章第五節。

[327] 歐洲共同市場國家法院曾謂：「依公約（一九六八年）第 2 條之規定，被告住所地法院具有原則性的管轄權，但依第 5 條規定承認若干事件原告得選擇特別管轄法院……該選擇自由亦

一個或數個，如何選擇某特定連繫因素，作為管轄權行使之基礎，往往是各國依其自有之立法政策而決定，故難免時有衝突之情形發生。例如，本國法院管轄主義與住所地法院管轄主義之對立，雖各有其理由[328]，但亦係基於更實際之考慮，詳言之，大陸法系諸國係比較純粹的民族國家，其法律文化較重視固有的民族要素，且係大宗移民所來自之國家，故如同選法法則之採本國法主義[329]，管轄法則亦採本國法院管轄主義[330]。反之，如英國、瑞士等民族構成較為複雜之國家，或美國、中南美洲係接受大批移民之國家，本較缺乏古老傳統與法律文化，故選法法則採取住所地法主義[331]，管轄法則亦輕國籍而重住所[332]。因此，管轄法則採取不同之主義，難免會因而影響外國判決之承認[333]，亦會造成當事人應訴之不便利，例如侵權行為地固得作為管轄權行使之基礎，但如廣泛的承認「損害發生地」包括在侵權行為地之概念內，而得作為管轄權行使之基礎，則恐會導致迫使加害人至不能預測之地應訴之不安當的結果[334]。

4. 管轄法院之決定仍然困難

傳統管轄法則藉定性與連繫因素之找尋之步驟，固可決定特定涉外案件之管轄法院，而連繫因素之規定型態又有兩種型態，即單元選擇及多元選擇。單元選擇之管轄法則固可使管轄法院特定而單一，但實際情形未必即如此。蓋各國所採之管轄法則如果不同，則管轄法則也無法特定化與單一化。此外，管轄權行使基礎之連繫因素，分散在數國，管轄權之衝突，亦不可免[335]。至於多元

基於特定種類之案件，紛爭與法院之間存有特別密切之關係，使該法院之審判為最合理，而予以承認。」參閱岡本善八，前揭一九六八年文（二），第 17 頁。

[328] 例如，身分關係之訴訟，採取本國法院管轄主義之理由，大致如下：
　1. 身分關係在性質上，與本國具有密切之關連。
　2. 身分關係之準據法採取本國法主義，故由本國法院管轄，適用法律上頗為便利。
　3. 為給予當事人較多依訴訟而獲得救濟之機會，蓋各國關於身分關係之法制，本國法所為之身分生活之保障，恐於本國以外之法院無法獲得。請參閱，池原季雄，國際私法における裁判管轄權と當事人の國籍（二）國籍法外交雜誌第 48 卷第 6 期，第 88 頁。

[329] 馬漢寶，前揭書，第 63 頁。

[330] 池原季雄，前揭文，第 77 頁。

[331] 馬漢寶，前揭書第 62-63 頁。

[332] 池原季雄，前揭文，第 77 頁。

[333] 詳見第三節「立法形式」。

[334] 池原季雄、平塚真，前揭文第 21-22 頁。

[335] 劉鐵錚，前揭書，第 261 頁。

選擇所致管轄權衝突的情形更為嚴重。蓋管轄法則本身已承認多數法院得行使管轄權且基於管轄法則不統一或管轄權行使基礎之連繫因素分散於各國，如同單元選擇之情形一般，故管轄法院之決定頗為困難，對於外國裁判之承認亦無何助益。

三、歸結

基於以上之分析與檢討，吾人似可發現傳統管轄法則存有若干嚴重的缺點，使管轄法院之決定並不能很容易、簡便，對當事人或法院亦不能達成便利之目的，更會減縮外國法院判決獲得承認之可能性，因此有必要作一番澈底的變革。

伍、立法政策

每一法規背後皆有其成立基礎之立法政策，此於國際私法之管轄法則與選法法則亦然[336]。詳言之，傳統之管轄法則皆係依據一定之立法政策而存在，並維持其現在之形態。至於其主要的立法政策則未必容易探究，以下先就幾種管轄權過度行使之國際實踐之現象，予以評價，再由此歸納出其立法政策：

一、幾種管轄權行使過度擴張之現象

(一) 英美法上之出現（Presence）

英美法上，對人訴訟，不問訴訟之原因為何，祇要被告在法院地收受訴訟程序文書之送達，法院即得行使管轄權[337]，即使被告之滯留係暫時的亦然，例如在 Grace R. Macarther 案中[338]，被告乘坐田納西往德克薩州之無停留（No Stop）飛機上，當飛機飛臨阿肯色州之上空時，收受訴訟程序文書之送達，阿肯色州法院遂本此理由，而認其得有效行使管轄權。

---

[336] 松岡博，前揭文（一）第 2 頁。

[337] 參閱前述英國法與美國法制之介紹，另請參閱 Russel J. Weintraub, *Commentary on Conflict of Laws*, at 133-35 (1980 2nd ed.) 與 Le flar, *American Conflicts Laws*, at 47-50, Restement, Second, Con flict of Laws at 28, (1971).

[338] 170 F. Supp. 442 (E. D. Ark. 1959).

(二) 法國法上之原告或被告之國籍

依法國民法第 14 條之規定，法國法院得對任何以法國人爲被告之訴訟，行使管轄權；依同法第 15 條之規定，凡是法國人提起之訴訟，法國法院皆得行使管轄權。此祇要當事人之一具有法國國籍，不問其訴訟與法國有無任何關連，亦不問訴訟之種類爲何，法國法院即得行使管轄權[339]。

(三) 德國民事訴訟法第 23 條，日本民事訴訟法第 8 條，美國法之準對物管轄

都承認被告財產之扣押地，對於其他與該扣押無關連之訴訟，扣押法院皆得行使管轄權。該被扣押之財產之價額如何或是否得滿足繫爭訴訟之請求，皆非所問。因此，即使被告遺留於德國（或日本）之財產僅爲手帕或襪子，德國（或日本）法院如予以扣押，則對於原告所提起，與該扣押財產無關之契約關係或商品製作人責任之訴訟，其均得行使管轄權，而不問被告之住居所或訴訟原因之發生地點何在，亦不問原告請求之金額如何龐大[340]。Shaffer v. Heither[341]案中，被告所屬之公司 Greyhound Corporation 係依德拉瓦州法設立而於亞利桑納州有主事務所之公司，原告則係該公司之「一股」股東，被告係該公司之董監事或經理，原告以被告在奧瑞岡州之不當行爲而使公司受損害，提起股東代表訴訟，在此之前並扣押被告所有之該公司之股票[342]。據此，主張德拉瓦州得行使管轄權，爲該州最高法院所認可，係典型的「準對物管轄」。

二、管轄權行使之共通原則——以原就被原則

不論任何類型之訴訟，被告之住所地法院均得行使管轄權，毫無異論[343]，

---

[339] 參閱前述關於法國法制之介紹。

[340] 松岡博，國際取引における裁判管轄，阪大法學第 124 號第 29-30 頁（以下簡稱松岡博國際管轄）。

[341] 433. U. S. 186. (1977).

[342] 由於被告所持有之股票所在不明，故由德拉瓦州法院下命，依該州法以公司所在地視為股票之扣押地。

[343] 請參閱前述大陸法系國家之普通管轄之介紹，英美法系國家關於住所得作為對人管轄行使之基礎之說明。此外，歐洲共同市場國家於 1968 年及 1978 年關於法院管轄與判決承認與執行之公約第 1 條，均規定不論被告之國籍為何，而歸其住所地之締約國之管轄，詳見岡本善八，一九六六年文（一）第 5 頁，一九七八年文（一）第 84 頁。

至於其根據則可求之於以下三點[344]：

（一）在對於訴訟具有充分準備之原告，與較常出乎意料之外之被告間，以原就被原則較能符合當事人之便利與公平。亦即，原告可自行自可能利用之幾個法院間，選擇對自己最有利之法院而提起訴訟[345]。

（二）被告之住所地通常為其生活之中心地，亦多為被告財產之所在，因而，如原告獲得勝訴判決，能直接予以執行[346]。

（三）不問請求與訴訟原因為何，原告必須有一處所得追覓被告而提出其主張，其中最具固定性者乃被告之住所地。是故，以原就被原則不但適用於純粹內國之訴訟，同時亦適用於涉外訴訟。

三、管轄法則之立法政策

各國雖有不同之管轄法則，在若干情形，各國亦有過度擴張其管轄權行使之現象，公約之締結雖努力予以防止這種現象[347]，但欲根本解決此問題，則不對管轄法則之基本立法政策予以探究，不能致其功，以下分幾點言之：

---

[344] Von Mehren & Trautman, *The Law of Multistate Problem*, at 835.

[345] 此僅指準據法適用以外之有利的因素，尤指訴訟程序上之便利，蓋管轄法院之選擇，不應影響準據法之適用，以免原告任擇法院（Forum Shopping）。另請參閱前述管轄問題與準據法之關連。

[346] 此即判決之實效性。

[347] 歐洲共同市場國家 1978 年法院管轄與判決執行之公約第 3 條第 2 款，曾拒絕若干締約國依以下之規定而取得管轄權：

1. 比利時民法第 15 條與裁判法第 38 條。

2. 丹麥民事訴訟法第 248 條第 2 項：格陵蘭民事訴訟法第 3 章第 3 條。

3. 德國民事訴訟法第 23 條。

4. 法國民法第 14 條、第 15 條。

5. 在愛爾蘭一時出現之被告送達訴訟程序文書。

6. 義大利民事訴訟法第 2 條、第 4 條第 1 項與第 2 項。

7. 盧森堡民法第 14 條、第 15 條。

8. 荷蘭民事訴訟法第 126 條第 3 項、第 127 條。

9. (1) 對在英國一時出現之被告，送達訴訟程序文書。

　 (2) 被告之財產位於英國。

　 (3) 位於英國而被原告扣押之財產。

(一) 領域主權之理論

誠如美國判例Pennoyer v. Neff所言，關於獨立國對於人與財產之管轄權，有二已確定之國際公法上之原則，即，其一，各國對於其領域內之人或財產，具有排他的主權與管轄權；其二，任何一州對於其境外之財產與人。不能直接行使主權與管轄權。[348] 因此，涉外民事案件管轄權之範圍，大抵與其主權或司法權之範圍一致。因而，可導出所謂實效性原則或實力支配原則，詳言之，「各國經由其法院所行使之主權或其分支之司法權，對於得給予實效性之判決之事件，均有爲判決之權限，或正當的管轄權，對於不能給予實效性之判決之事件，則無爲判決之權限或正當的管轄權。」[349] 而所謂具有實效性之判決，乃爲該判決之國家，依其主權，對於受該判決拘束之當事人，得透過司法機關經由必要手段，強制該判決內容實現之判決之謂[350]。但是，在涉外訴訟，如果被告在判決國境內無充分之財產足供執行，或是不顧他去，致判決內容無從實現，則原判決有何實效性？是否使原判決國之法院不得對該案件行使管轄權？[351] 其答案顯然是否定的，故應限於判決國無從實現其所爲判決之內容，且在外國亦不能獲得該國之承認與執行前實現其內容，判決國始不得爲實效性的判決，而不得行使管轄權[352]。因此，在實效性原則爲管轄法則之立法政策下，下列情形值得注意：

1. 訴訟程序文書之送達，得作爲管轄權行使之基礎，乃因爲法院對於被告有一定之控制（Control）[353]。被告之住所得作爲管轄權行使之基礎，亦在於被告恆常在法院之監視之下，或被告之住所係其生活中心地並爲其大部分財產之所在，故判決之內容較易獲得實現[354]。承認被告財產之扣押地得行使關於其他請

---

[348] 95. U. S. 714, 722 (1877).

[349] Dicey, The Criteria of Jurisdiction, The Law Quarterly Review Vol 18, at 12. 錄自渡邊惺之，「所謂實效性の原則と裁判管轄權に關する一考察」，慶應大學法學研究，第 46 卷第 8 號第 40 頁。

[350] Id, P22-23. 同前註。

[351] 因此，Dicey, Conflict of Laws 之修訂者 Morris 在其第七版以後之著作中即認爲 Dicey 之看法完全否定了外國判決承認之理論基礎，蓋外國判決之承認與執行是各國普遍實踐之現象，而判決國如有管轄權，獲得勝訴之當事人即得請求外國之協力而促其判決內容之實現，故不再提及所謂實效性之原則。Dicey & Morris, *Dicey's Conflict of Laws*, at 27 (1970. 8th ed).

[352] Graveson, *The Conflict of Laws*, at 107 (6th ed.).

[353] David. C. Jackson, *The Conflicts Process*. at 127-8 (1975).

[354] 松岡博，前揭國際管轄文，第 5 頁。

求之管轄權，亦係基於判決內容之易於實現[355]。

2.土地或不動產訴訟之管轄權屬於不動產所在地之法院為各國所承認[356]，主要是著眼於土地或不動產為國家領土之一部分，其所在地國享有排他的控制權或主權。而承認當事人之本國法院對於身分關係之訴訟，甚至不問訴訟之類型為何，均得行使管轄權，亦求於當事人本其國籍，對於其本國之順服[357]或服從，蓋國籍之意義本代表其國民對其本國之忠順關係而隸屬於其本國[358]。內國對於居住於境內而有財產之外國人，有禁治產或死亡宣告之原因時，亦得為禁治產或死亡之宣告，即有行使禁治產或死亡宣告之管轄權，亦係基於內國對於境內之住民與法律關係，具有控制的利益，且其裁判亦最具實效性，而無待他國之承認[359]。關於特許權、商標權或專利權等登記或效力之訴訟，專屬登記國或授與國法院之管轄，而不得由他國管轄，亦係基於其權利之屬地性及有關判決祇在登記國或授與國具有實效性[360]。

3.除實效性原則為管轄法則為主要立法政策外，尚有一重要的立法政策，即訴訟之便利性，例如，承認侵權行為地法院對於侵權行為之訴訟，得行使

[355] 東京地裁昭和 34 年 6 月 10 日判決，係原告係受被告公司（美國公司，在日本無營業所）之催而為其遠東方面之業務員，無故被解催，依催傭契約之規定，未違反催傭契約而被解催時，公司應支付本人與家屬之旅費等，因而，起訴請求上開費用。原告先扣押被告在日本之貨物之樣本而主張日本法院有管轄權。但法院拒絕其主張而認為被告被扣押之貨物樣本係隨原告之業務員身分而移動，與日本國之關連不夠密切。學者池原季雄即指出，涉外案件，追覓被告可能執行之財產遠比純粹內國事件為難，故斷然拒絕被告財產之扣押地法院之管轄權，將導致保護惡意債務人之不妥當的結果。而且，對於在法院地繼續保有財產之人，為防禦其財產而強制其應訴，亦非過酷，故被告如有原告請求額以上之財產並某種程度的繼續位於法院地時，基於判決實效性之考慮，有承認其管轄權之必要。池原季雄、平塚真，涉外訴訟における裁判管轄，實務講座民事訴訟第 6 卷，第 3 頁。

[356] 池原季雄、平塚真，前揭文第 22 頁，歐洲共同市場國家法院管轄與判決執行之公約，1968年與 1978 年案之第 16 條第 1 項亦規定不動產之訴訟，專屬於不動產所在地之法院管轄，可見其一般趨勢。

[357] 溜池良夫，婚姻事件之裁判管轄權，涉外判例百選，第 162-163 頁。

[358] 馬漢寶，前揭書第 64 頁。

[359] 渡邊惺之，前揭文第 46 頁。

[360] 參閱歐洲共同市場國家法院管轄與判決承認之公約第 16 條第 4 項。藍瀛芳，國際民事訴訟法上之排除管轄與合意管轄，法學叢刊第 104 期，第 63 頁，亦認為關於商標權、特許權、或專利權之訴訟為登記國或授與國以外之國家排除管轄之原因之一。

管轄權，證據蒐集之便利，被害人起訴之便利，係其理由[361]。又例如，契約關係之訴訟，承認契約債務之履行地得行使管轄權，其理由亦在於證據調查或證人訊問之容易性與適當[362]。此等便利性有被忽視之可能，例如，美國法上關於州法院管轄權之憲法上的限制之問題，美國聯邦最高法院曾認為：「聯邦憲法第十四修正案之正當法律程序條款，所衍生之最少限度關連（Minimum Contacts）管轄理論[363]，所欲達成之功能有二：一是保護被告免於遙遠而不便利之訴訟；二是關於州管轄權之聯邦內部之限制[364]。法院認為對於憲法所標榜之州際聯邦主義（Interstate Federalism）仍應忠實，故州法院管轄權必然受他州主權之限制，亦即領土的限制[365]。而被告 World Wide 與 Sea Way 既未在法院地從事任何目的性之活動而獲得其法律之恩惠與保護，故即使該法院係最便利於裁判者，亦應剝奪該法院為有效裁判之權限[366]。」此際完全忽略奧克拉荷馬州為事實發生地，被害人受傷後之住院地，證據調查與證人訊問均極為便利之便利性之因素[367]。

---

[361] 池原季雄、平塚真，前揭文第 21 頁。但與加害人關於賠償額之預測之一致，或與行為地之公序良俗密切相關，係準據法適用之問題，不應納入解決管轄問題所應考慮之事項之範圍內。

[362] 前揭東京地裁昭和 42 年 10 月 27 日判決，肯定債權人住所地——債務履行地之日本法院管轄權，論者認為本件之爭點在於被告之丹麥海運公司是否有債務不履行之情形，如有，則其所致之損害為何，因日本民係載之上岸地，證據調查、證人訊問均極為便利與容易，故係最適當之法院，而贊同法院之結論。松岡博，前揭國際管轄文，第 12-13 頁。

[363] 最少限度關連之管轄理論，為 1945 年，美國聯邦最高法院在 Internation Shoe Co. v. Washington 案中所新創者，它摒棄自 Pennoyer v. Neff 以來，以被告之出現或同意為管轄權行使之基礎，其他營業行為、侵權行為等欲作為管轄權行使之基礎，均須勉強納入出現或同意之概念中之方法論，而提示衹要被告與法院地具有最少限度之關連，而使管轄權之行使不遠背傳統的公平與實質正義之觀念（Traditional Fairplay and Substantial Justice Notion）即得行使管轄權。326, U. S. 310, 317.

[364] World-Wide Volkswagen Co. v. Woodson, 444, U. S. 286 (1980) 本案之事實如下：原告係紐約州住民，於駕車駛往其亞利桑納州之新居途中，汽車在奧克拉荷馬州因他車之追撞而油箱爆炸而受嚴重灼傷，原告遂送奧克拉荷馬州提起商品製作人責任之訴訟，控告：(1)Audi 汽車製造商；(2)Volkswagen 進口商；(3)Worldwide 地區經銷商；(4)Seaway 零售商，請求損害賠償。奧克拉荷馬州各級法院均肯定其管轄權，但為聯邦最高法院所否決。

[365] World-Wide Volkswagen v. Woodson 引用 Hanson v. Denkla 357. U. S. 235 (1958) 之見解。

[366] 444. U. S., 292-94.

[367] Leonard, G. Ratner, Procedural due Process and Jurisdiction to Adjudicate: (1)Effective litigation value vs. the territorial imperative. (2)The uniform child custody jurisdiction act, North Western university L. Rev. 75: 363, 372.

(二) 評價

如前所述,傳統的管轄法則之主要的立法政策乃實效性原則,而實效性原則則又根源於國家主權之觀念。但是,以主權觀念及其所衍生之實效性原則,作爲管轄法則之立法政策,不免有管轄過度擴張之缺點。亦即,管轄權如基於原告國籍或住所居所,對被告爲訴訟程序文書之送達,或對被告些許財產之扣押而取得時,輒有過度擴張之傾向,而爲各國所擬防止[368]。至於其原因則爲管轄權乃主權之分支,得任由各國獨立、自由的行使,因而,不但對於領域內之人或物得行使管轄權,對於領土外之人,如係自國國民亦得行使管稱權[369],於此已失涉外訴訟之國際間之裁判事務之分配之管轄權之本來意義矣。因此,主權觀念是否得妥當的作爲管轄法則之立法政策,尚有待以下之詳細檢討:

1.主權觀念:主權指一國在其領域內得有效的使其命令被遵守,乃法實證主義(Legal Positivism)不可或缺之觀念。法實證主義大家奧斯丁(J. Austin)認爲「法律乃主權者之命令」[370],因而,主權常被用爲國際間立法權限之限制與對境內人或物有效行使管轄權之根據[371],因爲國與國之主權係互相平等而獨立的,故一國行使其主權之立法權或司法權,逾越了一定的界限或範圍,即是侵犯了它國之主權[372],應予禁止。

2.主權觀念作爲立法權限之限制之根據固有其理由[373],但是,如作爲管轄法則之基本的立法政策,則未必妥當,因爲某國主權之分支之司法權或裁判管轄權之行使,並不會侵犯它國之主權。主權的意義乃在其領域內法律能被遵守,有如前述,而法律之遵守,目的在於貫徹其所蘊涵之立法政策。因此,法

---

[368] 參閱松岡博,前揭國際管轄文,第 24-31 頁。歐洲共同市場國家 1978 年公約第 3 條第 2 項。

[369] 渡邊惺之,前揭文第 56 頁。

[370] J. Austin, The Province of Jurispudence Determined, Lecture V. in 1 Austin's Jurispudence, 171-224 (3nd. ed. 1869). 引自 Thomas N Thomson, *Enlightened Forum Non Conveniens Policy: A. Remedy for plaintiff's jurisdictional overreaching*, Wayne L. Rev. 16: 1162, 1166.

[371] Id.

[372] World-Wide Volkswagen v. Woodson, 444. U. S. 286. 法院認為在決定對人管轄之範疇時,應尊重州之領域範圍,以便對於聯邦憲法所蘊涵之州際聯邦主義忠實。at 293. 所謂州際聯邦主義即是各州主權之獨立與平等,因而,即使被告在某州應訴將受極輕微,甚至沒有任何不便利、或該州有適用其自州之法律,或該州法院係最便利之法院,均因管轄權之行使係違反州際聯邦主義,而應予以剝奪。See Also, Hanson v. Denkla, 357. U. S. 251.

[373] 詳請參閱,陳豐榮,前揭論文第 85-91 頁。

律不被遵守而適用，致其蘊涵之立法政策不能實現，固屬主權之侵害；反之，如法律被遵守並使其立法政策能實現，則不屬主權之侵害。詳言之，甲國與他國發生摩擦，或甲國侵犯他國主權，並不是因為其行使管轄權，而是因為甲國忽視他國法律之存在，連帶的忽視該法律所蘊涵之立法政策[374]。亦即，當某法律關係之爭執涉及甲國、乙國或其他國家時，即使該爭執與乙國有較密切之關連，但是其立法政策與所欲實現之目的，並不會因甲國行使管轄權而受到折損或消滅，祇要甲國法院適用乙國之法律，其政策或目的仍會因而實現[375]。縱然，在現階段之國際私法理論之下，各國或多或少有適用內國法之偏向，而忽視他國之立法政策或其所欲實現之目的，但此乃選法之問題如何理性的解決，而不應藉對管轄權行使之直接的控制，進而間接的控制準據法之選擇[376]。

3. 再就準據法選擇與管轄之問題，與當事人權益間之關連程度言之，應以前者甚於後者。詳言之，準據法選擇之不適當，可能使原應勝訴之當事人敗訴，而使原應敗訴之當事人勝訴；而管轄權行使之不當，頂多使當事人遭受訴訟程序之極度不便利，並不會影響訴訟之結果[377]。學者有一尖刻之比喻說：輕視準據法選擇之問題，而重視管轄法院之問題，對當事人而言，無異於注重死刑犯在何處執行死刑，而不注重其應否執行死刑[378]。因此，不論就主權本身，或主權對於其統治之人民之權利義務所為之保護言之，主權實不足作為管轄法則之主要立法政策，而應注重當事人與法院進行訴訟之便利與公平。

其次，再就專屬管轄之問題言之，依傳統管轄法則之理論之見解，管轄法則既係各國依其主權決定其管轄權行使之範圍，自可由其考慮各種立法政策，自由訂定之。同時，其亦可決定某種特定事件專由特定法院行使管轄權，亦即由其自行劃定專屬管轄與非專屬管轄間之區別。惟上述見解適用於內國案件，固無疑義。蓋內國各主權皆在其主權之統轄下也。惟涉外案件因含有外國的因素，除當事人、標的物、或訴訟關係非得由一國主權所得統轄之外，欲劃分裁

---

[374] Martin, H. Redish, Due Process, Federalism, and Personl Jurisdic tion: A Theoretical Evaluation, Nothwestern U. L. Rev. 75: 1112, 1114.

[375] Id, at 32.

[376] Harold, S. Lewis Jr., The Form State Interest Factor in Personl Jurisdiction Adjudication: Home-Court horses hauling Constitutional Carts, Mercer L. Rev. 33: 769, 833-834.

[377] James. Martin, Personal Jurisdiction and Choice of Law, Michigan L. Rev. 78: 872, 879-80 (1980).

[378] Linda. J. Silberman, Commentaries on Shaffer v. Heither, Shaffer v. Heitner: The end of an Era. N.Y.U.L.Rev. 53: 33, 88.

判事務之法院，亦非其所得支配。換言之，一國主權無「權」決定某特定類型之訴訟應由自國法院管轄，而他國法院必須讓步，而不得行使管轄權也。蓋甲國得將其特定類型之訴訟指定由甲國法院專屬管轄，而乙國亦得將該類型之訴訟劃歸其專屬管轄之範圍。此際，居於平等地位之甲乙兩國主權即發生衝突，亦即一國專屬管轄之指定已侵犯他國之主權矣。此顯與傳統管轄法則以「主權」作爲其基本的立法政策不合[379]。

不僅如此，專屬管轄亦可能造成當事人訴訟之極度不便利，婚姻事件即是最佳例證。德日法例有離婚訴訟專屬夫之住所地法院專屬管轄之規定[380]，惟在夫拋棄其妻遠赴他鄉之時，妻無從提起離婚訴訟自極爲不便，故不得不承認若干例外[381]，已否定其本身之專屬管轄性。因此，除非專屬管轄之決定有更堅強之理由，且爲各國一致接受外，尚難由一國任意爲之[382]。

同時，如各國任意規定己國法院就某特定類型之訴訟有專屬管轄，也否決他國法院之管轄權，亦不承認讓他國法院所爲之判決，大大削減外國判決獲得承認之可能性，不但耗費當事人無謂之時間、金錢、勞費，使涉外法律關係不明確且不安定，更使各國間之壁壘益深，殊不足取。

總之，基本上吾人應認爲除非經各國以公約之形式，而爲專屬管轄之規定外，一國不得亦無權爲專屬管轄之指定，且基於涉外案件之性質，以專屬管轄之情形愈少愈爲安當。

---

[379] 此主權之衝突，除各國互相自我約束與忍讓之外，祇有依賴條約之訂立始能達成。參閱池原季雄，國際私法における裁判管轄權と當事者の國籍（二），國際法外交雜誌第 48 卷第 6 期，第 89 頁。歐洲共同市場國家在這方面的努力提供了最佳的說明，其 1968 年或 1978 年之法院管轄與判決執行之公約第 3 條第 2 項，不但排除法國民法第 14 條、第 15 條之管轄法則適格性，同時亦否決法國破毀院對該等法條所賦予法國法院之管轄權係專屬的之見解，足供參考。

[380] 參見第二節。

[381] 參見最高裁判所昭和 39 年 3 月 25 日大法庭判決（昭和 37 年（才）第 449 號請求離婚事件，民集第 18 卷第 486 號）。承認妻之住所地亦享有離婚訴訟之管轄權。

[382] 歐洲共同市場國家前揭條約第 16 條有若干專屬管轄之規定，如不動產物權或租賃之訴訟專屬所在地法院管轄，已爲各國所接受，且證據調查與證人傳喚較爲便利，又可全面解決該不動產之所有爭執，其專屬管轄性已無疑義。關於商標權、專利權等無體財產權之訴訟，因其權利之屬地性。亦得肯定其專屬管轄性，關於強制執行亦同。但法人團體之訴訟，或登記於公簿之訴訟，則未必如此，至少「法人本據地之探求，倘尚依其關際私法之規定」，不無缺憾。參見，岡本善八，前揭一九六八年（一）文第 14 頁。

第五節　功能性分析決定管轄法院之方法

壹、基本觀點

一、綜前所述，傳統管轄法則有許多不可避免之缺點

（一）在方法上，定性之「準據法」不明，連繫因素之意義難以確定，連繫因素之預設各國並不一致，管轄法院之難以確定，使管轄法則因各國之國情與立法政策之不同，而有很大不同；進而，使內國判決獲得他國承認之可能性大為降低，當事人花費於權利追求或確保之金錢、時間、勞費，須重複或加倍，當與正義或公平合理之觀念有背。

（二）各國重視主權因素，致管轄權行使有不當擴張，或過度限縮之情形產生，其結果可能招致他國之報復[383]，或當事人對於訴訟所投入之巨額時間、金錢、勞費，因管轄問題之遲未解決或被否定，而完全浪費[384]。此外，依傳統管轄法則所決定之管轄法院，對當事人或法院並非真正便利，不但導致訴訟程序進行之困難，使判決易生錯誤，更會使當事人消減其追求或實現權利之企圖心[385]。更使訴訟之裁判與判決承認之問題，陷於一片混亂，亦即被告在面對原告所提起而繫屬於遙遠不便利法院之訴訟，即面臨究竟應忍受沈重負擔而應訴，以免喪失權益，或任其缺席裁判，待承認程序時再對原判決之管轄權提出質疑否定其效力之兩難的抉擇[386]。

---

[383] 參閱劉鐵錚，國際私法論叢，第 245 頁及註八。

[384] 最即顯的事例乃美國聯邦最高法院自 1958 年 Hanson v. Denkla 以後之判決，計有 1977 年之 Shaffer v. Heriner，1978 年之 Kulko v. superior Court，1980 年之 world-wide volkswagen V. woodson 與 Rush v. Savshuck，皆因聯邦最高法院否定原判決法院之管轄權，使多年之繼訴成為徒勞。

[385] McGee v. International life insurance co, 355. U. S. 220 本案係原告以被保險人遺孀之身分，控告被告公司給付保險金，在加州法院提起訴訟，進而獲得勝訴判決。原以被告在加州無財產，遂請求被告主營業所得之德州法院執行該判決，被德州法院拒絕，理由是加州法院對被告保險公司，無行使管轄之權，遂涉訟於聯邦最高法院，法院發現本案系爭保險契約係由被告在德州郵寄予加州之被保險人，保險費則係由被保險人逐期准時在加州郵寄予德州之被告。法院認為：「如果迫使原告為極少額之保險金，而須花費大量時間、金錢、勞費，遠赴遙遠而不便利之法院，則將使其躊躇不前，無異使被告脫卸任何責任」，殊與公平正義之觀念有違，因而肯定加州法院之管轄權，德州法院不得拒絕執行該判決。

[386] Lea. Brimayer, *How minimum comtacts count: due process limitations on state court jurisdiction,*

二、因此，吾人認爲決定涉外案件之管轄法院應基於以下的觀點，始得補救上述缺失

（一）處理管轄問題應採迅速且經濟之方法與態度，否則，不但會使當事人所關切之實體的爭執不能獲得圓滿解決，且不必要的大量花費當事人之時間、金錢與勞費，尤其在對管轄問題一再上訴，或於判決承認之程序對管轄問題提出質疑[387]爲然。

（二）由於主權因素與管轄權之行使，不必然的發生關連，已如前述[388]。因此，管轄法則應專注於當事人權益之保障與訴訟之經濟與便利。管轄問題在現階段固與選法問題夾雜不清，但仍應將兩者嚴格分別，蓋爲避免當事人之任擇法院之故。詳言之，後者以前者爲前提，有管轄法院始有準據法之選擇與適用，後者固關於當事人實體上之權利義務與訴訟之勝敗，前者則係關於司法裁判事務之國際間之分配，應著重於法院能經濟的、有效率的、迅速的、便利的解決當事人之糾紛[389]。當事人亦得因而受公平、經濟、效率之審判。法院地法之適用與國際私法將內外國法律平等看待之本質有違，自不得使準據法因法院地之不同而有所差異[390]，故應嚴格區別選法問題與管轄問題，使管轄問題之解決不以選法問題，作爲考慮的因素之一[391]。而且，準據法之適用與管轄權之行使未必有所關連，某國之法律有適用之利益，但其法院未必即得行使管轄權[392]。反之，某國之法院得行使管轄權，未必即得適用其本身之法律作爲準據

1980, Sureme court Review.

[387] 參閱註 2，並請參照 Luther, L. Mc Dougal III, Judicial jurisdiction: from a contacts to an interest analysis, Vanderbilt L. Rev. 35: 1, 11.

[388] 尤有進者，Redish, due process, federalism, and personal Juriediction: A theoretical evaluation, N. W. U. L. Rev. 75: 1112, 1136，各州之間已不似建國初期般緊張，故 World-wide volkswagen v. woodson 案法院強調州際聯邦主義作為管轄權行使之限制已不合時宜，實則管轄權之行使既不干犯他國之主權，即使國際間情勢緊張有甚於美國建國初期之州際關係，主權仍不能構成任何管轄權行使之限制。

[389] 參閱池原李雄、平塚真，涉外訴訟における裁判管轄，實務民事訴訟法講座第 6 卷，第 11 頁，認為與內國法院間關於土地管轄權之決定並無本質上之差異。

[390] 松岡博，吾國國際私法にかける政策考慮（一）阪大法學第 110 號第 3 頁，第 17 頁。

[391] Mc Dougal III, Supra note 5. pp. 44-45.

[392] Kulko v. Superior court, 436. U. S. 84 (1978)，本案係離婚之妻在加州法院控告前夫，請求增加子女之生活扶養費用之訴訟。原告與被告在加州結婚後，共赴紐約生活，嗣後分居。依雙方協議，子女在上學期間與父親同住，休假期間則與母同住，生活費用均由被告負擔。嗣後，子女陸續前往依附母親而不願返回父處，之前，母已取得離婚判決並再婚，母訴請加州法院

法[393]。

（三）因此，管轄問題與當事人權利之保障間之關連，僅祇於程序上之負擔，而不必顧慮其他。法院與當事人或訴訟之關連，固在保障當事人程序上之利益，但不容因此即限定法院與當事人或訴訟之間須具有一定之關連，始得行使管轄權[394]。縱使法院與當事人或訴訟之間無一定關連祇要其得公平、合理、便利、經濟、效率的行使管轄權，自無強予否定其管轄權之必要[395]。

（四）總之，管轄法則之基本原則，可謂係當事人程序上利益之保護，亦即，爲使法院能效率、經濟、迅速的解決當事人實體上之爭執，管轄權之行使必須是合理[396]，而不違反傳統的公平與實質正義之觀念[397]。詳言之，管轄權之行使，如賦予一方當事人利益，卻造成他方當事人極度之困窘與不便利，管轄權即有欠缺[398]。於此，當事人當然兼指原告、被告而言，因以原就被之原則，固屬羅馬法以來訴訟法上之最重要的管轄法則，且因有強固之理論依據而爲各國所遵循。然而，因爲原告之程序上利益應受與被告相同之保護[399]，且由於純粹內國案件與涉外案件，在訴訟進行上所致當事人之負擔，尤其對於原告，有很

確認離婚與其之子女監護權，並請求增加子女之生活扶養費。但法院一再否認其有管轄權，聯邦最高法院認爲即使加州法於本件有適用之利益，亦不足使其得行使管轄權，亦即某州管轄權之行使應比準據法之選定，與訴訟或當事人具有更多之關連，但論者則持相反看法。參閱 James Martin, *Personal jurisdiction and choice of laws*, Mi-chigan. L. Rev, 78: 872 (1980)。當事人往往在其商業交易之契約中選定特定國家之法律，作爲其間有關該契約所生爭執之準據法，即使該準據法國與本案之當事人或訴訟無任何之關連，依現行之選法理論，均不否認該準據法選定之效力。此際，該國之法律即有作爲準據法予以適用之利益，但其法院卻未必有行使管轄權之利益，蓋其無任何合理基礎以行使管轄權也。

[393] Graham. C. Lilly, Jurisdiction over domestic and alien defendent, Virginia L. Rev. 69: 85, 112 & note 97.

[394] 美國聯邦最高法院自 1958 年 Hanson v. Denkla 開始，一連串的否定原裁判之州法院之管轄權。例如 Hanson v. Denkla，被告信託公司未在佛羅里達州從事任何目的性活動而獲得該州法律之恩惠與保護，法院認爲其與佛州法院無最少限度之關連，而否定佛州法院之管轄權。實則法院之真意在於：缺乏最小限度之關連而行使管轄權於該案之事實關係下，係對被告之不公平或正義，而違反憲法第 14 修正案之正當法律程字條款。Redish, supra note 4, at 1134.

[395] 參見本節第七。

[396] A. L. I. Restatement, second, Conflict of Laws, §§ 24 (I) & Comment b.

[397] International shoe co, v. Washington, 326, U. S. 310 (1945).

[398] 同註 14。

[399] McDougal III, Supra note 5, at 9. 有一常見而生動之設例。

大的不同，即後者在金錢、時間或精力之負擔遠比前者為重，[400]故在肯定被告住所有原則性之管轄權之外，更應廣泛的承認其他得行使管轄權之基礎，以資保護原告[401]。

貳、方法之變革

傳統的管轄法則係一種形式之思惟，即凡屬特定類型之訴訟，依據預先選定之連繫因素，即可指出其管轄法院。其固有若干優點，但缺點不但不能免，更影響管轄法院之合理的決定，因此有予以變革之必要。此即非形式之思惟，亦即，不預先區別訴訟之類型，而找尋相關連之國家，再判定由何者行使管轄權，最為合理，最符合法院及當事人之利益。茲分述如下：

一、考慮的因素之多元化

亦即不似傳統管轄法則，祇注重訴訟類型與特定連繫因素，而本於管轄法則之目的，多元的考慮具體案件之事實情況，凡與管轄法院之決定有所影響者，皆以之為相關因素而一併予以考慮[402]。例如，McGee v. Iternational life insurance co.[403] 案中，法院所考慮的不祇是被告之住所、契約訂立地或契約債務履行地、及契約關係之訴訟，而是廣泛的考慮：由於社會之變遷，與通訊和交通設備之進步，使應訴之困難或不便利減輕；訴訟原因與系爭契約之關連；原告獲得充分救濟與否，法院地對於境內保險關係統轄之特殊利益；及其他事實關係，如保險單與保險費之交付等。

二、二段式之方法

首先，就各具體案例析出各個關連，承認各該關連所屬國，皆有可能得行使管轄權，進而，依據各相關因素之考量與分析，由受訴法院決定其得否行使

---

[400] A. T. Von Mehren & D. A. Trautmann, Jurisdiction atodjudicated: a suggested analysis, Harvard L. Rev. 79: 1121, 1128 (1966).

[401] Restatement, 2nd, §§ 27，除列舉若干得行使管轄權之合理基礎外，尚有一概括性之規定，即「其他得合理行使管轄權之關係（See. K.）」，請參照 §§ 39, & Comment.

[402] Steven. E. Cumming Jurisdiction-A methodological analysis-Implication for presence and domicil as jurisdictional bases-Shaffer v. Heitner. Washington. L. Rev. 53: 537, 542 (1978).

[403] 355. U. S. 220 (1957).

管轄權，即有無管轄權。例如 World-wide volkswagen Woodsn[404] 案中，與訴訟或當事人有關連之國或州有：汽車製造商之本國（德國），汽車進口商之住所（例如紐約），地區經銷商之住所與營業地（例如紐約、康乃狄克、麻塞諸塞州），零售商之住所及買賣契約之成立地與汽車交付地（紐約），原告住所地（紐約），及事故發生地（奧克拉荷馬）等地法院，皆有可能行使管轄權。其次，依據：1. 被告之保護；2. 法院對於紛爭予以裁判之利益；3. 原告受有效而便利救濟之利益；4. 紛爭最有效解決之州際司法制度之利益；5. 推展基本的實質的社會政策，各州所具有之利益等，判斷受訴之奧克拉荷馬州法院是否得合理行使管轄權[405]。

三、正確結果之注重

在管轄法則之基本原理——合理性之指引之下，法院依據前述相關因素，判斷管轄權得否合理行使，而獲致正確結果[406]。由於此工作之完成，完全有賴法院妥善的行使裁量權，裁量權在無明確的基準可資遵循之情形下，固易有濫用之傾向，但由於管轄法院之決定對當事人實體上之權利義務無任何影響，程序上之負擔對當事人之影響有限，而且，管轄權之行使對法院而言，毋寧是一種負擔，在其趨利避害之心態下，其行使管轄權當知自我約束而不致過度擴張[407]。

此外，上述法則在適用上，雖無明確之規則或基準可循，然較諸選法法則對立法政策探究之困難性[408]，困難仍屬輕微，詳言之，單純程序面之考慮，當事人進行訴訟所致之負擔之程度，法院審理之便利與否，證據調查是否容易，

---

[404] 444. U. S. 286. (1980).

[405] Id, 293.

[406] Cumming, Supra note 20, at 547-48.

[407] Martin, Supra note 12, at 880.

[408] 美國選法方法之最新趨向乃注重各相關國家實體法之立法政策之比較衡量，俾獲致準據法適用之具體妥當性。請參閱松岡博，前揭文（二），阪大法學第 114 號第 11 頁以下；陳豐榮，涉外民事法律適用法之研究，東吳大學法律研究所碩士論文，第六章「改革與建議」。但其缺點仍難免，即：(1) 有潛在利害關係之國家，其實體法基礎之立法目的很難予以確認；(2) 實體法基礎之立法目的，是否依該方法予以貫徹，很難予以決定；(3) 多數國家實體法之基礎之立法目的，擬依該方法予以實現時，決定何國為具有主要關連者頗為困難；(4) 各該國家之立法目的具有相同之重要性時，很難選擇其一而犧牲其他。Reese, Choice of law: rules or approach, Cornell L. Rev, 315, 317-18, (1972).

證人傳喚有無困難，在事實關係完全呈現清楚時，當不致發生判斷管轄權得否合理行使之困難。

而且，管轄權基礎之擴大，不但便利當事人尋求實體上權利義務糾紛之解決，同時不致因得行使管轄權之法院之增多，而造成當事人之任擇法院。亦即，如前所一再指陳，準據法之選擇不應作為解決管轄問題所考慮之因素之一，故，當事人任擇法院是選法本身之問題，而非管轄之問題，其解決亦當求之於選法方法之改善，而不得作為阻礙管轄法則上作變革之理由[409]。

參、基本步驟

依功能性分析方法[410]決定管轄法院，主要著眼於法院得否公平的、有效的、迅速的、經濟的、便利的解決當事人之實體上之紛爭，其雖無一定之規則可資遵循，但仍有一定之步驟，亦即，首先判斷被告受繫爭法院審理，是否會受極度之不便利或不公平，若不致如此，則該法院即得行使管轄權。但是，縱然被告將受極度之不公平或不便利，並不當然意謂該法院不得行使管轄權，而須另行考慮其他事實因素，以決定有無正當理由責令被告忍受該不公平或不便利。其中最主要的因素為原告受駁回後，另於其他法院，如被告之住所地法院起訴，是否將遭受顯不相當之困難與負擔，致妨害其主張權利之意欲[411]。另外

---

[409] Mc Dougal III, Supra note 5. at 43-44.

[410]「功能性分析方法」為本文依據以下之觀點而定名：
1. 不循固定規則而依具體案件之事實作分析與判斷。
2. 管轄法院之決定注重其能否便利、有效、迅速、經濟、公平發揮其定分止爭之裁判的功能。

惟學界或實務界另有採其他名稱者，例如：
(1) 利益分析方法，如 Mc Dougal III, Supra nate 5 即是。
(2) 重心理論（Center of gravity）或最密切關連，例如 Kuiko v. Superior court, 436, U. S. 84, 98, (1978).
(3) 州際裁判適格之理論（interstate venue），例如 Ehrenzweig, From state jurisdiction to interstate venue, 50 Oregon. L. Rev. 103 (1971). Kevin M. Clermont, Restating Terriorial jurisdiction and venue for state and fedral coutrs, Comell L. Rev. 66: 411 (1980).
(4) 最少限度關連之理論：例如：Martin, Supra note 12, Stewart Jay, Minimum contacts, as a unified theory of personal juriediction: a reappraisal, North Carolina L. Rev. 59: 429 (1981). see also, Allen. R. Kamp, Beyond minimum contacts: the supreme Court s new jurisdictional theory, Ga L. Rev, 15: 19, 32, & n. 78-80.

[411] Mc Gee v. International life insurance co., 355 U. S. 220，參見註三。

應考慮之因素則爲法院行使管轄權之利益[412]。詳述如下：

一、被告利益之優先保護

由於訴訟之發生是由原告所操縱，如不予以限制，其將利用之以壓迫被告[413]。詳言之，訴訟之提起係在原告有充分準備之下，對被告而言則係意外的，故優先保護被告之利益，較符合當事人之便利與公平[414]。是故，法院認爲：「被告之保護爲最主要之關切，其他因素，如對紛爭予以裁判之法院地之利益，原告受便利而有效救濟之利益，紛爭最有效解決之州際司法制度之利益，促進基本的實質的社會政策各州所具有之利益，均在適當場合始一併予以考慮。」[415]

二、原告受有效而充分救濟之利益

由於原告與被告均應受同樣之保護，而免受不公平或不正義[416]。詳言之，被告面對遙遠而不便利之法院，基於經濟或其他原因，致不能爲充分有效之攻擊防禦，甚至不能應訴，使其權利因敗訴之判決而被剝奪，故有予以保護之必要[417]。然而，原告亦可能面臨相似之局面，亦即，原告可能因經濟或其他原因，致無法在遙遠而不便利之法院進行訴訟，而主張其權利，因而喪失請求中立之司法機關就其權利之有無予以裁判之機會[418]。因此，在若干特殊情形之下，有使被告受一定程度之負擔，而允許對原告便利之法院行使管轄權之必要。

三、法院就紛爭予以裁判之利益

美國聯邦最高法院曾認爲非住民之被告之行爲，如與法院地之公共利益密切相關，或造成住民之損害者，則基於統治利益而行使管轄權。例如保險行

---

[412] Redish, supra note 6, at 1138-39.

[413] A. T. VonMehren, & D. A. Trautmann, Supra note 18, at 1128, n. 14。

[414] 松岡博，國際取引における裁判管轄，阪大法學第 124 號第 5 頁。

[415] World-wide volkswagen v. Woodson, 444 U. S. 286, 291 (1980).

[416] Harold S. Lewis Jr., The forum state interest factor in personal jurisdiction adjudication: Home court horses hauling constitutional carts. Mercer L. Rev. 33: 769, 810.

[417] Brimayer, supra note 4, at 110.

[418] Lewis, supra note 34, at. 810.

為[419]或證券之買賣[420]。但學者多持反對之見解[421]，蓋法院有混淆實體問題與管轄問題之嫌疑。

肆、基本價值

　　功能性分析方法決定管轄法院之基本步驟，有如前述。問題是在肯認被告之利益應予優先保護之前提下，在何種情形，始得要求被告退讓，而允許原告所選擇之對被告不便利之法院行使管轄權？擬妥當解決上述問題，不先探討功能性分析方法所依據之基本價值，則很難達成。茲分兩方面詳述之[422]。

一、必須有一個以上之法院得行使管轄權

　　當事人涉訟之目的，不論是原告或被告，均是有實體上權利義務之爭執迄待解決，而能最有效、經濟、公平與便利解決該爭執之法院，即為當事人所企求。詳言之，對於原告而言，較之被告更期望能解決與被告間之實體權利義務之爭執，進而保障或實現其權利。故無法院可供其利用，則所謂「管轄之消極競合」，等於剝奪其權利。在純粹內國之案件，由於有「移送」之制度，原告尚不虞缺少得行使管轄權之法院，至於涉外案件，各國法院之間並無「移送」之制度，則一旦有可能成為管轄法院之國，皆宣稱其法院礙無管轄權，則原告藉訴訟解決爭執而實現其權利之可能性，將完全烏有[423]。同理，如果原告

---

[419] Mc Gee v. International life insurance co, 355, U. S. 220 (1957). see also Travelers health association v. virginia, 339, U. S. 643 (1950). 本案被告係在內布拉斯加成立之非營利社團，雖其在法院地未設有代理人，但仍以郵寄為健康保險之要約，並經由舊社員之介紹而吸收新社員。維琴尼亞州法院基於其對保險行為之統治利益而肯認其行使管轄權。

[420] Doherty & co. v. Goodman. 294. U. S. 623 (1935). 本案被告係紐約州之住民，而在愛荷華州透過代理人從事證券之買賣。系爭契約係被告代理人與原告在愛荷華州協議而訂立之股票之交易，原告在愛荷華州法院提起訴訟。法院強調在愛荷華州，依其實體法之規定，任何非住民從事證券之交易，須先登記並簽署同意該州法院對州務卿送達訴訟程序文書，故愛荷華州對境內之證券交易具有統治利益，因而得行使管轄權。

[421] e, g, Redish, supra note 6; Brimayer, supra note 4; Lew is supra note 34; Ralph, U. Witten, the constitutional limitations on state court jurisdiction: A historical interpreative reexamination of the full faith and due process clauses, Creighton L. Rev, 14: 499-606, 735-825 (1981).

[422] 以下關於基本價值之確認與分析，係以馬漢寶之見解為本而加以擴充。馬漢寶，國際私法總論，第 177 頁以下參照。

[423] 渡邊惺之譯：國際民事訴訟法，第一回民事訴訟法國際會議，一般報告，慶應大學法學研究，第 56 卷第 11 期，第 51 頁。

在某特定法院進行訴訟或舉證上極為不便利或需龐大之花費，經其慎密衡量，決定不在該法院涉訟，而其又無其他法院可資利用，亦與「管轄之消極競合」之情形無異。因此，有認為基於原告之便利，訴訟應歸原告及其證人所在之國家之法院，或此等人易於前往之國家之法院行使管轄權[424]。在立法例上，義大利亦為補救這個缺陷而提議如果義大利法院曾以他國法院得行使管轄權之理由，而否定本身之管轄權時，如該他國亦否定其本身之管轄權，則應限制其原來無管轄權之裁判之既判力，使義大利得行使補充的管轄權[425, 426]。歐洲共同市場國家「一九七八年擴大法院管轄與判決執行之公約」，原則上固採被告住所地法院管轄主義，若被告若於締約國無住所時，各締約國之管轄權悉依其內國法定之，但第 16 條專屬管轄案件則不在此限。亦即各國得依其管轄法則，不論是否係管轄權過度擴張者，均得主張有管轄權[427]。而且，如果原告在締約國有住所，則可不問被告之國籍為何，而由原告住所地國行使管轄權[428]，其理由相同[429]。再就被告言之，訴訟之發生雖由原告提起，被告僅居於被動之地位，但雙方當事人實體上權利義務，一旦有爭執，則其期望能獲得解決，與原告無異。惟其並無原告之「管轄之消極競合」之問題，而有管轄過度擴張之問題存在[430, 431]。詳言之，管轄過度擴張乃管轄法則之立法政策不當，致管轄權行使有過度擴張之現象，雖其目的在保護內國國民或住民之原告，但對被告而言，可能使其在遙遠而不便利之法院進行訴訟，而所受之不相當負擔，致令其缺席而喪失提出防禦之機會[432]。因此，管轄過度擴張或超越被告合理期待之管轄權之行使，應予拒絕。

---

[424] 馬漢寶，前揭書第 178 頁。Mc Dougal II, supra note 5, at 18-19.

[425] 渡邊惺之譯，前揭文第 51 頁。

[426] 第 2 條，一九六八年公約亦同。

[427] 第 4 條第 1 項，一九六八年之公約亦同。

[428] 第 4 條第 2 項，一九六八年之公約亦同。

[429] 此點，在提供原告適當而充分之保障上，因殊值贊同，但區別締約國與非締約國之住民之原告，而給予差別對待，論者認為恐會引起不必要之摩擦與報復。松岡博，國際取引における裁判管轄，阪大法學第 124 號第 32 頁。

[430] 渡邊惺之，前揭文第 53 頁。

[431] 例如法國法承認原告之法國國籍得作為法國法院行使管轄權之基礎，或德國法就身分關係之訴訟，原告曾具有之德國國籍，得作為德國法院行使管轄權之基礎，同係基於原告之保護而為管轄過度擴張之典型。

[432] Mc Dougal III, supra note 5, at 19.

二、判決結果互相矛盾之避免

有一個以上之法院得行使管轄權，固能多提供解決當事人實體上權利義務之爭執之機會，而符合當事人之期待，毫無疑義。惟如各國皆勇於行使管轄權，對於當事人不但增加訴訟之負擔，且由於選法或準據法適用之不一致[433]，而導致判決之矛盾或不一致，此尤見於複數當事人之情形，詳言之，原告應獲得之權利可能會因兩國以上之法院對於不同被告分別行使管轄權，進而為判決，而數判決之內容歧異而互相矛盾，致原告之權利完全落空。例如，world-wide volkswagen v. woodson 案中，美國聯邦最高法院認為，因被告 World-wide 與 Seeway 在事實發生地之奧克拉荷馬州未從事任何目的性活動，藉以獲得該州法律之恩惠與保護，故無最少限度關連存在，奧克拉荷馬州不能對其行使管轄權。言下之意，原告如欲對被告有所主張，則其須至被告之本據地之紐約，或其他州涉訟，則可能發生奧克拉荷馬州法院判決汽車製造商或進口商無須對原告負責，而紐約州或他州法院亦判決汽車之經銷商或零售商無可歸責，如果事故之發生確因汽車本身之瑕疵，則原告將喪失任何請求[434, 435]。因此，在多數被告之情形，應由受訴法院審酌一切情事後，將管轄權退讓予更便利之法院「統一」行使，以杜裁判之矛盾[436]。同理，被告除須對數原告在數國法院提起

---

[433] 此指國際私法之現實面，即判決不一致之情形。在選法方面之變革，固有助益於判決之一致，惟判決之作成除法律之適用外，尚有事實認定之問題。事實之認定因法院而不同，亦可能導致判決之不一致，故同一案件發生數國管轄行使之競合，更可能使判決結果發生紛歧之現象。

[434] 類似的案例參見 Buckeye Boiler co. v. Superior court, 71, Cal. 2d, 893 458. p. 2d. 57. 80. Cal. Rptr. 113 (1969). 案中原告甲國國民子，因乙國公司丑所製造之鍋爐在甲國爆炸而受傷，更因甲國醫師寅之疏誤而使傷勢加重。如甲國與乙國祇分別對寅與丑行使管轄權。甲國法院判決寅不應負責，因責任在丑。乙國法院判決則認定本案之損害係可歸責於寅，而丑無任何責任，則甲無從獲得任何救濟，即令被告之一確應負責亦然。

[435] 日本有一類似而有趣之案例，即所謂「關西鐵工事件」是也。本案係有關商品製作人責任之訴訟，其事實大要為：甲將自己製造之機器賣予乙（甲乙係日本公司），乙將該機器售予其在美國之子公司丙，再由丙售予美國公司丁，丁再售予美國公司戊，戊公司之作業員己因使用該機器而使手指被切斷。己在華盛頓州法院控告丁、丙與丁，請求損害賠償，丙則在同法院以甲為被告提起預備之訴，主張若其於前訴敗訴，應由甲賠償若干。甲則在日本大阪地院起訴確認甲對丙之賠償債務不存在。結果美國與日本之法院各自肯定其管轄權，並為相異內容之判決，即美國法院於 1974 年 9 月 17 日命甲應給付丙求償額八萬六千美元（包括一萬一千元之訴訟費用），日本法院則確認丙對甲之求償權不存在（大阪地裁 49 年 10 月 14 日判決）。於丙請求日本法院承認並執行美國法院之裁判時，以違反公序良俗而駁回其請求。

[436] Mc Dougal III, supra note 5. at 22.

之多數訴訟，因疲於應訴而增加負擔之外，亦可能因各該國家汲於行使管轄權，並為內容相異之判決，致其因單一事件而需負多重責任[437]。例如，甲將乙所簽發保險單上之權利移轉予丙，甲丙兩人分別在子、丑兩國法院起訴請求乙履行保險責任，子國法院認為甲當初之移轉無效，乙仍應對甲負責。丑國法院則認為甲之移轉有效，乙應對丙負責，則乙豈非因單一之保險契約行為而須負雙重責任？[438]

總之，相同案件或事實關係密切之數訴訟，不宜由多國法院分別行使，不但易致判決之歧異，使當事人無從遵循，原先實體上之爭執並不因裁判而解決，且使當事人花費數倍之時間、金錢、勞費，而與訴訟經濟之觀念有違[439]。因此，有必要由受訴法院尊重他法院得行使管轄權之事實，依具體事實關係，正確的判斷有關的訴訟由哪個法院一併行使，較為合理、便利與公平。

伍、基於被告之保護而得行使管轄權

基於被告之程序上利益應予優先保護之觀點，管轄權之行使不得導致被告沈重之負擔，或踰越被告之合理的預見可能性[440]。因而，以下與被告有關連之法院應係得合理行使管轄權，而不致踰越被告之合理的預見可能之範圍：

一、被告之本國

被告之國籍得否作為管轄權行使之基礎，各國立法例殊不一致[441]，國籍之

---

[437] Id., at 23.

[438] New York life insurance co. v. Dunlery, 241. U. S. 518 (1916).

[439] Mc Dougal III, supra note 5, at 24.

[440] 預見可能性是否得作為管轄權行使合理或便利與否之判斷因素，World-wide volkswagen v. Woodson, 444. U. S. 286. 採取否定之見解。惟究其實，其並非完全否定預見可能性之判斷基準之適格性，而係否定原告所主張之被告得預見將涉訟於奧克拉荷馬州之合理性。詳言之，法院認為原告主張被告在出售系爭汽車時，基於汽車之「移動性」，其應可預見該汽車可能飛馳於奧克拉荷馬州境內，因該車製造上之瑕疵所生責任之訴訟，將在該州提起，亦在其預見可能之範圍內，是不僅合理的。蓋法院舉例說明，如加州之輪胎零售商，平日多祇為其附近之顧客服務，某日為一賓州之旅客換修，迨該顧客回返賓州，始因該輪胎本身或裝修之瑕疵，致發生意外事故。則使該輪胎零售商遠赴賓州應訴，是否合理或在其預見可能之範圍內，不言可喻。因此，法院強調基於被告之預見可能性而行使管轄權者，以其有合理性者為限。

[441] 大抵上，大陸法系國家多承認被告國籍得作為管轄權行使之基礎，尤其是身分關係之訴訟，英美法系國家則大多不承認國籍在管轄法則上之重要性。參見，池原季雄，國際私法における裁判管轄と當事者の國籍（二），國際法外交雜誌，第48卷第6期，第76頁。

重要性似難有定論[442]，惟鑒於以下理由：似可承認國籍得作爲管轄權之基礎：

（一）國籍自其意義言之，不外乎「自然人由於忠順關係而隸屬於某一國家之地位」，故國民得基於此地位而自國家享有一定之地位，而須對國家負擔一定之義務[443]，服從其法院公管轄可認係其義務之一，由其本國法院行使管轄權難謂超出其預見可能性之範圍。

（二）被告在本國法院應訴，語言、訴訟程序爲其所熟悉，而道德觀念與法律思想頗具共通性，使親切感與信賴感倍增，故由被告之本國法院行使管轄權，對被告極爲有利[444]。此外，在提供當事人一個以上之法院供其利用，或給予原告較多選擇機會，以保障其權利之實現可能性，更足以支持國籍作爲管轄權行使基礎之適格性[445]。

（三）此外，準據法爲本國法時，適用上之便利[446]，身分關係多與本國有密切關係，本國亦爲身分生活關係之中心地，自證據之蒐集與評價之觀點，自以本國法院得行使管轄權爲當[447]。惟應注意者，由於被告之住所地國與其本國相同，亦即被告之生活中心地爲其住所地而非其本國，國籍與其日常生活之關連性大爲減低，如強令其在本國法院應訴，不但極爲不便，且證據之蒐集與評價亦有困難[448]，自以否決本國法院之管轄權爲要。因此，國籍如欲作爲管轄權行使之基礎，應注重被告與其本國之實質的關連，亦即應注意：1.被告是否遠離其本國，如是則其理由爲何？2.被告離開本國之期間及擬繼續停留在外之期間？3.其是否擬取得他國國籍，在取得該國國籍之前日進行了多久期間？4.被告是否仍忠順於其本國？以判別本國與被告之實質關連性。[449]

---

[442] 例如，由大多數大陸法系國家組成之歐洲共同市場，其所簽訂之法院管轄與判決執行之公約，1968年案與1978年修正案，均捨國籍而就住所，以被告住所地國行使普通管轄權，國籍在管轄法則之重要性大爲減低。參見，渡選惺之譯，前揭文第49-50頁。反之，美國國會雖未授權聯邦法院得依公民籍而行使管轄權，但在若干場合，聯邦法院得依法規授權，命居住於境外之被告回國應訴，對不服從者亦可予以處罰，國籍在管轄法則之重要性漸顯。Restatement, second, conflict of laws, §§ 31, Commenta.

[443] 馬漢寶，前揭文，第65頁。

[444] 池原季雄，前揭文第94頁。

[445] 同前註第94-95頁。

[446] 田村精一，離婚の裁判管轄權――否定，涉外判例百選，第167頁。

[447] 池原季雄，前揭文第93頁。

[448] 同前註第93-94頁。

[449] 參見Restatement, second, conflict of laws, §§31-Comment c., 係美國法院於決定是否承認被告本國法院所爲之判決時，所應考慮之因素。

二、被告之住所地

被告之住所地通常為其生活中心地，故由其行使管轄權，並不致對被告構成不相當之負擔，或踰越被告預見可能之範圍，故承認被告之住所地得行使管轄權，為各國所接受而無異議[450]。因為對於被告而言，其住所地法院係便利而不甚勞費的[451]；對於原告而言，被告之住所為其生活中心地與諸多財產所在地，原告獲得勝訴判決，其內容較易實現[452]。此外，住所較具確定性，保障原告至少有一向被告主張權利之法院[453]；如準據法為住所地法時適用上之便利；和住所在證據蒐集與評價上較為便利[454]，均係被告住所地法院得行使管轄權之理由。惟住所之概念，各國均不一定一致，基於管轄權之基本目的——便利、經濟、有效之管轄權行使——應以住所與被告具有實質之關連，即該住所為被告生活中心地者為限[455]，因此擬制住所，例如在法院地無住所者，以其居所代之；或在法院地無居所，以其最後住所代之；或外交使節領事人員以中央政府所在地為其住所等，由於該住所與被告並無任何實質之關連而非其生活中心地，得否作為管轄權行使之基礎不無疑義[456]。妻以夫之住所、贅夫以妻之住所或未成年子女以其父母或監護人之住所為其住所，通常固係其生活中心地，亦有不然者，於後者之情形，住所得否作為管轄權行使之基礎，不能無疑[457]。

三、被告之「出現」於法院地

被告之「出現」，即在法院地收受訴訟程序文書之送達，得否作為管轄權行使之基礎，大陸法系國家採取否定之態度，英美法系國家則反是。惟由於被告與法院地別無其他之關連，故得否作為管轄權行使之基礎，不能無疑[458]，因為可能對被告構成不相當之負擔也，因此，除非基於原告之保護，或訴訟進行

---

[450] Von Mehren, & Trautmann, Jurisdiction to adjudicated, a suggested analysis, Harvard L. Rev, 79: 1121, 1137.

[451] Mc Dougal III, supra note 5, at 19.

[452] 松岡博，國際取引における裁判管轄，阪大法學第 124 號，第 5 頁。

[453] 同前註。

[454] 同註 65。

[455] 池原季雄、平塚真，前揭文第 19 頁。

[456] 同前註，第 12 頁。

[457] 因此，美國法上另行承認妻之住所地法院亦得行使離婚管轄權。Restatement second, conflict of laws, §§71, & comment b.

[458] Brilmayer, supra note 4., at 81. Von Mehren & Trautman, supra note 68, at 1137.

之經濟與便利，在被告之出現地適為：1. 原告之居住、所地；2. 重要人證或物證之所在地；3. 與訴訟之爭執具有密切之關連，而得行使管轄權外，以否定之見解為妥[459]。

四、被告之同意

被告同意某特定法院行使管轄權之情形不一，被告於原告起訴後予以同意，或逕行應訴而不抗辯無管轄權之情形，即令在該法院進行訴訟會使被告遭受不相當之負擔，其既自願拋棄本身之利益，自無予以干涉之必要，而應承認該法院得行使管轄權[460]。至於被告於原告起訴前之同意，多以合意或契約條款之方式為之，由於具有左列之利益，故可承認其管轄權行使基礎之適格性：

（一）當事人建立特定的生活關係，尤其商業之交易，無不企望其間之法律關係能夠明確，因而，藉合意而指定其間所生爭執應適用之準據法，冀能達成上述目的。惟甲國（當事人合意指定之國）之法律由乙國法院適用，可能因乙國法院不熟悉甲國法律而增加不確定性之可能，故當事人合意指定管轄法院，能有所助益於當事人上述企望之實現[461]。

（二）由於管轄權之擴大，為各國立法或實務見解之趨勢，則原告所得選擇之法院數目增多，而原告所選擇之法院對被告未必便利或增加被告之不可預測性與不安定感，因此，預先之合意指定管轄法院可補救上述缺點[462]。

（三）應保障原告有一個以上之法院得行使管轄權，已如前述，惟在各國管轄法則不一致之情況下，原告欲覓得一確可行使管轄權之法院似有問題，於其權利之保障更有不利[463]。故原告得依其與被告之合意，而輕易獲知得行使管轄權之法院，俾保障其權利[464]。而且，如原告係與多國國民交易之公司，則藉

---

[459] Von Mehren & Trautmann, id., 1137-38; Restatement, second, conflict of laws 雖亦承認「出現」作為管轄權行使之基礎，有不合理之處，惟仍將之與其他基礎並列（§§27），其理由在於法院尚可以法院不便利原則等理由（§§82-84）而消滅其所致之訴訟困難（§§28, & Comment a），惟畢竟與其基本原理—合理性—不合（§§24）。

[460] Restatement, second, conflict of laws, §§32 comment c.

[461] Michael Gruson, Forum selection clauses in international and interstate commercial agreements, Uni. of Ill. L. Rev. 1982: 135；劉鐵錚，前揭書第 255 頁。

[462] Gruson, id.

[463] 按指原告任擇一可能行使管轄權之法院起訴，被該法院以無管轄權駁回，因無「移送」之制度，則其權利可能因時效消滅而喪失。

[464] Gruson. supra note 79, at 136.

與交易之相對人指定特定法院得行使管轄權，不問是否對其確切便利，至少可減免其疲於奔赴諸多遙遠、不便利或不熟悉之國之法院進行訴訟之煩累[465]。

（四）當事人對管轄法院既有合意，則可推定當事人已明悉該法院將適用之準據法有所知悉，對於雙方當事人均屬公平[466]。

當事人合意選定特定法院得以行使管轄權，而不排斥其他法院之管轄權者，基於上述之觀點，似無疑義，惟如當事人指定特定法院具有管轄權而排斥其他法院者時則如何[467]？固有採取反對之見解，其所依據之理由，已自舊有理論之不切實際中脫出[468]，而比較注重當事人間之公平與所選定之法院是否便利。詳言之，當事人選定特定法院得行使管轄權，而排斥其他，如當事人所選定者，對一方當事人極度不公平，或並非便利之法院，則惟有否定當事人所選定之法院之管轄權，而允許當事人另於有關連之法院起訴，始足以保護當事人[469]。此尤見於所謂「印刷條款」或附從契約——契約之一方當事人祇能選擇要不要訂約，而對於契約之條款毫無協商變更之能力[470]，亦即契約之全部條款均由當事人一方所草擬，並堅持，他方當事人祇能同意與否，而不能經過雙方之協議而變更其中部分條款[471]，——其原因在於當事人雙方協議交涉之能力或經濟勢力之不相等，故當事人一方祇好接受他方既定、不容許變更且苛刻之條款，其結果將使其須於不公平或遙遠而不便利之法院起訴或應訴，無異使其喪失實體上之權利，因而，廣泛承認當事人排他選擇法院之合意之效力，亦不妥

---

[465] 日本最高裁昭和 50 年 11 月 28 日判決認為：「被告係國際性之海運業者，關於涉外交易所生之糾紛，限定特定法院行使管轄權，始足以保護其經營政策，因此，除因甚不合理而違反公序良俗者外，應認為有效。」（昭和 45 年（才）第 297 號請求損害賠償事件，判例時報第 799 號第 13 頁）。

[466] 劉鐵錚，前揭書第 255 頁。

[467] 當事人所選定之管轄法院是否具有排他性，乃當事人意思表示或契約條款解釋之問題。詳見 Gruson, supra note 79. at 134 & n. 3。

[468] 舊有理論認為法院之管轄權乃法律所賦予，如任諸當事人得依合意選定他法院得行使管轄權，而剝奪該法院之管轄權，則無異使當事人自任立法者。且未免與公序良俗之觀念有違。
Patrict J. Barrett, Choice of forum provision and the interstate dilemma: is ouster ousted Fordham L. Rev. 48: 568, 569-73.。其論據與昔日反對選法法則之當事人意思自主原則，如出一轍，其不妥當性亦甚顯然，參見，馬漢寶，前揭書第 122-123 頁。

[469] Reese, The contractual forum: the situation in the United States, 13. A.J.C.L. 187, 191 (1964).

[470] Albert. A. Ehrenzweig. Adhansion contracts in the conflict of laws, Columbia L. Rev.: 1072, 1075.

[471] Id.

當[472]。故吾人關於合意選擇管轄法院條款之效力之問題[473]，應採取的態度是，原則上承認其效力，在例外的情形而致當事人之不公平或不便利者，始予以否認[474]。詳言之，除非主張該合意管轄係不公平、不合理或不便利者，能爲相當之證明[475]者外。受訴法院可逕行推定該合意管轄爲有效。換言之，當事人之合意管轄既經其簽署或意思表示，則自可推定當事人對其合意之效果——在何法院訴訟，及其程序如何——均有相當之認識，自不容否認其效力，如果當事人之一方未深刻認知（例如以極小字體印刷之條款），或因經濟力或協商交涉能力之均衡，致必須接受該合意管轄條款，實則該法院極爲不公平、不合理或不便利，自屬例外情形，經過適當之舉證，則可推翻其效力[476]。

至於應否否決合意管轄之效力，則完全任諸法院之裁量[477]。法院爲上述裁量之時，應考慮以下因素：(1) 在合意選定之法院證據之可獲性如何？ (2) 系爭案件與該法院或其他非合意選定之法院關連如何？ (3) 訴訟之當事人或系爭法律關係之當事人之國籍或住居所何在？ (4) 如爲海事案件，則船籍國與船舶所有人之國籍或住所爲何？ (5) 合意選定之法院公平審理該案件之希望，或解釋適用準據法之能力？ (6) 不同訴訟之相同爭點是否亦在未經合意選定之法院懸而未決？ (7) 在合意選定之法院進行訴訟之勞費是否偏高？ (8) 合意選定法院對於原告之親切性？[478]。由於上述裁量所考慮的因素過多，自難期易於適用。因此，下列基準或較明確而便於適用：

1. 合意管轄是否基於詐僞或強暴脅迫而獲得[479]？

2. 當事人協商交涉能力是否相近？即該條款之訂立是否經過雙方當事人充

---

[472] Barrett, supra note 86, at 569.

[473] 除排他的合意選擇法院之效力問題外，尚有合意管轄之成立與效力之準據法，合意管轄之方式與準據法等問題，其詳請參見，三ツ木正次、合意管轄，國際私法の爭點，第153-154頁。

[474] 參閱 The Bremen. v. Zapata. offshore co., 407 U.S. (1972)。

[475] 原告在當事人合意選定之甲法院起訴，被告抗辯甲法院不公平、不合理或不便利，則由其舉證。反之，如果原告在非合意選定之乙法院起訴，則應由其就原選定之甲法院有何不公平、不合理或不便予以舉證。亦即，舉證之責任並不一定由原告或被告負之。

[476] 407.U.S.. 10, 11, 15, 19.

[477] Gruson, supra note 79, at 146.

[478] Id., at 143-144.

[479] Scherk. v. Alberto Culver co., 417, U.S.506. (1974)

分之協議[480]？

3.當事人所選定之法院之性質？固然，當事人都有選定自己親近熟悉之法院解決紛爭，惟其並非當然的是對他方當事人不公平、不合理或不便利，仍應依具體事實情況認定[481]，至於與雙方當事人無較密切之關連，且對特定類型之案件嫻熟而卓越之法院，則更符合雙方當事人之利益與企求[482]。

4.當事人所選定之法院是否便利？如果對訴訟之審理與當事人極度的不便利，則法院往往否定合意管轄之效力[483]。惟雙方當事人關於合意管轄既經充分之協議，則若干之不便利亦為其所可能預見，因此，除非該不便利非當事人所可能或合理預見者外，仍不宜以法院之不便利而否定合意管轄之效力[484]。

5.其他因素，例如當事人之住所或國籍、契約之履行地、證人或證據之所在地、契約之契立地、或當事人之行為[485]。

五、被告之單獨行為而與系爭之請求有所關連者

被告藉發生於法院地之事件，而獲得相當之利益，建立特定之法律關係，甚至侵犯他人之利益或權利，若該事件確係可歸責於被告，且與系爭請求有所關連者，則由該法院行使管轄權，尚難謂逸出被告合理預見之可能範圍[486]。至於何謂可歸責於被告，其判斷標準有二，即(1)因果法則；與(2)目的性法則。

---

[480] 407,U.S.12,17. see also, Restaement, Second, Conflict of laws, §§80, Comment a. (1971).

[481] Gruson, supra note 79, at 168.

[482] 407, U.S. 12.

[483] Id., 16.

[484] Id., 17-18.

[485] Collins, Chioce of forum and the exercise of judicial discretion: the Resolution of an Angle-American Conflict, I. C. L. Q.22: 332, 340-43 (1973)

[486] Brimayer. 曾以圖示表示此類管轄權行使之基礎，Supra note, 4., at 90,

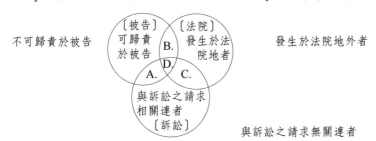

依目的性法則，被告既利用其在法院地活動之特權，藉以獲得法院地之法律之恩惠與保護，令其受該法院之管轄，尚非不合理[487]。依因果法則，被告對於其行爲所直接引起之結果與所衍生之訴訟負責，而受該結果發生地之法院管轄，例如被告在國境之外發射槍彈或將有瑕疵之商品送入法院地[488]。惟如事件係由被告行爲所間接引起時，則不無疑義。結果如係由被告之同謀者之行爲直接引起時，亦係可歸責於被告[489]，如介入偶然之因素[490]或原告或第三人之行爲[491]則否。至於強調訴訟之請求與事件之關連則在於與該訴訟有關之人證或物證，均可能位於法院地，則訴訟之審理對當事人或法院均較爲便利[492]。以下分別檢討常見之事件發生地之管轄權行使基礎之適格性：

(一) 契約訂立地

契約訂立地一般均否認其管轄權行使基礎之適格性，蓋雙方之協商與其意思表示，草擬、簽約均可能在不同地域完成[493]，尤其在現代商業型態之交易均借助於電話、電報、書信等隔地完成，或偶而在飛機上等旅途中完成，契約訂立地之重要性益失[494]。因此，除契約因詐欺強暴脅迫而成立，關於其是否有效發生爭執、契約訂立地與系爭問題可能具有密切關連之外，契約訂立地之管轄

---

[487] 此爲美國聯邦最近判例之趨向。例如 Shaffer v. Heitner 433 U.S.186. (1977)，法院認爲被告（Grey hound Co.）之董監事在法院地德拉瓦州未從事任何目的性活動；在 Hanson v. Denkla 357 U. S. 235 (1958) 法院認爲被告信託公司在佛羅里達州未從事任何目的性活動；Kulko v. Superior court 436 U.S.84. (1978) 法院認爲被告之夫未在加州從事任何目的性活動，Worldwide volkswagen v. Woodson 444 U.S.286.(1980) 法院認爲汽車之地區經銷商或零售商並未在法院地從事任何汽車販賣、修理服務等目的性活動，而各別否決原審法院之管轄權。

[488] Comment, Constitutional limitations on state long arm jurisdiction, the University of Chicago L. Rev. 49: 156, 165-6(1982).

[489] Id., 166-67，被告之代理人亦同。

[490] 結果發生地固應包括在「侵權行爲地」之概念內，惟如過於無限制的承認，致爲被告所無法預測者，則應予排除。平塚真、池原季雄，前揭文第 22 頁。

[491] World-wide volkswagen v.Woodson, 444, U.S.286.(1980) 否認奧克拉荷馬州法院之管轄權，即係依據汽車事故係因原告將瑕疵之汽車駛入，而非因被告將汽車攜入或販入。Hanson v. Denkla. 357, U.S.235.(1958) 法院亦認爲係第三人即信託人遷入佛羅里達州，被告之信託公司僅與之保持連絡而已。Kulko v. Superior court 436, U.S.84. (1978) 係原告遷往加州，其子女跟隨前往，被告僅爲同意而已，均不可歸責於被告。

[492] Von Mehren & Traut mann. Supra note 68. at 1168.

[493] Development in the law, state-court jurisdiction. Harv. L. Rev. 73: 909. at 926.

[494] 松岡博，涉外取引における裁判管轄，阪大法學第 124 號第 15 頁。

權行使基礎之適格性實有疑問[495]。

(二) 契約履行地

契約上明示其債務之履行地，可推定當事人認可其重要性，有關契約不履行之訴訟可能在該地提起，亦難謂已超越當事人之合理預見可能之範圍。而且，有關債務不履行是否發生損害，或其損害之程度如何，於債務履行地調查證據與訊問證人，均極其便利與適當，自可肯認其管轄權行使之適格性[496]。惟在當事人未明示約定債務履行地之情形，如有事實上之履行地，亦可肯定其重要性[497]。如既未明示約定，亦無事實上之履行，則僅依法律之推定而以債權人之住所地或其他特定地為債務履行地，則其重要性如何不無疑義。蓋當事人既未確實肯定其在系爭案件之重要性，而有關之證據成人證又未必位於該地，無論自被告之債務人之預見可能性，與證據調查之便利性等觀點，由該地行使管轄權並非適宜[498]。

(三) 侵害權利或利益之事實發生地

肯定侵害權利或利益之事實發生地之管轄權，多基於侵害事實發生後之情況，被害人之情狀、侵害事實發生之經過，自證據調查或證人訊問之觀點或訴訟之適宜性或便利性，均得予以肯認[499]。且加害人既因其行為致該地之人或財產受一定之危險或侵害，使其為該危險或侵害而於該地應訴亦非不合理或不公平[500]。惟自當事人預見可能性之觀點，侵害事實之發生地為偶然而為當事人所不能預見，則強令被告應訴未免失公平[501]。因而，惟有視具體個案之情形，而判定侵權事實發生地在管轄法則上之重要性始見妥善。

(四) 侵害結果之發生地

結果發生地在傳統管轄上係包含於「侵權行為」之觀念中[502]，而承認其得

---

[495] 同前註。

[496] 同前註第 12-13 頁。反對見解參見馬漢寶，前揭書第 111-112 頁。

[497] 平塚真、池原季雄，前揭文第 20 頁。

[498] 松岡博，前揭文第 13-14 頁。

[499] Development, supra note 111, at 926.

[500] Restatement, second, conflict of law, §§36, Comment on subsection (1), c.

[501] 同註 115。

[502] 馬漢寶，前揭書第 113-115 頁。

作爲管轄權行使之基礎，其主要理由在於易於調查被害人及其損害之情況，進而可測知造成損害之原因與加害人之過失程度[503]。惟亦有認爲若漫無限制損害發生地之管轄權行使之適格性，則可能招致將強制被告至不能預見之地應訴，亦非事理之平[504]。因此，有必要依結果發生之原因而評估其在管轄法則上之重要性。詳言之，在行爲事實發生於甲國，而損害結果發生於乙國之情形下，如行爲人係基於在乙國造成損害之目的，而在甲國實施其行爲，則乙國基於損害發生地之理由而行使管轄權，除在證據調查上極爲便利外，亦與被告之預見可能性無遠，對被告難謂不公平或不合理[505]。如被告無在乙國引起結果之意圖而在甲國爲其行爲，但其結果卻爲其所得合理預見時，亦使乙國法院得基於結果發生地之基礎，而行使管轄權[506]。至於判斷被告是否得合理預見之際，應考慮的因素有法院與被告及原告之關係、結果之性質、被告在該地應訴之不便利之程度。若被告既未意欲結果在乙國發生，亦無如此之合理預見時，則除非被告與乙國有密切之關連，則尚難令被告服從乙國法院之管轄[507]。

六、被告之連續或重要的行爲而未必與系爭請求發生關連者

承認被告之住所地法院得行使普通管轄權之理由之一，在於其住所地爲其生活關係之中心地，令其在該地應訴，不但不致超越其合理預見可能之範圍，且在該地進行訴訟又不致構成其不相當之負擔。基於相同理由，如果被告因其在法院地從事若干經常性、重要的活動，則令其在該地應訴亦難謂逾越其合理

---

[503] 例如，12/76, Handelswekerij G. J. Bier B.V. and stichting Reinwater (The Reinwater foundatioo) v. Mines De potasse d Alsace S. A. 30. Nov.1976（錄自岡本善八，わが國際私法における EEC 裁判管轄條約（二），同志社法學第 29 卷 5 號，第 23-27 頁。）案中，荷蘭一家經營園藝事業之甲公司，在其設備附近設有取水口，俾供灌溉之用，主要主源爲萊茵河水。某段時期因水中鹽分濃度過高致苗床受害，屢經鉅額花費均未見改善。乙財團則係以改善萊茵河之水質，特別是防止自然惡化之荷蘭民間組織。爲實現其目的或保護因萊茵河水質而受影響或關切其生計之住民之人權，有提起訴訟之權。甲公司與乙財團遂在荷蘭法院控告經營礦業之法國公司丙，指其排放廢棄物而增加萊茵河之鹽分濃度，致甲公司受損害而應予賠償。受訴法院以行爲地在法國而否定其管轄權。原告上訴，經上訴審法院請求歐洲共同市場國家法院釋示，歐洲共同市場國家法院採取相反見解，其理由前在於損害與原因行爲或事實間之因果關連。

[504] 同註 108。

[505] Restatement, second, conflict of laws §§37, Comment a.

[506] Id.

[507] Id.

預見可能之範圍，又對其不致構成不相當之負擔，由該法院行使普通管轄權尚屬妥當[508]。詳言之，被告之行爲具有連續性與重要性，則可不問系爭請求與該等行爲是否有所關連[509]，亦不問被告現在是否仍繼續該行爲[510]。因使被告已與法院地建立密切之關係，故允許該法院得行使管轄權。以下分數點詳述之：

(一) 營業行為

美國法上早日承認營業行爲得作爲管轄權行使之基礎。至於其意義，大致爲實施一連串類似行爲，藉以獲得金錢上之利益，或基於將實施一連串之類似行爲，而爲單一或少數行爲，藉以獲取金錢上之利益[511]。被告因營業行爲而與法院地建立密切之關連，由該法院行使管轄權並不致超出被告之預見可能範圍，且其在法院地已獲取相當之利益，即令其在該地應訴而需若干花費，亦難謂失平[512]。更且，訴訟之請求如與其營業行爲有關，則當事人之舉證與法院地之調查證據、訊問證人均極爲便利，故由該法院行使管轄權亦非不當[513]。

(二) 不構成營業行為之行為

被告本身或透過代理人在法院地從事一連串之活動，而又不構成營業行爲，基於被告與法院地之密切關連，管轄權之行使難謂不當。例如，被告在法院地展示、推銷商品，而不接受訂單亦不交付貨物，亦不代收貨款，一切均由其總公司處理，法院仍得基於被告在法院地之系列而繼續活動，而行使管轄權[514]。又例如，被告僅透過郵遞之方式而從事保險行爲，即使其在法院地無任何代理人，亦無任何營業行爲，祇要被告曾將保險單郵寄至法院地，被保險人亦在此地依約將保險費郵寄予被告，亦允許法院地行使管轄權[515]。類似情形，如被告不但在法院地無任何代理人或財產，亦無任何營業行爲，而且，社團社員利益之發放，費用之給付均在該社團之成立地，社團與社員間任何行爲，包

---

[508] 劉鐵錚，前揭書第 248 頁，檢討營業行爲之管轄權行使基礎時，歸結說：「營業行爲不再視爲管轄權之特別連繫因素，而視爲管轄權之普通連繫因素。」可供參考。

[509] Restatement, second, conflict of laws, §§35 (3).

[510] Id., §§ 35 (2).

[511] Id., §§ 35, Comment a.

[512] 松岡博，前揭文第 16 頁。

[513] 同前註。

[514] See, International shoe Co, v. Washington, 326, U.S.310 (1945)

[515] Mc Gee v. International life insurance. Co., 355, U.S.220. (1957)

括他社員之介紹而申請入社與核准，均以郵件爲之。惟因法院地之社員達八百人之多，社團與社員間之返還頻仍，法院得因此而行使管轄權[516]。又例如被告從前之主要活動多發生於菲律賓島，其營業行爲已因二次大戰日軍之占領而中止，由於被告在法院地仍以公司之名義從事活動，包括給付薪資、通信之處理、公司在菲律賓財產於戰後能回復時之監理、營業處所之資料之保管等，法院認爲在此情形之下，關於菲律賓時代股利、紅利未適當發放之訴訟，其亦得行使管轄權[517]。又例如被告雖係依外國法成立之外國法人，在外國亦有其主營業所，系爭請求之事件又發生於外國之國內旅客運送。原告則以被告之營業所位於法院地及債務履行地即債權人之住所地亦在法院地而主張該法院得行使管轄權[518]。

(三) 被告之子公司或母公司之行為

不問被告之子公司之行爲是否構成營業行爲，法院得否以被告之子公司在法院地之連續或重要行爲而主張其得行使管轄權，不無疑義。鑒於母公司雖擁有子公司之全部股份，兩者仍係分別獨立之兩個「人」，故原則上不能因得對子公司行使管轄權，而認爲對母公司亦得行使管轄權[519]。惟如果子公司之行爲係在母公司之指示或控制之下而爲之者，有如母公司親自爲之者，法院即得因而行使管轄權[520]，蓋此刻子公司有如母公司之代理人，或兩者間之關係不過係一種虛擬的[521]，而且母公司亦因而有所獲得利益，令其爲此而應訴，尚難謂不當。[522] 子公司有控制或指示母公司之情形時亦同[523]。

---

[516] Traveler's health association v. Virgivia, 339, U.S.643 (1950)

[517] Perkins v. Benquet Consolidated Mining Company, 342, U.S. 437. (1952)

[518] 昭和56年10月16日最高裁第二小法庭判決（昭和55年（才）第130號請求損害賠償事件，民集第35卷第1224頁）。本件被告係依馬來西亞聯邦法律成立之航空公司，總公司亦在馬國。被害人甲則係日本遊客，於旅遊途中搭乘被告之國內航線班機，因失事而喪生。乙、丙、丁三人以係甲之合法繼承人之身分，在其住所兼被告營業所所在地之法院，提起訴訟請求損害賠償。第一審駁回原告之訴，其理由為法院無管轄權，第二審廢棄原判決，並為第三審法院所維持，亦即均肯認日本法院有管轄權。

[519] Restatement, second, conflict of laws, §§52, Comment a.

[520] Id.

[521] Development, supra note, 111. at 933.

[522] Id.

[523] Restatement, second, conflict of laws, §§52. Comment a.

(四) 被告在法院地擁有不動產或動產

被告在法院地擁有相當之財產，不問係動產或不動產，得否以之爲基礎而主張得行使管轄權，不無疑義。各國立法例在原告預先扣押該財產時，即採肯定之態度。其理由固在於判決之實效性，即判決內容之易於實現，及保護原告免受債務人惡意逃避責任之害[524]。且強令擁有財產之被告至法院地應訴亦非過酷[525]，蓋被告對其財產須十分關切而時時留意，往扣押後令其應訴，不致使其手足無措也[526]。惟上述觀點僅止於臆想而已，是否會造成被告應訴之不相當負擔，或訴訟進行之不便利，仍須依各具體案例之事實關係判定之，被告在法院地擁有財產，如係其與法院地之惟一關係，則其間之關係不夠密切，致管轄權不能公平合理的行使[527]，尤其訴訟與該財產無任何關連，不但與被告合理預見可能之範圍不符，且於訴訟之便利又無任何助益。

(五) 被告之原告的身分 (反訴之情形)

被告在法院地提起訴訟，即被告先前以原告之身分提起訴訟 (本訴)，則關於本訴被告所提起之訴訟 (反訴)，法院得否對本訴原告行使管轄權？不無疑義。由於本訴原告既在該法院起訴，顯示其對該法院具有相當之信賴感，則反訴部分由該法院行使管轄權，似無不當。且各國反訴制度雖有不同，但反訴若與本訴之請求有相當之關連，則在證據調查、證人訊問上皆可互相援用，而無不便利，自以肯定見解爲妥[528]。

陸、基於原告之保護而得行使管轄權

被告之利益固應予以優先保護，惟若過於優先保護，致妨害原告權利之追求，例如對於小額之保險費而不願花費鉅額之費用，遠赴遙遠而不便利之法院涉訟[529]，因而，將永遠喪失其權利。在涉外案件，由於國情、語言、文化之隔

---

[524] 平塚真、池原季雄，前揭文第 21 頁。

[525] 同前註。

[526] Pennoyer v. Neff. 95, U.S. 714 (1887).

[527] Development, supra note 111, at 949.

[528] Restatement, second, coflict of laws, §§34 & Comment c, illustration 4.

[529] 此為 Mc Gee v. Internation life insurauce Co. 355, U.S.220. (1957) 與 Traveler s health association v. Virginia 339, U.S.643. (1952) 兩案中法院一再強調肯定原審法院之管轄權之重要理由之一。

閡，致原告追求權利遠比純粹內國案件困難[530]。爲使原告之權利追求落實，在原告於任何與被告有關連之法院進行訴訟，均將受不相當之負擔或不便利，而令被告至其他法院，其不便利之情形較爲輕微，或可獲得舒解（例如，因其財力因素），則何妨承認與原告有關連之法院方得行使管轄權。茲詳述如下：

一、基於被告本身之性質

被告本身係具有「世界性」之企業，其產品暢銷全球，雖然未必由其所直接出售，或透過其代理人、子公司、分公司間接出售，而係以批售之型態爲之。於此情形，被告既可預見其產品之可能出現地，其又自這些產品獲得一定之利益，則令其對於其產品所生之訴訟而遠赴其本據地以外之法院應訴，尚屬公平。蓋其可預見其產品，對該產品之瑕疵所生之訴訟，尚非出於其合理預見可能之範圍[531]。例如，被告係國際性之飛機製造商，關於其所製造之飛機，因瑕疵而發生事故，飛機罹難乘客之遺族所提起之基於商品製作人責任之請求損害賠償之訴訟，雖繫屬於原告之住所地，令其應訴尚屬合理[532]。蓋「被告有多數飛機正在法院地飛航中，乃公知之事實，而飛機因瑕疵致釀成事故，造成生命財產之損失，本屬飛機性質上不可避免，故法院地之訴訟並非遙遠隔絕而不可預測。」[533] 同理，國際性之汽車製造商與輸出商，或美國之進口商，對於因該汽車之瑕疵而生之請求損害賠償案件，即令訴訟繫屬於遙遠之他國（對製造商或輸出商而言），或美國任何一州（對美國之輸入商而言），亦無任何拒絕其管轄之理由[534]。被告如係從事多國性之保險業務，亦同[535]。

---

[530] Von Mehren. & Trantman, supra note 79, at 1128.

[531] Id., at 1167-1168.

[532] 東京地裁昭和 49 年 7 月 24 日民事 24 部中間判決（昭和 46 年（才）第 11084 號損害賠償請求事件，判例時報 754 號 58 頁。）

[533] 同前註。

[534] World-wide volks wagen. v. Woodson, 444.U.S.286 (1980) 本案中被告之二，即汽車製造商 Audi，與輸入商 Volkswagen，雖未曾抗辯奧克拉荷馬州法院之管轄權，實則亦無抗辯之理由也。

[535] Von Mehren & Trautman, Supra note 79, at 1168.

二、因此，消費者關於其所購貨物之瑕疵，而受損害者，得在下列法院提起請求損害賠償之訴訟

(一) 其本國或住所地

　　無論本國或住所地，在管轄法則上之意義，僅止於「生活中心地」[536]，消費者因所購商品之瑕疵而生之損害，允許其在生活中心地提起訴訟，不問是本國或住所，其理由在於消費者本身「地方性」之性質[537]。蓋一方面其可能無法尋覓遠在外國之製造商而於該製造商之本據地之法院起訴索賠，尤其請求之數額又不大時，此乃因時間、金錢、精力之龐大勞費或與請求不成比例。同時製造商又具有「國際性」之性質，對於原告在其生活中心地所提起之訴訟，不但非不能預見，且不致對其構成龐大負擔也[538]。

(二) 商品之購入地或使用地

　　商品在通常之流通過程，承認消費者之購入地或使用地（非其生活中心地）之管轄權，不但無損於被告（製造商）之預見可能性亦非不公平，於被害人之保護更有實益，故可予以肯認[539]。

柒、基於紛爭之全面解決而行使管轄權

　　如訴訟係關於特定訴訟標目物者，尤其是關於不動產物權，世界各國一般均承認該標的物之所在地得行使管轄權，甚且承認其管轄權具有專屬性[540]。其主要理由在於由該法院行使管轄權，則有關該標的物之紛爭即可獲得全面性之

---

[536] 此於選法法則上亦然。參見陳豐榮，前揭論文，第155-164頁。

[537] 同註153。

[538] 因此，「歐洲共同市場國家一九七八年擴大法院管搭與判決執行之公約」第14條規定：「消費者得於契約他方當事人之住所，或本身之住所，提起訴訟。」第15條規定：「契約之他方當事人對於消費者，僅能於消費者之住所地國提起訴訟。」立論相同，足供參考。

[539] 松岡博，前揭文第24頁，另請參照，製造物責任訴訟の裁判管轄權，國際私法の爭點，第152頁。

[540] 參閱第三章各國法制之介紹，英美法之對物訴訟祇有物之所在地始得行使管轄權，大陸法系國家中之德、法關於不動產物權之訴訟，專屬於不動產所在地之法院管轄；日本雖無上述專屬管轄之規定，至少亦承認「物之所在地能作為管轄權行使之基礎」無疑，可見各國立法趨勢之一般。

解決[541]。因此，即使法院對於當事人有不得行使管轄權者亦然[542]，被告係享有治外法權之人亦同[543]。關於不動產之登記，或因登記而取得之無體財產灌，亦係以登記地法院行使管轄權，其理由相同[544]。

　　由此等國家之法院行使管轄權，固可能招致當事人之不便利，但因紛爭得以全面解決之利益更為重要，故無不妥[545]，蓋能避免日後之訴訟，明確的保障當事人之權利與畫定他人義務之範圍，既符合訴訟經濟之要求，短時間當事人之不便利自可較不予以重視，縱使證據之調查須在他國為之，亦無不同[546]。

捌、其他得行使管轄權之情形

　　一、法院與原告或被告有特定之關連，固往保證法院行使管轄權之經濟、便利、公平或效率，惟兩者並無必然之關係。在若干情形，即使法院與當事人或訴訟無任何之關連，仍允許共行使管轄權。有認為法院既與當事人或訴訟無任何關連，則無行使管轄權之利益[547]，但是衡諸當事人合意選定管轄法院，或被告同意（包括應訴而不抗辯無管轄權）法院行使管轄權之情形，法院與當事人之關連可能僅有當事人之合意或被告之同意，惟基於當事人之利益[548]，仍可承認該法院之管轄權，同理，在各個關連國家之法院均不能公平、便利、有效、經濟的行使管轄權時，適有一無關連之法院之行使管轄權能合乎上述目的，則承認其得行使管轄權，難謂與當事人之利益或公平正義之理念有違[549]。

---

[541] 其他更強之理由則在於不動產所在地國對該物享有之主權，參見本文第四章第五節「立法政策」。

[542] Development, Supra note 111, at 956.

[543] 參見齊藤秀夫，民事訴訟法註解，第 119-120 頁。

[544] 歐洲共同市場國家關於法院管轄與判決執行之公約第 16 條（一九七八年案與一九六八年均同）關於專屬管搭之規定，即有不動產物權之訴訟（第 1 款），關於登記於公簿之有效性之訴訟，關於商標權、專利權等以提出模型及登記為必要之權利所生之訴訟（第 4 款），分別由不動產所在地或登記地法院行使專屬管轄權。足供參考。

[545] Mc Dougal III Supra note 5, at 19-20, Restatement, Secord, Conflict of laws, §§59 Comment a.

[546] Development, Supra note 111 at 956-957.

[547] Redish, Supra note 6 at at 1134-35.

[548] 參見前註 80-83 及其正文。

[549] 如依被告之利益應予優先保護之原則，則無疑應由被告不致受不相當負擔之法院行使管轄權。惟如被告係大企業或經濟力雄厚者，或被告之加害人已投保責任險，訴訟之進行對被告本身或其保險人未必構成不相當之負擔，由使原告不致受相當負擔之法院行使管轄權，尚無不妥。惟如非屬上述情形時，例如 Kulko v. Superior Court 等，原被告夫妻雙方均非生活富裕者，在加州（原告住居所地）或紐約州（被告住居所地）行使管轄權，均會使一方受較優

　　二、當事人選擇無關連之法院提起訴訟，在被告不抗辯法院無管轄權之情形，法院得基於被告之「默示同意」而取得管轄權。即令被告抗辯法院無管轄權，如法院認為本身係合理、公平、便利、經濟、效率之法院，仍得逕行行使管轄權。反之，如法院認為本身並非上述情形之法院，即便被告未為任何抗辯，亦得否決其本身之管轄權[550]。

第六節　關連問題之處理

壹、序言

　　前節已就功能性決定管轄法院之方法加以鋪陳，其方法大致為：不預先區別案件之法律關係之性質，而就各案件之具體事實關係予以分析、比較。首先審查法院與被告之關連，視該法院得否合理、公平、便利、迅速與有效的行使管轄權，如得以行使固無問題。否則，再審查原告與法院之關連，決定該法院是否對原告公平、合理、便利、迅速與有效，並得否要求被告退讓，而忍受相當之不便利或不相當之負擔。最後，如該法院與原告或被告並無一定之關連，則在若干特殊情形之下，仍允許該法院行使管轄權，俾有利於雙方當事人。簡言之，涉外案件管轄法院之決定，所考慮的因素唯當事人程序上之公平與便利，而不及於其他，尤其不應將準據法之適用問題與國家主權之問題納入考慮範圍。

　　因此，涉外案件之法院管轄問題，經以上之研討，似已完全解決，實則尚有若干關連問題殘存，即功能性分析方法與現行各國法制中是否有類似的制度，其間之同異何在？該制度施行之下，優缺點何在？是否足供功能性分析方法之參考？又，涉外案件無論在傳統管轄法則或功能性分析方法，均承認多數國家法院得行使管轄權，惟如同一案件有繫屬於數國法院時，即發生「訴訟競合」時，究竟如何處理？各國之立法例如何？其優缺點何在？功能性分析方法對此又有何對策？最後，上述討論僅止於案件尚懸而未決之情形，如案件既經

　　厚之保護而致他方不相當之負擔。此際，允許與原被告住居所距離相等而與本案無關連之地之法院行使管轄權，同時減輕雙方之負擔，似較符合公平原則。Mc Dougal III Supra note 5. at 41, 31-33.

[550] 此與當事人合意管轄之情形相類似，亦即當事人合意指定之法院並無行使管轄權之義務，仍可基於本身並非公平法院而不欲行使管轄權，進而否決當事人管轄之合意之效力。

某國法院裁判，他國法院是否應予承認，即「外國判決之承認問題」。於此僅就管轄問題，承認國應採取之態度如何？亦即承認國對於判決國之管轄權應否予以審查？如應，則其基準爲何？功能性分析方法之態度如何？以下分三節詳述之。

貳、功能性分析方法與法庭不便利原則之關連

第一項　法庭不便利原則之生成與發展

一、法庭不便利原則在蘇格蘭之起源

法庭不便利原則之正確起源未必明確[551]。惟該用語本身一再出現於蘇格蘭法院一連串之判決中，而確立習慣法上之原則：法院於裁判之目的較能由他法院達成時，得拒絕該案件之審理[552]。詳言之，在 Vernor v. Elvies. (1610) 案，由於當事人並非蘇格蘭住民，而使該國法院之審理不便利；在 Parken v. Royal Exchange Assurance Co. (1846)，則同時承認管轄權之欠缺與審理之不適當，法庭不便利與法庭不適格並不能嚴格區別，待 Brown v. Carwright (1883) 案，法庭不便利已取代法庭不適格，而意味著管轄權即使明確，仍含有裁量之成分[553]。

二、法庭不便利原則在美國之發展

法庭不便利原則在美國之發展，首先見之於訴訟原因事實發生於他州，而當事人又同爲他州住民之訴訟，於此承認法院有拒絕行使管轄權之裁量權。嗣後聯邦海事法院又將之適用於外國人間之訴訟，詳言之，本來各州法院均認爲依聯邦憲法第 4 條之「特權與免責條款」係與「法庭不便利原則」互不相容，亦即特權與免責條款禁止州法院依裁量拒絕非住民間訴訟之管轄[554]。惟至 1929 年之 Povglas v. New Haveu. R. Co.[555] 有了轉變，案中原告係康乃狄克州住民，

---

[551] 其並非羅馬法或歐洲大陸之習慣法之後嗣，則可斷言。Beale, The Juriscliction of Courts over foreigners, Harv. L. Rev. 26: 193. 283 (1913).

[552] Barrett, The doctrine of forum non conveniens, California. L. Rev. 35: at 380-381 (1947)．

[553] Id., 387. (1947).

[554] Blair, The doctrine of fourm non conveniens in Anglo American law, Columbia L. Rev. 29: 1. 3. (1929).

[555] 279, U.S. 377 (1929).

被告亦係同州法人而在紐約州有住所。訴訟原因事實發生於康乃狄克州之身體傷害，原告在紐約州起訴請求損害賠償，法院以法庭不便利原則駁回原告之訴，並經紐約州法院維持，迨上訴至聯邦最高法院亦無效。聯邦最高法院表示紐約州法院之駁回訴訟，係依住所而非公民籍爲之，故無違反「特權與免責條款」之餘地，亦即紐約州之法則同樣適用於紐約州住民與他州住民[556]。1903 年之 Collard v. Beacb 亦同[557]。紐約州法院並將之適用於契約關係之訴訟[558]。聯邦法院最初亦認爲：「當事人所具有之管轄權，聯邦法院有行使之義務。」[559] 尤其是關於聯邦僱用人責任法之案件，大抵排除該法則之適用[560]。至於其他類型之訴訟，則不認爲聯邦法院所具有之管轄權，有絕對行使之義務[561]。早先在有關海事案件之外國人間之訴訟，Canada Malting Co. v. Paterson Co.[562] 案中，法院即表示：「具有管轄權之法院應絕對的行使之命題，顯非正確。衡平法院或普通法院，基於外國人或非住民間之訴訟，或其他類似理由，認爲訴訟由他國或他州審理較爲適當者，爲正義之利益，得拒絕行使管轄權。」嗣後，關於外國法人間之內部事務之訴訟，法院認爲其亦有拒絕管轄之權[563]。至於確定法庭不便利原則在聯邦法院之適用性，則爲聯邦最高法院 1947 年之二著名案例，即 Koster v. Lumbermons Mutual Co.[564] 與 Golf oil Corp. v. Gilbert.[565] 是也。在 Koster 案中，原告係保險證券持有人，在紐約州法院控告被告之伊利諾州法人與住民。紐約州法院以證據、證人等皆不在紐約州，於該法院審理將會課予被告不相當之負擔，且訴訟係有關他州法人之內部事項，故依法庭不便利原則而駁回原告之訴。此爲上訴審與聯邦最高法院所維持。Golf 案中，原告係維琴尼亞

---

[556] Id., 385-387.

[557] 81. App. Div. 582 (1903) 案中，原告係康乃狄克州住民。於該州，因該州住民之汽車驚嚇其所駕御之馬而撲跌受傷，原告於紐約州法院起訴請求損害賠償，被法院以「原告於其住所州所受之傷害而請求救濟，如吾人容許非住民利用吾等法院，未免與吾州所確定之公共政策有違。」雖未明言及法庭不便利原則，然其內涵相同。

[558] Bata v. Bata. 304, N.Y.51. (1922).

[559] Barrett, supra note 2, at 394.

[560] Robert, Braucher, The inconvenient federal forum Harv. L. Rev. 60: 908, 926, (1947).

[561] 例如，American automobile ins. Co. v. Freund (1936).

[562] 285, U.S. 413, 422 (1932).

[563] 288, U.S. 123 (1933)，惟在 Williams. v. Green Bay & W.R. Co. 卻認為：「包含外國法人之內部事項之事實，不足以作為拒絕管轄之權。」326. U.S. 549 (1943).

[564] 330. U.S. 518 (1947).

[565] 330. U.S. 501 (1947).

住民在紐約州法院控告賓夕凡尼亞州法人，請求損害賠償。其主張其在維琴尼亞之倉庫，因被告供給該倉庫汽油時有過失而失火燒燬。第一審法院以法庭不便利原則，駁回原告之訴，但爲上訴審所廢棄，聯邦最高法院則肯認法庭不便利原則之適用，而廢棄上訴審之判決。

　　至於其立法之發展，則僅有聯邦裁判法第 1404 條 (a) 規定：「基於正義而顧慮當事人與證人之便利，法院得將一切得提起之民事訴訟，移送他法院或其分院。」，然「移送」之制度與依法庭不便利原則所爲之「駁回訴訟」有別。前者僅適用於內國案件，包括州內與州際案件，極爲顯然，惟其立法亦多少參酌上述 Koster 與 Golf 兩案例，不容否認[566]。不具有法規性質之國際私法新編，在其第一次新編，除關於外國法人之內部事務，並未及言法庭不便利原則[567]。迨第二次新編則有專條之明文規定，即第 84 節規定：「如原告另有更適當之法院，而繫屬之法院對於訴訟之審理極度的不便利，州得不行使管轄權。」[568]。

第二項　法庭不便利原則之具體內容

　　法庭地不便利原則，主要之作用在於賦予法院一種裁量的權限，而審酌各種具體的事實情況，認爲另有較便利之法院比繫屬法院更宜於審理本案件者，得駁回原告之訴。換言之，法院認爲本案之審理於當事人或法院如極不便利[569]，因國際的或州際的涉外案件，法院無將該案件移送其他更便利之權，故祇好將訴駁回。至於判斷何爲便利，何爲不便利之法院，主要考慮的因素有[570]：

一、私的利益

　　即當事人方面之利益，主要的有令非意願之人證出庭之強制程序之有

---

[566] Comment, Forum non conveniene-a new federal doctrine, Yale L. Journal, 56: 1246, (1947); Marc. O. wolinsky, Forum non conveniens and American plaintiffs in the federal courts, the University of Chicago. L. Rev. 47: 373, 377. (1980).

[567] Restatement, Conflict of laws. (first), (1934). ch. 6. at 279-282.

[568] Restatement, conflict of laws, Second, §§84, at 251. (1971).

[569] 最初英國與蘇格蘭判例認為當事人之便利為適用法庭不便利原則時所應予考慮，美國早期之判例，則以為是法院之便利，而非當事人之便利。其後則改變其見解，認為兩者均應予考慮。Development in the law-state court jurisdiction, Harv. L. Rev. 73: 909, 1010 (1960).

[570] Gulf oil Corp. v. Gilbert, 330. U.S. 501. 508.-09 (1947).

無，及獲得人證出庭之花費，證據調查難易之相對性，及判決內容之實現可能性[571]。

二、公的利益

即法院方面之利益，包括因法院混雜之行事曆所引起之行政的困難；對其他更有重要請求而思欲利用該法院之當事人，是否會造成訴訟遲延；對於與訴訟結果無任何關切之人，所課予之陪審團成員之義務；在熟悉應適用之準據法之法院進行訴訟所具有之期待；在更便利法院進行訴訟，所致不同判決結果之可能性[572]。

法院在為上述因素之考慮衡量時，應注意：在何處進行訴訟係由原告自行選擇，故除有重大事由外，不得妨礙原告之選擇，且原告若無其他更適當之法院可資利用時，不得駁回其訴[573]。因此，法庭不便利原則適用時，主要之著眼點即為法院或當事人之「便利性」[574]。且考慮上述因素時，特別強調其中之一，即可能因而使該原則之「柔軟性」盡失[575,576]。此外，法庭不便利原則之適用，以另有他得行使管轄權之法院為前提。詳言之。

（一）依系爭法院之管轄法則，其係得行使管轄權之法院。且被告同意該法院行使管轄權，並放棄因另行起訴所致之權利失效之抗辯，同時願意實現其所為判決之內容[577]。

（二）此外，其他因素則不應予以考慮，例如，系爭法院適用外國法將發生困難，並不構成不得行使管轄權之理由，蓋依各國國際私法之規定與涉外民事案件之性質，外國法之適用本屬不可避免。否則，各國國際私法即失其存在理由[578]。又例如，訴訟費用是否收取，各國制度不一，而一般言之，其並不致

---

[571] Id., 508.

[572] Id., 509.

[573] Restatement, second, conflict of laws, §§84 & Comment c.

[574] Piper aircraft co. v. Reyno. 102. Supreme Court. 252, 262, 266, (1981).

[575] Id., 262.

[576] Restatement, second, conflict of laws, §§84.

[577] Liu Su Nai-chao et al. v. The Boeing company etc. al. (1982)（遠航空難案件，聯邦地方法院第一審判決）。

[578] 前註二七案件，原告主張因為中華民國法院於判斷波音公司之商品製作人責任時，其所適用之準據法為美國法，將構成中華民國法院裁判審理之困難，故其並非便利之法院，惟法院認

構成原告爲其權利主張之重大障害，況且尚有「訴訟救助」之制度可資利用，因而，亦非考慮之因素之一[579]。

第三項　功能性分析方法與法庭不便利原則之比較與關連

　　功能性分析決定管轄法院之方法，主要是尋求對系爭案件最經濟、公平、便利與有效行使管轄權之法院，有如前述。其不但在「保障原告有一個以上之法院可資利用」之構想上與法庭不便利原則相仿，而且當事人訴訟程序上利益之保護，法院與當事人之便利亦係主要而不可忽略之考慮因素，兩者之性質更爲接近。因此，有必要探究其間之關連與異同。

一、功能性分析方法與法庭不便利原則之差別

　　（一）功能性分析方法主要與憲法之問題相涉，而法庭不便利原則僅係法院之裁量問題[580]。

　　（二）依功能性分析方法，如法院無管轄權，即將原告之訴駁回，而適用法庭不便利原則時，則係附條件之駁回原告之訴，即加上其他法院得行使管轄權，被告亦順服其管轄並接受其判決之條件，始駁回原告之訴[581]。

　　（三）兩者所考慮之因素仍有不同，詳言之，功能性分析方法所考慮之因素，僅止於法庭不便利原則適用時所考慮之私的利益部分[582]，至於公的利益則非考慮之因素。

　　（四）此外，在功能性分析方法，法院如自認自己無管轄權，則唯有駁

為依涉外案件之性質，內國法院適用外國法本屬當然，否則國際私法即無存在理由矣，因而駁回原告之主張。Liu su Nai-chao v. The Boeing Co. etc. al. Supra note 27. at 11-12.

[579] Id., at 10-11.

[580] 野村美明，アメリカたおける國際事件の裁判管轄權問題（二），阪大法學第 127 號第 100 頁。功能性分析方法所源自之美國聯邦最高法院之最少限度關連之管轄理論，主要是處理州法院擴張管轄權行使致違反憲法第 14 修正案正當法律程序條款之問題，與憲法問題之關連自極密切。在大陸法系國家，訴訟權係受益權之一，即利用其法院解決實體權利爭執之權利，亦為各國憲法所保障，故與憲法問題密切相涉。參見，林紀東，中華民國憲法逐條釋義（一），第 16 條部分。而法庭不便利原則則係由法院基於裁量駁回原告之訴，除非法院有濫用裁量權之情事，始受上訴審法院之審查，否則均不生憲法上之問題。piper Aircraft Co. v. Reyno, 454, U.S. 235, 257 (1981).

[581] 野村美明，前註文，第 100 頁。

[582] Development, Supra note 19, at 1011-12.

回原告之訴一途可循，在適用法庭不便利原則時，法院如自認已非便利法院，尚可利用「停止訴訟」之方法[583]，因而，法院可待被告順服原告另行起訴之法院之管轄後，始以法庭不便利原則駁回原告之訴，對原告之權利保障更爲週全[584]。

二、功能性分析方法與法庭不便利原則之結合

功能性分析方法與法庭不便利原則之間，因有前述之區別，而法庭不便利原則所具有之優點亦非功能性分析方法所及[585]。因此，有主張將法庭不便利原則與功能性分析方法結合[586]。其優點有如下述：

（一）法庭不便利原則在常久以來之適用，並未發生顯著之困難，功能性分析方法援用借重其累積之案例與經驗，可使其內容更爲充實，而不致發生反對功能性分析方法之動向[587]。

（二）法庭不便利原則之適用，多由法院依裁量爲之，上訴審所得審查者，僅爲法院之裁量權有無濫用之情事，與憲法之牽涉較微，若與功能性分析方法結合，則對法庭不便利原則適用之約制，可更見確實。

總而言之，功能性分析方法對於法庭不便利原則而言，由於其內容之相近甚至相同，並不予以排斥，甚至有互相輔足之功能[588]。故將兩者並行或結合，

---

[583] 野村美明，前揭文第 100 頁。

[584] Development, Supra note 19. at 1013.

[585] 法庭不便利原則之主要優點，除前註本文所述者外，尚有：(1) 如立法者仍承認被告之出現仍係管轄權行使之基礎（例如 Restatement, second, conflict of laws, §§27, §§28），法庭不便利原則可給予被告適當之救濟；(2) 立法者將功能性分析方法「條文化」時，可能遭遇管轄權過度擴張或限縮之困擾，法庭不便利原則可藉逐案之分析判斷，提供適當之助益。id. at 1012.

[586] Redish, Due process, federalism, and personal jurisdiction: a theoretical evaluation, Nw. U. L. Rev. 75: 1112, 1137.

[587] 美國聯邦最高法院自 1958 年 Hanson. v. Denkla. 案以降，聚縮 International shoe Co v. Washington. 與 Mc Gee v. International life insurance co. 兩案之最少限度關連理論之繼續擴張適用，以免使各州法院之「長手臂」伸得過長，致違反憲法第 14 修正案之正當法律程序條款，而強調「被告在法院地之目的性活動並獲得該地法律之恩惠與保護」，即為最少限度之關連，法院始得因此而行使管轄權，可謂係管理權行使基礎在於有效性與合理性之反動。Leonard, G. Retner, Procedural due process and jurisdiction to adjudicate: (a) effective-litigation values vs. the territorial imperative. (b) the Uniform Child Custody Jurisdiction Act. Nw. U. L. Rev. 75: 363, 368-374.

[588] 野村美明，前揭文第 116 頁。

使功能性分析方法之內容更見確實，不無助益。

參、管轄之競合與功能性分析方法

第一項　緒言

管轄權行使之基礎，由於各國關於涉外案件管轄法則規定之不一致，或功能性分析方法擴大管轄權行使之基礎，致有許多國家之法院同時得行使管轄權之情形，屢見不鮮。當事人在不同國家之法院同時提起訴訟，亦屬常見之情形[589]。同一案件而繫屬於二個以上之國家之法院，稱為國際的訴訟之競合[590]。

在純粹內國案件之訴訟競合，各國法制大抵以裁定或訴訟判決駁回後起訴之訴[591]，故其解決較易。如競合情形發生於涉外案件時，如何處理則頗費周章。本節首先大略介紹主要國家之立法例與實務見解，繼而，依功能性分析方法對此問題，提出解決方策。

第二項　各國體制簡介

各國法制對於國際的訴訟競合之處理，其態度並不一致，大致可分為三種類型：

一、無視於相同訴訟已繫屬於他國法院之事實，仍以內國法院之訴訟為優先而逕行處理。義大利與早期之法國判例即採取此種見解。依義大利 1940 年制定（1942 年修正）之民事訴訟法第 3 條之規定：「義大利法院之管轄權，不因外國法院同一或關連案件之繫屬而被排除。」[592] 蓋義大利對於外國法院之判決，在經上訴審法院審核其滿足民事訴訟法第 797 條第 1 項之要件[593]之特別程

---

[589] 同一訴訟繫屬於數國法院，並不當然係由原告所提起。被告於原告在某國起訴後，另在他國提起相同之訴訟亦屬常見。例如大阪地裁 48 年 10 月 9 日民事第 20 部中間判決（昭和 45 年（ワ）第 6688 號請求確認損害賠償義務不存在之訴訟，判例時報第 728 號第 76 頁），即係原告於美國提起求償之訴訟後，而由被告在日本所提起之消極確認之訴。

[590] 道垣內正人，國際的訴訟競合（一）法學協會雜誌第 99 卷第 8 期，第 1 頁。

[591] 參閱日民事訴訟法第 231 條，德民事訴訟法第 261 條。美國法上則由第二訴訟之繫屬法院依其裁量停止其本身之訴訟程序或駁回其訴。Development, supra note 19, at 1013.

[592] 道垣內正人，前揭文（三），法學協會雜誌第 99 卷第 10 期，第 49-50 頁。

[593] 依該條規定，外國法院判決獲得承認之要件為：

(1) 判決國法院具有義大利法律所規定之管轄權。

序終結，而予以認可之前，不生任何效力，因而，**繫屬於外國法院之事實自不構成義大利法院行使管轄權之任何障礙**[594]。法國法院在 1962 年之前，亦否認外國法院訴訟繫屬之效力，其理由亦在於法國法院對於外國法院之判決之承認，得為實質之再審查，再憑以核發執行認可狀[595]。故實際上，當事人另在法國提起新訴，與請求法國法院承認外國法院所為之勝訴判決，所費之時間、金錢或勞費相差無己。同時，外國法院之判決在獲得執行認可狀之前，在法國不生任何效力，故等而次之之外國法院之訴訟繫屬更不具任何效力矣[596]。

　　二、以承認外國法院將來所為之判決為條件，始認可訴訟繫屬之抗辯，此為德國法及 1974 年以後之法國判例[597]及諸多條約所採。詳言之，德國自 1892 年 1 月 26 日帝國法院判決以來，即堅持：「關於本案之訴，如瑞士法院將來所為之確定判決，得預想獲得德意志帝國之承認，則被告抗辯原因之訴訟繫屬，與在德國起訴所生之訴訟繫屬相同。」[598]法國破毀院 1974 年 11 月 26 日第一民事部判決亦表示：「於具有管轄權之外國法院開始訴訟之情形，依法國一般法得容認訴訟繫屬之抗辯，但外國法院所應為之判決，如未受法國承認時，不

---

(2) 傳喚程序合於法院地法之要件或給予被告出庭之合理期間。

(3) 被告依法院地法應訴，或被告之缺席依法院地法並無違誤。

(4) 依判決國法係確定判決。

(5) 與義大利法院之判決不生牴觸。

(6) 相同當事人與訴訟標的之訴訟，在該判決確定之前，未曾繫屬於義大利法院。

(7) 不違反義大利之公序良俗。

[594] 道垣內正人，前揭文（三）第 50 頁及（註四七一）。

[595] 曾陳明汝，國際私法專論，第 206 頁。

[596] 參見破毀院 1950 年 3 月 21 日民事部判決，被告妻首先在阿爾及利亞法院起訴請求離婚，原告夫嗣後在法院提起相同之離婚之訴。被告以在阿爾及利亞之訴訟在先為理由而為訴訟繫屬之抗辯，第一、二審均駁回其請求，上訴第三審仍無效，破毀院認為：「除原告之法國人自動於外國法院起訴外，於外國法院即使提起與在法國法院之相同請求之訴訟，亦不認許該訴訟繫屬之抗辯。」道垣內正人，前揭文（一）第 42-43 頁，第 45-46 頁。

[597] 法國在 1962 年 5 月 5 日與 1964 年 12 月 9 日之破毀院判決，改採：「法國法院之管轄權為專屬管轄，排斥他國法院之管轄權。」故「對於以在具有相同管轄權之二法院起訴為前提之訴訟繫屬抗辯，不應予以認可。」但 1969 年 12 月 1 日破毀院之判決卻再回復 1962 年以前之舊見解，對於「國際的生命」之覺醒之「訴訟繫屬抗辯」，再度簽署死亡證明書，而大令學界失望。參見，前註文（一）第 51-59 頁。

[598] 德國帝國最高法院 1938 年 8 月 25 日判決。二次大戰後之判決一再蹈襲其見解。參見前註文（一）第 10-19 頁。

在此限。」顯已改採德國法院之見解[599]。「關於民事及商事之外國判決之承認與執行之公約」[600]第 20 條亦有相同規定：「二國為第 21 條所規定之補充的合意[601]時，於一國之司法機關提起某訴，而於他國提起基於相同事實或目的相同且當事人相同之訴訟，訴訟繫屬在後之國有權駁回其訴，或延期判決，但以繫屬在先之國法院所為之判決，依本條約繫屬在後之國有承認之義務者為限。」1898 年萬國國際法學會決議第 2 條亦規定：「為認可外國法院之訴訟繫屬之抗辯，以先受訴法院所為之判決，依後受訴國之法律，毋庸經實質的再審查而得執行為必要。」[602] 布斯塔曼地法與第 394 條亦規定：「民事案件已繫屬於他締約國時，得為訴訟繫屬之聲明，但以一國所為之判決，於他國得生既判力者為限。」[603]。1956 年關於「具有國際的性質之有體動產之買賣之合意選擇管轄法院之條約」第 7 條亦規定：「當事人所為之合意，不排斥他國法院之管轄權，而指定締約國之法院時，訴訟已繫屬於具有管轄權之法院，且其所為判決將獲得訴訟繫屬之抗辯聲明國之承認，訴訟繫屬之抗辯始有根據。」[604]1978 年聯合國海上貨物運送條約（漢堡規則）第 21 條第 4 項規定：「(a) 訴訟已於基於本條第 1 項與第 2 項[605]具有管轄權之法院提起時，或該法院已判決時，不得再行提起相同當事人間而基於同一原因之新訴訟。但先提起訴訟之法院之判決，不得

---

[599] 參見前註文（一）第 70 頁。

[600] 1966 年海牙國際私法會議所採擇，1971 年 2 月 1 日開始簽署，尚未生效。參見，川上太郎、松岡博、「民事および商事に關する外國判決の承認並ひ執行に關する」ハーダ條約案（一九六六年）邦譯，民商法雜誌第 55 卷第 6 號（1967 年），第 1047-1054 頁。

[601] 前註公約第 21 條規定：「締約國所為之判決，依前數條之規定而欲於他締約國承認或執行，以該二國成為本條約之當事國後，另為上述旨趣之補充的合意為限。」

[602] 參見道垣內正人，前揭文（四），法學協會雜誌第 99 卷第 11 期，第 85 頁。

[603] 同前註第 86 頁。

[604] 參見，川上太郎，國際私法條約集，第 176-178 頁（1966 年）。

[605] 第 21 條第 1 項規定：「關於本條約之物品運送之訴訟程序，依原告之自行選擇，得於下列之地之法院提起，但該法院依其所屬國之法律應有管轄權：
a. 被告之主營業所，否則為被告之常居地。
b. 契約締結地，但以被告於該地有締結該契約之營業所、分居或代理店為限。
c. 貨戴之裝載或卸載港。
d. 海上貨物運送契約所指定之他地。」
第 2 項規定：「(a) 不論本條前須之規定，於運送之船舶及同一船舶所有人之其他船舶，而依內國法或國際法予以扣押之締約國之港或所在地法院，亦得提起訴訟。此際，如被告聲請，應將訴訟移送於原告所選擇之前項各款之任何法院。但於該移送之前，被告對於原告應提供足以保證判決之給付之擔保。(b) 關於該擔保是否充分之問題，由扣押地之法院管轄。」

於提起新訴訟之國執行者，不在此限。(b) 本條之適用上，判決執行程序之開始，視爲新訴訟之提起。(c) 本條之適用上，基於本條第 2 項而移送同國內之他法院，或他國之法院，不視爲新訴訟之提起。」[606] 均係採取與德國立法例相同之見解。

三、自對立當事人之種種利益與裁判之適當、公正、效率之觀點，由法院依其裁量而停止本身之訴訟，禁止他國之訴訟，或駁回原告之訴，英美法系國家採之。例如英國即有停止本身訴訟，或發禁止他國訴訟之命令等兩種制度。蘇格蘭則運用法庭不便利原則而駁回原告之訴。美國則有停止訴訟與依法庭不便利原則駁回原告之訴兩種制度，以下詳述之：

一、停止訴訟

英國法上，關於內國法院間之訴訟競合，停止一方之訴訟之處理方法早已確立[607]。但國際的訴訟競合則態度未必一致，詳言之，英國法院關於訴訟之停止之判例，可大致分爲兩類：一是兩訴之原告均相同，一是兩訴之當事人地位相反。在前者之情形，英國法院通常具有停止訴訟之權[608]；關於後者則法院之態度較爲消極[609]。至於判斷應否停止訴訟，惟有依具體個案之事實，仔細斟酌衡量始妥[610]。依英國判例所示，其基準如下[611]：即

（一）如訴訟係合法提起，則便利性之比較衡量，並不能構成剝奪在英國法院遂行訴訟之利益之理由；在英國法院起訴之權利，不能輕易的予以排斥。

---

[606] 參見，落石誠一，「ハンブルグ・ルール（一九七八年國際連合海上物品運送條約）について」，ジュリスト 670 號（1978 年）。

[607] 道垣內正人，前揭文（二），法學協會雜誌第 99 卷第 9 期，第 103 頁、105 頁（註二七九）。

[608] 劉鐵錚，國際私法論叢，第 260 頁。

[609] 道垣內正人，前揭文（三），法學協會雜誌第 99 卷第 10 期，第 27 頁。

[610] The Jenera [1928] at 55 (1927)，本案英國籍之甲船與德國籍之乙船在紅海碰撞，並進入埃及之港口。甲船船舶所有人丙（本案被告）在埃及法院提起對物訴訟，乙船船舶所有人丁（本案原告）則在同院提起反訴。嗣後因埃及作成對丁不利之事故調查報告，丁乃在英國法院對丙提起對人訴訟，丙則請求英國法院停止其訴訟，埃及之反訴由丁撤回之。法院基於為判決時之所有情事，而判斷應否停止訴訟，由於丁已撤回埃及法院之反訴，而選擇英國法院進行訴訟，故駁回丙之停止訴訟之請求。

[611] St. pierre v. South American stores. (1936) 1 K.B. 382, 389，本案之介紹，參見劉鐵錚，前揭書第 260 頁。

（二）為正當停止訴訟，應滿足以下之積極要件與消極要件：

1.積極要件，另有具有管轄權之法院，且該院之訴訟實質上較為便利，或較減省費用。此點應由請求人舉證[612]。

2.消極要件，訴訟之停止不致剝奪如原告在英國進行訴訟，所應獲得之個人或裁判上之正當利益。亦即，考慮當事人之意圖、判決之執行、程序法與救濟方法之不同，而判斷在英國之重複訴訟是否構成濫訴或對被告之壓抑或困擾[613]。而所謂對被告之壓抑或困擾，則係指原告為使被告之權利行使發生困擾，而行使不正當之權力，或本不得進行訴訟而強行進行之謂[614]。如英國之訴訟符合上述之基準，則英國法院有權得停止在英國之訴訟。在美國，訴訟競合固多屬州際的案件，然亦有國際的案件[615]，惟兩者均得以停止訴訟之方法處理之，即考慮競合訴訟之當事人、事實關係、權利關係、救濟方法、當事人與法院之訴訟經濟等，而依其裁量停止訴訟[616]。

二、禁止他法院之訴訟

在英國法上，國際的訴訟競合亦可以禁止他法院之訴訟之方法處理之[617]。

---

[612] 關於舉證責任方面，英國法院在 Macshannon v. Rockware Glass Ltd. [1978] A.C. 795 (H.L)（本案例參見 Carter, 49 B.Y.I.L. 286, 291-295 (1978)。）發生重大爭執，有認為請求停止訴訟之人（即為被告）應就「另有便利而減省費用之有管轄權之其他法院」舉證，如能舉證，則英國法院自非自然而適切之法院。此際，原告為避免訴訟之停止，則應就「停止訴訟將剝奪原告如在英國進行訴訟所能獲得之個人或裁判上之正當利益。」舉證，另有認為上述兩點均應由被告舉證。

[613] 參見 Mc Henry v. Lewis (1882) 22 ch. D. 397. (C.A)。法院並認為英國國內之競合訴訟，均依相同之程序法給予救濟，故得推定其訴訟係對被告之壓抑或困擾，至於國際的訴訟競合，由於訴訟程序與救濟可能不同，除非經特殊情事之舉證，尚難謂係對被告之壓抑或困擾。

[614] 參見 The Atlantic star. [1974] A.C. 436。

[615] Anno, 19 A. L. R. 2d. 301-326. (1951).

[616] Developments, supra note 19, 909, 1013-1014 (1960), Restatement, second, conflict of laws, §§86 & Comment.

[617] 此在英國之法制史上有極強之根據。亦即英國在 1873 年及 1875 年時，依 Supreme court of judicature act，將衡平法院與普通法院統合於上訴法院與最高法院之前，兩者係並存的，而衡平法院即係因早先普通法院運用一般法之僵化，陪審員之收買或脅迫之橫行而不能發揮正常的機能之產物。在原告利用上述普通法院之缺陷以壓迫被告時，衡平法院認為必要時，得發布命令禁止原告在普通法院起訴、續行訴訟、或執行其已獲得之判決，以保護被告。在衡平法院與普通法院發生訴訟競合之時，尤其是普通法院之判斷非為衡平法院所樂見時，其往往會以命令禁止普通法院之原告續行訴訟。

亦即在此情形，法院得以禁止命令使當事人不得在他法院續行訴訟，否則論以法庭侮辱罪，而將其監禁或扣押其財產，以間接強制之方法達成目的[618]。至於判斷應否頒發禁止命令所考慮之因素則呈多樣化，例如案件之同一性、救濟之充分性、準據法適用、證據或證人之調查與訊問、判決之承認等[619]。美國法上大致採取相同態度[620]。

三、駁回原告之訴

至於其根據則爲法庭不便利原則[621]，亦即在另有得行使管轄權之他法院存在，且在該法院進行訴訟符合全體當事人之利益與正義之觀念條件下，得駁回原告之訴。至於爲上述條件存否之判斷所考慮之因素包括準據法、當事人之住、居所、證據或證人之所在地或強制傳喚或提出方法之有無、救濟方法、合意管轄或合意仲裁之有無等。蘇格蘭即採此種方法處理國際訴訟競合之問題，例如在 Rothfield v. Cohen. 案[622]，原告控告被告請求解除合夥契約並辦理清算，被告則主張同一當事人間關於相同問題之訴訟，既已繫屬於英國法院，而爲訴訟繫屬與法庭不便利之抗辯，法院認爲此並非蘇格蘭內國法院間之訴訟競合，故不予認可。而本案有關之金融業務發生於蘇格蘭，雙方當事人均係蘇格蘭人，證人亦居於蘇格蘭，本案之準據法亦非英國法，故蘇格蘭爲適切之法院，因而駁回被告之抗辯。美國亦採相似見解，例如在 J.F. Prichard & Co v. Dow Chemical of Canada Ltd.[623]。本案中原告甲之子公司乙（原告係密蘇里州法人、其子公司爲加拿大法人），承攬被告丙（加拿大法人）在加拿大之工廠之建設。因工廠設備之瑕疵，甲與丙進行重重交涉，在其過程中，丙通知甲將在加拿大起訴，甲則請求延緩，而主張裁判外和解。嗣後甲先在密蘇里州聯邦地方

---

[618] 道垣内正人，前揭文（二）第 96-97 頁。

[619] Bushby v. Munday (1821) 5. Madd. 297.（本判例之介紹參見，劉鐵錚，前揭書第 259 頁。）法院認爲應否頒發禁止命令應考慮以下幾種因素：(1) 原告在蘇格蘭即令勝訴，日後仍須提起別的訴訟，若在英國勝訴則使債務證書無效，則紛爭得獲得終局的解決；(2) 本件債務證書之準據法爲英國法；(3) 不能強制在蘇格蘭之證人出庭，致真實之探求發生困擾；(4) 英國不承認蘇格蘭法院之判決等。

[620] Restatement, second, conflict of laws. 雖刪去 Restatement, first, conflict of laws §§620 之規定，但 comment 中仍表示類似見解，§§86. & comment。

[621] 參另本章第一節「法庭不便利原則」之敘述。

[622] [1919] 1 S.L.T. 138，參見道垣内正人，前揭文（三）第 35-36 頁。

[623] 462. F 2d 998 (8th cir. 1972) 參見同前註文，第 47-48 頁。

法院起訴請求承攬之報酬，丙則在加拿大控告甲、乙，請求損害賠償，並於密蘇里州聯邦地方法院，主張法庭不便利之訴訟抗辯，美國法院以本案之工廠建設地、證人、證據，準據法等均與加拿大關係密切。此外，另有訴訟繫屬於加拿大法院，因而，依法庭不便利原則駁回原告之訴，巡迴上訴法院並維持此判決。

第三項　各國法制之分析與檢討

各國對於國際的訴訟競合之處理方法，大致可區分為三種類型，有如前述，以下則分為加以分析與檢討：

一、訴訟競合之發生原因，主要有各國法制之歧異與管轄權行使之過度擴張，其餘則為當事人之心態。詳言之，各國管轄法則之不一致與行使管轄權不合理之擴張[624]，致同一訴訟得行使管轄權之法院大增，而各國對於其行使是否合理詳加分析，再依機械固定之方法，決定其應否行使。在一般情形，凡係特定類型之訴訟，且法院地與訴訟或當事人具有特定之關連（連繫因素），即肯定自己之管轄權，無怪乎可能導致訴訟競合之機會大增。而當事人在不同國法院提起相同或密切關連之訴訟，更是國際的訴訟競合之直接原因，此可分兩點言之，一是兩訴訟為同一原告之情形，其二則為兩訴訟當事人相反之情形[625]。在兩訴訟為同一原告之情形，又可分為兩種情形，一是原告祇注重第二訴訟，而不再關心第一訴訟；二為兩訴訟同為原告所關心。前者之發生乃因原告提起第一訴訟後，始發現有其他更有利之法院可供利用[626]而再提起第二訴訟；後者則多與判決內容之實現有關，尤其被告之財產分散於兩國，原告遂於兩國起訴，俾便獲得有利裁判並直接執行，而毋庸再經承認之程序[627]。至於原告被告地位相反之兩訴訟，多係被告認為在他法院進行訴訟，遠比在第一訴訟為有利，尤其原告在其本國、住所地或本據地提起訴訟，而被告則另在其本國、住所地或本據地提起第二訴訟，蓋其自認為於其本國、住所地或本據地進行訴

---

[624] 參見第四章第五節。

[625] 參見劉鐵錚，前揭書第 259-260 頁之分類。

[626] 例如原告（國籍不明，住所在德國）對被告（國籍不明，住所在英國）在英國提起離婚之訴，法院命原告將子女交付被告，在交付前訴訟停止，原告不從該命令，另在德國法院提起離婚之訴。參見德國聯邦法院 1960 年 10 月 26 日民事判決，道垣內正人，前揭文（一），第 12-13 頁。

[627] 參見 Mc Henry v. Lewis (1882) 22 ch. D. 397 (C.A.)，參見，前註文（一），第 108-109 頁。

訟，無論在訴訟進行之費用或便利均較爲有利，其對「自己的」法院亦較有信賴感，而期待其將爲於自己有利之裁判[628]。

　　二、解決國際的訴訟競合，應注重以下三種基本價值，即濫訴之防止、訴訟經濟、與判決之抵觸之防止[629]。蓋當事人尋求於自己有利之裁判，而任意的在不同國家提起相同訴訟，不但裁判結果易致歧異，對相同之爭執或問題，須花費兩倍，甚至數倍之時間、金錢、勞費來尋求解決，亦與訴訟經濟有違，尤其是原告利用於己有利之訴訟程序，以壓迫被告，或獲得原不獲得之利益或逃避應負之責任，皆爲公平正義之觀念所不容[630]。

　　三、完全忽視外國法院之訴訟繫屬之事實，而逕以內國法院之訴訟爲優先，致當事人之濫訴不能防止，訴訟不能經濟，裁判結果又易生矛盾，實不足取。以外國法院所爲之裁判將來獲致內國法院之承認爲條件，而認可訴訟繫屬抗辯之效力，固較注重判決矛盾之防止，亦難免輕忽當事人濫訴之防止與訴訟經濟之要求[631]。更且，外國判決是否會獲得內國之承認，在訴訟進行之狀態下，實難預測，尤其判決之不獲得承認之情形不一，有欠缺管轄權，有不予當事人之攻擊防禦機會，有違反內國之公序良俗，有因互惠主義之欠缺，不一而足，故以外國判決獲得內國法院之承認，爲訴訟繫屬之抗辯爲有效之條件，難謂合理[632]。更且如審查外國判決是否具備獲得內國之承認或執行之要件，在預測階段與實際請求承認之階段有不一致時，更令人困惑[633]。詳言之，如內國法院認爲外國法院之判決不具備承認之要件，而駁回當事人訴訟繫屬之抗辯，並逕爲本案之審理而作成判決。嗣後，內國卻承認原先預測不予承認之外國判決，適兩者互爲矛盾時，則當事人無從遵行。反之，如內國法院預測將承認外國法院之判決，採納當事人訴訟繫屬之抗辯，駁回原告之訴，嗣後卻違反預測而不承認該外國判決，則當事人無任何救濟機會[634, 635]，因此，此等態度實屬不

---

[628] 參見，前註文（四），第 105 頁。前註 60 之英國案例亦係其典型之例。

[629] 同前註，第 109 頁。

[630] 參見，同前註文（一），第 20-21 頁。

[631] 同前註文（四），第 109 頁。

[632] 同前註文（一），第 23 頁。

[633] 同前註第 23-24 頁。

[634] 因此，有主張應詳細區別承認外國判決之要件，凡外國法院得行使管轄權者，則認可當事人訴訟繫屬之抗辯，內外國間有互惠主義者亦然。但是關於公序良俗之問題仍難以解決，同前註第 27-28 頁。

[635] 於此，又有一問題生焉，即舉證責任之問題也。詳言之，當事人為訴訟繫屬之抗辯，則關於

妥。至於英美法例所採,不拘泥一定規則,而考慮與訴訟相關之各種事實,依
法院之裁量,解決國際訴訟之競合,惟其方法仍可區分為三,即停止訴訟、禁
止他國法院之訴訟,與依法庭不便利原則駁回原告之訴。三者之中,以禁止他
國法院之訴訟最不合理,主要的原因在於與國際之主權平等之概念有違,蓋國
際的法秩序與國內的法秩序間之關係,雖有「一元說」與「二元說」之別[636],
然國家僅在其領域內為最高的,與其他國家之關係則僅係互相獨立與平等,兩
說之見解並無顯然不同。因此,禁止他國法院之訴訟,不但表示內國之欲行使
主權之一之管轄權,並剝奪或限制他國之行使同樣權力,故為他國主權之侵
害[637]。雖然禁止他國法院之訴訟,係禁止當事人在他國法院進行訴訟,因而有
認為不生侵犯他國主權之嫌[638],惟因其仍屬禁止當事人所選擇之國之立院行使
管轄權,故仍難自圓其說[639]。再就實際情形言之,如當事人不從法院之禁止命
令,雖將因侮辱法庭罪而受罰,但是同一事件在數國法院同時進行審理,不但
重複耗費時間、金錢、勞費,判決發生矛盾之可能,仍不得免,不得謂為妥
當。至於停止內國之訴訟或依法庭不便利原則而駁回原告之訴,由於其所考慮
之因素包括當事人之住、居所、國籍或本據地、當事人之意圖(是否利用重複
訴訟而脅迫困擾被告)、爭執事實之發生地、法院對爭執處理是否熟練及其審
判之速度、證人或證據之所在地(包括提出或傳喚之強制手段之有無)、準據
法、訴訟費用、對所請求之判決給予之救濟方法及其內害、於他法院審理之進
行狀況、判決執行之便利與否[640]等不一而足,依法院之裁量,雖無一定法則可
循,然可獲得具體之妥當性,而且與功能性分析方法,在「方法」上又大致相

外國法院之判決將不獲得內國之承認之事實,應由誰負舉證是也。有謂應由為訴訟繫屬抗辯
之人為之,有謂關於外國法院有管轄權與互惠主義應由為訴訟繫屬抗辯之人舉證,其餘之不
違反內國公序良俗等類似要件事實,則由其相對人舉證。同前註第 28-29 頁。

[636] 依一元說,則法律制定之權威是單一的,國際的法秩序不是由國內的法秩序所衍生,就是其
衍生國內的法秩序,簡言之,國際的法秩序可與國內的法秩序視為同一。依二元說則見解
有異,蓋其認為國際的法秩序與國內的法秩序係互相獨立而分離,而由不同的法律制定之
權威所產生。詳見,Thomas N. Thomson, Enlighten forum non conveniens policy: A remedy for
plaintiff's jurisdictional overreaching. WAYNW L. Rev. 16: 1162, 1167-8 (1970).

[637] Id., 1168-1170.

[638] 英國法上雖曾一度認為禁止他國法院之訴訟係他國主權之侵犯,例如 Lowe v. Baker (1665) 2
Freem. 125, 22 Eng. Rep. 1101 (ch.) 即因此拒絕發禁止義大利法院之訴訟之命令,其後之一連
串判決則採相反見解。參見,道垣內正人,前揭文(三)第 97 頁。

[639] 同註 88。

[640] 參見,道垣內正人,前揭文(四)第 112 頁。

同，故足資贊同[641]。

　　總而言之，國際的訴訟競合，不予顧慮而逕行爲內國訴訟之審判，並不妥當；以內國法院承認外國法院將來所爲之判決爲條件，始認可訴訟繫屬之抗辯有難以解決之「預測困難」之問題，亦不盡妥當；禁止他國法院訴訟之處理方法又有法理上難以自圓其說之困窘，未便採取；實以停止訴訟或駁回原告之訴，因理論上得與功能性分析方法一氣呵成，故最爲妥當而應採之。

肆、承認外國判決之管轄權存在之條件與功能性分析方法

第一項　前言

　　外國法院之判決欲獲得內國法院之承認，首先必須滿足之條件即爲外國法院就該案件具有管轄權，此爲各國立法例所同，殆無疑義[642]。惟各國有關外國判決承認之立法樣態並不一致，有規定「依（承認國）之法令或條約，外國（判決國）爲有管轄權」者亦有規定「依承認國之法令或條約，不否認外國（判決國）之管轄權」者[643]。在前者之情形，外國法院應依其本身或承認國之管轄法則，具有管轄權，固無問題。然在後者則不無疑問，亦即，有認爲祇要承認國不否認判決國之管轄權即可，毋庸論究其依其管轄法則有無管轄權（消極說），亦有認爲不但依承認國之管轄法則不否認其管轄權，更應依判決國之管轄法則，肯定其管轄權（積極說）[644]。而且，判決國法院就該案件究竟有無管轄權，應以承認國或判決國之管轄法則爲其「準據法」亦不無問題[645]。最後，承認國對於判決國關於得否行使管轄權之基礎事實所爲之認定，有無審查之權？應否審查？亦係問題[646]。本文擬就此述三個問題，以功能性分析之方法之觀點，提出淺見。

---

[641] 至於停止訴訟或駁回原告之訴兩者中，以何者為優，似難斷言。依余所信，停止訴訟雖使訴訟懸而未決，但在他國法院所為判決未明確知曉，或究竟以哪國法院進行審理最為便利未確知之前，其可提供一緩衝期，不致生武斷而使當事人喪失救濟之機會之結果，似較妥當。

[642] 參見第四節立法形式及註 25 所引之各國立法例。

[643] 同前註所引義大利、比利時之立法例屬於前者，而日本立法例則屬於後者。

[644] 川上太郎，外國裁判所の國際的裁判管轄權—とくに外國離婚判決の承認に關連し—民商法雜誌第 66 卷第 6 期，第 4 頁（1972 年）。

[645] 同前註第 12 頁。此即管轄法則之單面性或雙面性之問題。

[646] 同前註第 12-13 頁。

第二項　判決國之法院有無管轄權之準據法問題

如前所述[647]，傳統管轄法則之立法形式，可區分為單面法則與雙面法則，依雙面法則說之見解，外國（判決國）法院就系爭案件有無管轄權，其準據法應為承認國之法。依承認國之管轄法則，凡判決國為無管轄權者，其所為之判決皆不應予以承認[648]。單面法則說之見解，又可區分為二，一為單純的單面法則說，依此說，凡判決國依其本身之管轄法則為有管轄權，承認國即不得以管轄權之欠缺為理由而拒絕承認其判決。唯一的例外則為依承認國之公序良俗，並適用承認國之管轄法則時。其二為雙方的單面法則說，依此見解，則判決國法院就系爭案件有無管轄權，專屬管轄案件應合併適用判決國與承認國之管轄法則。兩國之管轄法則一致之情形，固無疑問，如果有不一致之情形，則以承認國為準。非專屬管轄案件則祇適用判決國之管轄法則。

上述管轄法則之立法形式之探討，對於問題之解決，並不能提供任何助益。蓋雙面法則與雙方的單面法則，不但與判決承認之目的——保護雙方當事人、一事不再理、訴訟經濟、判決矛盾之防止等——不符，因其減低了判決獲得承認之可能性，且會令人有承認國之管轄法則一定優於判決國之感覺[649]。單純的單面法則固可增加判決獲得承認之可能性，而較符合理想，惟其亦等同於不對外國判決之管轄權有無之問題，為任何審查。蓋判決國有無管轄權逕以其管轄法則決定，承認國毫無置喙之餘地。

對於判決之獲得承認，加上判決國法院須具有管轄權之要件，主要在於確保原判決之公正與公平。換言之，如原判決行使管轄權並無任何合理的基礎，則難謂其係適當、公平、便利之法院，當事人在該法院進行訴訟不得享有公平與充分之攻擊防禦機會，其所為之判決自難謂妥當而應予以承認[650]。因此，祇要判決國之行使管轄權並無不合理之處，自難以欠缺管轄權為理由，而拒絕予

---

[647] 同註 93。

[648] 例如，屬於德國法院專屬管轄之案件，他國則無管轄權，或判決國若實施承認國之管轄法則，即無管轄權，其所為之判決，德國法院即不應予以承認。川上太郎，前揭文，第 15 頁。

[649] 與此類似者為：外國判決之承認應否審查其所適用之準據法，亦即其所適用之準據法如與承認國國際私法所指示者不同，則不予承認。論者反對增設準據法適用之要件，其理由之一即為如此有強調內國法律優越之嫌。劉鐵錚，前揭書第 62 頁。

[650] Von Mehren & Trautman, Recognition of foreign adjudications: a survey and suggested approach, Harv. L. Rev, 81: 1601, 1610 (1968).

以承認。

功能性分析方法，如前所述，在於審酌具體個案之一切事實情況，以判斷受訴國法院得否公平、便利、迅速、經濟、有效的行使管轄權。此種方法亦可運用於判決承認之管轄權之存否之要件之審查上。詳言之，承認國可就判決國判決當時，系爭案件之一切具體事實，判斷該國法院行使管轄權是否妥適。如果妥適，即可承認其判決，否則，可再審查其他要件，以決定是否予以承認[651]。

第三項　管轄權行使基礎之事實認定妥當與否之審查問題

依傳統管轄法則，凡特定類型之訴訟，當事人或訴訟與法院地具有管轄法則所規定之特定關連或基礎，該法院即得行使管轄權[652]。其所為之判決在請求他國之承認時，除判決國與承認國之管轄法則不同而以判決國欠缺管轄權而難獲承認國之承認外[653]，承認國之管轄法則即使與判決國相同，承認國亦得以判決國對管轄權行使基礎之認定有錯誤，例如被告之住所不在判決國，而在承認國或第三國，判決國卻誤認為在判決國，進而藉此行使管轄權係錯誤的。因此，得拒絕承認其所為之判決[654]。

在功能性分析方法之下，由於不預先區分訴訟為各種類型，亦不藉特定之

---

[651]歐洲共同市場國家 1978 年法院管轄與判決執行擴大公約第 27 條，規定關於判決不被承認之情形有：

(1) 承認違反承認國之公序良俗（第 1 款）。

(2) 與已為之判決互相矛盾（第 3 款、第 5 款）。

(3) 判決中之身分、權利能力、行為能力等先決問題，與承認國之國際私法之規定與其適用結果發生矛盾時（第 4 款）。

(4) 被告未應訴時，訴狀或類似書面文件不合規定，或未於相當期間送達，而予被告充分之防禦機會。

(5) 管轄權之行使違反關於保險契約、消費者契約、專屬管轄案件之管轄規定（第 28 條）。不但僅將管轄權有無之要件之審查，僅限於保險契約、消費者契約、專屬管轄案件等條約所特別注重者，第 28 條第 3 項更將其他管轄權有無之審查予以排除，再合併第 27 條第 2 款關於訴狀與被告充分防禦機會之規定，益可見其亦係注重原判決訴訟程序之公平與管轄權行使之合理。

[652]參見前述「決定管轄法院之方法」。

[653]此為雙面法則說之見解，單純的單面法則說則不然。

[654]關於本問題，請參閱，Von Mehren & Trautman, Supra note 101 at 1624-1629.

法律概念，作爲該類型之訴訟與法院間之連繫，使該法院得據以行使管轄權，而是審查案件之具體的關連事實，以決定受訴法院是否得合理、公平、經濟、有效且便利行使管轄權，故不發生判決國認定行使管轄權之基礎事實有誤之問題，而僅有判決國行使管轄權妥當與否之問題。

第四項　肯定判決國之管轄權之程度問題

依前所述，積極說認爲不但依承認國之管轄法則，不否認判決國之管轄權[655]，且應依判決國之管轄法則肯定本身之管轄權。依消極說，則以不否認判決國之管轄權爲已足。

功能性分析方法之理想在於尋得合理、公平、便利、有效與經濟之管轄權之行使，俾能妥當解決當事人間之實體權利義務之爭執，故管轄法院必以得合乎上述要件者始可，因此，亦不生積極說或消極說以何者爲妥之問題，祇問判決國之行使管轄權是否妥適。

第七節　改革與建議

基於前述決定管轄法院之傳統方法與功能性方法之分析，及關連問題之處理，本章則謹就吾國法制作概要之鳥瞰，再本於功能性之觀點，提出分析檢討與建議，俾供日後立法之參考。

壹、吾國法制概述

第一項　法律依據

吾國對於涉外民事案件如何決定有無管轄權，及如何決定請求承認其判決之外國就該案件有無管轄權，竟無明文規定，僅在民事訴訟法論及內國法院間司法裁判事務之分配。故如何決定吾國法院或爲判決之外國法院就某特定涉外民事案件有無管轄權，頗滋疑義。論者認爲：「吾國民事訴訟法之體制係妨效德國、日本之民事訴訟法制度，因而，除就涉外民事法律關係之性質，另爲特別解釋之外，應加德國、日本之制度援引『特別管轄權』（內國法院間管轄權

---

[655] 此亦根據雙面法則說之觀點。

之分配）之原則，而推測關於『一般管轄權』（涉外案件，內外國法院間管轄權之分配）之原則。」[656] 詳言之，我國民事訴訟法關於管轄之規定，應解釋爲一面規定內國法院間司法裁判事務之分配，同時亦間接劃分我國法院關於涉外案件管轄權之範圍。蓋吾國法院中任一法院有「特別管轄權」，即代表吾國法院對該涉外案件有「一般管轄權」，此乃因「特別管轄權」之存在以「一般管轄權」之存在爲前提[657]之故，茲先詳述之，再提出分析、檢討與建議。

第二項　專屬管轄與普通管轄之案件

一、專屬管轄案件

專屬管轄指法律明定某種類之訴訟，屬於固定之法院掌管裁判，不許因法院或當事人意思或態度而變更，亦不認其他法院[658]就該訴訟有管轄權。訴訟案件，有無定爲專屬管轄之必要，爲立法政策上應從公益加以考慮之問題[659]。依吾國民事訴訟法之規定，下列案件爲專屬管轄案件：

(一) 不動產物權之訴訟（民事訴訟法第 10 條第 1 項），專屬不動產所在地法院管轄。

凡因不動產物權，例如土地或房屋之所有權、地上權、抵押權、永佃權、地役權、典權等，發生爭執之訴訟屬之。至於本於不動產物權而生之訴，例如所有物返還，侵害之除去或防止之訴，是否係不動產物權之訴訟，則有爭執[660]。占有回復之訴亦然[661]。因不動產分割或經界而涉訟者亦由不動產所在地專屬管轄，但原告請求確定至一定限界之土地屬於其所有之訴訟，爲確認不動產所有權之訴，仍非爲因不動產經界涉訟也[662]。遺產之分割雖另定有特別審判

---

[656] 參見，蘇遠成，國際私法上之裁判管轄權，法學叢刊，第 80 頁。同，國際私法，第 130 頁。馬漢寶，國際私法總論，第 180 頁。

[657] 蘇遠成，前揭文與前揭書同頁。

[658] 是否內國其他專屬管轄以外之法院，抑或包括他國法院，尚待檢討。另請參閱前述「立法政策」。

[659] 姚瑞光，民事訴訟法論，第 19 頁。

[660] 肯定說，吳明軒，中國民事訴訟法，第 48-49 頁；王甲乙、楊建華、鄭健才合著，民事訴訟法新論，第 23 頁。否定說，姚瑞光，前揭書，第 35-36 頁；曹偉修，民事訴論法釋論，第 73 頁。

[661] 肯定說，吳明軒，前揭書第 48 頁。王甲乙等合著，前揭書第 23 頁。

[662] 最高法院 27 年上字 1451 號判例。

籍，但如為不動產之分割，仍適用專屬管轄之規定[663]。

(二) 婚姻關係之訴訟

凡婚姻無效之確認，婚姻之撤銷，確認婚姻成立或不成立，離婚及夫妻同居之訴，專屬夫或贅夫之妻之住所地，或其死亡時之住所地之法院管轄（民事訴訟法第 568 條第 1 項）。但訴之原因事實發生於夫或贅夫之妻之居所地者，得由各該居所地之法院管轄[664]。夫或贅夫之妻之住所地法院，不能行使職權，或在中華民國無住所或住所不明者，準用第 1 條第 1 項後段及第 2 項之規定。夫或妻為中華民國人，不能依前 2 項規定是管轄之法院者，由中央政府所在地之法院管轄[665]。

(三) 收養關係之訴訟

收養無效，撤銷收養，確認收養關係成立或不成立，終止收養關係之訴，專屬養父母之住所地，或其死亡時之住所地法院管轄（民事訴訟法第583條）。

(四) 親子關係之訴訟

否認或認領子女、認領無效、撤銷認領及就母再婚後所生子女確定其父之訴，專屬子女住所地或其死亡時住所地之法院管轄（民事訴訟法第 589 條）。

(五) 親權關係之訴訟

宣告停止親權或撤銷其宣告之訴，專屬行親權人或曾行親權人住所地之法院管轄（民事訴訟法第 592 條）。

(六) 禁治產關係之事件

禁治產之聲請，或撤銷禁治產之聲請，專屬應禁治產人或禁治人住所地之法院管轄（民事訴訟法第 597 條，第 620 條）。禁治產宣告之撤銷則專屬曾為禁治產宣告之法院管轄（民事訴訟法第 609 條第 2 項）[666]。

---

[663] 王甲乙等合著，前揭書第 23 頁。

[664] 此但書之規定，固係基於訴訟便利之考慮，惟有認其違背專屬管轄之精神也。姚瑞光，前揭書第 20 頁。

[665] 參見註 13。

[666] 此非法律之明文規定，但係依案件之性質所當然，吳明軒，前揭書第 68 頁。另請參閱涉外民事法律適用法第 3 條。

(七) 死亡宣告關係之事件

死亡宣告之聲請，及其宣告之撤銷之聲請，皆專屬失蹤人住所地之法院及為死亡宣告之法院管轄（民事訴訟法第626條、第625條、第551條第2項）[667]。

二、普通管轄之案件

非專屬管轄之案件，不問訴訟之類型，下述法院皆得行使普通管轄權：

(一) 被告之生活中心地

1. 被告為自然人之情形，由被告之住所地行使普通管轄權。其不能行使職權責，以居所代之（民事訴訟法第1條第1項）[668]。被告係在外國享有治外法權，而在中華民國無住所或無居所者，以中央政府所在地視為其住所（民事訴訟法第1條第3項）[669]。

2. 被告為法人之情形，如其係公法人，其普通管轄權屬於公務所所在地。如為私法人或非法人團體而得為訴訟當事人者，為其主事務所或主營業所（民事訴訟法第2條）。

(二) 被告與原告合意指定之法院

當事人關於由一定法律關係所生之訴訟，得以文書定為其第一審管轄法院（民事訴訟法第24條）。祇要非專屬管轄案件，當事人皆得合意指定管轄法院（民事訴訟法第26條）[670]。

---

[667] 同前註。另請參閱涉外民事法律適用法第4條。

[668] 「被告在中華民國現無住所或住所不明者，以其在中華民國之居所，視為其住所，無居所或居所不明者，以其在中華民國之最後住所，視為其住所。」此民事訴訟法第1條第2項之規定，以被告在任何國家皆無住所或居所為限，始有適用之餘地。否則被告之涉外案件之普通管轄權，即不屬於中華民國，而強認為屬於中華民國，未免不妥。參見，蘇遠成，前揭書第131-132頁；前揭文第80-81頁。民事訴訟法第568條第2項第3項之解釋亦同。

[669] 只要被告在中華民國無住所或居所，不問其在外國有無住所或居所，由於其享有治外法權，外國法院不得對其行使管轄權，故涉外案件之普通管轄權仍屬於中華民國之中央政府所在地之法院，前註書第133頁，前註文第81頁。

[670] 指定外國法院為管轄法院之合意是否有效，學說上尚存爭執，有認為法律既未明定當事人以合意所定之管轄法院以中國法院為限，如以合意專定外國法院為管轄法院者，自非法所不許。但必須該外國法院所屬國之法律，承認本於合意之管轄，以及該外國法院之判決，依民事訴訟法第402條規定，於我國亦有效力而後可。亦有認為法律關於法院管轄之規定，乃國

(三) 被告為本案之言詞辯論而不抗辯法院無管轄權（民事訴訟法第 25 條）

所謂為本案之言詞辯論，係指被告就為訴訟標的之法律關係為實體上之陳述而言。如僅聲明應駁回原告之訴，或就訴訟程序是否合法有所陳述，則非屬之[671]。被告不抗辯法院無管轄權，而以信任法院之態度為本案之言詞辯論，自可認為其順服或同意該法院之管轄。

第三項　特別管轄之案件

非專屬管轄之案件，除被告之住居所、主事務所、主營業所、或其與原告合意所指定，或因其不抗辯無管轄權之法院，得行使普通管轄權之外，另基於雙方當事人利益之兼顧與訴訟進行之便利，而規定得行使特別管轄權之法院[672]，並與普通管轄權之法院競合或併存，以下分述之：

一、關於財產權之訴訟：凡當事人請求之訴訟標的具有財產價值之訴訟皆屬之，下述法院皆得行使特別管轄權：

家主權之具體表現，凡在中國領域內，無論內國人、外國人或無國籍人，除享有治外法權之外國人外，均應受中國法權之支配。如許當事人以合意專定外國法院為管轄法院，其結果不當允許當事人以合意限制中國法權之行使。若外國人與中國人以合意定外國法院為管轄法院，強迫中國人必須接受外國法院之審判，以致中國人竟不能受中國法權之保護，寧有斯理？故當事人以合意所定之管轄法院，應以中國法院為限；如專定外國法院為管轄法院，不生合意管轄之效力。參見實例研究民事訴訟法（吳明軒著），第 13 頁。惟兩說均有瑕疵，前說對於當事人之合意管轄採取開明認許之態度，因值贊同，所加上「該外國法院所屬國之法律，承認本於合意之管轄」之要件，亦為事理所當然。然吾國法院承認該外國法院之判及」之要件之附加，則未必妥當。蓋有邏輯謬誤之嫌，詳言之，吾國不承認外國法院之確定判決，原因不止一端，至少有送達之程式違法，外國判決違反中華民國之公共秩序善良風俗，或基於互惠原則等，不以外國法院無管轄權為限，自不得執其他非管轄之原因而否定合意管轄之效力，且除非吾國否認合意管轄之效力，則該外國法院即非無管轄權，亦符合民事訴訟法第 402 條第 1 款之規定。更且，法院管轄權固係外國判決獲得承認之條件之一，但兩者仍係個別獨立之問題，合意管轄若經判決國之認可，其判決在該國仍具有效力，並不因未獲他國之承認而改變，因此本條件之附加似無必要。後說則一味強調「主權」，忽略合意管轄對於當事人之效益，遽認為指定外國法院之合意管轄無效，眼光狹隘，其不妥不言可喻。

[671] 吳明軒，前揭書第 83 頁；王甲乙等合著，前揭書第 34-35 頁；姚瑞光，前揭書第 58 頁；曹偉修，前揭書第 103-104 頁。

[672] 姚瑞光，前揭書第 27 頁；曹偉修，前揭書第 51 頁，吳明軒，前揭書第 32-33 頁；王甲乙等合著，前揭書第 18 頁。

（一）被告可扣押財產或請求標的所在地之法院（民事訴訟法第 3 條），被告之財產或請求標的如爲債權，以債務人住所或該債權擔保之標的所在地，視爲被告財產或請求標的之所在地（民事訴訟法第 3 條）。

（二）生徒、受僱人或其他寄寓人爲被告，其寄寓地法院（民事訴訟法第 4 條）。

（三）現役軍人或海員爲被告，其公務所、軍艦本籍、或船籍所在地（民事訴訟法第 5 條）。

二、關於營業所或事務所之業務之訴訟：由其營業所或事務所所在地管轄（民事訴訟法第 6 條）。

三、關於船舶或航行所生之訴訟：被告爲船舶所有人或利用船舶人，由船籍所在地之法院管轄（民事訴訟法第 7 條）。

四、關於船舶債權之訴訟：因船舶擔保之債權，由船舶所在地法院行使管轄權（民事訴訟法第 8 條）。

五、關於團體關係之訴訟：公司或其他團體或其債權人，對於社員於其社員資格有所請求；公司或其他社團或其社員，對於團體之職員或退社社員有所請求，其訴訟得由該團體之主營業所所在地之法院管轄權（民事訴訟法第 9 條）。

六、關於債權及其不動產擔保物權之訴訟：得由擔保之不動產之所在地行使管轄權（民事訴訟法第 11 條）。

七、關於契約關係所生之訴訟，得由當事人所定之債務履行地之法院行使管轄權（民事訴訟法第 12 條）。

八、關於票據關係之訴訟：得由票據付款地之法院管轄（民事訴訟法第 13 條）。

九、關於財產管理所生之訴訟：得由管理地之法院行使管轄權（民事訴訟法第 14 條）。

十、因侵權行爲所生之訴訟：得由侵權行爲地之法院管轄權（民事訴訟法第 15 條第 1 項）。

　　十一、因船舶碰撞[673]或其他海上事故，或因航空飛行失事，或其他空中事故[674]，所生損害賠償之請求之訴訟：得由受損害之船舶、航空器最初到達地，或加害之船舶、航空器最初到達地之法院行使管轄權（民事訴訟法第 15 條第 2、3 項）。

　　十二、因海難救助所生之訴訟：得由救助地或被救助船舶最初到達地之法院行使管轄權（民事訴訟法第 16 條）。

　　十三、關於登記所生之訴訟：得由登記地之法院行使管轄權（民事訴訟法第 17 條）。

　　十四、關於繼承關係之訴訟：凡關於遺產之繼承、分割、特留分、或因遺贈或其他因死亡而生效力之行為，所生之訴訟，得由繼承開始時被繼承人之住所、居住或中央政府所在地、最後住所行使管轄權（民事訴訟法第 18 條）[675]。

第四項　請求承認之外國判決之法院管轄權

　　吾國民事訴訟法第 402 條規定：「外國法院之確定判決，有左列各款情形之一者，不認其效力：一、依中華民國之法律，外國法院無管轄權。……（下略）。」準此，吾人可得知：

　　一、外國法院之判決能否獲得吾國之承認，其要件之一為該國法院就該案件具有管轄權，此與各國之立法例並無不同[676]。

　　二、外國法院就系爭案件有無管轄權，應依中華民國之法律定之。屬於吾國專屬管轄之案件，外國法院當然無管轄權，固無疑義[677]。至於非專屬管轄之

---

[673] 海商法第 101 條關於船舶碰撞之訴訟之管轄另有規定：「關於碰撞之訴訟，得向左列法院起訴一、被告之住所或營業所所在地之法院。二、碰撞發生地之法院。三、被告船舶船籍港之法院。四、船舶扣押地之法院。」基於「特別法優於普通法之原則」，應優先適用。

[674] 航空器失事致人死傷，或毀損動產或不動產者，其所生損害賠償之訴訟，依民用航空法第 75 條規定，得由損害發生地之法院管轄，同時，依同法第 76 條之規定，並不排除民事訴訟法關於管轄之規定，亦即兩者立於競合或並存之地位。此外，乘客於航空器中或上下航空器時，因意外事故致死亡或傷害者，其所生損害賠償之訴訟，得由運送契約訂定地或運送目的地之法院管轄之。

[675] 參閱註 13、14。

[676] 參見第三章第三節立法形式及其註 25。並請參照馬漢寶，前揭書第 181-184 頁。劉鐵錚，國際私法論叢，第 60-61 頁。蘇遠成，前揭書第 146-148 頁。

[677] 參閱蘇遠成，前註書第 147 頁。姚瑞光，前註書第 425-426 頁。

案件，亦應依吾國之管轄法則判斷外國法院有無管轄權[678]。例如契約關係之訴訟，如外國法院並非被告之住所地，亦非契約債務之履行地，其自無管轄權，所爲之判決吾國亦不予承認[679]。惟吾國目前尚無關於涉外案件管轄法院之決定之法規，祇能依據民事訴訟法之規定，類推適用或準用而已，此與「直接管轄」之情形並無不同。

貳、分析與檢討

吾國法制簡述如上，觀察其特徵與特色，亦可發現其係傳統管轄思想之產物，詳言之：

一、吾國之管轄法則亦係依照傳統決定管轄法院之方法[680]，亦即，循「定性」→「連繫因素之找尋」→「指定管轄法院」之步驟爲之，茲分述之：

(一) 定性

首先將案件區別爲專屬管轄與非專屬管轄兩類。專屬管轄案件由特定法院行使管轄權，排除他法院之管轄權，亦不因當事人之意思或態度而改變。非專屬管轄案件則多有管轄權競合之情形，亦即，由被告之住所地、主事務所、或主營業所行使普通管轄權，同時依案件之類型，由特定法院行使特別管轄權。如有當事人之合意管轄，則依當事人之意思，決定排除他法院之管轄權與否，如爲「排除的」，則該案件「專屬」當事人合意選定之法院管轄。否則，與被告不抗辯法院無管轄權同，增加得行使管轄權之法院。至於「特別管轄」之類型多依內國實體法之法律概念爲之。例如財產權之訴訟，侵權行爲之訴訟，契約關係之訴訟、繼承關係之訴訟等。

---

[678] 採雙面法則説之見解。

[679] 參照蘇遠成，前揭書第 147-148 頁。王甲乙等合著，前揭書第 522 頁亦謂：「此（第 402 條第 1 款）係指該外國法院判決之事件，如按吾國法律應無管轄權者而言，非謂依照吾國法律之規定外國法院無土地或事物之管轄權。蓋依吾國法律有管轄權之法院，自限於吾國法院，外國法院原無依吾國之法律管轄訴訟之可言也，故外國法院判決之事件，如衡諸我國法律，在該外國之領土內無審判籍，而當事人又無合意管轄，或不得以合意定管轄者，均不認其效力。」見解相同。

[680] 參見第三章第四節「決定管轄法院之方法」。

(二) 連繫因素之尋找

某法院是否得行使管轄權，以法律所規定之特定連繫因素是否存在於法院而與法院具有特定之關連而定。至於特定類型之訴訟，依據何種連繫因素決定其管轄權誰屬，則由立法者依特定之立法政策為之。其所依據之立法政策，有被告之保護，例如「以原就被原則」之採納，或原告權利之重視或法院進行之便利，例如契約債務之履行地[681]侵權行為地、被告船舶或航空器最初到達地、海灘救助地[682]等是也。

(三) 決定管轄法院

凡屬特定類型之案件，又尋得特定之連繫因素，即可憑以決定其管轄法院。似此，依循一定之法則，不但可收適用簡易之效，且有助益法之安定性。此外，尚可促進當事人之預見可能性。

惟傳統管轄之缺失亦不可免，如定性之準據法問題，連繫因素意義之不易確定、連繫因素之預設又未必妥當、及法則之僵化等[683]。

二、關於為判決之外國法院有無管轄權之判斷之問題，吾國採取雙面法則說，亦即依吾國之管轄法則為判斷為判決之國就該案件有無管轄權之「準據法」，因而，雙面法則說妨礙外國判決獲得承認之可能之缺失，於吾國法亦不可免[684]。更且，吾國關於涉外民事案件法院管轄問題之處理，既未有法律之明文規定，如何「準用」或「類推適用」民事訴訟法之有關規定，殊滋疑義，亦其缺失所在。

三、最後，再就專屬管轄之規定言之，專屬管轄之範圍固係吾國立法者，依據一定立法政策為之，此於內國法院間司法裁判事務之分配，固無疑義。惟於涉外案件決定內外國法院間司法裁判事務之分配，則不能無疑。詳言之，吾國立法者對於他國法院並不享有統治權或主權，因而無權決定或排除其管轄權，吾國專屬管轄之規定自難獲其認可。而且，專屬管轄有害於當事人進行訴

---

[681] 易於起訴與易於立證，於審判程序之進行亦有俾益為立法政策所在，曹偉修，前揭書第77頁。不背於當事人之預期亦係其合理理由，吳明軒，前揭書第52頁。

[682] 多係便於證據之蒐集與損害狀況之鑑定。曹偉修，前註書第82、80頁。吳明軒，前註書第45頁、第54-59頁。

[683] 同註20。

[684] 詳見前述「立法形式」。

訟上眞正便利之探求，亦可能妨害吾國判決獲得他國承認之可能，未必妥當。茲以婚姻事件之專屬管轄爲例，可見其不合理性之一斑。吾國婚姻事件係由夫之住所地法院專屬管轄，其不妥當之處至少有：

（一）夫遺棄妻而他去時，妻不可能訴請離婚，蓋可能無從追覓夫之新住所。

（二）違反男女平權之思想而係舊社會之產物，且與目前婚姻事件之管轄法則——承認夫妻任何一方之住居所有管轄權——之一般趨勢背反。

（三）若與他國管轄法則不同，可能會影響吾國法院判決獲得他國之承認，及他國法院判決獲得吾國之承認。

參、改革與建議

第一項　基本觀點

「涉外民事案件之法院管轄問題」僅係國際私法上一次要附隨之問題，蓋當事人所注重者爲其間實體上權利義務爭執之解決，在何國法院並非其所眞正關切。如有，僅在訴訟之便利與否而已。惟訴訟之便利與否，固僅止於程序問題，而與其實體的權利義務無涉，然如訴訟之極度不便利，致當事人在時間、金錢或勞費上受不相當之負擔，往往會使其怠於應訴而爲攻擊防禦，結果將使其實體上權利義務受不利影響，甚至完全喪失，此點不可輕忽。

管轄問題既係附隨、次要之問題，其解決自不可耗費大量之時間、金錢、與勞費，尤其在實體上權利義務之爭執獲至相當程度之解決，例如判決已確定，卻再因管轄問題完全抹煞所做的一切努力，亦非良策。因此，祇要當事人在原審之訴訟程序未受不相當之負擔，並因而使判決有不公正或不妥當，則不宜就管轄問題迴繞解決。

傳統管轄法則在適用之簡易與法的安定性之優點，殊值贊同。惟伴隨其機械性而至之許多技術上之問題，如定性、連繫因素意義之確定，至今尚無妥當解決之方。更重要的，選法問題與管轄問題之混淆不清；基本立法政策——主權因素之納入——未見妥當，致具體妥當性即訴訟之便利性被輕易的忽視。而且，當事人任擇法院之情形屢見不鮮，即令當事人獲得確定判決，亦可能因管

轄問題而難獲他國之承認，致判決之內容無法獲得完全之實現 [685]。

因此，吾人可得知：

一、機械的、固定的管轄法則，不足以適應各種情事紛雜不一之涉外民事案件。

二、管轄法院之決定僅應注重訴訟之進行對當事人是否便利、公平、迅速、經濟。不但準據法之適用不應予以考慮，主權因素更應排除在外。

三、爲判決之外國法院是否具有管轄權，應以原判決之訴訟程序，對當事人是否公平與便利，及是否給予當事人充分之攻擊防禦之機會爲定。

四、專屬管轄之規定，在爲相應之修訂前，應依「限縮解釋」而不適用於涉外案件。

第二項　具體方法

針對傳統管轄法則之缺失，吾人認爲吾國關於涉外民事案件之法院管轄問題，其處理應依下述具體方法爲之：

一、確定相關連之國家：不再確定系爭案件法律關係之性質，而僅依其具體事實情況，找尋與當事人或訴訟有關連之國家。

二、依據連繫各該國家與法院地之連繫因素，在系爭執案件之重要性如何，再考慮 [686]：

（一）如認吾國法院有管轄權，自當事人之便利、公平、預見可能性之觀點，是否妥當？

（二）由吾國法院裁判，則能否達到迅速、效率、公平之要求？惟爲本項之判斷時，可自幾方面爲之：

1. 自法院傳喚證人、調查證據之觀點、吾國是否係適於審理之國家？

2. 自判決之實效性，吾國法院所爲之判決得否就在吾國之財產而受完全滿足之執行？該判決在外國執行之可能性如何？

---

[685] 甚至有更難令人接受之結果，例如跛行婚，參見劉鐵錚，前揭書第 41 頁。

[686] 參見，松岡博，涉外取引における裁判管轄，阪大法學第 124 號，第 34 頁。

3.吾國法院對於該案件之關切程度如何？是否另有他法院具有某種程度之關切，或已繫屬相同案件？該法院是否比吾國法院更爲便利、公平、效率、迅速？其所爲之判決獲得吾國或他國之承認與執行之可能性如何？

當然，爲上述考慮時，應以被告之保護爲優先，自原告權益之重視與法院進行訴訟之觀點，亦可使被告承受某種程度之負擔，而允許與被告無關連之法院行使管轄權[687]。

三、如果他國法院已就相同或密切相關之案件爲確定判決。仍應依二、之觀點，衡量該國是否係便利、公平、經濟、有效之法院，尤其注重當事人在原訴訟程序是否享有充分、公平之攻擊防禦機會，再決定是否予以承認。

第三項　修正法律之建議

爲使吾國法院能「依法」處理涉外民事案件之法院管轄問題[688]，並澄清「準用」或「類推適用」民事訴訟法之疑義，保障當事人之「訴訟權」[689]，最好就涉外民事案件之管轄法院之決定，爲明文之規定。試草擬其條文如後：

民事訴訟法第 19 條之 1[690]：

「涉外案件，除法律另有規定外，第 1 條至前條及第九編關於管轄之規定不適用之。其管轄權由與當事人或訴訟有關連，而能使訴訟程序公平、合理與便利進行之法院行使。

---

[687] 尤其被告與原告之經濟勢力有天壤之別時爲然。歐洲共同市場國家對保險契約，消費者契約，承認原告之住所等與原告有關連之法院得行使管轄權，係基於相同考慮。

[688] 參見吾國憲法第 80 條。

[689] 參見吾國憲法第 16 條。

[690] 規定於民事訴訟法在體制上可收統一規定之效。且合法繫屬於吾國法院之涉外訴訟，其程序一如內國案件而依民事訴訟法之規定爲之。民事訴訟法第 19 條之前之規定係按訴訟之類型所爲之規定，爲避免定性問題之煩擾，特緊接其後而爲排除之明文規定；同時亦排除第九編人事訴訟程序程序有關管轄之規定。第 20 條關於共同訴訟之管轄，第 21 條關於管轄牽連、第 22 條關於選擇管轄，第 23 條關於指定管轄、第 24 條關於合意管轄、第 25 條關於應訴管轄，於涉外訴訟皆有適用，故第 19 條之 1 之規定規定在前並不予排除。第 26 條關於合意管轄之限制，由於涉外訴訟已因第 19 條之 1 之規定，而無專屬管轄之情形，故其存在亦無妨。第 27 條管轄之恆定亦適用於涉外訴訟，請參見，Restatement, Second, Conflict of laws §§26 & Comment。第 28 條至第 31 條關於移送之規定，在性質上本不適用於涉外訴訟，故可不予理會。

前項所謂之關連係指：

1. 當事人之國籍、住、居所、事務所、或營業所。

2. 訴訟原因事實或結果之發生；

3. 被告之得扣押財產或訴訟標的物所在；

4. 其他與當事人或訴訟具有重要之關連。[691]」

民事訴訟法第 402 條亦應為相應之修正，即：

「外國法院之確定判決，有左列情形之一者，不認其效力：

1. 除法令或條約另有規定外，外國法院依第 19 條之 1 之規定無管轄權者；

2. 敗訴之一造未應訴，而開始訴訟所需之通知或命令不合程式、未送達本人亦未囑託送達、或雖送達而未予其充分之攻擊防禦機會[692]；

3. 外國法院之判決有背於公共秩序或善良風俗者。

4. 無國際互相承認者。」

---

[691] 立法者如欲對各個關連之意義與重要性有更明確之指示，進而對法院之裁量權加以有效之控制，可仿照 Restatemant, Second, Conflict of laws §§28 之規定，並作成詳細之理由書，同時可在第 452 條規定容許對違反第 19 之 1 條及專屬管轄之規定之判決予以廢棄，而駁回原告之訴。

[692] 參見歐洲共同市場國家 1978 年法院管轄與判決執行擴大公約第 27 條第 2 款（一九六八年案之同條文亦同），Restatement, Second, Conflict of laws §§25 & Comment.

第三章

合意大陸地區法院管轄之要件 及效力問題

▶▶最高法院 85 年度台上字第 1880 號、88 年度台上字第 302 號、89 年度台上字第 1606 號評釋

第一節　案例事實及法院裁判要旨

壹、當事人及利害關係人

喬貿電子工業股份有限公司（原告、第二、三審上訴人）

西陵建設股份有限公司（被告、第二、三審被上訴人）

貳、事實概要

喬貿電子工業股份有限公司（下稱喬貿公司）主張其於民國（下同）82 年 8 月 31 日與西陵建設股份有限公司（下稱西陵公司），簽訂「惠州台灣工業園區國土使用證明書取得暨委託建廠契約書」，除委託西陵公司取得「惠州台灣工業園區」編號 B-17 之大陸土地 50 年使用權外，向西陵公司買受其上工業廠房，並已繳交新台幣（下同）一百四十七萬元，惟西陵公司竟於 82 年 4 月 20 日以編號 B-17 土地內有革命先烈廖仲凱墳墓，大陸當局反對遷墓，致土地無法取得使用權為由，要求伊將契約原定之土地變更為 C-9，因伊不能接受，乃於 83 年 10 月 27 日通知西陵公司解除契約，爰依不當得利、民法第 259 條、第 226 條、契約第 2 條第 4 項及第 11 條第 3 項求為命西陵公司返還一百四十七萬元及其法定利息之判決。

　　西陵公司則以：(1) 依兩造所簽合約書第 13 條：「雙方當事人就本約之履行有爭執時，合意以惠州人民地方法院為第一審管轄法院」之約定，中華民國法院對本件無管轄權；(2) 喬貿公司已同意土地變更為 C-9，即不得解除契約；(3) 伊無法代喬貿公司取得 B-17 土地非伊之因素所致，喬貿公司不得依債務不履行之規定為本件請求；(4) 喬貿公司依契約第 2 條第 4 項及第 11 條第 3 項之規定請求伊返還價款部分，均因不可歸責於伊而為無理由；況依契約第 11 條第 3 項約定，縱有因政策等因素發生，致雙方無法履行時，伊亦得依工程進度計算結餘後無息返還，本件喬貿公司所支付之價款，已悉數繳納大陸有關當局，依契約進度，已無結餘，自無須返還等語，資為抗辯。

參、裁判要旨

一、最高法院 85 年度台上字第 1880 號民事判決

　　原審將第一審所為喬貿公司敗訴判決部分廢棄，改判命西陵公司再為給付，並維持第一審所為西陵公司敗訴判決部分，駁回其附帶上訴，係以：我國民事訴訟法雖有合意管轄之規定，但此合意之管轄法院，應不得外於我國民事訴訟法事實上所得規範之地區，否則不啻允許當事人以合意限制我國審判權之行使，亦將發生當事人依我國民事訴訟法之規定，合意以不適用我國民事訴訟法之法院為管轄法院之不合理情形；此外，我國與大陸地區仍屬分裂分治狀態，亦不宜由當事人合意以大陸地區法院為第一審管轄法院，原法院就本件訴訟，自有管轄權。查喬貿公司主張之事實，為西陵公司所不爭執，且有契約書、憑證及協議書可稽，依契約第 11 條第 3 項約定：「乙方（西陵公司）如因政治、政策、軍事、天災、地變等，非人力能抗拒之情事發生，致契約無法繼續履行時，乙方應將甲方（喬貿公司）所支付之款項依工程進度狀況結餘後無息退還甲方」。而編號 B-17 土地上之墳墓，因大陸當局反對遷移，無法取得使用權，自可認因政策之因素致契約無法履行，喬貿公司主張其所繳納之價金一百四十七萬元，應由西陵公司退還，於法有據等詞，為其判斷之基礎。

　　惟按台灣地區人民，關於由一定法律關係而生之訴訟，合意定大陸地區法院為管轄法院，因依台灣地區與大陸地區人民關係條例第 74 條規定，大陸地區法院之判決，台灣地區法院非不承認其效力，倘該事件非專屬台灣地區法院管轄，大陸地區法院亦認台灣地區人民得以合意定管轄法院者，尚難謂其合意不生效力。若該合意已生效力，且屬排他性之約定，當事人又已為抗辯者，

即難認台灣地區法院爲有管轄權。本件兩造既於上述契約約定就契約之履行有爭執時，合意由大陸地區惠州人民地方法院（下稱惠州地院）爲第一審管轄法院，西陵公司又已抗辯本件第一審法院台灣台北地方法院（下稱台北地院）無管轄權，若本件非專屬台灣地區法院管轄，大陸地區法院又認兩造得以合意定管轄法院，上述約定又屬排他性之合意者，揆諸上開說明，台灣地區之法院即難認爲有管轄權。次按訴訟事件不屬受訴法院管轄而不能以裁定移送於其管轄法院者，法院即應以裁定駁回原告之訴，民事訴訟法第 249 條第 1 項第 2 款定有明文。本件所牽涉者爲是否應由我法權所不及之大陸地區惠州地院管轄，亦即不屬我台北地院管轄而不能爲裁定移送之情形。倘本件訴訟確應由大陸地區惠州地院管轄，喬貿公司向我台北地院起訴，即屬不合法，而非僅我台北地院有無管轄權之問題，附此敘明。

二、最高法院 88 年度台上字第 302 號民事判決

查兩造就系爭契約履行之爭執，於 82 年 8 月 31 日合意以大陸地區惠州人民地方法院爲第一審管轄法院時，台灣地區與大陸地區人民關係條例業已公布施行，其第 74 條第 1 項明定「在大陸地區作成之民事確定裁判、民事仲裁判斷，不違背台灣地區公共秩序或善良風俗者，得聲請法院裁定認可。」並無第 3 項互惠原則之規定，迄至被上訴人於 84 年 1 月 11 日提起本件訴訟時止，該條並未增修。由上以觀，不論是約定合意管轄時，抑或被上訴人提起本件訴訟時，似均難謂斯時之台灣地區法院不承認大陸地區法院作成之民事確定裁判。又嗣後上開條文於本件訴訟繫屬中，雖於 86 年 5 月 14 日增訂第 3 項，明定同條第 1 項、第 2 項須在互惠原則下始有適用，但定有承認台灣地區法院作成之民事確定裁判之大陸地區「最高人民法院關於人民法院認可台灣地區有關法院民事判決的規定」，亦已於原審言詞辯論終結前之 87 年 5 月 26 日施行。故而上訴人抗辯本件第一審法院台北地院無管轄權一節，是否全不足採，自有再詳爲研求之必要。倘其所辯爲可採，本件是否有民事訴訟法第 249 條第 1 項第 2 款所定之情形，宜併審酌。

三、最高法院 89 年度台上字第 1606 號民事裁定

按對於第二審判決上訴，非以其違背法令爲理由，不得爲之，民事訴訟法第 467 條定有明文。依同法第 468 條規定，判決不適用法規或適用不當者，爲違背法令。而判決有同法第 469 條所列各款情形之一者，爲當然違背法令。是當事人提起上訴，如依民事訴訟法第 468 條規定，以第二審判決有不適用法

規或適用法規不當爲理由時，其上訴狀或理由書應有具體之指摘，並揭示該法規之條項或其內容。若係成文法以外之法則，應揭示該法則之旨趣。倘爲司法院解釋、或本院之判例，則應揭示該判解之字號或其內容。如以民事訴訟法第469條所列各款情形爲理由時，其上訴狀或理由書，應揭示合於該條款之事實。上訴狀或理由書如未依此項方法表明，或其所表明者，顯與上開法條規定之情形不相合時，即難認爲已對第二審判決之違背法令有具體之指摘，其上訴自難認爲合法。本件上訴人對第二審判決提起上訴，雖以該判決違背法令爲由，惟其上訴理由，無非以：兩造之合意管轄約定，依法理應於民國86年5月14日台灣地區與大陸地區人民關係條例（下稱兩岸關係條例）增訂第74條第3項規定時，失其效力，因此第一審法院台灣台北地方法院（下稱台北地院）即取得管轄權等云云爲論據，查原判決以兩造約定合意管轄及上訴人提起本件訴訟時，依斯時兩岸關係條例第74條第1項之規定，台灣地區法院並無不承認大陸地區法院作成之民事確定裁判，且有關大陸地區法院承認台灣地區法院作成之民事確定裁判之規定，於原審前審言詞辯論終結前業已施行，亦無因兩岸關係條例在訴訟繫屬中增訂同條第3項互惠原則規定，而不得向兩造合意管轄之大陸惠州人民地方法院起訴，因認台北地院無管轄權，並依民事訴訟法第249條第1項第2款之規定，將第一審所爲被上訴人敗訴部分之判決廢棄，改判駁回上訴人該部分之訴，並維持第一審所爲上訴人敗訴部分之判決，駁回其此部分之上訴，經核於法並無違誤。準此，上訴人之上訴理由自非具體表明合於不適用法規、適用法規不當、或民事訴訟法第469條所列各款之情形，難認對原判決之如何違背法令已有具體之指摘，依首揭說明，應認其上訴爲不合法。

第二節　評　釋

壹、問題發生

　　以上所引最高法院民事判決涉及台灣地區與大陸地區之民事事件，且與合意由大陸地區法院管轄有關。由於兩岸間之關係，台灣地區與大陸地區人民關係條例係定位於一個國家兩個地區即台灣地區與大陸地區。又由於兩岸間之民事法律關係，台灣地區與大陸地區人民關係條例除採民事特別法之立法型式外，亦採區際衝突法之立法形式。區際衝突法與國際衝突法即國際私法間有相

當的類似性，諸多原理可援用國際私法之規定或理論。本判決所涉及之大陸地區與台灣地區之管轄權，亦然。

　　前述最高法院85年度台上字第1880號判決認爲：「按台灣地區人民，關於由一定法律關係而生之訴訟，合意定大陸地區法院爲管轄法院，因依台灣地區與大陸地區人民關係條例第74條規定，大陸地區法院之判決，台灣地區法院非不承認其效力，倘該事件非專屬台灣地區法院管轄，大陸地區法院亦認台灣地區人民得以合意定管轄法院者，尚難謂其合意不生效力。若該合意已生效力，且屬排他性之約定，當事人又已爲抗辯者，即難認台灣地區法院爲有管轄權。本件兩造既於上述契約約定就契約之履行有爭執時，合意由大陸地區惠州人民地方法院（下稱惠州地院）爲第一審管轄法院，西陵公司又已抗辯本件第一審法院台灣台北地方法院（下稱台北地院）無管轄權，若本件非專屬台灣地區法院管轄，大陸地區法院又認兩造得以合意定管轄法院，上述約定又屬排他性之合意者，揆諸上開說明，台灣地區之法院即難認爲有管轄權。次按訴訟事件不屬受訴法院管轄而不能以裁定移送於其管轄法院者，法院即應以裁定駁回原告之訴，民事訴訟法第249條第1項第2款定有明文。本件所牽涉者爲是否應由我法權所不及之大陸地區惠州地院管轄，亦即不屬我台北地院管轄而不能爲裁定移送之情形。倘本件訴訟確應由大陸地區惠州地院管轄，喬貿公司向我台北地院起訴，即屬不合法，而非僅我台北地院有無管轄權之問題。」依其所見：

　　一、承認台灣地區與大陸地區間之一般管轄權之概念。

　　二、承認台灣地區人民，關於由一定法律關係而生之訴訟，得合意定大陸地區法院爲管轄法院。

　　三、承認前述合意大陸地區法院管轄之理由在於依台灣地區與大陸地區人民關係條例第74條規定，台灣地區法院承認大陸地區法院之判決之效力。

　　四、前述合意管轄成立生效之要件，包括：(1)該事件非專屬台灣地區法院管轄；(2)大陸地區法院亦認台灣地區人民得以合意定管轄法院；(3)大陸地區法院亦承認台灣地區法院民事確定判決之效力。

　　五、前述合意管轄生效，在：(1)該合意屬排他性之約定；(2)當事人又已爲抗辯之前提下，台灣地區法院無管轄權。

　　六、如台灣地區法院無管轄權，應認訴訟事件不屬受訴法院管轄而不能以

裁定移送於其管轄法院，依民事訴訟法第第 249 條條第 1 項第 2 款之規定，法院即應以裁定駁回原告之訴。

以上最高法院法院所見是否妥適，不無檢討餘地。鑑於台灣地區與大陸地區間，援用後述國際私法一般管轄權之觀念，稱爲區際間之一般管轄權，意指涉及台灣地區與大陸地區之民事事件，應由台灣地區法院或大陸地區法院管轄之問題。

關於區際一般管轄權，台灣地區與大陸地區人民關係條例或其他法律，亦無明文規定，只能類推適用民事訴訟法或其他法律之規定。爲明瞭問題所在，以下擬先就國際私法之一般管轄權略加說明。

貳、國際私法一般管轄權之概念及其實務見解

一、一般管轄權之概念

關於一般管轄權即涉外民事事件或國際私法上之管轄問題[1]（以下使用一般管轄權之用語），民事訴訟法或其他法律，除涉外民事法律適用法第 3 條、第 4 條外，未爲明文規定。是否承認一般管轄權之概念尚有不同見解。

(一) 否定說

此說認爲關於一般管轄權，除一般管轄權之豁免外，尚未確立國際法之原則，而委由各國以其法律定之，在國內立法亦未規定之前提下，只要對於被告有特別管轄權即可，不必再論是否有一般管轄權。

(二) 肯定說

此說認爲一般管轄權與民事訴訟法上之管轄權不同。[2]但對於如何確定有無一般管轄權，有不同見解。詳言之。國際私法上管轄之確定有別於民事訴訟

---

[1] 關於一般管轄權之問題，參閱筆者著，論涉外民事案件決定管轄法院之方法，東吳大學法律研究所碩士論文，民國 73 年。另請參閱，林秀雄著，國際裁判管轄權——以財產關係事件為中心，國際私法理論與實踐（一），頁 119，劉鐵錚教授六秩華誕祝賀論文集，1998 年，台北學林出版公司。

[2] 馬漢寶先生，國際私法總論，頁 174，認為法律之衝突問題，固主要地在「涉外案件決定其應適用何國法律；然而決定應適用何國法律，一般地說係由法院決定，因此何一關係國之法院有權管轄某一涉外案件，乃屬先應確定之事。

法上管轄之確定。前者指何一國家「法院」就某一涉外民事事件有管轄權，又稱為裁判管轄權、一般的管轄權或抽象的管轄權。[3]後者指何一國家「何一法院」就該涉外民事事件或純粹內國事件有無管轄權，為民事訴訟法上之管轄權，又稱為特別的管轄權或具體的管轄權。此即民事訴訟法第 1 條至第 31 條及人事訴訟程序章中所稱之管轄。

二、一般管轄權之種類

一般管轄權又可區分為二，其一指法院受理訴訟之時，對於該涉外民事事件有無一般管轄權之問題，稱為直接的一般管轄權，其二指法院在受理外國判決之承認與執行時，關於判決國有無一般管轄權之問題，稱為間接一般管轄權，如前述民事訴訟法第 402 條所稱之管轄權即是。[4]

有無特別管轄權應依由受訴法院依其民事訴訟法之規定判斷之，如向中華民國某一法院起訴且欠缺管轄權，則由該法院依民事訴訟法第 28 條之規定，依原告之聲請或依職權，以裁定移送於其管轄法院。如不能移送，則由法院依民事訴訟法第第 249 條條第 1 項第 2 款之規定，先命補正，如逾期不補正或不能補正則以裁定駁回其訴。

有無一般管轄權，即一國對於某種涉外民事事件有無管轄權，悉以該國內國法（即法院地法）之規定為準據。各國無不試圖賦與本國法院以較廣之管轄權，對此，國際法並無限制。只有外國國家及其元首以及外交代表等得享受豁免權，為各國所共守[5]。因此，每一國家得自由就何種涉外民事事件主張有一般管轄權，並得自由就何種涉外民事事件承認外國法院之一般管轄權。且在主張

3　關於國際私法上之管轄，馬漢寶先生使用法院管轄權，見其所著國際私法總論，頁 174。劉鐵錚、陳榮傳先生使用涉外事件之裁判管轄權。

4　馬漢寶先生，國際私法總論，頁 175，稱：「國際私法所謂管轄之確定，與一國之私法程序在他國有無效力之問題，亦有不同。後者，通常指外國判決是否在他處獲得承認及執行而言。與前者雖同屬管轄權問題，且同具國際性。但兩者有顯著之不同。前者為研討『甲國之法院』依甲國法律之規定，具有如何之管轄權；而後者外國判決之效力問題，則為研討乙國法院之管轄權受甲國法院承認與否之問題。」

5　台灣高等法院 85 年度抗字第 100 號，台灣高等法院民事裁判書彙編 85 年第 1 期第 1 冊 331-334 頁：「查依國際慣例，國家除依條約或自行起訴而放棄其特權者外，不為其他國家之審判權效力所及，從而外國國家原則上不得以之作為起訴之對象。抗告人以美國為被告提起本件訴訟，應認其起訴為不合法。又，美國馬利蘭州為美國之行政區之一，亦應有上開國際慣例之適用，抗告人以美國馬利蘭州為被告提起本件訴訟，亦應認其起訴為不合法。」

一般管轄權時，可能主張專屬管轄權，可能主張非專屬管轄權，於承認外國法院一般管轄權時，可能承認其具有專屬管轄權，或承認其具有共同管轄權。[6]

　　一國確定其一般管轄權之範圍固屬該國之內國法之問題，國際法並無限制，但是過分擴張並非所宜，否則將導致其他國家之報復或抵制，尤其，一國之確定裁判須得他國之承認與執行，更非獲得他國之合作不可。[7]

　　按民事訴訟法第249條第1項規定：「原告之訴，有左列各款情形之一者，法院應以裁定駁回之；但其情形可以補正者，審判長應定期間先命補正：一、訴訟事件不屬普通法院之權限者。二、訴訟事件不屬受訴法院轄而不能為第28條之裁定者。（下略）」惟本條第1項之訴訟事件不屬普通法院之權限係指公法事件與私法事件之區別。易言之，憲法第16條規定人民有訴訟之權，旨在確保人民得依法定程序提起訴訟及受公平之審判。至於訴訟救濟究應循普通訴訟程序抑或依行政訴訟程序為之，則由立法機關依職權衡酌訴訟案件之性質及既有訴訟制度之功能等而為設計。依據目前的司法院組織法的規定，是採取司法二元制。掌理審判的不只一個法院。以與人民權益有關的審判機關而言，就有行政法院與普通法院。民事訴訟是由地方法院、高等法院及最高法院，即所謂普通法院裡的民事庭來審理。行政訴訟則是由高等行政法院最高行政法院來審理。除法律別有規定外，關於因私法關係所生之爭執，由普通法院審判；因公法關係所生之爭議，則由行政法院審判之。（大法官會議釋字第466號解釋）一般管轄權並非公法私法審判權劃分問題，自無該條款之適用。[8]其次，一般管轄權既與民事訴訟法上之特別管轄權有別，有如前述，自不宜援用前述民事訴訟法第249條第1項第2款之規定駁回原告之訴。[9]要之，比較適當之法律依據似為民事訴訟法第249條第1項第6款之規定：「原告之訴，有左列各款情形之一者，法院應以裁定駁回之；但其情形可以補正者，審判長

---

[6] 馬漢寶先生，頁175-176參照。馬漢寶先生認為，一國確定其法院之管轄權時，亦不能過分求其擴張，否則可能導致其他國家之報復或抵制，尤其因為一國之判決，常需其他國家之承認，或需在其他國家執行，更非獲得其他國家之合作不可，因此，國際私法上管轄權之確定，為顧及國際社會生活之和諧與安全，亦必本諸公平合理之原則。

[7] 馬漢寶，前揭書，頁176。

[8] 不同見解，參閱楊建華著，合意定外國法院管轄之效力，頁13，問題研析民事訴訟法第四冊。

[9] 不同見解，參閱陳計男著，民事訴訟法（上），頁59，於合意管轄討論合意外國法院管轄問題。

應定期間先命補正：（中略）六、起訴不合程式或不備其他要件者。」

如何觀察一般管轄權，有不同之觀點：

三、國家主義之觀點

此說認爲一國應自行決定有無一般管轄權，而不考慮其他國家之態度，完全以該國國民之利益爲著眼點，可謂係立於國家主義之觀點，且爲保護該國之國民，擴張該國法院之一般管轄權，而忽略他國國民之權益。例如，法國之態度即是，依該國民法第 14 條與第 15 條，認爲當事人之一方爲法國國民者，該國法院即有一般管轄權。如雙方當事人均爲法國人以外之國民時，法國法院即無一般管轄權。[10] 不過，此種內外國人不平等之立法例並非妥適。[11]

（一）國際法之觀點

此說將一般管轄權問題視爲各國主權中之司法管轄權衝突問題，並依據國際法上關於領土主權或對人主權之原則解決。例如，對於不動產物權訴訟，不動產所在地國法院有一般管轄權；身分關係之訴訟，當事人之一方之本國法院有一般管轄權，均係依據此一理由。[12]

（二）紛爭解決機能之觀點

此說認爲各國應基於國際協力解決涉外民事事件之紛爭，分擔其裁判機

---

[10] 法國民法第 14 條規定：「外國人即使未居住於法國，就其在法國與法國人所訂契約債務的履行，法國法院得予以傳喚。就對於法國人在外國契約債務的履行，法國法院亦得予以傳喚。」因此，關於契約債務之訴訟，原告爲法國人，被告爲外國人，法國法院有一般管轄權。後來，此一規定法國判例更將之擴充適用至侵權行爲債權、準契約債權、關於身分及繼承的訴訟等除在外國之不動產訴訟以外之任何訴訟。法國民法第 15 條規定：「法國人就其與外國人契約債務之履行，即使在外國，法國法院亦得予以傳喚。」因此，關於契約債務之訴訟，原告爲外國人，被告爲法國人，法國法院均有一般管轄權。此一規定，法國法院判例亦將之擴充適用至侵權行爲、準契約債權、關於身分與繼承之訴訟等除在外國不動產訴訟以外之任何訴訟。至於外國人與外國人間之訴訟，最初法國法院認爲無管轄權，後來，類推適用其民事訴訟法關於特別管轄權的規定，認爲一般對人訴訟，被告在法國有住所或居所，法國法院即有一般管轄權。關於契約履行訴訟，標的物之交付地、對價應支付地等在法國，法國法院即有一般管轄權。關於繼承之訴訟，繼承開始地在法國，法國法院即有一般管轄權。參閱，池原季雄著，國際的裁判管轄權，新實務民事訴訟法講座，頁 15。

[11] 參閱，馬漢寶，前揭書，頁 177。

[12] 池原季雄，前揭文，頁 15-16。

能，故考量一般管轄權之決定，應重視各國法院在裁判機能能否公平、有效、經濟的進行涉外民事事件之審理，進而決定某國法院有無一般管轄權。要之，一般管轄權之決定與內國各法院間裁判事務分配之特別管轄權並無不同。[13]

以上三種不同基本觀點，自應以紛爭解決機能之觀點最為妥適。

四、一般管轄權之決定基準

裁判機能分擔說認為各國應基於國際協力解決涉外民事事件之紛爭，分擔其裁判機能，故考量一般管轄權之決定，應重視各國法院在裁判機能能否公平、有效、經濟的執行涉外民事事件之審理，進而決定某國法院有無一般管轄權。惟此一基本理念未免過於抽象。且內國關於一般管轄權並無明文規定，如何決定內國法院有無一般管轄權，即屬法律之欠缺，有待補充，至於其補充之方法則有不同見解：

(一) 逆推知說

此說認為如果依據法院地民事訴訟法之規定，法院地國某一法院就某一涉外民事事件有特別的管轄權，則可推知該國法院就該涉外民事事件有一般管轄權。例如，就某一涉外民事事件之侵權行為訴訟，中華民國台灣台北地方法院依據民事訴訟法第 15 條之規定，以台北係侵權行為地而使該法院有特別的管轄權，因而可推知中華民國就該涉外民事事件有一般管轄權。

逆推知說最主要的問題在於一般管轄權之決定應先於特別管轄權。如先決定特別管轄權再決定一般管轄權，則在論理上有本末倒置之情形。且，逆推知說有過度擴張一般管轄權之困擾。

(二) 修正逆推知說

此說認為如依據民事訴訟法之規定，法院地國之法院就某一涉外民事事件有特別管轄權，在無特別情事之下，即可認定法院地國法院有一般管轄權。與逆推知說最大差別在於此說承認若干例外。亦即，如依據民事訴訟法逆推知結果，有背於裁判之適當、當事人之公平與訴訟之迅速等基本理念等特別情事時，得否定內國法院之一般管轄權。[14]

---

13 池原季雄，前揭文，頁 16。
14 小林秀之，國際取引紛爭，頁 107-110，弘文堂，昭和 62 年初版。

(三) 類推適用說

類推適用說認為一般管轄權之決定與內國各法院間裁判事務之分配並無不同，自應在涉外民事事件之一般管轄權未為明文規定之情況下，依據亦有認為應類推適用民事訴訟法之規定，決定法院地國就某一涉外民事事件有無一般管轄權。亦即，考量涉外民事事件之特殊性，修正民事訴訟法關於特別管轄權之規定，據以決定有無一般管轄權。

(四) 管轄原因集中說

管轄原因集中說認為應多方考量某一涉外民事事件之一般管轄權原因事實，是否集中於法院地國，以決定該法院地國是否有一般管轄權。

(五) 利益衡量說

利益衡量說認為應就法院地國與其他具有一般管轄權原因事實之發生地國比較，在證據調查、原告與被告攻擊、防禦上何者較為便利，據以判斷法院地國是否為適當之法院，以決定該法院地國有無一般管轄權。

五、關於一般管轄權之實務見解

至於我國實務見解向來承認此一般管轄權之觀念，並認為應適用或類推適用民事訴訟法之規定定之。但究竟應適用或類推適用，見解不一：

(一) 類推適用說

最高法院 87 年度台上字第 1672 號判決：民事訴訟法第 568 條有關專屬管轄權之規定，若謂僅於國內婚姻事件始有其適用，且該法條第 1 項所稱夫妻之住所地法院或居所地法院，亦僅指我國領域內之當事人住所地或居所地法院，而不及於涉外婚姻事件之管轄或夫妻在國外之住居所地法院。則涉外婚姻事件之管轄權，於民事訴訟法既未規定，涉外民事法律適用法亦乏明文之情形，如夫妻之住所地或其訴之原因事實發生之居所地在外國，或其已廢止國內之住所時，是否仍有強其返回國內進行訴訟之必要？由其婚姻生活所在地之外國法院為調查裁判是否更為便捷，有助於訴訟之進行及形成正確之心證與妥適之裁判，而符合「專屬管轄」之法意？能否謂無民事訴訟法第 568 條第 1 項規定之類推適用，認該夫妻之住所地或居所地之外國法院有管轄權，自有再事研求之餘地。

　　最高法院 81 年度台上字第 2517 號判決：美國加州法院確定判決，並無民事訴訟法第 402 條所列各款情形之一，應承認其效力，上訴人提起本件離婚之訴，違反一事不再理原則，已於理由項下詳為說明其依據，查涉外離婚事件之管轄權，涉外民事法律適用法並無明文規定，惟類推適用民事訴訟法第 568 條第 1 項規定，夫妻之住所地在外國者，亦有管轄權。

(二) 適用說

　　最高法院 83 年度台上字第 1179 號判決：涉外民事法律適用法第 6 條規定因法律行為發生債權債務之「實體」法律關係，所應適用之「準據法」，與因「契約涉訟」，「程序上」所定「法院管轄權」之誰屬（見：民事訴訟法第 12 條）係屬二事。

　　台灣高等法院 87 年度抗字第 2409 號判決：惟我國涉外民事法律適用法乃係對於涉外事件，就內國之法律，決定其應適用何國法律之法，至法院管轄部分，並無明文規定，故就具體事件受訴法院是否有管轄權，當依法庭地法即本國法加以判斷。本件依抗告人起訴之主張，其係本於違反保險契約、侵權行為及不當得利等之法律關係，請求各該相對人賠償其損害，而依民事訴訟法第 12 條規定因侵權行為涉訟者，得由行為地之法院管轄；同法第 15 條第 1 項規定因契約涉訟者，如經當事人定有債務履行地，得由該履行地之法院管轄，而所謂侵權行為，凡一部實行行為或其一部分行為結果發生之地皆屬之，故本件之侵權行為地之一部實行行為或一部結果行為如在本國發生，依上揭規定，即難認無管轄權，原法院就此並未詳加調查，而依「不便利法庭之原則」逕認原法院對各該相對人並無管轄權，尚嫌無據。

　　台灣高等法院 86 年度上字第 1153 號判決：該契約書第 15 條記載：「本契約依法國法，如有爭議，應由法國商事法院專屬管轄。」是兩造於該契約不僅約定應以法國法律為準據法，且有合意專屬管轄條款。關於涉外事件之合意管轄條款效力如何問題，我國涉外民事法律適用法未明文加以規定，應適用民事訴訟法有關之規定。民事訴訟法第 24 條第 1 項規定：「當事人得以合意定第一審管轄法院。但以關於由一定法律關係而生之訴訟為限。」故當事人得以合意定第一審法院，當無疑義，至於當事人是否得以合意指定外國法院為專屬管轄法院而排除我國法院之管轄權此一問題，民事訴訟法並未加以明文規定，各國學說及實務多趨向採取肯定見解，國際公約亦多承認合意管轄條款之效力，因此，當事人於涉外案件中如約定以外國法院為特定法律關係所生爭議事件之專

由某外國法院管轄時，除該約定因違背我國民事訴訟法關於專屬管轄之規定，依我國民事訴訟法第 26 條規定不應准許外，應認爲僅該外國法院有管轄權。準此以解，兩造既然約定就系爭買賣契約所生爭議專由法國法院商事管轄，則應認我國法院均無管轄權，被上訴人向原法院提起本件訴訟，原法院既無管轄權，因管轄法院爲外國法院復不能爲民事訴訟法第 28 條之移送裁定，應依民事訴訟法第 249 條第 1 項第 2 款之規定，以裁定駁回原告之訴及假執行之聲請。

　　台灣台北地方法院 85 年度海商字第 11 號判決：因船舶債權或以船舶擔保之債權涉訟者，得由船舶所在地之法院管轄；又共同訴訟之被告數人，其住所不在一法管轄區域內者，各該住所地之法院俱有管轄權。但依第 4 條至前條規定有共同管轄法院者，由該法院管轄。民事訴訟法第 8 條、第 20 條定有明文。本件原告請求被告連帶給付船舶油料款係屬船舶債權，而原告起訴時，系爭船舶停靠於基隆港，此爲兩造所不爭執，依前開規定本應由台灣基隆地方法院管轄，惟被告均不抗辯本院無管轄權而爲本案之言詞辯論，甚且被告鑫○公司亦陳明願由本院管轄，依民事訴訟法第 25 條規定，本院自應有管轄權。

（三）未引用民事訴訟法之規定，不能確定採類推適用說或適用說

　　最高法院 85 年度台上字第 904 號判決：系爭載貨證券背面雖載明有關載貨證券之爭議，應訴請鹿特丹法院解決，並適用荷蘭法。惟該載貨證券爲渣華公司所簽發之文書，乃單方所表示之意思，不能認係雙方當事人之約定，尚無涉外民事法律適用法第 6 條第 1 項規定之適用。經核本件載貨證券係在本國內所簽發，有載貨證券可稽。是發生債之關係之行爲地爲中華民國，自應適用中華民國之法律。其約定之收貨地點在高雄市，故應由台灣高雄地方法院爲第一審管轄法院。按載貨證券具有換取或繳還證券之性質，運送貨物，經發給載貨證券者，貨物之給付，憑載貨證券爲之，即使實際之受貨人，苟不將載貨證券提出及交還，依海商法第 104 條準用民法第 630 條規定，仍不得請求交付運送物。

　　最高法院 82 年度台上字第 481 號判決：被上訴人係代位託運人津特公司行使託運人本於載貨證券記載之權。按依民法第 627 條規定，提單填發後，運送人與提單持有人間，關於運送事項，依其提單之記載。上訴人就此，於原審抗辯：本件依載貨證券之記載，有關載貨證券之糾紛應在日本東京地方法院解決，台灣基隆地方法院對本件訴訟無管轄權；縱有管轄權，載貨證券記載本件之準據法爲日本國法云云（見原審卷第 4 頁、第 118 頁反面、119 頁），原審

未審酌及此，遽依涉外民事法律適用法第 6 條規定認台灣基隆地方法院有權管轄並適用我國法律爲準據法，尚嫌疏略。

　　台灣高等法院 85 年度抗字第 100 號裁定：查依國際慣例，國家除依條約或自行起訴而放棄其特權者外，不爲其他國家之審判權效力所及，從而外國國家原則上不得以之作爲起訴之對象。抗告人以美國爲被告提起本件訴訟，應認其起訴爲不合法。又，美國馬利蘭州爲美國之行政區之一，亦應有上開國際慣例之適用，抗告人以美國馬利蘭州爲被告提起本件訴訟，亦應認其起訴爲不合法。關於抗告人對 STEVESEBO、LORAINE M. SEBO、HECHINGER COMPANY, INC.、馬利蘭州地方法院、JOHN F. FADER II 起訴部分：經查該被告等均爲外國法人或外國人，於我國並無事務所、營業所或住居所，原法院對之均無管轄權。抗告人雖主張依侵權行爲法律關係起訴，而謂我國亦爲相對人之侵權行爲地云云；惟查，抗告人主張之侵權行爲，爲相對人等在美國馬利蘭州進行不法訴訟及不當裁判之行爲，該訴訟行爲及裁判行爲之行爲地以及裁判結果之發生均在美國馬利蘭州，即行爲地及結果發生地均在美國馬利蘭州，抗告人主張之侵權行爲地自應在美國馬利蘭州，抗告人謂我國亦爲相對人之侵權行爲地云云，自不足採。抗告人雖又主張相對人可扣押之財產或請求標的所在地在台北云云，惟查抗告人並未具體指明其所在處所，所云原法院因該項事由而有管轄權，亦不足採。又，抗告人並未提出兩造間訂有契約約定契約履行地在台北之證明，其謂原法院因契約履行地在台北而有管轄權云云，亦非可探。再者，民事訴訟法第 402 條，乃有關持外國法院確定判決依強制執行法第 43 條規定在我國聲請強制執行，須先經我國法院以判決宣示許可強制執行時，我國法院承認外國法院判決效力之規定；並非得據該條規定以爲得在我國提起訴訟否定外國法院裁判之效力，抗告人謂依該條規定原法院有管轄權云云，要非可探。其餘，抗告人主張依我國憲法、憲法法理、中美友好通商航海條約、涉外民事法律適用法及法理，原法院就本件訴訟有管轄權云云；均屬無據。

　　台灣高等法院 84 年度海商上更字第 6 號：本件債務履行地與受貨人即被上訴人均在中華民國，連繫因素最多，依前開德國國際私法規定，債務不履行之準據法因反致結果，應爲中華民國法律，故我國法院就本件有管轄權，準據法應適用中華民國法律。

六、本文見解：類推適用說

按一般管轄權與民事訴訟法上之管轄權（以下使用特別管轄權）並不相同。法律上之用語卻容易混淆。詳言之，民事訴訟法第402條之規定：「外國法院之確定判決，有左列各款情形之一者，不認其效力，一、依中華民國之法律，外國法院無管轄權者。」中管轄權一語，即與民事訴訟法第1條之規定：「訴訟，由被告住所地之法院管轄，被告住所地之法院，不能行使職權者，由其居所地之法院管轄。被告在中華民國現無住所或住所不明者，以其在中華民國之居所，視爲其住所，無居所或居所不明者，以其在中華民國最後之住所視爲其住所。在外國享有治外法權之中華民國人，不能依前二項規定定管轄法院者，以中央政府所在地視爲其住所地。」中之「管轄」極易混淆。

一般管轄權指某一國家就該涉外民事事件有無管轄權。特別管轄權則係指某一國家之某特定法院就該涉外民事事件或純粹內國事件有無管轄權。

一般的管轄權又可區分爲二，其一指法院受理訴訟之時，對於該涉外民事事件有無管轄權之問題，稱爲直接的一般管轄權，其二指法院在受理外國判決之承認與執行時，關於判決國有無管轄權之問題，稱爲間接一般管轄權，如前述民事訴訟法第402條所稱之管轄權即是。

一般管轄權既與特別管轄權不同，自不宜適用民事訴訟法之規定，而應類推適用民事訴訟法之規定。[15] 問題在於如何類推適用民事訴訟法之規定？是爲問題所在。

參、基於當事人合意之一般管轄權

按民事訴訟法第24條規定：「當事人得以合意定第一審管轄法院。但以關於由一定法律關係而生之訴訟爲限。前項合意，應以文書證之。」許當事人合意定第一審管轄法院。依此一規定之類推適用，是否許當事人以合意定一般管轄法院（以下使用一般合意管轄之用語）？固有不同見解。

按一般合意管轄，有下列兩種類型：授與型一般合意管轄與排除型一般合意管轄。[16] 如再加上所合意者爲內國法院（中華民國法院）或外國法院，則共

---

[15] 決定一般管轄權之方法，類推適用民事訴訟法之規定只是其中之一。參閱小林秀之，前揭書，頁105-110。

[16] 參閱藍瀛芳，國際民事訴訟法之排除管轄與合意管轄，國際私法論文選輯（上），頁266。

有四種組合：授與型內國法院之一般合意管轄、排除型內國法院之一般合意管轄、授與型外國法院之一般合意管轄、排除型外國法院之一般合意管轄。

授與型合意管轄係指當事人對於原無一般管轄權行使基礎之國家，合意由該國法院管轄，創設該國之一般管轄權，並不排除他國法院基於一般管轄權行使基礎之一般管轄權。

排除型一般合意管轄則係指當事人合意由某國法院管轄，無論該國法院原先是否有一般管轄權，並排除他國法院基於一般管轄權行使基礎之一般管轄權。

一般合意管轄，如係合意由內國法院管轄，則無論係授與型一般合意管轄或排除型一般合意管轄，多肯定其效力而無疑義。如合意由外國法院管轄則是否承認其效力，容有檢討之餘地。

按一般合意管轄，有認為因具有下列優點，而承認其效力者：[17]

一、衡平當事人之實體利益與程序利益：由於各國關於確定一般管轄權之原則及確定涉外民事事件之準據法之選法規則並不相同。訴訟在一國法院進行，往往涉及當事人之實體利益與程序利益。經由一般合意管轄，可以平衡當事人之實體利益與程序利益。[18]亦即，當事人尤其是原告，得比較數個不同國家之訴訟制度、法律規定，依據訴訟進行之便利、費用之節省、得受有利判決、判決得獲得執行等觀點，合意由該國法院行使一般管轄權。

二、提高當事人對於訴訟之確定性及裁判結果之預測可能性。亦即，當事人既就某國法院為一般合意管轄，則對於該國之訴訟制度及法律適用，進而對於判決結果均有相當程度的認知，自可提高當事人對於訴訟之確定性及裁判結果之預測可能性。

三、防止國際的訴訟競合發生：所謂國際的訴訟競合，指當事人就同一民事事件，先後或同時在兩個以上國家之法院提起訴訟，致發生訴訟競合的情形。由於國際的訴訟競合易發生訴訟資源的重覆浪費、判決之歧異等弊端。如

---

[17] 李永然，台灣地區與大陸地區之兩岸民事事件合意管轄應有定位——從最高法院86年度台上字第2644號民事判決談起，國際私法之理論與實務（一），頁145。

[18] 此即程序選擇權之法理。關於仲裁協議與妨訴抗辯之程序選擇權法理之說明，參閱邱聯恭，仲裁契約之妨訴抗辯效力，程序選擇權論，頁217以下（2000年9月，作者自版）。

由當事人一般合意管轄，即可避免國際的訴訟競合之發生。

外國法院之一般合意管轄，如屬授與型外國法院一般合意管轄，因創設外國法院一般管轄權行使基礎，造成二個以上國家法院有一般管轄而發生競合現象，是否可提高當事人對於訴訟之確定性及裁判結果之預測可能性及防止國際的訴訟競合發生而言，容有疑義。惟一般多承認授與型外國法院一般合意管轄之效力。[19] 至於排除型外國法院一般合意管轄，固可平衡當事人實體利益與程序利益，提高當事人對於訴訟之確定性及裁判結果之預測可能性，及防止國際的訴訟競合發生。相對的，亦可能因而使當事人進行訴訟發生困難，影響當事人實體權利之行使。因此是否承認外國法院排除型一般合意管轄有進一步檢討之必要。

(一) 否定見解

有認為排除型外國法院一般合意管轄無效者，主要觀點在於此等外國法院之一般合意管轄剝奪該國國民利用其本國法院之權利。

以英國法為例，英國法院一般管轄權之基礎在於所在（presence）與服從（submission）。服從以出庭（appearance）及同意（consent）為其內容。合意管轄屬於同意之範疇。自 1796 年 Gienar v. Meyer（1796 2 H. BI 603）案開始至 1854 年 Common Law Procedure Act 制定為止，法院往往以排除型外國法院一般合意管轄剝奪法院之管轄權為由，拒絕承認該合意管轄之效力。[20]

又以美國法為例，在 1955 年之前，無論是聯邦法院或州法院多以排除型外國法院一般合意管轄條款為無效，當事人違反該條款之訴訟應予受理。其理由在於當事人不得以合意剝奪法院之管轄權；關於起訴地之規則不容當事人以合意變更，否則將損害法的均衡及訴訟之便利；合意管轄有害於法院地之公序良俗。至於其實際理由則在於此等事件多屬請求保險給付事件，合意管轄條款多為保險契約條款之一部分，而保險契約基於當事人間協商交涉能力的不平等，成為附合契約，因此有必要予以規制；另一個實際理由則在於法院對於仲裁協議之敵視，易言之，當時案件處理應支付法院法官報酬，仲裁協議或合意管轄將威脅法院之收入；因此，美國法院早已承認美國法院一般合意管轄之效

---

[19] 參閱藍瀛芳，前揭文，頁 269-270。

[20] 參見貝瀨幸雄，國際的合意管轄の基礎理論 (1)，法學協會雜誌 102 卷 5 期，頁 148。

力，對於外國法院一般合意管轄則否定其效力。[21]

　　再以德國法為例，1879 年民事訴訟法施行之初，無論是純粹內國事件或涉外民事事件，曾以管轄為公法性質，對於是否允許當事人合意管轄有所爭執。惟嗣後即改採肯定見解。[22]

(二) 肯定見解

　　英國法自 1854 年以後至 1957 年 Fehmarn【(1958) 1 AII. E. R. 333.(C.A)】案之後，即採取對於仲裁協議相同的態度，承認合意管轄之效力，如當事人違反合意管轄協議，在英國法院起訴，法院得裁定停止在英國法院之訴訟。至於 1957 年 Fehmarn 案之後，則認為合意管轄是否有效，法院有與生俱來之裁量權。[23]

　　美國法則在 1955 五年之後 Wm H. Muller Co. Inc. v. Swedish American Line Ltd.（224 F. 2d 806（2d Cir）, cert. denied 350 U. S.（1955）即承認具有合理性之合意管轄之效力。[24]

肆、日本最高裁判所判決及所涉及之問題

　　一、我國法院對於排除型外國法院一般合意管轄，雖學者有不同見解，但實務上向來承認其效力，有如前述。至於其理由何在，前述最高法院 85 年度台上字第 1880 判決認為：「按台灣地區人民，關於由一定法律關係而生之訴訟，合意定大陸地區法院為管轄法院，因依台灣地區與大陸地區人民關係條例第 74 條規定，大陸地區法院之判決，台灣地區法院非不承認其效力，倘該事件非專屬台灣地區法院管轄，大陸地區法院亦認台灣地區人民得以合意定管轄法院者，尚難謂其合意不生效力。若該合意已生效力，且屬排他性之約定，當事人又已為抗辯者，即難認台灣地區法院為有管轄權。」認為承認大陸地區法院判決之前提，在於承認大陸地區法院之一般管轄權。同理，承認外國法院民事確定判決之前提亦在於承認外國法院之一般管轄權。惟應具備如何之要件始承認其效力，如承認其效力，其法律效果如何，均未見周延而完整的整理。本

---

[21] 參見貝瀨幸雄，國際的合意管轄の基礎理論 (2)，102 卷 5 期，頁 177-178。

[22] 參見貝瀨幸雄，國際的合意管轄の基礎理論（2、完），法學協會雜誌 102 卷 7 期，頁 145。

[23] 參見，貝瀨幸雄，國際的合意管轄の基礎理論 (1)，102 卷 5 期，頁 148。

[24] 參見，貝瀨幸雄，國際的合意管轄の基礎理論 (1)，102 卷 5 期，頁 177-178。

文擬從比較法之觀點，參照民事訴訟法第 24 條、第 402 條等規定分述之。

　　二、爲便於討論起見，茲先引述日本最高裁判所昭和 50 年 11 月 28 日第三小法庭判決 [25]，該案之事實概要如下：

（一）當事人及利害關係人

　　Y（荷蘭公司，主事務所設於阿姆斯特丹，分事務所設於神戶，本案被告、第二審被上訴人、第三審被上訴人）

　　X（原告、第二審、第三審上訴人）

（二）事實概要

　　巴西之輸出業者訴外人 B，基於其與日本之輸入業者訴外人 A 間之買賣契約，與在荷蘭阿姆斯特丹設有主事務所，在神戶設有分事務所之芬蘭海運業者 Y（被告、第二被上訴人、第三審被上訴人）訂立運送契約，由 B 在巴西山多斯港將原糖交付 Y 以 Y 所經營之船舶運送予 A，並收受載貨證券。貨物在大阪港交付時，原糖受海水濡溼致 A 受損。X（日本保險公司，原告、第二審、第三審被上訴人）乃基於其與 A 間海上貨物保險契約，賠償 A 之損失，並依代位及侵權行爲之法律關係，在 Y 設有營業所之神戶地方裁判所起訴請求 Y 賠償。對於 X 之起訴，Y 主張系爭載貨證券以英文記載：「關於本件運送契約之一切訴訟，應於阿姆斯特丹法院提起。除運送人在他管轄法院起訴或自動服從他管轄法院之管轄外，其他法院無管轄權。」此係排除型外國法院一般合意管轄，因此，本件阿姆斯特丹有專屬管轄權，神戶地方裁判所無管轄權。第一審神戶地方裁判所及第二審之大阪高等裁判所均認系爭合意管轄條款有效，判決 Y 勝訴。X 不服上訴最高裁判所。

（三）裁判要旨

　　「國際民事訴訟法合意管轄之方式，成文法規未規定，應依據參照民事訴訟法規定所得之法理定之。民事訴訟法第 25 條之立法旨趣，不外乎期待當事人意思之明確。各國立法例，對於合意管轄之方式未必要求書面，載貨證券要求託運人簽名者並不多見，爲顧及涉外交易之迅速與安全，關於合意管轄之方式，只要由一方當事人作成書面，明示由特定法院管轄，足認當事人合意存

---

[25] 昭和 45 年（オ）第 297 號損害賠償請求事件，民集 29 卷 10 號，頁 1554。

在且內容明確即爲已足，並無以由要約、承諾雙方當事人簽名之書面簽名之必要。」

「特定事件合意由特定國家第一審法院管轄，並排除我國法院管轄之國際的專屬合意管轄，如具備 (1) 該事件並非專屬我國法院之裁判權；(2) 所合意管轄之外國法院依該外國法有管轄權，則該合意管轄爲有效（大審院大正 5 年 10 月 18 日第 473 號判決，民錄 22 輯 1916 頁參照）。」

「前述 (2) 之要件，其旨趣在於該外國法院就該事件若無管轄權，則將不受理該事件，則非但當事人合意管轄之目的不能達到，亦因而喪失受任何法院裁判之機會，因此，只要該外國法院依該外國法有管轄權即爲已足，不以該外國法承認合意管轄之效力爲必要。」

「爲承認排除我國法院管轄權之合意管轄之效力，不以具備承認該外國法院判決之相互保證要件爲必要。否則，當事人藉合意管轄所擬達到之通常目的將無由達成。」

「規定由管轄被告普通審判籍之法院爲第一審專屬管轄法院之合意，因符合以原就被原則，且係國際海運業者就涉外交易所生紛爭，限定由一定法院管轄，以資保護之經營政策所必要，則除因顯不合理而違反公序良俗外，原則上應認爲有效。」「法院考慮 X 所主張系爭事件如在外國法院進行將加重 X 費用之負擔，無異封殺 X 請求 Y 負損害賠償責任之路，亦可能使載貨證券統一公約之免責條款禁止原則成爲具文，仍不認爲該合意管轄條款因違反公序良俗而無效。」

三、由前述日本最高裁判所所述見解，涉及問題殊多。詳言之：

（一）關於一般合意管轄之法律依據，前述日本最高裁判所判決認爲：「國際民事訴訟法合意管轄之方式，成文法規未規定，應依據參照民事訴訟法規定所得之法理定之。」

（二）關於一般合意管轄之方式要件，前述日本最高裁判所判決認爲：「民事訴訟法第 25 條之立法旨趣，不外乎期待當事人意思之明確。各國立法例，對於合意管轄之方式未必要求書面，載貨證券要求託運人簽名者並不多見，爲顧及涉外交易之迅速與安全，關於合意管轄之方式，只要由一方當事人作成書面，明示由特定法院管轄，足認當事人合意存在且內容明確即爲已足，

並無以由要約、承諾雙方當事人簽名之書面簽名之必要。」

（三）關於前述日本最高裁判所判決認為日本法院及外國法院之一般管轄權，前述日本最高裁判所判決認為：「特定事件合意由特定國家第一審法院管轄，並排除我國法院管轄之國際的專屬合意管轄，如具備：(1) 該事件並非專屬我國法院之裁判權；(2) 所合意管轄之外國法院依該外國法有管轄權，則該合意管轄為有效（大審院大正 5 年 10 月 18 日第 473 號判決，民錄 22 輯 1916 頁參照）」「前述 (2) 之要件，其旨趣在於該外國法院就該事件若無管轄權，則將不受理該事件，則非但當事人合意管轄之目的不能達到，亦因而喪失受任何法院裁判之機會，因此，只要該外國法院依該外國法有管轄權即為已足，不以該外國法承認合意管轄之效力為必要。」

（四）關於互惠主義，前述日本最高裁判所判決認為：「為承認排除我國法院管轄權之合意管轄之效力，不以具備承認該外國法院判決之相互保證要件為必要。否則，當事人藉合意管轄所擬達到之通常目的將無由達成。」

（五）關於所合意之外國法院與系爭涉外民事事件是否應具有一定之牽連關係，前述日本最高裁判所判決認為：「規定由管轄被告普通審判籍之法院為第一審專屬管轄法院之合意，因符合以原就被原則，且係國際海運業者就涉外交易所生紛爭，限定由一定法院管轄，以資保護之經營政策所必要，則除因顯不合理而違反公序良俗外，原則上應認為有效。」「法院考慮 X 所主張系爭事件如在外國法院進行將加重 X 費用之負擔，無異封殺 X 請求 Y 負損害賠償責任之路，亦可能使載貨證券統一公約之免責條款禁止原則成為具文，仍不認為該合意管轄條款因違反公序良俗而無效。」

伍、排除型一般合意管轄之要件

前述日本最高裁判所判決所涉及之問題，簡述如上，以下擬分項檢討之。

一、一般合意管轄關於準據法之要件

一般合意管轄以該合意依其準據法為有效，始生一般合意管轄之效力。例如，當事人一般管轄之合意，是否以未受詐欺、脅迫，未陷於錯誤等為限，涉及其準據法問題。[26]

---

[26] 李永然前揭文認係獨立之要件，頁 152。

一般合意管轄之準據法爲何？與該合意性質之認知有關，就此有不同見解：[27]

(一) 訴訟行爲說

此說認爲一般管轄之合意爲當事人將其私法爭議交由特定國家法院裁判，俾獲得終局的解決。一般合意管轄雖有在法院起訴之前，但該一般管轄合意無非以獲得法院裁判爲其目的，因此具有程序之性質，依據程序依法院地法之原則，關於該一般管轄合意之合法性、有效性及效力均應適用法院地法。所謂法院地法係指法院地國之國際民事訴訟法，即結合法院地國之民事訴訟法及民法而成之國際民事訴訟法。[28]

(二) 實體行爲說

此說認爲一般管轄之合意通常爲當事人間實體契約之一部，因而具有實體性質，依國際私法之當事人意思自主原則，自得由當事人選定其準據法。亦有認爲一般管轄之合意雖爲訴訟行爲，但合意本身爲先決問題應適用實體關係之準據法。亦有認爲一般管轄之合意雖爲訴訟行爲，但可準用當事人意思自主原則，由當事人以意思定其準據法。

(三) 折衷說

此說認爲一般管轄之合意性質雖爲訴訟行爲，但民事訴訟法關於其要件及效力並未詳細規定，因而適用當事人意思自主原則，以外國實體法爲準據法。亦有認爲並無採取定性爲實體關係再據以決定準據法之必要，亦無將一般合意

---

[27] 參閱貝瀨幸雄，國際的合意管轄の基礎理論（2、完），102 卷 7 期，頁 145；三ツ木正次，合意管轄，國際私法の爭點，頁 231；李永然，前揭文，頁 146-148。

[28] 關於一般合意管轄性質之檢討，國內學者較少論及，惟關於民事訴訟法之當事人合意，例如，民事訴訟法第 24 條之（特別）合意管轄、當事人訴訟程序之合意停止，認其爲訴訟上之法律行爲。所謂訴訟上之法律行爲係指當事人之意思表示，以生訴訟上某種法律效果爲目的，法律從而認其效果之訴訟行爲。訴訟上之法律行爲又可分爲單方行爲與雙方行爲，前者指由當事人一方之意思表示而生效果之訴訟行爲，例如起訴、上訴等。後者則係由當事人意思表示合致而發生效果之訴訟行爲。例如，合意管轄。訴訟上並適用民法契約自由原則，故訴訟上雙方行爲，以法律有規定者爲限，始生訴訟上效果。參閱，陳計男，民事訴訟法（上），頁 260，三民書局。至於訴訟上和解，向有訴訟行爲說、私法行爲說、二行爲併存說、二性說之爭議。參閱，王甲乙、楊建華、鄭健才三人合著，民事訴訟法新論，頁 418-420。

管轄準據法與實體關係準據法結合之必要，即使認一般合意管轄為訴訟行為，仍可藉由外國法取代法院地法之方式，另定其準據法。

以上各說之對立，主要係因對於一般合意管轄定性結果不同所致，且頗難以調和，足見定性理論並無解決之道。[29]

與其如此，不妨改採利益衡量之觀點，即側重於當事人一般合意管轄之合理性。

二、一般合意管轄關於書面等方式之要件

關於一般合意管轄之方式要件，此涉及一般合意管轄之方式問題，亦與一般合意管轄之性質認知有關。

(一) 實體行為說

如認為係當事人間之法律行為，則有涉外民事法律適用法第 5 條第 1 項規定：「法律行為之方式，依該行為所應適用之法律，但依行為地法所定之方式者，亦為有效。」之適用。易言之，一般合意管轄雖屬實體性質，但既與其實體法律關係相互獨立，其方式亦應獨立認定，則無論依行為地法（實際作成一般合意管轄之地）或其本身所應適用之法律（法院地法）均屬有效。

(二) 訴訟行為說

如認為係當事人間之訴訟行為則應適用法院地法之中華民國法律。民事訴訟法第 24 條則規定：「當事人得以合意定第一審管轄法院。但以關於由一定法律關係而生之訴訟為限。前項合意，應以文書證之。」對於一般合意管轄之方式並未嚴格要求。亦即，只須以文書證明一般合意管轄意思之存在，並不以具備書面為必要。[30]

按法律行為方式之準據法，採準據法之選擇適用。依涉外民事法律適用法第 5 條規定：「法律行為之方式，依該行為所應適用之法律，但依行為地所定之方式者，亦為有效。」法律行為方式之準據法有二，其一乃依第 6 條之規定，某法律行為所應適用之準據法。其二則係依所謂場所支配原則，適用行為

---

[29] 貝瀨幸雄，國際的合意管轄の基礎理論（2、完），102 卷 7 期，頁 151；李永然，前揭文，頁 147。

[30] 參閱，王甲乙等三人合著，前揭書，頁 31。

地法。如法律行爲合於其中之一關於方式所定之要件，即爲有效，二準據法間並無優劣先後之分，藉此避免行爲因方式之欠缺而陷於無效或具有得撤銷之事由。[31] 誠如前述日本最高裁判所判決所認日本民事訴訟法第 25 條之立法旨趣，不外乎期待當事人意思之明確（日本學者認爲最高裁判所之見解頗爲可取）[32]，只要當事人意思明確，實不以具備一定書面爲必要。因此，只要由一方當事人作成書面，明示由特定法院管轄，足認當事人合意存在且內容明確即爲已足，並無以由要約、承諾雙方當事人簽名之書面簽名之必要。晚近，仲裁法之修正亦可看出此一趨勢。商務仲裁條例第 1 條原規定：「凡有關商務上現在或將來之爭議，當事人得依本條例訂立仲裁契約，約定仲裁人一人或單數之數人仲裁之。前項契約，應以書面爲之。」仲裁法第 1 條第 3 項則規定爲：「仲裁協議，應以書面爲之。當事人間之文書、證券、信函、電傳、電報或其他類似方式之通訊，足認有仲裁合意者，視爲仲裁協議成立。」放寬仲裁協議之書面要件。[33] 作爲佐證。另外，瑞士 1989 年國際私法第 5 條之規定：「關於一定法律關係所生之財產法請求之現在或將來訴訟，當事人得以合意定其管轄法院。合意得以書面、電報、傳真或其他以文字證明合意存在之傳達方法爲之。除有特別規定外，所合意之法院有專屬管轄權。」亦可看出此一趨勢。[34]

三、一般合意管轄關於審級法院之要件

民事訴訟法第 24 條規定：「當事人得以合意定第一審管轄法院。」於一般合意管轄亦應類推適用。亦即，爲保護當事人之審級利益，當事人間只能合意由特定國家之第一審法院管轄，不得合意由特定國家之上級審法院管轄。當事

---

[31] 關於法律行爲之方式，涉外民事法律適用法第 5 條立法理由稱：「第一項：本項所謂『該行爲所應適用之法律』，指法律行爲實質所應適用之法律而言，亦即法律行爲之方式，應依法律行爲之實質所應適用之準據法，斯爲原則。原條例第 26 條第 1 項規定，法律行爲之方式依行爲地法，而適用規定行爲效力之法律所定之方式者亦無有效。其立法精神，與本項頗有出入，且在理論上亦未盡妥適，蓋因法律行爲之方式與實質，表裡相依，關係密切。在通常情形下，法律行爲之方式，依照其實質所適用之法律，匪特較便於行爲人，且按諸法理，本應如是。至於法律行爲之方式依照行爲地法，按『場所支配原則』即一般法律行爲方式應適用行爲地法之原則，雖未始不可認爲有效，要屬例外情形，祇可列爲補充規定，故本項特予改訂如正文。」指出便於當事人乃採選擇適用之理由，足供參考。

[32] 貝瀨幸雄，國際裁判管轄の合意，頁 101，青山善充、澤木敬郎合編，國際民事訴訟法の基礎理論，有斐閣出版，昭和 62 年初版一刷。

[33] 參閱，仲裁法新論。

[34] 參閱，劉鐵錚等著，瑞士新國際私法。

人如未明示合意由特定國家之上訴審法院管轄，此一合意即屬有效。即使當事人合意由特定國家上訴審法院管轄，解釋上亦因所合意之法院有移送制度，亦即，因所合意之上訴審法院得裁定移送第一審法院而承認該一般合意管轄之效力。[35]

四、一般合意管轄關於特定法律關係之要件

民事訴訟法第 24 條：「當事人得以合意定第一審管轄法院。但以關於由一定法律關係而生之訴訟為限。」基於當事人預見可能性之保護，於一般合意管轄亦應類推適用。否則，如不限於特定法律關係則與剝奪當事人在內國法院之一般管轄權無異，自不應承認其效力。所謂特定法律關係僅指明特定種類之法律關係尚未已足，必須能與其他法律關係區別始可。[36] 此之特定法律關係是否限於財產關係，民事訴訟法第 24 條雖無明文，但解釋上因非財產關係，多屬內國法院之專屬管轄，因此不許當事人為一般合意管轄。

五、一般合意管轄關於將來判決可獲得承認之要件

(一) 概　說

民事訴訟法第 402 條規定：「外國法院之確定判決，有左列各款情形之一者，不認其效力：一、依中華民國之法律，外國法院無管轄權者。二、敗訴之一造，為中華民國人而未應訴者；但開始訴訟所需之通知或命令已在該國送達本人，或依中華民國法律上之協助送達者，不在此限。三、外國法院之判決，有背公共秩序或善良風俗者。四、無國際相互之承認者。」如外國法院將來之民事確定判決，中華民國不承認其效力，是否承認該外國法院一般合意管轄協議之效力？否定說強調當事人實體請求權之處分自由，且判決承認與否之預測不但有其實際上之困難且有妨害法的安定性，因認不以該外國法院將來之民事確定判決為承認外國法院一般合意管轄效力之要件。惟外國法院將來之民事確定判決，既不被承認，則對於未達判決階段之一般管轄之合意，如何能承認其效力？[37] 以下分別就一般管轄、公序良俗及互惠原則分項述之。

---

[35] 貝瀨幸雄，國際裁判管轄の合意，頁 108。

[36] 貝瀨幸雄，國際裁判管轄の合意，頁 109。

[37] 渡邊惺之，前揭文，頁 63。

(二) 一般合意管轄關於非專屬管轄之要件

依民事訴訟法第 402 條第 1 款及第 26 條之規定：「前二條之規定，於本法定有專屬管轄之訴訟，不適用之。」如專屬中華民國法院管轄之涉外民事事件，當事人不得爲一般管轄之合意。因專屬管轄多與公益有關，民事訴訟法第 26 條之規定於一般合意管轄亦應類推適用。

前述日本最高裁判所判決亦認爲該事件並非專屬該國法院之裁判權爲一般合意管轄之要件之一。惟專屬管轄原係特別管轄之概念，一般管轄是否承認專屬管轄之概念，在如何範圍承認專屬管轄，仍有進一步檢討之必要。按身分關係訴訟因與公益有關，多設有專屬管轄之規定（參閱民事訴訟法第 568 條、第 583 條、第 592 條、第 579 條、第 620 條、第 626 條），依民事訴訟法相關規定類推適用之結果，如應由中華民國法院專屬管轄，則當事人外國法院之一般合意管轄即不生效力。[38] 同理，不動產物權訴訟及因不動產涉訟，因與公益有關，如不動產在中華民國，則當事人外國法院之一般合意管轄亦不生效力。此外，民事訴訟法或其他法律雖未規定專屬管轄，但因與公益密切相關，如該涉外民事事件與中華民國有密切牽連，當事人外國法院之一般合意管轄仍不生效力。例如，涉外破產事件、涉外破產上之調解事件、涉外公司重整事件等（參閱破產法、公司法之規定）。如屬中華民國法院專屬管轄之民事事件，當事人即不得合意由外國法院管轄。

(三) 一般合意管轄關於外國法院一般管轄權之要件

前述日本最高裁判所判決認爲外國法院之一般合意管轄，以當事人所合意之外國法院，依該外國法有一般管轄權爲其要件。此在民事訴訟法雖無明文規定可資類推適用，惟鑑於該外國法院就該事件若無一般管轄權，將不受理該事件，則非但當事人一般合意管轄之目的不能達到，亦因而喪失受任何法院裁判

---

[38] 參閱最高法院 87 年度台上字第 1672 號：「民事訴訟法第 568 條有關專屬管轄權之規定，若謂僅於國內婚姻事件始有其適用，且該法條第 1 項所稱夫妻之住所地法院或居所地法院，亦僅指我國領域內之當事人住所地或居所地法院，而不及於涉外婚姻事件之管轄或夫妻在國外之住居所地法院。則涉外婚姻事件之管轄權，於民事訴訟法既未規定，涉外民事法律適用法亦乏明文之情形，如夫妻之住所地或其訴之原因事實發生之居所地在外國，或其已廢止國內之住所時，是否仍有強其返回國內進行訴訟之必要？由其婚姻生活所在地之外國法院為調查裁判是否更為便捷，有助於訴訟之進行及形成正確之心證與妥適之裁判，而符合『專屬管轄』之法意？能否謂無民事訴訟法第 568 條第 1 項規定之類推適用，認該夫妻之住所地或居所地之外國法院有管轄權，自有再事研求之餘地。」

之機會。德國實務見解認爲市民請求國家爲司法上保護之權利不得拋棄，即使以契約限制，亦不得爲無任何對價的限制，因此，如當事人所合意之外國法院就系爭事件不認有一般管轄權，或長期的陷於停止行使司法權之情形，即不得承認該合意管轄之效力。[39]

(四) 一般合意管轄關於外國法院承認合意管轄效力之要件

前述日本最高裁判所雖認爲只要該外國法院依該外國法有一般管轄權即爲已足，不以該外國法承認合意管轄之效力爲必要。惟如該外國法院就該事件如不承認當事人一般合意管轄之效力，將不受理該事件，則非但當事人一般合意管轄之目的不能達到，亦因而喪失受任何法院裁判之機會。德國法院基於前述（三）所示見解，亦認爲當事人所合意之外國法院承認一般合意管轄之效力，爲承認外國法院一般合意管轄效力之要件之一。[40] 足見，日本最高裁判所此一見解是否採可採，尚有疑義。

(五) 一般合意管轄關於互惠主義之要件

前述日本最高裁判所判決雖認爲承認排除我國法院管轄權之合意管轄之效力，不以具備承認該外國法院判決之相互保證要件爲必要。否則，當事人藉合意管轄所擬達到之通常目的將無由達成。惟係以相互承認即互惠爲承認外國法院民事確定判決之要件之一，則一般合意管轄亦應以互惠爲其要件。[41]

應注意者乃此項互惠原則，並非謂外國法院民事確定判決，須其判決地國對於我國之法院民事確定判決先予承認，我國法院始得承認該外國法院民事確定判決，否則，非但有失禮讓之精神，且對於促進國際間之司法合作關係，亦

---

[39] 渡邊惺之，前揭文，頁 63。

[40] 渡邊惺之，前揭文，頁 63。

[41] 參閱最高法院 89 年度台上字第 2555 號民事判決：「按民事訴訟所解決者為私法上權利義務事項，私法上之權利義務，當事人原則上得自由處分，是否行使其權利，如何行使，原則上應本於當事人之自由意思。當事人以關於由一定法律關係而生之訴訟，合意由外國法院管轄，以非專屬於我國法院管轄，且該外國法院亦承認當事人得以合意定管轄法院，及該外國法院之判決我國亦承認其效力者為限，應認其管轄之合意為有效。」

屬有礙。[42] 又此項互惠原則亦與我國與外國有無外交關係無關。[43]

(六) 一般合意管轄關於公序良俗之要件

依民事訴訟法第 402 條第 3 款之規定，一般合意管轄以不違反公序良俗為其要件之一。按外國法院確定判決之承認係建立在外國法院確定判決之終局性與確定性間之調和，採所謂實質審查禁止原則，原則上承認外國法院確定判決之效力，然如承認外國法院確定判決將導致內國法秩序之混亂，究非所宜，因此，有必要藉內國公序良俗之違反而否認該外國法院確定判決之效力，以維持法秩序之統一。

所謂公序良俗原包括實體法上之公序良俗與程序法上之公序良俗二者。不過，這裡之公序良俗多指程序上公序良俗，主要係關於當事人在程序上基本權利之保障問題。當事人程序上基本權利保障上是建立在現代法治國家關於法官之獨立與中立之審判、當事人地位之平等、訴訟之構造及言詞辯論機會之保障等基本原則。因此，如當事人所合意之法院，未能充分保障當事人之基本權利，即得以程序上公序良俗之違反而否認一般合意管轄之效力。

陸、排除型一般合意管轄之效力

由於民事訴訟法、涉外民事法律適用法或其他法律對於一般管轄權並未規定。如當事人間有排除型一般合意管轄，即發生排除當事人所合意法院以外之法院之效力？如當事人違背此一合意另在中華民國法院訴訟時，受訴之中華民

---

[42] 關於外國仲裁判斷之承認，最高法院 75 年度台抗字第 335 號：「商務仲裁條例第 32 條第 2 項固規定：外國仲裁判斷，其判斷地國對於中華民國之仲裁判斷不予承認者，法院得駁回其承認外國仲裁判斷之聲請。惟查此項互惠原則，並非謂外國仲裁判斷，須其判斷地國對於我國之仲裁判斷先予承認，我國法院始得承認該外國仲裁判斷，否則，非但有失禮讓之精神，且對於促進國際間之司法合作關係，亦屬有礙，參以上述法條規定，其判斷地國對於我國之仲裁判斷不予承認者，我國法院並非『應』駁回其承認該外國仲裁判斷之聲請，而係僅『得』駁回尤明。」

[43] 參閱最高法院 69 年度台上字第 3729 號：「本件外國法院確定判決，係基於兩造事前協議，並經兩造親自到場後為之；與我國法律，並無牴觸；亦不違反公序良俗。而美國加州洛杉磯高等法院就此子女監護事件，有初審管轄權，亦有美國在台協會致北美事務協調委員會證明函一件為證；不生該法院無管轄權之問題。美國訂有『台灣關係法案』，與我國繼續實質上之關係；依美國最高法院判例揭示國際相互承認原則，該外國確定判決殊無民事訴訟法第 402 條各款情形之一，自應宣示許可強制執行。」

國法院應駁回原告之訴。其法律依據則爲民事訴訟法第 249 條第 1 項第 6 款之規定：「原告之訴，有左列各款情形之一者，法院應以裁定駁回之；但其情形可以補正者，審判長應定期間先命補正：（中略）六、起訴不合程式或不備其他要件者。」有如前述。

　　再者，如當事人間排除型外國法院一般合意管轄，且具備前述要件，當事人違反此一合意另行再在中華民國法院起訴，被告爲中華民國法院無一般管轄權之抗辯，中華民國法院當然應依據前述規定及說明駁回原告之訴？抑或得駁回被告此等抗辯？如得駁回被告此等抗辯，其依據爲何？日本最高裁判所前述判決認爲，當事人合意由被告普通審判籍所在地法院爲第一審專屬管轄法院，因符合以原就被原則，且係國際海運業者就涉外交易所生紛爭，限定由一定法院管轄，以資保護之經營政策所必要，則除因顯不合理而違反公序良俗外，原則上應認爲有效等語。依其所見，當事人關於外國法院之一般合意管轄，該外國法院應與系爭涉外民事事件應有一定之牽連，且此一牽連足以使該外國法院之行使一般管轄權具有合理性，始得承認該外國法院一般合意管轄之效力。另一方面，如系爭涉外民事事件與該外國法院並無一定之牽連，足以使該外國法院之行使一般管轄權具有合理性，反而與中華民國有相當之牽連，足以使中華民國法院行使一般管轄權具有相當之合理性，則中華民國法院是否得駁回被告所爲前述之抗辯？

　　英國法院基於當事人之契約自由，原則上承認外國法院一般合意管轄之效力。如當事人違反此一外國法院一般合意管轄之協議，在英國法院提起民事訴訟，英國法院得以當事人未證明其起訴有正當理爲限，裁定停止當事人在英國之訴訟。至於有無得違背當事人之協議，另在英國起訴之正當理由，英國法院則特別考慮證據調查是否便利？訴訟進行費用是否昂貴？該事件所適用之法律爲何？與英國法有何不同？外國法院所爲確定判決是否得以執行？在該外國之訴訟程序是否得期待其公平進行等等。由於考慮事項範圍非常廣泛，且須依個案情形之不同作成判斷，是其特色。因此，在前述 Fehmarn 一案，法院認爲以德國船舶自蘇俄運往英國倫敦之松節油之運送契約所生之紛爭，當事人約定由蘇俄法院專屬管轄之一般合意管轄並不適當，因雙方當事人並非蘇俄人，相關證據均在倫敦，該船舶又停泊在倫敦，英國與本案之牽連比蘇俄更爲密切，因而駁回停止訴訟之聲請。在前述 Eleftheria 一案，當事人約定由希臘法院專屬管轄，關於運送人以英國港口之罷工爲由，拒絕其在羅德達姆港貨載交付義務之履行是否正當之爭執，法院認爲當事人未舉證證明其有充分理由，得否定

上開希臘法院一般合意管轄協議之效力，因而裁定停止違背當事人合意另行在英國提起之訴訟。又承認 1968 年海牙威士比規則在英國發生效力之 1971 年英國海上物品運送法，認為該法關於海上運送人之責任之規定，即使具有國際性質，亦屬強行法規，凡自英國運送至他國之貨物，如就其責任問題在英國訴訟時，英國法院不問其準據法為何，均適用英國法。至於在判斷是否承認外國法院一般合意管轄協議之效力時，則準據法之外國法實質上是否與英國法不同？如該協議可認為已迴避具有國際性、強行性之英國法之適用，即得否定該合意管轄之效力，均應併予考慮。[44]

美國法院原則上承認排除美國法院一般管轄權之合意管轄協議之效力，亦不認為開啟在美國法院訴訟之門是過於狹隘的觀點，因畢竟對於外國法院之公正性難免令人疑慮，如當事人能證明一般合意管轄係不當的或者不合理的，或當事人能證明其合意係受詐欺等所致，則不承認該管轄合意之效力。另，如管轄合意違反被合意排除管轄權法院之公益時，亦不承認該合意之效力。又，系爭涉外民事事件之準據法內容雖與美國海上物品運送法規定不同，但其適用結果並無不同，且該事件與所合意之法院有充分的牽連時，得承認其外國法院一般合意管轄之效力。要之，美國法院係在衡量法庭不便利原則，以及貫徹具有國際性質與強行性質之美國法下，就外國法院一般合意管轄協議效力承認與否之問題，賦與法院相當幅度之裁量權。[45]

德國法院則認為是否排除外國法院一般合意管轄之效力，與準據法之適用無關，完全由當事人基於訴訟可能性與國家權利保護之放棄與否考慮決定。又，德國民事訴訟法關於此一問題並無明文規定，1974 年民事訴訟法第 38 條修正前或修正後，關於當事人合意排除內國法院管轄權之容許性問題，亦未規定，僅規定當事人得依其合意使原無管轄權之法院取得管轄權，當事人之合意如係專屬管轄，始生排除管轄是否容許之問題。另，依據民事訴訟法第 38 條第 2 項、第 3 項之規定，並不能導出當事人排除內國法院管轄權自由之承認，而應求之於當事人之契約自由。當事人之契約自由顯非毫無限制，而應受一定限制，其範圍即在於合理性。至於合理與否之判斷，不以該協議是否為定型化

---

[44] 渡邊惺之譯，國際的裁判管轄合意之界限，頁 57-59，收於石川明、三上威彥，國際民事訴訟の基本問題，酒井書店 1994 年初版一刷。另請參閱，貝瀨幸雄，國際裁判管轄の合意，頁 84、91 及其註四一。

[45] 渡邊惺之，前揭文，頁 59-60；貝瀨幸雄，國際裁判管轄の合意，頁 84。

契約爲斷，如當事人均係商人，且有長期的繼續性的交易關係，即使關於外國法院一般合意管轄之約定，使用過小、不易閱讀之字體印刷，當事人只能請求更正，並不得否認其效力。反之，如當事人係一般民眾，則得否認該合意之效力。[46]

　　日本最高裁判所前述判決亦認爲，當事人合意由被告普通審判籍所在地法院爲第一審專屬管轄法院，因符合以原就被原則，且係國際海運業者就涉外交易所生紛爭，限定由一定法院管轄，以資保護之經營政策所必要，則除因顯不合理而違反公序良俗外，原則上應認爲有效等語，依據合理性檢討當事人所合意之管轄法院與受訴之日本法院一般管轄權行使之合理性。

　　瑞士 1989 年國際私法第 5 條第 2 項規定：「合意管轄不當剝奪一造依瑞士法所提供之法院保障時，其合意爲無效。」是否不當剝奪，是否濫用，自應斟酌個案之情形定之。[47]

　　綜上所述，當事人所合意之法院應與系爭涉外民事事件有一定之牽連，且使其管轄權之行使具有合理性，殆爲各國法例所同。如系爭涉外民事事件與中華民國有相當之牽連，足以使中華民國法院行使一般管轄權具有相當之合理性，且此一合理性更勝於外國法院一般管轄權之合理性，則中華民國法院得駁回被告所爲前述抗辯。問題在於何種情形始可稱爲與該涉外民事事件有一定牽連，且此一牽連使外國法院之一般管轄權具有合理性？

　　於此，首先應注意者乃當事人一般管轄合意之法院，即使與系爭事件無任何牽連，惟如該法院就系爭事件紛爭之處理相當嫻熟，雙方當事人慣於以該法院處理其間之紛爭，經當事人重重交涉始相互退讓並選定該法院等情形下，依據誠信原則，當事人不得否定該一般管轄合意之效力。[48] 當事人之合意可認係前述之牽連。

　　其次，應類推適用民事訴訟法關於特別管轄權之規定並參照其法理，求得一般合意管轄合理性之基礎。亦即，如類推適用民事訴訟法規定之結果，認爲具有民事訴訟法所定行使一般管轄權之基礎，則可推定該法院行使一般管轄權具有合理的基礎。僅於例外情形，始認爲因當事人所合意之法院因不具有一般

46　渡邊惺之，前揭文，頁 60-66；貝瀨幸雄，國際裁判管轄の合意，頁 85。

47　貝瀨幸雄，國際裁判管轄の合意，頁 93；另請參閱劉鐵錚等著，瑞士新國際私法，頁 7-9。

48　貝瀨幸雄，國際裁判管轄の合意，頁 91。

管轄權行使之合理性或正當性，而否定其一般管轄權。至於是否有例外情形，應由當事人主張並舉證，再由法院依職權調查個案之實際情形認定之。所謂就個案之實際情形認定，應特別著眼於證據之調查、訴訟進行之便利等方面。

因此，所謂適當、合理的一般管轄權之行使基礎，主要是指：

一、當事人之國籍

被告本國對於被告享有一定權利義務，且涉外民事法律適用法採本國法主義，由被告本國行使管轄權並無不當。惟如被告已遠離其本國，與本國之牽連不再密切，被告本國法院行使一般管轄權即不具有合理性。至於由原告本國法院行使一般管轄權則不具有合理基礎。[49]

二、被告之住所或居所，被告為法人或其他團體時，其事務所或營業所

由於被告居於被動之地位，且係被告生活重心，應訴較為方便，以被告住所或居所所在地（被告為法人或其他團體時，其事務所或營業所）法院為一般管轄法院，應認為具有合理的基礎。惟如被告之居所、特別是被告為法人或其他團體時，其事務所或營業所如與系爭事件之法律關係無任何關連，例如，被告並未透過其事務所或營業所之分所，在外國為任何營業行為，相關之證據亦不在該外國，則應否定其一般管轄權。[50]

三、債務履行地

債務履行地通常係證據集中地，例如，海上運送契約所生損害賠償請求之紛爭，如當事人合意之外國為交貨地、目的地等，因相關事證往往集中於此，其一般管轄之合意即具有合理之基礎。

四、侵權行為地

侵權行為地指加害行為地及損害發生地。加害行為地因蒐集證據較為便利、被害人起訴較為便利且不違反加害人之預測之故，故具有一定之合理性。至於損害發生地，固具有偶然性，但以不違反被害人之預測者為限，仍具有一

49　劉鐵錚，論國際管轄權衝突之防止，國際私法論叢，頁 259-260。
50　貝瀨幸雄，國際裁判管轄の合意，頁 88。

定之合理性。而船舶碰撞後最初之到達地，小因事件原因調查或證據蒐集較爲便利之故，以不違反被害人之預測者爲限，仍具有一定之合理性。[51]

五、財產所在地

被告財產所在地雖未必與系爭事件有關，惟如與訴訟標的有關，相關事證多在該財產所在地，或該財產具有相當價值並已由當事人扣押，有助於將來判決之強制執行，自具有行使一般管轄權之合理基礎。至於不動產所在地，因與該不動產法制有密切牽連，且有登記等官方證明，蒐集證據較爲便利。被繼承人之住所地，通常爲大部分遺產或證據書類所在，便於遺產管理，其行使一般管轄權均具有合理性。[52]

柒、本件最高法院判決簡評——代結論

本件最高法院判決認爲台灣地區與大陸地區間之管轄問題屬於一般管轄權問題。按諸兩岸間依據台灣地區與大陸地區人民關係條例之規劃，係建立在一國兩地區的架構下。兩岸間之私法問題並非國與國間之國際私法問題，仍屬於區際私法（區際法律衝突）問題。區際私法問題不僅指準據法選擇之狹義國際私法問題，尚包括區際民事程序法問題，例如，大陸地區人民之當事人能力、訴訟能力問題等。[53] 兩岸間裁判事務之分配即係兩岸間之一般管轄權問題，亦係廣義的區際私法之問題之一。惟應注意者，因台灣地區與大陸地區人民關係條例或其他法律關於兩岸間一般管轄權並無明文規定，應援用前述關於國際間一般管轄權之原理原則。

其次，本件最高法院判決承認台灣地區人民，關於由一定法律關係而生之訴訟，得合意定大陸地區法院爲管轄法院。至於承認之理由在於依台灣地區與大陸地區人民關係條例第 74 條規定，台灣地區法院承認大陸地區法院之判決之效力，因而承認當事人一般合意管轄之效力。此一見解尚屬妥適。

第三，關於當事人一般合意管轄之成立、生效要件，僅包括：(1) 該事件非專屬台灣地區法院管轄；(2) 大陸地區法院亦認台灣地區人民得以合意定管轄法院；(3) 大陸地區法院亦承認台灣地區法院民事確定判決之效力；依據前

---

[51] 劉鐵錚，前揭文，第 262-263 頁。

[52] 劉鐵錚，前揭文，頁 263。

[53] 參閱法務部，法務部大陸法規研究委員會資料彙編（二），頁 25-26。

述說明，則尚有未足。

　　第四，關於當事人一般合意管轄之效力，在：(1) 該合意屬排他性之約定；(2) 當事人又已為抗辯之前提下，排除台灣地區法院之一般管轄權。如當事人違反一般管轄之合意另在台灣地區法院起訴，因台灣地區法院無一般管轄權，應駁回原告之訴，依據前開說明尚屬妥適。至於駁回之依據，最高法院認為係訴訟事件不屬受訴法院管轄而不能以裁定移送於其管轄法院，應依民事訴訟法第 249 條第 1 項第 2 款之規定，以裁定駁回原告之訴云云，則未必妥適。

{第四章}

外國人之當事人能力

▶▶最高法院 89 年度台上字第 461 號民事判決評釋

第一節　案例事實及法院裁判要旨

最高法院 89 年度台上字第 461 號民事判決

壹、當事人及利害關係人

黃玉麟（被告、第二審上訴人、第三審被上訴人）

上海愛建元福商務有限公司（被告、第二審上訴人、第三審被上訴人）

上辰實業有限公司（原告、第二審被上訴人、第三審上訴人）

貳、事實概要

本件上訴人主張：被上訴人黃玉麟於民國 83 年 12 月 15 日代表設立於大陸地區上海市之被上訴人上海愛建元福商務有限公司（下稱元福公司）在台灣就該公司位於上海市愛建元福樓之一、二、三樓廚房設備工程與伊簽訂合約書，約定訂購總價款爲新臺幣（下同）三百六十八萬元（嗣追加爲三百九十四萬二千一百三十五元），由伊負責採購設備並施作，被上訴人黃玉麟就系爭工程合約之履行應與被上訴人元福公司負連帶責任。嗣伊已依約完工，並經元福公司驗收無誤，開始營業，詎元福公司竟未依約，於開始營業後一個月即 85 年 5 月 15 日給付工程尾款及追加工程款計六十四萬六千八百四十三元等情，爰依系爭工程合約及連帶債務之關係，求爲命被上訴人如數連帶給付及自 85 年 12 月 20 日起加給法定遲延利息之判決。

　　被上訴人則以：被上訴人元福公司係於大陸地區上海市所設立之法人，在台灣地區未經認許其成立，亦未經許可為法律行為，自不得在台灣地區為訴訟行為。核無當事人能力，應以裁定駁回上訴人此部分之訴。被上訴人黃玉麟僅係代表設立中之被上訴人元福公司與上訴人簽訂系爭合約書，並非爭合約書之當事人，亦未約定應與元福公司就系爭合約之履行負連帶責任，自與伊無涉；上訴人請求被上訴人連帶給付系爭工程款，尚屬無據。又上訴人遲延完工六百三十三日，被上訴人元福公司自得請求逾期罰金六百九十八萬八千三百二十元，被上訴人主張與其應付之系爭工程款抵銷等語，資為抗辯。

參、判決要旨

　　一、原審將第一審所為上訴人勝訴部分廢棄，改判駁回其訴，係以：按被告無當事人能力者，法院應以裁定駁回之，民事訴訟法第249條第1項第3款定有明文。次按未經許可之大陸地區法人、團體或其他機構，不得在台灣地區為法律行為，台灣地區人民與大陸地區人民關係條例第70條亦定有明文。又民事訴訟乃國家因確定私權而施行之程序，訴訟行為往往可生訴訟法上之效果，故為法律行為之一種。經查被上訴人元福公司係於大陸地區上海市所設立之法人，有上海市公證處滬證台經字第20號公證書及財團法人海峽交流基金會87年3月8日核字第21348號認證書可稽，然被上訴人元福公司在台灣地區未經認許其成立，亦未經許可為法律行為，自不得在台灣地區為訴訟行為。被上訴人元福公司核無當事人能力，第一審原應以裁定駁回上訴人對被上訴人元福公司部分之訴，乃逕為實體判決被上訴人元福公司應與被上訴人黃玉麟連帶給付上訴人系爭工程款六十四萬六千八百四十三元及法定遲延利息，自有違誤。按數人負同一債務，明示對於債權人各負全部給付之責任者，為連帶債務；無前項之明示時，連帶債務之成立，以法律有規定者為限，民法第272條定有明文。又未經許可之大陸地區法人、團體或其他機構，以其名義在台灣地區與他人為法律行為，其行為人就該法律行為，應與該大陸地區法人、團體或其他機構，負連帶責任，台灣地區人民與大陸地區人民關係條例第71條亦定有明文。查被上訴人元福公司於83年12月15日由被上訴人黃玉麟代表與上訴人簽訂系爭合約書時，尚在申請大陸地區之法人資格，為設立中之公司，其後已於84年3月26日經核准登記，業如前述，則被上訴人元福公司自應承受系爭合約定作人之地位。被上訴人黃玉麟既係代表設立前之元福公司與上訴人簽訂系爭合約書，依上開規定，自應就系爭合約所生之債務，與成立後之元福

公司負法定連帶責任。次查上訴人主張與被上訴人元福公司代表即被上訴人黃玉麟簽訂系爭工程合約書，伊已依約完工並經被上訴人元福公司驗收無誤，被上訴人元福公司尚欠其工程尾款及追加工程款計六十四萬六千八百四十三元等情，固據其提出合約書、存證信函、帳款明細、律師函及訂購單等為證，惟上訴人依約應於 84 年 2 月 24 日前完成現場按裝試車作業，然系爭工程於 85 年 11 月 19 日始完成驗收，有驗收報告書可稽，遲延完工六百三十三日，被上訴人元福公司自得依系爭合約書第 9 條第 1 款之約定，請求上訴人賠償逾期罰金六百九十八萬八千三百二十元，是被上訴人黃玉麟主張以此金額與被上訴人元福公司所應付之系爭工程款六十四萬六千八百四十三元相抵銷，洵屬有據。上訴人雖主張係因被上訴人元福公司之主體工程未按預定日期完工，水電管線亦未安裝，致其無法如期完工，此屬可歸責於被上訴人元福公司之事由，依系爭合約書第 9 條第 1 款之約定，被上訴人元福公司不得請求逾期罰金云云，然已為被上訴人所否認，上訴人復不能舉證證明，即非可取。從而，上訴人本於系爭合約書第 7 條第 3 款之約定及連帶債務之法則，請求被上訴人黃玉麟應與被上訴人元福公司連帶給付系爭工程尾款及追加工程款計六十四萬六千八百四十三元及法定遲延利息部分，即不應准許。第一審就此部分所為被上訴人黃玉麟敗訴之判決，亦有未合，應予廢棄改判，為其判斷之基礎。

　　二、按「未經許可之大陸地區法人、團體或其他機構，不得在台灣地區為法律行為。」台灣地區人民與大陸地區人民關係條例第 70 條定有明文，準此，未經許可之大陸地區法人、團體或其他機構，原則上固應認其無權利能力，惟同條例第 71 條明定「未經許可之大陸地區法人、團體或其他機構，以其名義在台灣地區與他人為法律行為者，其行為人就該法律行為，應與該大陸地區法人、團體或其他機構，負連帶責任。」是未經許可之大陸地區法人、團體或其他機構，以其名義在台灣地區與他人為法律行為時，為保護其在台灣地區為法律行為之相對人，上開規定例外承認該大陸地區法人於此情形，在台灣地區亦為法律上之人格者，自亦有權利能力，而具有當事人能力，就該法律行為，應與行為人負連帶責任，此與民法總則施行法第十五條規定之意旨相同，否則，上開條例第 71 條規定所謂「負連帶責任」，將形同具文。原審遽以被上訴人元福公司依上開條例第 70 條無當事人能力，駁回上訴人對被上訴人元福公司之訴，尚嫌速斷。

第二節　評　釋

壹、概　說

民事訴訟法第 249 條第 1 項規定:「原告之訴,有左列各款情形之一者,法院應以裁定駁回之;但其情形可以補正者,審判長應定期間先命補正:一、訴訟事件不屬普通法院之權限者。二、訴訟事件不屬受訴法院轄而不能爲第 28 條之裁定者。三、原告或被告無當事人能力者。四、原告或被告無訴訟能力,未由法定代理人合法代理者。五、由訴訟代理人起訴,而其代理權有欠缺者。六、起訴不合程式或不備其他要件者。七、起訴違背第 253 條、第 263 條第 2 項之規定,或其訴訟標的爲確定判決之效力所及者。」是涉外民事事件,因中華民國法院有一般管轄權而受理後,仍須具備訴訟要件,法院始能爲實體之審理。是否具備訴訟要件,依據程序,依法院地法之原則,應依據中華民國法律定之。

關於外國人之訴訟上能力之問題,此之外國人,係指不具有中華民國國籍之人,包括外國自然人,外國法人與外國之非法人團體。訴訟上之能力,則指當事人能力與訴訟能力。

當事人能力,係指得爲民事訴訟當事人之一般的資格或地位。所謂一般係表示當事人能力與具體的案件脫離、無關,因此,與當事人適格係就具體案件而決定,有所不同[1]。無當事人能力之人,則不得爲原告或被告,亦不因係判決之名義人而受判決效力之拘束。

內國人有無當事人能力,因有民事訴訟法第 40 條之規定,固無疑義。惟外國人有否當事人能力,可否以之爲依據,則不無疑義。亦即,「有權利能力者」、「胎兒」、「非法人團體」,是否兼及於外國人,抑或以內國人爲限?

---

[1] 最高法院 26 年度渝上字第 639 號:「當事人能力,即指為民事訴訟當事人而起訴或受訴之能力,此項能力之有無,專依當事人本身之屬性定之,當事人之適格,則指當事人就特定訴訟標的有實施訴訟之權能而言,此項權能之有無,應依當事人與特定訴訟標的之關係定之,兩者迥不相同。本件上訴人為生存中之自然人,依民法第 6 條之規定,既有權利能力,依民事訴訟法第 40 條第 1 項之規定,即有當事人能力。縱令上訴人就訟爭之債權無實施訴訟之權能,亦屬當事人不適格,究不得謂無當事人能力,原判決認上訴人無當事人能力,適用同法第 249 條第 3 款之規定駁回其訴,自屬違法。」

則不無疑義。外國自然人，基於平等主義，或許肯定其有權利能力，因而肯定其有當事人能力，而較爲一般學者所接受，但外國法人，尤其外國之非法人團體，則歧見難免。

民法總則施行法第 2 條規定：「外國人於法令限制內有權利能力。」此之「法令限制」，究何所指，本難明瞭，於當事人能力有何影響，亦有待探究？再者，同法第 11 條規定：「外國法人，除依法律規定外，不認許其成立。」同法第 12 條又規定：「經認許之外國法人，於法令限制內與同種類之中華民國法人，有同一之權利能力。前項外國法人，其服從中華民國法律之義務，與中華民國法人同。」於當事人能力有何影響，更有待深究。

貳、當事人能力之準據法

關於外國人之當事人能力「準據法」究竟爲何，亦即，以何國之法律爲依據，學說上本有爭議。大抵言之，訴訟法學者多採法院地法說，國際私法學者，則多採屬人法說。

一、法院地法說 [2]

此說認爲當事人能力係訴訟法上之問題，依「程序，依法院地法」之原則，以民事訴訟法第 40 條爲決定依據爲已足，依此說，則有疑問生焉，即外國人有當事人能力，且前提爲有權利能力，則發生決定外國人有無權利能力，應以中華民國之民法爲依據，或以外國人之屬人法爲依據之問題。有認爲應直接以中華民國民法爲依據，有認爲應以外國人之屬人法爲依據，即仍應依涉外民事法律適用法，爲準據法之選擇，見解未見一致。兩說之差異，在於前說認爲民法總則施行法關於外國人之規定，可當然適用，後說則並不當然適用民法總則施行法之規定，而應適用涉外民事法律適用法之規定，當準據法爲中華民國民法時，始適用民法總則關於外國人之規定。

關於外國人之當事人能力，我國實務見解採法院地法說，茲列舉如下：

（一）未經認許其成立之外國法人，雖不能認其爲法人，然仍不失爲非法人之團體。苟該非法人團體設有代表人或管理人者，依民事訴訟法第 40 條第

---

[2] 青山善充，外國人の當事人能力と訴訟能力，國際民事訴訟法の理論，頁 204。松岡博，涉外訴訟事件之たおける當事人，國際取引と國際私法，頁 76。

3 項，自有當事人能力。至其在台灣是否設有事務所或營業所，則非所問。[3]

　　（二）被上訴人依在日本依法成立之公司，設有代表人，雖未經我國政府認許，在我國不能認其為法人，但仍不失為非法人團體，不論被上訴人在台灣是否設有事務所或營業所，依民事訴訟法第 40 條第 3 項規定，自有當事人能力。[4]

　　（三）在台灣地區，日據時期已成立之合名會社，光復後，如未依法辦理公司登記，應認其為民法上之合夥，於裁判上固不妨認其為當事人能力。惟若台灣地區之祭祀公業，不過屬於某死亡者後裔公同共有祭產之總稱，則難認其當事人能力（祭祀公業涉訟，應由所設置之管理人或該公業之派下全體起訴或被訴）。[5]

　　（四）日據時代之株式會社，雖是社團法人，光復後未依照我公司法改組及登記，自不能為股份有限公司（民法第 25 條，公司法第 1 條）。唯該組織有獨立之財產，一定之營業，亦有代表人，可認為民法之合夥，訴訟上認為民事訴訟法第 40 條第 3 項所稱之非法人團體，以會社名稱為當事人，以其代表人為法定代理人。[6]

　　（五）日據時代之株式會社或組合所有土地，光復後仍登記為該社或組合所有，有買受之，而欲訴求辦理所有權利轉登記，因該日據時代之株式會社或組合，當時是有法人資格，光復後未改為改組登記，就內部關係仍不失為合夥關係，土地屬於全體株主（股東）或組合員所公同共有，如沒有管理人仍認有當事人能力，如未設管理人，應以全體共有人為被告。[7]

　　（六）外國籍航商駐台灣代表處，有無當事人能力？該外籍航商係公司組織，且經申請中華民國政府認許，則所謂駐台代表處，實與分公司之性質相當，其得為訴訟當事人更無庸疑。「按未具備法人成立要件之社團或財團，如有一定名稱及事務或營業所，並有一定之目的及獨立財產，而設有代表人或管理人者，即屬民事訴訟法第 40 條第 3 項之非法人團體，而具有當事人能力。」

---

[3]　最高法院 57 年台上字 1898 號判例。
[4]　最高法院 70 年台上字第 4480 號判決。
[5]　最高法院 72 年台上字第 2016 號。
[6]　台中地院 47 年 5 月份司法座談會。
[7]　屏東地院 59 年 1 月份司法座談會。

而「外籍航商駐台灣辦事處，泰半係爲僱用我國船員，依外國籍航商約僱中華民國船員辦法之規定而設立，有一定之事務所，人員組織及代表人，並依該辦法之規定，須向我國交通部書立外國籍航商約僱中華民國航員保證書，再以該代表處名義在我國僱用我國船員，簽訂船員定期僱傭契約，對所僱用之我國船員發號施令，支付薪資，且與各方面發生權利義務，事實上已與總公司分設之分公司之地位無異。」且「在實際生活上，此項船員與外國籍航商駐台代表處間所生權益糾紛，若不許外籍航商駐台灣代表處爲訴訟主體，將使主張權利之船員或第三人因而受損害，在外國籍航商駐台灣代表處本身亦能發生主張權利之困難」，故應認外國籍航商若非公司組織，或未經中華民國政府認許，其「駐台灣辦事處爲非法人之團體而有當事人能力」。[8]

（七）經我國認許其成立之外國法人，雖不能認其爲法人，但仍不失爲非法人團體，苟該非法人團體設有代表人或管理人者，依民事訴訟法第 40 條第 3 項規定，自有當事人能力，至其在我國是否設有事務所或營業所，則非所問。[9]

（八）友邦駐華大使館，就涉及該國政府之事務，在我國領域內，有代理之全權，此所謂事務係指該國政府在華之一切公法上及私法上之事務而言。（參照外交部 71 年 5 月 29 日外（71）條 2 字第 12201 號函），故外國政府與我國人民或法人，因私法關係涉訟，應以外國政府爲原告，並以大使爲法定代理人，向我國法院提起訴訟。[10]

（九）當事人能力之基礎爲權利能力。無權利能力者，除法律別有規定（民事訴訟法第 40 條第 3 項）外，均應無當事人能力，外國政府所屬各級機構，既非法人，又非法人團體，且無明文規定有當事人能力，自應認其爲無當事人能力。外國法院（美國）亦以吾國之台灣銀行、台灣土地銀行爲法人之內部機關，無當事人能力，而駁回各該銀行之請求，採同一見解，至於吾國實務上認吾國政府機關有當事人能力，僅爲便宜之措施，實乏法律之依據。[11]

（十）本件上訴人以被上訴人爲外國政府機關，並非法人，依法應無當事

---

[8]　台灣高等法院 64 年法律座談會。
[9]　司法院司法業務研究會第三期。
[10]　71 年 3 月台灣高雄地方法院法律座談會。
[11]　司法院業務研究會第三期。

人能力資為程序上之抗辯。惟查，依我國判例之見解，向來承認我國之政府機關有當事人能力，蓋國家機關就其職掌權責範圍之事項，本有代表國家為一切行為之權限，自必須承認其有訴訟之必要時，亦得為訴訟上之當事人。至於外國政府機關是否有當事人能力，雖無判例可循，但本件被上訴人前於民國72年間在原法院起訴請求上訴人報告委任事務顛末時，曾提出伊朗回教共和國總理及最高法院首席法官證明書、伊朗國防部長、法務部長、外交部長共同出具之證明書等官方文件，並經本院呈請司法院轉請外交部查證後，證明被上訴人就本件電匯款之事件所為請求，乃必須採取之適當行動，有完全之能力代表伊朗回教共和國政府即國家，因此，在該案中，均承認被上訴人有當事人能力，在本件中無從否認被上訴人有為訴訟當事人之能力，是上訴人之抗辯尚非可採。[12]

　　按外國法人，係指無中華民國國籍之法人。決定法人國籍之標準，向有設立人國籍主義，設立地主義，住所地主義與準據法主義之對立。民法第25條、公司法第4條係採準據法主義，亦即，依內國法之中華民國法律所設立之法人，為中華民國法人，依外國法所設立之法人為外國法人。法人由於係由法律所創造者，故帶有屬地之色彩，亦即，於其設立地具有權利能力，離此地而進入他國，非經該國之認許，不認其有權利能力。因此，某法人於其設立地有權利能力，進而有當事人能力，固無疑問。若於設立地之外之法院地，並不當然有權利能力，乃至當事人能力，因而，須以法院地法為基準，決定其有無當事人能力。是故，實例見解認外國法人若未經中華民國政府之認許，無當事人能力，必待符合民事訴訟法第40條第3項之規定，始認其因係有管理人或代表人之非法人團體，而具有當事人能力。

二、屬人法說 [13]

　　採取屬人法說者認為當事人能力係關於人之屬性、能力之問題，與一般的權利能力互相對應，因此，應依其屬人法定之。一般言及屬人法，有住所地法主義與本國法主義之對立，涉外民事法律適用法基本上採本國主義，故此之屬人法實係本國法之意。惟本國法究竟何指，則仍有疑義，本國實體法說認為係本國之實體法者，本國訴訟法說則認為係本國之訴訟法者。

---

[12] 台灣高等法院84年度重上更（一）字第22號。
[13] 青山善充，前揭書，頁205。

　　本國實體法說認為該外國人有無當事人能力，應依其本國之實體法，決定其有無權利能力定之。

　　本國訴訟法說認為該外國人有無當事人能力，應依其本國之訴訟法是否承認其有無當事人能力而定，根本不應考慮中華民國之法律如何，更與其本國法之實體法如何無關。

　　採取屬人法說，有不僅依當事人之本國法而為判斷基礎者。亦即，依其本國法有當事人能力，而依法院地法亦有當事人能力者，固無疑義，依其本國法無當事人能力，而依法院地法有當事人能力，為維護內國交易之安全，仍應認其有當事人能力。依其本國法有當事人能力，而依法院地法無當事人能力，則應輔助的適用民事訴訟法第 40 條第 3 項，認其為非法人團體，而有當事人能力。例如，未經認許之外國法人，外國之合夥等。至於為何有適用法院地法之可能，則不無疑義。彼等大抵認為，為維護內國公共秩序，善良風俗，就特定事項，應適用法院地法或內國法，即所謂公序良俗條款，或特別保留條款適用之結果。

三、折衷說 [14]

　　採取折衷說者，認為應以屬人法之適用為原則，例外地始適用法院地法。此說乃立足於「擴充當事人能力範圍」之觀點，因此，無論依屬人法，或依法院地法，如有當事人能力，則逕認其有當事人能力。因此，可稱為「選擇的適用說」。依此說，依其屬人法與中華民國法有當事人能力，固無疑問。若依其本國法無當事人能力，而依中華民國法有當事人能力，仍認為有當事人能力。

　　據上所述，各說之差異，乃是在於當事人能力有無準據法選擇之問題。依法院地法說之見解，認為此屬於「程序問題」，因此，無準據法選擇之餘地。依屬人法說，則認為有準據法選擇之可能，且應以其本國法準據法。其中，採本國訴訟法說者，係直接以本國之訴訟法定其有無當事人能力。反之，採本國實體法說者，則認為應以本國法定其有無權利能力，進而，間接的決定其有無當事人能力。折衷說則認為除法院地法外，尚應考慮當事人之本國法。

　　民事訴訟法第 40 條規定：「有權利能力者，有當事人能力。」（第 1 項）有無當事人能力係有無權利能力為基礎，問題在於是否有無權利能力是否應選

---

[14] 青山善充，前揭書，頁 205-206。松岡博，前揭書，頁 78。

擇準據法定之？吾國涉外民事法律適用法就此並無明文，因此，仍有探求之餘地。要之，法院地法說中，如認應適用國際私法與當事人本國法，以定其有無權利或當事人能力，則與屬人法說之差別，僅在於內國民事訴訟法之適用與否而已。

按當事人能力，本係程序主體之問題，而非狹義的程序之問題。但通常係以一國之司法制度為前提。當事人能力與當事人適格或訴訟能力不同，其概念本身係德國法上富有高度技術性的概念，而現今各國之民事訴訟制度富有變化性，恐難以承認普遍的當事人概念。若承認某人於中華民國之民事訴訟有當事人能力，則其於中華民國法院得為原告或被告，而以自己之名義起訴或被訴，亦得為第三人而參加訴訟、承受訴訟，亦得為判決之名義或其繼受人，而受既判力或其他效力之所受及等等，享有一定程序上之權利，或負擔一定程序上之義務。惟此等權利、義務係程序上的，應與實體上之權利能力相對。亦即，實體法上承認某人有權利能力，而得享有實體法上之權利或負擔實體法上之義務，則在程序法上應承認其有當事人能力，蓋民事訴訟制度本係為解決此等私權之爭執而設。因此，不問內國人或外國，有無當事人能力之判斷，其具體基準應求之於實體法，就內國人而言為內國法，就外國人而言則為外國人之本國法，以決定其權利能力。

於某國發生實體法上之爭執，不必皆於該國涉訟解決，於他國亦無不可。因此，該他國程序上當事人之概念，不能不顧及。本國法說主張可將當事人能力與其他程序問題，分別加以處理。亦即，不妨依當事人之本國法定其有無當事人能力，其後之問題，再依「程序，依法院地法」之原則處理。無可諱言的，此誠然為一有力之論據。尤其，依某人之本國法認其當事人能力，原則在世界任何一個國家，均可主張其當事人能力，必有助於判決之國際的調和之實現。但勉強將與法院地法無任何關連之當事人本國法引入訴訟程序中而適用，不免引起訴訟關係人之困惑。彼等不能明瞭，何以其忽有當事人能力，忽而無當事人能力？因此，有必要顧慮法院地之觀點，尤其是與當事人本國法所認當事人能力之範圍不一致時，最足重視。易言之，當事人本國法所認訴訟能力之範圍，較法院地為狹時，則於法院地認有當事人能力，於當事人本國雖未必有當事人能力，但不致引起訴訟關係人之困擾；反之，當事人之本國法所認當事人能力之範圍，較法院地法為廣時，不免發生於當事人本國有當事人能力，而於法院地無當事人能力之情形，此際，應依據法院地獨自之觀點，決定其有當

事人能力。[15]

　　據上所述，依民事訴訟法第 40 條之規定：第一、當事人能力，仍以實體法上權利能力爲基礎，亦即決定某人有無當事人能力應依其本國法定之。換言之，有無當事人能力，應依民事訴訟法規定之，因民事訴訟法第 40 條，係以實體法上之權利能力爲基礎，因此，須藉權利能力準據法之選擇，而以當事人之本國法爲準。第二、胎兒，易發生於其本國無權利能力之情形，此際，逕以民事訴訟法第 40 條第 2 項爲依據，決定其有無當事人能力。第三、比較易發生權利能力或當事人能力問題者，係法人或非法人團體。法人或非法人團體依其本國法有當事人能力，則於中華民國法院亦有當事人能力，若依其本國法無當事人能力，而合於民事訴訟法第 40 條第 3 項所定非法人團體之要件，則承認其有當事人能力。因此，於其本國有當事人能力之法人，不能以其未經吾國政府之認許，否認其當事人能力，而以非法人團體待之，最高法院前述見解似有進一步檢討之必要，主要問題即在於未明確區分外國法人權利能力之國際私法問題與外國法人在法院地活動範圍之外國人法問題。

參、外國法人之權利能力

　　某一團體是否爲法人，亦即在何等要件之下取得一般權利能力（人格），各國並不相同。因此，某一團體是否取得權利能力，即發生應依據何國法律決定之問題，是爲法人之權利能力準據法問題。

　　另一方面，內國實體法對於法人的規定，例如，如何區別內國法人與外國法人，外國法人之認許、內、外國法人是否享有、負擔相同之權利、義務，對於內、外國法人之監督是否相同等問題，則屬於內國實體法之問題，一般稱爲外國人法的問題。[16]

　　法人之國際私法問題與法人之外國人法問題，兩者不相同。但是有一共通的前提問題，即如何區別內、外國法人，一般稱爲法人之國籍問題。

　　關於法人之國籍問題，有持贊成之觀點者，亦有持反對見解者。

　　法人國籍肯定論者係於 19 世紀時起源於法國，並影響德國、英國及日本

---

[15] 青山善充，前揭書，頁 214-215。松岡博，前揭書，頁 79。
[16] 山田鐐一，國際私法，頁 200。

等國。其係以法人與自然人對比，主張法人有國籍，並以法人國籍爲出發點，解決法人的一切國際私法問題。

法人國籍否定論者，則反對此種見解，彼等認爲國籍僅適用於自然人，於法人並不適宜。因此，關於法人一般權利能力準據法，與其稱爲法人國籍所屬國法，毋寧稱爲法人之屬人法或從屬法（以下使用法人之屬人法）較妥。[17]

法人之屬人法係指規範法人一般權利能力及內部關係組織與消滅原因之法律。

關於法人之屬人法問題，首先乃法人取得人格之要件問題。法人無論是財團或社團，均是依據一定法律而賦與法人一般權利能力，但其要件，各國規定未必完全相同。因而，有所謂法人人格準據法問題，即應依據何國法律決定該法人有人格。此爲法人權利能力準據法問題。就此問題，見解不同，詳言之：[18]

一、設立準據法主義

設立準據法主義爲大陸法系國家採取，認爲關於法人之本質，無論採取擬制說或實在說，法人人格係由法律所賦與，法人的本質存有法的技術的色彩，與社會學的實在仍有距離，賦與法人人格者係一定的法律。因此，應以法人設立之準據法爲法人之屬人法。

設立準據法主義使法人之屬人法得以固定不變，對於法人屬人法係據以決定法人一般權利能力、內部組織與其消滅之準據而言，自以維持固定不變爲妥。惟設立準據法說亦不無缺失，即法人設立準據法所屬國與法人關係並非密切，例如，依據 A 國法律成立之法人，多在 B 國從事營業活動，如認爲該法人爲 A 國法人，並以 A 國法爲其屬人法則顯非適當。[19] 惟應注意者乃此說之缺失主要發生於外國人法的問題上。如輔以適當的內國法，仍能予以校正。例如，依公司法第 435 條規定：「外國公司申請認許時，應報明並備具左列事項及文件：五、本公司所在地及中華民國境內設立分公司所在地。」要求外國公司在認許時應報明其在內國設立分公司之所在地，即可避免準據法說之缺失。

---

[17] 山田鐐一，國際私法，頁 200。

[18] 山田鐐一，國際私法，頁 203。

[19] 例如，許多公司常常依據美國德拉瓦州之法律，設立公司，但公司之本據並非在德拉瓦州，以德拉瓦州法律為該公司之屬人法，顯非妥適。

二、法人本據地主義

法人本據地法主義多為英美法系國家採取，認為法人之本據地與法人關係最為密切，應以法人之本據地定其屬人法。

惟關於法人之本據地何在，尚有不同見解。

法人事務活動的中心地主義（法人營業中心地）認為法人事務活動的中心地與法人關係最為密切，為保護社會一般利益，應以法人之營業中心地為法人之法人本據地；此說之缺失在於法人之營業中心地如有數個地方或兼跨數國者，將難以定法人之本據地及法人之屬人法。

法人主事務所主義認為應以法人之主事務所為法人之本據地，進而定法人之屬人法。

關於法人之主事務所何在，又有章程說與事實說之對立。

(一) 章程說

章程說認為應以章程所定之主事務說為法人之本據地。此說之缺失在於法人章程所定之主事務所未必係法人真正之住所。

(二) 事實說

事實說則以法人事實上之主事務所為法人之本據地。此說之缺失仍在於法人事實上主事務所何在難以認定。

三、設立人國籍主義

設立人國籍主義又稱為控制說，認為應以法人之設立人之國籍定法人之國籍。此說之缺失在於法人之設立人國籍未必與法人有密切之關係。

四、折衷主義

折衷主義說又稱為限制的設立準據法主義，認為設立準據法說與本據地法說各有其缺失，應折衷其間較妥。亦即，原則上採取設立準據法主義，惟如設立準據法國與該法人無實質的關連時，則以法人本據地法為其屬人法。1960年國際法協會通過「關於公司法律衝突之條約草案」、1951年海牙國際私法會議第七期所通過之「關於外國公司、社團與財團法人人格承認之條約」均是。

五、法人屬人法之適用範圍

關於法人屬人法之適用範圍。由於法人為一國法律技術之產物，因此，原則上，法人自成立迄消滅均有法人屬人法之適用。惟不可否認者乃法人與第三人之關係，為保護行為地交易安全，不能不例外的適用行為地法。詳言之：

（一）法人一般的權利能力之有無，即法人設立形式及實質要件、設立無效之原因事由等，例如，法人章程或捐助章程之作成、政府機關之許可、設立登記、設立無效原因等問題，均應適用法人之屬人法。

（二）關於法人一般權利能力之範圍，由於法人之權利能力係由於法律所賦與，與自然人係與生俱來不同，外國自然人之權利能力除非內國法令特別限制，否則均與內國自然人相同。外國法人則其權利能力受其成立準據法之限制，屬人法所屬國權利能力之範圍未必與行為地權利能力之範圍一致，因而，如某一法人有屬人法上權利能力外之行為，而該行為係同種類內國法人權利能力內之行為，如任其主張該行為無效，將造成相對人權益之受損，影響行為地之交易安全。於此應類推適用涉外民事法律適用法第1條第2項之規定，以該行為雖依屬人法為權利能力外之行為，但依行為地法為有權利能力之行為，仍認該法人之行為為有效。[20] 惟如此將影響法人之債權人或構成員之權益，而有必要調整。亦即，如該法人依據內國法之規定為內國營業所及屬人法之登記，且於內國經常性從事交易行為，相對人因得獲知該法人權利能力之範圍，未必受有不測之損害，而無類推適用涉外民事法律適用法第1條第2項之必要。[21] 同理，就該法人取得之權利而言，如依法人之屬人法受有限制，依權利本身之準據法則無此限制，此際應認為無此限制，以維交易之安全。

（三）關於法人之個別權利能力，原則上依據該權利本身之準據法決定。但就依法人屬人法不得享有之權利，法人得否依據權利本身之準據法而得享有？此不可一概而論，詳言之，如該權利在法人性質上本不得享有，縱使依權利本身準據法，法人得享有，例如，繼承遺產之權利，法人亦不得享有。若非法人性質上一定不得享有之權利，而係因國而異者，法人則得依權利本身準據法而得享有。[22]

---

[20] 溜池良夫，國際私法講義，頁286。
[21] 溜池良夫，國際私法講義，頁286。
[22] 溜池良夫，國際私法講義，頁289。

肆、外國法人之外國人法問題

以上所述，係法人之國際私法問題，此與法人之外國人法問題並不相同，有如前述。

依前述關於從國際私法之說明，法人之權利能力依其屬人法定之，有時固應依法院地法或行為地法調整屬人法所定權利能力之範圍，但究不能依法院地法決定權利能力之範圍。

至於法院地或行為地關於法人之外國人法，在何等要件之下，在何等範圍，得在法院地或行為地從事活動，要屬該國之國內法問題。因此，民法總則施行法第 11 條：「外國法人，除依法律規定外，不認許其成立。」第 12 條：「經認許之外國法人，於法令限制內、與同種類之中國法人有同一之權利能力。前項外國法人，其服從中國法律之義務，與中國法人同。」第 15 條：「未經認許其成立之外國法人，以其名義與他人為法律行為者，其行為人就該法律行為應與該外國法人負連帶責任。」以及台灣地區人民與大陸地區人民關係條例第 70 條之規定：「未經許可之大陸地區法人、團體或其他機構，不得在台灣地區為法律行為。」第 71 條規定：「未經許可之大陸地區法人、團體或其他機構，以其名義在台灣地區與他人為法律行為者，其行為人就該法律行為，應與該大陸地區法人、團體或其他機構，負連帶責任。」要屬我國法之立法裁量範圍，並無疑義。

法務部（86）法律決字第 030762 號函認為：「按民法總則施行法第 12 條第 1 項規定：「經認許之外國法人，於法令限制內與同種之中國法人有同一之權利能力。」公司法第 375 條亦規定：「外國公司經認許後，其法律上權利義務……除法律另有規定外，與中華民國公司同。」依學者通說，未經認許之外國法人，在我國境內並無權利能力（胡長清著《中國民法總論》第 168 頁、洪遜欣著《中國民法總則》第 202 頁、鄭玉波著《民法總則》第 178 頁、施啟揚著《民法總則》第 154 頁參照），而不得作為權利主體。實務上亦認為：「未經認許其成立之外國法人，雖不能認其為法人，然仍不失為非法人之團體，苟該非法人團體設有代表人或管理人者，依民事訴訟法第 40 條第 3 項規定，自有當事人能力。」「……惟此乃程序法對非法人團體認其有形式上之當事人能力，尚不能因之而謂非法人團體有實體上之權利能力。」（最高法院 50 年台上字第 1898 號、67 年台上字第 865 號及 68 年台抗字第 82 號判例參照）。貴部 57 年 5 月 21 日商字第 05563 號函謂「……外國公司未經申請認許，在中國

境內尚不能作為權利義務主體，自無由設定抵押權及質權。」似與上開學者通說及實務見解並無不符。至於未經認許之外國法人得依商標法、專利法規定申請取得商更、專利等無體財產權，以及依外國投資條例申請投資取得本國公司股票，是否基於特別法規定，而有此例外之情形（施啓揚著前揭書第 154 頁參照），事涉貴部主管法規之解釋，宜請本於職權自行研酌之。」固非無據。

問題在於未經認許之外國法人無權利能力之見解是否共有其根據？詳言之，依民法總則施行法第 11 條：「外國法人，除依法律規定外，不認許其成立。」第 12 條：「經認許之外國法人，於法令限制內、與同種類之中國法人有同一之權利能力。前項外國法人，其服從中國法律之義務，與中國法人同。」並不能得出未經認許之外國法人無權利能力之結論。且，如外國法人未經認許，在中華民國無權利能力，則如何可依民法總則第 15 條：「未經認許其成立之外國法人，以其名義與他人為法律行為者，其行為人就該法律行為應與該外國法人負連帶責任。」令外國法人與行為人連帶負責？同理，大陸地區法人如違反台灣地區人民與大陸地區人民關係條例第 70 條之規定：「未經許可之大陸地區法人、團體或其他機構，不得在台灣地區為法律行為。」依同條例第 71 條規定：「未經許可之大陸地區法人、團體或其他機構，以其名義在台灣地區與他人為法律行為者，其行為人就該法律行為，應與該大陸地區法人、團體或其他機構，負連帶責任。」

按「法律行為，違反強制或禁止之規定者，無效。但其規定並不以之為無效者，不在此限。」民法第 71 條定有明文。法律行為違反法律之強制或禁止規定，有為無效者，有不為無效者。其差別在於法律行為所違反之強制或禁止規定，如屬效力規定，則該法律行為為無效，如係取締規定，該法律行為為有效。最高法院 68 年度第三次民事庭庭推總會議決議（一）：「證券交易法第 60 條第 1 項第 1 款之規定乃取締規定，非效力規定，無民法第 71 條之適用，證券商違反本款規定而收受存款或辦理放款，僅主管官署得依證券交易法第 66 條為警告、停業或撤銷營業特許之行政處分，及行為人應負同法第 175 條所定刑事責任，其存款行為（消費寄託）或放款行為（消費借貸），並非無效。」

依上開說明，如將「外國法人未經認許，不得在中華民國為法律行為。」之規定，解釋為取締規定，則違反上開規定之法律行為並非無效，此等結果與民法總則第 15 條：「未經認許其成立之外國法人，以其名義與他人為法律行為者，其行為人就該法律行為應與該外國法人負連帶責任。」並無不合。同理，如將大陸地區法人如違反台灣地區人民與大陸地區人民關係條例第 70 條之規

定：「未經許可之大陸地區法人、團體或其他機構，不得在台灣地區爲法律行爲。」解釋爲取締規定，則違反上開規定之法律行爲並非無效，此等結果與同條例第71條規定：「未經許可之大陸地區法人、團體或其他機構，以其名義在台灣地區與他人爲法律行爲者，其行爲人就該法律行爲，應與該大陸地區法人、團體或其他機構，負連帶責任。」並無不合。要之，未經認許或許可之外國法人或大陸地區法人在中華民國或台灣地區並非無權利能力，其違反前開不得在中華民國或台灣地區爲法律行爲之禁止規定，所爲之法律行爲，亦非無效，而係應與行爲人連帶負責。

伍、本件最高法院民事判決簡評──代結論

最高法院89年度台上字第461號民事判決，依據台灣地區人民與大陸地區人民關係條例第70條之規定：「未經許可之大陸地區法人、團體或其他機構，不得在台灣地區爲法律行爲。」認爲未經許可之大陸地區法人、團體或其他機構，原則上應認其無權利能力，與最高法院一貫見解：「未經認許其成立之外國法人，雖不能認其爲法人。」[23]一致，似無疑義。惟問題在於外國法人之認許或大陸地區法人之許可是否與其權利能力有關？易言之，如認該大陸地區法人爲無權利能力，則其所爲之法律行爲是否爲無效？如認該法律行爲爲無效，則同條例第71條之規定：「未經許可之大陸地區法人、團體或其他機構，以其名義在台灣地區與他人爲法律行爲者，其行爲人就該法律行爲，應與該大陸地區法人、團體或其他機構，負連帶責任。」又如何解釋？最高法院認爲：「未經許可之大陸地區法人、團體或其他機構，以其名義在台灣地區與他人爲法律行爲時，爲保護其在台灣地區爲法律行爲之相對人，上開規定例外承認該大陸地區法人於此情形，在台灣地區亦爲法律上之人格者，自亦有權利能力，而具有當事人能力，就該法律行爲，應與行爲人負連帶責任，此與民法總則施行法第15條規定之意旨相同，否則，上開條例第71條規定所謂『負連帶責任』，將形同具文。」改變先前見解，認大陸地區法人有權利能力，其所爲之法律行爲爲有效，結論與本文前述見解相同，可資贊同。

---

[23] 最高法院50年度台上字第1898號判例。

第五章

外國人之訴訟能力

▶▶最高法院 85 年度台抗字第 165 號民事裁定評釋

第一節　案例事實及法院裁判要旨

壹、當事人及利害關係人

德商拜耳廠股份有限公司（抗告人）

大安化學製藥股份有限公司（相對人）

貳、事實概要

德商拜耳廠股份有限公司與大安化學製藥股份有限公司等間請求損害賠償事件，台灣高等法院台南分院以該事件未經合法代理，裁定駁回原告之訴，德商拜耳廠股份有限公司不服，向最高法院提起本件抗告。最高法院廢棄原裁定，將事件發回台灣高等法院台南分院更為裁判。

參、判決意旨

本件原法院駁回抗告人請求損害賠償之訴，係以：抗告人為未經我國政府認許之外國法人，依涉外民事法律適用法第 1 條之（舊法。新法條次為第 10 條）規定，應依其本國法以定其代表人。而抗告人為德國公司，依德國股份公司法第 78 條第 1 項、第 3 項之規定，董事會代表公司，惟公司章程得另行規定有代表權之人，依抗告人公司章程一般條款第 6 條規定，公司得由董事二人或由董事一人及有業務代理權之業務代理人一人共同代表。查抗告人於民國

81 年 12 月 21 日具狀提起刑事附帶民事訴訟時，係列共同業務代理人帕赫姆與雷漢斯律師二人爲法定代理人，並由該二人於 81 年 12 月 2 日簽署授權書委任李宗德、沈士喨爲訴訟代理人，其起訴顯未由法定代理人合法代理，其訴訟代理人之代理權，亦有欠缺。雖抗告人於本件移送民事庭後，已補正合法法定代理人及訴訟代理權。惟本件刑事附帶民事訴訟，在刑事庭移送民事庭之前，既非合法，仍應認其訴爲不合法，以裁定予以駁回云云，爲其論據。

　　按民事訴訟法關於當事人能力及訴訟能力之規定，於附帶民事訴訟準用之，刑事訴訟法第 491 條第 1 款定有明文。而當事人於能力、法定代理權或爲訴訟所必要之允許有欠缺之人所爲之訴訟行爲，經取得能力之本人，取得法定代理權或允許權之人，法定代理人或有允許權人之承認，溯及於行爲時，發生效力，爲民事訴訟法第 48 條所明定。本件抗告人提起刑事附帶民事訴訟時，固未由法定代理人合法代理，惟於刑事庭移送民事庭後，既已補正合法之法定代理人，依上說明，應溯及於該刑事附帶民事訴訟起訴時，發生效力。原法院疏未注意及此，遽認其起訴爲不合法，而以裁定駁回其訴，尚有未合。抗告意旨，指摘原裁定不當，求予廢棄，非無理由。

第二節　評　釋

壹、概　說

　　訴訟能力係指得單獨有效爲訴訟行爲，或受法院或相對人所爲訴訟行爲之資格或地位，乃爲保護判斷力較劣而未能充分保護自己利益之人，而於訴訟法上所設之制度。無訴訟能力人所爲之訴訟行爲，及對無訴訟能力人所爲之行爲，實屬無效；而應由其法定代理人代爲或代受之。在涉外民事訴訟中，外國人是否有訴訟能力，其判斷基準爲何？又外國無訴訟能力，應由何人代爲代受訴訟行爲，不無疑義。是此問題，則爲訴訟能力之「準據法」問題。

　　民事訴訟法第 45 條規定：「能獨立以法律行爲負義務者，有訴訟能力。」同法第 46 條規定：「外國人依其本國法無訴訟能力，而依中華民國法律有訴訟能力者，視爲有訴訟能力。」由此等規定可知，在實體法上有行爲能力者，在訴訟法上有訴訟能力。而同法第 47 條又規定：「關於訴訟之法定代理及爲訴訟所必要之允許，依民法及其他法令之規定。」足見，無訴訟能力者，其訴訟能力之補允，亦係依民法之法定代理制度定之。但是第 46 條與第 45 條究竟立於

如何關係，不無疑義，亦即，於此仍發生外國人訴訟能力「準據法」之問題。

貳、涉外民事事件訴訟能力之準據法

　　關於外國人之訴訟能力之準據法，學說上向來有法院地法說與當事人本國法說之爭執。大體而言，國際私法學者較傾向於本國法說，但亦有持法院地法說法，民事訴訟法學者則支持法院地說，但亦有改採本國法說者，尚未見一致。

一、法院地法說 [1]

　　採法院地法說者，大抵認為訴訟能力為訴訟法上之概念，應依法院地之訴訟法決定有無訴訟能力，而無適用外國訴訟法之餘地。依此說，則外國人於中華民國法院訴訟，發生訴訟能力之問題，應依民事訴訟法第45條之規定，視其實體法上是否有行為能力。惟外國人是否有行為能力，依涉外民事法律適用法第1條之規定：「人之行為能力，依其本國法。」應依該外國人之本國法，決定其有無行為能力，進而決定其有無訴訟能力。若依其本國法為無行為能力，須由其法定代理人代理訴訟，殊為不便或使訴訟程序過於複雜，而有簡化之必要，乃有同法第46條之規定，將該外國人視為有行為能力。而依涉外民事法律適用法第10條：「外國人依其本國法無行為能力或僅有限制能力，而依中華民國法律行為能力者，就其在中華民國之法律行為，視為有行為能力。」就在中華民國之法律行為，發生相同之結果。

二、本國法說 [2]

　　採本國法說者，則主張訴訟能力，並非應適用法院地法之訴訟程序之問題；外國人之訴訟能力，原則上應依其本國法之訴訟法決定之。依此見解，中華民國之民事訴訟法僅適用中華民國國民。「外國人依其本國法」定其訴訟能力，「無訴訟能力者，依中華民國法律為有訴訟能力，始視為有訴訟能力。」因此，同法第46條係準據法選擇之後，為便於外國人或對於外國人進行訴訟，所設之例外規定，更是保護內國法益（例如便利於外國人，尤其中華民國

---

[1] 青山善充，外國人の當事者能力および訴訟能力，國際民事訴訟法の理論，頁209。

[2] 山田鐐一，外國人の訴訟能力，國際私法の基本問題，久保岩太郎先生還暦紀念，頁429以下。

國民對於外國人進行訴訟。）所設之特別規定。

三、本文見解

基本上，本文仍認為以法院地法說為當。茲列述其理由如下[3]：

（一）訴訟能力與訴訟制度間之關係，密不可分

訴訟能力，係當事人單獨有效的訴訟行為或受訴訟行為之能力，藉此訴訟能力之制度以保護判斷能力未充分之人。則其顯然應與辯論能力有所區別，亦即，訴訟能力以無行為能力之保護為其目的，而辯論能力則係為謀訴訟程序之圓滑進行而設，兩者顯有不同。因此，應以保護具有何等程度之人為必要，應以訴訟能力與訴訟程序之關係決之。若與當事人能力比較時，則與程序密接之程度更高，亦即，在當事人主義所支配之訴訟程序之下，以當事人具有一定程度以上之判斷能力為必要、而不可欠缺。否則，遽認其無訴訟能力，而藉代理人之制度，補充其能力；反之，在職權主義支配下之訴訟程序中，當事人判斷能力之不足，因可以期待法院作輔佐性之保護，故無訴訟能力人之範圍較為狹小。因此，訴訟程序應重視哪些要素，應考慮哪些情事，與一國之訴訟政策有關，因國家而異其程序。即使在同一個國家之內，不同的訴訟程序，因採取當事人主義及職權主義之不同，亦異其訴訟程序。例如民事訴訟程序與刑事訴訟程序即是。在民事訴訟程序中，一般財產訴訟與人事訴訟，亦因採當事人主義與職權主義之不同，訴訟能力之有無之認定，亦異其基準。

由此可見，訴訟能力實與特定之訴訟程序，密切結合而不可分。因此，本國訴訟法說認為訴訟能力屬於人之能力之問題，然不過意謂著與該本國之訴訟程序結合之能力。某國之立法者於其訴訟法設置關於訴訟能力之規定時，絕非著眼於祇要是該國國民，則於世界任何國家進行訴訟，皆有或無訴訟能力，毋寧在於僅就其本身之訴訟程序加以規定，即使外國人於其國進行訴訟，亦應適用其規定。

（二）涉外事件關連性上之考量

某涉外事件應由與該事件具有最密切關係之法律，加以規律，乃國際私法上之大原則。某外國人在中華民國、依中華民國民事訴訟法進行訴訟，則有

---

[3]　青山善充，前揭文，頁 213 以下。

關訴訟能力之事項，姑不問其是否屬於程序事項，抑或是與之具有最密切關係者，當然是適用法院地之中華民國之訴訟法，而非該外國人本國之訴訟法。

訴訟能力之有無，固然應依法院地之訴訟法決之，然而，仍有疑義者乃是否仍須經由涉外民事法律適用法第 10 條、民事訴訟法第 45 條，迂迴的再依該當事人之本國法（實體法）決定其有無行為能力？民事訴訟法第 45 條規定：「能獨立以法律行為負義務者，有訴訟能力。」表示有行為能力者有訴訟能力，其立法意旨在於調和實體法與訴訟法，亦即，有行為能力者，有訴訟能力，反之，有訴訟能力者，有行為能力。惟此就一國法體系下之實體法與訴訟法言之，固無不當，但就外國人所進行之訴訟而言，因實體法與訴訟法異其體系，即不屬於同一國之法體系，故能否達成調和實體法與訴訟法之目的，殊有疑問。因此，藉涉外民事法律適用法第 10 條之適用，將訴訟能力之問題，轉換成當事人本國實體法上行為能力之問題，是一解決之方法。然而，不可避免的是，因各國行為能力制度之不同，將導致相同情況之當事人，在法院地卻異其訴訟能力，其缺失與本國訴訟法說並無不同。因此，純粹從法院地法之觀點，加以調整，即有必要。其途逐有二：

其一，決定外國人有無訴訟能力，係以有無行為能力為依據

有無行為不再依涉外民事法律適用法第 1 條選擇準據法，而逕以法院地實體法決之。但此舉在不進行選法上，難以自圓其說。

其二，基本上仍以法院地為優先，而修正適用本所生之不妥適之處

依當事人本國法所為有無訴訟能力之決定，若無不妥適之處，則逕行承認之，若生不妥適之結果時，依本國法無訴訟能力，而依法院地法無訴訟能力，將導致訴訟程序之繁雜，而有必要加以調整。在依本國法無訴訟能力，依法院地法有訴訟能力之情形，既然法院地法認其自己之權益，則視其為有訴訟能力人，並無不妥，故有民訴訟法第 46 條之規定。反之，在依本國法有訴訟能力，依法院地法無訴訟能力時，則視其為無訴訟能力，不免引起該當事人法定訴訟代理之繁瑣，若視其有訴訟能力，於當事人雙方與法院，皆無不便，因可認其有訴訟能力。當然，認其無訴訟能力，而廣泛的承認其代表人或法定代理人代為訴訟或代受訴訟之權限，亦即，凡是依該當事人本國法或依法院地法，有代行訴訟之權，則可以其為有權代行訴訟之人，亦可獲得相同之效果，而維護訴訟程序之安定與當事人及法院進行訴訟之便利。

本國法說之依據：「外國人依其本國法雖無訴訟能力…」（民事訴訟法第

46 條），其主旨適與涉外民事法律適用法第 10 條：「人之行爲能力，依其本國法…」相同。而民事訴訟法第 40 條，將無訴訟能力之外國人視爲有訴訟能力，與涉外民事法律適用法第 10 條第 2 項，將無行爲能力人與限制行爲能力人，視爲有訴訟能力人，有相同的立法意旨，亦即，前者係就當事人在中華民國之「訴訟」，後者係就行爲人在中華民國之「法律行爲」，爲便於處理及保護與該外國人爲交易之中華民國國民（或第三國國民），所設之例外規定。就此點而言，本國法說固非無據。惟若進一步推論，則依當事人本國法有訴訟能力，而法院地法亦認其有訴訟能力固無疑義，若依當事人本國法無訴訟能力，因有民事訴訟法第 46 條之規定，法院地法認其有訴訟能力，則就繫屬於中華民國法院之訴訟，視爲有訴訟能力。此二種情形，無不立足於法院地法之觀點，實係法院地法說之當然結論。比較有疑義者，乃依本國法有訴訟能力而依法院地法無訴訟能力之情形，此際，若逕視其無訴訟能力，固係立足於法院地法說之觀點，而既認其無訴訟能力，並承認當事人本國法或法院地法之代表權人或法定代理人，有代爲訴訟之權，法院地法說之色彩仍極濃厚，故不足作爲支持本國法說之理由。

(三) 無訴訟能力人及其訴訟代理

最後，就幾種常見之「無訴訟能力」之情形述之：

1. 關於未成年人之訴訟能力 [4]

成年制度因各國制度之不同而有不同。例如，成年之年齡有定爲 21 歲者，有定爲 20 歲者。又如，成年制之緩和，有採成年宣告制，有採自治產能力解放制度，有採因結婚取得行爲能力人、限制行爲能力人與無行爲能力人，有僅分限制行爲能力人與完全行爲能力人。惟各國立法例縱有不同，但凡依行爲人之本國法（涉外民事法律適用法第 10 條第 1 項），有完全行爲能力者，即於中華民國認有行爲能力（涉外民事法律適用法第 10 條第 2 項），並認有訴訟能力（民事訴訟法第 46 條）然而，無行爲能力人或限制行爲能力人（依其本國法之中華民國法律皆然），因無訴訟能力，致發生孰爲其法定代理人之問題。

按無行爲能力人或限制行爲能力人之法定代理人屬於父母與子女間之關

---

[4]　青山善充，前揭文，頁 115。

係，依涉外民事法律適用法第 55 條，父母與子女間之法律關係，依子女之本國法。在非婚生子女認領之場合，則屬於認領之效力問題，應依涉外民事法律適用法第 53 條第 3 項，以認領人之本國法之定之。在收養之場合，屬於收養之效力問題，則應依收養人之本國法定之。雖然適用之結果，即依夫、父或養父之本國法，並無不同，然在涉外民事法律適用法之適用則有異。

比較有疑義者，乃未成年人因結婚而取得完全行為能力與否之場合，究竟應否再為其置法定代理人，則有疑義。例如，未成年人與其父異國籍，依未成年人之本國法，承認因結婚而得行為能力，依父之本國法則不承認之，惟依涉外民事法律適用法第 47 條，應以夫（未成年人）之本國法為準據法，或依涉外民事法律適用法第 55 條，以子女之本國法為準據法，其結論均相同。無訴訟能力人而須為或受訴訟行為，則依民事訴訟法第 51 條，可由法院以其無法定代理人或法定代理人不能行代理權，為其選任特定代理人。

2. 禁治產人或準禁治產人之訴訟能力 [5]

禁治產係禁止自己治理財產，即禁止獨立為財產上法律行為。其立法目的在於保護精神能力有缺陷人之利益，及社會交易安全，與未成年完全人無行為能力並不相同。各國關於禁治產之制度並不相同，有分禁治產宣告與準禁治產宣告，有不加以區別者，後者，又有區別宣告禁治產之原因，而異其宣告之效力者，亦有不區別宣告禁治產之原因而同其效力者，因此，即發生訴訟能力及其法定代理人之疑義。詳言之：[6]

(1) 禁治產宣告係由中華民國法院為之者：涉外民事法律適用法第 12 條規定：「凡在中華民國有住所或居所之外國人，依其本國及中華民國法律同有受監護、輔助宣告之原因者，得為監護、輔助宣告。」「前項監護、輔助宣告，其效力依中華民國法律。」由於外國人有無訴訟能力，係以依其本國法有無行為能力為基礎，因此，將發生中華民國法院監護、輔助宣告之「域外效力」問題，亦即發生該外國人之本國，是否承認吾國禁治產宣告之問題，如該外國人之本國不承認吾國禁治產之宣告，除非其另為宣告，否則，將生依其本國法為有行為能力，依中華民國法律為無行為能力（訴訟能力）之問題，殊難解決。

(2) 禁治產宣告由該外國人之本國法院或第三國法院為之者：於此，皆發

5　青山善充，前揭文，頁 115-116。
6　青山善充，前揭文，頁 115-116。

生外國判決之承認問題。如吾國承認，且其本國承認該禁治產宣告（第三國爲之者，或吾國承認該禁治產宣告時，本國爲之者）則行爲人無行爲能力訴訟能力，如吾國不承認，則依民事訴訟法第 46 條之規定，視爲有訴訟能力。如係禁治產人或禁治產宣告受承認，則受宣告者因無行爲能力，致無訴訟能力，復發生法定代理人之問題。按如何定其法定代理人，不無疑義。有認爲依中華民國法律定之，即認係禁治產宣告之效力問題（涉外民事法律適用法第 12 條第 2 項），亦有認爲應依涉外民事適用法第 56 條：「監護，依受監護人之本國法，但在中華民國有住所或居所之外國人有左列情形之一者，其監護依中華民國法律：一、依受監護人之本國法，有應置監護人之原因而無人行使監護之職務。二、受監護人在中華民國受監護宣告。」，亦即，如該外國人在中華民國受監護、輔助宣告，依中華民國法律，此與適用第 12 條第 2 項同其結果。如該外國人非於中華民國受禁治產宣告，則除非依其本國法，有應置監護人之原因，而無人行使監護之職務，應依中華民國法律外，應以其本國法爲準據法。亦有認爲爲受監護、輔助宣告人置監護人，爲監護、輔助之效力問題，至於以誰爲監護人及其權限如何，則爲監護之效力問題，應分別適用涉外民事法律適用法第 12 條第 2 項，第 56 條定其準據法，以第三說爲多數說。

3. 外國法人或民事訴訟法第 40 條第 3 項所定之非法人團體[7]之訴訟能力

法人有行爲能力，非法人團體則無行爲能力。因此，法人有訴訟能力，但不能自爲訴訟行爲，而須由代表人代爲之，非法人團體須由法定代理人代爲訴訟行爲，皆發生與未成年人或禁治產人相同或相似之法定代理人（代表人）如何決定，及代表人或法定代理人之權限範圍如何之問題，此等問題，在準據法之決定上，學說並不一致，有認爲係屬法人之權利能力及行爲能力之範圍，而應適用法人或非法人團體之本國法，而定其代表人誰屬及其權限。亦有認爲原則上依法人或非法人團體之本國法，但考慮善意、惡意，過失、無過失，國籍等，應類推適用涉外民事法律適用法第 10 條第 2 項，亦有認爲在善意無過失之場合，應適用行爲地法。有認爲屬於本人內部關係之問題而應適用法人或非法人團體之本國法。惟訴訟能力既涉及以他方當事人或法院爲相對人之訴訟行爲之問題，似已非單純法人之內部關係之問題，因此，在維護法院地（行爲地）訴訟程序安定之必要範圍內應以法院地法限制法人或非法人團體本國法之

---

[7] 青山善充，前揭文，頁 117。

適用，詳言之：

在中華民國設有營業所，**繼續進行交易之外國法人**，因其中華民國之代表人有代為訴訟行為之權限（民法第 27 條、民法總則施行法第 11-15 條，公司法第 375 條、第 8 條、第 57 條，第 108 條），因此，在該外國法人原告之場合，依其本國法有代表權之人及其中華民國之代表人，不論該訴訟是否與中華民國之營業行為有關，皆有代為訴訟之權。在外國法人為被告之場合，則訴訟與中華民國之營業行為有關，依其本國法之代表人或在中華民國之代表人，皆有代為訴訟之權。若與在中華民國之營業活動無關依其本國法之代表人固有代為訴訟之權，但在中華民國之代表人是否有代為訴訟之權，應採肯定之見解。然訴訟既與在中華民國之營業行為無關，有關之事實情況及訴訟資料，在中華民國之代表人未必熟悉，致未能為有效之攻擊防禦，而妨害訴訟之圓滑之進行，故宜採否定說。

在中華民國無營業所之外國法人或非法人團體，自應適用法人屬人法，即法人本國法上之代表人或法定代理人，代為訴訟。

參、本件判決簡評——代結論

本件最高法院判決，將原審裁定判決廢棄發回，主要是關於當事人於能力、法定代理權或為訴訟所必要之允許有欠缺之人所為之訴訟行為，經取得能力之本人，取得法定代理權或允許權之人，法定代理人或有允許權人之承認，溯及於行為時，發生效力部分，對於原審裁定所見：抗告人為未經我國政府認許之外國法人，依涉外民事法律適用法第 1 條之規定，應依其本國法以定其代表人。而抗告人為德國公司，依德國股份公司法第 78 條第 1 項、第 3 項之規定，董事會代表公司，惟公司章程得另行規定有代表權之人，依抗告人公司章程一般條款第 6 條規定，公司得由董事二人或由董事一人及有業務代理權之業務代理人一人共同代表。查抗告人於民國 81 年 12 月 21 日具狀提起刑事附帶民事訴訟時，係列共同業務代理人帕赫姆與雷漢斯律師二人為法定代理人，並由該二人於 81 年 12 月 2 日簽署授權書委任李宗德、沈士喨為訴訟代理人，其起訴顯未由法定代理人合法代理，其訴訟代理人之代理權，亦有欠缺一節，則未表示反對見解。基本上可認為贊同原審法院之見解。

原審法院依據實務上一貫見解，認未經認許之外國法人為無權利能力之非法人團體，依民事訴訟法第 40 條有當事人能力。因法人或非法人團體均無

法自為訴訟行為，而有由何人代理之問題。原審裁定認為應依涉外民事法律適用法第1條，以該外國法人之本國法，即德國股份法定其代表人，其理由或在於：法人有行為能力，非法人團體則無行為能力。因法人不能自為訴訟行為，而須由代表人代為之，非法人團體須由法定代理人代為訴訟行為，皆發生與未成年人或禁治產人相同或相似之法定代理人（代表人）如何決定，及代表人或法定代理人之權限範圍如何之問題，此係法人之權利能力之範圍[8]，而應適用法人或非法人團體之本國法，定其代表人誰屬及其權限，原審裁定及最高法院本件裁定之見解，認係法人行為能力問題，似有疑義。

8　行為能力準據法之適用範圍，包括成年年齡（即以何時為成年）、未成年人行為能力之補充（即是否需要法定代理人之同意、許可或追認等）、未成年人得為之行為之範圍、未成年人所為有瑕疵行為之效力（是否無效或得撤銷及是否因無完全行為能力之程度不同而有不同之效力）。至於法人應由何人代表，非法人團體應由何人代理，則應適用法人屬人法，即法人之本國法定之。山田鐐一，國際私法，頁210-212。

第六章

涉外民事事件之當事人適格問題

▶▶最高法院 83 年度台上字第 169 號民事判決、最高法院 86 年度
台上字第 3789 號民事判決評釋

第一節　案例事實及法院裁判要旨

壹、最高法院 83 年度台上字第 169 號民事判決

一、當事人及利害關係人

原告：李榮和等（台灣地區人民）

被告：柯李秀琴等（台灣地區人民）

利害關係人：林卻妹、林愛蓮（大陸地區人民）

二、事實概要

　　坐落台北縣三重市三重埔段五谷王小段第一一四、一一四之一、一一四之二、一一四之三、一一四之四號土地（下稱 A 地）為林恩杯與他人共有，林恩杯於民國（下同）16 年 4 月 17 日死亡，其繼承人林殿坤又於 47 年 8 月 2 日死亡。林殿坤遺有後妻林卻妹及三女林愛蓮（均有繼承權）。其他共有人即原確定判決之第一審原告提起分割共有物訴訟，未將林卻妹及林愛蓮列為當事人一同被訴，於當事人之適格顯有欠缺。原確定判決准予分割共有物，適用法規顯有錯誤。爰提出戶籍謄本一件，依民事訴訟法第 496 條第 1 項第 1 款及第 13 款規定，提起再審之訴，求為將原確定判決即台灣高等法院 79 年度重家上字第 4 號、最高法院 82 年度台上字第 512 號判決關於命林澤深就林恩杯所有

上開土地應有部分各四分之一辦理繼承登記，及就上開土地命爲裁判分割部分
廢棄；就廢棄部分，駁回被上訴人之訴之判決。

三、判決要旨

　　系爭土地之共有人林恩杯於 16 年 4 月 17 日死亡，其繼承人林殿坤又於
47 年 8 月 2 日死亡。雖林殿坤遺有後妻林卻妹及三女林愛蓮，但林卻妹及林
愛蓮於本省光復之初，即出境赴大陸地區廈門定居，未再在台灣地區設有戶
籍，係屬大陸地區人民。而大陸地區人民，依台灣地區與大陸地區人民關係條
例第 69 條及其施行細則第 49 條規定，不得在台灣地區取得不動產物權，自
亦不能在台灣地區繼承取得以不動產爲標的之權利。內政部 82 年 1 月 15 日
（82）內地字第 8113168 號函，亦認大陸地區人民對於台灣地區之不動產不得
申辦繼承登記。故原確定判決未將渠二人列爲當事人，於當事人之適格並無欠
缺。因認上訴人提起本件再審之訴，爲無理由，而以判決予以駁回。經核於法
並無違背。

　　按繼承在台灣地區與大陸地區人民關係條例施行前開始者，大陸地區人
民繼承台灣地區人民之遺產，仍有該條例規定之適用，此觀該條例第 66 條第
2 項之規定自明。上訴論旨，以林殿坤係於 47 年 8 月 2 日死亡，林卻妹、林
愛蓮繼承林殿坤之遺產，係在上開條例施行前開始，應無該條例規定之適用等
詞，指摘原判決不當，求予廢棄，非有理由，因而駁回其上訴。

貳、最高法院 86 年度台上字第 3789 號民事判決

一、當事人及利害關係人

原告（上訴人）：許乃灝，中華民國人民

被告（被上訴人）：許有才，爲許維舟之曾孫，中華民國人民

利害關係人：許維舟，被繼承人（印尼華僑，具有中華民國與印尼雙重國
籍）

繼承人：許靜嫣、許靜嫻（中華民國籍）；其他繼承人若干人（印尼籍）

二、事實概要

　　坐落福建省金門縣金城鎮東門里莒光樓字第六三號、同里城字第七三六六
號、同鎮賢庵里山前字第八○號、同里山前字第七九號、同鎮南門里墅劃字第

六五七號等五筆土地，原係許維舟所有，許維舟死後應由繼承人依法繼承，許有才於民國 76 年 9 月 4 日以其為許維舟曾孫名義辦理繼承登記，侵占系爭五筆土地，嗣於 78 年間並在系爭土地上建築房屋，損害真正所有權人即許維舟繼承人，上訴人許乃灝本於侵權行為所生之損害賠償請求權之作用，求為命被上訴人將系爭五筆土地及地上建物之登記予以塗銷，並將地上建物拆除，將系爭土地返還與伊之判決。被上訴人則抗辯：上訴人不能證明其係許維舟之曾孫，自非系爭土地之所有權人，且上訴人提起本件訴訟，未得其他繼承人全體同意，當事人不適格等語。

三、判決要旨

原審法院認為上訴人主張之事實，固據提出土地及建物登記簿謄本、香港金門縣同鄉會證明書、雅加達公證書、出生證明、許柏林華僑登記證、許柏林結婚證書、楊月娥證明書、保羅士‧愛芬迪‧丹努維查雅授權書及其姐妹許靜嫣、許靜嫻之同意書為證，惟查系爭土地原屬許維舟所有，而許維舟係中華民國移居印尼之華僑等事實，為兩造所不爭執，依國籍法第 11 條規定，自願取得外國國籍者，尚須經內政部之許可，始得喪失中華民國國籍，上訴人主張許維舟死亡時已取得印尼國籍而喪失中華民國國籍乙節，為被上訴人所否認，上訴人復未能舉證證明許維舟業經內政部許可喪失國籍，其此項主張自不足採，應認許維舟死亡時仍具中華民國之國籍。許維舟之繼承人中，縱有不具中華民國國籍者，依涉外民事法律適用法第 22 條前段「繼承，依被繼承人死亡時之本國法。」及同法第 26 條但書「依中華民國國籍法，應認為中華民國國民者，依中華民國法律」之規定，有關許維舟遺產之繼承，自應適用中華民國法律。故系爭土地於許維舟死亡後，自應歸許維舟全體繼承人公同共有。又依同法第 9 條第 1 項前段「關於由侵權行為而生之債，依侵權行為地法」及同法第 10 條第 1 項「關於物權依物之所在地法」之規定，本件上訴人以其系爭土地所有權受侵害，請求回復原狀，其侵權行為地及物之所在地均在中華民國，縱如上訴人主張許維舟之繼承人即系爭土地之公同共有人中有不具中華民國國籍者，亦應適用中華民國法律，上訴人主張伊及許靜嫣、許靜嫻以外之其他繼承人為印尼人，不適用民法第 828 條之規定云云，亦無足採。再查被上訴人抗辯許維舟生前育有子女多人，除長子汝駒以外，尚有次子汝哲等四個兒子及人數不詳之女兒等情，有其所提出之金門珠浦許氏族譜（記載長子汝駒、次子汝哲）及許維舟全家相片（原本存原法院 83 年度上訴字第 12 號許有才偽造文書案卷第 134 頁，記載許維舟攜同四兒、次孫並內外男女孫十數人返金門前合照）影

本在卷足稽，上訴人於上述刑事案件及本件審理過程中對此均未加爭執，應堪認爲實在。按公同共有物之處分及其他之權利行使，除依其公同關係所由規定之法律或契約另有規定外，應得公同共有人全體之同意，民法第 828 條第 2 項定有明文。以公同共有之財產爲訴訟標的者，其法律關係之性質須合一確定，故非由公同共有人全體或得其他公同共有人全體之同意起訴或被訴，則於當事人之適格即有欠缺（本院 41 年台上字第 170 號判例參照）。本件上訴人未能舉證證明系爭土地除上訴人及許靜嫣、許靜嫻以外之其他共有人亦均同意上訴人單獨提起本件訴訟，復未以全體公同共有人名義起訴，其當事人適格即有欠缺。

最高法院（除援用第二審判決外）另認爲：

本件上訴人係於被上訴人所涉僞造文書等案件提起附帶民事訴訟，本於侵權行爲之法律關係，請求損害賠償，回復原狀。而刑事判決所認定被上訴人之犯罪事實，係被上訴人僞稱其爲許維舟之曾孫且係唯一之繼承人，向金門縣地政事務所申辦上開五筆土地之繼承登記，足生損害於許維舟之繼承人及土地登記之正確性。是被上訴人將系爭五筆土地登記爲其所有，其侵權行爲所造成受損害者爲許維舟之全體繼承人，系爭五筆土地屬許維舟繼承人全體所公同共有，上訴人自不得單獨對被上訴人請求損害賠償，本件僅由上訴人一人起訴，其當事人顯不適格。原審就此說明雖有欠周延，惟與判決結果不生影響。上訴論旨，仍執陳詞，並就原審取捨證據，認定事實之職權行使，指摘原判決不當，求予廢棄，非有理由。

第二節　評　釋

壹、問題發生

案例第一則係關於再審之訴之判決，其要點在於原確定判決是否有當事人不適格之情形，如本應爲當事人不適格判決而不爲，卻爲實體判決，即因而具有適用法規顯有錯誤之再審理由。法院對於原告之主張則認爲依據臺灣地區與大陸地區人民關係條例第 69 條之規定，認爲林卻妹、林愛蓮不能取得台灣地區不動產所有權，因此原審判決未以該二人爲當事人而爲實體判決並無當事人不適格情形。

　　第二則原審法院爲實體判決，最高法院卻認爲係當事人不適格。小即，被上訴人將系爭五筆土地登記爲其所有，其侵權行爲所造成受損害者爲許維舟之全體繼承人，系爭五筆土地屬許維舟繼承人全體所公同共有，上訴人自不得單獨對被上訴人請求損害賠償，本件僅由上訴人一人起訴，其當事人顯不適格。原審就此說明雖有欠周延，惟與判決結果不生影響，仍駁回上訴人之上訴。

貳、問題所在

　　第一則林恩杯之繼承人爲林殿坤，林殿坤之繼承人中除本件再審之訴之上訴人外，尚有大陸地區人民之林卻妹與林愛蓮，係涉及臺灣地區與大陸地區之民事事件。該二人之存在是否影響本件原確定判決關於當事人適格之認定？第二則許維舟之繼承人，除上訴人許乃灝、許靜嫣、許靜嫻以外之其他繼承人均爲印尼人，屬涉外民事事件。其他印尼籍繼承人之存在是否影響本件當事人適格之認定？要之，二則最高法院判決所涉均係關於涉外民事事件之當事人適格問題[1]。

參、民事訴訟上之當事人適格概說

　　當事人適格係就具體訴訟有以自己名義爲原告或被告而實施訴訟之權。

　　適格之當事人就具體訴訟有訴訟實施權。當事人適格問題與當事人能力問題不同，當事人能力指爲民事訴訟當事人而起訴或受訴之能力，此項能力之有無，專依當事人本身之屬性定之，當事人適格則指當事人就特定訴訟標的有實施訴訟之權能而言，此項權能之有無，應依當事人與特定訴訟標的之關係定之，兩者迴不相同。生存中之自然人，依民法第 6 條之規定，既有權利能力，依民事訴訟法第 40 條第 1 項之規定，即有當事人能力。縱令上訴人就訟爭之債權無實施訴訟之權能，亦屬當事人不適格，究不得謂無當事人能力。[2]

　　關於當事人不適格之民事訴訟，法院應如何裁判，與訴權學說[3]有關。採權利保護請求權說，原告起訴於當事人適格有欠缺者，係屬訴無理由，法院應

---

[1] 第一則係關於涉及台灣地區與大陸地區之民事事件，由於台灣地區與大陸地區人民關係條例關於民事之規定，採衝突法之立法，與國際私法之涉外民事法律適用法具有相當之類似性，不妨視之爲廣義之涉外民事事件。

[2] 最高法院 26 年度渝上字第 639 號。

[3] 訴權學說參閱，王甲乙、鄭健才、楊建華三人合著，民事訴訟法新論，頁 224-226。

以判決駁回之，不得認爲不合法，以裁定形式予以裁判採本案判決請求權說則認當事人適格與權利保護必要爲訴訟要件，如不具備，法院應以裁定（民事訴訟法第 249 條第 1 項第 6 款）或訴訟判決駁回（此部分尚有爭議）駁回原告之訴。訴權理論以本案判決請求權說爲妥，實務見解採權利保護請求權說。[4] 惟兩者之別僅當事人不適格時，法院應以裁定或訴訟判決或判決無理由駁回原告之訴而已。

依據權利保護請求權說，權利保護要件中關於訴訟標的之法律關係之要件，與關於當事人適格之要件不同，前者屬於實體上權利保護要件，即所主張之法律關係存否之問題，後者屬於訴訟上權利保護要件，即就所主張之法律關係有無爲訴訟之權能之問題。依據本案判決請求權說，則當事人適格爲訴訟要件，亦與訴訟標的法律關係之要件不同，如法院將對於訴標的並無權利義務存在，遽認其所提起本件訴訟爲當事人不適格，不無將兩者混淆之情形。[5]

當事人之適格爲訴訟要件或權利保護要件之一，當事人之適格有無欠缺，爲法院應依職權調查之事項，原告或被告就爲訴訟標的之法律關係如無訴訟實施權，當事人即非適格，原告欠缺訴訟要件或權利保護要件，法院自應認其訴爲不合法或無理由，以裁定判決駁回之。此項當事人適格之欠缺，縱令可以補正，參照民事訴訟法第 49 條之規定，法院未定期命其補正，亦不得指爲違法。[6]

當事人是否適格之判斷，原則上當事人是否法律關係的主體作爲判斷基準。當事人是否爲法律關係之主體，以原告主張爲準，與法院調查結果無關。通常又依其訴訟之種類之不同而有不同之判斷結果，詳言之，

確認之訴當事人適格之判斷，因確認之訴係原告因法律關係之存否不明確，致其私法上地位有受侵害之危險，提起確認法律關係存在之訴者，如以否認其法律關係存在人之爲被告，即不生被訴當事人適格之欠缺問題。[7]

給付之訴，祇須主張自己有給付請求權者，對於其主張爲義務者提起，即

---

[4] 最高法院 29 年度抗字第 347 號。

[5] 最高法院 75 年度台上字第 1477 號。

[6] 最高法院 80 年度台上字第 2378 號。

[7] 最高法院 40 年度台上字第 1827 號。

爲當事人適格。[8] 與法院調查結果原告是否有給付請求權無關。

　　形成之訴，依據實體法之規定，主張有權提起形成之訴之人所提起之形成之訴，即屬當事人適格。例如，離婚之訴，惟夫或妻得爲原告或被告，如由第三人爲共同原告或以第三人爲共同被告，縱使該第三人爲夫或妻之父母，亦應認爲當事人不適格，將該部分原告之訴駁回。[9]

　　此外，雖非法律關係之主體，但依據法律有訴訟實施權之人，所提起之訴訟仍屬當事人適格。破產管理人、遺囑執行人、遺產管理人、強制管理之管理人、失蹤人之財產管理人等均因有訴訟實施權而爲適格之當事人。債權人代位債務人起訴亦同。

　　另，固有必要共同訴訟與當事人適格有關，類似必要共同訴訟則與當事人適格無關。固有必要共同訴訟指必要共同訴訟中，多數當事人若不一同起訴或被訴則當事人不適格。類似必要共同訴訟指依法律數當事人不必一同起訴或被訴；依法律規定本案判決效力及於未爲當事人之人；數人如一同起訴或被訴，則判決應合一確定，適用民事訴訟法第 56 條之規定。必要共同訴訟不以數人必須一同起訴或一同被訴者爲限，爲訴訟標的之法律關係其主體數人必須共同始有實施訴訟之權能者，固須一同起訴或一同被訴，如數人對於該法律關係各有單獨實施訴訟之權能，則雖數人一同起訴或一同被訴時，對於數人必須合一確定，而其中一人單獨起訴或單獨被訴時，仍不得謂當事人之適格有欠缺。[10]

　　至於共有關係與共同訴訟之關係，依據民法第 819 條第 2 項、第 820 條、第 821 條、第 824 條、第 828 條、第 829 條、第 830 條之規定，以共有關係爲訴訟標的之訴訟，其當事人適格之判斷應依共有關係訴訟之類型定之：

　　分割共有物之訴：請求分割公同共有物之訴，爲固有之必要共同訴訟，應由同意分割之公同共有人全體一同起訴，並以反對分割之其他公同共有人全體爲共同被告，於當事人適格始無欠缺。[11] 請求爲共有物及分割共有物之登記，於共有人全體有法律上之利害關係，須共有人全體始得爲之，故請求爲共有物及分割共有物登記之訴，屬於民事訴訟法第 56 條第 1 項所稱訴訟標的對於共

---

[8]　最高法院 79 年度台上字第 1391 號。

[9]　最高法院 21 年度上字第 1348 號。

[10]　最高法院 26 年上字第 845 號判例。

[11]　最高法院 37 年上字第 7366 號、59 年度台上字第 2639 號。

同訴訟之各人必須合一確定之必要共同訴訟。[12]

　　共有物之管理：原則上應經全體共有人同意起訴或被訴，當事人始為適格，但如經全體共有人之同意亦得由共有人中之一人或數人單獨起訴或被訴。對於共有房屋之所有權發生爭執，即係必須合一確定之共同訴訟，須共有人全體一同被訴，方為適格。[13]公同共有物之訴訟，依民法第828條第2項之規定，除法律或契約另有規定外，公同共有物之處分及其他權利之行使，應得公同共有人全體之同意，是倘得公同共有人全體之同意，亦得由公同共有人中之一人或數人單獨起訴或被訴。[14]

　　回復共有物之訴：按各共有人對於第三人，得就共有物之全部，為本於所有權之請求。但回復共有物之請求，僅得為共有人全體之利益為之，民法第821條定有明文，是部分共有人起訴請求回復共有物時，所受之本案判決對於他共有人亦有效力。如部分共有人共同起訴，該訴訟標的對於共同訴訟之各人，在法律上必須合一確定，為類似必要共同訴訟。[15]

　　除去共有物之訴：共有物之處分，應得共有人全體之同意，此觀民法第819條第2項之規定自明。故訴請共有人除去共有物，應以共有人全體為被告，當事人始為適格，其為訴訟標的之法律關係，於共有人全體有法律上之利害關係，對於共同訴訟人之全體即屬必須合一確定。[16]

　　公同共有之合夥債權債務之訴訟事件，在該合夥人間自係有必須合一確定之必要，共同訴訟其中之一人上訴，應視與全體所為同。又本於合夥之公同共有債權而提起之訴訟，係屬固有必要共同訴訟，除須一同起訴外，法院裁判時亦應對全體共同訴訟人為之。[17]

肆、涉外民事事件之當事人適格問題

　　依據前開說明，民事訴訟法雖未就當事人適格問題有明文規定，但一般均

---

[12] 最高法院49年度台上字第1578號。
[13] 司法院院字第1147號(4)。
[14] 最高法院59年度台上字第11號。
[15] 最高法院81年度台上字第2769號。
[16] 最高法院86年度台上字第1474號。
[17] 最高法院88年度台上字第2566號。

認係民事訴訟法重要問題之一，其爲民事訴訟法之概念應無疑義。另，依據前述說明當事人適格與否，應依據原告主張之法律關係判斷之，原告主張之法律關係無非爲實體之法律關係，因此，當事人適格與否之問題，與原告主張依據之實體法律關係有密切關係。

國際私法之涉外民事法律適用法係就涉外民事事件依據各選法規則，定其應適用之準據法（實體法）。當事人適格與否之判斷，復與實體法之主張有關，有如前述，則在涉外民事事件之當事人適格與否之判斷是否有別於純粹內國民事事件，而應考慮國際私法之適用？

日本東京地裁平成 3 年 8 月 27 日判決[18]，其事實大要爲：英國美術商 A 與日本美術商 Y 之職員 B 達成將某件古董借給 Y 客戶鑑賞，以該客戶願意購買爲條件，則 A 願意出售予 Y 之合意。基此合意，A 將古董借給來到倫敦之香港美術商 C，結果在 C 旅館房間失竊。A 本件古董由原告 X 等多家英國保險公司承保，X 等保險公司理賠後，即由列名該保險單首位之 X，基於侵權行爲及保險代位之法律關係，單獨爲全體保險公司起訴請求 Y 損害賠償。法院認爲依據英國習慣法，此等訴訟得由列名保險單首位之一家保險公司以自己之名義，爲全體保險人起訴。其他保險人復授權 X 起訴，則 X 之起訴既有訴訟追行權，即屬任意訴訟擔當，雖日本基於其民事訴訟法律師代理主義，及信託法禁止以訴訟爲目的之信託，任意訴訟擔當爲法所不許。但本件訴訟原告既爲保險人之一員，與其他保險人有共同利害關係，由 X 單獨爲全體保險人起訴，不致發生前述法律限制之規避，因此，英國習慣法之規定應予尊重，再考慮多數保險人在日本訴訟之困難度，有必要容許此等任意的訴訟擔當。

日本學說則有不同見解，有採取實體法說者，認爲當事人適格爲實體法概念，只應依國際私法之涉外民事法律適用法，定其應適用之實體法，據以判斷該涉外民事事件當事人是否適格。[19]亦有採取程序法說者，認爲當事人適格爲程序法之概念，其判斷只能就民事訴訟法之規定爲之。但採訴訟法說者仍有不同見解，有認爲當事人適格與訴訟制度有密切關連，如法院地法認爲係實體問

---

[18] 昭和 63 年（ワ）第 4284 號損害賠償事件，判例時報 1425 號，頁 100。

[19] 山田鐐一、澤木敬郎編，國際私法講義，頁 240；澤木敬郎著，國際私法入門（第三版，1990，有斐閣），頁 227-228。但其第四版補訂版，道垣內正人補訂，1998，有斐閣，則刪去此部分之論述。

題，則應依國際私法所定之準據法判斷之。[20] 亦有認為應依據實體與程序間關連性之強度，考慮實體關係準據法之適用。[21] 亦有認為應適用外國法（包括其訴訟法）或法院地法，應考慮實體權利之歸屬、法院之負擔以及當事人之期待等因素決定之。[22] 亦有採折衷說，認為應歸納檢討個別案例，定立決定係實體問題或程序問題之標準[23]。

按國際私法上向有所謂「程序，依法院地法」之原則。亦即，凡屬於程序事項即直接適用法院地法，而不依據國際私法選擇其所應適用之準據法，如屬於實體事項則應適用國際私法選擇所應適用之準據法。

程序，依法院地法之理論根據何在，向有種種不同的看法，其中較常為學者提及者有：

程序法之屬地性，即程序法應在其所屬國家之領域內適用，因此，程序問題即應適用法院地法。

程序法之公法的性格，亦即程序法屬於公法，公法原則上適用於其所屬國家領域之內，而不適用於領域之外，因此，程序問題即應適用法院地法。

公共秩序、善良風俗。因為程序法與法院地國之公共秩序善良風俗有關，因此，應適用法院地法。

場所支配原則，即法院地法適用於法院地之程序行為。

當事人任意服從，亦即當事人在何處進行訴訟，即表示當事人有適用該法院地法之意思。

依吾人所信，程序，依法院地法之理論依據，應求之於：

程序法與其他所屬之司法制度具有密切不可分之關係。例如，行政爭訟之處理是否納入司法制度之中，是否採取律師強制主義，上訴之許可與否及其限制如何，可否以言詞起訴等問題，及其有關之法律，多多少少與一國之司法

---

[20] 石黑一憲著，國際私法，1994 年，新世社，頁 190-191。

[21] 小林秀之著，外國人の訴訟當事者適格，新・實務民事訴訟法講座七，1982 年，頁 87 以下。青山善充，外國人の訴訟上の地位，國際私法の爭點，新版，1988 年，頁 96 以下。

[22] 松岡博，涉外事件の當事者，國際取引と國際私法，1993 年，頁 85-89。

[23] 福永有利，涉外訴訟事件における訴訟追行權，吉川追悼「手續法と實體法の交錯」（下），頁 84 以下、頁 100。

制度——法院之組織與權限，具有密切的關連。在此司法制度之下進行訴訟，其必然的結果乃是受法院地程序法之支配，而與當事人之國籍無關。因此，與實體問題，例如契約之成立與效力或物權之得喪變更，可與特定的司法制度分離，而依其性質，選擇不同的準據法加以適用，自有所不同。當然，一國司法制度之下，其程序法亦有著眼於外國人當事人或其他涉外的要素，而設特別的規定。例如，民事訴訟法第 45 條（第 46 條）、第 402 條。

程序法全體之完整性：若以判決爲例，自訴之提起迄判決確定，其間有無數個訴行爲成一連鎖，而有必要以一法律予以統一，使其能完整的存在，並且，相互之間成一有機的關連。若其一部適用不同的法規，則不免混亂了整體之調和。就此點而言，與實體法係就各個不同的法律關係，爲個別的規定，相互之間未必有密切的關係，可說有很大的差別。

程序法本質上須因應大量事件公平迅速處理之要求：例如，證據資料之提出，應依如何之程序？當事人缺席應如何處理，證據調查依何等程序進行？等等問題，對法官而言，即使當事人爲外國人，仍應依其熟悉之法院地程序法，劃一的加以處理，此不僅是從便宜的觀點加以考量，且係公平、迅速之裁判本質的要求所使然。

因此，「程序依法院地法」，在國際私法或國際民事訴訟法上，仍不失爲正當重要之原則。問題在於其所及之範圍。[24] 就當事人適格問題而言，是否即在程序，依法院地法原則之適用範圍？再者，即使係在該原則之適用範圍，應如何適用亦有檢討之必要。

當事人適格問題在我國，既屬民事訴訟法上極爲重要之問題，但是似乎沒有一概僅適用法院地法之必要。易言之，當事人適格與否既應依原告主張之實體法律關係定之，自與實體法密切相關。處理涉外民事事件之實體問題，既應顧及國際私法之適用，處理涉外民事事件之當事人適格問題，自應先依國際私法之規定，據以決定該涉外民事事件所應適用之準據法，再據以判斷該涉外民事事件當事人是否適格，筆者贊同前述應適用實體關係準據法說之見解。

最高法院前述二件案例均是關於共有關係之必要共同訴訟：

---

24 關於程序，依法院地法之討論，請參照青山善充，外國人の當事人能力よ訴訟能力，國際民事訴訟法の理論，頁 209-211。

　　就案例第一則而言，再審原告質疑原確定判決忽視當事人適格問題，而爲實體判決。法院如認爲該案爲分割共有物事件，爲固有必要共同訴訟，如非以全體所有權人爲當事人，當事人即不適格，依據前述關於當事人適格之說明，應判決駁回原告之訴，不應爲實體判決，惟何人爲所有權人？既與繼承有關，自應應依繼承關係之準據法定之。系爭土地之共有人林恩杯於 16 年 4 月 17 日死亡，當時台灣地區爲日據時期，應適用日據時期之日本法律。[25]

　　林恩杯去世後，其繼承人林殿坤又於 47 年 8 月 2 日死亡，當時台灣已經光復，其繼承應適用中華民國民法。

　　雖林殿坤遺有後妻林卻妹及三女林愛蓮，但林卻妹及林愛蓮於本省光復之初，即出境赴大陸地區廈門定居，未再在台灣地區設有戶籍，係屬大陸地區人民[26]，屬涉及臺灣地區與大陸地區之民事事件，應適用臺灣地區與大陸地區人民關係條例之規定，定其應適用之準據法。該條例第 41 條規定：「臺灣地區人民與大陸地區人民間之民事事件，除本條例另有規定外，適用臺灣地區之法律。」同條例第 60 條復規定：「被繼承人爲大陸地區人民者，關於繼承依該地區之規定。但在臺灣地區之遺產，適用臺灣地區之法律。」被繼承人爲臺灣地區人民，或被繼承人爲大陸地區人民而其遺產在臺灣地區者，應以臺灣地區之法律爲準據法。所謂臺灣地區之法律包括臺灣地區與大陸地區人民關係條例中之實體規定。亦即，臺灣地區與大陸地區人民關係條例關於民事部分並非全然爲衝突法（即區際私法）之規定[27]，若干規定爲實體規定，例如，第 64 條關於婚姻撤銷之規定，第 65 條關於收養子女之規定，第 66 條關於繼承表示之規定，第 67 條關於繼承人爲大陸地區人民，其繼承額最高限制之規定，以及本件關於大陸地區人民不得取得台灣地區不動產權利之限制規定等均是。

　　大陸地區人民，依該條例第 69 條及其施行細則第 49 條規定，不得在台

---

[25] 參閱最高法院 80 年台上字第 2122 號：「日據時期關於台灣人民親屬繼承事件，不適用日本民法之規定，應適用當時台灣之習慣，依當時台灣之習慣，關於財產繼承，分爲戶主因喪失戶主身分而開始之家產繼承，及家族死亡而開始之私產繼承，關於家產繼承，其法定繼承人以直系血親卑親屬爲限，女子無繼承權；但如經親屬協議選定，亦得繼承家產。關於私產繼承，其法定順位爲：(1) 直系血親卑親屬；(2) 配偶；(3) 直系尊親屬；(4) 戶主。得繼承私產之直系血親卑親屬，並不以男子爲限。」不過，因本案就此未深論，致其事實情況不明確。

[26] 參閱臺灣地區與大陸地區人民關係條例第 2 條之規定。

[27] 參閱，劉鐵錚、陳榮傳著，國際私法論，頁 751 以下。

灣地區取得不動產物權，對於取得原因並未有限制，因此，不能在台灣地區繼承取得以不動產為標的之權利。林卻妹與林愛蓮即非系爭土地共有人。分割共有物之訴依據前述說明既係固有的必要共同訴訟，應以全體共有人為兩造當事人，其當事人始為適格，而林卻妹、林愛蓮既未為系爭土地之共有人，系爭土地之分割共有物訴訟，即無以該二人為當事人之必要，其當事人適格不生問題。要之，就結論而言，該案之法院判決結論可資贊同，但在推理過程，忽略衝突法之臺灣地區與大陸地區人民關係條例之適用，不免缺憾。

就案例第二則而言：系爭土地原屬許維舟所有，許維舟係中華民國移居印尼之華僑，其原具有中華民國國籍，是否因另行取得印尼國籍而喪失中華民國國籍？由於中華民國國籍之得喪變更應依中華民國國籍法之規定定之。[28] 依國籍法第 11 條規定，自願取得外國國籍者，須經內政部之許可，始得喪失中華民國國籍，本件當事人既未舉證證明許維舟業經內政部許可喪失國籍，應認許維舟死亡時仍具中華民國國籍，則許維舟自應認係具有中華民國及印尼雙重國籍之人。

依涉外民事法律適用法第 2 條之規定：「依本法應適用當事人本國法，而當事人有多數國籍時，依其關係最切之國籍定其本國法。」如涉外民事事件之準據法應以當事人本國法為準據法，當事人為雙重國籍，其關係最切國籍為中華民國國籍者，應以中華民國法律為該涉外民事事件之準據法。

本案依原告主張之訴訟標的法律關係[29] 有數項。首先為繼承之法律關係。依涉外民事法律適用法第 58 條前段之規定：「繼承，依被繼承人死亡時之本國法。」有關許維舟遺產之繼承，自應以中華民國法律為準據法。許維舟之繼承人中，縱有不具中華民國國籍者，系爭土地於許維舟死亡後，自應歸許維舟全體繼承人公同共有。其次，關於侵權行為之法律關係，依同法第 25 條第 1 項前段之規定：「關於由侵權行為而生之債，依侵權行為地法」，本件原告主張侵權行為地既在中華民國，自應適用中華民國法律。第三，關於所有物返還請求權，應認為係物權之法律關係，依同法第 38 條第 1 項「關於物權依物之所在地法」之規定，物之所在地亦在中華民國，仍應以中華民國法律為準據法。

---

[28] 此為國際私法之通說，參閱劉鐵錚、陳榮傳前揭書，頁 106 以下；馬漢寶，國際私法總論，頁 67 以下。

[29] 涉外民事事件之訴訟標的問題極其有趣，另以他文論之，於此暫時割捨。

以繼承之訴訟標的法律關係而言，許維舟為印尼與中華民國雙重國籍之人，依據前述國籍法、涉外民事法律適用法之規定及說明，自應認係中華民國國民，其遺產繼承之準據法為中華民國法律。中華民國法律既為系爭訴訟標的法律關係之準據法，則關於當事人適格與否之問題，自應依據中華民國法律定之。許維舟之繼承人中有不具中華民國國籍者，因土地法第 17 條規定：「左列土地不得移轉、設定、負擔或租賃於外國人：一、農地。二、林地。三、漁地。四、牧地。五、狩獵地。六、鹽地。七、礦地。八、水源地。九、要塞軍備區域及領域邊境之土地。」同法第 18 條規定：「外國人在中華民國取得或設定土地權利，以依條約或其本國法律，中華民國人民得在該國享受同樣權利者為限。」外國人取得或設定土地權利，受有標的物及互惠主義之限制。如系爭土地依土地法之規定，印尼籍之許維舟繼承人不得取得系爭土地之所有權，則其無法成為共有人，因而無以之為當事人之必要，而無當事人適格與否之問題。

就物權或侵權行為訴訟標的法律關係而言，其當事人適格亦應以準據法之中華民國法律定之。依據前開說明，印尼籍之繼承人既不能取得中華民國之不動產，而非系爭土地共有人之一，自不得對於被告主張所有物返還請求權或侵權行為，因而無以印尼籍之繼承人為原告之必要，不生當事人適格問題。

至於最高法院所論：「公同共有物之處分及其他之權利行使，除依其公同關係所由規定之法律或契約另有規定外，應得公同共有人全體之同意。民法第 828 條第 2 項定有明文。以公同共有之財產為訴訟標的者，其法律關係之性質須合一確定，故非由公同共有人全體或得其他公同共有人全體之同意起訴或被訴，則於當事人之適格即有欠缺。（最高法院 41 年台上字第 170 號判例參照）。本於侵權行為之法律關係，請求損害賠償，回復原狀。刑事判決所認定被上訴人之犯罪事實，係被上訴人偽稱其為許維舟之曾孫且係唯一之繼承人，向金門縣地政事務所申辦上開五筆土地之繼承登記，足生損害於許維舟之繼承人及土地登記之正確性。是被上訴人將系爭五筆土地登記為其所有，其侵權行為所造成受損害者為許維舟之全體繼承人，系爭五筆土地屬許維舟繼承人全體所公同共有，上訴人自不得單獨對被上訴人請求損害賠償，本件僅由上訴人一人起訴，其當事人顯不適格。本件上訴人未能舉證證明系爭土地除上訴人及許靜嫣、許靜嫻以外之其他共有人亦均同意上訴人單獨提起本件訴訟，復未以全體公同共有人名義起訴，其當事人適格即有欠缺」等語，就其他中華民國籍之繼承人而言，自無適用涉外民事法律適用法以中華民國法律為準據法，定其當

事人適格之必要。

涉外民事事件其他當事人適格問題，當然不以共有關係必要共同訴訟爲限。實務上最重要的即係債權人代位債務人起訴請求第三債務人清償債務之當事人適格問題。按民法第 242 條規定：「債務人怠於行使其權利時，債權人因保全債權，得以自己之名義，行使其權利。但專屬於債務人本身者，不在此限。」實務上向來認爲債務人怠於行使其權利時，債權人因保全債權，得以自己名義代位債務人行使其權利，此項代位權行使之範圍，就同法第 243 條但書規定旨趣推之，並不以保存行爲爲限，凡以權利之保存或實行爲目的之一切審判上或審判外之行爲，諸如假扣押、假處分、聲請強制執行、實行擔保權、催告、提起訴訟等，債權人皆得代位行使。[30] 債權人得以自己名義，對於債務人之第三債務人起訴，行使債務人對於第三債務人之債權，其當事人即屬適格。[31]

關於代位之性質，有認爲係訴訟法之權利，其準據法爲法院地法；惟通說認爲係實體法之性質，其準據法應累積適用債權人債權之準據法與債務人債權之準據法。[32] 惟債權人代位權之行使又與當事人適格有關。因此，關於債權人代位債務人起訴，其當事人適格自不得僅以法院地法決之，而應考慮債權人債權與債務人之債權之準據法之規定。

同理，以破產管理人、遺囑執行人、遺產管理人、強制管理之管理人、失蹤人之財產管理人等身分起訴，其當事人適格與否自應顧慮破產準據法、繼

---

[30] 最高法院 69 年度台抗字第 240 號。

[31] 最高法院 31 年度決議（14）決議：訴權存在之要件分三種，一爲關於訴訟標的之法律關係之要件，二爲關於保護之必要之要件，三爲關於當事人適格之要件，張三以某地係李四所有，向王大提起確認所有權之訴時，如張三有民法第 242 條之代位權，提起所有權屬於李四之訴，第三要件固無欠缺，即張三無故提起確認所有權屬於李四之訴，亦當以其無即受確認判決之法律上利益，認爲第二要件有欠缺，不得謂第三要件有欠缺，蓋就他人間法律關係之存否，提起確認之訴，如有即受確認判決之法律上利益，不能以其非該法律關係之主體即謂第三要件有欠缺也。至張三無故提起確認李四之地爲自己所有之訴時，其事實上之陳述與其應受判決事項之聲明雖屬矛盾，而就其聲明解釋之應認其主張所權屬於自己，該訴訟仍不外以張三之所有權爲訴訟標的，自僅欠缺第一要件，而非欠缺第三要件。又某子主張某丑對伊負有債務而向某寅提起請求清償時，其事實上之陳述，與其應受判決事項之聲明，雖屬矛盾，而就其聲明解釋之，應認其已主張對於某寅有給付請求權，該訴訟仍不外以某子對於某寅之給付請求權爲訴訟標的，自僅欠缺第一要件，而非欠缺第三要件。

[32] 劉鐵錚、陳榮傳著，前揭書，頁 353 以下；溜池良夫著，國際私法講義，頁 384 以下。

承關係準據法及管理權依據之實體關係等之準據法。就前述日本東京地方裁判所之案例而言，法院見解雖採法院地法說，其判例評釋者固亦有採分割適用說者，認爲是否有授權應適用授權行爲本身之準據法，但權限行使之容許性及行使方式應適用法院地法。[33] 但仍以實體關係準據法適用說或法院地法與實體關係準據法之累積適用說[34]爲可採。訴訟爲固有必要共同訴訟或類似必要共同訴訟，有無當事人適格問題，亦應考慮國際私法及其所應適用之準據法之適用。

伍、結論：贊同最高法院判決之見解

據上所述，最高法院 83 年度台上字第 169 號、最高法院 86 年度台上字第 3789 號二則民事判決確已注意涉外民事事件之當事人適格問題之存在，並適用涉外民事法律適用法或臺灣地區與大陸地區人民關係條例之規定，以該涉外民事事件之準據法作爲判斷當事人適格與否之依據，確值得贊同。

---

[33] 渡邊惺之，ジュリスト，873 號，頁 103 以下，1986 年。

[34] 奧田安宏，ジュリスト，1020 號，頁 170 以下；野村美明，平成四年重要判例解説，ジュリスト，1024 號，頁 287 以下。

第七章

外國仲裁協議與妨訴抗辯與假扣押、假處分

▶▶台灣高等法院 84 年度抗字第 1434 號民事裁定、
最高法院 85 年度台抗字第 227 號民事裁定評釋

第一節　案例事實及法院裁判要旨

壹、台灣高等法院 84 年度抗字第 1434 號民事裁定

一、當事人及利害關係人

假扣押債務人（聲請人即抗告人）：普立爾照相工業股份有限公司

假扣押債權人（相對人）：日商技能株式會社

二、事實概要及裁判意旨

日商技能株式會社（下稱技能會社）為保全其對於普立爾照相工業股份有限公司（下稱普立爾公司）之金錢債權，因而假扣押普立爾公司之財產，普立爾公司聲請法院命技能會社起訴，法院裁定准許普立爾公司之請求，命技能會社應於裁定送達後七日內起訴。嗣後，普立爾公司再以技能會社未於七日內起訴，聲請法院裁定撤銷假扣押裁定。法院駁回其聲請，普立爾公司不服提起抗告。

普立爾公司在台灣台北地方法院主張：抗告人與相對人間假扣押事件，已經鈞院以 84 年聲字第 401 號裁定命相對人於裁定送達後七日內就其欲保全執行之請求，向管轄法院起訴在案。今距相對人收受裁定顯已超過七日，而其

迄今就其欲保全執行之請求並未提出任何民事訴訟，聲請人自得聲請將假扣押裁定撤銷之。且相對人固然已就本件民事紛爭向中華民國商務仲裁協會提請仲裁，惟其指為依據之「供應及購買合約」以及「技術移轉及授權合約」之準據法均為日本法，而仲裁條款既屬該二契約之一部分，故自屬依日本法成立，而非依我國商務仲裁條例成立，自不能適用該條例第 27 條之規定以仲裁之聲請代替起訴，相對人既經鈞院以 84 年聲字第 401 號裁定命其七天之內提起民事訴訟而至今並未起訴，而所抗辯已提請仲裁又無代替起訴之效力，因而聲請撤銷假扣押之裁定等語。

台灣台北地方法院以：聲請人所提出之仲裁契約，其當事人之一造為根據日本法律組設主事務所位於日本國長野縣諏訪市高島一丁目廿一番十七號之日商技能株式會社，係外國法人，有合約備忘錄一份在卷可稽，故系爭仲裁契約應為涉外仲裁契約無疑。原法院於 84 年度聲字 401 號裁定命相對人於裁定送達後七日內就其欲保全執行之請求，向管轄法院起訴，該裁定係於八十四年三月三日送達於相對人之代理人陳傳岳律師處，而相對人於八十四年三月十日已向中華民國商務仲裁協會提起仲裁，有原法院 84 年度聲字 401 號裁定、送達證書及仲裁申請書各一份附卷可參，應類推適用我國商務仲裁條例第 27 條規定，聲請人不得依民事訴訟法第 529 條第 2 項之規定聲請撤銷假扣押，從而駁回抗告人之聲請等情，經核於法並無不合。

抗告意旨雖稱：命相對人限期起訴之原法院 84 年聲字第 401 號裁定已確定，自不得為相反之認定；而依最高法院 76 年度台抗字 401 號、174 號、及 72 年台抗字第 410 號裁定意旨，涉外仲裁契約並非商務仲裁條例第 1 條所謂依「本條例訂立之仲裁契約」，故無商務仲裁條例第 27 條之適用，原法院所引最高法院八十一年五月十二日第三次總會決議，乃針對商務仲裁條例第 3 條妨訴抗辯所為之決議，而本件之焦點為該條例第 27 條之適用，原裁定之見解，自非正確云云。

按本案尚未繫屬者，命假扣押之法院應依債務人之聲請，命債權人於一定之時間內起訴，債權人不於前項時間內起訴者，債務人得聲請命假扣押之法院撤銷假扣押之裁定，民事訴訟法第 529 條固定有明文。而商務仲裁條例第 27 條規定：「仲裁契約當事人之一造，依民事訴訟法有關保全程序之規定，聲請假扣押、假處分時者，不適用同法第 529 條之規定，但當事人依本條例之規定，得提起訴訟時，不在此限。」即商務仲裁條例第 27 條排除了民事訴訟法第 529 條之適用，本件爭執之重點在於商務仲裁條例第 27 條所謂之仲裁契約

是否包括涉外仲裁契約。經查：按最高法院八十一年五月十二日第三次民事庭會議決議略以：按仲裁制度之基礎在於仲裁契約，國內仲裁如此，涉外仲裁亦然，所謂涉外仲裁契約，係指契約當事人之國籍、住所、契約訂立地或仲裁程序進行地等各項之一，含有涉外因素之仲裁契約或條款而言。而在立法例上，我國商務仲裁條例並未如英、美、法等國設有內國仲裁契約與涉外仲裁契約之區分，參諸商務仲裁條例第 3 條及第 1 條第 1 項規定，可知商務仲裁條例第 2 條所指之仲裁契約，亦屬內國仲裁契約，並不包括涉外仲裁契約在內。惟現代國際貿易發展迅速，商務仲裁制度日形重要，國際間之仲裁契約亦日益盛行，乃於民國七十一年六月十一日修正商務仲裁條例，增訂第 30 條至第 34 條，明定在中華民國領域外所作成仲裁判斷之定義、承認及其執行，惟就仲裁制度之基礎即涉外仲裁契約之存在並未作一併配合之增訂，以致發生畸形之現象。申言之，當時之修法，僅及於仲裁判斷層面，而未及於仲裁契約問題，因此商務仲裁條例第 3 條妨訴抗辯之規定，仍無法適用於涉外仲裁契約，此項疏漏，顯造成法律之漏洞，為補救此一立法之不足，應認涉外仲裁契約，其當事人之一方不遵守，逕向我國法院起訴時，他方得類推適用我國商務仲裁條例第三條之規定，為妨訴之抗辯等語。按法律解釋不容為割裂解釋，最高法院八十一年五月十二日第三次民事總會決議雖僅就商務仲裁條例第 3 條所作之決議，惟商務仲裁條例第 27 條亦應作相同之解釋，而認涉外仲裁契約得類推適用商務仲裁條例第 27 條之規定，蓋如不作此解釋，則於涉外仲裁契約，假扣押之債務人一方面得要求法院命假扣押債權人限期起訴，他方面又於起訴程序中依上開最高法院決議，類推適用商務仲裁條例第 3 條提出仲裁契約主張妨訴抗辯，使假扣押債權人無從起訴，假扣押債務人再以未限期起訴為由，聲請撤銷假扣押裁定，導致假扣押之保全功能完全喪失，殊非立法本意。至抗告人所引最高法院 76 年度台抗字 401 號、174 號、及 72 年台抗字第 410 號裁定，係最高法院八十一年五月十二日第三次民事總會決議以前之見解，自八十一年五月十二日最高法院決議之後，自不應再予援用。又命相對人限期起訴之原法院 84 年聲字第 401 號裁定雖已確定，惟該裁定，未考慮上開最高法院決議及商務仲裁條例第 27 條之規定，本院並不受拘束。如此解釋，始與能彌補法律漏洞，故於涉外仲裁契約，除有商務仲裁條例第 27 條但書之情形外，假扣押之債務人自不得主張假扣押債權人未於期限內起訴，而依據民事訴訟法第 529 條規定聲請撤銷假扣押至明。又故抗告人認上開見解對假扣押債務人不利，造成更大法律漏洞云云，惟按假扣押程序債權人就請求及假扣押之原因均應釋明或由債權人就債務人所受之損害，供法定之擔保以代釋明，供擔保並非得任意為之，抗

告人之抗告理由，自不足採。本件相對人為日本法人，故系爭仲裁契約為涉外仲裁契約，雖原法院於 84 年度聲字 401 號裁定命相對人於裁定送達後七日內就其欲保全執行之請求，向管轄法院起訴，該裁定係於八十四年三月三日送達而相對人於八十四年三月十日已向中華民國商務仲裁協會提起仲裁，有原法院 84 年度聲字 401 號裁定、送達證書及仲裁聲請書各一份附卷可參，自應類推適用我國商務仲裁條例第 27 條規定，聲請人不得依民事訴訟法第 529 條第 2 項之規定聲請撤銷假扣押。原裁定駁回抗告人之聲請，洵無不當，抗告意旨猶執前詞，指摘原裁定不當，求予廢棄，非有理由。

貳、最高法院 85 年度台抗字第 227 號民事裁定

一、當事人及利害關係人

假扣押債務人（聲請人、抗告人、再抗告人）：普立爾照相工業股份有限公司

假扣押債權人（相對人）：日商技能株式會社

二、事實概要及裁定意旨

本件再抗告人向臺灣台北地方法院（以下簡稱台北地院）聲請准予撤銷同法院 84 年度裁全字第 1434 號假扣押裁定，係以：按本案尚未繫屬者，命假扣押之法院應依債務人之聲請，命債權人於一定之時間內起訴，債權人不於前項時間內起訴者，債務人得聲請命假扣押之法院撤銷假扣押之裁定，民事訴訟法第 529 條定有明文。相對人前聲請台北地院假扣押伊財產，伊則聲請同法院以 84 年度聲字第 1444 號裁定命相對人於裁定送達後七日內就其欲保全執行之請求，向管轄法院起訴，該裁定已於八十四年六月十六日送達相對人，相對人逾期未起訴等情，並提出民事裁定為證。台北地院以：再抗告人主張之事實，有該院 84 年度聲字第 1444 號裁定及送達證書可稽，其聲請自屬正當，因而准其聲請。相對人不服，提起抗告。

原法院以：按仲裁契約當事人之一造，依民事訴訟法有關保全程序之規定，聲請假扣押或假處分者，不適用同法第 529 條之規定，商務仲裁條例第 27 條定有明文。雖我國商務仲裁條例第 2 條所指之仲裁契約，依該條例第 3 條及第 1 條第 1 項規定，係指內國仲裁契約，並不包括涉外仲裁契約在內。惟現代國際貿易發展迅速，商務仲裁制度日形重要，國際間之仲裁契約亦日益盛

行，為適應現代國際商務往來之需要，及發展我國國際貿易，應解為涉外仲裁契約得類推適用我國商務仲裁條例第 27 條之規定。本件相對人為外國法人，有其提出之日本國公司登記事項變更證明書一件為證，系爭仲裁契約為涉外仲裁契約。前開台北地院命相對人於七日內起訴之裁定，雖於八十四年六月十六日送達相對人，惟相對人已於八十四年三月八日向中華民國商務仲裁協會聲請仲裁，有聲請書影本附於原法院 84 年度抗字第 2144 號卷可稽，且為再抗告人所不否認，依上開說明，自應類推適用我國商務仲裁條例第 27 條規定，再抗告人不得依民事訴訟法第 529 條第 2 項之規定聲請撤銷假扣押裁定。台北地院以 84 年度全聲字第 467 號裁定准予撤銷假扣押裁定，即有未合。原裁定因認相對人之抗告為有理由，將該裁定予以廢棄，駁回再抗告人之聲請，於法並無違背。

第二節　評　釋

壹、楔　子

民國（下同）87 年東吳大學陳榮傳教授、台北大學徐慧怡副教授與筆者三人擔任工作小組，起草涉外民事法律適用法修正草案，供涉外民事法律適用法修正委員會研討。其間數易其稿。其中有一稿曾於草案中規定外國仲裁妨訴抗辯、仲裁法律關係之準據法等 [1]。

惟法務部表示反對意見，以法務部 89 年 5 月 15 日（89）法律字第 161 號函略以：大院「涉外民事法律適用法研究修正委員會」研修小組所提「涉外民事法律適用法修正草案」，其中有關涉外仲裁協議（修正條文第 122 條至第 127 條）及外國仲裁判斷之承認與執行（第 134 條至第 137 條）部分，本部意見如附件，請查照參考。

附件：關於大院涉外民事法律適用法研究修正委員會所提「涉外民事法律適用法修正草案」（以下簡稱「修正草案」）修正條文第 122 條至第 127 條有關涉外仲裁協議，及第 134 條至第 137 條有關外國仲裁判斷之承認與執行部分，究以於該法或仲裁法中規定為宜乙節，法務部意見如下：一、按新修正之仲裁

---

[1] 條文被收入賴來焜，當代國際（私）法學之基礎理論，2000 年，作者自版。

法（87年6月24日修正公布，並於同年12月24日施行）已擴大仲裁之適用範圍，有關涉外民事法律關係現在或將來依法得和解之爭議，依該法第1條第1項及第2項規定，當事人原得訂立仲裁協議，約定由仲裁人一人或單數之數人成立仲裁庭，以仲裁方式解決。又關於仲裁協議之形式、仲裁條款獨立性之原則、仲裁協議妨訴抗辯之方式及其效果、仲裁程序之準據法、保全程序，以及外國仲裁判斷之定義、聲請承認及法院駁回之事由等，該法第1條第3項至第4項、第3條、第4條、第19條、第39條及第47條至第51條等均已明定。另由外國之仲裁人一人或單數之數人成立仲裁庭仲裁，如係在中華民國領域內依我國仲裁法作成仲裁判斷者，仍為內國仲裁判斷，並非外國仲裁判斷，尚不生聲請我國法院承認之問題，合先說明。

法務部上開函應予說明者乃：

姑且不論涉外民事法律適用法（國際私法）應否將仲裁納入[2]，筆者根本的

---

[2] 法務部另認為：「二、經查聯合國國際貿易法委員會1985年所採行之國際商務仲裁模範法（即 UNCITRAL MODEL LAW ON INTERNATIONAL COMMERCIAL ARBIITRATION，以下簡稱「模範法」），將前揭有關涉外仲裁協議及外國仲裁判斷之承認與執行之規定均規定在內；而將之均規定於該國仲裁法中者，除我國外，尚有英國1996年仲裁法、德國1998年仲裁法、加拿大1986年商務仲裁條例、澳洲1974年國際仲裁法、澳洲維多利亞州1984年商務仲裁條例、新加坡1994年國際仲裁法及香港1996年仲裁條例。美國則將所有有關仲裁之規定，包括仲裁之一般性規定、外國仲裁判斷之承認與執行，均規定於第九編仲裁編（Title 9 Arbitration）中，另法國及義大利則規定於該國民事訴訟法中。次查各國立法例中，亦有於其他法律中明定有關仲裁之規定者，如羅馬尼亞1992年國際私法（第180條及第181條，但該國1993年民事訴訟法就國際仲裁仍規定於該法第370條至第370條之3）、中華民國大陸1997年國際私法（第46條及第160條）、匈牙利人民共和國1979年國際私法（第62條及第74條，但該國1994年仲裁法則參照「模範法」制定，其內容包括涉外仲裁）、土耳其1982年國際私法（第43條至第45條係有關外國仲裁判斷執行之規定）、南斯拉夫1983年國際私法（第97條至第101條係有關外國仲裁判斷之承認與執行之規定，該國1977年民事訴訟法第469條則就涉外仲裁設有規定）、祕魯1984年新國際私法（第2064條及第2110條，但該國1992年仲裁法則於第81條至第109條規定涉外仲裁及外國仲裁判斷之承認與執行）及瑞士1987年新國際私法（第7條及第176條至194條）。其中除瑞士因無仲裁法，故將「國際仲裁」部分於該國國際私法中列專章（第十二章第176條至第194條）作詳細規定（條文共計19條），情形較為特殊外，其餘各國多僅就仲裁管轄權及外國仲裁判斷之承認及執行等事項於該國國際私法中為規定，至有關仲裁協議、仲裁庭之組織及仲裁程序之進行等各事項，則均仍規定於該國仲裁法或民事訴訟法中。三、有關涉外仲裁協議及外國仲裁判斷之承認與執行相關規定，我國仲裁法既已定有明文，實務運作上並未發現有何窒礙難行之處，且為英國、德國、澳洲、加拿大、新加坡、美國等工商發達國家新近所採之立法

懷疑在於仲裁法是否涵蓋涉外仲裁的全部問題？即以本文有關外國仲裁協議而言，法務部認為：「由外國之仲裁人一人或單數之數人成立仲裁庭仲裁，如係在中華民國領域內依我國仲裁法作成仲裁判斷者，仍為內國仲裁判斷，並非外國仲裁判斷，尚不生聲請我國法院承認之問題。」問題在於：由外國之仲裁人一人或單數之數人成立仲裁庭仲裁，如非在中華民國領域內，或在中華民國境內但非依我國仲裁法作成仲裁判斷，並非內國仲裁判斷，而為外國仲裁判斷，應聲請我國法院承認（仲裁法第 47 條）。進而言之，當事人協議由外國之仲裁人一人或單數之數人成立仲裁庭仲裁，不在中華民國領域內依我國仲裁法作成仲裁判斷，或當事人協議由中華民國仲裁人，依外國法為仲裁判斷，仍為外國仲裁協議。

再者，外國仲裁判斷尚應經中華民國承認始在中華民國生效，未達仲裁判斷階段之外國仲裁協議，即得據以妨訴抗辯理由？

另，在國內學者討論仲裁妨訴抗辯，往往將外國仲裁協議誤為涉外仲裁協議，即使最高法院 81 年第三次民事庭會議決議亦然。實則涉外仲裁與外國仲裁協議完全不同，有如後所述。法務部前開函示雖未提及此等用語，但亦未明白提及仲裁法第一條之仲裁協議，兼指外國仲裁協議。

據上所述，外國仲裁協議之要件及效力尚待澄清，是為本判決評釋之動機所在。

貳、問題發生

本案例與外國仲裁協議之妨訴抗辯[3]、涉外民事事件之假扣押[4]（假處分應準用，以下使用假扣押，兼括二者）裁定與執行、限期起訴、撤銷假扣押裁定等問題有關。

方式，更為聯合國國際貿易法委員會所採行「模範法」之規範模式，如將有關該等事項之規定移列於涉外民事法律適用法，不僅與新近主流立法趨勢不符，且未能配合國際仲裁法統一化之世界潮流及理想，此外亦與涉外民事法律適用法為法律之適用法之本質有所扞格，故本部認該等事項仍以規定於仲裁法中為宜。」

[3] 關於涉外仲裁之妨訴抗辯問題，參閱林俊益，論涉外仲裁契約，頁 47 以下；同，論英國仲裁契約在我國法院訴訟之妨訴抗辯，頁 63 以下；國際商務仲裁論文集（一），民國 79 年。

[4] 關於涉外民事事件之假扣押假處分問題，參閱筆者，涉外民事事件之假扣押假處分問題，頁 167 以下，國際私法理論與實踐（一），1998 年。

　　按假扣押僅係保全程序，對於債權人與債務人間之實體爭執，原無裁判之機會與可能，債務人財產上之權利，因受假扣押之禁止處分等限制而受影響。雖有債權人之供擔保，亦僅能於損害發生後，由債務人向債權人求償，並自該擔保優先獲得清償。但假扣押或假處分是否不當，債務人是否受有損害，得否向債權人求償，與債權人本案請求是否得成立有關，自宜迅速由債權人起訴解決其本案之爭執，在債權人有所怠慢時，亦應許債務人聲請命債權人法院起訴，民事訴訟法第529條因而規定：「本案尚未繫屬者，命假扣押之法院應依債務人聲請，命債權人於一定期間內起訴。債權人不於前項期間內起訴者，債務人得聲請命假扣押之法院撤銷假扣押裁定。」惟商務仲裁條例第27條特別規定：「仲裁契約當事人之一造，依民事訴訟法有關保全程序之規定，聲請假扣押、假處分時者，不適用同法第529條之規定，但當事人依本條例之規定，得提起訴訟時，不在此限。」排除了民事訴訟法第529條之適用。如債權人於聲請對債務人之財產實施假扣押後，對於爭議事項復遲不提請仲裁以求解決，將致債務人產生嚴重損害，該債權人行使債權既有違誠信原則，如不准債務人參照民事訴訟法第529條規定之法理，聲請限期命債權人提付仲裁，殊有失法律衡平保護債權人及債務人之原則。雖債務人非不得自行依其仲裁契約聲請仲裁，以解決所受假扣押之困擾，但惹起保全程序之當事人應有就其所保全請求之爭執提付仲裁之義務，始符程序上之公平正義。[5]

---

[5]　最高法院86年台抗字第562號判例。仲裁法第4條：「仲裁協議，如一方不遵守，另行提起訴訟時，法院應依他方聲請裁定停止訴訟程序，並命原告於一定期間內提付仲裁。但被告已為本案之言詞辯論者，不在此限。原告逾前項期間未提付仲裁者，法院應以裁定駁回其訴。第一項之訴訟，經法院裁定停止訴訟程序後，如仲裁成立，視為於仲裁庭作成判斷時撤回起訴。」就此已有明文規定。決議內容按仲裁制度之基礎在於仲裁契約，國內仲裁如此，涉外仲裁亦然。所謂涉外仲裁契約，係指契約當事人之國籍、住所、契約訂立地或仲裁程序進行地等各項之一，含有涉外因素之仲裁契約或條款而言。在立法例上，我國商務仲裁條例並未如英、美、法等國設有內國仲裁契約與涉外仲裁契約之區分。我國商務仲裁條例第3條僅規定：「仲裁契約如一造不遵守，而另行提起訴訟時，他造得據以請求法院駁回原告之訴」，而該第3條規定，係由第1條接續而來，依第1條第1項規定：「凡有關商務上現在或將來之爭議，當事人得依本條例訂立仲裁契約，約定仲裁人一人或單數之數人仲裁之」。是第1條既謂「依本條例訂立仲裁契約」，則此項仲裁契約，顯屬我國內國契約，故第3條所指之仲裁契約，亦屬內國仲裁契約，並不包括涉外仲裁契約在內。因此涉外仲裁契約之當事人，尚難逕適用商務仲裁條例第3條規定，主張妨訴抗辯。惟現代國際貿易發展迅速，商務仲裁制度日形重要，國際間之仲裁契約亦日益盛行，聯合國外國仲裁判斷之承認及執行公約（紐約公約）第2條第3項即規定：「當事人就糾紛事項訂有本條所稱之契約者，締約國之法院

　　關於仲裁之法律，民國（下同）71 年 6 月 11 日時為商務仲裁條例，其第 1 條規定：「凡有關商務上現在或將來之爭議，當事人得依本條例訂立仲裁契約，約定仲裁人一人或單數之數人仲裁之。前項契約，應以書面為之。」第 3 條規定：「仲裁契約，如一造不遵守，而另行提起訴訟時，他造得據以請求法院駁回原告之訴。」當事人間就現在或將來之私法爭議，訂有仲裁契約，將該私法爭議交由商務仲裁協會仲裁仲裁，如一方當事人違反仲裁契約在法院提起民事訴訟，他方當事人自得據以請求法院駁回原告之訴，債權人亦得依同條例第 27 條規定：「仲裁契約當事人之一造，依民事訴訟法有關保全程序之規定，聲請假扣押、假處分時者，不適用同法第 529 條之規定，但當事人依本條例之規定，得提起訴訟時，不在此限。」請求法院駁回債務人請求法院定期命債權人起訴之聲請，或以債權人逾期未起訴，請求法院撤銷假扣押裁定之聲請。此於當事人依據商務仲裁條例定有仲裁協議者，固無疑義。惟如就涉外民事事件，當事人間訂有外國仲裁條款，將該涉外私法爭議交由外國仲裁機構仲裁，有無適用，不無疑義。

　　關於一方當事人不遵守外國仲裁契約，在中華民國法院提起民事訴訟，他方當事人得否請求法院駁回原告之訴（即妨訴抗辯），最高法院決議 81 年度第三次民事庭會議曾決議，採類推適用說，[6,7] 前揭台灣高等法院及最高法院關

受理該訴訟時，應依當事人一方之請求，命當事人將糾紛交付仲裁。但其約定無效，不生效力或履行不能者，不在此限」。我國有鑑於涉外仲裁，與推展國際貿易，息息相關，乃於民國 71 年 6 月 11 日修正商務仲裁條例，增訂第 30 條至第 34 條，明定在中華民國領域外所作成仲裁判斷之定義、承認及其執行，惟就仲裁制度之基礎即涉外仲裁契約之存在並未一併作配合之增訂，以致發生畸形現象。申言之，當時之修法，僅及於仲裁判斷層面，而未及於仲裁契約問題，因此商務仲裁條例第 3 條妨訴抗辯之規定，仍無法適用於涉外仲裁契約，此項疏漏，顯造成法律之漏洞。為補救此一立法之不足，應認涉外仲裁契約，其當事人之一方不遵守，逕向我國法院起訴時，他方得類推適用我國商務仲裁條例第 3 條之規定，為妨訴之抗辯。

6　民五庭提案：當事人所訂契約，附有仲裁條款，約定因契約所生之爭議，應在外國仲裁，惟一方當事人不遵守此項約定，未經外國仲裁，即逕向本國法院起訴，他方當事人可否依據商務仲裁條例第 3 條之規定，提出妨訴抗辯之規定，仍無法適用於涉外仲裁契約，此項疏漏，顯造成法律之漏洞。為補救此一立法之不足，應認涉外仲裁契約，其當事人之一方不遵守，逕向我國法院起訴時，他方得類推適用我國商務仲裁條例第 3 條之規定，為妨訴之抗辯。

　　問題在於：商務仲裁條例嗣後修正為仲裁法，其第 1 條規定：「有關現在或將來之爭議，當事人得訂立仲裁協議，約定由仲裁人一人或單數之數人成立仲裁庭仲裁之。前項爭議，以依法得和解者為限。仲裁協議，應以書面為之。當事人間之文書、證券、信函、電傳、電報或

於商務仲裁條例第 27 條之適用，亦採類推適用說。

其他類似方式之通訊，足認有仲裁合意者，視為仲裁協議成立。」第 4 條規定：「仲裁協議，如一方不遵守，另行提起訴訟時，法院應依他方聲請裁定停止訴訟程序，並命原告於一定期間內提付仲裁。但被告已為本案之言詞辯論者，不在此限。原告逾前項期間未提付仲裁者，法院應以裁定駁回其訴。第 1 項之訴訟，經法院裁定停止訴訟程序後，如仲裁成立，視為於仲裁庭作成判斷時撤回起訴。」

7　該提案原列有甲、乙二說：

甲說：按商務仲裁係基於私法上契約自由原則而設立私法紛爭自主解決之制度。國家對於仲裁之立場，僅止於促使其健全發展，而予以必要之協助與監督而已。故仲裁條款除有違背公序良俗或強制規定外，應尊重仲裁契約之效力。我國商務仲裁條例並未如美、英、法、瑞典、韓等國之立法例，有「內國仲裁契約」及「外國仲裁契約」之分，且本條例又無明文規定限於依我國商務仲裁條例規定之程序規則進行仲裁之契約，始有適用，而鑑於現代國際貿易迅速發達之結果，商務仲裁制度日形重要，國際間之仲裁契約日益盛行，各國對於他國仲裁判斷能否在本國執行，多採互惠原則，我國商務仲裁條例於 71 年 6 月 11 日修正時，因而增訂關於中華民國領域外作成之仲裁判斷之定義、承認及其程序，明定外國仲裁判斷，經聲請我國法院裁定承認後，得為執行名義（參照商務仲裁條例第 30 條至第 34 條）。如認該條例第 3 條所定得援用妨訴抗辯之仲裁契約，僅限於在我國領域內之地點交付仲裁之仲裁契約，而不包括在外國仲裁之外國仲裁契約，則當事人動輒逕行起訴，外國仲裁判斷即幾無法作成，其結果，商務仲裁條例第 30 條至第 34 條所定「外國仲裁判斷之承認與執行」條文，將殆無適用之機會。又若不承認其有妨訴抗辯權，將來訴訟結果，如判決與該涉外仲裁契約所作成之外國仲裁判斷不一致，究以何者為準？亦易滋爭執；如一致，又有違訴訟經濟原則，勞民傷財。為適應現代國際商務往來之需要，發展我國國際貿易，應解為當事人間約定在外國為仲裁時，應有妨訴抗辯之適用。

乙說：按商務仲裁條例第 1 條第 1 項規定：「凡有關商務現在或將來之爭議，當事人得依本條例訂立仲裁契約，約定仲裁人一人或單數之數人仲裁之。」而同條例第 3 條係接續該條項而為規定，雖未明文規定限於本國仲裁契約，始有適用，然解釋上，應認為同條例第 3 條所謂之仲裁契約，係指依該條例訂立之本國仲裁契約而言，當無疑義。從而本題情形他造當事人不得援用上開條例第 3 條提出妨訴抗辯。

嗣後討論結果，均採甲說之得提出妨訴抗辯說，但甲說中就吳庭長明軒等原研究報告，李庭長錦豐不同意見及民事第五庭所提意見，又分為法理說、類推適用說、當然適用說。

一、法理說：最高法院研究報告（吳明軒、李錦豐、曾桂香、林奇福、吳啓賓）採之。

我國商務仲裁條例於民國 71 年 6 月 11 日修正時，增訂第 30 條至第 34 條，明定在中華民國領域外所作成仲裁判斷之定義、承認及其程序，並規定聲請我國法院裁定後，得為執行名義，其立法本旨，係為適應現代國際商業往來之需要，發展我國國際貿易而設。因此，同條例第 32 條第 2 項規定：「外國仲裁判斷，其判斷地國對於中華民國之仲裁判斷不予承認者，法院得駁回其聲請」。即依判斷地國之法律，不承認中華民國之仲裁判斷者，我國法院是否以裁定承認外國之仲裁判斷，仍有自由斟酌之空間，非必駁回其聲請也，捨互惠主義而採禮讓主義，惟就涉外事件之外國仲裁契約是否有我國商務仲裁條例第 3 條妨訴抗辯規定之適用，疏未規範，顯為法律之漏洞，應許我國法院援用法理，釐定當事人是否得提出妨訴抗辯

之標準，俾供遵循。查外國仲裁判斷之承認及執行公約（紐約公約）第2條第3項規定：「當事人就糾紛事項訂有本條所稱之契約者，締約國之法院受理該訴訟時，應依當事人一方之請求，命當事人將糾紛交付仲裁。但其約定無效、不生效力或履行不能者，不在此限」。我國雖非上開公約之締約國，為促進國際貿易發展，因應國際仲裁制度之潮流，應解為法院得以上開公約規定作為法理而援用之。因認涉外事件之外國仲裁契約，當事人之一方不遵守，逕向中華民國法院起訴時，他方得為妨訴之抗辯。至該外國仲裁契約是否有無效、不生效力或履行不能之情形，應由中華民國法院就個案之具體情形認定之，殊難預擬劃一之標準。

二、類推適用說：李庭長錦豐不同意見書及其與蘇達志法官在會議時之發言採之。

李庭長錦豐不同意見書

按仲裁制度之基礎在於仲裁契約，國內仲裁如此，涉外仲裁亦然。所謂涉外仲裁契約，係指契約當事人之國籍、住所、契約訂立地或仲裁程序進行地等各項之一，含有涉外因素之仲裁契約或條款而言。在立法例上，我國商務仲裁條例並未如英、美、法等國設有內國仲裁契約與涉外仲裁契約之區分。我國商務仲裁條例第3條僅規定：「仲裁契約如一造不遵守，而另行提起訴訟時，他造得據以請求法院駁回原告之訴」，而該第3條規定，係由第1條接續而來，依第1條第1項規定：「凡有關商務上現在或將來之爭議，當事人得依本條例訂立仲裁契約，約定仲裁人一人或單數之數人仲裁之」。是第1條既謂「依本條例訂立仲裁契約」，則此項仲裁契約，顯屬我國內國仲裁契約，故第3條所指之仲裁契約，亦屬內國仲裁契約，並不包括涉外仲裁契約在內。因此涉外仲裁契約之當事人，尚難逕適用商務仲裁條例第3條規定，主張妨訴抗辯。惟現代國際貿易發展迅速，商務仲裁制度日形重要，國際間之仲裁契約亦日益盛行，聯合國外國仲裁判斷之承認及執行公約（紐約公約）第2條第3項即規定：「當事人就糾紛事項訂有本條所稱之契約者，締約國之法院受理該訴訟時，應依當事人一方之請求，命當事人將糾紛交付仲裁。但其約定無效，不生效力或履行不能者，不在此限」。我國有鑑於涉外仲裁，與推展國際貿易，息息相關，乃於民國71年6月11日修正商務仲裁條例，增訂第30條至第34條，明定在中華民國領域外所作成仲裁判斷之定義、承認及其執行，惟就仲裁制度之基礎即涉外仲裁契約之存在並未一併作配合之增訂，以致發生畸形現象。申言之，當時之修法，僅及於仲裁判斷層面，而未及於仲裁契約問題，因此商務仲裁條例第三條妨訴抗辯之規定，仍無法適用於涉外仲裁契約，此項疏漏，顯造成法律之漏洞。為補救此一立法之不足，應認涉外仲裁契約，其當事人之一方不遵守，逕向我國法院起訴時，他方得類推適用我國商務仲裁條例第3條之規定，為妨訴之抗辯。至研究報告雖稱：上述法律之漏洞，我國法院得援用紐約公約之法理，准許當事人提出妨訴抗辯云云，微論紐約公約第2條第3項規定，並未明確釐定法院就「本案訴訟」部分應如何處理，故如貿然依據該紐約公約之法理，裁定駁回原告之訴，自嫌未合。況因法律之漏洞，而須依據法理為裁判時，係指該事件之法律性質就現存實證法觀察，毫無可作為裁判之依據時，始能依據法理加以規範而為裁判。若法律雖有漏洞，而得類推適用現有規定時，即無依據法理而為裁判之理。從而本件情形既得類推適用我國商務仲裁條例第3條之規定而為裁判，顯無援用紐約公約之法理之餘地。

李庭長錦豐發言

我國商務仲裁條例第3條關於妨訴抗辯之規定，僅就依同條例所訂立之仲裁契約，始有其適用，則涉外仲裁契約自無逕適用之餘地。民國71年6月11日修正商務仲裁條例時，雖曾增

訂第 30 條至第 34 條，明定在中華民國領域外所作成仲裁判斷之定義、承認及其執行，但就涉外仲裁契約部分並未一併增訂，以致造成疏漏，而形成法律之漏洞。按法律若有漏洞，法官必須探求法律規定之目的，創造法律，作為公平裁判之基礎，以填補此項法律規定之缺陷。而填補之方法其最常用者乃類推適用相類似之規定。故除非就現存實證法觀察，毫無可作為裁判之依據，不能遽依據法理而為裁判。本題情形，涉外仲裁契約之當事人既得類推適用我國商務仲裁條例第 3 條規定，主張妨訴抗辯，我國法院即無援用紐約公約之法理而為裁判之餘地。此觀和解筆錄如有誤寫、誤算或其他類此之顯然錯誤者，本院 43 年台抗字第 1 號判例即謂法院書記官得類推適用民事訴訟法第 232 條第 1 項之規定，而為更正之處分，而不曰得依該條規定之法理，為更正處分，即可明瞭。

蘇法官達志發言

第一次發言

本席原則上贊成民五庭研究意見，惟商務仲裁條例第 32 條規定之精神與民事訴訟法第 402 條立法意旨相同，與商務仲裁條例第 3 條妨訴抗辯無關，不應扯在一起。

第二次發言

私權糾紛的解決方法有自治的解決方法（如調解）、強制的解決方法（如訴訟）與非自治亦非強制的解決方法（如商務仲裁）。當事人間訂立仲裁契約，約定雙方糾紛不由法院裁判，而交付仲裁，並無損於國家之統治權。且既已訂有仲裁契約，基於契約信守之原則，不論係依商務仲裁條例第一條所訂或外國仲裁契約，當事人均應受其拘束，因此商務仲裁條例第三條妨訴抗辯之仲裁契約，不應解釋為僅限於依同條例第一條所訂之仲裁契約。依英國學者所著仲裁法（按即 William H. Gill 所著 The law of Arbitration）認為仲裁有三大優點，即：(1) 專業性之優點；(2) 速度快之優點；(3) 省費用之優點，依本席所見，與我國情況相類。因商務非法官之專業，對糾紛之判斷。須花費很長的時間去瞭解，還未必能做公正而正確之判斷。且訴訟有審級制度，遷延時日自所難免。而依我國商務仲裁協會組織及仲裁費用規則第 24 條規定，除小額仲裁外所須繳納仲裁費用，亦較裁判費為少，因此商務仲裁應值得鼓勵。商務仲裁既有專業性等優點，交付仲裁能得正確而迅速之判斷。因此不遵守仲裁契約之當事人，通常應係理虧之當事人。其另行提起訴訟，不外希望外行的法官，為不正確之判斷，使其獲得非份之利益，或想藉訴訟之拖延，以逃避其責任。因此自應給他方當事人妨訴之抗辯。則商務仲裁條例第 3 條妨訴抗辯所稱之「仲裁契約」，亦不應限制解釋為同條例第 1 條所指之「仲裁契約」而已。

三、當然適用說：民五庭研究意見及蘇達志法官之意見採之。

民五庭研究意見

我國商務仲裁條例第 1 條、第 3 條雖就商務仲裁契約之訂立及妨訴抗辯接續而為規定，但我國商務仲裁條例，並未如美、英、法等國之立法例，設有「內國仲裁契約」及「外國仲裁契約」之分，且本條例亦無明文規定限於依我國商務仲裁條例規定之程序規則進行仲裁之契約，始有適用。參以我國商務仲裁條例於民國 71 年 6 月 11 日修正時，為適應現代國際商業往來之需要，增訂第 30 條至第 34 條「外國仲裁判斷之承認與執行」條文，其中第 33 條第 1 項第 4 款規定，有第 23 條第 1 項第 2 款即「仲裁契約」無效之情形時，得拒絕承認外國仲裁判斷。此處所稱「仲裁契約」，當係指外國仲裁契約而言。是以，無論就國際貿易潮流以及立法本旨，我國商務仲裁條例中之「仲裁契約」，實應解為包括內國仲裁契約及外國仲裁

就條文文字觀之，仲裁法係規定：「有關現在或將來之爭議，當事人得訂立仲裁協議，與前述商務仲裁條例之規定：「凡有關商務上現在或將來之爭議，當事人得依本條例訂立仲裁契約，約定仲裁人一人或單數之數人仲裁之」不同，因之，最高法院前述決議是否仍有適用？[8]

參、不同見解

商務仲裁條例第 1 條規定：「凡有關商務上現在或將來之爭議，當事人得依本條例訂立仲裁契約，約定仲裁人一人或單數之數人仲裁之。前項契約，應以書面為之。」第 3 條規定：「仲裁契約，如一造不遵守，而另行提起訴訟時，他造得據以請求法院駁回原告之訴。」當事人間有內國仲裁協議者，如一方當事人違反仲裁協議，在中華民國法院起訴，他方當事人得為妨訴抗辯，殆無疑義。惟如當事人間有外國仲裁協議，如一方當事人違反仲裁協議在中華民國起訴，他方當事人得否為妨訴抗辯，最高法院前述決議採類推適用說。

契約。因此，有效成立之外國仲裁契約，如一造不遵守，逕向我國法院起訴時，應認亦有商務仲裁條例第 3 條妨訴抗辯規定之適用。

表決結果：類推適用說通過。

[8] 台灣台北地方法 87 年度國貿字第 27 號民事裁定，關於「代理契約」（AGENCY AGREEMENT），其中第 18 條約定：「ARBITRATION. The parties shall use good faith efforts to settle any disputes arising under this Agreement. In the event any such dispute cannot be settled shall be submitted to arbitration in accordance with English law.」（暫譯為：仲裁雙方當事人應盡最大努力去解決此代理契約引發之爭議。如有任何爭議無法解決時，應提付仲裁途徑依英國法規範）。援用仲裁法第 4 條之規定，對於原告所辯：兩造間縱有仲裁之協議，未必皆有妨訴抗辯之適用，蓋依商務仲裁條例第 49 條規定：「外國仲裁判斷，其判斷地國或判斷地所適用之仲裁法規所屬國對於中華民國之仲裁判斷不予承認者，法院得以裁定駁回其聲請」，而英國並未承認我國仲裁判斷，則縱兩造合意就一定之法律關係依英國法仲裁，此協議並非具有絕對不可排除之效力。若依被告主張，原告在英國起訴或依英國法仲裁，均未必可在台灣獲得承認與執行，在台灣起訴又受到仲裁協議之拘束，則原告將無任何救濟途徑，顯非兩造為此協議仲裁之本意云云，認為：惟查兩造間既有仲裁之協議，自應予以完全之尊重，此乃近代私法自治原則之體現。原告欲解決兩造間之紛爭，仍應遵循兩造間之仲裁協議為之，而被告之事務所既設在台灣台北市內，原告自可於台灣提付仲裁以資解決兩造間之紛爭，若取得確定之仲裁判斷者，於台灣境內自無任何不予承認或無法執行之困窘。原告既選擇於台灣提起訴訟，於判決確定後取得之執行名義，與原告於台灣提付仲裁後取得確定之仲裁判斷，二者具有同一之效力，自無原告所述陷於無任何救濟途徑之情。故原告所述，顯不足採。」命當事人在中華民國提付仲裁。與本文所述，在外國非依中華民國法律仲裁之外國仲裁尚有不同。尚難據以論斷實務見解究竟採取何種見解。

　　仲裁法第 1 條則規定：「有關現在或將來之爭議，當事人得訂立仲裁協議，約定由仲裁人一人或單數之數人成立仲裁庭仲裁之。」似無內國仲裁協議與外國仲裁協議之分，如一方當事人違反內國協議，在中華民國起訴，他方當事人固得為妨訴抗辯。當事人之一方違反外國仲裁協議，在中華民國起訴，他方當事人得否為妨訴抗辯，仍有疑義。

　　依據當時法務部向立法院提出之修法說明，將商務仲裁條例第 1 條之「有關商務上」「依本條例」等用語刪除，似乎只在擴大仲裁之範圍，即不限於商務仲裁而包括其他私法爭議之仲裁。[9] 因此，仲裁法之修正似無將外國仲裁協議包括在仲裁法第 1 條或第 4 條所稱之仲裁協議範圍之內之意。

　　然則，外國仲裁協議在新仲裁法下是否仍生妨訴抗辯之效力？亦即，最高法院在前述決議於新仲裁法是否仍有適用，而應類推適用仲裁法第 4 條之規定，許當事人為妨訴抗辯？不無疑義。就此或有三說：

　　其一，直接適用說，仲裁法第 1 條、第 4 條之仲裁協議兼指內國仲裁協議與外國仲裁協議。其理由在於：

　　仲裁協議並無區分內國仲裁協議與外國仲裁協議之必要，蓋自國際商務仲裁制度之本質以觀，仲裁既係基於當事人的自主及合意，將爭議交付國家主權機關（司法機關）以外之私人仲裁人判斷，區別內國仲裁與外國仲裁實無多大實益，亦無不尊重各國主權可言。以往區分內國仲裁判斷與外國仲裁判斷採仲裁地說已為仲裁法第 47 條所不採，於國際商務仲裁邁向無國界化之際，內國及外國仲裁判斷之分野是否仍有存在的必要，為一值得檢討的問題。[10] 內國仲裁判斷與外國仲裁判斷既無區別必要，則內國仲裁協議與外國仲裁協議自亦無區別必要。

　　仲裁法第 47 條已將外國仲裁判斷規定為在中華民國領域外作成之判斷，或在中華民國領域內依據外國法律所作成之判斷，內國仲裁協議係指在當事人約定中華民國，且依據中華民國法律作成仲裁判斷之協議而言，與仲裁人是否為內國人無關。外國仲裁協議則是指當事人約定在中華民國領域外，或依據外國法律作成仲裁判斷之協議而言，與仲裁人為外國人與否無關。因此，即使為

9　參閱立法院第 3 屆第 4 會期司法、經濟兩委員會審查「商務仲裁條例」案第一次聯席會議紀錄，立法院公報 86 卷 53 期。

10　參閱李念祖著，仲裁判斷之撤銷，仲裁法新論，頁 314-315。

內國仲裁人如其作成判斷地或所依據之法律並非內國法，其所作成之仲裁判斷仍為外國仲裁判斷，外國仲裁人如其作成判斷地在中華民國，且依據中華民國法律作成仲裁判斷，仍為內國仲裁判斷，則在當事人協議時，除非對於仲裁判斷地或所適用之法律有明確之約定，否則區別內國仲裁協議與外國協議，並進而決定是否准予為妨訴抗辯並無意義。

況且，仲裁法修正後，既已將原條文「有關商務上」「依本條例」等用語刪除，自無區分「依本條例」或非「依本條例」之必要。[11] 其用意即在於避免誤會我國法為唯一準據法。[12]

仲裁法第 1 條、第 4 條之仲裁協議既包括外國仲裁協議，則其妨訴抗辯問題，自應直接適用上開規定。

其二，類推適用說即仲裁法第 1 條、第 4 條所指之仲裁協議指內國仲裁協議，並不包括外國仲裁協議。其理由在於：

依據仲裁法第 47 條之規定，外國仲裁判斷尚須經我國法院裁定承認始得作為執行名義，則外國仲裁協議是否當然在我國生效，已有疑義。外國仲裁判斷在內國既不當然有與內國仲裁判斷有相同效力，則外國仲裁協議亦不當然發生與內國仲裁協議相同之效力，因此，仍不得當然據為妨訴抗辯之事由。[13]

仲裁雖為當事人意思自主之事項，但國家對於仲裁並非採取完全放任之態度。易言之，內國仲裁協議及判斷之效力，內國法得以仲裁法規範；同理，外國仲裁協議及外國仲裁判斷，內國法亦得以仲裁法規範之。

仲裁法關於內國仲裁判斷，於有下列各款情形之一者，當事人得對於他方提起撤銷仲裁判斷之訴：「一、有第 38 條各款情形之一者。二、仲裁協議不成立、無效，或於仲裁庭詢問終結時尚未生效或已失效者。三、仲裁庭於詢問

---

[11] 參閱林俊益著，仲裁判斷之執行，仲裁法新論，頁 270。

[12] 參見，法務部編，商務仲裁條例研究修正實錄，頁 54、584、666、738、863。

[13] 關於外國法院之訴訟繫屬是否構成民事訴訟法第 253 條之就同一事件已在法院起訴，固有不同見解，實務上採否定說，最高法院 67 年臺再字第 49 號判例：「民事訴訟法第 254 條所謂已起訴之事件，係指已向中華民國法院起訴之事件而言，如已在外國法院起訴，則無該條之適用。」其理由之一即在於外國法院經內國法院承認前尚不生效力，其訴訟繫屬更在內國不生任何效力。詳請參閱筆者著，論涉外民事案件決定管轄法院之方法，東吳大學碩士論文，頁 215 以下。另請參閱賴淳良著，外國法院訴訟繫屬在內國法院之效力，國際私法論文集，頁 229 以下。

終結前未使當事人陳述，或當事人於仲裁程序未經合法代理者。四、仲裁庭之組成或仲裁程序，違反仲裁協議或法律規定者。五、仲裁人違反第15條第2項所定之告知義務而顯有偏頗或被聲請迴避而仍參與仲裁者。但迴避之聲請，經依本法駁回者，不在此限。六、參與仲裁之仲裁人，關於仲裁違背職務，犯刑事上之罪者。七、當事人或其代理人，關於仲裁犯刑事上之罪者。八、為判斷基礎之證據、通譯內容係偽造、變造或有其他虛偽情事者。九、為判斷基礎之民事、刑事及其他裁判或行政處分，依其後之確定裁判或行政處分已變更者。前項第6款至第8款情形，以宣告有罪之判決已確定，或其刑事訴訟不能開始或續行非因證據不足者為限。第1項第4款違反仲裁協議及第5款至第9款情形，以足以影響判斷之結果為限。」

　　仲裁法關於外國仲裁判斷之承認，第49條規定：「當事人聲請法院承認之外國仲裁判斷，有下列各款情形之一者，法院應以裁定駁回其聲請：一、仲裁判斷之承認或執行，有背於中華民國公共秩序或善良風俗者。二、仲裁判斷依中華民國法律，其爭議事項不能以仲裁解決者。外國仲裁判斷，其判斷地國或判斷所適用之仲裁法規所屬國對於中華民國之仲裁判斷不予承認者，法院得以裁定駁回其聲請。」第50條則規定當事人聲請法院承認之外國仲裁判斷，有下列各款情形之一者，他方當事人得於收受通知後二十日內聲請法院駁回其聲請：一、仲裁協議，因當事人依所應適用之法律係欠缺行為能力而不生效力者。二、仲裁協議，依當事人所約定之法律為無效；未約定時，依判斷地法為無效者。三、當事人之一方，就仲裁人之選定或仲裁程序應通知之事項未受適當通知，或有其他情事足認仲裁欠缺正當程序者。四、仲裁判斷與仲裁協議標的之爭議無關，或逾越仲裁協議之範圍者。但除去該部分亦可成立者，其餘部分，不在此限。五、仲裁庭之組織或仲裁程序違反當事人之約定；當事人無約定時，違反仲裁地法者。六、仲裁判斷，對於當事人尚無拘束力或經管轄機關撤銷或停止其效力者。兩者規定並不相同，仲裁法對於內國仲裁判斷與外國仲裁判斷既有不同的對待態度，對於內國仲裁協議與外國仲裁協議，自亦得為不同的對待。

　　仲裁法第1條、第4條規定之仲裁協議既未包括外國仲裁協議，則外國仲裁協議之妨訴抗辯問題，自應類推適用上開規定。

　　其三，區別說，仲裁可區分為正式仲裁、機構仲裁與個別仲裁、非正式仲裁。機構仲裁為當事人約定以既存仲裁機構所定仲裁規則仲裁。正式仲裁則係當事人約定以成文法仲裁。即在當事人以書面訂立正式、機構仲裁協議之情

形，應適用仲裁法第 4 條之規定。以書面訂立個別、非正式仲裁協議時，則應準用或類推適用仲裁法第 4 條之規定。如以口頭訂立仲裁協議則無妨訴抗辯之效力。[14]

肆、本文見解

以上三說，筆者認為應採類推適用說，茲分別詳述理由如下：

一、外國仲裁協議、內國仲裁協議、外國仲裁判斷與內國仲裁判斷

(一) 仲裁協議、仲裁委託契約、仲裁程序與仲裁判斷

各國為解決私人間私法之紛爭，無不設有各級法院供私人循民事訴訟途徑為之。惟法院訴訟程序不免因不能迅速行之而須多費時間與費用，加上訴訟難免使私人間之感情惡化，以及法院訴訟採公開主義，私人之技術、營業等不宜公開之技術不免因公開之訴訟程序而公開。另外，社會生活愈專門化，解決紛爭愈需專門知識，法院卻因欠缺專門知識而使訴訟懸而未決或發生不妥適之裁判結果。

如就涉外民事事件觀之，在外國進行訴訟，裁判結果是否公正？容有疑義。經裁判確定，在判決國以外的國家是否承認該裁判？亦有疑義。

因此，具有私人性質，由專家本其專業素養，根據衡平原則之仲裁制度遂大行其道。[15]

惟因仲裁所生之法律關係不只一端。質言之，至少包括：

1. 仲裁協議

2. 仲裁協議在內國之效力

3. 仲裁委託契約

4. 仲裁判斷之程序

5. 仲裁判斷及其效力

---

[14] 邱聯恭，前揭文，頁 237。

[15] 參閱川上太郎著仲裁，國際私法講座，第 3 卷，頁 841。

仲裁協議係當事人協議將其現在或將來私法上之爭議，不循民事訴訟的途徑，而交付具有私人身分之第三人仲裁之協議，基於此一協議，當事人應將該私法爭議交付仲裁，否則即屬仲裁協議之違反，在制度設計上有所謂妨訴抗辯。此即仲裁協議在內國之效力。

仲裁協議仲裁委託契約係當事人間有仲裁協議後，就特定私法爭議委託特定仲裁人為仲裁判斷之契約關係，依據此一法律關係，仲裁人有於一定期間為當事人仲裁之義務，當事人有接受該仲裁判斷之義務，並支付費用及報酬。

仲裁程序之法律關係則係仲裁人進行私法爭議之仲裁審議判斷時，當事人相互間及其與仲裁人程序上之權利義務。

仲裁判斷則係仲裁人基於其權限，針對特定私法爭議所作成之判斷，其目的固在解決當事人之爭議，但發生如何之效力則涉及仲裁判斷作成地及仲裁判斷作成地以外之法制問題。[16]

（二）內國、外國與涉外

內國與外國及涉外均係國際私法上之用語。內國與外國為相對概念。如以法院地為中心，內國即指法院地國，法院地國以外之國家即為外國。法院地不同，內國所指之國家，亦因而不同，例如，法院地在日本，則日本為內國，日本以外之國家則為外國。同理，法院地在美國，則美國為內國，美國以外之國家為外國。[17]

涉外亦係國際私法上之概念，係指一特定法律關係帶有法院地國以外之成分。詳言之，所謂涉外民事事件，即係具有涉外成分之民事事件。由於民事事件，無論係純粹內國事件，或涉外民事事件，均係指民事法律關係。法律關係之構成又包括：

法律關係之主體即人。包括法人及自然人。

法律關係之客體，以物為主，另外，包括人（例如身分權、人格權）權利（例如，權利質權、準物權）、人的智慧創作物（例如，專利權、商標權等）。

---

[16] 參閱川上太郎著仲裁，國際私法講座，第 3 卷，頁 840。
[17] 與內國容易混淆者乃本國。惟本國係指當事人國籍所屬之國家。如日本人之本國為日本，美國人之本國則為美國，與法院地或訴訟無關。

法律關係變動之事實，包括法律行為、事實行為、其他事實等。

所謂涉外的成分，係指基於法院地之觀點，該事件中之當事人、標的物之所在地、事實發生地、行為地等事實，不以法院地為限，尚涉及法院地以外之國家或地域而言。如不涉及法院地以外國家，則係純粹內國民事事件。就法律關係之主體即當事人而言，有：內國人與外國人間、外國人與外國人（包括相同國籍之外國人與不同國籍之外國人）間之涉外民事事件。

就法律關係之客體即標的物而言，其所在地在外國之涉外民事事件。就法律關係之變動事實而言，事實發生地、侵權行為地、契約訂立地、契約履行地在外國者屬之。一般言之，涉外民事事件係指當事人、標的物之所在地、事實發生地、行為地中，其中之一者與外國有關，但多數涉外民事事件，往往法律關係之主體、客體或法律關係變動之事實中數個要素均與外國有關者。亦即涉及外國人或標的物之所在地、事實發生地或行為地均在外國者而言。

(三) 涉外仲裁、內國仲裁與外國仲裁

如將前述仲裁法律關係與涉外、內國及外國等概念結合，則可以區分為：涉外仲裁、內國仲裁與外國仲裁。

涉外仲裁係指仲裁事件中含有涉外成分者。例如，仲裁地或系爭私法法律關係之當事人、標的物或事實發生地含有涉外成分。涉外仲裁非必為外國仲裁或內國仲裁。[18]

內國仲裁尚可分為內國仲裁協議與內國仲裁判斷，外國仲裁尚可分為外國仲裁協議與外國仲裁判斷。

內國仲裁與外國仲裁如何區別，向有仲裁地說與準據法說之對立。仲裁地說認為仲裁地在內國者為內國仲裁。仲裁地在外國者為外國仲裁。準據法說認為仲裁所適用之法律為內國法者為內國仲裁，所適用之準據法為外國法者為外國仲裁。

商務仲裁條例第 30 條第 1 項規定：「凡在中華民國領域外作成之仲裁判斷，為外國仲裁判斷。」採仲裁地說。[19] 仲裁法第 47 條則規定為：「在中華民

---

18 但有未嚴格區別涉外仲裁與外國仲裁者。例如，林俊益著，前揭論涉外仲裁契約，頁 9-11；同，仲裁判斷之執行，仲裁法新論，頁 271。最高法院案例一之決議亦然。

19 關於商務仲裁條例之規定，有認為兼採仲裁地說及準據法說，其理由在於：商務仲裁條例之

國領域外作成之仲裁判斷或在中華民國領域內依外國法律作成之仲裁判斷，爲
外國仲裁判斷。」兼採仲裁地說與準據法說。[20]

依據仲裁地說與準據法說，內國仲裁協議係當事人約定由內國仲裁人依內
國法爲其判斷，以解決其私法爭議之協議，內國仲裁判斷則係由內國仲裁人，
依據內國法所作成之仲裁判斷。外國仲裁協議指當事人將其私法爭議交付內國
仲裁人以外之人或依據外國法仲裁。在外國作成之判斷或由內國仲裁人依據外
國法所作成之判斷爲外國仲裁判斷。[21]

二、仲裁協議之準據法

準據法係國際私法之專屬用語，惟如採廣義見解，凡法律關係所適用之法
律均可稱之爲準據法，則上開仲裁所生之法律關係均有其準據法，並應視仲裁
法律關係而定仲裁之準據法。

前述仲裁之法律關係包括仲裁協議、仲裁協議對於民事訴訟之效力、仲裁
委託契約、仲裁判斷之程序、仲裁判斷，不同之仲裁法律關係，其準據法亦因
而有所不同。

仲裁協議之準據法，指仲裁協議本身之準據法。內國仲裁協議本身之準據
法爲仲裁法，外國仲裁協議本身之準據法爲何？則與仲裁性質之認知有關。[22]

有認爲仲裁協議爲當事人將其私法爭議交由仲裁人判斷，俾獲得終局的解
決，仲裁協議雖在仲裁判斷之前，但仲裁協議無非以獲得仲裁判斷爲其目的，
仲裁判斷及仲裁程序既爲爲民事訴訟及法院裁判之代替品，因此與民事訴訟及
法院裁判同樣具有程序之性質，依據程序依法院地法之原則，自應適用仲裁判

立法理由揭示該條規定採 1958 年聯合國外國仲裁判斷承認與執行公約（以下簡稱紐約公約）
之標準，作爲區分內國仲裁判斷與外國仲裁判斷之標準，而依紐約公約第 1 條之規定則兼採
仲裁地說與準據法說。參閱，朱麗容，外國仲裁判斷，仲裁法新論，頁 327-328。反對說，
參見川上太郎著，前揭文，頁 861。

[20] 惟應注意者，此之所謂準據法，並非如國際私法學說所稱之實體法（但在反致問題或先決問
題則包括國際私法），尚包括外國仲裁規則、外國仲裁機構仲裁規則或國際組織仲裁規則。

[21] 上開內國仲裁協議、內國仲裁判斷、外國仲裁協議、外國仲裁判斷之概念，參見會議實錄，
第 10 次，85 年 8 月 9 日，頁 273 以下，其中本國仲裁協議、本國仲裁判斷係不正確之用語，
請注意及之。

[22] 川上太郎，前揭文，頁 848-850。另參閱，邱聯恭，仲裁契約之妨訴抗辯效力，程序選擇權
論，頁 227-229。

斷作成地之法律。

　　亦有認為仲裁為私人間之契約，雖其目的在排除民事訴訟，因而具有訴訟、程序之性質，惟當事人訂立仲裁協議之主要目的卻在於接受仲裁人之判斷，終止私法爭議，與和解具有類似性質，因而同具有實體之性質。依國際私法之當事人意思自主原則，自得由當事人選定其準據法。

　　最高法院 87 年年度台抗字第 46 號認為：「仲裁契約，係基於私法上契約自由原則，由雙方當事人將其紛爭交付第三人即仲裁人為判斷之合致意思表示。」似認為仲裁協議具有實體法之性質。但同一判例復又認為「仲裁人基於其得為仲裁判斷之法律上地位，於解決當事人間之實體法律爭議事項，判斷其法律上之效果時，參照本院 26 年渝上字第 350 號、43 年台上字第 607 號等判例意旨，原即有適用法律之職權，而無待於當事人之約定，亦不受當事人所述法律見解之拘束。」另最高法院於 83 年度台上字第 1265 號判例認為：「按仲裁人所以得參與仲裁程序，係基於當事人間之仲裁契約，是仲裁契約為仲裁人之職權依據，如仲裁人逾越權限而作成仲裁判斷，自屬有背仲裁契約。當事人就仲裁契約標的之爭議，已約定應適用實體法之準據法律，自有拘束仲裁人之效力，仲裁人應依據該準據法律就爭議事項作成仲裁判斷。」於 87 年度台上字第 164 號判例認為：「確認之訴，除確認證書真偽外，應以實體法上之法律關係為確認之標的。上訴人以兩造間所訂契約就特定爭議事項並無交付仲裁之約定，而請求確認被上訴人向國際商會提起對伊請求仲裁之權利不存在，惟查被上訴人是否有向國際商會提請仲裁之權利，並非實體上之法律關係，不得為確認之訴之標的。」似又認為仲裁協議具有程序之性質。對於仲裁協議之性質似尚未有定論。

　　鑑於仲裁協議為當事人將其私法爭議交付私人性質之仲裁人判斷，以資解決，仲裁協議與仲裁判斷均與民事訴訟或法院裁判具有公權力之性質有所不同。仲裁協議通常又係實體契約之一條款，與實體契約適用同一法律於當事人自屬便利，其與仲裁程序復為不同之法律關係，不必與仲裁協議適用相同之法律，因此，自不妨許當事人約定其準據法。當事人未明示約定時，其準據法，自得適用當事人就實體事項所定之準據法定其要件及效力，亦得適用仲裁地之法律定其要件與效力。[23]

---

[23] 依據涉外民事法律適用法第 20 條之規定，法律行為發生債之關係者，其成立及效力，依當

三、仲裁協議在內國效力之準據法

仲裁協議在內國之效力，主要指其對於內國民事訴訟之影響。此有不同見解：

(一) 仲裁協議本身之準據法說

即以仲裁協議本身之準據法為其準據法。日本東京高裁平成 6 年 5 月 30 日判決 [24] 即採之。

該案之事實概要如下：日本法人原告（上訴人）X 與在美國從事馬戲團表演的美國法人之訴外人 A，於昭和 62 年 10 月 2 日訂約，招聘 A 法人之馬戲團於 63、64 年度來日本表演馬戲團。結果，63 年度的表演非常成功，次年度的表演卻失敗，致 X 法人受有嚴重損失，究其原因 X 主張係因：依據當時之馬戲團表演契約，A 應該作與其於昭和 62 年 8 月 15 日在聖地牙哥的馬戲團表演，無論質量均屬相同之表演，但是 A 卻有意的偷工減料。X 因而主張其受 A 法人代表人即實質上擁有 A 法人過半股權之被告（被上訴人）Y 之詐欺，致訂立前述二年度之馬戲團表演，因而受有損害，爰依據侵權行為之法律關係於東京地方裁判所請求被告損害賠償。Y 則主張本件馬戲團表演契約就該契約之解釋與適用之紛爭，有交付美國紐約仲裁機構仲裁之約定，因而提出妨訴抗辯，主張本件紛爭應交付仲裁。地方法院採納被告之抗辯，駁回原告之訴。原告上訴，法院駁回原告之上訴。其理由略為：仲裁協議（即仲裁契約，以下為行文用語統一起見，使用仲裁協議一語）係將一定範圍之紛爭，不循訴訟程序，而將其交付特定之人（仲裁人），委其就當事人間具體的權利義務關係或法律關係之存在與否，作最後的判斷之契約，係紛爭之特殊的解決方法，屬於私法自治範圍，其準據法應依當事人意思定之（法例第 7 條）；當事人意思未明確時，依據其在特定場所進行一定程序之特質，推定當事人有適用仲裁地法律之意思。仲裁契約對於仲裁對象之紛爭有關之訴訟，有一定之法律效果（通常為排除訴訟之法律效果），此等訴訟法上效果，一般固認為應依據法院地法定之。但仲裁協議有訴訟排除效果，係因仲裁協議為其當事人間就特定範圍

事人意思定其應適用之法律。當事人無明示之意思或其明示之意思依所定應適用之法律無效時，依關係最切之法律。參閱，岩崎一生，仲裁の準據法，涉外判例百選，頁 241。邱聯恭，前揭文，頁 256-257（註四四）。

[24] 平成 5 年（ネ）第 1423 號損害賠償請求控訴事件，判例時報 1499 號，第 68 頁。

之紛爭不以訴訟程序解決之約定之反射效果，因此，仲裁協議排除效果所及紛爭之範圍，原則上應仲裁協議效力之準據法定之。就本件而言，當事人間關於仲裁協議效力之準據法，並未明白約定，且約定得向他方當事人所屬國仲裁機構聲請仲裁，係多數仲裁地之約定，因此，關於仲裁協議訴訟排除效範圍之決定，基於訴訟與仲裁有互相補完之法律效果，尊重當事人以仲裁作為紛爭解決之特別程序之意思，自應以原告應聲請仲裁之地之法律為其準據法。從而，本件訴訟適當與否，應依據準據法為美國紐約市仲裁機構所應適用之法律之仲裁協議仲裁範圍，解釋上是否包括本件請求而定。就本件而言，紐約市仲裁機構所應適用之法律為聯邦仲裁法與聯邦法院之判例法，而紐約聯邦地方法院業經裁定命令原告 X 應聲請仲裁確定，仲裁對象自包括本件訴訟之請求，原判決之認定並無違誤等語。

(二) 法院地法說

即依據程序，依法院地法之原則，認為仲裁協議在內國民事訴訟之法律效果，應以受訴法院所屬國之法律為其準據法。此在日本為通說。[25]在我國亦以此說為妥。

四、外國仲裁協議妨訴抗辯效力之要件

關於外國仲裁協議仍應類推適用仲裁法第 4 條之規定，始生妨訴抗辯之效力，有如前述。然則，仲裁法已對內國仲裁協議規定其要件，對於外國仲裁協議則未規定，如依前述說明，應類推適用內國仲裁協議之規定，則其要件如何，不無疑義。筆者認為除該仲裁協議依其準據法應屬有效[26]外，更應參照仲裁法第 49 條、第 50 條之規定，蓋仲裁判斷如屬外國仲裁判斷，且當事人聲請承認之外國仲裁判斷，有仲裁法第 49 條所定之情形，法院應駁回其仲裁判斷之聲請。當事人承認之聲請有仲裁法第 50 條所定之情形，他方當事人得聲請法院駁回其聲請。所謂外國仲裁協議無非是仲裁地在外國或仲裁所適用之法律為外國法，其所為之仲裁判斷亦為外國仲裁判斷，外國仲裁判斷之承認既須無第 49 條、第 50 條所定情形，則外國仲裁協議自應無仲裁法第 50 條所定情形，

---

[25] 參閱，邱聯恭，前揭文，頁 236、237，頁 253 註 39 及其所引之資料。

[26] 採第二說者亦認為涉外仲裁協議有妨訴抗辯效力，須該仲裁協議有效存在，且無不能履行之情形。而仲裁協議是否有效存在，應適用依國際私法所定之準據法定之，參閱邱聯恭，前揭文，頁 237。

始生妨訴抗辯效力。茲將外國仲裁協議妨訴抗辯之要件整理如後：

（一）仲裁協議有效之要件及其準據法

仲裁法第 50 條第 2 款既規定：「仲裁協議，依當事人所約定之法律為無效；未約定時，依判斷地法為無效者。」為當事人聲請法院駁回外國仲裁判斷承認之聲請之情事之一。仲裁協議既為當事人間之法律行為，有如前述，該仲裁協議依其準據法應屬有效始生妨訴抗辯之效力。[27] 仲裁協議之準據法，依據前開說明，應適用涉外民事法律適用法第六條之規定定之。[28]

（二）仲裁協議當事人行為能力之要件及其準據法

仲裁法第 50 條第 1 款既規定：「仲裁協議，因當事人依所應適用之法律係欠缺行為能力而不生效力者。」為當事人聲請法院駁回外國仲裁判斷承認之聲請之情事之一，仲裁協議當事人自應具有行為能力。此乃因仲裁協議為當事人間之法律行為（私法上之協議或契約），則仲裁協議當事人於行為時，自應具備行為能力，否則，該協議之成立生效與否既有疑義，自不得據以作為妨訴抗

---

[27] 參閱邱聯恭，前揭文，頁 235。另頁 251 以下（註三八）例示若干仲裁協議、已失效或履行不能之情事，可供參考。另請參閱，林俊益，前揭英國仲裁契約在我國法院之妨訴抗辯，頁 70。

[28] 台灣高等法院 86 年度抗字第 1183 號裁定：「按仲裁契約，如一造不遵守，而另行提起訴訟時，他造得據以請求法院駁回原告之訴，商務仲裁條例第三條定有明文。又本條規定於涉外仲裁契約亦應類推適用（參照最高法院 81 年 5 月 12 日第三次民事庭會議決議）。查本件兩造所訂之「技術服務合約」第 15 條已約定：「如當事人間對於本合約所生之爭端無法協商解決，則此等爭端應以仲裁解決之，處理本合約所生之爭端之仲裁規則及程序應為『國際仲裁協會』。」即應認兩造間有以仲裁方式解決系爭契約糾紛之合意。至抗告人主張約定之國際仲裁協會不存在，無從提付仲裁云云，已為相對人所否認，姑不論抗告人之主張究否真實，縱認國際仲裁協會並不存在，然依兩造上開約定之內容以觀，充其量僅止於兩造就「仲裁規則及程序」之準據法不生約定之效果。按民法第 111 條規定，法律行為之一部分無效者，全部皆無效。但除去該部分亦可成立者，則其他部分，仍為有效。兩造間既有以仲裁方式解決系爭契約糾紛之合意，該約定又無違背強制或禁止規定，自不因「仲裁規則及程序」之準據法不存在而無效，兩造仍應受該約定之拘束，而有關準據法之適用乃提付仲裁後，由仲裁人參酌兩造原約定之真意，以具國際性性質之仲裁規則作為本件仲裁之規則及程序之準據法，尚不能以因無約定準據法或所約定之準據法不生效力而否認仲裁條款合意之效力。本件既有合法之仲裁契約存在，兩造應受其拘束，抗告人逕以該仲裁條款之約定為無效，向原法院提起訴訟，揆諸前揭規定，洵非正當。」亦認仲裁協議本身有效為妨訴抗辯要件之一。惟其引用民法第 71 條、第 111 條之規定，採法院地法說，似有不妥，而應依據國際私法之規定定其準據法，再以該準據法判斷仲裁協議是否有效，進而是否得為妨訴抗辯。

辯之依據。前述仲裁法之規定爲「所應適用之法律」並未規定其準據法，自應適用涉外民事法律適用法第 10 條之規定，以當事人之本國法爲準據法。當事人關於仲裁協議行爲能力問題，並不適用前述涉外民事法律適用法第 20 條之規定。[29] 另關於股份有限公司設立發起人就將來設立之股份有限公司之籌備事項，訂立契約並爲仲裁協議時，其行爲能力問題，應以股份有限公司屬人法定之[30]。日本實務見解採之。[31]

（三）仲裁協議方式之要件及其準據法

關於仲裁協議之方式，雖仲裁法第 1 條第 3 項：「仲裁協議，應以書面爲之。當事人間之文書、證券、信函、電傳、電報或其他類似方式之通訊，足認有仲裁合意者，視爲仲裁協議成立。」規定仲裁協議應以書面爲之。惟關於仲裁協議既屬當事人間之法律行爲，其方式自應適用涉外民事法律適用法第 5 條之規定：「法律行爲之方式，依該行爲所應適用之法律，但依行爲地法所定之方式者，亦爲有效。」依仲裁協議本身之準據法，或仲裁協議地所定之方式，均爲有效。[32]

（四）訂立仲裁協議代理權限之要件及其準據法

仲裁協議如係由代理人代理訂立者，而代理人無訂立仲裁協議之權限時，該仲裁協議自不得據爲妨訴抗辯之依據。代理人訂立之仲裁協議是否有效，固應適用仲裁協議本身之準據法。惟關於代理權之發生、範圍、消滅等事項，適用代理關係本身之準據法。[33]

（五）仲裁標的（仲裁容許性）之要件及其準據法

仲裁法第 49 條既規定：「仲裁判斷依中華民國法律，其爭議事項不能以仲裁解決者。」爲法院駁回當事人聲請承認外國仲裁判斷之事由之一。仲裁法

---

[29] 原田肇，仲裁 (1) 涉外訴訟法，頁 143，青林書院，1989 年。林俊益，前揭論涉外仲裁契約，頁 27-28。

[30] 關於法人之行爲能力問題，參閱，陳榮傳，法人屬人法之研究，頁 50，國際私法各論集，五南圖書出版公司，民國 87 年。

[31] 最高裁判所昭和 50 年 7 月 15 日民集 29 卷 6 號 1061 頁，參見原田肇，前揭文，頁 143。

[32] 原田肇，前揭文，頁 144。

[33] 原田肇，前揭文，頁 144。另，關於代理關係準據法之問題，參閱齋藤武生，法律行爲，頁 354-356，國際私法講座，第 2 卷，昭和 30 年。

第50條復規定：「仲裁判斷與仲裁協議標的之爭議無關，或逾越仲裁協議之範圍者。但除去該部分亦可成立者，其餘部分，不在此限。」為他方當事人聲請法院駁回外國仲裁判斷之事由之一。足見，外國仲裁判斷應具備仲裁標的之要件，因此，如仲裁協議所定仲裁事項，屬非可仲裁之事項，即不具仲裁容許性，該仲裁協議自不得作為妨訴抗辯之事由。至於仲裁容許性之要件，仲裁法第1條第2項雖規定「以依法得和解者為限」，仲裁法第2條復規定「仲裁協議約定應付仲裁之協議，非關於一定之法律關係，及由該法律關係所生之爭議而為者，不生效力。」仍應就仲裁標的要件，仍應另定其準據法。惟禁止仲裁之協議立法目的不一，有就不特定或將來之爭議，禁止為仲裁協議者，有就特定範圍之事項（例如，身分關係）禁止為仲裁協議者。如屬於前者，旨在保護當事人之利益，應以仲裁協議本身之準據法為其準據法。如屬於後者，則應適用各該事項本身之準據法。[34] 仲裁法則採法院地法說。[35]

(六) 仲裁獨立性之要件及其準據法

雖仲裁法第3條規定：「當事人間之契約訂有仲裁條款者，該條款之效力，應獨立認定；其契約縱不成立、無效或經撤銷、解除、終止，不影響仲裁條款之效力。」惟關於協議是否與實體契約獨立分離，仍應另定其準據法。此一問題因與無效、失效之實體契約是否仍屬仲裁之範圍有關，應適用仲裁協議之準據法。[36]

(七) 互惠原則之要件

仲裁法第49條第2項既規定：「外國仲裁判斷，其判斷地國或判斷所適用之仲裁法規所屬國對於中華民國之仲裁判斷不予承認者」，法院得以裁定駁回其外國仲裁判斷承認之聲請，則該判斷地之外國或判斷所適用之仲裁法規所屬國之外國，對於中華民國之仲裁判斷不予承認，該外國之仲裁協議亦不生妨訴抗辯之效力。[37] 惟應注意者乃此項互惠原則，並非謂外國仲裁判斷，須其判

---

[34] 川上太郎，前揭文，頁857、858。

[35] 商務仲裁條例第32條第1項第3款：當事人聲請法院承認之外國仲裁判斷，有左列各款情形之一者，法院應駁回其聲請：「三、仲裁判依判斷地法規，其爭議事項不能以仲裁解決者。」採判斷地法說。仲裁法改採法院地法說。另參閱，林俊益，前揭論涉外仲裁契約，頁36。

[36] 原田肇，前揭文，頁144。另，關於國際私法之代理問題，參閱，溜池良夫，國際私法講義，頁300-304。

[37] 肯定說，楊仁壽，仲裁條款約定之效力，航運法律，頁442；葉永芳，談備船契約的仲裁條

斷地國對於我國之仲裁判斷先予承認，我國法院始得承認該外國仲裁判斷，否則，非但有失禮讓之精神，且對於促進國際間之司法合作關係，亦屬有礙。[38]

(八) 程序保護之要件

仲裁法第 49 條既規定：「仲裁判斷之承認或執行，有背於中華民國公共秩序或善良風俗者。」爲法院駁回當事人聲請承認外國仲裁判斷之事由之一。仲裁法第 50 條復規定：「仲裁庭之組織或仲裁程序違反當事人之約定；當事人無約定時，違反仲裁地法者。」「當事人之一方，就仲裁人之選定或仲裁程序應通知之事項未受適當通知，或有其他情事足認仲裁欠缺正當程序者。」爲他方當事人聲請法院駁回外國仲裁判斷之事由之一。足見，當事人程序利益之保護爲承認外國仲裁判斷之要件之一。如可預料依該仲裁協議所行之程序，對當事人程序利益保護顯有不週時，該仲裁判斷將來將無法獲得我國之承認，則其仲裁協議應不得作爲妨訴抗辯之事由。[39]

伍、結論：最高法院之裁定理由有待補充

最高法院 81 年民事庭會議關於仲裁妨訴抗辯效力之決議，獲得學者肯定[40]。本件前述案例引用該決議駁回當事人撤銷假扣押之聲請，自非無據。惟涉外仲裁應類推適用商務仲裁條例第 3 條（包括第 27 條）之決議，於商務仲裁條例修正爲仲裁法後是否仍應類推適用？如應類推適用，如何類推適用？最高法院對此似尚未表示意見。學者之見解亦未見一致，本文認爲仍應維持類推

款，國際貿易法實務，頁 348-349。反對說，參閱林俊益前揭論涉外仲裁契約，頁 49-51；同，論英國仲裁契約在我國之妨訴抗辯，頁 71 以下。關於國際管轄競合問題之處理，賴淳良採類似見解，參閱賴淳良，前揭文，頁 255。

[38] 參閱最高法院 75 年台抗字第 335 號，另請參閱林俊益，前揭文，頁 283-284。關於民事訴訟法第 402 條第 3 款公序良俗規定之介紹與檢討，另請參閱陳長文著，「外國判決之承認—從歐盟『布魯塞爾判決公約』及美國對外法律關係新編」評析民事訴訟法第 402 條；筆者著，外國法院確定裁判之承認要件與效力問題，馬漢寶教授七秩華誕論文集，頁 169-225。

[39] 關於國際管轄競合問題之處理，賴淳良採類似見解，參閱賴淳良，前揭文，頁 255-256。關於仲裁法合法仲裁程序要件與正當程序之要件，參見林俊益，前揭文，頁 288-289。關於民事訴訟法第 402 條第 2 款程序利益保護規定之介紹與檢討，另請參閱陳長文著，「外國判決之承認—從歐盟『布魯塞爾判決公約』及美國對外法律關係新編」評析民事訴訟法第 402 條；筆者著，外國法院確定裁判之承認要件與效力問題，馬漢寶教授七秩華誕論文集，頁 169-225。

[40] 參閱邱聯恭，前揭文，頁 217。

適用之見解。至於如何類推適用，應參考仲裁法第 49 條、第 50 條關於外國仲裁判斷承認與執行之規定，定其要件，特別是關於仲裁協議依國際私法所指向之準據法。

第八章

國際民事訴訟之訴訟標的問題

壹、前　言

　　民事訴訟之訴訟標的在民事訴訟法上佔有非常重要的地位。舉凡起訴範圍、訴之變更、追加，訴之合併、重覆訴訟繫屬、既判力客觀的範圍，均與訴訟標的有關。

　　訴訟標的的理論係關於如何決定訴訟標的之理論，曾經於 1970 年代，在台灣民事訴訟法學界，引起很大的爭論。主要是長久以來，無論是實務見解或學說，訴訟標的之認定，均係依據實體法之觀念決定，即採所謂訴訟標的理論中之舊實體法說。即使有介紹所謂新訴訟標的理論亦僅僅少數幾位學者，以簡要文字提及。1970 年代，在台大民事訴訟法教授駱永家先生的努力之下，台大法律學系舉辦了一次隆重的學術研討會，主題即是新舊訴訟標的理論。之後，駱永家先生與陳榮宗先生陸續發表專文，介紹評析新舊訴訟標的理論。

　　民事訴訟法數度修正，關於訴訟標的的問題未特別檢討修正或增訂，關於訴訟標的有關之條文，仍維持原樣。例如，民事訴訟法第 244 條、第 249 條、253 條、第 263 條第 2 項、第 248 條、第 400 條。唯一有關的乃民事訴訟法第 199 條之 1 關於審判長闡明權之規定：「依原告之聲明及事實上之陳述，得主張數項法律關係，而其主張不明瞭或不完足者，審判長應曉諭其敘明或補充之。被告如主張有消滅或妨礙原告請求之事由，究爲防禦方法或提起反訴有疑義時，審判長應闡明之。」

貳、國際的訴訟競合

　　關於國際的訴訟競合，即同一事件繫屬於數個國家法院時，究竟應如何處

理，理論不一。[1]

實務見解向依民事訴訟法第 253 條之規定：「當事人不得就已起訴之事件，於訴訟繫屬中，更行起訴。」認為：「再審原告主張再審原告就本件同一事件，早已向債務履行地之香港起訴，依民事訴訟法之規定，不得就已起訴之事件，於訴訟繫屬中更行起訴云云，惟查民事訴訟法第 253 條所謂已起訴之事件，係指已向中華民國法院起之訴訟事件而言，如已在外國法院起訴，則無該條之適用。」92 年修正民事訴訟法時增訂民事訴訟法第 182 條之 2 規定：「當事人就已繫屬於外國法院之事件更行起訴，如有相當理由足認該事件之外國法院判決在中華民國有承認其效力之可能，並於被告在外國應訴無重大不便者，法院得在外國法院判決確定前，以裁定停止訴訟程序。但兩造合意願由中華民國法院裁判者，不在此限。法院為前項裁定前，應使當事人有陳述意見之機會。」探裁定停止訴訟之理論，與民事訴訟法第 253 條探裁定駁回訴訟說不同。

參、同一事件

關於民事訴訟法第 253 條，所謂同一事件，係指當事人相同或地位相反（列為原告及被告），訴之聲明相同、相反或可取代，訴訟標的相同[2]。

關於當事人相同或地位相反，係前後二訴，同為原告與被告，或前後二訴分別為原告與被告。訴之聲明相同固不待論。訴之聲明相反，例如，前訴原告聲明請求法院確認本票債務不存在，後訴原告起訴請求確認本票債務存在。「已起訴之事件，在訴訟繫屬中，該訴訟之原告或被告不得更以他造為被告，就同一訴訟標的提起新訴或反訴，為民事訴訟法第 253 條所明定。所謂就同一訴訟標的提起新訴或反訴，不僅指前後兩訴係就同一訴訟標的的求為相同之判決而言，其前後兩訴係就同一訴訟標的的求為相反之判決，亦包含在內。故前訴以某法律關係為訴訟標的，求為積極之確認判決，後訴以同一法律關係為訴訟標的，求為消極之確認判決，仍在上開法條禁止重訴之列。[3]

---

[1] 關於國際訴訟競合之相關問題，參見拙著，國際民事訴訟法論，頁 131，五南圖書公司出版，民國 96 年 3 月。

[2] 最高法院 90 年度台抗字第 221 號：「民事訴訟法上所謂一事不再理之原則，乃指同一事件已有確定之終局判決而言。所謂同一事件，必同一當事人，就同一訴訟標的的而為訴之同一聲明，若此之者有一不同，自不得謂為同一事件。」

[3] 參見，最高法院 40 年台上字第 1530 號判例。同旨，最高法院 46 年台抗字第 136 號判例：

　　至於訴訟標的是否相同，實務見解向以實體法之法律關係是否相同為準。例如，「物之所有人本於所有權之效用，對於無權占有其所有物者請求返還所有物，與物之貸與人，基於使用借貸關係，對於借用其物者請求返還借用物之訴，兩者之法律關係，亦即訴訟標的並非同一，不得謂為同一之訴。」[4]

　　由此可見，民事訴訟法第 253 條之規定，與訴訟標的是否同一密切相關。同理，國際訴訟競合之處理，亦與訴訟標的之問題密切相關。亦即，國際訴訟競合之處理，依民事訴訟法第 182 條之 2，應由法院裁定停止，雖與國內訴訟競合，應由法院依民事訴訟法第 249 條第 1 項第 7 款，有所不同。但法院適用民事訴訟法第 182 條之 2 時，如何認定目前受理之涉外民事事件係「當事人就已繫屬於外國法院之事件更行起訴」？與民事訴訟法第 253 條並無不同。亦即，均發生事件同一事件之問題。

　　同一事件之認定，依據訴之三要素─訴訟標的、當事人與訴之聲明三項標準來決定，均有如前述。

4　「已起訴之事件，在訴訟繫屬中，該訴訟之原告或被告不得更以他造為被告，就同一訴訟標的提起新訴或反訴，此觀民事訴訟法第 253 條之規定自明。所謂就同一訴訟標的提起新訴或反訴，不僅指後訴係就同一訴訟標的之求為與前訴內容相同之判決而言，即後訴係就同一訴訟標的，求為與前訴內容可以代用之判決，亦屬包含在內。故前訴以某請求為訴訟標的求為給付判決，而後訴以該請求為訴訟標的，求為積極或消極之確認判決，仍在上開法條禁止重訴之列。」最高法院 47 年台上字第 101 號判例。同旨，最高法院 43 年台抗字第 54 號判例：「某甲此次訴請再抗告人給付租金，雖其請求給付租金期間之起訖與前次訴訟請求給付損害金時間之起訖相同，然一為租金給付請求權，一為賠償損害請求權，其為訴訟標的之法律關係並非同一，自不受前次訴訟確定判決之拘束。」最高法院 42 年台上字第 1352 號被上訴人前對於上訴人請求返還系爭土地之訴訟，係以上訴人無權占有，本於所有物之返還請求權為訴訟標的。本件訴訟則主張該土地租賃契約已經終止，本於租賃物返還請求權為訴訟標的，前後兩訴之訴訟標的既不同一，自不在民事訴訟法第 399 條第 1 項規定之列。」最高法院 22 年上字第 3771 號：「被上訴人於民國 19 年對於上訴人請求償還借款之訴，係以被上訴人借款償還請求權為訴訟標的，上訴人主張此項借款已於民國 15 年償還被上訴人，不應再執行確定判決取得上訴人之金錢等情提起本件訴訟，請求判令被上訴人將其因執行所得之金錢返還上訴人，係以上訴之不當得利返還請求權為訴訟標的，前後兩訴之訴訟標的並不相同，原判決認為同一訴訟標的，適用民事訴訟法第 388 條第 1 項之規定將上訴人之訴駁回，其法律上之見解，殊有未當。」

肆、外國法院民事確定裁判之既判力

　　「除別有規定外，確定之終局判決就經裁判之訴訟標的，有既判力。主張抵銷之請求，其成立與否經裁判者，以主張抵銷之額爲限，有既判力。」「確定判決，除當事人外，對於訴訟繫屬後爲當事人之繼受人者，爲當事人或其繼受人占有請求之標的物者，亦有效力。對於爲他人而爲原告或被告者之確定判決，對於該他人亦有效力。前二項之規定，於假執行之宣告準用之。」「外國法院之確定判決，有下列各款情形之一者，不認其效力：一、依中華民國之法律，外國法院無管轄權者。二、敗訴之被告未應訴者。但開始訴訟之通知或命令已於相當時期在該國合法送達，或依中華民國法律上之協助送達者，不在此限。三、判決之內容或訴訟程序，有背中華民國之公共秩序或善良風俗者。四、無相互之承認者。前項規定，於外國法院之確定裁定準用之。」民事訴訟法第 400 條、第 401 條、第 402 條定有明文，是爲民事訴訟法關於既判力之規定。

　　既判力之作用有二：一、消極作用（禁止重複起訴之作用）：訴訟標的於確定之終局判決中經裁判者，當事人不得就該法律關係更行起訴。二、積極作用（禁止裁判矛盾之作用）：法院應以既判事項爲基礎來處理新訴，基準時點之權利狀態應以既判事項爲準，不得爲相異之認定。

　　所謂既判力不僅關於其言詞辯論終結前所提出之攻擊防禦方法有之，即其當時得提出而未提出之攻擊防禦方法亦有之。上訴人前對系爭土地提起確認得標無效及登記應予塗銷之訴，既受敗訴判決且告確定，則其就本件訴訟請求確認買賣關係不存在及登記應予塗消，雖所持理由與前容有不同，然此項理由，乃於前案得提出而未提出者，即仍應受前案既判力之拘束，不容更爲起訴。

　　確定判決所生之既判力，除使當事人就確定終局判決經裁判之訴訟標的法律關係，不得更行起訴或爲相反之主張外，法院亦不得爲與確定判決意旨相反之裁判，始能避免同一紛爭再燃，以保護權利，維持法之安定及私法秩序，達成裁判之強制性、終局性解決紛爭之目的。申言之，法院於將抽象之法律條文，經由認事用法之職權行使，以判決形式適用於具體個案所確定之權利義務關係，乃當事人間就該事件訴訟標的之具體規範，對於雙方當事人及法院均具有拘束力，當事人間之權利義務關係因而調整，不容當事人再爲相反之爭執，

法院更應將之作爲「當事人間之法」而適用於該當事人間之後續訴訟。[5] 關於消極確認之訴，經確定判決，認法律關係成立予以駁回時，就該法律關係之成立即有既判力，上訴人前對系爭債權提起確認不存在之訴，既受敗訴之判決且告確定，則被上訴人於後案主張債權存在，請求如數履行，上訴人即應受前案既判力之羈束，不容更爲債權不存在之主張。[6]

　　既判力之範圍可分爲客觀範圍、主觀範圍及時的範圍（既判力之基準時）。

　　既判力原則上以訴訟標的爲其客觀範圍。「民事訴訟法第 400 條第 1 項規定確定判決之既判力，惟於判決主文所判斷之訴訟標的，始可發生。若訴訟標的以外之事項，縱令與爲訴訟標的之法律關係有影響，因而於判決理由中對之有所判斷，除同條第 2 項所定情形外，尚不能因該判決已經確定而認此項判斷有既判力。[7]」

　　訴訟標的之法律關係，於確定之終局判決中經裁判者，當事人之一造以該確定判決之結果爲基礎，於新訴訟用作攻擊防禦方法時，他造應受其既判力之拘束，不得以該確定判決言詞辯論終結前，所提出或得提出而未提出之其他攻擊防禦方法爲與該確定判決意旨相反之主張，此就民事訴訟法第 400 條第 1 項規定之趣旨觀之甚明。[8]

　　確定判決之既判力，僅以主文爲限而不及於理由，本院 18 年上字第 1885號判例亦認爲說明主文之理由，並無裁判效力。確定判決之主文，如係就給付請求權之訴訟標的之法律關係爲裁判，即不及於爲其前提之基本權利。雖此非

---

[5] 最高法院 93 年台上字第 1736 號。

[6] 最高法院 50 年台上字第 232 號。

[7] 最高法院 73 年台上字第 3292 號。

[8] 最高法院 42 年台上字第 1306 號。最高法院 30 年上字第 8 號：「爲訴訟標的之法律關係，於確定之終局判決中已經裁判者，就該法律關係即有既判力，當事人雖僅於新訴訟用作攻擊防禦方法，法院亦不得爲反於確定判決意旨之裁判。」至於訴訟標的以外之法律關係，於判決理由中經法院裁判者，仍有一定之效力（學理稱爲爭點效）最高法院 95 年度台上字第 1574 號：「確定判決之既判力，固以訴訟標的經表現於主文判斷之事項爲限，判決理由並無既判力。但法院於判決理由中，就訴訟標的以外當事人主張之重要爭點，本於當事人辯論之結果，已爲判斷時，除有顯然違背法令之情形，或當事人已提出新訴訟資料，足以推翻原判斷之情形外，應解爲在同一當事人就該重要爭點所提起之訴訟，法院及當事人就該已經法院判斷之重要爭點，皆不得任作相反之判斷或主張，始符民事訴訟上之誠信原則。」

屬訴訟標的之基本權利，其存在與否，因與為訴訟標的之法律關係有影響，而於判決理由中予以判斷，亦不能認為此項判斷有既判力（最高法院院 23 年上字第 2940 號判例參照）。是以原告於其提起給付之訴受敗訴判決確定，雖在理由內已否定其基本權利，而當事人再行提起確認其基本權利存在之訴時，並不違反一事不再理之原則。至其提起確認之訴，是否有即受確認判決之法律上利益，則屬另一問題。[9]

既判力以當事人或其繼受人為其主觀範圍。「民事訴訟法第 401 條第 1 項所謂繼受人，依本院 33 年上字第 1567 號判例意旨，包括因法律行為而受讓訴訟標的之特定繼承人在內。而所謂訴訟標的，係指為確定私權所主張或不認之法律關係，欲法院對之加以裁判者而言。至法律關係，乃法律所定為權利主體之人，對於人或物所生之權利義務關係。惟所謂對人之關係與所謂對物之關係，則異其性質。前者係指依實體法規定為權利主體之人，得請求特定人為特定行為之權利義務關係，此種權利義務關係僅存在於特定之債權人與債務人之間，倘以此項對人之關係為訴訟標的，必繼受該法律關係中之權利或義務人始足當之，同法第 254 條第 1 項亦指此項特定繼受人而言。後者則指依實體法規定為權利主體之人，基於物權，對於某物得行使之權利關係而言，此種權利關係，具有對世效力與直接支配物之效力，如離標的物，其權利失所依據，倘以此項對物之關係為訴訟標的時，其所謂繼受人凡受讓標的物之人，均包括在內。[10] 遺產管理人或遺囑執行人就遺產為訴訟，破產管理人就屬於破產財團之財產為訴訟，被選定之訴訟當事人為全體有共同利益之人為訴訟，依民事訴訟法第 401 條第 2 項之規定，其所受判決對於遺產繼承人、破產人或其他有共同利益之人固亦有既判力，惟夫或妻以自己名義與人涉訟，所受之判決，對於妻或夫非當然亦有效力。[11]

既判力以最後事實審為其時的範圍。判決之既判力，係僅關於為確定判決之事實審言詞辯論終結時之狀態而生，故在確定判決事實審言詞辯論終結後所後生之事實，並不受其既判力之拘束。[12]

我國對外國判決係採自動承認制度，原則上不待法院之承認判決，該判

---

9 最高法院 72 年第 4 次民事庭會議決議。
10 最高法院 61 年台再字第 186 號。
11 最高法院 33 年上字第 6056 號。
12 最高法院 39 年台上字第 214 號。

決即因符合承認要件而自動發生承認之效力。若該外國判決爲給付判決，當事人據該外國判決請求承認國（我國）爲強制執行時，必須由當事人另外向法院（我國法院）依前開強制執行法之規定，提起許可執行之訴訟獲得執行判決後，始得據以聲請強制執行。另外國判決屬確認或形成之訴，當事人固得據該外國判決持向行政機關辦理登記，行政機關亦得審查其是否符合承認要件，俾以決定是否辦理登記，若行政機關否定該外國判決之承認效力，當事人間就該外國判決有無承認效力發生爭執時，學說上及實務上，大多均認必須由當事人向承認國（我國）之法院，提起確認該外國判決有效無效之訴，經法院判決以爲確認。專屬管轄者，法律規定某類事件專屬於一定法院管轄之謂。此專屬之審判籍，不許當事人以合意變更，亦不容當事人在普通審判籍與非專屬特別審判籍之法院中，選擇其一起訴。如經原告向無管轄權之法院起訴，雖被告不抗辯無管轄權，而爲本案之言詞辯論，亦不生應訴管轄之問題。易言之，僅專屬管轄之法院對於該類事件享有管轄權。關於專屬管轄之立法本旨，或爲公益上之要求，或爲調查證據或爲訴訟性質所使然，皆有助於裁判之正確及訴訟之順利進行。故訴訟事件依我國民事訴訟法規定專屬我國法院管轄者，不認外國法院就該類訴訟所爲之判決有其效力。外國法院依我國民事訴訟法規定無管轄權者，其所爲之判決，不能認與我國法院之判決有同一之效力。再按婚姻無效或撤銷婚姻，與確認婚姻成立或不成立及離婚或夫妻同居之訴，專屬夫妻之住所地或夫、妻死亡時住所地之法院管轄。但訴之原因事實發生於夫或妻之居所地者，得由各該居所地之法院管轄。民事訴訟法第 568 條定有明文。[13] 外國法院就我國專屬管轄之婚姻事件予以判決，自係依我國法律爲無管轄權，我國法院不得承認其效力。亦即，國外法院之民事確定判決不待執行者，自動承認其效

---

[13] 台灣新竹地方法院 92 年度婚字第 129 號，同旨，台灣桃園地方法院 90 年度訴字第 824 號民事判決：「強制執行法第 4 條之 1 規定：「依外國確定判決聲請強制執行者，以該判決無民事訴訟法第 402 條各款情形之一，並經中華民國法院以判決宣示許可執行者為限，得以強制執行。前項請求許可執行之訴，由債務人住所地之法院管轄。債務人於中華民國無住所者，由執行標的物所在地或應為執行行為地之法院管轄。」由上開法律規定可知，我國對外國法院之判決係採自動承認制度，原則上不待法院之承認判決，該判決即因符合承認要件而自動發生承認之效力。且「未查民事訴訟法第 402 條第 4 款所謂之『國際相互之承認』，係指判決效力之相互承認而言。依美國最高院判例揭示國際相互承認之原則，並該國所訂之『台灣關係法案』，明定與我國繼續維持實質上之關係，自不得謂美國法院判決有該條之情事。」最高法院 85 年台上字第 2373 號著有裁判要旨可參。是以美國法院之判決如係給付判決，僅須依強制執行法第 4 條之 1 規定，聲請法院判決宣示許可強制執行即可至明。」

力。如須我國法院執行者，依外國法院確定判決聲請強制執行者，以該判決無民事訴訟法第402條各款情形之一，並經我國法院以判決宣示許可其執行者為限，得為強制執行，強制執行法第4條之1第一項定有明文。故請求許可外國法院確定判決強制執行，應以訴為之，除由該外國確定判決之債權人為原告，並以其債務人為被告外，其依判決國法規定為該外國確定判決效力所及之第三人，亦得為原告或被告。[14] 按依民事訴訟法第402條之立法體例，係以外國法院之確定判決在我國認其具有效力為原則，如有該條各款情形之一者，始例外不認其效力。此與強制執行法第4條之1第1項規定依外國法院確定判決聲請強制執行者，以該判決無民事訴訟法第402條各款情形之一，並經中華民國法院以判決宣示許可其執行者為限，得為強制執行，乃為外國法院確定判決在我國取得執行力、得由我國法院據以強制執行之要件規定尚有區別。至於該外國法院確定判決之確定力，仍應依該國相關之程序規定為斷，不以由我國法院依我國程序相關規定判決賦與為必要。[15]

伍、訴之合併

當事人、訴訟標的與訴之聲明為訴之三要素。訴之三要素均為單一，即為單一之訴，三要素有多數時，即為複雜形態之訴。複雜形態之訴，有主觀合併之訴與客觀合併之訴。

主觀合併之訴為當事人有多數之情形，又稱為共同訴訟。客觀合併之訴則係訴之聲明與訴訟標的有多數之情形。共同訴訟係單一原告對於多數被告或多數被告對於一原告，或多數原告對於多數被告提起之民事訴訟。共同訴訟可分為普通共同訴訟與必要共同訴訟，普通共同訴訟係指多數原告或多數被告相互間或相對人間，不生任何關係，有各別的請求，且就此所為之判決相互獨立，不生任何同勝同敗之合一確定關係，亦即分別裁判。必要共同訴訟則係指對於多數當事人必須合一確定，亦即同勝同敗之訴訟。必要共同訴訟可分為固有必要共同訴訟、類似必要共同訴訟及特殊型態必要共同訴訟。固有必要共同訴訟係指數當事人必須一同起訴或被訴，當事人始適格之必要共同訴訟。類似必要共同訴訟指數當事人雖不必一同起訴或被訴，當事人始適格，但為如一同起訴或被訴，則發生合一確定或同勝同敗之效力。

---

[14] 最高法院92年台上字第2032號。
[15] 最高法院92年台上字第985號。

「對於同一被告之數宗訴訟，除定有專屬管轄者外，得向就其中一訴訟有管轄權之法院合併提起之。但不得行同種訴訟程序者，不在此限。」民事訴訟法第 248 條定有明文。訴之客觀合併形態有四，單純合併、重疊合併、選擇合併與預備合併。單純合併又稱為並列合併。指同一原告對於同一被告有數種相互獨立之請求權，原告本得分別起訴，由法院分別判決，為省事起見，而於同一訴訟程序提起，請求法院就各該權利均予以判決。單純合併可分為兩種，其一為無牽連請求之單純合併；例如，本案中之借款債權與租金債權。其二為有牽連之單純合併。例如，本案中之租賃物返還請求權與租金請求權。預備合併，乃原告對同一被告，預料其所提起之訴訟有受敗訴之虞，於起訴時合併提起或於訴訟中追加提起不能併存之訴訟，以備先位之訴受敗訴判決或其後被變更為敗訴判決時，期能以後位之訴獲得勝訴判決。「所謂訴之預備之合併（或稱假定之合併），係指原告預防其提起之此一訴訟無理由，而同時提起不能並存之他訴，以備先位之訴無理由時，可就後位之訴獲得有理由之判決之訴之合併而言，例如以惡意遺棄為理由，請求離婚，預防該離婚之訴，難獲勝訴之判決，而合併提起同居之訴為。」[16]選擇合併係指原告於同一訴訟程序主張有二以上得兩立之給付請求權或形成權為訴訟標的，請求法院選擇其中之一訴訟標的為同一內容之給付判決或形成判決。選擇合併與競合合併不同，競合合併係原告主張數不同之訴訟標的並為單一聲明，請求法院就數項訴訟標的均予以判決。選擇合併則係原告主張數訴訟標的，並為單一聲明，但為只請求法院選擇其中之一訴訟標的予以判決。重疊合併又稱為競合之合併，係指原告主張數宗請求合併起訴，數請求之目的同一，訴之聲明僅有一個之訴之合併。亦即原告於同一訴訟程序中，以單一之聲明，主張 2 個以上不同之訴訟標的，且就訴訟標的均請求法院予以裁判之訴之合併。

「重疊合併之訴，原告乃本於相互獨立之數種請求，求為同一之判決，故法院應就其全部請求加以審理，審理結果各請求均無理由時，始得為原告敗訴之判決。」[17]競合合併有同一給付之合併與同一法律效果之合併。「查上訴人係本於租賃物返還請求權及所有物返還請求權兩項訴訟標的而請求被上訴人返還同一系爭土地，其以複數之法律關係而請求法院依其一之聲明而為判決，即所謂重疊的訴之合併，法院必須認定上訴人所主張之兩項訴訟標的均無理由

---

16 最高法院 64 年台上字第 82 號判例。
17 最高法院 76 年台上字第 1857 號判決。

時，始得為其敗訴之判決。」[18]原告就數項訴訟標的之法律關係而為單一聲明之請求者，為客觀的訴之重疊合併。於此情形，法院倘經審究原告其中之一項訴訟標的，無法使其獲得全部勝訴之判決時，即應另就原告所主張之他項訴訟標的之法律關係逐為審判。[19]原告訴請被告為金錢以外一定特定物之給付，同時主張被告如不能為給付時，應給付金錢為補充請求者，此種「特定物之代償請求」，其主位請求與補充請求兩者間有附隨關係，乃訴之客觀合併中有牽連關係之單純合併。[20]原告請求被告為一定給付，同時主張被告如不能為該項給付時，則應給付一定數量之金錢，此類請求即為學說上所稱代償請求。代償請求並非以本來請求無理由為條件，始請求就代償請求裁判，或請求擇一為裁判，故非訴之預備或選擇合併，而為單純之合併，法院自應併予調查裁判。[21]查上訴人係主張債務不履行損害賠償請求權或信託物返還請求權或契約解除回復原狀請求權或不當得利請求權等法律關係，聲明命被上訴人將其應得之系爭土地面積移轉登記返還，若不能移轉登記返還，應償還其相當市價之價額；關於「移轉登記」、「償還價額」二訴，上訴人並表明其係提起重疊、選擇合併之訴，原審亦陳述上訴人請求移轉登記『或』償還價額，則屬客觀選擇合併之訴。果爾，第一審法院認其中之一請求為有理由時，就原告其餘之請求即不必裁判，應依原告應受判決事項之聲明為原告勝訴之記載，縱使法院確知其餘請求為不合法或無理由，亦不必為駁回之裁判，又因原告勝訴，其對其餘請求部分自不得上訴；如被告提起上訴，該未經裁判部分發生移審效力，倘第二審認第一審判決正當，應為駁回上訴之判決，未經第一審裁判部分，仍毋庸判決，倘第二審認第一審判決不當，若他部分之訴有理由，應廢棄原判決而就他部分為原告勝訴之判決，但依選擇合併之性質，廢棄部分毋庸駁回上訴人在第一審之訴；若他部分之訴亦無理由，應廢棄原判決，並駁回原告全部之訴，不可僅駁回該廢棄部分之訴，否則，與選擇合併之性質不符。惟第一審法院認其中之一請求為有理由，並對其餘之請求同時判決駁回，如原告未提起上訴或附帶上訴時，因該其餘請求既經裁判而未由原告聲明不服，上訴審自不得予以裁判。[22]訴之客觀預備合併，法院如認先位之訴為無理由，而預備之訴為有理由

---

[18] 最高法院 72 年台上字第 1882 號判決。

[19] 最高法院 95 年台上字第 92 號。

[20] 最高法院 94 年台上字第 2041 號。

[21] 最高法院 87 年台上字第 1972 號。

[22] 最高法院 87 年台上字第 1493 號。

時，就預備之訴固應為原告勝訴之判決，惟對於先位之訴，仍須於判決主文記載駁回該部分之訴之意旨。原告對於駁回其先位之訴之判決提起上訴，其效力應及於預備之訴，即預備之訴亦生移審之效力。第二審法院如認先位之訴為有理由，應將第一審判決之全部（包括預備之訴部分）廢棄，依原告先位之訴之聲明，為被告敗訴之判決。否則將造成原告先位之訴及預備之訴均獲勝訴且併存之判決，與預備之訴之性質相違背。

訴之合併，簡要敘述如上。訴之三要素，當事人、訴之聲明與訴訟標的有多數之情形即為訴之合併。訴訟標的是否多數，自以訴訟標的是否相同為斷。

陸、訴之變更與追加

訴之同一與否，必當事人、訴訟標的及訴之聲明三者是否同一為斷，如在訴訟進行中三者有一變更，即應認原訴已有變更。[23] 換言之，當事人、訴之聲明與訴訟標的乃訴之三要素，於訴訟進行中原告將訴之三要素變更，即構成訴之變更。所謂訴之三要素變更，係指以新的訴之三要素代替舊的訴之三要素。如原告起訴後，復以自己之配偶代替自己為原告，為當事人之變更；以給付聲明代替確認聲明為訴之聲明之變更；以租賃物返還請求權代替借用物返還請求權為訴訟標的，為為訴訟標的之變更。於訴訟進行中，原告在舊的訴之三要素外，追加新的訴之三要素，謂為訴之追加。如原告請求受僱人之被告損害賠償，於訴訟進行中再追加僱用人為被告請求連帶損害賠償。又如原告請求被告拆屋還地，雙方對於原告之所有權發生爭執，原告追加確認所有權存在之聲明。

民事訴訟法第 255 條規定：「訴狀送達後，原告不得將原訴變更或追加他訴。但有下列各款情形之一者，不在此限：1. 被告同意者。2. 請求之基礎事實同一者。3. 擴張或縮減應受判決事項之聲明者。4. 因情事變更而以他項聲明代最初之聲明者。5. 該訴訟標的對於數人必須合一確定時，追加其原非當事人之人為當事人者。6. 訴訟進行中，於某法律關係之成立與否有爭執，而其裁判應以該法律關係為據，並求對於被告確定其法律關係之判決者。7. 不甚礙被告之防禦及訴訟之終結者。被告於訴之變更或追加無異議，而為本案之言詞辯論者，視為同意變更或追加。」民事訴訟法第 256 條規定：「不變更訴訟標的，

而補充或更正事實上或法律上之陳述者,非為訴之變更或追加。」所謂不變更訴訟標的而補充或更正事實上或法律上之陳述,係指不變更訴之三要素而僅補充或更正事實上及法律上之陳述。如原告以被告欠租為由,請求被告返還租賃物,補充陳述曾經催告被告給付租金,為為事實上之補充陳述;又如原告請求被告給付積欠之 3 個月租金,更正為請求給付 4 個月之租金,為事實上之更正陳述。此外,又如原告提起確認所有權之訴訟,在時效取得之法律上陳述外,補充陳述因繼承取得之法律上陳述。或如原告在請求被告損害賠償之訴訟中,將原來受有財產上損害之法律上陳述,更正為受有精神上損害之法律上陳述。

訴之變更或追加敘述如上,當事人、訴之聲明與訴訟標的之訴之三要素有變更,即為訴之變更,有追加即為訴之追加。訴是否變更或追加,自以訴訟標的是否相同為斷。

柒、訴訟標的理論

訴訟標的既與民事訴訟法前述重大問題有密切關係,自值得重視。

實務上關於訴訟標的之認知,是以實體法律關係為訴訟標的。嗣後,即有檢討訴訟標的概念之理論出現。

訴訟標的理論係如何識別訴訟標的之異同及解釋訴訟現象,特別是與「實體法上之權利」之關係如何之理論。傳統的訴訟標的理論稱為舊訴訟標的理論,嗣後出現之訴訟標的理論為新訴訟標的理論。

一、舊訴訟標的理論(又稱為舊實體法說)

舊訴訟標的理論係以原告在訴訟上所為一定具體實體法之權利主張為訴訟標的。區別訴訟標的異同之標準,係以實體法所規定之權利多寡為標準。凡同一事實關係,在實體法上按其權利構成要件,能發生多數不同之請求權時,每一請求權均獨立成為一訴訟標的。

舊實體法說,即傳統訴訟標的理論或舊訴訟標的理論,係將實體法上權利之觀念直接轉換成訴訟法上之訴訟標的。換言之,訴訟標的乃原告在訴訟上之具體權利主張,原告起訴時必需在訴狀上具體表明其所主張之實體法上之權利或法律關係。訴訟標的之異同,即以原告之主張在實體法上是否為同一之實體法上之權利或法律關係為準,訴訟標的之個數,亦以實體法上之權利或法律關係之個數為準。因此,同一事實關係,在實體法上依據不同的權利之構成要

件，有多數的實體法上之權利產生，每一權利均構成訴訟標的，而不問各該權利之目的是否相同，權利中之一之履行，是否使其他權利消滅，故承認請求權競合構成不同、多數的訴訟標的，先主張其中之一權利，嗣後再行主張不同之權利，或以不同之權利取代原先主張之權利，即生訴之變更與訴之追加，以一訴同時主張二以上之權利，即生訴之合併。[24]

二、新訴訟標的理論（訴訟法說）

新訴訟標的理論將訴訟標的之概念自民法實體權加以切離，純自訴訟法立場，利用原告在起訴狀中之訴之聲明及事實理由之主張，構築訴訟標的之概念與內容，將實體權之主張降為當事人之攻擊防禦方法層次或法院為裁判時之法律觀點地位。亦即，訴訟標的應與實體法上之概念分開，而僅係向法院請求之主張，取決於事實、目的。其範圍，不限於實體法。

訴訟法說又分為一分肢說與二分肢說。一分肢說只依據原告訴之聲明，認定訴訟標的；二分肢說則認為訴訟標的之認定，須考慮訴之聲明及原因事實。詳言之，二分肢說又稱為訴之聲明及事實理由合併說，此說認為訴訟標的內容，可以由原告主張之事實及理由與訴之聲明加以認定，凡事實理由與訴之聲明有多數之情形，即構成多數之訴訟標的，訴之聲明或事實理由在訴訟繫屬中有增加或變更之情形，即屬訴之變更與訴之追加。所謂事實理由指未經實體法評價之自然觀念的事實理由，因此，同一事實，在實體法上之評價雖構成不同的權利，但原告之聲明單一，主張之事實亦單一，則只構成單一的訴訟標的。即單一事實不發生請求權競合，而僅為單一的訴訟標的。惟如基於買賣關係請求價金與基於買賣所受領之票據不兌現請求給付票款，因事實理由均有不同，即構成不同的訴訟標的。[25]

訴之聲明說，又稱為一分肢說，認為原告起訴目的，在於對於法院之請求，而非對於被告之權利主張，而當事人爭執與法院之裁判，均係就此一聲明

---

[24] 參閱陳榮宗著，訴訟標的理論，收於民事訴訟法與訴訟標的理論，頁 336-337，356-358，民國 69 年，作者自版。吾國實務見解採之。參閱，最高法院 42 年台上字第 1352 號判例：「被上訴人前對於上訴人請求返還系爭土地之訴訟，係以上訴人無權占有，本於所有物返還請求權為其訴訟標的。本件訴訟則主張該土地租賃契約已經終止，本於租賃物返還請求權為訴訟標的，前後兩訴之訴訟標的既不同，自不在民事訴訟法第 400 條第 1 項規定之列。」

[25] 參閱，陳榮宗著，前揭文，頁 337-338。

是否有理由為之，因此，訴訟標的是否相同之認定，應以訴之聲明為準，而不及於支持聲明有理由之事實與理由。雖在金錢或代替物之請求，尚需參酌事實與理由，但事實與理由並非訴訟標的之要素。依此說，則如原告之聲明與訴之目的相同，即構成相同之訴訟標的。依此說，如訴之聲明不變，所主張之理由雖有變更、增加或多數，亦不構成訴之變更、追加與訴之合併。訴之聲明相同即構成同一訴訟。因此，依據數種權利請求，因聲明單一，並非請求權競合，並不構成多數之訴訟標的。依此說，則基於買賣關係請求價金，與基於買賣所受領之票據不兌現請求給付票款，事實理由雖有不同，但請求之聲明相同，即不構成不同的訴訟標的。[26]

三、新實體法說（亦稱為請求權規範競合說）

新實體法說認為本於同一事實關係發生以同一給付為目的之數實體法上之權利，不應依據傳統理論，將之視為數請求權之競合，而僅應視為單一請求權，至於支持此種請求權存在之理由，僅能認為該請求權之基礎，發生競合之現象。亦即，僅可稱為請求權規範基礎之競合。至於請求權競合，僅指基於不同事實所發生之數請求權，而其給付之目的相同而言，此乃真正的請求權之競合。例如，基於買賣關係請求價金，與基於買賣所受領之票據不兌現請求給付票款，因買賣價金請求權與票款請求權互相獨立且不同，雖給付目的相同，仍構成不同的訴訟標的。[27]

四、統一概念否認說

此說認為以統一概念處理訴訟標的之問題，各家所見均未能完整週延，因此，有必要區分各種情形加以說明。詳言之，訴訟標的首先可以分為訴訟上之訴訟標的與本案之訴訟標的。訴訟上之訴訟標的係指原告之訴不具備訴訟要件之場合，法院以訴訟判決駁回原告之訴時之訴訟標的。本案之訴訟標的則係指法院就訴有無理由判決時之訴訟標的，且依訴訟種類之不同而有不同之訴訟標的。亦即，在給付訴訟之場合，以給付是否相同，作為判斷訴訟標的是否相同之標準，如給付相同，即構成相同之訴訟標的。因此，在給付單一之情況下，實體法上有數個請求權，並不構成數個訴訟標的。在確認之訴，依據原告主張

---

[26] 參閱，陳榮宗著，前揭文，頁340-342。
[27] 參閱，陳榮宗著，前揭文，頁344-350。

存在或不存在之法律關係決定訴訟標的。在形成之訴，則係依據原告主張而將由法院以判決形成之法律關係決定訴訟標的。又，訴訟標的僅於訴訟之重覆繫屬、訴之合併與訴之變更追加等問題有其意義，在既判力問題並不具有絕對意義，亦即，既判力係以判決客體爲決定基準，既判力僅及於法院曾經判決者，其範圍有時大於訴訟標的之範圍，有時小於訴訟標的之範圍。[28]

捌、各種訴訟類型之訴訟標的

一、給付之訴之訴訟標的

給付之訴之訴訟標的因採行新、舊訴訟標的理論，而有不同。

依新訴訟標的理論，給付之訴之訴訟標的爲原告所主張之給付受領權，亦即其所支持之法律上地位，而非實體法上之請求權本身。若採舊實體法說，則其訴訟標的爲原告所主張之實體法上之給付請求權。如原告甲主張租約期滿，請求乙返還其向甲承租之 A 屋，乙不但拒不返還，反而將該屋讓與丙占有使用。依新訴訟標的理論，甲只有一次受領 A 屋之給付地位，訴訟標的單一。若依舊訴訟標的理論，甲可依民法第 455 條之租賃物返還請求權及第 767 條之所有物返還請求權，請求乙返還該屋，故有二個訴訟標的。

最高法院 67 年台上字第 3898 號判例：「因買賣之標的物有瑕疵而解除契約，請求返還價金，與因解除契約顯失公平，僅得請求減少價金，在實體法上爲兩種不同之請求權，在訴訟法上爲兩種不同之訴訟標的，法院不得將原告基於解除契約所爲返還價金之請求，依職權改爲命被告減少價金之判決。」採舊訴訟標的理論。

二、確認之訴之訴訟標的

確認之訴之訴訟標的，無論依新、舊訴訟標的理論，均無差異。依民事訴訟法第 247 條規定，法律關係、證書眞僞或爲法律關係之基礎事實均得爲確認之訴之訴訟標的。

確認之訴，以請求或其他法律關係爲標的，通常須爲私法上之法律關係，若公法上之法律關係，則必有法律之特別規定，始得爲其標的。本件執行名

---

[28] 參閱，陳榮宗著，前揭文，頁 350-355。

義，係基於人民有向政府繳納田賦之義務，乃公法上之關係，既無特別規定，自不能爲確認之訴之訴訟標的，如其認爲無繳納 36 年及 37 年田賦之義務，亦只可依行政訴願以求救濟。[29]「執行名義所載之權利，固不失爲法律關係，但得爲確認之訴之標的者，應以私法上之法律關係爲限。如因基於國家統治權之作用而生者，乃係公法上之法律關係，對之如有爭執，應循另一途徑，謀求救濟。」[30] 此外，「確認法律關係成立或不成立之訴，以確認現在之法律關係爲限，如已過去或將來應發生之法律關係，則不得爲此訴之標的。」[31]

三、形成之訴之訴訟標的

形成之訴之訴訟標的，因所採行之新、舊訴訟標的理論而有不同。依新訴訟標的理論，形成之訴之訴訟標的爲原告所主張得要求形成一定法律關係之法律上地位。採舊訴訟標的理論，其訴訟標的則爲原告所主張之實體法上之形成權或形成原因。如民法第 1052 條所定判決離婚之各款，究爲一個訴訟標的？或各款均爲獨立之訴訟標的？依照舊訴訟標的理論，各款均爲一個獨立之訴訟標的；依新訴訟標的理論，則只有一個訴訟標的，該各款均爲支持離婚是否成立之法律上事由，此乃因當事人間欲藉由形成判決消滅婚姻關係之法律上地位，故只有一個訴訟標的。「爲形成之訴訴訟標的之形成權，有爲財產上者，有爲身分上者。其以身分上之形成權爲訴訟標的者，爲非財產權之訴訟；其以財產上之形成權爲訴訟標的者，爲財產權之訴訟。」[32]

玖、新、舊訴訟標的理論之差異

新、舊訴訟標的理論之差異，主要表現於請求權競合之情形，可分爲五點說明如下：

一、請求之同一性

舊訴訟標的理論認爲，訴訟上之請求無法僅依訴之聲明而爲特定，尙須依請求之原因爲判斷，故給付之訴有聲明無色性，即在給付之訴之訴之聲明中並無法特定當事人請求之對象。然新訴訟標的理論則認爲訴訟上之請求，依訴之

---

[29] 最高法院 45 年台上字第 1787 號判例。
[30] 最高法院 70 年台上字第 1042 號判例。
[31] 最高法院 49 年台上字第 1813 號判例。
[32] 最高法院 83 年台抗字第 161 號判例。

聲明即足以特定，毋庸依賴請求原因之記載。但於請求給付一定數量之金錢或代替物時，則例外須有請求原因之記載，始能特定。

二、一事不再理原則（民事訴訟法第 253 條及第 263 條第 2 項）

舊訴訟標的理論認為，請求權競合中之二請求權係分離之不同訴訟標的，故先以其中一請求權起訴後，在訴訟繫屬中或終結後，再依據另一請求權提起訴訟，並未違反民事訴訟法一事不再理之原則，因此二訴乃不同之訴訟。新訴訟標的理論則認為，競合之二請求權均來自同一受給付地位，故應屬同一訴訟標的，而違反一事不再理之原則。

三、訴之合併

依舊訴訟標的理論認為，請求權競合時，原告以一訴主張二請求權，係因二不同之訴訟標的，應構成訴之合併（重疊合併）。新訴訟標的理論則認為，只有一個訴訟標的，並無構成訴之合併之可能，充其量僅為攻擊防禦方法之合併。

四、訴之變更與追加

舊訴訟標的理論認為競合之二請求權，既屬不同之訴訟標的，則起訴後將原請求權改主張另一請求權，即為訴之變更。起訴後於原請求權外，再主張另一請求權，即為訴之追加，新訴訟標的理論則認為，此僅係訴訟標的所依據之法律主張，為攻擊防禦方法之變更，應依辯論主義解決。

五、既判力之範圍（訴訟標的之範圍）

舊訴訟標的理論認為，相競合之二請求權既為不同之訴訟標的，則以其中一請求權起訴，為法院以訴無理由而判決敗訴確定後，既判力僅及於該判決之請求權，故嗣後仍得以另一請求權而提起他訴。新訴訟標的理論則認為，既屬同一訴訟標的之不同理由（攻擊防禦方法），均為既判力所及，故不得再提起後訴，否則即應依民事訴訟法第 249 條第 1 項第 7 款規定，以裁定駁回後訴。

拾、定　性

定性問題是國際私法上的根本問題之一。

定性之主要目的在於決定選法規則之適用，亦即，其一，解釋各個選法規則之意義及確定其適用範圍；其二，區別二個選法規則間之界線；其三，確定

訟爭事實之法律性質；國際私法上討論定性，多集中於定性之基準的問題上。例如，法院地法說、案件準據法說、比較法理說及初步定性與次步定性說等。

　　法院地法說認爲定性應依據法院地法之概念爲之。外國法之適用，並非基於國際禮讓，亦非對於外國立法者善意之迎合，而因該外國法爲某一法律關係之地的本據之所在，適合吾國之法律見解。外國法係因吾等立法者欲其適用始有適用，而立法者是否欲其適用未爲明白之表示時，吾等可自其他可能認識之意圖推而得知，外國法之意圖如何，並不能決定吾等之決定。易言之，國際私法上之所有法規範，皆須透過吾等法律之解釋爲之。[33] 又，一國就某一訴訟事件，承認外國法之適用，並非對於外國主權之善意的讓步，即所謂國際禮讓而容認外國法之適用，而係基於法律上之理由，即外國法之適用爲正當。且此種適用，並無來自外部之優越權力予以強制，而係自己規定之結果，亦即，某國依其國內法明示或默示之同意，而承認外國法適用於其領域內，即一定訴訟某國承認外國法之適用時，乃對於其立法權固有範圍之任意的限制，亦是對於事實上絕對的主權之任意的限制，故某同一法律關係適用法院地法或外國法，係依據該法律關係之性質，而該法律關係性質之決定，應依法院地法爲之。[34]

---

[33] 參閱久保岩太郎著，國際私法構造論，昭和 30 年，有斐閣出版，頁 48-49。另 Kahn 對於反致係採取反對之態度，氏認爲吾人之工作係發現國際私法法規而予以適用，因此，國際私法法規之發現與國際私法法規之適用有所不同。爲發現國際私法法規應審查內國之法律秩序法規之意義與性質，並以此爲已足，無審查外國法之必要。而爲適用國際私法，則應審查系爭外國法之性質與意義，但此並非審查外國法本身是否有意適用，而係審查該法律關係是否與立法者所認爲依據國際私法法規爲適當之法律關係，爲同一之法律關係或其核心內容爲類似並達於同一法律關係之程度。因此，在同一法律關係固無疑義，即使在外國法爲不同之法律關係之構成，或依外國法規之目的，吾國爲不同本據之賦與，吾人均得認爲係某一法律關係。要之，國際私法之問題通常係由吾國之法律定之，而非依據外國法解決之。同上書，頁 50。跡部定次郎亦認爲國際私法之原則即係關於法律適用之原則，而定性問題即係如何之事實，爲如何之法律關係，若未能決定，即無從決定如何適用定各種法律關係所應適用之準據法之國際私法規則，故定性問題即係關於各國國內衝突規則之適用之問題。衝突規則雖係各國關於內外國法規之適用之法規，但既係各國之國內法規，則依據國內法之一般解釋原則，法文所使用之同一名稱、文字，以無特別相反之規定爲限，或無作相反解釋之法理上根據爲限，應爲相同之解釋，此無論於同一法典或不同法典或法律相互間均是如此，則法院自應依據其國內法決定法律關係之性質，而採取法院地法說。同上書，頁六四。另請參閱：井之上宜信著：國際私法における性質決定問題に關する一考察，（二），頁 41，法學新報（中央大學）。

[34] 參閱久保岩太郎著，前揭書，頁 54。井之上宜信著，前揭文，頁（二），頁 42。

　　法院地法說認為國際私法之歸類概念，應以內國實體法之法律概念確定之。其立論之主要理由，或在於國際私法並非國際法而係國內法，亦即係該國立法者為規範涉外私法關係或涉外民事事件所特別制定之法律，立法者既然有權限規範涉外私法關係，則其對於規範該涉外私法關係法律概念，當然有權限解釋或認定。因此，內國實體法與內國國際私法上之法律概念應為一致。涉外民事事件具有如何性質，應涵攝於如何之法律概念，應如何適用國際私法之規定，完全以法院地實體法之概念定之。

　　採取法院地法說，顯而易見之優點即在於簡易與穩定。因為法院完全以自己所熟悉之法院地法之法律結構與概念操作定性程序，自屬簡易，而當事人在起訴之前即可確知定性結果及所應適用之法律，自可以達成穩定之要求。且以法院地法定性無喪失自主權之虞[35]。

　　法院地法說主要的問題在於依法院地國際私法之規定所適用之準據法，只以與法院地實體法法律概念內容相同之外國之實體法為限，若內容不同即無適用餘地。然而，實際上，國際私法係以內外國實體法之不同為其存在基礎，如一定以與法院地之國際私法或實體法之法律概念相同內容之外國實體法始有適用餘地，則國際私法之功能將受到相當程度之限制。[36, 37]

---

[35] 參閱陳隆修著，前揭書，頁七。參見井之上宜信著，前揭文（二），頁 42-43。

[36] 井之上宜信，前揭文（二），頁 43。另劉鐵錚教授著，前揭書，頁 231，亦認為採取法院地法說，將有三個缺失：其一，可能發生本應適用外國法而拒絕予以適用，或本應拒絕適用外國法而予以適用，致發生竄改外國法之情形。其二，在法院地法欠缺外國法規的制度時，將無從解決定性問題，或顯然導致有失公平之結果。其三，採法院地法說僅能解決法律適用問題，對於判決一致之國際私法學理想，無任何助益。陳隆修著，前揭書，頁 7 以下，亦認為採取法院地法說，有三個缺失，其一為法院可能在完全無外國法之性質之情形下，而拒絕引用本應適用之外國法，或者法院可能引用一外國法，而該外國法本身不應被加以引用。此結果自然造成外國法被曲解，而被引用之法律既非為法院地法亦非為任何國家之法律。其一，當法院地法無外國法之類似法規時，以法院地法為定性之基準自然會構成困難。其三，即使於法院地法與外國法有著相類似之法規與制度，採用法院地法為定性之基準，亦可能造成獨斷之決定。施啟揚教授於其所著前揭文，頁 363 以下，則認為外國的某項制度為內國所無，且無法與內國制度作本質上的比較時，以如果予以適用，將視為放棄主權之行為，而依公序良俗排斥該制度之適用之主張未免過分，而未能正確決定，某種法律制度在該國中之性質與地位，尤其在法院地法欠缺外國法規的制度時，更無法解決定性問題，而易發生竄改所應適用的外國法之結果。其說均可供參考。又法院地法說認為法院地國際私法之歸類概念，除包括與該歸類概念完全相同之他國實體法之法律概念，尚包括與該歸類概念機能相同之他國之歸類概念，則其理論依據係建立於二個以上國家法律制度機能類似性之基礎上，而此種論

　　階段的性質決定說即係初步定性與次步定性說，又稱為直接定性說與間接定性說[38]，係修正法院地法說而來，依據法院地法說，國際私法之歸類概念，係以法院地實體法之法律概念定性，且準據法之範圍亦係以法院地法之法律概念確定之。階段的性質決定說，則是將定性工作分為二階段，第一階段係藉定性對象之生活關係之分析與歸類概念之確定，決定所應適用之國際私法選法規則，進而，透過該法則連繫因素概念之解釋，探求該生活關係所應適用之準據法。在此一階段，係以法院地法作為定性之基準。第二階段之定性於第一階段之定性結束後立即開始，即在第一階段定性決定所應適用之準據法後，針對該準據法進行第二階段之定性，藉以確定該準據法之範圍，此一階段，係依據準據法本身之概念作為定性之基準。要之，第一階段之定性採法院地法說，第二階段之定性採準據法說。[39]

點，將使具有與法院地實體法類似機能之他國實體法，始可經由法院地國際私法之規定，成為準據法，若不具有類似性或不為法院地所知或非法院地所有之他國實體法之法律制度，是否有任何適用可能性，非無檢討餘地。若認為不具有類似性，即無適用餘地，則國際私法準據法選擇範圍，將受到相當限制。若認為即使不具有類似性亦有適用餘地，則其方法為何，則不無疑義，且與此說主張不同。又，是否在法院地國際私法歸類概念之內，並不以他國實體法用語是否與法院地國際私法之用語一致與否為準，亦即，即使，用語一致，但其機能不同，則亦無適用餘地。反之，若用語不同，但具有相同之機能，則仍在適用之範圍。因此，法院地國際私法與其實體法之法律概念，範圍未必一致，甚至，可以肯定法院地國際私法之歸類概念範圍比法院地實體法之法律概念範圍為廣，以實體法之法律概念解釋國際私法之歸類概念即無任何實益。另請參見井之上宜信著：前揭文（二），頁44-46。

[37] 法院地法說之特點在於以法院地法就國際私法之歸類概念定性，而其立論之基礎，則在於國際私法本身亦係法院地法之一部，係由同一立法者所作成，為同質或一體的法律秩序之一部，因此，立法者在立法時，莫不將兩者所使用之法律概念是同一的，常存在於腦中，則可確定。而在實際適用過程中，將與國際私法不同概念之外國實體法完全排斥不用，或將外國法律制度中具有相同機能者，納入國際私法之歸類概念中，使兩者異其範圍，但，無論如何，國際私法之歸類概念，係以法院地法之法律概念作為核心而形成，則不能否認。則法院地法說係法院地國際私法與實體法具有事實上之同一性為其前提。此一前提是否妥適，不無檢討餘地。參見，井之上宜信著：前揭文（二），頁46-48。

[38] 日本學者久保岩太郎教授使用間接定性與直接定性稱初步定性與次步定性，參閱氏著，前揭書，頁72-73。

[39] 如有規定需具備書面則係關於法律行為方式之規定，但英國法則認為詐欺條款為程序規定且如未具備書面，該五千英磅給付之約定即為無效。該事件之準據法雖為法國法，其關於書面之規定，因屬於法律行為之方式，依準據法定性結果，原應適用，但如此一來，則英國法之詐欺條款之規定將因而失去作用，並不妥適，故應例外的以法院地法定性，適用英國法之詐欺條款。嗣後，Cheshire 改變見解，即關於初步定性除維持法院地法說之見解外，另再承認

階段的定性說，在第一階段採取法院地法說之理由在於就現狀而言，國際私法目前係各國國內法之一部，由於各國因法系不同，法律概念亦有差異，作爲國內法一部之國際私法固然在於規範具有涉外性質之法律關係，但在超國家之組織及法律尚未存在之現狀下，不得不使用國內法之法律概念，否則，即無由規範該具有涉外性質之法律關係。國際私法既係各國國內法之一部，自應以該國之法律概念就其歸類概念定性。而且，各國之立法者，在制定其國際私法時，莫不以該國之法律概念爲念，故該國際私法自應以該國之法律概念定性。[40] 第一階段定性之後，立即進行第二階段之定性，在第二階段之定性，雖已決定所應適用之準據法，但法律概念之運用仍有必要，因所決定適用之法律或爲內國法，或爲外國法，且在於決定各該準據法在該國全體法秩序之地位，而原先使用之法律概念，既已決定所應適用之準據法，應已完成其任務，不再具有重要性，因此，應依據所應適用之準據法，就此之法律概念定性，要之，在第二階段之定性採取準據法說。[41]

階段的定性說，主要立論依據在於某國對於其法律具有如何之意義，對於如何之事件始有適用，均享有主權或完全的決定權。在第一階段之定性，因係就國際私法之法律概念定性，自應依據該國際私法所屬國家之法律概念定性。在第二階段之定性，因係就該準據法之法律概念定性，自應以該法律之法律概念定性。[42] 惟階段定性說亦不無缺失，主要有[43]：初步定性與次步定性之區別係不實際的、人爲的，其實，定性求其採取非機械的方法與過程。又，初步定性與次步定性間之區別基準，學者間，甚至學者個人前後所持見解均可能不一致。例如，關於未成年人結婚，其父母親之同意，Robertson 在其

例外。即相關國家法律之初步定性結果如果相同，而與法院地不同，則應以各該國家法律之定性結果為準，不再採取法院地法說。惟初步定性與次步定性說，如後所述招受很大批評，而顯現其缺失，Cheshire 亦於其 Private International Law 第四版以後，不再使用初步定性與次步定性之用語，並認為英國法院在處理涉外民事事件之過程可分為四，其一，英國法院之裁判管轄權有無，其二，訴訟原因之分類，其三，該法律關係準據法之選擇，其四，該法律關係準據法之適用，而與初步定性與次步定性有關之論述，原在於準據法之適用階段討論，現則改於準據法選擇階段中討論，不用再認為係準據法之適用時所生之問題。其詳，請參閱，山田鐐一著，いわゆる第二次法性決定，收於氏著國際私法の研究，頁 10-11、32。

[40] 井之上宜信著，前揭文（二），頁 55-56。

[41] 井之上宜信著，前揭文（二），頁 56。

[42] 參閱井之上宜信著，前揭文（二），頁 59。

[43] 參閱山田鐐一著，前揭文，頁 26-28。

所著之 A Survey of the Characterization Problem in the Conflict of Laws, Harvard L.Rev.,Vol.52 P.747 以下，認爲屬於次步定性決定的問題，Cheshire 則在前揭 Private International Law 第二版認爲係初步定性之問題，在第三版則認爲係次步定性之問題。且如擴大次步定性之適用範圍，則將導致與反致理論本身之困擾相同之困擾。亦即，在實際案例之運用上，採取學者見解之結果與採取法院之見解結果不同，例如，在希臘有住所之希臘男子與在英國有住所之英國女子結婚，並在倫敦註冊登記。依據希臘法律，當事人一方爲希臘人，不依希臘正教儀式舉行之婚姻，不承認其效力，則婚姻之方式與能力爲次步定性之問題，則婚姻效力之判斷應以希臘法律爲準。若希臘法律把此等問題定性爲婚姻能力之問題，英國法律則定性爲婚姻之方式問題，又英國國際私法則規定婚姻方式依舉行地法，則該婚姻爲無效，但此與法院之見解認爲該婚姻有效之結論不同。又，次步定性在具體法律關係之準據法之問題上，見解有奇特的矛盾現象。例如，以 X 國法爲準據法之契約，已經過 X 與 F 之國內法所定之起訴期間之後，在 F 國起訴。F 國將此一起訴期間定性爲實體法之性質，X 國則將起訴期間定性爲程序法之性質，則即使違反 X 國法或 F 國法，訴訟均有理由。因 F 國法爲實體規定，故關於起訴期間不適用，X 國法起訴期間亦因次步定性結果爲程序法而無適用餘地之故，但此一結果顯非妥適，而有依調解問題之理論，予以處理之必要。[44] 又，具體法律關係之準據法可分爲單一準據法與二個準據法以上之情形，在單一準據法之情形，次步定性係依據該準據法，在二以上準據法之場合，次步定性則係依法院地法。但此種區別並非必要，且增加問題之複雜性。且準據法一般情形均有二以上，至少程序應依法院地法，實體依準據法，準據法均在二個以上，則次步定性依法院地法處理，此舉無異已完全否定初步定性與次步定性之理論。

階段的定性說最大的優點在於其能妥適的解決規範欠缺問題，詳言之，例如，在國際私所屬國之實體法，關於寡妻對於亡夫遺產之請求權係規定於關於夫妻財產制之規定，而該國國際私法規定夫妻財產制適用夫之本國法，依夫之本國法，則寡妻對於亡夫之遺產請求權係規定在繼承之規定，如依據法院地法定性，則適用之準據法固然爲夫之本國法，但係指該法關於夫妻財產制之規定，而依關於夫妻財產制之規定，寡妻對於亡夫之遺產並無任何請求權，如此，即因規範欠缺而使寡妻不能獲得任何保護。如依據階段的定性說，固然法

---

[44] 參閱井之上宜信著，前揭文（二），頁60。

院地國際私法係規定夫妻財產制適用夫之本國法，該國實體法就寡妻對於亡夫遺產之請求權，亦規定於關於夫妻財產制之規定，但因其準據法為夫之本國法，而該國實體法既然於關於繼承之規定，規定寡妻對於亡夫遺產有繼承權，則定性結果，關於寡妻對於亡夫遺產之請求權之繼承規定仍應適用，則該寡妻不致因規範欠缺而不能獲得保護。[45] 又，雖然依據前述之法院地法說定性，夫之本國法關於繼承規定中寡妻對於亡夫遺產請求權之規定，因具有與法院地實體法關於夫妻財產制之規定中，寡妻對於亡夫遺產請求權之規定相同的機能，而有適用餘地，與階段的定性說並無很大的差異，但法院地法說不免與法院地法仍有牽連關係，階段的定性說則完全切斷此種牽連關係，此點又可看出兩說在理論上之差異。[46]

　　階段的定性說是否有其缺失，不無檢討餘地。此即關於規範累積之現象，是否因採取階段的定性說而增多？例如，某國國際私法規定，繼承，關於不動產適用不動產之所在地法，關於動產適用被繼承人住所地法，而不動產所在地或被繼承人住所地之國際私法，則未區別動產或不動產，均適用被繼承人之本國法，今有某甲死亡，其遺產之處理，若依據法院地法定性，則不動產所在地法之相關規定規範關於不動產之繼承，被繼承人住所地法之相關規定規範關於動產之繼承，惟若依據階段的定性說，則不動產所在地或被繼承人住所地關於繼承之規定，不分動產或不動產，均有適用餘地。如此，採取階段的定性說，易生規範累積，但應注意者乃採取院地法說並重視內國法之本質機能的比較，亦不能完全消除規範累積之現象，與階段的定性說，僅有程度之差別而已。[47]

　　階段的定性說，更重要之缺失在於混淆定性問題與準據法之範圍問題。

---

[45] 參閱井之上宜信著，前揭文（二），頁60。類似之案例則係關於票據之時效問題。亦即，德國法院需就一件在美國田納西州作成之票據，決定其效力，依德國法，票據之時效為三年，依田納西州之法律，則票據之時效為六年，德國法院認為德國法律或田納西法律關於時效之規定均不能適用，因依德國法律，時效為實體法問題，而本案之準據法並非德國法律，故德國法關於時效之規定即不能適用。而田納西法律，時效為程序法問題，根據內國不得適用外國程序法之原則，德國法院亦不能適用田納西法律關於時效之規定。因此，該票據將永遠不因時效而失效。此一結果顯然並非妥適。亦係因定性採取法院地法說之結果，如關於次步定性採取準據法說，則不致發生準據法欠缺問題。其詳，參閱馬漢寶教授著，前揭書，頁231-233。

[46] 參閱井之上宜信著，前揭文（二），頁60-61。

[47] 參閱井之上宜信著，前揭文（二），頁60-61。

詳言之，定性之作用原在於選定系爭涉外民事事件所應適用之國際私法選法規則，進而決定所應適用之準據法，如已選定國際私法選法規則及所應適用之準據法，則定性之工作已完成，所剩的問題僅在於外國法之正確適用而已。[48]

　　事件準據法說認為國際私法選法規則類概念之決定，應依該涉外民事事件所可能適用之準據法定之。即某一涉外民事事件為那一國際私法選法規則中之歸類概念所包攝，應適用那一國際私法選法規則，不能依據該國際私法所屬國之實體法即法院地法決定，而應依據該涉外民事事件所應適用之準據法定之。例如，生存配偶就其已死亡配偶之遺產有所請求時，涉及涉外民事事件第 13 條與第 22 條之適用，亦即，涉外民事法律適用法第 13 條規定：「夫妻財產制依結婚時夫所屬國之法。但依中華民國法律訂立夫妻財產制者，亦為有效。外國人為中華民國國民之贅夫者，其夫妻財產制依中華民國法律。」同法第 22 條則規定：「繼承依被繼承人死亡時之本國法。但依中華民國法律中華民國國民應為繼承人者，得就其在中華民國之遺產繼承之。」上開事件應適用第 13 條或第 22 條，以定其準據法？此即定性問題。採取準據法說者認為，如結婚時夫所屬國之法，認為該事件屬於關於夫妻財產制之請求，則應定性為夫妻財產制，而以第 13 條定其準據法，如被繼承人死亡時之本國法認為該事件為繼承之法律關係，則適用第 22 條之規定，決定其所應適用之準據法。[49] 至於其立論之基礎則在於某一國家之實體法對於該國全體法秩序，具有如何之地位，亦即，該實體法在作為有機的一體之全體法秩序，具有如何之地位，應予重視之故。[50] 且，某一涉外民事事件內國國際私法既指定應適用某外國法作為準據法，則若不依該外國法定性，則與不適用該外國法作為準據法幾乎相同，且，以準據法定性，可以正確依該事件所應適用之國家之法律，來決定該法律關係在該國法規中之性質與地位，且其性質不致因受訴法院之不同而發生不同的定性結果。[51]

　　事件準據法說認為應以事件準據法，決定該事件應適用之國際私法選法規則歸類概念，其主要之優點在於能正確依據該涉外民事事件所應適用國家之法律，來決定該法律關係在該國中之性質及地位，不致違反該外國法精神，且其

---

[48] 參閱馬漢寶教授著，前揭書，頁 232-233。

[49] 井之上宜信著，前揭文（二），頁 67。馬漢寶教授著，前揭書，頁 229。

[50] 井之上宜信著，前揭文（二），頁 68。

[51] 參閱劉鐵錚教授著，前揭書，頁 231。

性質不因國家之不同而發生不同的定性結果，否則，適用某個國家之法律而不依該外國法定性，無異於不適用該外國法，但事件準據法說亦有其缺失，即事件準據法說犯了論理上之循環論（前提未定之謬誤），亦即，事件準據法係在決定國際私法歸類概念後，決定該事件所應適用之國際私法選法規則之後，始能決定，而在決定該歸類概念之意義時，準據法尚未能決定，則如何以準據法作為決定歸類概念之意義？[52]且若該國際私法指定之準據法有二個以上，如何選擇其一而排斥其他，作為定性之標準？

對於此一批評，採取事件準據法說者，認為：如當事人國籍之確定，係委之於該當事人國籍所屬國之法律定之，例如，當事人是否有日本國籍，係依據日本關於國籍之法律定之，而非依據法院地國際私法或其他法律定之。又，如在區別動產或其他權利是否成為不動產之國際私法問題上，應依據該動產或或其他權利本身之準據法定之，由此可知，定性可依據該事件所應適用之準據法為之，並未陷於循環論斷。[53]

反對者認為某當事人是否有某國國籍應依據系爭國籍本身之法律定之，並非定性問題，而係連繫因素意義之確定問題，且屬於連繫因素意義確定問題之例外情形，不得作為定性採取事件準據法說之依據，事件準據法說自不得免於陷於循環論斷之錯誤。[54]

支持事件準據法說者復認為國際私法實際上發生適用問題，並非法院地全部之國際私法選法規則，而係有適用可能之少數國際私法選法規則，所涉及之事件準據法亦僅少數國家之實體法而已。例如，關於寡婦是否能取得亡夫遺產之問題，僅係就關於夫妻財產制、動產、其他權利或不動產之國際私法選法規則發生適用問題，故僅涉及夫妻財產制、動產或不動產之準據法，故定性係依據此數個可能的事件準據法為之。但採取此一見解，不能忽視一前提，即如何在多數國家之法律中選擇若干作為可能適用之準據法？其依據與方法如何？並

---

[52] 參閱，井之上宜信著：前揭文（二），頁 68-69。馬漢寶教授著：前揭書，頁 233。劉鐵錚教授著，前揭書，頁 231。施啓揚教授著，前揭文，頁 375-376。陳隆修著，前揭文，頁 10。

[53] 井之上宜信著：前揭文（二），頁 70。關於國籍或住所之決定，即某人是否有某國國籍或其住所是否在某地，向有法院地法說與領土法說之爭論。但多數說採領土法說。參見，山田鐐一著，頁 89、101。馬漢寶教授著，前揭書，頁 67。

[54] 井之上宜信著：前揭文（二），頁 70。

不清楚。[55] 惟支持事件準據法說者，認為現今各國雖有不同，但亦應有相當之類似性，通過各國法律之比較分析，即使並非很精確，但仍有某一法律概念，國際私法即是以此一法律概念為基礎，選定該法律概念所代表之法律關係所應適用之準據法，而非以該準據法上之法律概念作為基礎，選定其所應適用之準據法，從而，國際私法上各該法律關係之意義之確定，並非自始即予以確定，而需至準據法選定之後始能確定。[56]

　　贊成事件準據法說者又認為定性係就任何相關國家（與事件具有任何關連之國家）法律，該涉外民事事件於該國家之實體法上具有如何之性質，首先加以調查，進而，再就與該國家之法制具有相同性質之國際私法選法規則予以確認，如此，再三進行此一工作，即可妥適依據事件準據法定性，而無循環論斷問題。例如，涉外民事法律適用法第 22 條規定：「繼承依被繼承人死亡時之本國法。但依中華民國法律中華民國國民應為繼承人者，得就其在中華民國之遺產繼承之。」是否應予適用，首先應就特定國家之實體法上，該涉外民事事件之性質為何，予以調查，如係繼承之性質，再進而就該國是否為被繼承人之本國法予以確認，如係被繼承人之本國法，則適用上開涉外民事法律適用法第 22 條之規定，並以該國之實體法上關於繼承之規定，作為準據法。但採取此一方法，其前提係在選定國際私法選法規則之前，應先就相關國家之實體法進行評價，而進行此一評價之理論依據如何，不無疑義。且採取此一方法，易致多數準據法可以適用或無準據法可以適用，即所謂規範累積與規範欠缺問題，例如，前述之事例，夫妻財產制與繼承之準據法均認為該事件為夫妻財產制或繼承之法律關係，則應適用之涉外民事法律適用法即有第 13 條與第 22 條，應適用之準據法即結婚時夫之本國法與有被繼承人死亡時之本國法，此即規範累積，反之，若夫妻財產制或繼承之準據法，分別認為該事件為繼承或夫妻財產制之關係，則發生規範欠缺之情形，無論規範累積或規範欠缺，均需借助適應問題或調整問題解決。[57]

　　多重的定性說主要是為迴避事件準據法說所生之循環論斷及準據法衝突之缺失而產生。由於採取事件準據法說是否有循環論斷之疑義，雖有爭論，但

[55] 井之上宜信著：前揭文（二），頁 70-71。

[56] 參閱江川英文著：國際私法における法律關係の性質決定，頁 42-44，國際法外交雜誌，26 卷 5 號。

[57] 井之上宜信著：前揭文（二），頁 71-72，73-74。施啓揚著，前揭文，頁 377。

以對於因採取此說所生之規範累積及衝突能加以避免為宜。此說認為定性係就該生活關係得出可能適用之國際私法選法規則，再依據該選法規則得出所可能適用之準據法，再將國際私法選法規則之歸類概念與該準據法之實體法概念加以比較，如果一致，則可確定該生活關係所應適用之國際私法選法規則。[58]例如，德國民法第 1360 條 B 規定，夫妻之一方無支付為自己事務涉訟之訴訟費用之能力時，他方負有在合理限度內，向其預付訴訟費用之義務。如繫屬於德國法院之涉外民事事件中，妻請求夫預付訴訟費用，則問題不在於該事實之法律效果如何，或原告之主張為何種法律關係之請求？而在於承認原告主張之法律，在法院地國際私法即德國民法是否為夫妻財產制之法律？又在 A 國法是否為夫妻財產制之法律？如是，且有連繫因素指向 A 國，則以 A 國法為準據法。其理由則在於：國際私法立法者，並非將全部之權利請求分割為數個群組，並將此等權利請求定性為某一群組，而係採取不同方式，亦即將全部法規分為數個群組，而立法者對於法官所提出之具體的權利請求，是否應依世界上那一國家之法律予以承認之調查，得對於法官予以指示，亦得在承認該權利請求之關係法規所屬法規群，依國際私法規定，於對於該國為指定之連繫因素存在時，自該國法秩序取出時，對於法官應准許此權利請求，予以指示。[59]

多重的定性說與事件準據法說乍看之下，頗為相似，但仍有不同，亦即，對於與國際私法歸類概念所涵蓋之概念範疇相對應之準據法規範範疇如何劃定之問題上，兩說並不相同，事件準據法說認為準據法規範，係指與內國國際私法之歸類概念體系名稱相同概念範疇所指之實體規範，即僅作形式的確認即可，而多重的定性說則認為準據法應具備國際私法歸類概念相同機能特性之實體規範，即內國國際私法歸類概念在該國所意圖之法律制度，與準據法所形成之法律制度間應具有等價性，即需作實質的確認。[60]

如前所述，多重定性說之提出旨在避免準據法說之陷於循環論斷之。但是否可以避免循環論斷，則不無疑義。蓋依據何種理論，致能在不特定之法域，進行定性，若未能澄清，將仍不免於循環論斷之批評。按該說之意旨，似以法院地法作為中心而選定 A 國法或 B 國法，再就法院地法與 A 國法或 B 國法進行比較，如屬同一概念範圍，再加上連繫因素之指向，則以之為準據法。因

---

[58] 井之上宜信著：前揭文（三），頁 78。

[59] 井之上宜信著：前揭文（三），頁 76-77。

[60] 井之上宜信著：前揭文（三），頁 78-79。

此，法院地法概念形成自極爲重要。又，依此說，規範欠缺之情形，固可以避免，但規範累積之情形則應不在少數，例如，前述之事例，關於妻對於夫之訴訟費用預付請求權之法律，在法院地法屬於夫妻財產制之法律，及婚姻之身分效力之法律，而依結婚時夫所屬國之法律或原因關係發生時夫之本國法，分別以之爲夫妻財產制之法律，或身分效力之法律，則準據法將有二個以上，而發生所謂規範累積。此種情形特別容易發生於請求權競合與評價矛盾之情形，如何解決不能無疑。[61]

按所謂請求權競合，在實體法觀念，係指單一事實依據法律之規定，當事人有數種請求權，而各該請求權之目的相同，如其中一請求權之行使達成目的，其餘請求權即消滅。[62] 在實體法上之處理向有法條競合說、請求權競合說與請求權規範基礎競合說之爭。在國際私法上，無論法院地法國際私法採取請求權競合說，或請求權規範基礎競合說，均會發生多重定性之現象，而有複數準據法可資適用，發生所謂規範累積之情形。例如，前述之事例，如法院地法認爲關於妻對於夫之訴訟費用預付請求權之法律，爲關於夫妻財產制與婚姻身分效力之法律，且當事人對於此二種法律之適用均予以主張，而結婚時夫所屬國之Ａ國法與原因事實發生時夫之本國之Ｂ國法，均分別認爲關於妻對於夫之訴訟費用預付請求權之法律爲關於夫妻財產制之法律，及關於婚姻之身分效力之法律，則Ａ國法與Ｂ國法均將成爲準據法而發生規範累積之現象，適用Ａ國法與Ｂ國法結果，關於請求之金額如果不一致，則以較高額者爲準，如果關於時效之問題，則以對於請求權人爲有利者爲準。但其依據何在，亦有疑問。同理，在侵權行爲與債務不履行之請求權競合之情形，則與實體法處理方式相同。其結果，亦以對於請求權人有利者爲準。[63] 但是否妥適，亦不無疑義。

按關於侵權行爲與債務不履行所生損害賠償請求權競合而言其準據法如何，即殊多爭論[64]。詳言之，有認爲在一件事實，實體法上既承認當事人有侵

---

[61] 井之上宜信著：前揭文（三），頁83-84。

[62] 關於實體法上請求權競合之討論，請參閱，王澤鑑教授著，契約責任與侵權責任之競合，民法學說與判例研究，第一冊，民國70年，作者自版，頁395以下，及其他債編總論著作，於此不贅。

[63] 參閱井之上宜信著，前揭文（三），頁83-84。

[64] 詳請參閱，國友明彥著，契約と不法行爲の抵觸規則の競合問題（一）（二）（三），法學雜誌（大阪市立大學），32卷4期，33卷1期及33卷4期。濱上則雄著，生産物責任の涉外

權行為與債務不履行損害賠償請求權，且構成請求權競合，則在國際私法上亦應為多重定性，其結果，將有二個以上之國際私法選法規則及準據法，即涉外民事法律適用法第 6 條、第 9 條與當事人意思所定之法律與侵權行為地之法律可資適用。[65] 惟如該兩個以上之法律發生矛盾或衝突時，如何解決又係一困難之問題，見解又不一致。

有採取請求權人選擇說，認為實體法解決請求權競合之方法，在國際私法上亦得接受。亦即，以請求權人即原告之主張為準，而決定應適用之國際私法選法規則為涉外民事法律適用法第 6 條或第 9 條，進而決定所應適用之準據法，為當事人意思所定之法律或侵權行為地法。[66]

亦有採取侵權行為準據法說，認為是否成立請求權之競合，以契約上之請求權成立時，侵權行為準據法是否亦承認侵權行為上請求權之成立，因此，關

問題（六）（七），判例評論，217 號頁 116 以下，220 號頁 116 以下。另劉鐵錚教授著，航空運送人對旅客損害賠償責任之研究（下），前揭書，頁 350-352，認為：「損害賠償之債，乃因某種事實致某人身體財產或其他法益蒙受不利益，其發生原因，就依法律規定者言，列國多以由侵權行為及債務不履行為多，而同一事實（航空機失事），對同一當事人，同時發生侵權行為之損害賠償請求權及債務不履行損害賠償請求權，往往可能，則此時兩個損害賠償請求權之關係如何？亦即可否併存？不僅涉及訟爭問題之定性，且涉及準據法之確定。國際私法上：通說皆採取法院地法說。因此，受訴法院依法庭地法（實體法）定性結果，認為航空運送人損害賠償責任，係屬於侵權行為法所規範之對象，自應適用侵權行為之準據法；如定性結果，認為航空運送人損害賠償責任，乃屬於契約所規律之範疇，則自適用契約之準據法，也別無問題，唯如依法庭地法，得同時構成侵權行為責任及契約責任，則此時法庭地法院實務上對兩請求權關係，究採何種學說，對準據法之適用即有密切關聯。其實務上採法條競合說者，則認為契約債務不履行乃侵權行為之特別型態，依特別法優於普通法之原則，自適用契約之準據法，以解決航空運送人損害賠償責任案件。其實務上採請求權競合說者，則認為兩請求權可以併存，債權人得擇一行使，其選擇行使侵權行為損害賠償請求權時，法院固適用侵權行為準據法。其選擇行使契約債務不履行請求權者，法院則適用契約準據法，以發現應適用之法律。」論述甚詳，可供參考，惟其：並未指明採取後述何種見解，而完全以法院地法定性結果，決定是否同時發生侵權行為損害賠償請求權及契約債務不履行損害賠償請求權。如同時發生，亦未指明依據何種基準，判斷是否成立請求權競合問題（依劉鐵錚教授引進最高法院判例，似以法院地實體法為基準）。如有請求權競合，僅指出應由債權人決定如何行使，亦未指明其理論依據，尚有進一步檢討餘地。

[65] 參閱，久保岩太郎著，國際私法概論（改訂版），昭和 29 年，嚴松堂出版，頁 38。齋藤武生著，事務管理、不當利得、不法行為，國際私法講座，卷二，頁 487。

[66] 參閱，國友明彥著，前揭文（二），頁 34-35。

於請求權競合問題，應適用侵權行為之準據法。[67]

　　亦有認為應以侵權行為準據法為主，輔以契約準據法，亦即，此說為前說之修正，而認為契約債務不履行損害賠償請求權成立時，是否另成立侵權行為損害賠償請求權並構成請求權競合？並非僅依侵權行為地法決定之，而係對於侵權行為地法之適用加以若干限制。在侵權行為地法否定請求權競合時，僅適用侵權行為地法，固應否定侵權行為請求權之競合。惟在此之前為求得當事人間權利義務之均衡，若依據契約準據法所獲得之法律效果，比依據侵權行為準據法所獲得之法律效果更為不利時，應承認被害人有依據侵權行為地法所獲得之法律效果。[68]

　　亦有認為應採取侵權行為與契約準據法累積適用說，即是否成立請求權之競合，應以侵權行為與契約準據法均承認準據法之競合為限，兩準據法均認為成立請求權競合者，即承認請求權競合，如兩準據法均否認請求權競合，雖法院地法承認請求權競合，亦應予以否認。如其中之一否認請求權之競合，即不成立請求權競合。[69]

　　亦有主張應採取先決問題說者，認為請求權競合問題，為解決契約或侵權行為請求權（即本問題）是否容許問題之前需先解決之問題，故係所謂先決問題，亦即，當事人是否有侵權行為或債務不履行之損害賠償，固應依據侵權行為或契約之準據法定之，而侵權行為與債務不履行之準據法之決定，需適用涉外民事法律適用法第6條及第9條，但究竟應適用第6條或第9條，需先解決侵權行為與債務不履行損害賠償請求權間之關係，究竟處於補充關係或競合關係，此即所謂請求權競合問題，亦係侵權行為或債務不履行損害賠償請求權存在與否之先決問題。惟是否有請求權競合情形，既屬於先決問題，自應適用本問題準據法國國際私法定之。如契約準據法國及侵權行為準據法國國際私法均承認請求權競合者，則承認請求權競合。如兩準據法國國際私法均不承認準據法競合者，則應否定請求權競合。如侵權行為準據法國國際私法肯定請求權競合，而契約準據法國予以否定者，或契約準據法國承認準請求權競合，而侵權行為準據法國予以否認者，自應予以否認定。[70]

---

[67] 參閱，田中徹，涉外判例研究，ジュリスト 487 號，頁 147。

[68] 參閱，國友明彥著，前揭文（二），頁 34。

[69] 參閱，濱上則雄著，前揭文（六），頁 120-122。

[70] 參閱，濱上則雄著，前揭文（六），頁 122-124。

　　亦有認爲應採取一體連結說（又稱附屬的連結說）者，認爲應以契約關係之準據法爲準。而其理由之構成則有二：其一爲附屬的連結說，認爲加害人與被害人間，如有契約或其他特別的法律關係存在，而發生與該契約或其他特別法律關係有關之損害時，應適用該契約或其他特別法律關係之準據法。至於其理由則在於侵權行爲地之連繫因素，不過是一偶然的因素，契約或其他特別的法律關係準據法，反而與系爭涉外民事事件具有更爲密切之關係，如適用契約或其他特別法律關係之準據法，不僅符合國際私法妥適選擇準據法之正義，亦符合當事人間之正當期待，且可避免多重定性所生之請求權競合或規範累積等困難問題。其二爲一體的連結說，認爲國際私法選法規則之競合與實體法上之請求權競合相同，均是單一事實與二個以上構成要件相符，而同時發生二個以上之法律效果，在實體法上之請求權競合，可以基於目的論之立場而以單一請求權之方式解決，在國際私法選法規則之競合，亦可以以單一國際私法之選法規則與準據法解決之。契約之國際私法選法規則及其準據法即係侵權行爲國際私法選法規則及其準據法之特別規定，因而應優先適用。[71]

　　以上諸說，以一體連結說爲晚近之各立法例或其草案所採，例如，一九七二年歐洲經濟共同體關於契約債務及契約外債務準據法公約草案，第10條第1項維持侵權行爲適用侵權行爲地法之原則。但第2項則規定，若發生損害之事實與發生損害國家間無重要關係，而與他國有更重要之關係者，適用該他國之法律。第3項則規定所謂有更重要關係係指加害人與被害人間，或應負責第三人與被害人間有共通連繫因素之關係。[72] 奧地利一九七八年國際私法第48條第1項，關於侵權行爲仍採取侵權行爲地法主義，但同條項但書則規定：「雙方當事人間與他國存有更密切之關係時，適用該他國之法律。」所謂有更密切之關係係指共通本國、共通慣常居所、特別的契約關係或法律關係等。[73] 瑞士一九八七年國際私法典第133條第1項，依序以當事人共通慣常居所地法、侵權行爲地法、損害發生地法爲準據法。惟如當事人間有特別的法律

[71] 參閱，久保岩太郎著，國際私法法規適用上の若干問題，國際法外交雜誌，37卷，頁1012。澤木敬郎著，涉外判例研究，ジユリスト233號，頁103。折茂豐著，涉外不法行爲法論，昭和51年，有斐閣出版，頁165-166。石黑一憲著，國際私法，昭和62年，有斐閣出版，頁50、114。

[72] 參閱，歐龍雲著，ヨーロツパ經濟共同體における契約および契約外債務の準據法に關する條約草案，北海學園大學法學研究，頁383以下。

[73] 參閱，山內惟介，オストリアの國際私法典，法學新報（中央大學）88卷，頁177-178。

關係存在時，則適用該特別法律關係之準據法。[74] 德國一九八二年國際私法修正草案第 3 條關於侵權行爲仍採取侵權行爲地法主義，但同條第 3 項則規定應負損害賠償之責者與被害人間，於損害發生時有事實的或法律的特別關係，且該損害與該特別的法律關係有實質的關連時，適用該特別的關係所應適用準據法。[75] 此皆與多重定性說主張不同。

多重定性說所生之法規範累積除請求權競合，有如前述外，尚有所謂評價矛盾之情形，例如，法院地法依其多重定性之結果，應適用離婚準據法 A 國法與親子關係之準據法 B 國法，在 A 國法由於認爲離婚應予處罰，而剝奪有責的夫對於未成年子女之監護權，但在 B 國法則基於未成年子女利益之考量，而不問離婚之夫妻雙方有無可歸責事由，一律以最適宜監護之人爲監護人。因而，發生準據法衝突問題。要之，所謂評價矛盾即係多重定性結果，有二個以上之國際私法選法規則及其所指定之準據法可以適用，而此二準據法間發生衝突與矛盾之現象。此際，如何解決不能無疑，或以爲應以較具有實現可能性者或適用較能實現正義之準據法爲優先。就前述之事例而言，法院不妨將離婚之準據法與親子關係之準據法予以結合，或依個案之不同而自由的形成解決方法。[76] 但是否妥適，仍有待檢討。由上所述，可知多重定性說仍有其缺陷，而不可採。

比較法說或稱爲獨自說、比較方式說或分析法理學及比較法說。

比較法說認爲首先涉外民事法律適用法或國際私法對象並非法律關係，而係單純之事實，而涉外民事法律適用法與其他法規範並無不同，均是法律要件與法律效果所構成。涉外民事事件之處理即係就多數可能之狀況中，作合目的的考量，選出適當的法律要件，並以之判斷是否包含該事實，因此該涉外民事事件，並未經任何內國法判斷，並非法律關係而係單純事實。國際私法適用之對象，既爲一組特定之事實，並非一種必須依據特定法律制度而生之法律關係，則在定性時，依內國實體法固可，依外國實體法亦可，無需厚此薄彼，亦

---

[74] 瑞士一九八二年國際私法第二次草案，參閱，石黑一憲著，スイス國際私法第二草案（一九八二年），法學協會雜誌（東京大學）100 卷、101 卷。一九八七年十二月十八日國際私法典，參閱，劉鐵錚教授著，瑞士新國際私法，頁 157-158。

[75] 參閱，國友明彥著，契約外債務に關する國際私法の改正準備（二）（三），法學雜誌（京都大學），38 卷 2 期，頁 25。38 卷 3、4 期，頁 71-73。

[76] 參閱，井之上宜信著，前揭文（三），頁 87-88。

即在用法律概念形容此一組事實時，此等概念之涵義如何，自應許依外國法加以解釋，非但理論上應如此，在實際處理案件時，為求合理公平，亦應有此必要。其次，自主決定說又認為涉外民事法律適用法係由法律要件與法律效果所構成，但其法律效果並非在於解決一定之法律問題，而係對於一定法律秩序予以指示，因此，各個法律要件之特徵的探求是必要的，法律效果方面亦係如此。因此，涉外民事法律適用法與其他法規範相同，依其目的與相關關係，予以解釋是必要的。國際私法上之定性問題，因而成為國際私法選法規則之解釋問題。

又，涉外民事事件所處理、面對的問題，係與內國法體系並不合適之無數的外國法規範，或與內國法律精神不同性質之多數的法律制度。因此，國際私法不僅面對內國法秩序，亦需面對特定外國法秩序。因此，國際私法雖為內國法，但對於特定之外國的法律現象，只要具有相當的類似性，亦得適用，內、外國法律制度間因而有互換的可能性。因此，國際私法法律要件，並非只與法院地法現象有關，而應認為與內外國法共通部分有關。國際私法法律要件，因而係經由比較法學方法所獲得之各國法的評價最大公約數、共通分母或平均之相對的概念。例如，民法上之監護，如認為僅指民法或其附屬法規上之監護，而不及於外國法制有而為法院地法所無之法制，任何人均無法接受。此一概念係經由抽象化後所獲得。國際私法上之監護概念，亦不得僅以法院地民法而應以文明世界全體予以理解。精確言之，應係指關於不受父權或親權之約束，且無完全行為能力之人，其法定代理或一身的監督保護事務之法制。[77] 換言之，涉外民事法律適用法與作為準據法之內、外國實體法，層次不同，涉外民事法律適用法歸類概念之法律關係之解釋，不應受到任何實體法拘束，無論是法院地法或其他國家之法律均然，而應依照國際私法目的形成獨自之法律概念，至於如何形成，則需建立在比較法基礎上，即參照各國相類似之法律制度，得出一最妥適之法律概念。[78] 其主要之理由則在於國際私法選法規則，原在解決內

---

[77] 井之上宜信著，前揭文（一），頁 121-122。馬漢寶教授著，前揭書，頁 229-230，施啟揚教授著，前揭文，頁 378-379，陳隆修著，前揭書，頁 11。

[78] 井之上宜信著，前揭文（一）頁 123-124。山田鐐一著，國際私法，頁 49。池原季雄著，前揭書，頁 107。另，主張世界法理論之田中耕太郎博士則在其所著之世界法理論第二冊中稱：「法律關係性質決定本身所具有之意義，乃一國國際私法解釋之問題，國際私法本身所包含之各概念應自國際私法本身發現之。此概念理論上應與內國實體法，乃至外國國際私法與外國實體法均無關。其係超然於各國實體法之法律概念。」「國際私法係依據一國國際私法

容不同之內外國法間與外國法彼此間之問題，亦即，在適用國際私法選法規則之際，吾人所面對的不是與內國法律體系不適合之多數外國法，即係與內國法精神不同之多數外國法律，爲達成此項任務，國際私法於適用時必需能顧到各種法制上之規則及其制度之性質，定性不外是處理具體事件時對於國際私法選法規則之一種解釋與適用，故國際私法選法規則之概念，必需屬於絕對一般性質之概念，而此種概念係基於普遍適用之一般原則，故不能從任何一種法系之內國法得之，而必需在分析法理學中得知。因分析法理學利用法律比較研究之結果，所產生之原則或概念，並非以任何一國法制爲其根據，亦非僅能適用於一國法制，而係可以獲得普遍適用之基本原則與概念，亦即，國際私法選法規則之歸類概念乃經由比較法學之方法，所得出各國不同法的評價之最大公約數或共通分母或平均，此種一般性之概念隨著比較研究之進步而日趨完備，卒將使各國之法規或制度均可依之而定性。更且，因此，對於定性問題，國際私法應自立其標準，國際私法概念或制度應獨有其涵義與範圍，而不應依賴法院地法或事件之準據法或任何特定之法制，至於此種獨立的概念，則可從普遍或國際的觀點，即本於比較法或世界法的觀點，依法律之分析比較而建立。[79] 要之，比較法說認爲國際私法需建立起自己之國際私法概念，而從各國實體法的枷鎖中解脫。[80]

比較法說，其優點在於借助於比較法研究，可以將內國法並未包括在內之法律制度涵蓋在使用同一用語之國際私法法律概念內，形成世界各國一致之

所招致之存在於世界之無限制的實體法的共通分母，居於分母地位之國際私法係居於分子地位之實體法之上位概念，此二者乃異其平面存在。然世界之實體法之共通分母如何發現？顯然不得只依據一國之實體法，亦即國際私法之概念不得借用實體法之概念。」「就法律關係之性質如何決定之問題，顯然法院地法說之見解不得採取，準據法說之立場亦不得贊同。此問題需依據超國家之立場解決之。其完全解決則依賴世界法學所依存之世界法概念之確立，其具體的確定則賴國際協定。」「依據超國家的立場決定各國際私法之概念，法律關係性質決定問題並無存在餘地，蓋如前所一再述及，受主權與民族拘泥之法律理論，法實證主義之反自然法學傾向，以走入形式論理末端之概念法學取代世界人類法律往來所生之法律關係所要求之正義與合目的的考慮，因而發生弊端，其結果，吾人認爲將根本否定法律關係性質決定問題本身之論理可能性。」其說可供參考，參見氏著世界法理論，第二卷，1932年，岩波書店出版，頁271-272，242-243，257-258，264-265，273-274。

[79] 參閱，劉鐵錚教授著，前揭書，頁232。馬漢寶教授著，前揭書，頁229-230。山田鐐一著，前揭書，頁50。
[80] 施啓揚教授著，前揭文，頁378。

法律概念，而可以獲致判決一致，但無可諱言者，其本身並非無問題，而最大之問題有二，其一，乃所謂比較的方法不過是一過程，並非解決實際問題之方法，即使具有價值，亦係在遙遠的將來始具有價值。又，在實際上並不能解決現的問題，即使能解決，亦僅能解決較為單純的、具有輔助性質的問題。其二，比較法的方法本身亦有實行之困難，亦即，不同的法律秩序，對於不同之概念賦予不同的內容，而其內容並無在壓倒性多數法秩序中獲得相同內容之理由，此際如何進行該概念之比較法的解釋？不無疑義。[81] 且對於歸類概念之判斷素材是否應以同一法系或語系之國家為限，抑或應擴及其他法系或語系之國家？亦有疑義。[82] 且對於歸類概念意義之確定，委之於比較法方法，無異於其國際私法解釋，空白委任於其他國家，並且，服從其共同意見或多數意見，則該國立法者於制定國際私法時，作為目標之立法政策之判斷能否實現，更有疑義。[83] 又，比較法目的在於解決事實問題，亦即其目的在各實體法上，架設一概念之網，將相同的法律制度集合，將不同的法律制度切離，但國際私法問題則係法律問題，即其法律概念如何？具有如何之內容？此有立法政策的問題遺留在內。國際私法固然要自實體法解脫，特別是要自法院地法或準據法解脫，同時也應自比較法解脫，國際私法上所使用之體系概念，確實是在比較法亦可以使用之體系概念，且此等概念可概括各個實體法共通部分，但其並非由比較法所形成，實係依據其本身之立法政策或立法目的所形成。[84] 最後，如採取比較法說，法院在依據不同法律而有不同定性結果時，必需就許多有關或無關的法律制度進行研究，以便尋找最妥適之定性法則，則法院之負擔未免過於沈重。雖然，法院可借助學者、專家之研究成果，但究非完全可去除法院之工作負擔。[85]

拾壹、定性與訴訟標的理論

前述關於定性基準之討論，其實對於涉外民事事件選法問題之解決助益不大。定性之主要目的在於決定選法規則之適用，亦即，在確定訟爭事實之法律性質。訟爭法律事實性質之確定，又可確定系爭訴訟之訴訟標的。惟兩者之關

---

[81] 參閱井之上宜信著，前揭文（一），頁126-127。陳隆修著，前揭文，頁11。

[82] 井之上宜信著，前揭文（一），頁128。

[83] 井之上宜信著，前揭文（一），頁128。

[84] 井之上宜信著，前揭文（一），頁128-129。陳隆修著，前揭文，頁11。

[85] 參閱陳隆修著，前揭書，頁12。其見解與本文不同。

係究竟如何，有進一步探討之必要。

　　定性係關於訟爭事實之定性，法院據以決定選法規則與準據法，進而依據準據法決定當事人之權利義務關係。關於定性，由於選法規則之規定，向來以「侵權行爲」「無因管理」等法律關係爲定性之結果。此等法律關係復構成訴訟標的之法律關係，因而，發生訴訟標的法律關係與定性間之關係究竟如何之問題。亦即，訴訟標的法律關係之性質，應由當事人主張或法院依職權決定？定性是否亦係如此？如當事人之主張與法院之決定不同，是否影響準據法之選擇？此於訴訟之合併、訴之追加與變更、國際訴訟之競合、既判力等問題之處理是否有所影響？有必要深入檢討。

　　首先，應注意者乃權利與權利主張應加以區別。在訴訟標的之討論上，不論採取何種訴訟標的理論，有認爲訴訟標的爲原告之權利主張，將權利與權利主張加以區別者，亦有認爲訴訟標的爲權利者，未明確表示是否區別權利與權利主張。從民事訴訟實務之角度觀察，在判決確定之前，原告與被告所主張或抗辯者，均屬一種假設，並非實際存在之權利，故可謂係一種權利主張，並非權利，因此，訴訟標的應爲權利主張。

　　其次，訴訟標的既係一種權利主張，則原告之主張是否以事實爲限，如與法律之適用有關，是否拘束法院，則有疑義。如認爲當事人只要主張事實，法律適用爲法院之工作與責任，即如法諺所稱：「汝給我事實，吾給汝權利」，則當事人縱使可以爲法律適用之主張，但並不能拘束法院，則訴訟標的之認定完全取決於法院之見解，亦即，基本上不生訴訟標的之變更、追加與訴之合併等問題。在國際私法之適用上，亦僅生法院如何適用涉外民事法律適用法選法規則之問題，惟如當事人關於法律之適用得主張且拘束法院，則不僅生訴之變更、合併與追加等問題，亦生法院如何判斷原告關於如何適用涉外民事法律適用法選法規則之主張，是否有理由之問題。判斷當事人主張之事實，應如何適用涉外民事法律適用法，及判斷原告主張之涉外民事法律適用法之適用是否有理由之問題，均有賴定性問題之解決。但法院是否受當事人法律上主張之拘束，不能完全視爲程序問題。詳言之，法院應否受當事人法律上主張之拘束，應係當事人主義與職權主義之問題，而與一國之民事訴訟制度有關。

　　在採取職權主義之民事訴訟制度之下，當事人法律上之主張不具有重要性，所採取之訴訟標的之理論，比較接近於訴訟法說等新訴訟標的理論。在當事人主義之民事訴訟制度之下，當事人之法律上之主張則具有相當之重要性，

訴訟標的理論則比較接近舊訴訟標的理論之實體法說。但不可忽視者，乃基於單一事實所生之數實體法上之權利，具有如何之關係，並非單純之程序問題，亦即，該數個權利，係基於法條競合而以其中之一排除其他，或發生競合之現象或發生併存之現象，或係請求權規範基礎之競合，固影響訴訟標的之認定，而與程序有關，同時，亦與實體法之規定或理論有關，更與國際私法之問題，例如，是否發生請求權競合，而有為其選定準據法之必要？

在內國實體法之領域，除少數例外，行為規範與裁判規範是重疊的，對於當事人而言，法院所構成之法律關係是唯一、絕對的存在，但在國際私法之領域，由於所涉及之當事人、標的物或行為等法律事實，不以一個國家為限，所可能適用之法律，亦不以一個國家為限，且各國法律之規定不同且同時並存，乃國際私法存在之根本條件，故自當事人觀之，在甲國法院起訴，其法律關係之構成可能為甲類之法律關係，在乙國法院起訴，則其法律關係之構成，亦可能為乙類之法律關係，法院對於此一現象，應常存於心，即該法院所屬國之國際私法雖拘束法院且為絕對的，但法院法律解釋適用之根本，需常受涉外民事事件特性之規整，且在實際事件之處理上，法院所面對的均是以請求權存在與否之形式出現，在純粹內國事件，由於法秩序是單一的，故法院在認定事實存在與否之同時，可以根據其本身之觀念，檢討該請求權之法的構成，但是在涉外民事事件，則不能如此，如此做亦不妥適，而應就當事人所主張之請求權是依據涉外民事法律適用法中那一條文，及因而依據那一國之法律之問題，以及，除該請求權之法的構成外，是否尚有他種法的構成，作深入且首尾一貫之檢討、判斷。在從事此一工作時，更需以比較法之角度為之。

此一見解，基本上與本文前述關於訴訟標的理論之說明，並不衝突。蓋無論法院是否受當事人法律上主張之拘束，法院均應判斷當事人主張之事實如何適用涉外民事法律適用法，亦即，法院如受當事人法律上主張拘束，則發生法院以如何基準判斷當事人主張是否有理由。如法院不受當事人法律上主張拘束，則問題在於法院依據如何基準，判斷當事人間已確定事實，如何適用涉外民事法律適用法。進而言之，涉外民事訴訟事件，管轄法院須以原告起訴主張之事實為基礎，先依法庭地法或其他相關國家之法律為「國際私法上之定性」，以確定原告起訴事實究屬何種法律類型，再依涉外民事法律適用法定其準據法。所謂「依法庭地法或其他相關國家之法律」，係指依前述之定性的基準（法院地法或比較法或準據法），為「國際私法上之定性」，如原告主張有理由，即以原告主張為據，依選法規則定其準據法；如原告主張不正確，則駁

回當事人之主張或請求。

　　最高法院 92 年度台再字第 22 號（伊朗國防部案）稱：「涉外民事訴訟事件，管轄法院須以原告起訴主張之事實爲基礎，先依法庭地法或其他相關國家之法律爲「國際私法上之定性」，以確定原告起訴事實究屬何種法律類型，再依涉外民事法律適用法定其準據法。本件依再審原告在前訴訟程序所起訴之事實，既主張系爭電匯款爲第三人利益契約，該法律類型屬「法律行爲發生債之關係」，則兩造合意以中華民國法律爲準據法，自無錯誤適用涉外民事法律適用法第 6 條第 1 項規定之情事。」值得贊同。最高法院 81 度台上字第 2417 號民事判決（毛思迪案）：「查涉外民事法律適用法第 20 條僅係有關監護準據法之規定，關於判決離婚後子女之監護問題，則屬離婚之效力範圍，本件上訴人以兩造離婚後所生之子黃大信應酌定由伊監護，如果美國加州法院判決由被上訴人爲黃大信之監護人爲合法有效，因被上訴人有不適於擔任監護人之原因，亦應改由伊爲監護人云云，所稱原因事實，均爲適用民法第 1055 條但書規定之問題，又上訴人於原審一再爭執關於改任監護人之訴，係屬離婚效力之一部分，其適用之準據法應依涉外民事法律適用法第 15 條決之，即應以我國法爲準據法，自非無據。原審依同法第 20 條規定以美國法爲準據法，認本國法院對之無管轄權，尙欠允當。」最高法院 82 年度台上字第 1888 號（毛思迪案）「（一）關於判決離婚後酌定及改任監護人之訴，均屬離婚效力之一部分，其涉外事件所應適用之準據法自應依我國涉外民事法律適用法第 15 條規定決之。（二）判決離婚後關於未成年子女之監護權如何分配及其分配之方法如何，係附隨離婚而生之效果，自應依離婚效力之準據法決定之。所謂關於未成年子女之監護權如何分配，不僅指夫妻經法院判決離婚後，對於其未成年子女所爲應由何方監護之酌定而言，嗣後因情事變更而聲請變更任監護之人即改定監護人者，亦包含在內。至於監護人指定後，監護人與受監護人之法律關係，則屬監護問題，應依受監護人之本國法決定之。上訴論旨，謂改定監護人非屬離婚效力之問題，而係有關監護之範圍，應依我國涉外民事法律適用法第 20 條規定，以受監護人之本國法爲準據法云云，不無誤解。又法院爲准許離婚之判決時，對於未成年子女之監護人雖已爲酌定，但嗣後情事有變更者，當事人非不得聲請法院變更任監護之人，此就我國民法第 1055 條但書規定觀之，應爲當然之解釋。」亦可供參考。

拾貳、國際的訴訟競合、外國法院民事確定裁判之既判力與國際民事訴訟之訴訟標的

在現代國際社會，各國人民超越國境之往來，愈來愈普遍，因此衍生之涉外民事紛爭亦將愈來愈常見。涉外民事紛爭繫屬於兩個以上國家之法院，或經某國法院民事判決確定再行涉訟於另一國家法院之情形，亦非無可能。因而，有所謂國際訴訟競合或經承認之外國法院民事確定裁判之既判力問題。

民事訴訟法第 182 條之 2 規定：「當事人就已繫屬於外國法院之事件更行起訴，如有相當理由足認該事件之外國法院判決在中華民國有承認其效力之可能，並於被告在外國應訴無重大不便者，法院得在外國法院判決確定前，以裁定停止訴訟程序。但兩造合意願由中華民國法院裁判者，不在此限。法院為前項裁定前，應使當事人有陳述意見之機會。」民事訴訟法第 402 條規定：「外國法院之確定判決，有下列各款情形之一者，不認其效力：一、依中華民國之法律，外國法院無管轄權者。二、敗訴之被告未應訴者。但開始訴訟之通知或命令已於相當時期在該國合法送達，或依中華民國法律上之協助送達者，不在此限。三、判決之內容或訴訟程序，有背中華民國之公共秩序或善良風俗者。四、無相互之承認者。前項規定，於外國法院之確定裁定準用之。」均以同一事件為前提。同一事件又以訴訟標的之同一最為重要。

同一事件如繫屬於數國法院，不但於訴訟經濟有違，更易生裁判之矛盾。是否因而有必要予以限制，值得深思。在國際的訴訟競合，應注重濫訴之防止、訴訟經濟、與判決之牴觸之防止。蓋當事人尋求於自己有利之裁判，而任意的在不同國家提起相同訴訟，不但裁判結果易致歧異，對相同之爭執或問題，須花費兩倍，甚至數倍之時間、金錢、勞費來尋求解決，亦與訴訟經濟有違，尤其是原告利用於己有利之訴訟程序，以壓迫被告，或獲得原不獲得之利益或逃避應負之責任，皆為公平正義之觀念所不容。完全忽視外國法院之訴訟繫屬之事實，而逕以內國法院之訴訟為優先，致當事人之濫訴不能防止，訴訟不能經濟，裁判結果又易生矛盾，實不足取。以外國法院所為之裁判將來獲致內國法院之承認為條件，而認可訴訟繫屬抗辯之效力，固較注重判決矛盾之防止，亦難免輕忽當事人濫訴之防止與訴訟經濟之要求。外國判決是否會獲得內國之承認，在訴訟進行之狀態下，實難預測，尤其判決之不獲得承認之情形不一，有欠缺管轄權，有不予當事人之攻擊防禦機會，有違反內國之公序良俗，有因互惠主義之欠缺，不一而足，故以外國判決獲得內國法院之承認，為訴訟繫屬之抗辯為有效之條件，難謂合理。如審查外國判決是否具備獲得內國之承

認或執行之要件，在預測階段與實際請求承認之階段有不一致時，更令人困惑。詳言之，如內國法院認為外國法院之判決不具備承認之要件，而駁回當事人訴訟繫屬之抗辯，並逕為本案之審理而作成判決。嗣後，內國卻承認原先預測不予承認之外國判決，適兩者互為矛盾時，則當事人無從遵行。反之，如內國法院預測將承認外國法院之判決，採納當事人訴訟繫屬之抗辯，駁回原告之訴，嗣後卻違反預測而不承認該外國判決，則當事人無任何救濟機會，因此，此等態度未必妥適。至於英美法例，不拘泥一定規則，考慮與訴訟相關之各種事實，依法院之裁量，解決國際訴訟之競合，有其可取之處，惟其方法以停止訴訟最為合理。至於停止內國訴訟，因其所考慮之因素包括當事人之住、居所、國籍或本據地、當事人之意圖（是否利用重複訴訟而脅迫困擾被告）、爭執事實之發生地、法院對爭執處理是否熟練及其審判之速度、證人或證據之所在地（包括提出或傳喚之強制手段之有無）、準據法、訴訟費用、對所請求之判決給予之救濟方法及其內害、於他法院審理之進行狀況、判決執行之便利與否等不一而足，依法院之裁量，雖無一定法則可循，然可獲得具體之妥當性，而足資贊同。民事訴訟法第 182 條之 2 則採承認預測與裁定停止說。

至於承認並執行外國法院民事確定裁判，其理由有二：

其一，基於承認與執行外國法院確定判決之實際上的必要性。亦即，雖外國法院之判決僅於該國領域之內始有效力，但如為使該判決所涉及之私法上之權利義務，在數個國家發生效力，例如，甲國法院命被告損害賠償之確定判決，因被告之財產在乙國或丙國而需在乙國或丙國執行，因而使當事人需在乙國甚至丙國提起相同內容之訴訟，則不但時間、勞費均需多倍投入，影響訴訟經濟。且獲得勝訴之原告，其權利無法迅速獲得實現，已失私權保護之意旨，而敗訴之被告亦可能脫免其責任。如在乙國提起確認該已受甲國法院判決敗訴確定之權利，如前述之損害賠償債務之不存在，則乙國法院之判決有可能否定該損害賠償請求權之存在或作不同之損害賠償之認定，亦有可能肯定該損害賠償請求權之存在。如此，當事人之權利義務亦因甲乙兩國之判決亦因而發生歧異與矛盾，而無由確定，則國際間跛行的法律關係因而發生，法的安定性亦無由確保。[86]

---

[86] 馬漢寶，國際私法總論，頁 180-181；高桑昭，外國判決の承認と執行，新實務民事訴訟法講座，第 7 卷，頁 126。

其二，承認與執行外國法院確定判決之制度面之正當性，亦即，除前述之承認與執行外國法院確定判決之必要性外，在制度層面之根據，在於終局性之原則與正當性之原則。所謂終局性之原則係指基於實踐正義之要求，紛爭解決之終局性與確定性是必要的。排除同一紛爭之重覆審理，支持紛爭解決之終局性之理由，可以從幾方面加以觀察，就當事人而言，可以避免當事人重覆支出訴訟上時間與金錢之勞費，就法院而言，亦可減少同一訴訟（同一當事人間就同一訴訟原因之訴訟）重覆審理在時間與精力上之花費。所謂正當性原則，則係基於理念正義之要求，判決應係正當的。如不正當則無維持其效力之必要。惟此二種原則並非併行不悖，而係互相排斥。亦即，如過於強調其一，則必然排斥其他。例如，強調紛爭之一次解決，禁止同一紛爭之重覆審理，則不問判決之正當與否，均不得再行訴訟。在訴訟之審級制度上也採取比較嚴格的態度。例如，僅以一級一審爲限。在民事訴訟、民事確定裁判既判力之範圍亦採取比較寬鬆的態度。

反之，如強調判決之正當，則凡判決不正當，則可就同一紛爭重覆審理，不受任何限制。既判力之觀念幾無存在之餘地。因此，就裁判制度之層面考量，問題即在於如何調和二者。此在所謂純粹內國事件，即無涉外成分之民事事件，有所謂既判力之制度與再審之制度，前者之目的在禁止同一紛爭之重覆審理，後者則在對於不正當裁判不承認其效力，而另以再審裁定或判決，否認其效力。在涉外民事事件亦然，甚至需更深入加以檢討。特別是在當事人勞費與法院負擔之考量。前述之訴訟經濟與法的安定性之強調，無非係基於紛爭解決之終局原則，但不可否認的，相對於內國法院彼此間，基於係同一國家之法院，有相當之同質性與互相的信賴性，對於既經判決確定之紛爭，原則上不許其再重覆審理，除非原確定判決之結果，已嚴重違背正義之要求，始准許再審。在外國法院確定判決之承認與執行，畢竟該外國法院並非內國之法院，其所行之程序或所適用之法律並非內國所熟悉，如何在彼此間存有相當之信賴性？進而承認並執行其判決？在考慮前述之終局性原則與正當性之原則之際，不免更爲愼重，而有所謂外國法院確定判決之形式審查主義與實質審查主義之制度之對立。[87]

---

[87] 豬股孝史，外國財產關係判決の承認および執行制度に關する序論的考察—制度論要件論，比較法雜誌，22 卷 2 號，頁 34-35；松岡博，國際取引における外國判決の承認と執行，阪大法學（大阪大學）133、134 號，頁 26-31。

　　對於外國法院確定判決之承認與執行，在制度之層面，有所謂判決之終局性原則與判決之正義性原則之對立，二者之間，應以何者為重，即影響對於外國法院確定判決之態度。詳言之，如全然重視外國法院確定判決之正義性，則在對於外國法院之訴訟制度陌生或不信任之前提下，對於其確定判決抱持疑懼之態度乃屬必然。因而，有所謂實質審查主義之發生。

　　所謂實質審查主義[88]，即是內國對於外國法院之確定判決，無論，證據取捨、事實認定、適用法律乃至訴訟程序，均予以審查，如有一不妥適，即不予承認或執行該外國法院之確定判決。因此，在採取實質審查主義之下，外國法院確定判決之承認與執行程序，在訴訟上之時間與金錢之勞費上，與在外國法院重行起訴並無差異，且與承認外國法院確定判決之一般原則不符，故並不妥適。如對於外國法院確定判決之終局性原則較為重視，則基本上信任外國法院確定判決之正當性，而僅在一定情形之下，始不承認或執行該外國法院之確定判決，而採取所謂形式審查主義。

　　所謂形式審查主義，即係由內國在民事訴訟法或其他法律設定一定要件，通常為消極性之要件，如不具備此等要件，即予以承認該外國法院之確定判決。是否不具有該等消極要件，係由法院作形式上之審查，以資決定。民事訴訟法第 402 條即採取形式審查主義。

　　基於以上考量，限制已繫屬或已判決確定之事件，再行訴訟於他國法院，有其必要，並須從同一事件之認定著手。同一事件之認定，除較無疑義之當事人同一（包括當事人地位相同或相反）或訴之聲明同一（包括訴之聲明相同、相反或可以任用）外，最重要的是關於訴訟標的之同一。訴訟標的的範圍愈大，禁止重覆起訴之可能性愈大。訴訟標的的範圍愈小，禁止重覆起訴之可能性愈小。前述新訴訟標的理論訴訟標的的範圍，比舊訴訟標的理論訴訟標的之範圍大，禁止重覆起訴之可能性大。尤其是在請求權競合問題上。

　　關於請求權競合，舊訴訟標的理論認為，請求權競合中之各個請求權係分離而不同之訴訟標的，故先以其中一請求權起訴，在訴訟繫屬中或終結後，再

---

[88] 曾陳明汝，國際私法原理，頁 194；法國原採實質審查主義，但在 1964 年 1 月 7 日 Munzer 破毀院判決之後，即廢止實質審查主義，而在具備以下五個要件時，承認外國法院民事確定判決：一、外國判決確係有管轄權法院所為；二、外國所進行之程序係正當的；三、外國法院適用法國國際私法所指定之準據法；四、外國法院判決不違反公序良俗；五、未迴避強行法規之適用；松岡博，前揭文，頁 25、註 12；豬股孝史，前揭文，頁 39，註 14。

依據另一請求權提起訴訟，並未違反民事訴訟法一事不再理之原則，因此二訴之訴訟標的不同之故。新訴訟標的理論則認為，競合之二請求權均來自同一受領給付之地位，故應屬同一訴訟標的，而違反一事不再理之原則。再者，舊訴訟標的理論認為，相競合之二請求權既為不同之訴訟標的，則以其中一請求權起訴，為法院以訴無理由而判決敗訴確定後，既判力僅及於該判決之請求權，故嗣後仍得以另一請求權而提起他訴。新訴訟標的理論則認為，既屬同一訴訟標的之不同理由（攻擊防禦方法），均為既判力所及，故不得再提起後訴，否則，即應依民事訴訟法第 249 條第 1 項第 7 款規定，以裁定駁回後訴。

　　據上所述，擴大涉外民事訴訟訴訟標的之範圍，可實現前述濫訴防止、訴訟經濟及裁判矛盾之防止。至於具體作法，可參考前述最高法院 92 年度台再字第 22 號（伊朗國防部案）判決：「涉外民事訴訟事件，管轄法院須以原告起訴主張之事實為基礎，先依法庭地法或其他相關國家之法律為「國際私法上之定性」，以確定原告起訴事實究屬何種法律類型，再依涉外民事法律適用法定其準據法。」就系爭涉外民事爭訟定性，進而確定其訴訟標的法律關係。

　　定性或確定訴訟標的法律關係，除依法庭地法或其他相關國家之法律外，可參酌民事訴訟法第 244 條第 1 項第 2 款之規定：「起訴，應以訴狀表明下列各款事項，提出於法院為之：二、訴訟標的及其原因事實。」、民事訴訟法第 255 條之規定：「訴狀送達後，原告不得將原訴變更或追加他訴。但有下列各款情形之一者，不在此限：二、請求之基礎事實同一者。」及民事訴訟法第 199 條之 1 之規定：「依原告之聲明及事實上之陳述，得主張數項法律關係，而其主張不明瞭或不完足者，審判長應曉諭其敘明或補充之。被告如主張有消滅或妨礙原告請求之事由，究為防禦方法或提起反訴有疑義時，審判長應闡明之。」以基礎事實是否同一，作為判斷訴訟標的是否相同之基準。

　　所謂請求之基礎事實同一，係指變更或追加之訴與原訴之主要爭點有其共同性，各請求利益之主張在社會生活上可認為同一或關連，而就原請求之訴訟及證據資料，於審理繼續進行在相當程度範圍內具有同一性或一體性，得期待於後請求之審理予以利用，俾先後兩請求在同一程序得加以解決，避免重複審理，進而為統一解決紛爭者，即屬之。[89] 蓋如非如此，不同國家之法院可能因

---

[89] 最高法院 95 年度台上字第 1573 號，同旨，最高法院 91 年度台簡抗字第 33 號：「民事訴訟法第 255 條第 1 項第 2 款所稱之「請求之基礎事實同一」者，係指變更或追加之訴與原訴之

不同的定性基準而為不同之定性，進而為不同的訴訟標的之認定，影響訴訟標的同一或事件同一之判斷。如此，濫訴防止、訴訟經濟或裁判矛盾之防止的理想將無由實現。

主要爭點有其共同性，各請求利益之主張在社會生活上可認為同一或關連，而就原請求之訴訟及證據資料，於審理繼續進行在相當程度範圍內具有同一性或一體性，得期待於後請求之審理予以利用，俾先後兩請求在同一程序得加以解決，避免重複審理，進而為統一解決紛爭者，即屬之。」

第九章

外國法院民事確定判決之承認與執行

▶▶最高法院 84 年度台上字第 2534 號民事判決、最高法院 88 年度台上字第 3073 號民事判決、最高法院 87 年度台上字第 1672 號民事判決、最高法院 81 年度台上字第 2517 號民事判決評釋

第一節　案例事實及法院裁判要旨

壹、最高法院 84 年度台上字第 2534 號民事判決

一、當事人暨利害關係人

信商有限公司（上訴人）

太平洋楓葉股份有限公司（被上訴人）

許勁甫（被上訴人）

二、事實概要

本件被上訴人主張：伊與上訴人間請求損害賠償事件，前經美國加利福尼亞州（以下簡稱加州）橙縣地方法院（SUPERIOR COURT OF THE STATE OF CALIFORNIA FOR THECOUNTY OF ORANGE）以西元 1991 年 X 635 027 號判決判命上訴人負損害賠償責任確定。該判決並無民事訴訟法第 402 條各款所定情形，應有其效力等情，依強制執行法第 43 條規定，求為宣告許可該判決於中華民國強制執行之判決。

　　上訴人則以：系爭外國判決依據被上訴人提出之不實證據，認定上訴人林信一對被上訴人許勁甫施行非法監禁、暴力毆打、惡意精神虐待等，與臺灣高等法院 81 年度上更（一）字第 79 號刑事判決認定尚未使用暴力者牴觸，應認與公共秩序及善良風俗有所違悖，不能承認其效力等語，資爲抗辯。

三、判決要旨

　　原審審理結果，以：被上訴人主張前開事實，業據提出美國加州橙縣地方法院 1991 年 X635027 號判決與發還及撤銷上訴控告案通知書爲證。該判決曾經我國北美事務協調會駐洛杉磯辦事處簽證，發還及撤銷上訴控告案通知書，則經加州上訴法院第四區上訴法庭書記 Stephen M. Kelly 證明係該法院法官 Crosby, J. 所爲，因上訴人未繳交上訴規費，而裁定撤銷其上訴。系爭事件因此而結案，則該判決應爲其最終判決。依加州民事訴訟法規定，在地方（Superior）、市及一般（Justice）法院裁決時，不要求將認定之事實及法律之結論記載於書面，但因出庭當事人一方之要求，則須出具判決說明書（Statement of Decision），說明對主要答辯爭議所採作爲審判基礎之事實及法律原則。當事人於聲請法院出具判決說明書時，可提出判決說明書之推薦草本，以供法官參考。而判決書（Judgment）則係陪審團或審判法庭審判後做成之決定，除要求出具判決說明書外，當事人亦得依法庭指示，準備判決書之推薦草本，經法官簽字存檔，即成法院之正式判決決定，若未存檔則不生效。判決書存檔後，應通知訴訟當事人，於上訴期限經過未曾上訴，或經由上訴法院予以維持時，即爲最終確定判決。足見依上開加州法律規定，判決書未必附有詳細理由，判決說明書則反是。上訴人提出譯爲判決之 1992 年 7 月 15 日存檔文件，及被上訴人提出譯爲判決說明書，同日存檔文件，內容完全相同，是上訴人所提出者事實上應係判決說明書，而非判決書。被上訴人於原審提出於 1992 年 8 月 26 日存檔之判決書，業經加州橙縣地方法院法官及書記官證明與原本無誤，並經我國北美事務協調會駐洛杉磯辦事處認證，其內容與被上訴人於起訴時提出之判決書相同，足認被上訴人於原審提出之判決書爲眞實。按依外國法院確定判決聲請強制執行者，以該判決無民事訴訟法第 402 條各款情形之一，並經中華民國法院以判決宣示許可其執行者爲限，得爲強制執行，強制執行法第 43 條定有明文。而外國法院之確定判決，有下列各款情形之一者，不認其效力：依中華民國法律，外國法院無管轄權者；敗訴之一造，爲中華民國人而未應訴者。但開始訴訟所需之通知或命令已在該國送達本人，或依中華民國法律上之協助送達者，不在此限；外國法院之判決有背公共秩序或善良風

俗者；無國際相互承認等情形之一者。爲民事訴訟法第 402 條所明定。查基於國際相互承認與禮讓原則，外國法院經合法訴訟程序所爲之民事判決，原則上應予尊重，除有前述民事訴訟法第 402 條規定情形，始例外不承認其效力。是本件所應審究者，僅在系爭外國法院之確定判決有無上開各款情形而已，並不得就其判決之基礎事實，重新認定。上訴人在美國起訴請求被上訴人給付票款，被上訴人則反訴請求上訴人清償債務及賠償損害。被上訴人太平洋楓葉股份有限公司係依據美國法律成立之公司，被上訴人許勁甫爲美國公民，其能否於前開訴訟程序中提起反訴，乃訴訟程序問題，並非管轄問題，若果非法，應循加州之民事訴訟程序救濟。我國法律既無外國法院對此等訴訟無管轄權之規定，系爭外國法院之判決即無民事訴訟法第 402 條第 1 款所定之情形。其次，上訴人曾往美國應訴，系爭外國判決亦無同條第 2 款之情形。至於同條第 3 款所謂外國法院之判決有背公共秩序或善良風俗，係指外國法院判決之內容係命爲我國法律所禁止之行爲，如命交付違禁物是；或係我社會觀念上認爲違背善良風俗，如承認重婚、賭博者是。系爭外國法院之判決命上訴人就債務不履行及侵權行爲負損害賠償責任，給付被上訴人賠償金，其內容並無何違背我國公共秩序或善良風俗情形。縱其認定之事實與我國刑事判決認定者不同，亦不能因此即謂系爭外國法院之判決爲違背公共秩序或善良風俗，而否認其效力。上訴人聲請訊問證人，重新認定事實，要無可取。又美國與我目前雖無正式外交關係，但有實質上之關係，其最高法院亦揭示國際相互承認原則，參諸加州民事訴訟法第 402 條及第 17131 條、17132 條規定，我國與美國就民事判決應有相互承認之關係。系爭外國法院之判決亦無民事訴訟法第 402 條第 4 款情形。我國涉外民事法律適用法乃我國法院審理涉外事件之規範，他國法院審理其涉外事件應依該他國有關之規定爲之，上訴人執我國涉外法律適用法第 9 條之規定，指摘系爭外國法院判決不當，自無可探。系爭外國法院之判決命上訴人連帶給付被上訴人美金二千五百元部分乃該法院對上訴人蔑視法庭並抗拒法庭命令所科之懲罰性處罰，其適當與否，尤非我國法院所得予以推翻。上訴人抗辯：所命賠償金額過高，逾越我國法律認許之範圍，不得在我國執行云云，亦無可取。從而，被上訴人依強制執行法第 43 條規定，請求宣示許可系爭外國法院判決在中華民國強制執行，即應准許，爲其心證之理由。因而維持第一審所爲上訴人敗訴判決，駁回其上訴，經核於法尚無違誤。

查第一審判決附有系爭外國法院判決以爲附件，依所附顯示，系爭外國法院判決之案號應爲 X 635027，與判決說明書編號 X 63-50-27，及上訴通知書

編號 X 635027 固有不同，惟既經第一審附於判決，足堪特定，則第一審判決
與原審判決記載案號格式不符者，即與判決結果尚無影響。次按我國是否不認
外國法院判決之效力，應以外國法院判決有無民事訴訟法第 402 條所列各款情
形，爲認定之標準，並非就同一事件重爲審判，對外國法院認定事實或適用法
規是否無瑕，不得再行審認。是縱如上訴人主張，被上訴人以不實證據取得系
爭外國法院判決，上訴人亦應循外國法律規定之程序救濟，其以我國法律非難
系爭外國法院判決，尚有未洽。至於系爭外國法院判決所命給付之請求權已否
罹於時效，亦非本件訴訟所應審究範圍，果已時效屆滿，上訴人應另以執行異
議之訴救濟。原審維持第一審所爲上訴人敗訴之判決，駁回其上訴，並不違背
法令。上訴論旨，徒執前詞指摘原判決不當，聲明廢棄，不能認爲有理由。

貳、最高法院 88 年度台上字第 3073 號民事判決

一、事實概要

　　被上訴人主張美國猶它州聯邦地方法院於民國 81 年 2 月 25 日判決上訴人
應給付訴外人沙德蘭營建材料購物中心公司（下稱沙德蘭公司）美金二十六萬
七千零一元一角六分，及自判決日起至清償日止，按年息百分之四點二計算之
利息。因上訴人未於法定期間內提起上訴，該判決業已確定，且無我國民事訴
訟法第 402 條所列各款規定之情事，伊已依保險代位及債權讓與之法律關係，
取得沙德蘭公司對上訴人判決上之權利等情，爰依強制執行法第 4 條之 1 規
定，求爲宣示美國猶它州聯邦地方法院如原判決附件所示之判決，准予強制執
行之判決。

　　上訴人則以：系爭外國確定判決係沙德蘭公司與伊之訴訟，該法院之通
知及判決均未合法送達與伊，不生合法送達之效力。且被上訴人既非上開訴訟
之當事人，即非既判力所及之人，其當事人適格之要件顯有欠缺等語，資爲抗
辯。

二、裁判要旨

　　本件被上訴人主張：美國猶它州聯邦地方法院於 81 年 2 月 25 日判命上
訴人給付沙德蘭公司美金二十六萬七千零一元一角六分及自判決日起至清償日
止，按年息百分之四點二計算利息之事實，有該判決可稽，並爲兩造所不爭，
自堪信爲眞實。按依外國法院確定判決聲請強制執行者，以該判決無民事訴

訟法第 402 條各款情形之一，並經中華民國法院以判決宣示許可其執行者為限，得為強制執行，強制執行法第 4 條之 1 第 1 項定有明文。又依民事訴訟法第 402 條規定，外國法院之確定判決，有下列各款情形之一者，不認其效力：「一、依中華民國法律，外國法院無管轄權者；二、敗訴之一造，為中華民國人而未應訴者。但開始訴訟所需之通知或命令已在該國送達本人，或依中華民國法律上之協助送達者，不在此限；三、外國法院之判決，有背公共秩序或善良風俗者；四、無國際相互承認者，是外國法院經合法訴訟程序所為之民事判決，原則上應予尊重，除有民事訴訟法第 402 條所列各款情形之一者，始例外不承認其效力。」查程序法應適用法院地法為國際私法之大原則，我國法律對外國法院判決之送達方式及其確定既未規定，則系爭外國判決之送達及其確定，自應以美國聯邦民事程序規則為準。而依美國聯邦民事程序規則第 58 條規定：判決於以個別文件分別制作並依規則第 79a 條紀錄時發生效力；第四條規定：上訴聲明應自判決或裁定作成之日起三十日內向為判決或裁定之地方法院之書記官提出，足見系爭外國判決之生效及其上訴期間之計算均以判決作成及紀錄之日為準。據美國地方法院書記官馬可士 B 啟摩出具之書面記載：茲證明依本法院之紀錄所示，系爭判決為 1992 年 2 月 25 日作成之判決之真實、正確之拷貝，無人對該判決提起上訴，且無人依美國聯邦上訴程序規則第 4 條 a 條提出任何聲請等語，則該判決業已確定，應無疑義。次查系爭外國確定判決係訴外人沙德蘭公司（即被上訴人之被保險人）向上訴人請求因商品瑕疵，在美國猶它州境內造成客戶受傷所生之損害賠償，該州聯邦地方法院對此事件有管轄權，我國法律既無上開外國法院對此訴訟無管轄權之規定，則系爭外國判決應無民事訴訟法第 402 條第 1 款所定之情形。又上訴人雖未曾前往美國應訴，但為系爭外國確定判決之美國猶他州聯邦地方法院已依中華民國法律上之協助，將開始訴訟所需之通知囑託台灣嘉義地方法院為合法之送達，有送達證書可稽，是系爭外國確定判決亦無民事訴訟法第 402 條第 2 款所定之情形。至同條第 3 款所謂外國法院之判決，有背公共秩序或善良風俗，係指外國法院判決之內容係命為我國法律所禁止之行為，或係我社會觀念上認為違背善良風俗者而言。系爭外國確定判決認上訴人應負損害賠償責任，而命其給付賠償金，其內容並無違背我國公共秩序或善良風俗之情形。再者，美國與我國目前雖無正式外交關係，但有實質上之關係，就民事判決應有相互承認之關係。綜合上述，足知系爭外國確定判決並無民事訴訟法第 402 條各款所定之情形。次按提起請求准予強制執行判決之訴訟，原則上以該外國判決所表示之當事人為當事人，亦即以請求我國法院為准予強制執行判決之當事人為原告，以被請求之當

事人為被告，惟依該判決國法律之規定，該判決當事人之繼受人，或對於為他人而為原告或被告，對於該他人亦有效力者，該繼受人或該他人亦有訴訟當事人之適格。美國猶他州條款 31A-211108（1986）及猶他州民事訴訟法規則 17條中有關代位條款規定：任何訴訟將以實質利害關係人名義提起，一造依據法條授權得以他人名義提起訴訟而不必參加訴訟，即使本訴訟將為其利益提起等語，故除非法律有其他例外規定外，必須以實質利害關係當事人之名義提起訴訟，而代位請求權可由保險公司以被保險人名義提起，亦可以保險公司名義提起，有被上訴人美國律師出具之法律意見函及上開規則 17 條之中譯本可按。查系爭外國判決之原告雖為沙德蘭公司，但被上訴人為承保沙德蘭公司因產品瑕疵所致客戶傷害或其他損害所生之損害賠償責任之保險人，依上開美國猶它州法律規定，既得以沙德蘭公司名義對上訴人提起訴訟，請求損害賠償，則系爭外國確定判決之效力自及於被上訴人。又我國民事訴訟法第 401 條第 1 項規定，確定判決除當事人外，對於訴訟繫屬後為當事人之繼受人者亦有效力。此之所謂繼受人，包括因法律行為而受讓訴訟標的之特定繼受人在內。查沙德蘭公司已於 86 年 2 月 17 日將其對於上訴人於系爭外國確定判決中所享有之全部權利讓與被上訴人，有代位請求契約可稽，則被上訴人係於美國法院之訴訟繫屬後，因法律行為而受讓訴訟標的之特定繼受人，為該確定判決效力所及之人，自亦得據以訴請法院准許該判決強制執行。從而被上訴人請求宣示系爭外國確定判決准予強制執行，自屬正當，應予准許，因而維持第一審所為被上訴人勝訴之判決，駁回上訴人之上訴。

　　按依外國法院確定判決聲請強制執行者，以該判決無民事訴訟法第 402 條各款情形之一，並經我國法院以判決宣示許可其執行者為限，始得為強制執行，故請求許可外國法院確定判決強制執行，應以訴為之，其當事人除由該外國確定判決之債權人為原告，並以其債務人為被告外，雖依判決國法規定該外國確定判決效力所及之第三人，亦得為原告或被告，然必該判決國法律有此規定者，始得謂其當事人之適格無欠缺。查系爭美國法院確定判決之原告為訴外人沙德蘭公司，被告為上訴人，有該判決書可按（見 1 審卷 5 至 7 頁、2 審卷67 至 69 頁），而美國律師出具之法律意見函僅稱：依美國猶他州條款 31A-211108（1986）及猶他州民事訴訟法規則 17 條中有關代位條款之規定，得以被上訴人（即保險人）或沙德蘭公司（即被保險人）之名義起訴等語（見 1 審卷 45 至 49 頁、61 至 64 頁），並未言及系爭美國法院確定判決之效力及於被上訴人。原審未查明美國法律有無規定系爭美國法院確定判決之效力可及於被

上訴人，遽依該律師函之說明，即認定系爭美國法院確定判決之效力應及於被上訴人，被上訴人提起本件訴訟，於當事人之適格並無欠缺，已難謂洽。次按被上訴人雖主張沙德蘭公司已將依上開判決所取得對於上訴人之債權讓與伊，有代位求償契約可稽，伊依該代位求償契約及我國民事訴訟法第 401 條第 1 項之規定，亦得請求許可該外國確定判決強制執行。惟查該代位求償契約之當事人均爲外國人（見 1 審卷 41 頁），應屬涉外民事事件，原審未依涉外民事法律適用法之相關規定確定其準據法，復未查明我國民事訴訟法第 401 條第 1 項所稱確定判決，是否包括外國確定判決在內，遽依我國上開法律規定，而爲被上訴人勝訴之判決，並有疏略。

參、最高法院 87 年度台上字第 1672 號民事判決

一、當事人暨利害關係人

駱香君（上訴人）

杜振武（被上訴人）

二、事實概要

本件被上訴人主張：兩造於民國 75 年 12 月 5 日結婚後，於 81 年間相偕赴美定居，其間因上訴人離家出走，伊尋覓不著，乃獨自帶同兩造之子女返台居住。嗣於 85 年 9 月 14 日突接獲上訴人在台委請之律師寄來美國維吉尼亞州巡迴法院（下稱美國維州法院）離婚確定判決書，經查詢結果，台北市文山區第二戶政事務所疏於注意，雖已逕依上訴人之申請，准其獨自辦妥離婚登記。然兩造均爲我國國民，依法美國維州法院並無管轄權，伊亦未曾至美國維州法院應訊，該法院復僅以兩造分居一年爲由判決准許兩造離婚，顯有違我國公共秩序及善良風俗，且美國與我國又無國際之相互承認，依民事訴訟法第 402 條規定，應不認該判決之效力，兩造之婚姻關係自仍存在等情，爰求爲確認兩造之婚姻關係存在之判決。

上訴人則以：兩造婚後，被上訴人即經常毆打及污辱伊，伊一直隱忍。81 年 3 月間，被上訴人以其在美國之父罹患癌症需人照顧爲由，強命伊陪同赴美，待至美國後，被上訴人態度非但未改善，抑且變本加厲。伊被折磨達二年之久，終至不堪長期受虐待，暫居他處，並以受不堪同居之虐待等爲由，訴請美國當地法院判准與被上訴人離婚在案。兩造既在美國維吉尼亞州已居住二年

以上，美國維州法院認其有「一般管轄權」，即無不妥。該美國維州法院之判決，又未違反我國公序良俗，亦無民事訴訟法第 402 條各款情形，自應肯定其效力等語，資為抗辯。

三、判決要旨

原審將第一審所為被上訴人敗訴之判決廢棄，改判如其所聲明，無非以：查兩造於 75 年 12 月 5 日結婚，並於 84 年 5 月 6 日經美國維州法院判決離婚確定，有上訴人提出之戶籍謄本二件、認證書及美國維州法院離婚確定判決書暨中譯本影本各一件為證，且為被上訴人所不爭執，固堪信為真實。惟兩造均為中華民國國民，分別在我國設有戶籍。縱上訴人曾在美國維吉尼亞州居住二年以上，亦無礙其中有中華民國國籍之事實。是民事訴訟法第 568 條第 1 項但書所定就婚姻事件有管轄權之居所地法院，在夫妻兩造均為中華民國國民之情形，仍應以其在本國之居所地法院為專屬管轄法院。不能以其外國居所之居所地法院，為該條但書規定之專屬管轄法院。而該婚姻事件之專屬管轄，當事人又不得合意為變更，足見本件上訴人於向美國維州法院提起離婚訴訟時，不論被上訴人是否應訴，該美國法院均無專屬管轄權。依民事訴訟法第 402 條第 1 款之規定，即不能認為該外國法院之確定判決，有其效力。上訴人據以向戶籍機關申請所為之離婚戶籍登記，自亦不生效力。兩造之婚姻關係既尚屬存在，被上訴人請求予以確認，為有理由等詞，為其判斷之基礎。

惟按民事訴訟法第 568 條有關專屬管轄權之規定，若謂僅於國內婚姻事件始有其適用，且該法條第 1 項所稱夫妻之住所地法院或居所地法院，亦僅指我國領域內之當事人住所地或居所地法院，而不及於涉外婚姻事件之管轄或夫妻在國外之住居所地法院。則涉外婚姻事件之管轄權，於民事訴訟法既未規定，涉外民事法律適用法亦乏明文之情形，如夫妻之住所地或其訴之原因事實發生之居所地在外國，或其已廢止國內之住所時，是否仍有強其返回國內進行訴訟之必要？由其婚姻生活所在地之外國法院為調查裁判是否更為便捷，有助於訴訟之進行及形成正確之心證與妥適之裁判，而符合「專屬管轄」之法意？能否謂無民事訴訟法第 568 條第 1 項規定之類推適用，認該夫妻之住所地或居所地之外國法院有管轄權，即有再事研求之餘地。原審既認上訴人居住在美國維吉尼亞州達二年以上，乃疏未進一步查明審認：上訴人所主張離婚之原因事實是否發生於其國外之居所地，或上訴人苟於當時在國內已無住居所，由該外國法院為管轄是否確與民事訴訟法第 402 條第 1 款及第 568 條第 1 項規定之本旨相

違？遽以前揭美國維州法院對本件訴訟無管轄權爲由，認定該法院所爲之確定判決不生效力，而爲上訴人敗訴之判決，尚有可議。上訴論旨，執以指摘原判決不當，求予廢棄，非無理由。

肆、最高法院 81 年度台上字第 2517 號民事判決

一、當事人暨利害關係人

黃惠雅（上訴人）

毛思迪（STEVEN WESTLEY MOSHER）（被上訴人）

二、事實概要

本件上訴人主張：伊於民國 71 年 1 月 21 日與美國籍之被上訴人結婚。72 年 8 月間隨被上訴人赴美定居。於 76 年 4 月 20 日生子黃大信（STEVEN HUANG MOSHER）。自 77 年間起，被上訴人在美國重婚，與人通姦，並對伊施以不堪同居之虐待，且拒付伊母子生活費用，將伊逐出家庭，伊迫不得已乃攜子返台，被上訴人顯係惡意遺棄伊，兼以兩造爲異國婚姻，文化背景有異，婚姻有難以持續之重大事由，自得依涉外民事法律適用法第 14 條及民法第 1052 條第 1 項第 1、2、3、5 款及第 2 項規定，請求離婚、賠償損害及改任伊爲黃大信之監護人等情，求爲：准伊與被上訴人離婚；命被上訴人協同伊向戶政機關辦理離婚登記；兩造所生之子黃大信（STEVEN HUANG MOSHER）改由伊監護；命被上訴人給付伊新台幣（下同）二百萬元之判決。

被上訴人則以：兩造間業經美國加州聖伯納狄諾郡高等法院 RFL 034735 號判決（下稱美國加州法院判決）准兩造離婚，且黃大信之監護權歸伊。該判決業已確定。因美國加州一向承認中華民國離婚判決，中華民國法院應承認上開判決之效力。上訴人提起本件訴訟違反一事不再理之原則云云，並提起反訴求爲命上訴人將兩造所生之子黃大信交付伊之判決。

三、判決要旨

原審以：兩造於 71 年 1 月 21 日結婚，被上訴人爲美國籍及上訴人於 76 年 4 月 22 日在美國生子黃大信，爲兩造不爭之事實。又美國加州法院已於 77 年 7 月 18 日判決准兩造離婚及兩造所生之子黃大信之監護權歸被上訴人，業已確定等情，有判決書、確定證明書及司法院 80 年 7 月 2 日（80）院台廳一

字第 04854 號函可稽。按外國法院之確定判決，除有民事訴訟法第 402 條所列各款情形之一者外，應承認其效力。查兩造於美國進行上開訴訟時，均住於美國加州，且被上訴人及兩造所生之子黃大信均爲美國籍，依我國法律，加州法院並非無管轄權。該訴訟敗訴之一方雖爲我國籍之上訴人，惟上訴人已委請律師進行訴訟，並在判決書上簽名，難謂其未應訴。依美國加州民法第 4608 條規定，於判決監護權時，應以子女最佳利益決定之，核與我國民法第 1055 條規定意旨相符，上訴人復未能舉證證明該判決有何違背公序良俗之處。再依美國加州民法第 5172 條規定：本法之一般政策延伸至國際範疇時，如有給與所有關係人合理通知及聽審機會，則本法有關承認執行他州監護裁判之規定，亦適用於其他國家適當機關所爲監護或類似監護法律制度之裁判。且美國定有台灣關係法案，與我國繼續實質上之關係，依美國最高法院判例揭示國際相互承認原則，應認中美兩國有國際之相互承認。綜上所述，上開美國加州法院確定判決並無民事訴訟法第 402 條所列各款情形之一，自應承認其效力。上訴人應受該確定判決之拘束。上訴人請求離婚及黃大信應由其監護部分，既經美國加州法院判決確定，上訴人再行起訴，顯違一事不再理原則，爲無理由。上訴人早於提起本件訴訟前（78 年 8 月 1 日）即向台北市政府警察局南港區戶政事務所辦竣離婚登記，上訴人請求被上訴人協同伊向戶政機關辦理離婚登記，顯屬欠缺權利保護要件。其次，上訴人請求離婚既屬不應准許，則其請求因離婚而生之非財產上損害賠償亦無從准許。至於上訴人請求改任監護人部分，依涉外民事法律適用法第 20 條規定，監護（監護人之選任及改任）依受監護人之本國法，其管轄與準據法均應依受監護人黃大信之本國法，即美國法。我國法院對此並無管轄權。末查美國加州法院確定判決將黃大信之監護權判歸被上訴人，性質上爲形成判決。黃大信現既在上訴人監護中，則被上訴人反訴請求上訴人交付黃大信，應予准許。爰將第一審所爲上訴人敗訴之判決，判予維持。

原判決關於駁回上訴人本訴請求酌定黃大信爲上訴人之監護人，及對於反訴命其交付黃大信於被上訴人之上訴部分：查涉外民事法律適用法第 20 條僅係有關監護準據法之規定，關於判決離婚後子女之監護問題，則屬離婚之效力範圍，本件上訴人以兩造離婚後所生之子黃大信應酌定由伊監護，如果美國加州法院判決由被上訴人爲黃大信之監護人爲合法有效，因被上訴人有不適於擔任監護人之原因，亦應改由伊爲監護人云云，所稱原因事實，均爲適用民法第 1055 條但書規定之問題，又上訴人於原審一再爭執關於改任監護人之訴，係屬離婚效力之一部分，其適用之準據法應依涉外民事法律適用法第 15

條決之，即應以我國法為準據法（見 2 審卷 128 頁、167 頁、191-196 頁），自非無據。原審依同法第 20 條規定以美國法為準據法，認本國法院對之無管轄權，尚欠允當。上訴論旨執以指摘此部分原判決，求予廢棄，非無理由。又上訴人請求改任監護人之訴是否有理由與被上訴人得否請求上訴人交付子女攸關。則前者之訴既尚待原審調查認定，後者之訴自應併予廢棄發回，以免裁判兩歧。

關於駁回上訴人請求離婚、塗銷離婚登記及賠償非財產上損害本訴之上訴部分：原審認美國加州法院確定判決，並無民事訴訟法第 402 條所列各款情形之一，應承認其效力，上訴人提起本件離婚之訴，違反一事不再理原則，已於理由項下詳為說明其依據，查涉外離婚事件之管轄權，涉外民事法律適用法並無明文規定，惟類推適用民事訴訟法第 568 條第 1 項規定，夫妻之住所地在外國者，亦有管轄權。原審就此部分為上訴人敗訴之判決，並無不合。又上訴人請求塗銷離婚登記及賠償非財產上之損害部分，應以離婚訴訟勝訴為基礎，今離婚訴訟既受敗訴判決，則其請求即屬無從准許，原審一併駁回上訴人此部分之請求，亦無不合。上訴論旨無非謂：離婚訴訟不生應訴管轄問題及中美兩國並無國際相互之承認，原審為相反之認定顯然違法云云。惟查前者係屬原判決贅列之理由。後者原審已於判決理由項下詳為論斷，上訴論旨執以指摘，求予廢棄此部分原判決，非有理由。

第二節　評　釋

壹、外國法院確定裁判承認之理論基礎

國際私法選法規則承認涉外民事事件得適用外國法作為準據法，係對於外國立法權及其行使之承認，外國法院確定判決之承認與執行，則是對於外國司法權及其行使之承認。司法權與立法權同係國家之表現之一，基本上，僅於其國家之領域之內發生效力，而甲國之民事法律為乙國所適用，係經由乙國國際私法規定及其適用之結果，甲國之法院之確定判決，在乙國發生效力，亦係乙國之民事訴訟法或其他法律規定及其適用之結果，而乙國之民事訴訟法或其他法律為何規定承認甲國或其他國家之法院之確定判決，乃承認與執行外國法院確定判決之理論基礎所在。對於此一問題，可從兩個層面加以觀察。

其一，為基於承認與執行外國法院確定判決之實際上的必要性。亦即，雖

外國法院之判決僅於該國領域之內始有效力，但如為使該判決所涉及之私法上之權利義務，在數個國家發生效力，例如，甲國法院命被告損害賠償之確定判決，因被告之財產在乙國或丙國而需在乙國或丙國執行，因而使當事人需在乙國甚至丙國提起相同內容之訴訟，則不但時間、勞費均需多倍投入，影響訴訟經濟。且獲得勝訴之原告，其權利無法迅速獲得實現，已失私權保護之意旨，而敗訴之被告亦可能脫免其責任。如在乙國提起確認該已受甲國法院判決敗訴確定之權利，如前述之損害賠償債務之不存在，則乙國法院之判決有可能否定該損害賠償請求權之存在或作不同之損害賠償之認定，亦有可能肯定該損害賠償請求權之存在。如此，當事人之權利義務亦因甲乙兩國之判決亦因而發生歧異與矛盾，而無由確定，則國際間跛行的法律關係因而發生，法的安定性亦無由確保。[1]

其二，為承認與執行外國法院確定判決之制度面之正當性，亦即，除前述之承認與執行外國法院確定判決之必要性外，在制度之層面，如何可以承認並執行外國法院之確定判決？應有更深一層之根據，此即終局性之原則與正當性之原則。所謂終局性之原則係指基於實踐正義之要求，紛爭解決之終局性與確定性是必要的。排除同一紛爭之重覆審理，支持紛爭解決之終局性之理由，可以從幾方面加以觀察，就當事人而言，可以避免當事人重覆支出訴訟上時間與金錢之勞費，就法院而言，亦可減少同一訴訟（同一當事人間就同一訴訟原因之訴訟）重覆審理在時間與精力上之花費。所謂正當性原則，則係基於理念正義之要求，判決應係正當的。如不正當則無維持其效力之必要。惟此二種原則並非併行不悖，而係互相排斥。亦即，如過於強調其一，則必然排斥其他。例如，強調紛爭之一次解決，禁止同一紛爭之重覆審理，則不問判決之正當與否，均不得再行訴訟。在訴訟之審級制度上也採取比較嚴格的態度。例如，僅以一級一審為限。在民事訴訟、民事確定裁判既判力之範圍亦採取比較寬鬆的態度。

反之，如強調判決之正當，則凡判決不正當，則可就同一紛爭重覆審理，不受任何限制。既判力之觀念幾無存在之餘地。因此，就裁判制度之層面考量，問題即在於如何調和二者。此在所謂純粹內國事件，即無涉外成分之民事事件，有所謂既判力之制度與再審之制度，前者之目的在禁止同一紛爭之重覆

---

[1] 馬漢寶，國際私法總論，頁 180-181；高桑昭，外國判決承認と執行，新實務民事訴訟法講座，第七卷，頁 126。

審理，後者則在對於不正當裁判不承認其效力，而另以再審裁定或判決，否認其效力。在涉外民事事件亦然，甚至需更深入加以檢討。特別是在當事人勞費與法院負擔之考量。前述之訴訟經濟與法的安定性之強調，無非係基於紛爭解決之終局原則，但不可否認的，相對於內國法院彼此間，基於係同一國家之法院，有相當之同質性與互相的信賴性，對於既經判決確定之紛爭，原則上不許其再重覆審理，除非原確定判決之結果，已嚴重違背正義之要求，始准許再審。在外國法院確定判決之承認與執行，畢竟該外國法院並非內國之法院，其所行之程序或所適用之法律並非內國所熟悉，如何在彼此間存有相當之信賴性？進而承認並執行其判決？在考慮前述之終局性原則與正當性之原則之際，不免更爲愼重，而有所謂外國法院確定判決之形式審查主義與實質審查主義之制度之對立。[2]

貳、形式審查主義與實質審查主義

對於外國法院確定判決之承認與執行，在制度之層面，有所謂判決之終局性原則與判決之正義性原則之對立，二者之間，應以何者爲重，即影響對於外國法院確定判決之態度。詳言之，如全然重視外國法院確定判決之正義性，則在對於外國法院之訴訟制度陌生或不信任之前提下，對於其確定判決抱持疑懼之態度乃屬必然。因而，有所謂實質審查主義之發生。所謂實質審查主義[3]，即是內國對於外國法院之確定判決，無論，證據取捨、事實認定、適用法律乃至訴訟程序，均予以審查，如有一不妥適，即不予承認或執行該外國法院之確定判決。因此，在採取實質審查主義之下，外國法院確定判決之承認與執行程序，在訴訟上之時間與金錢之勞費上，與在外國法院重行起訴並無差異，且與承認外國法院確定判決之一般原則不符，故並不妥適。如對於外國法院確定判決之終局性原則較爲重視，則基本上信任外國法院確定判決之正當性，而僅在

2　豬股孝史，外國財産關係判決の承認および執行制度に關する序論的考察—制度論要件論，比較法雜誌，22卷2號，頁34-35；松岡博，國際取引における外國判決の承認と執行，阪大法學（大阪大學）133、134號，頁26-31。

3　曾陳明汝，國際私法原理，頁194；法國原採實質審查主義，但在1964年1月7日Munzer破毀院判決之後，即廢止實質審查主義，而在具備以下五個要件時，承認外國法院民事確定判決：一、外國判決確係有管轄權法院所爲；二、外國所進行之程序係正當的；三、外國法院適用法國國際私法所指定之準據法；四、外國法院判決不違反公序良俗；五、未迴避強行法規之適用；松岡博，前揭文，頁25、註12；豬股孝史，前揭文，頁39，註14。

一定情形之下，始不承認或執行該外國法院之確定判決，而採取所謂形式審查主義。所謂形式審查主義，即係由內國在民事訴訟法或其他法律設定一定要件，通常為消極性之要件，如不具備此等要件，即予以承認該外國法院之確定判決。是否不具有該等消極要件，係由法院作形式上之審查，以資決定。

參、外國法院確定裁判承認之要件

由於採取實質審查主義有如上所述之缺失，因此，晚近各國均已採取形式審查主義。惟各國對於判決正當性原則與判決終局性原則之認知未必相同，影響該國對於外國法院確定判決之態度，因而，即使採取形式審查主義，但對於承認或執行或不予承認或執行外國法院確定判決之要件，均有不同。我國取法德國、日本等大陸法系國家之立法例，採取形式審查主義，一般而言，尚屬妥適。惟其中仍有若干問題有若干問題，有待進一步檢討。

民事訴訟法第 402 條第 1 項規定：「外國法院之確定判決，有左列各款情形之一者，不認其效力，一、依中華民國之法律，外國法院無管轄權者。二、敗訴未應訴者，但開始所需之通知或命令已於相當時期，在該國合法送達，或依中華民國法律上之協助送達者，不在此限。三、判決之內容或訴訟程序，有背於公共秩序或善良風俗者。四、無國際相互承認者。」依此規定，可知外國法院確定判決之承認要件有四。以下，分項敘述其要件及有關之問題。

一、外國法院之確定裁判

在依涉外民事法律適用法適用外國法之場合，常發生未經法院地國或其政府承認（指國際法上之政府承認或國家承認）之法律是否能予以適用之問題？在外國判決之承認與執行，是否亦有同一問題，即受內國（承認國）與該外國（判決國）有無外交關係之影響？不無疑義。有認為外國法院之確定判決之承認，涉及對於外國司法權乃至主權行使之承認與否，同時，亦生承認國主權與判決國主權衝突與如何調整之問題[4]。因此，涉及對於外國主權之承認與否，即應以有無外交關係為斷，俾使同為主權行使一環之行政權與司法權之態度能夠一致。但一般於討論此等問題時，均係於相互承認之問題時論之，各國亦不無於其民事訴訟法定有關於相互承認主義之規定。惟如後所述，以相互承認作為外國法院確定判決承認與執行之要件之一，並非妥適。因此，依本書所見，此

---

[4]　石黑一憲，現代國際私法（上），頁 385 以下。

處之外國，不以經法院地國或其政府為國家承認或政府承認為限。

應注意者「外國法院」之「判決」。

所謂法院，因各國法制之不同，而有不同之機關型態。因此，於此應重視者乃其機能，即如該機關係針對民事上之權利義務予以裁判，雖該機關在該國不稱為法院，仍為此處所稱之法院。

所謂法院，不以民事法院為限，雖為刑事法院或行政法院，惟如係就私法上之權利義務予以裁判，仍係此之法院。又，如其訴訟之目的在於解決私法上權利義務之爭執即可，不必過問所行之程序究為民事訴訟、刑事訴訟或行政訴訟，亦不問所為之判定之名稱係判決或裁定或其他名稱[5]。但與判決有相同效力之其他執行名義，例如訴訟上之和解、支付命令、公證書等，均不在其內。惟應注意者乃前司法行政部認為：「查外國法院之確定終局判決而無民事訴訟法（舊）第 401 條所列各款情形之一者，始得認許其效力，至外國法院所為假扣押或假處分裁定，不得認其效力，故土地登記簿所載日據時代受日本大阪法院囑託而為之假扣押登記，於台灣光復後，即難認為有效。」[6] 不僅不承認外國法院假扣押或假處分裁定之效力，且不承認其執行之結果，見解是否妥適，尚有疑義。

其次，凡是外國法院之確定判決，均有本條之適用，而不問是給付判決、確定判決或形成判決。惟對於此仍有不同見解，認為形成判決，特別是離婚判決，因無執行其判決之必要，故無適用本條之餘地，至於其理由則有不同，有認為形成判決基本上與實體法之關係較為密切，即如經判決確定，則發生實體法上權利義務得、喪、變更之法律效果，此種實體法上之法律效果與既判力、執行力等程序法上之法律效果不同，因而有與給付判決分別處理之必要。至於其處理方法，即承認與執行之要件，則見解亦不一致，第一說認為內國國際私法所指定之準據法國法院所為之判決，或該國所承認之第三國法院所為之判決，始予以承認，第二說則認為應該形成判決只要係有裁判管轄權之國家之法院所為即予以承認，第三說則認為除本條所定之第 1 款至第 3 款之要件外，另需適用內國國際私法所定之準據法始予以承認。至於需附加準據法要件之理由則在於該涉外民事事件，如依法院地之國際私法所指定之準據法不承認其形成

---

[5]　高桑昭，前揭文，頁 134；石黑一憲，前揭書，頁 436 以下。
[6]　法務部 47 年度台函民第 4769 號，法務部行政解釋彙編第一冊（81 年度 5 月版），1047 頁。

之效力，則法院地亦不承認該形成之效力。第四說則認為應類推適用本條第 1
款至第 3 款之規定，而無第 4 款相互承認規定之適用，且不附加準據法之要
件。至於不以相互主義為必要之理由在於一般的財產關係之判決，均得預想其
將來獲得執行，而其執行首先需他國之協助，形成判決則既經判決確定，即發
生法律關係得、喪、變更之法律效果，不期待他國之協助與執行，故不必有相
互主義之要件[7]。依本書所見，仍以全面適用說為妥，蓋如前所述，外國法院確
定判決之承認與執行係建立於對於外國法人確定判決之終局性原則與正當性原
則之上，此二原則對於給付判決、確認判決或形成判決均無不同，實無特別區
別之必要。

　　非訟事件之裁定，是否亦有本條之適用，亦有疑義。對於此一問題，見解
並不一致[8]：

　　第一說認為應採取國際私法之立場，外國法院之非訟事件之裁判，除一般
管轄權之要件外，應以所適用之準據法與內國國際私法所指定者相同，始予以
承認，其理由在於非訟事件之裁判與其所適用之實體法有密切之關係之故。

　　第二說則認為應採取國際民事訴訟法之立場，亦即外國法院非訟事件之裁
判之承認，除一般管轄權之要件外，應不得違反內國之公序良俗，其理由在於
此二者乃外國法院確定判決承認之核心，自應同樣適用於外國法院之非訟事件
之裁判上，至於準據法之要件或相互承認主義，均非必要，因此民事訴訟法第
402 條並無適用或準用之餘地。

　　第三說則認為非訟事件之裁判，法律並無特別明文規定，故仍應適用民事
訴訟法上開規定。

　　第四說則認為非訟事件之裁判與形成判決無異，不需內國法院之裁判執
行，在內國即可生效，惟非訟事件係訴訟事件以外各種事件之總稱，宜就各事
件，構築其裁判承認之要件始屬妥適。

---

[7] 木棚照一，外國離婚判決の承認に關する一考察，立命館法學（立命館大學）1978 年 1 號，
採第一說；江川英文，外國判決の承認，法學協會雜誌（東京大學）50 卷 11 號，頁 2054 以
下，採第二說；烌場準一，判例評論 165 號，採第三說；渡邊惺之，形成判決の承認と民事
訴訟法第二百條，國際私法の爭點，頁 157 以下。

[8] 桑田三郎，法學新報（中央大學）66 卷 1 號，採第一說；鈴木忠一，外國非訟裁判の承認、
取消と變更，法曹時報 26 卷 9 號，採第二說；三井哲夫，注解強制執行法 (1)，採第三說；
參閱，海老澤美廣，非訟事件裁判の承認，國際私法の爭點，頁 136。

依本書所見，似仍應以第一說爲可採。[9]

第三，應注意者乃該外國法院之判決必須爲已確定之判決。所謂已確定之判決係指依該判決國之程序，不得再行聲明不服之狀態，即不得以普通上訴方法加以變更之階段。至於確定之理由如何，則非所問。以一審爲限、缺席判決、書面審理等均無不可。但僅有執行力之判決仍非確定判決。判決是否確定有不明確之情形，應由請求承認者提出證明書類證明之。[10]

二、一般管轄權

民事訴訟法第 402 條第 1 項規定之管轄權係指一般的管轄權或抽象的管轄權，且係指法院在受理外國判決之承認與執行時，判決國有無管轄權之間接一般管轄權。

有無間接一般管轄權之決定基準爲何，首先乃應依據判決國抑或承認國之法律定之？就此，學說並不一致。有認爲應依據判決國之法律定該國法院對於該涉外民事事件有無一般管轄權，亦有認爲應依據承認國之法律定判決國之法院，對於該涉外民事事件有無一般管轄權。如以民事訴訟法第 402 條之規定：「依中華民國之法律，外國法院無管轄權者」之用語觀之，似採取後說。惟所謂依中華民國法律外國法院無管轄權者，係指依中華民國法律外國法院無一般管轄權，且係依中華民國法律否定外國法院之一般管轄權，而非指依中華民國法律肯定外國法院有一般管轄權。

其次，依中華民國法律外國法院一般管轄權之有無，係指有無間接一般管轄權，其決定基準如何，亦有疑問。有認爲應採取與直接裁判管轄權相同之標準定之。亦有認爲如該涉外民事事件並非屬於承認國或第三國之專屬管轄（專屬的一般管轄權），則有無一般管轄權完全取決於判決國之法律。亦即，原則上如判決國不生直接一般管轄權之問題，則在承認國亦不生間接一般管轄權之問題，以免因欠缺間接一般管轄權而影響外國法院確定判決之承認與執行，而使跛行的法律關係，亦即在某國承認其爲有效而在另一國卻認爲無效或得撤銷，或在某國認爲係某種法律關係而在另一國卻認爲係另一種法律關係之情形發生。亦有認爲原則上直接裁判管轄權與間接一般管轄權應依據相同標準定

---

[9]　92 年 1 月 14 日修正之民事訴訟法第 402 條第 2 項規定：「前項規定，於外國法院之確定裁定準用之。」究竟採何說，尚待觀察。

[10]　馬漢寶，國際私法總論，頁 182；高桑昭，前揭文，頁 136-137。

之，但不妨在提高外國法院確定判決之承認與執行之可能性之目的下，放鬆間接一般管轄權之決定基準。[11]

　　依本書所見，如以承認與執行外國法院確定判決以一般管轄權有無爲其要件之一之理由何在觀之，對於以上之疑問或許可得妥適之答案。亦即，在直接一般管轄權之決定基準，與純粹內國事件之管轄權有無之決定上相同，應重視者乃該受訴法院是否係一便利之法院，對於該涉外民事事件之審理能否在時間、勞費證據調查等方面，係經濟、迅速與便利之法院，則只要判決國法院係一便利妥適之法院，即無藉該判決國法院無一般管轄權爲理由，而否定其所爲確定判決之效力之必要。基於上述便利法院之原則，各國法制中有若干一般管轄權過度擴張行使之情形，其確定判決即不得予以承認，例如，對於一時滯留的被告送達訴訟通知，英美法上一般管轄權很重要的基礎之一，但因不合於便利法院之原則，其確定判決即不應予以承認。又，例如，法國民法第14條規定，凡法國人原告提起之訴訟法國法院均有一般管轄權，而不問法國與事件或當事人有無任何關連，亦與便利法院之原則未合，而不得承認其確定判決。又，例如，德國依其民事訴訟法第23條之規定，扣押被告之財產，爲對於被告行使裁判管轄權之根據，不問該財產之價值如何，亦不問該財產是否與該事件有關。此亦與便利法院之原則未合，而不得承認其確定判決。[12]

　　第三，有無一般管轄權，應以何時爲準？即外國法院有無一般管轄權，應以起訴時爲準，或以承認時爲準？在民事訴訟法上有所謂管轄恆定原則，則在外國法院確定判決之承認上如何適用，不無疑義。如貫徹該原則，則似乎該涉外民事事件於該外國法院訴訟繫屬時，該外國法院有一般管轄權即爲已足，惟亦有認爲外國法院有無裁判管轄權屬於判決承認與否之問題，並非該外國法院受理該涉外民事事件是否合法之問題，自應以承認時爲判斷基準時。至於該外國法院有無一般管轄權，屬於職權調查事項，關於判決理由雖因實質審查禁止原則，而不得調查，但關於該外國法院是否有合理的一般管轄權之行使基礎，即關於行使一般管轄權之理由，仍在職權調查之範圍內。[13]

　　最高法院認爲：「本件外國法院確定判決，係基於兩造事前協議，並經兩

---

[11] 豬股孝史，前揭文，頁41。

[12] 松岡博，前揭文，頁39-41。

[13] 高桑昭，前揭文，頁139。

造親自到場後為之；與我國法律，並無牴觸；亦不違反公序良俗。而美國加州洛杉機高等法院就此子女監護事件，有初審管轄權，亦有美國在台協會致北美事務協調委員會證明函一件為證；不生該法院無管轄權之問題。美國訂有「台灣關係法案」，與我國繼續實質上之關係；依美國最高法院判例揭示國際相互承認原則，該外國確定判決殊無民事訴訟法第 402 條各款情形之一，自應宣示許可強制執行。」[14] 似採取以判決國之法律，作為決定外國法院有無一般管轄權之基準。但司法院則認為：「關於陳進福持憑美國紐約州初審法院判決書及台灣台北地方法院公證處認證書申請撤銷其與郭淑華間結婚登記疑義乙案，撤銷婚姻之訴，依民事訴訟法第 568 條規定，係屬專屬管轄，當事人不得以合意變更之，依上開中華民國之法律，外國法院就該專屬管轄事件似無管轄權。本件陳進福向戶政機關申請撤銷結婚登記乙案，請參考上開說明，斟酌處理。」[15] 前司法行政部認為：「查我國民事訴訟法對於外國法院之判決效力，以承認為原則，不承認為例外。不承認部份於（舊）第 401 條列舉規定，其全文如下：『外國法院之確定判決，有左列各款情形之一者，不認其效力：一、依中華民國之法律，外國法院無管轄權者。二、敗訴之一造為中華民國人而未應訴者，但開始訴訟所需之傳喚或命令已在該國送達本人，或依中華民國法律上之協助送達者，不在此限。三、外國法院之判決，有背公共秩序或善良風俗者。四、無國際相互之承認者』。又同法第 564 條規定：『婚姻無效或撤銷婚姻與確認婚姻成立或不成立、離婚或夫妻同居之訴，專屬夫之住所地或其死亡時住所地之法院管轄。夫在中華民國無住所或住所不明者，準用第 1 條第 2 項之規定，定前項之住所地。夫或妻為中華民國人不能依前二項規定定管轄之法院者，由首都所在地之法院管轄』。本條係規定婚姻事件專屬管轄，當事人不得合意變更。同法第 1 條第 2 項之規定為：『被告在中華民國現無住所或住所不明者，以其在中華民國之居所視為其住所。無居所或居所不明者，以其在中華民國最後之住所視為其住所』。綜上規定，可知夫為中華民國人之離婚訴訟，必須由我國法院管轄。本件依駐比國大使館代電內容，瑪黛係住在察哈爾省，大陸陷罪後，於 38 年（即公曆 1949 年）9 月逃往香港，嗣經由日本東京轉往西德波昂定居，同法第 564 條所定有權管轄其離婚事件之法院，事實上已不能行使審判

---

[14] 最高法院 69 年度臺上字第 3729 號，最高法院民刑事裁判選輯第 1 卷 4 期，頁 521。

[15] 司法院祕書長中華民國 81 年 9 月 21 日 81 祕台廳 第 14458 號，載於司法院公報第 34 卷第 11 期，頁 35。

權，依同法第 23 條之規定，應聲請指定管轄。其全文如下：『有左列各款情形之一者，直接上級法院（本案即指最高法院）應依當事人之聲請或受訴法院之請求，指定管轄：一、有管轄權之法院，因法律或事實不能行審判權者。二、因管轄區域境界不明，致不能辨別有管轄權法院者。前項聲請，得向受訴法院或直接上級法院爲之。指定管轄之裁定，不得聲明不服』。茲瑪黛不依前揭規定向最高法院聲請指定管轄，以便訴請離婚，而向無管轄權之日本東京初級法院請求判決與乃妻 Priclla 離婚，依民事訴訟法第 401 條第 1 款之規定，我國自不能承認該離婚判決之效力。」[16] 前司法行政部又認爲：「本件我國旅德華僑與其德籍妻離婚，既因目前西德與我國向無外交關係，因之並無是項相互承認之協議，則依民事訴訟法（舊）第 401 條規定，西德法院所爲確定判決，我國當難承認其效力，此項訴訟，可依同法第 564 條規定定其管轄法院，如不能依同條第 1、第 2 兩項規定定管轄之法院者，則依同條第 3 項規定，由首都所在地之法院管轄，如首都所在地之法院因法院或事實不能行審判權者，則可依同法第 23 條聲請指定管轄。至若雙方當事人均在外國，則仍可依法委任訴訟代理人代爲訴訟行爲，事實上應無不便之處。關於我國法院判決之效力是否獲該僑民僑居地政府之承認一節，關鍵仍在有無相互承認，在國際慣例上當難強人單方予以承認，此爲無可避免之事，惟苟未經我國法院判決，則該華僑縱得有外國法院確定判決，既無相互承認，在我國仍將不發生法律上變更身分，或因身分喪失而影響及於財產繼承等法律關係之效力。於此情形，該僑民究以向外國或我國法院進行訴訟爲宜，當事人因切身利害關係，當必考慮其實際情形自行決定，似亦不必代爲解決。」[17] 似採取應以中華民國法律作爲外國法院有無一般管轄權之決定基準。且，似採取逆推知說之見解。

三、敗訴之一造爲中華民國人已應訴者

民事訴訟法第 402 條第 2 款規定，敗訴之一造未應訴者。但開始訴訟所需之通知已於合理期間在該國合法送達或依中華民國法律協助送達者，不在此限。

---

16 司法行政部 53 台函民第 501 號，中華民國 53 年 1 月 28 日，法務部行政解釋彙編 第一冊（81 年度 5 月版）第 1048 頁。

17 司法行政部 47 年 8 月 23 日 47 台公參字第 4599 號，法務部行政解釋彙編第一冊（81 年度 5 月版），頁 1046。

　　本項要件之立法意旨在於保護未到場之當事人。當事人包括自然人及法人在內。是否中華民國民國應以開始訴訟所需之通知或送達時為準。送達方法原則上是依判決國所定之方法為之。是否合法送達，亦應以判決國之法律為準。但在判決國以公示送達方法通知當事人是否亦屬「開始訴訟所而通知已在該國送達本人」？不無疑義。

　　按本條之立法意旨在於保護當事人，使其受有適當之通知，進而能有充裕之攻擊防禦機會，保護自己之權益。公示送達基本上係以在一定場所公告或在一定新聞媒體刊登關於開始訴訟之通知，俾受通知之當事人得知進而應訴。只要有公告或刊登即認為該受送達之當事人已知開始訴訟之情事，而不必問該當事人實際上是否知悉，在程序上之保障未必對於該當事人為充分，故公示送達在判決國縱屬合法，亦非此之「開始訴訟所需通知已在該國送達本人」。

　　又，如兩國間關於兩國間訴訟文書之送達已訂有條約等，而判決國不依該關於送達條約之規定送達開始訴訟所需之文書，則是否仍屬合法的送達？按對於此一問題，一般認為兩國之間既訂有關於訴訟文書送達之條約，自應依該條約之規定為之，判決國如不依條約之規定送達，將使上開條約失其意義，故仍應認為不合法之送達。[18]

　　又，送達是否應附上關於通知之中文譯文，見解並不一致。有認為應一律附上中文譯文。亦有認為在現代國際社會，如以英文告知開始訴訟之內容，則已滿足民事訴訟法第 402 條第 2 款之要件。亦有認為應視被告之情形決定之，如被告已能充分了解英文，能完全了解送達之意義，在辯論期日之前則有充裕機會進行攻擊防禦之準備，則已合於民事訴訟法第 402 條第 2 款之規定。[19]鑑於一、送達之基本目的在於讓受送達人了解送達之目的，方而此種內容之了解，不以了解其大要內容為已足，應讓受送達人能完全以日常用語了解他方當事人所表示之一切內容。因訴訟往往剝奪當事人之身分或財產之權利，如送達之內容受送達人不能完全了解其內容，不能說不是其身分或財產上權利之剝奪。又英文雖係相當普遍之外國文字，但並非一般人均能充分了解其內容，特別是涉及專門用語時。且，如考量受送達人之情況決定是否應附上中文譯文，則未免與法規或制度在於要求一致性，不因個案之情形不同而異其效果。且，

---

[18] 高桑昭，前揭文，頁 140-141。

[19] 後藤明史，外國判決承認執行，涉外訴訟法，裁判實務大系，卷 10，頁 119-120。

要求原告附上中文譯文，並非顯著之負擔，因原告有充分之時間作訴訟上之準備，且翻譯爲中文之費用，在訴訟上之花費僅占有極小之比例，因此，仍以一律附上中文之見解爲妥。至於是否送達？已送達者是否合法，均應由當事人舉證證明，惟關於其舉證責任如何分配，不無疑義。參照民事訴訟法第 277 條之規定與其立法精神，似應認爲應由當事人先就敗訴之一造已應訴或未應訴而實際上已收受關於開始訴訟所需之通知舉證。應訴係指給予當事人攻擊防禦機會，且已採取攻擊防禦方法者而言，至於是否關於本案之言詞辯論，則非所問。

四、公序良俗

民事訴訟法第 402 條第 3 款規定，外國法院之確定判決不違反中華民國之公序良俗爲承認要件之一。

外國法院之確定判決如違反中華民國之公序良俗，即不予以承認其在中華民國有其效力。而其理由則在於：如前所述，外國法院確定判決之承認係建立在外國法院確定判決之終局性與確定性之上，在兩者之間求其調和，發展出實質審查禁止原則，基本應承認外國法院確定判決之效力，然如承認外國法院確定判決將導致內國法秩序之混亂，究非所宜，因此，有必要藉內國公序良俗之違反而否認該外國法院確定判決之效力，以維持法秩序之統一。[20]

所謂公序良俗與涉外民事法律適用法第 25 條相同，較諸民法第 72 條之公序良俗之觀念爲狹，即指所謂國際私法上之公序良俗爲限。又不能忽視者乃各國對於其國際私法之立法均本於一定之立法政策，此等立法政策固未必均屬妥適，但不可否認者，乃在採取實質審查禁止原則之下，對於外國法院如何適用國際私法進而適用其所指定之準據法，因並非承認或執行該外國法確定判決之要件，勢必無法干涉介入，則國際私法之立法目的是否可以達成，進而，實質審查禁止原則是否妥適，不能不抱持懷疑之態度。但實質審查禁止原則既爲各國所尊崇，則以上兩者如何調和，乃研究外國法院確定判決之承認與執行問題時，應予注意之處，而與之相關者乃外國法院確定判決承認與執行之要件中之公序良俗。

關於外國法院確定判決是否違反中華民國公序良俗之審查，是否以主文爲

---

[20] 高田裕成，前揭文，頁 390。

限？固有認爲外國法院確定判決是否承認之審查，在實質審查禁止原則之下，不得對於外國法院確定判決之內容加以審查，自應以判決主文爲限，但通說仍認爲不僅判決主文，事實與理由均在審查之範圍[21]。基於實質審查禁止原則，係禁止對於外國法院確定判決內容適當與否之審查，與承認外國法院確定判決程序中之是否違反中華民國公序良俗之審查不同，故在外國法院確定判決是否予以承認之審查，應不以判決主文爲限，而應及於事實及理由，且就實際之情形而言，判決主文，特別是關於金錢債務之給付判決，僅有命債務人爲一定金額之給付之表示，尚難遽以判斷該判決是否違反中華民國之公序良俗。

　　所謂公序良俗包括實體法上之公序良俗與程序法上之公序良俗二者。

　　所謂實體法上之公序良俗係指：外國法院確定判決之內容違反中華民國之公序良俗。至於外國法院確定判決之內容是否違反中華民國之公序良俗，應考慮該外國法院確定判決所適用之法律之立法目的、原理與其他事項，再就個案之具體情事分別判斷之。[22]

　　程序上公序良俗主要係關於當事人在程序上權利之保障問題。亦即，前述關於裁判管轄權認爲判決國法院係適當之法院，與當事人之程序上之權利義務有關，而受敗訴判決之當事人應已爲言詞辯論，或已受關於審理之通知而未參與言詞辯論，保障該當事人在程序上之權利，特別是防禦權，亦與當事人程序上之權利義務有關。但當事人程序上權利之保障顯不以此爲已足，尚應注意其他方面，如外國法院確定判決於此方面有所不足，即得拒絕承認或執行該外國法院之確定判決。其根據即在於運用程序上公序良俗之觀念[23]。所謂當事人程序上之權利基本上是建立在現代法治國家關於法官之獨立與中立之審判、當事人地位之平等、訴訟之構造及言詞辯論機會之保障等基本原則。因此，如以詐欺取得之判決、第三人以不法行爲取得之判決、法院有應回避事由而未回避所爲之判決及判決有其他關於一般管轄權與應訴與送達以外之程序上顯然不公平之事由，均得以該確定判決之成立過程違反程序上之公序良俗而拒絕予以承認[24]。

---

[21] 高桑昭，前揭文，頁 142。

[22] 詳細討論，參閱岡田幸宏，外國判決の承認、執行要件としての公序（一）法政論集（名古屋大學）147 號，頁 287 以下。

[23] 高田裕成，頁 390-394。

[24] 松岡靖光，外國判決の承認執行 (3)，涉外訴訟法，裁判實務大系，卷 10，頁 124。

　　關於公序良俗之要件，最為困難的問題乃內外國法院判決之矛盾、衝突，是否亦得以違反公序良俗而拒絕予以承認？就此學說並不一致。茲先舉一例說明之。此即所謂關西鐵工事件。

1. 事實

　　日本公司 Y，將公司所生產之車床，在日本賣予日本公司 A 經由 A 輸出至美國，賣給紐約州之 A 公司在美國之子公司 B，再轉賣給中間商美國美國公司 X，再由 X 公司轉賣至飛機製造商美國公司 C 使用中。C 公司之工人 D 使用該車床時，因發生意外，而右手指被切斷，D 乃以 C、X、Y 三人為共同被告，基於製造物責任，提起損害賠償之訴，因 D 未能將訴狀送達 Y，X 乃以第三人原告之身分，將若於該訴訟受敗訴判決，當會對 Y 請求損害賠償之意旨預告 Y，並於同法院提起第三人訴訟（Third Party Action）。Y 經由大阪地方裁判所收受 XY 間訴訟之訴狀之送達後，到美國法院應訴。嗣前開 XY 間之訴訟，經美國華盛頓州 KING 郡高等法院判決（第 713245 號事件），Y 應給付 X 美金八萬六千元，該判決並於 1974 年 10 月 17 日判決確定。對此 Y 以 X 為被告，在大阪地方裁判所提起確認損害賠償債務不存在之訴（昭和 45 年 (7) 第 6686 號）該法院先就一般管轄權之有無作成中間判決，並於昭和 49 年 10 月 14 日判決：「確認 Y 於美國華盛頓州 King 郡高等法院第 713245 號事件敗訴，並由 X 履行損害賠償債務，Y 應對於 X 負擔之求償債務不存在。」，嗣該判決亦確定。因此，日本與美國兩國法院所宣示而內容互相矛盾之二件同時併存。X 基於美國法院之確定判決，向大阪地方裁判所，請求許可執行該判決。

2. 判決要旨

　　X 主張日本裁判所就本件訴訟無一般管轄權，而製造物責任訴訟之一般管轄權，斟酌民事訴訟法第 15 條第 1 項之規定，依同條同項所稱之侵權行為地，決定本件製造物責任之一般管轄權，是妥適的。且，此一基準，就製造物責任之有無，鑑於侵權行為地有密切之利害關係，法理上亦屬適當。（原本，本訴乃對於美國之第二訴訟，即 X 對 Y 提起之基於製造物責任（侵權行為）損害賠償債務，確認其不存在之訴，就此種侵權行為損害賠償請求權之消極確認之訴，一般均認為得適用民事訴訟法第 15 條第 1 項之規定，此乃因該條規定，原係基於證據上之便利所為之關於承認管轄權規定，因此，本件之一般管轄權得依同一基準判斷之，勿待贅言。）而同條項所稱之侵權行為地何在，自當包

括加害行爲地，自有瑕疵之本件車床之製造（包含設計）之加害行爲所在土地之觀點觀之，本件侵權行爲地係在日本大阪市，則日本裁判所應有一般管轄權。

　　X主張本件訴訟與已先繫屬於美國裁判所之第二訴訟，係所謂二重訴訟（民事訴訟法第231條），並不適法，惟同條所稱之裁判所僅指吾國之裁判所，不包括外國之裁判所在內。X基於本件訴訟即使Y勝訴於美國之第二訴訟亦無任何效果爲理由，主張本件確認之訴欠缺訴之利益，故不適法。惟Y若能取得本件勝訴判決，則其效果在於若其在美國之第二訴訟敗訴，亦能阻止該美國裁判所之判決在日本執行，於此意義，本件有訴之利益（錄自大阪地裁昭和48年10月9日中間判決，昭和45年（ク）第6686號損害賠償債務不在在之請求確認事件，判例時報728號76頁）。同一司法制度內，如許互相矛盾牴觸之判決併存，將紊亂法體制全體之秩序，則不問訴之提起、判決之宣示、確定之前後，倘於日本已有確定判決，則就同一事實，相同當事人間承認互相抵觸之外國法院判決，應認爲民事訴訟法第200條第3款所稱之「外國法院之判決，違反日本之公共秩序或善良風俗」（錄自大阪地裁昭和52年12月22日判決，昭和50年（ク）第4257號對於外國判決之執行判決請求本訴事件，昭和51年（ク）第5135號損害賠償請求反訴事件，判例ダムズ361號127頁）。

　　從上述事實與判決要旨觀之，即發生所謂內外國法院確定判決之矛盾與衝突時，應如何處理之問題，即是否承認該與內國法院確定判決矛盾、衝突之外國法院之確定判決？如不予承認，則其理由何在？就此問題，各家學者之見解並不一致。計有下列諸說[25]：

　　有依據民事訴訟法第402條之規定處理，惟如何處理，見解仍有不同，故此說，又可分爲以下數說：

　　第一說認爲如外國法院判決時或確定時，內國法院之判決已確定，則應認爲該外國法院確定判決係無視於內國法院確定判決之存在所爲之判決，如予以承認將導致內國法律秩序之混亂，因此，該外國法院之確定判決不得不認爲係違反內國之公序良俗之違反而不應予以承認。惟此說對於外國法院之判決在內國法院判決或確定之前已經確定時，應如何處理，並不能爲任何說明，不無遺

---

[25] 松岡靖光，前揭文，頁126。

憾。

　　第二說認為不問是否確定，亦不問確定之先後，凡與內國法院之判決矛盾或衝突之外國法院判決，一概認為係違反內國之公序良俗，而不予以承認。

　　第三說認為與內國法院判決矛盾或衝突之外國法院確定判決並非違反內國之公序良俗而不予以承認，實係欠缺判決之一般要件所致。此說固非無據，惟其在外國法院確定判決之承認要件之外，另行增加要件，是否妥適，乃問題之所在。

　　有依據解決確定判決抵觸之一般法理解決之。此說認為此種情形在現行民事訴訟法並無明文規定，惟仍可參照民事訴訟法之一般原理、原則及外國法院確定判決承認與執行之法理處理之。此說尚可分為以下諸說：

　　第四說認為應依據民事訴訟法關於再審之規定，就與已確定之判決矛盾或衝突之判決，依據再審程序處理之。亦即，不問係內、外國法院判決，亦不問判決之先後一概以判決確定之先後決定其效力之優劣。

　　第五說認為應區別兩種情形處理之。即，如內國法院判決確定在後，而該判決又無從依據再審之規定撤銷時，該內國法院之確定判決仍應尊重，則對於確定在先而請求執行之外國法院確定判決，以確定在後之內國法院確定判決應予尊重之理由，不執行該確定在先之外國法院確定判決。如內國法院判決確定在先，則以已有既判力而不執行確定在後之外國法院確定判決。要之，皆非依據外國法院確定判決違反內國法院之公序良俗而不予執行。

　　第六說認為此種情形既非現行民事訴訟法之規定或其解釋所得解決，應借助於法律之修正或條約之規定解決之。

　　第七說則認為此種情形不應等至內國法院均已判決確定始討論如何解決之方法，而應在確定之前，即借助一般管轄權之妥適分配、外國法院之訴訟繫屬是否構成內國法院訴訟之停止事由、在內外國法院二重起訴是否禁止等國際民事訴訟法之基本問題與解決方策處理之。

　　以上諸說均各有見地，惟依本書所見，仍以第七說較為妥適。詳言之，民事訴訟法第 253 條，不僅禁止在內國法院之二重起訴，尚及於在內外國法院之二重乃至多重起訴。而在多重起訴之場合，如該訴訟繫屬之外國法院為有一般管轄權妥適法院，則以裁定停止內國法院之訴訟，待該外國法院確定判決獲得內國之承認，再以已既判力之理由駁回在內國法院之訴訟。如該外國法院並非

有一般管轄權或並非妥適之法院，則仍可繼續進行在內國法院繫屬之訴訟，待外國法院判決確定後，再以該法院無一般管轄權或違反程序上之公序良俗不承認該外國法院之確定判決。

五、相互主義

外國法院之確定判決需合於國際相互承認之原則，始予以承認。

按外國法院確定判決需中華民國之確定判決於該外國獲得承認，中華民國對於該國法院之確定判決始予以承認，此一限制，稱爲相互承認主義或互惠主義。其立法理由在於藉不承認外國法院之確定判決，促使該外國承認中華民國之確定判決。並藉此保持外國與吾國關於確定判決承認利害關係之均衡[26]。

至於何種情形符合相互主義之要求，見解並不一致。有主張：外國應採取與吾國相同或更爲寬大之承認條件，始符合相互主義之要求。日本大審院昭和8年12月5日判決採之。亦有認爲判決如關於外國法院確定判決承認所定之條件與吾國民事訴訟法之規定重要之點所差幾，則已符合相互主義之要求。亦有認爲只要該外國對於外國法院確定判決之承認不課予顯然嚴格之條件即可。基於：民事訴訟法第400條第4款所定之相互主義之條件，應解爲爲該判決之法院所屬國（以下稱判決國）就與吾國所爲之同種類判決，所定之承認外國法院確定判決之條件，在重要之點無異即可。蓋外國法院確定判決之承認與執行，即外國法院確定判決之在判決國以下之國家發生效力，如判決國就承認與執行該外國法院之確定判決，未與吾國以條約定其條件時，期待兩國能就此有相同之條件極其困難，而在現代國際化社會，爲防止同一當事人間互相歧異之兩國以上之判決出現，謀求訴訟經濟與權利之救濟是必要的，則將同條第4款解爲與吾國關於外國法院確定判決承認之條件在實質上相同即爲已足，是合理的，況如要求該判決國應具有與吾國相同條件或更爲寬大條件，則吾國關於外國法院確定判決承認之條件勢必比該外國嚴格，該外國將不承認吾國法院之確定判決，吾國亦將不承認該外國法院之確定判決，則外國法院確定判決之承認制度將有名無實。[27]

相互主義並不要求兩國之間以條約互相承認對方之確定判決，只要依該國

---

[26] 菊池洋一，外國判決の承認執行 (2)，涉外訴訟法，裁判實務大系，頁131。
[27] 菊池洋一，前揭文，頁133。

之法令或實務見解實際上承認吾國法院之判決即為已足,且所謂承認吾國法院之確定判決不以實際上已承認為必要,僅以得期待其承認即為已足。又、對於吾國法院確定判決之承認,不以全部種類之確定判決均予承認為必要,只要就與現請求吾國法院承認之確定判決種類相同之確定判決,予以承認即為已足。又相互主義之有無,以請求承認之時為準,且是否合於相互主義之要求,應由承認國法院依職權調查之。

　　最高法院認為:「美國訂有『台灣關係法案』,與我國繼續實質上之關係;依美國最高法院判例揭示國際相互承認原則,該外國確定判決殊無民事訴訟法第 402 條各款情形之一,自應宣示許可強制執行。」[28] 前司法行政部則認為:「一、我國民事訴訟法第 402 條第 4 款所謂『國際相互之承認』,其承認方式,除依兩國法令、慣例或條約之外,是否尚須兩國有相互承認他方判決之協議,始符合其要件?本部認為該條款所謂「國際相互之承認」,係指外國法院承認我國法院判決之效力者,我國法院始承認該外國法院判決之效力而言。其承認方式,除依雙方法令、慣例或條約外,如兩國基於互惠原則有相互承認他方判決之協議者,亦可承認該外國法院判決之效力,不以有外交關係為必要。其已有法令、慣例或條約之承認者,當不必另有『協議』。」[29] 前司法行政部認為:「本件我國旅德華僑與其德籍妻離婚,既因目前西德與我國尚無外交關係,因之並無是項相互承認之協議,則依民事訴訟法(舊)第 401 條規定,西德法院所為確定判決,我國當難承認其效力,此項訴訟,可依同法第 564 條規定定其管轄法院,如不能依同條第 1、第 2 兩項規定定管轄之法院者,則依同條第 3 項規定,由首都所在地之法院管轄,如首都所在地之法院因法院或事實不能行審判權者,則可依同法第 23 條聲請指定管轄。至若雙方當事人均在外國,則仍可依法委任訴訟代理人代為訴訟行為,事實上應無不便之處。關於我國法院判決之效力是否獲該僑民僑居地政府之承認一節,關鍵仍在有無相互承認,在國際慣例上當難強人單方予以承認,此為無可避免之事,惟苟未經我國法院判決,則該華僑縱得有外國法院確定判決,既無相互承認,在我國仍將不發生法律上變更身分,或因身分喪失而影響及於財產繼承等法律關係之效力。於此情形,該僑民究以向外國或我國法院進行訴訟為宜,當事人因切身

----

[28] 最高法院 69 年度臺上字第 3729 號,最高法院民刑事裁判選輯第 1 卷 4 期 521 頁。

[29] 司法行政部 68 年 3 月 6 日 68 年台函民第 02043 號法務部行政解釋彙編,第一冊(81 年度 5 月版),頁 1049。

利害關係，當必考慮其實際情形自行決定，似亦不必代爲解決。」[30]見解似有不同。

肆、經承認之外國法院確定裁判之效力

民事訴訟法第402條規定：「外國法院確定判決，有左列各款情形之一者，不認其效力：（下略）」由此規定，外國法院確定判決經中華民國法院承認之後，在中華民國境內發生效力。惟發生如何之效力？不無疑義，亦即，發生該外國法院確定判決在該國所原有之效力或發生與中華民國法院確定判決所具有之效力？特別是在外國法院確定判決之效力範圍與中華民國法院確定判決之效力範圍不同時，例如，外國法院確定判決之既判力客觀範圍或主觀範圍，與中華民國法院之確定判決不同，則應如何決定？此涉及外國法院確定判決效力之基準問題。就此問題，一般學者認爲該外國法院確定判決經中華民國法院承認後，發生與該外國法院確定判決在該外國相同之效力，即採取判決國基準說[31]。惟是否妥適，容有檢討之餘地。詳言之，外國法院確定判決之承認問題，如前所述，原係基於外國法院確定判決之終局性與正當性，而在一定條件下，承認外國法院確定判決之效力，係建立在程序法之層面，但不可諱言者，外國法院確定判決經承認後即發生實體法之效力，此一實體法之效力，如何定其範圍，亦應依實體法之觀念處理之，而發生是否依承認國法定其效力範圍之問題。以下，就可能既判力及構成要件效果述之。

關於既判力效力之性質與名稱；既判力之效果係抗辯事項或職權調查事項；既判力之作用係使後訴不合法（不具備訴訟要件）或訴無理由；既判力之主觀範圍以當事人或其繼受人爲限，抑或及於其他第三人；如既判力及於第三人，則該第三人之範圍如何；既判力之客觀範圍以訴訟標的爲限，或及於其他事項；既判力以判決確定時或事實審言詞辯論時爲其基準時等，均易發生以判決國法或承認國法爲基準之問題。

就既判力之基準時、既判力之主觀範圍或既判力之客觀範圍而言，依前述之判決國法說，自應以判決國法爲準。此之判決國並不以其程序法爲限，如該

---

[30] 司法行政部47年8月23日47台公參字第4599號，法務部行政解釋彙編第一冊（81年度5月版），頁1046。

[31] 高桑昭，前揭文，頁128。

國係以實體法處理既判力之基準時或既判力之主觀或既判力之客觀範圍問題，則判決國亦包括實體法在內[32]。但是否妥適，就既判力之主觀範圍或客觀範圍而言，即有認為原則上固應以判決國法為準，但若判決國法之範圍大於承認國法，則應受承認國法之限制，亦即，係就判決國法與承認國法關於既判力之主觀範圍或客觀範圍加以比較，如兩者之範圍相同，自無基準之選擇之必要，如兩者之範圍不同，則以其範圍較狹窄者為準[33]。至於其理由則有如下列：自程序法上之權益之保障而言，就外國法院確定判決之在該外國之既判力而言，因已考慮該事件當事人或利害關係人之程序法上地位或權能之保障，以判決國法決定既判力之客觀或主觀範圍，並不致使該當事人或利害關係人遭受不當之程序法上權益之剝奪，故無不安。但在該外國法院確定判決在他國請求承認時，則應注意承認國民事訴訟法或其他法律關於程序法地位或權能之保障規定，依此等規定亦有相應之既判力主觀範圍與既判力客觀範圍，如判決國既判力之主觀範圍或客觀範圍大於承認國之既判力主觀範圍與客觀範圍，則顯然承認國民事訴訟法或其他法律關於程序法上地位或權能之保障規定之立法目的，不能落實。因此，判決國關於既判力之主觀範圍或既判力之客觀範圍之規定，不能完全適用於承認國，其理甚明[34]。另一方面，如判決國之既判力主觀範圍或既判力之客觀範圍小於承認既判力之主觀範圍或既判力之客觀範圍，則其情形亦同。亦即，當事人在判決國進行訴訟，在一般情形下，應係以該國之既判力主觀範圍或既判力客觀範圍為念，因此，發生判決國法上之既判力乃屬當然，如在承認國發生較大之主觀範圍或客觀範圍之既判力，則非適當，特別是就敗訴之當事人為如此[35]。至於，依據承認國關於既判力主觀範圍或既判力客觀範圍，對於判決國之既判力主觀範圍或客觀範圍加以約制，其根據何在，不無疑義。前述之準據法說或公序良俗說——指依據國際民事訴訟法之公序良俗限制既判力之主觀範圍或既判力之客觀範圍——，均非無見，但亦均乏明文依據。但對於前述立足於程序法之地位或權能保障之立論，亦有從實體法之觀點加以檢討者，亦即，以承認國之基準對於判決國既判力之主觀範圍或客觀範圍加以限制，易生跛行的法律關係發生之流弊，因此，完全以判決國之基準定既判力

---

[32] 高田裕成，前揭文，頁374。

[33] 高田裕成，前揭文，頁374。

[34] 高田裕成，前揭文，頁375。

[35] 高田裕成，前揭文，頁376。

主觀範圍與既判力客觀範圍，較爲妥適[36]。

　　所謂確定判決構成要件效果，係指以確定判決作爲實體法律關係變動之構成要件，例如，婚姻關係以消滅，有以離婚之確定判決爲必要之情形，該離婚之確定判決所生之效力即係構成要件效果[37]。又例如，消滅時效之中斷事由之一之判決確定，消滅時效之中斷即係確定判決之構成要件效果。確定判決之構成要件效果在判決國發生構成要件效果並無疑義，惟可否在判決國以外之國家亦爲相同效果之主張，不無疑義。如可以主張，則其要件是否與既判力之承認之要件相同，亦有疑義。有學者認爲確定判決既判力之承認純粹係基於程序法之考量，如前述之當事人程序法地位與權能保障之觀點，而確定判決之構成要件效果則有不同，即，確定判決構成要件效果主要係發生實體法之效力，因而，即使在判決國以外國家予以承認，其要件亦與既判力承認之要件不同，而應加上準據法之要件，亦即，如該外國法院之確定判決所適用之準據法與承認國之國際私法就該類型之法律關係所指定者相同，即可予以承認。此種見解係建立於對於自己之國際私法有相當的自信之基礎上，且認爲如此方可貫徹國際私法對於準據法指定之立法意旨。但亦有學者持反對見解，認爲外國法院確定判決承認之理論根據在於程序法之考量，即如其所述之對於外國法院確定判決之信賴性與終局性之考量，與判決所適用之準據法（實體法）無關，因此，不應附加準據法之要件。

　　依本書所見，以上二說均各有見地，但亦均有所失，詳言之，外國法院確定判決之承認，固係程序法之考量，係以對於外國法院確定判決之終局性與信賴性爲考量因素，原則上不應附加準據法之要件，但法律關係變動事由之確定判決及該法律關係，則不能不考慮其所應適用之準據法及適用之結果。因此，陷於兩難在所難免，如何求其折衷調和，不無疑義。晚近，有學者認爲在承認國之國際私法指定外國法爲準據法之場合，如該準據法所屬國具有實際效力者，即準據法所屬國所爲之確定判決或第三國所爲之確定判決而在該準據法所屬國具有構成要件效果者，即可在內國承認其構成要件之效力。至於其理由則爲內國所採取之態度與準據法所屬國相同之故。但在內國國際私法所指定之準據法爲內國法時則如何？乃問題之所在。對此，採取此種見解之學者則認爲此一問題，實可歸納爲：以確定判決爲法律關係變動之構成要件之實體法，其所

---

[36] 高田裕成，前揭文，頁377。
[37] 石黑一憲，國際私法，有斐閣，1991年新版二刷，頁233-234。

稱之確定判決是否包括外國法院之確定判決在內？如包括在內，則是否以具備民事訴訟法第 402 條之要件之外國法院之確定判決為限？於此，應以各利害關係人之預測可能性與正當期待性之保護為考量之重點。

　　司法院認為：「關於陳進福持憑美國紐約州初審法院判決書及台灣台北地方法院公證處認證書申請撤銷其與郭淑華間結婚登記疑義乙案。按外國法院之確定判決，除據為執行名義請求本國法院強制執行者，依強制執行法第 43 條規定，應經本國法院以判決宣示許可其執行外，其有無民事訴訟法第 402 條所列各款情形，應否承認其效力，尚無應經我國法院以裁判確認之規定。各機關均可依民事訴訟法第 402 條規定為形式上之審查，據以承認外國法院確定判決之效力，惟有爭執時，可由利害關係人訴請法院確認之。」[38]法務部中華民國 70 年 5 月 5 日，70 年法律第 5778 號認為：「一、民事訴訟法第 356 條，係有關證據法則之規定。外國公文書雖經推定為真正，僅具有形式上之證據力，至其有無實質上之證據力，即其內容是否足資證明某項事實，仍有待處理機關之審酌採認（最高法院 48 年台上字第 837 號判例參照）。至於同法第 402 條，係關於外國法院確定判決應否承認其效力之規定，倘經承認者，除在給付之訴，其執行尚須我國法院為許可之判決外（強制執行法第 43 條參照），即應具有與我國法院確定判決相等之效力。惟使用外國法院之確定判決，仍須符合同法第 356 條之規定，必經推定為真正後，始有同法第 402 條之適用。二、本部 70 年 4 月 15 日法 70 律字第 5020 號函，係就外國公文書之形式證據力而為立論。同年 2 月 24 日法 70 律字第 2910 號函，即在說明如何承認外國法院判決之效力，兩次函文所答覆之問題不同。戶政或駐外代表機構，對於人民所提出經推定為真正之外國一般公文書，有權審究其實質內容，非可當然採證。」[39]法務部又認為「查中華民國國民在外國結婚，若依其所提出之外國法院簽具之『結婚公證書』，足認其已經符合我國民法第 982 條規定之結婚方式或舉行地法律所規定之結婚方式者，依涉外民事法律適用法第 11 條第 1 項但書之規定，我國駐外單位當可據以更改當事人所持護照之婚姻狀況之記載。至於我旅外國人所提出之外國法院之『離婚判決書』，若該判決無民事訴訟法第

---

[38] 司法院祕書長中華民國 81 年 9 月 21 日 81 祕台廳第 14458 號司法院公報第 34 卷第 11 期，頁 35。

[39] 法務部行政解釋彙編第 1 冊（81 年度 5 月版），頁 1033。

402 條規定之情形者，我駐外單位可承認其效力。」[40] 對於外國法院確定裁判對於行政機關之效力問題，與最高法院之見解：「外國法院之確定判決，有民事訴訟法第 402 條規定所列各款情形之一者，不認其效力，是外國法院之確定判決，須經我國法院審查確認並無前開規定各款情形之一者，始可認其效力，上訴人取得美國法院所為『兩造婚姻關係解除』之判決，並未先經我國法院確認有無前述規定情形之一，即持該外國判決以代被上訴人之為意思表示，向戶政機關申請辦理離婚登記，於法尚有未合。」[41] 見解似有不同。

伍、最高法院民事判決簡評──代結論

最高法院 84 年度台上字第 2534 號民事判決認為：「依外國法院確定判決聲請強制執行者，以該判決無民事訴訟法第 402 條各款情形之一，並經中華民國法院以判決宣示許可其執行者為限，得為強制執行，強制執行法第 43 條定有明文。而外國法院之確定判決，有下列各款情形之一者，不認其效力：依中華民國法律，外國法院無管轄權者；敗訴之一造，為中華民國人而未應訴者。但開始訴訟所需之通知或命令已在該國送達本人，或依中華民國法律上之協助送達者，不在此限；外國法院之判決有背公共秩序或善良風俗者；無國際相互承認等情形之一者。為民事訴訟法第 402 條所明定。查基於國際相互承認與禮讓原則，外國法院經合法訴訟程序所為之民事判決，原則上應予尊重，除有前述民事訴訟法第 402 條規定情形，始例外不承認其效力。是本件所應審究者，僅在系爭外國法院之確定判決有無上開各款情形而已，並不得就其判決之基礎事實，重新認定。」認民事訴訟法關於外國法院民事確定判決之承認採形式審查主義，依據前述說明，可資贊同。

最高法院 88 年度台上字第 3073 號民事判決除重申形式審查主義之意旨外，復認為：「程序法應適用法院地法為國際私法之大原則，我國法律對外國法院判決之送達方式及其確定既未規定，則系爭外國判決之送達及其確定，自應以美國聯邦民事程序規則為準。」亦屬的論。

最高法院 87 年度台上字第 1672 號民事判決，關於間接一般管轄權，認

---

[40] 法務部 70 年 2 月 24 日，70 年法律第 2910 號，法務部行政解釋彙編第一冊（81 年度 5 月版），頁 1051。

[41] 最高法院 70 台上字第 952 號，最高法院民刑事裁判選輯第 2 卷 1 期，頁 508。

爲：「按民事訴訟法第 568 條有關專屬管轄權之規定，若謂僅於國內婚姻事件始有其適用，且該法條第一項所稱夫妻之住所地法院或居所地法院，亦僅指我國領域內之當事人住所地或居所地法院，而不及於涉外婚姻事件之管轄或夫妻在國外之住居所地法院。則涉外婚姻事件之管轄權，於民事訴訟法既未規定，涉外民事法律適用法亦乏明文之情形，如夫妻之住所地或其訴之原因事實發生之居所地在外國，或其已廢止國內之住所時，是否仍有強其返回國內進行訴訟之必要？由其婚姻生活所在地之外國法院爲調查裁判是否更爲便捷，有助於訴訟之進行及形成正確之心證與妥適之裁判，而符合「專屬管轄」之法意？能否謂無民事訴訟法第 568 條第 1 項規定之類推適用，認該夫妻之住所地或居所地之外國法院有管轄權，即有再事研求之餘地。」更是擲地有聲。

　　至於最高法院 81 年度台上字第 2517 號民事判決：「上開美國加州法院確定判決並無民事訴訟法第 402 條所列各款情形之一，自應承認其效力。上訴人應受該確定判決之拘束。上訴人請求離婚及黃大信應由其監護部分，既經美國加州法院判決確定，上訴人再行起訴，顯違一事不再理原則，爲無理由。」認爲經我國法院承認之外國法院民事確定判決，與我國法院民事確定判決有相同效力，如當事人就同一事件重行起訴，即違反一事不再理原則，值得贊同。

附　錄　最高法院關於外國（包括大陸地區）判決之承認與執行之民事裁判

【案例1】

最高法院民事判決　　92年度台上字第2032號

　　上　訴　人　旅行家保險公司（Travelers Insurance）

　　法定代理人　查理士·普士科

　　訴訟代理人　虞

　　被上訴人　　榮倫涼椅工業股份有限公司

　　法定代理人　黃文財

　　右當事人間請求准予強制執行事件，上訴人對於中華民國89年10月11日台灣高等法院台南分院第二審更審判決（89年度重上更（一）字第10號），提起上訴，本院判決如左：

　　主　文

　　原判決廢棄，發回台灣高等法院台南分院。

　　理　由

　　本件上訴人主張：美國猶它州聯邦地方法院於民國81年（即西元1992年）2月25日判決被上訴人應給付伊承保之訴外人美國沙德蘭營建材料購物中心公司（下稱沙德蘭公司）美金二十六萬七千零一元一角六分，及自判決之日起至清償日止，按年息百分之四點二計算之利息（下稱系爭美國法院判決）。因被上訴人未於法定期間內提起上訴，依該州法律，該判決業已確定，且無我國民事訴訟法第402條所列各款規定之情事。依猶它州法律有關保險代位及債權讓與規定，伊為該確定判決效力所及之人等情，爰依強制執行法第4條之1規定，求為宣示系爭美國法院判決准予強制執行之判決。

　　被上訴人則以：系爭美國法院判決係沙德蘭公司與伊間之訴訟，法院之通知及判決均未合法送達予伊，不生送達之效力；且上訴人非該訴訟當事人，亦非該判決效力所及之人，不得提起本件訴訟等語，資為抗辯。

　　原審將第一審所為上訴人勝訴之判決廢棄，改判駁回其訴，無非以：美

國猶它州聯邦地方法院於 81 年 2 月 25 日判決被上訴人應給付沙德蘭公司上開美金本息，該判決已確定，沙德蘭公司復於 86 年 2 月 17 日與上訴人訂立「代位求償契約」，將其對於被上訴人於該判決中所享有之全部權利讓與上訴人，且約定得由上訴人代位請求、執行及收取。該代位求償契約雖以「代位」為名，惟究其內容認係沙德蘭公司將其對被上訴人之債權讓與上訴人，依美國普通法（Restatement of the Law，Second）中之契約法（Contracts）有關債權讓與之規定：「有效之債權讓與不必得到債務人之同意」，及我國涉外民事法律適用法第 7 條之規定：「債權之讓與，對於第三人之效力，依原債權之成立及效力所適用之法律」（即應依美國法律有關規定為其準據法），固可認已發生債權讓與效力。惟按我國民事訴訟法第 402 條所謂「認其效力」者，乃認其與本國法院之判決有同一之效力，諸凡既判力、執行力及形成力均與本國之判決無異，至其效力客觀的及主觀的範圍，仍應從該外國法定之。換言之，有關系爭美國法院確定判決之客觀及主觀範圍，應依美國法律定之。上訴人主張系爭外國確定判決既應認其效力，自有我國民事訴訟法第 401 條第 1 項之適用等語，尚不足採。又上訴人主張其依美國猶它州法律規定，得執系爭確定判決對被上訴人為強制執行，理論基礎為代位求償及債權讓與效力云云，並提出被上訴人美國律師之法律意見函及美國猶它州條款 31A ｜ 21 ｜ 108（1986）（INSURANCE CODE）、猶它州民事訴訟法規則第 17 條規定為證。惟依該美國律師法律意見函、美國猶它州條款及民事訴訟法規則之內容以觀，其乃記載：因被上訴人製造之涼椅產品的瑕疵而受損害時，上訴人即應補償其損失，並取得代位求償權，代位求償原則乃是同意一個保險人「在賠償承保危險所生之損失後，得代位該被保險人向有過失之侵權行為人請求賠償其損失」，其法律依據為猶它州條款 31A ｜ 21 ｜ 108（1986）（IN SURANCE CODE）、及猶它州民事訴訟法規則第 17 條中有關代位條款，但該規則第 17 條係規範「任何訴訟將以實質利害關係人名義提起，……一造依據法條授權得以他人名義提起訴訟而不必參加訴訟，即使本訴將為其利益提起」，對於提起訴訟之人無任意選擇權，必須以實質利害關係當事人之名義提起訴訟，除非法律有其他例外規定。且代位求償權可由保險公司以被保險人名義提起，亦可以保險公司名義提起等語，並無如我國民事訴訟法第 401 條第 1 項「確定判決，除當事人外，對於訴訟繫屬後為當事人之繼受人，……亦有效力」之規定。此外上訴人又無法提出其他美國法律規定，以證明系爭美國法院判決效力及於上訴人，尚無從為其有利之認定。從而，上訴人依強制執行法第 4 條之 1 規定，訴請宣示系爭美國法院判決准予強制執行，為無理由，不應准許等詞，為其判斷之基礎。

按依外國法院確定判決聲請強制執行者，以該判決無民事訴訟法第 402 條各款情形之一，並經我國法院以判決宣示許可其執行者爲限，得爲強制執行，強制執行法第 4 條之 1 第 1 項定有明文。故請求許可外國法院確定判決強制執行，應以訴爲之，除由該外國確定判決之債權人爲原告，並以其債務人爲被告外，其依判決國法規定爲該外國確定判決效力所及之第三人，亦得爲原告或被告。本件上訴人於原審陳稱「伊係以沙德蘭公司名義起訴，有美國律師之法律意見書載明『旅行家保險公司以被保險人名義起訴，已由美國聯邦地方法院認定有此權利，並有猶它州法律之確認』等語可證；且猶它州民事訴訟規則第 17 條規定『實質利害關係人：任何訴訟將以實質利害關係人名義提起：一造依據法條授權得以他人名義提起訴訟，而不必參加訴訟，即使本訴將爲其利益提起』，再依 Utah Code Ann.31A-21-108（1986）亦可知『保險人可以被保險人名義求償』。依猶它州法律，伊不必以自己名義求償，而以沙德蘭名義起訴，亦可獲得賠償，依此系爭美國法院確定判決效力應及於伊」等語（見原審更字卷 66、67 頁，97、98 頁）；似係主張系爭美國法院判決係其依猶它州法律規定，以沙德蘭公司名義起訴，並經法院認定其有此項權利；倘係如此，則依美國法律規定，上訴人是否爲該判決當事人或爲該判決效力所及之人，其得否以自己名義請求強制執行，自有調查澄清之必要。原審未予斟酌審認，已嫌疏略。且原審謂沙德蘭公司與上訴人訂立之代位求償契約，實係沙德蘭公司將其對被上訴人之債權讓與上訴人，依我國涉外民事法律適用法第 7 條規定，應依美國法律有關規定爲其準據法云云；惟原審僅依美國普通法第 323 條規定，認對被上訴人發生債權讓與之效力，至於其效力爲何，並未查明；又原審認定該代位求償契約係沙德蘭公司將其對於被上訴人於該判決中所享有之全部權利讓與上訴人，並約定得由上訴人代位請求、執行及收取，則依其契約內容，是否僅生債權讓與之效力，亦非無疑。是上訴人與沙德蘭公司訂立上述內容之代位求償契約，依美國法律，究生何效力，上訴人是否因而爲該判決效力所及之人，得以自己名義請求准予強制執行，自待研求。原審徒以上訴人未能證明美國法有類似我國民事訴訟法第 401 條第 1 項之規定，即認上訴人不得提起本件訴訟，而爲其不利之判斷，即屬可議。上訴論旨，求予廢棄原判決，非無理由。

據上論結，本件上訴爲有理由。依民事訴訟法第 477 條第 1 項、第 478 條第 2 項，判決如主文。

中　華　民　國　92　年　9　月　19　日

最高法院民事第八庭

審判長法官　吳啓賓

法官　高孟焄

法官　謝正勝

法官　蘇達志

法官　沈方維

　　一、本件判決係關於強制執行法第4條之1之當事人適格問題。按強制執行法第4條之1規定：「依外國法院確定判決聲請強制執行者，以該判決無民事訴訟法第402條各款情形之一，並經中華民國法院以判決宣示許可其執行者爲限，得爲強制執行。前項請求許可執行之訴，由債務人住所地之法院管轄。債務人於中華民國無住所者，由執行標的物所在地或應爲執行行爲地之法院管轄。」其原告通常爲外國法院民事確定判決之原告。被告則爲外國法院民事確定判決之被告。

　　二、本件比較特別之處在於旅行家保險公司在美國以其被保險人沙德蘭公司名義起訴，獲得勝訴判決之後，再以自己名義在中華民國提起本件宣告許可執行之訴，因而衍生當事人適格與否之問題。

【案例2】

最高法院民事判決　　92年度台上字第985號

　　上　訴　人　啓順華鋼鐵廠股份有限公司（Chi shun Hua Steel）

　　法定代理人　王敬偉

　　訴訟代理人　劉貞鳳律師

　　被上訴人　Shippex Inc.

　　法定代理人　Dr. Hans Rudolf Staiger

　　訴訟代理人　林昇格律師

　　右當事人間請求外國法院確定判決准予強制執行事件，上訴人對於中華民國90年5月29日台灣高等法院高雄分院第二審判決（90年度重上字第25

號），提起上訴，本院判決如左：

主　文

上訴駁回。

第三審訴訟費用由上訴人負擔。

理　由

本件被上訴人主張：上訴人於西元 1987 年 10 月 12 日與伊訂立船舶買賣契約，買受伊所有之「Playa Blanca」輪船。因上訴人事後拒不給付買賣價金，致伊受有將該船舶轉售第三人之價格損失，伊乃於英國法院訴請上訴人賠償損害，上訴人於收受訴狀後亦委請英國律師提出答辯暨反訴狀。嗣該案經英國高等法院女皇座庭商事法庭（the High Court of Justice, Queen's Bench Division, Commercial Court）於 1994 年 11 月 8 日作成第 1988 FOLIO 1894 號終局判決（下稱系爭英國判決）其主文爲：「被告（上訴人）應給付原告（被上訴人）美金一百二十六萬三千一百一十九元一角三分，此金額包含：本金美金六十八萬三千九百五十三元五角三分。依 1981 年最高法院法案第三五 A 節所能請求之利息，即 1988 年 6 月 15 日至 1993 年 3 月 31 日依年利率百分之 15 計算之利息（每日美金二百八十一元一角，計一七四九天），共計美金四十九萬一千六百四十三元九角。　依 1981 年最高法院法案第三五 A 節所能請求之利息，即 1993 年 4 月 1 日迄今依年利率百分之八計算之利息（每日美金一百四十九元一角，計五八七天），共計美金八萬七千五百二十一元七角，及含稅律師費」。該判決既已確定，且無民事訴訟法第 402 條各款所定我國不認其效力之情形，爰求爲准許系爭英國判決得爲強制執行之判決。

上訴人則以：伊已於民國 89 年 5 月 6 日依法聲報清算終結，經台灣高雄地方法院（下稱高雄地院）准予備查而使原有之法人人格消滅，自無當事人能力。況我國與英國並無相互承認法院之判決，該英國法院以未經伊簽署之協議備忘錄爲據，判決伊需負違約責任，又未將判決送達於伊，顯與我國法制、交易習慣及國民之法律情感不符，均有背於公序良俗，亦應不認系爭英國判決之效力等語，資爲抗辯。

原審斟酌全辯論意旨及調查證據之結果，以：按解散之公司於清算範圍內，視爲尚未解散，公司法第 25 條定有明文。上訴人業經股東會議決議解散，並向高雄地院聲報清算終結獲准備查，固係事實，然因上訴人於清算時，

未依公司法第 327 條、第 334 條準用第 84 條、第 90 條第 1 項之規定，將已知之被上訴人系爭英國判決債權列入債權金額或提存於法院並通知被上訴人，卻遽將公司財產分配於股東，顯未依相關規定辦理清算，於系爭英國判決所載之債務範圍內，應認不生清算完結之效果，其法人人格即屬仍然存續。至清算人向法院聲報清算完結，不過為備案性質，不因法院准予備案遽認其法人人格當然消滅。次查英國高等法院於 1996 年曾於裁定中承認我國台灣高等法院高雄分院及最高法院判決之效力，雖該判決係屬仲裁事件，但國際相互承認法院判決之精神乃在國際間基於互惠原則相互承認他方司法權，殊無限定必為實體之訴訟判決，況該仲裁事件係經訴訟程序而由我國台灣高等法院高雄分院及最高法院分別裁判後始經英國法院裁定承認，亦足認我國與英國間相互承認他方之確定判決。再按民事訴訟法第 402 條第 3 款所規定外國法院之判決，有背於公共秩序或善良風俗者，係指外國法院判決所宣告之法律上效果或宣告法律效果所依據之原因，違反我國社會一般利益及道德觀念而言。系爭英國判決命上訴人就債務不履行及侵權行為負損害賠償責任，給付被上訴人賠償金，其所宣告之法律上效果所命被上訴人應給付之賠償金，並無違反我國社會一般利益及道德觀念。該判決所宣告法律上效果所依據之原因，即其基礎事實係本於被上訴人所提出之協議備忘錄等書面內容及相關證據，而認定被上訴人主張上訴人有違反契約為可取，不採信上訴人之抗辯。則兩造間有無契約存在所涉及實體上之認定，應係證據取捨所得心證之問題，亦無違反社會一般利益或道德觀念可言。縱系爭英國判決確未送達於上訴人，然上訴人既曾於該訴訟進行中，委任律師代理應訴答辯，即非無訴訟之權利，已難謂其訴訟權未受保障；且英國法院未將系爭判決送達上訴人，仍依該國訴訟程序之規定，認定該判決確定，此與我國公共秩序或善良風俗無關。從而系爭英國判決既無民事訴訟法第 402 條所定各款情形，被上訴人依強制執行法第 4 條之 1 第 1 項及民事訴訟法第 402 條之規定，請求宣告許可在我國准予強制執行，於法有據，應予准許。為原審心證之所由得，因而維持第一審所為被上訴人勝訴之判決，即准許系爭英國判決強制執行，駁回上訴人之上訴，於法洵無違誤。

按依民事訴訟法第 402 條之立法體例，係以外國法院之確定判決在我國認其具有效力為原則，如有該條各款情形之一者，始例外不認其效力。此與強制執行法第 4 條之 1 第 1 項規定依外國法院確定判決聲請強制執行者，以該判決無民事訴訟法第 402 條各款情形之一，並經中華民國法院以判決宣示許可其執行者為限，得為強制執行，乃為外國法院確定判決在我國取得執行力、得由

我國法院據以強制執行之要件規定尚有區別。至於該外國法院確定判決之確定力，仍應依該國相關之程序規定為斷，不以由我國法院依我國程序相關規定判決賦與為必要。本件系爭英國判決既於西元 1994 年（民國 83 年）11 月 8 日宣示，依該國相關程序規定，該判決因上訴人未提起上訴，已告確定，而上訴人係於民國 89 年 5 月 23 日始向台灣高雄地方法院聲報清算終結，為原審合法認定之事實，則上訴人為清算時，就其對於被上訴人負有系爭英國判決所宣示之確定債務，竟未依公司法第 327 條、第 334 條準用同法第 84 條、第 90 條第 1 項之規定，由清算人清償該債務，並通知被上訴人，原審據以認定上訴人之清算程序尚未終結，其法人人格並未消滅，於法即無不合。且系爭英國判決未經送達於上訴人而告確定，既無背於該國相關程序規定而未侵害上訴人之訴訟權利，尤難謂原審認定與公序良俗無關一節有何可議之處。次按我國是否不認外國法院確定判決之效力，應以該外國法院確定判決有無民事訴訟法第 402 條所列各款情形為認定標準，並非就同一事件更為審判，故外國法院認定事實或適用法規是否無瑕，自不在審認是否不認其判決效力之範圍。上訴人抗辯系爭英國判決認定其應負違約責任之協議備忘錄，未經其簽名，應不生效云云，應屬該判決認定事實及適用法規之職權行使，原審本此見解為上訴人敗訴之判決，核無違背法令之情形。此外，海商法第 8 條有關讓與船舶所有權或應有部分應作成書面之規定，係指物權契約而言，不包括船舶買賣之債權契約在內。上訴人抗辯系爭英國判決違反海商法第八條之強制規定，應認有背於我國公共秩序，仍無足取。上訴論旨，指摘原判決為不當，聲明廢棄，不能認為有理由。又上訴人登記之公司名稱為「啓順華鋼鐵廠股份有限公司」，有經濟部公司變更登記事項卡可稽（見一審卷 52 頁），兩造亦均以該名稱起訴及應訴，乃第一審及原審判決均將之誤載為「啓順華鋼廠股份有限公司」，此項顯然錯誤，應由各該法院裁定更正之，併此指明。

　　據上論結，本件上訴為無理由。依民事訴訟法第 481 條、第 449 條第 1 項、第 78 條，判決如主文。

中　　華　　民　　國　　92　　年　　5　　月　　15　　日

最高法院民事第七庭

審判長法官　蘇茂秋

法官　徐璧湖

法官　朱建男

法官　蘇達志

法官　沈方維

一、本件判決旨在闡明所謂形式審查說之觀點。

「我國是否不認外國法院確定判決之效力，應以該外國法院確定判決有無民事訴訟法第 402 條所列各款情形爲認定標準，並非就同一事件更爲審判，故外國法院認定事實或適用法規是否無瑕，自不在審認是否不認其判決效力之範圍。」

二、其次，關於外國法院確定判決之確定力，「至於該外國法院確定判決之確定力，仍應依該國相關之程序規定爲斷，不以由我國法院依我程序相關規定判決賦與爲必要。」

「系爭英國判決未經送達於上訴人而告確定，既無背於該國相關程序規定而未侵害上訴人之訴訟權利，尤難謂原審認定與公序良俗無關一節有何可議之處。」認外國法院即使最後未送達該外國法院判決，依該外國法律規定，如該外國法院判決得以確定，亦應認該外國法院判決確定，且不違反我國之公序良俗。

【案例 3】

最高法院民事判決　　89 年度台上字第 1231 號

上 訴 人　王莉玲

被上訴人　練鎧境（Alexander Barlian）

右當事人間請求確認婚姻關係不成立事件，上訴人對於中華民國 88 年 2 月 1 日台灣高等法院第二審判決（87 年度家上字第 108 號），提起上訴，本院判決如左：

主　文

原判決廢棄，發回台灣高等法院。

理　由

本件被上訴人主張：兩造曾於民國 78 年 9 月 7 日簽署結婚證書，惟未舉

行結婚之公開儀式，故兩造之婚姻不成立；且上訴人曾於 72 年 1 月 1 日與美國人 David Charak 結婚，嗣上訴人在多明尼加國訴請離婚，該離婚判決違反我國民事訴訟法第 402 條之規定，在我國應不生效力，是兩造之婚姻係屬重婚，顯然無效等情。求為確認兩造間婚姻關係不成立之判決。

　　上訴人則以：兩造除簽署結婚證書外，尚舉行宴客之公開儀式，已生結婚之效力，而被上訴人並未舉證伊與美國人 David Charak 結婚之事實，況縱使伊與美國人 David Charak 有結婚之事實，亦已取得之多明尼加國離婚判決係被上訴人教導伊所為，並已為美國承認，該離婚判決已生效，不生重婚問題等語。資為抗辯。

　　原審以：兩造於 78 年 9 月 7 日除簽署結婚證書外，並在台北市敦化南路之蓮園餐廳席開二桌宴請親友之事實，業據上訴人提出結婚證書及宴客錄影帶為憑。又經證人詹惠娟、王豫民、王茨玲於第一審證稱，兩造除拍攝結婚照外，並曾在蓮園餐廳宴客兩桌，昭告親友，當天到場者均知二人係結婚宴客，並有敬酒、喝交杯酒，兩造均係再婚，故不要把場面弄大等語；復經勘驗錄影帶無訛，有筆錄附卷可稽。可見兩造宴客是日確已向在場之親友表達結婚之意，且宴客地點係在餐廳之公共場所，並有敬酒、喝交杯酒之情事，足使不特定人認識係一喜宴。是被上訴人主張，兩造之婚禮未達公開儀式云云，並不足採。次查，上訴人於第一審提出多明尼加國法院之伊與訴外人 David Charak 之離婚判決，自可引為上訴人與訴外人 David Charak 之前婚姻存在之佐證。惟依民事訴訟法第 402 條規定：「外國法院之確定判決，有左列各款情形之一者不認其效力：一、依中華民國之法律，外國法院無管轄權者。……」。上開離婚判決既為判決之一種，自在該條適用範圍內。按婚姻無效或撤銷婚姻，與確認婚姻成立或不成立及離婚或夫妻同居之訴，專屬夫妻住所地或夫、妻死亡時住所地之法院管轄，但訴之原因事實發生於夫或妻之居所地者，得由各該居所地之法院管轄，同法第 568 條第 1 項前段定有明文，可見我國法院是否承認外國法院之確定判決，悉依同法第 402 條為準據，而與婚姻當事人之國籍等並無關連。依上訴人提出之上開離婚判決可知，上訴人係於西元 1988 年向多明尼加國法院以與 David Charak 個性不和為由訴請離婚，上訴人當時住所與居所非為多明尼加國，David Charak 之住居所不明而並非在多明尼加國，上訴人與 David Charak 二人亦從未住居於多明尼加國，因此離婚之原因事實亦不發生於多明尼加國，依同法第 568 條之規定，多明尼加國法院就上訴人與 David Charak 間之離婚事件並無管轄權。該多明尼加國法院之離婚判決有同法第 402

條第 1 款所定不爲我國法院承認之原因。縱屬上訴人之美國護照姓名由 Lisa Charak 改爲 Lisa Wang，其時間雖與上訴人前婚姻關係存續與否可能相關；或上訴人所主張之美國業已承認該判決爲可採，亦不表示我國法院可置民事訴訟法第 402 條於不顧，亦需承認該多明尼加國法院離婚判決。綜上所述，被上訴人主張，上訴人之前婚姻關係尚未消滅爲可採。則上訴人於前婚姻關係尚未消滅前與被上訴人結婚爲重婚，依據民法第 985 條之規定兩造之後婚姻爲無效，被上訴人請求確認兩造婚姻關係不存在，於法有據。因而將第一審所爲被上訴人敗訴之判決廢棄，改判確認兩造之婚姻關係不存在。

惟查，原審認定上訴人有重婚之事實，係以上訴人與美國人 David Charak 於 72 年間在美國之結婚爲一合法之婚姻爲依據。則上訴人之上開婚姻，經多明尼加國之離婚判決後，是否影響其在美國既有婚姻之效力，似非依我國法律所能認定，而當時倘上訴人亦有美國籍，其以美國人 David Charak 爲被告提起離婚之訴，是否依我國民事訴訟法第 568 條之規定定其管轄法院，不無疑問，進而有無同法第 402 條之適用，自有研求之必要。原審依民事訴訟法第 402 條之規定，無從承認多明尼加國離婚判決之效力，遽以認定上訴人有重婚之事實，爲上訴人不利之判決，尚嫌速斷。上訴論旨，指摘原判決不當，求予廢棄，非無理由。

據上論結，本件上訴爲有理由，依民事訴訟法第 477 條第 1 項、第 478 條第 1 項，判決如主文。

中　　華　　民　　國　　89　年　　5　月　　26　　日

最高法院民事第三庭

審判長法官　范秉閣

法官　朱建男

法官　許澍林

法官　鄭玉山

法官　許朝雄

本件判決王莉玲與練鎧境之婚姻是否因重婚而無效，涉及王莉玲與其前夫 David Charak 於多明尼加法院之離婚確定判決是否可獲得中華民國法院之承

認。關鍵在於多明尼加法院就該離婚是否有一般管轄權。「原審認定上訴人有重婚之事實，係以上訴人與美國人 David Charak 於 72 年間在美國之結婚爲一合法之婚姻爲依據。則上訴人之上開婚姻，經多明尼加國之離婚判決後，是否影響其在美國既有婚姻之效力，似非依我國法律所能認定，而當時倘上訴人亦有美國籍，其以美國人 David Charak 爲被告提起離婚之訴，是否依我國民事訴訟法第 568 條之規定定其管轄法院，不無疑問？」

【案例 4】

最高法院民事判決　　89 年度台上字第 1118 號

上　訴　人　信商有限公司

兼法定代理人　林信一

被　上　訴　人　太平洋楓葉股份有限公司

兼法定代理人　許勁甫

共　　　　同

訴訟代理人　陳明暉律師

右當事人間債務人異議之訴事件，上訴人對於中華民國 87 年 12 月 31 日台灣高等法院第二審判決（87 年度上字第 122 號），提起上訴，本院判決如左：

主　文

上訴駁回。

第三審訴訟費用由上訴人負擔。

理　由

本件上訴人起訴主張：兩造間始終未有 1991 年第 X635027 號之外國判決，被上訴人所提出之外國判決，均爲 1992 年所爲，是縱被上訴人取得我國法院之確定判決在案，但該判決據以准予強制執行之外國判決始終不存在，則台灣台北地方法院（下稱台北地院）85 年度執字第 955 號之強制執行程序，以一不存在之外國判決之本國確定判決作爲其執行名義，即有可議，是本件強制執行程序顯有違誤。又外國判決所認定之侵權行爲時間爲 1988 年 6 月 17 日，而被上訴人係於 1991 年向該國法院提起訴訟。被上訴人許勁甫既主張伊

使用暴力，則其於伊行爲當時即已明知賠償義務人，是其主張之上開侵權行爲損害賠償請求權，依我國民法之規定，顯已罹於時效。況許勁甫因積欠伊債務，乃開立四張美金三十一萬元之支票，是伊得以此美金票款主張抵銷。且因上訴人信商有限公司（以下簡稱信商公司）與被上訴人太平洋楓葉股份有限公司（以下簡稱太平洋公司）間有商務往來，太平洋公司尚積欠信商公司計美金二十二萬九千一百三十五點八三元之貨款，是伊得本此貨款債權主張抵銷等情，爰依強制執行法第 14 條規定，求爲撤銷台北地院 85 年度執字第 955 號清償債務強制執行事件所爲之強制執行程序之判決。

被上訴人則以：兩造間侵權行爲事件發生於 1990 年 6 月 17 日，伊隨即於美國法院受理上訴人訴請伊清償債務之訴訟事件中提起反訴，爲侵權行爲損害賠償之主張，該訴訟事件經美國加利福尼亞州橙縣高等法院 1991 年 X635027 號民事事件判決伊勝訴確定在案，足證伊之損害賠償請求權並未罹於時效。上訴人所稱四張美金共三十一萬元之支票，乃上訴人林信一夥同其友人以非法方法剝奪許勁甫之行動自由，共同逼迫許勁甫簽發，此事實非但爲美國加利福尼亞州橙縣高等法院 1991 年 X635027 號民事確定判決所認定，且經我國法院判處林信一 4 月有期徒刑確定在案，依據票據法第 14 條之規定，上訴人不得享有票據上之權利，自不得行使抵銷權。又上訴人早於美國加利福尼亞州橙縣高等法院受理其訴請伊清償債務事件中主張伊積欠其貨款美金二十二萬九千一百三十五點八三元之請求，惟因其於審判期間始終無法提出證據以實其說。因此，該法院判定上訴人對伊是項積欠貨款請求指控不能成立，足證伊並未積欠上訴人貨款美金二十二萬九千一百三十五點八三元，上訴人提起本訴自無理由等語，資爲抗辯。

原審斟酌的全辯論意旨及調查證據之結果以：按依外國法院確定判決聲請強制執行者，以該判決無民事訴訟法第 402 條各款情形之一，並經中華民國法院以判決宣示許可其執行者爲限得爲強制執行，強制執行法第 4 條之 1 第 1 項（民國 85 年 10 月 9 日修正前爲第 42 條）定有明文。查系爭外國法院判決，其案號爲美國加利福尼亞州橙縣高等法院 1991 年 X635027 號，業經被上訴人依法持向我國法院訴請准予宣示該判決得爲強制執行，經判決准許確定等情，此有台北地院 82 年度訴字第 688 號、原審 82 年度上字第 1058 號及最高法院 84 年度台上字第 2534 號民事確定判決可稽，被上訴人因持以向台北地院聲請強制執行請求上訴人給付美金十一萬九千三百九十三元及費用。該法院業以 85 年度執字第 955 號清償債務強制執行事件強制執行在案，爲兩造所不爭執。

是被上訴人據上開外國法院之確定判決及經我國法院宣示准予強制執行之確定判決為執行名義聲請強制執行，依法有據。次查執行名義成立後如有消滅或妨礙債權人請求之事由發生，債務人始得於強制執行程序終結前，向執行法院對債權人提起異議之訴，如以裁判為執行名義時，其為異議原因之事實發生在前訴訟言詞辯論終結後者，亦得主張之，此觀強制執行法第14條第1項之規定甚明，是債務人提起異議之訴，必其所主張消滅或妨礙債權人請求之事由係發生於執行名義成立後或訴訟言詞辯論終結之後者始得為之，若其主張之上開事由於執行名義成立前或訴訟言詞辯論終結前即已存在，縱為執行名義之裁判或有不當，亦非異議之訴所能救濟。且所指消滅或防礙債權人請求之事由，亦不包括於執行名義成立前已發生而繼續存在於執行名義成立後之情形在內。兩造間侵權行為事件發生於1990年6月17日，被上訴人隨即於美國法院受理上訴人訴請被上訴人清償債務之事件中提起反訴，為侵權行為損害賠償之主張，該訴訟事件既經美國法院判決被上訴人勝訴確定，並經我國法院以判決宣示准予強制執行在案，上開強制執行事件乃被上訴人依該執行名義所為之強制執行之事件，上訴人仍執上開執行名義成立前已為抗辯之美金共三十一萬元之支票債權及美金二十二萬九千一百三十五點八三元貨款債權對被上訴人主張抵銷，並據以提起本件異議之訴，請求重新審理上開債權確實存在，均非可取。又查被上訴人於前開美國法院受理上訴人訴請被上訴人清償債務之事件中提起反訴為侵權行為損害賠償之主張，距侵權行為發生之1990年6月17日尚未逾消滅時效期間，上訴人仍抗辯被上訴人之請求權已罹於時效而消滅云云，亦無可取。此外上訴人亦未舉證證明於執行名義成立後有何消滅或妨礙債權人即被上訴人請求給付上開執行名義所示之金額，其依強制執行法第14條第1項之規定提起債務人異議之訴，於法無據，為其心證所由得，復說明上訴人其他主張之取捨意見及不必再予審酌之理由。爰維持第一審所為上訴人敗訴判決，駁回其上訴，經核於法洵無違誤。按我國法院是否承認外國法院判決之效力，應以該外國法院判決有無民事訴訟法第402條所列各款情形，為認定之標準，並非就同一事件重為審判，故對外國法院認定事實或適用法規是否無瑕，不得再行審認。上訴人主張抵銷之債權既已於美國加利福尼亞州橙縣高等法院1991年X635027號民事訴訟程序中已存在並為主張，而為該法院所不採，上訴人再為主張已無可取，且與強制執行法第14條所規定之執行名義成立後所發生之消滅或防礙債權人請求之事由不符。次查被上訴人侵權行為之損害賠償請求權，並未罹於時效而消滅，原審業於判決理由欄說明其取捨依據，上訴人仍執以爭論，自無可取。此外，上訴論旨復就原審取捨證據、認定事實之職權行使，指

摘原判決不當,聲明廢棄,難認有理由。

　　據上論結,本件上訴為無理由。依民事訴訟法第 481 條、第 449 條第 1 項、第 78 條,判決如主文。

中　　華　　民　　國　　89　　年　　5　　月　　12　　日

最高法院民事第七庭

審判長法官　吳正一

法官　謝正勝

法官　劉福來

法官　高孟焄

法官　徐璧湖

　　本件係強制執行法上之債務人異議之訴。被上訴人持美國法院之判決經我國法院宣示許可之後,對於上訴人為強制執行,上訴人乃提起本件債務人異議之訴。

　　最高法院仍堅持形式審查說之觀點。「按我國法院是否承認外國法院判決之效力,應以該外國法院判決有無民事訴訟法第 402 條所列各款情形,為認定之標準,並非就同一事件重為審判,故對外國法院認定事實或適用法規是否無瑕,不得再行審認。」

　　「執行名義成立後如有消滅或妨礙債權人請求之事由發生,債務人始得於強制執行程序終結前,向執行法院對債權人提起異議之訴,如以裁判為執行名義時,其為異議原因之事實發生在前訴訟言詞辯論終結後者,亦得主張之,此觀強制執行法第 14 條第 1 項之規定甚明,是債務人提起異議之訴,必其所主張消滅或妨礙債權人請求之事由係發生於執行名義成立後或訴訟言詞辯論終結之後者始得為之,若其主張之上開事由於執行名義成立前或訴訟言詞辯論終結前即已存在,縱為執行名義之裁判或有不當,亦非異議之訴所能救濟。且所指消滅或防礙債權人請求之事由,亦不包括於執行名義成立前已發生而繼續存在於執行名義成立後之情形在內。」「上訴人主張抵銷之債權既已於美國加利福尼亞州橙縣高等法院 1991 年 X635027 號民事訴訟程序中已存在並為主張,而為該法院所不採,上訴人再為主張已無可取,且與強制執行法第 14 條所規定

之執行名義成立後所發生之消滅或防礙債權人請求之事由不符。」

「執行名義成立後，如有消滅或妨礙債權人請求之事由發生，債務人得於強制執行程序終結前，向執行法院對債權人提起異議之訴。如以裁判為執行名義時，其為異議原因之事實發生在前訴訟言詞辯論終結後者，亦得主張之。執行名義無確定判決同一之效力者，於執行名義成立前，如有債權不成立或消滅或妨礙債權人請求之事由發生，債務人亦得於強制執行程序終結前提起異議之訴。」強制執行法第 14 條規定甚明。依此規定，債務人異議之訴之異議事由，如係法院裁判具有既判力之執行名義，以既判力基準時之後所發生者為限。如係不具有既判力之執行名義，則不以執行名義成立後所發生者為限。本件，最高法院引用強制執行法第 14 條第 1 項，係認為外國法院民事確定判決之既判力，因此，債務人異議之訴之事由，限於外國法院民事確定判決既判力基準時之後所發生者，始得提起債務人異議之訴。

【案例 5】

最高法院民事判決　　87 年度台上字第 1672 號

　　上　訴　人　駱香君

　　送達代收人　李　旦

　　被　上　訴　人　杜振武

右當事人間請求確認婚姻關係存在事件，上訴人對於中華民國 86 年 10 月 21 日台灣高等法院第二審判決（86 年度家上字第 115 號），提起上訴，本院判決如左：

　　主　文

原判決廢棄，發回台灣高等法院。

　　理　由

本件被上訴人主張：兩造於民國 75 年 12 月 5 日結婚後，於 81 年間相偕赴美定居，其間因上訴人離家出走，伊尋覓不著，乃獨自帶同兩造之子女返臺居住。嗣於 85 年 9 月 14 日突接獲上訴人在臺委請之律師寄來美國維吉尼亞州巡迴法院（下稱美國維州法院）離婚確定判決書，經查詢結果，臺北市文山區第二戶政事務所疏於注意，雖已逕依上訴人之申請，准其獨自辦妥離婚登記。然兩造均為我國國民，依法美國維州法院並無管轄權，伊亦未曾至美國維州法

院應訊，該法院復僅以兩造分居一年爲由判決准許兩造離婚，顯有違我國公共秩序及善良風俗，且美國與我國又無國際之相互承認，依民事訴訟法第 402 條規定，應不認該判決之效力，兩造之婚姻關係自仍存在等情，爰求爲確認兩造之婚姻關係存在之判決。

上訴人則以：兩造婚後，被上訴人即經常毆打及污辱伊，伊一直隱忍。81 年 3 月間，被上訴人以其在美國之父罹患癌症需人照顧爲由，強命伊陪同赴美，待至美國後，被上訴人態度非但未改善，抑且變本加厲。伊被折磨達二年之久，終至不堪長期受虐待，暫居他處，並以受不堪同居之虐待等爲由，訴請美國當地法院判准與被上訴人離婚在案。兩造既在美國維吉尼亞州已居住二年以上，美國維州法院認其有「一般管轄權」，即無不妥。該美國維州法院之判決，又未違反我國公序良俗，亦無民事訴訟法第 402 條各款情形，自應肯定其效力等語，資爲抗辯。

原審將第一審所爲被上訴人敗訴之判決廢棄，改判如其所聲明，無非以：查兩造於 75 年 12 月 5 日結婚，並於 84 年 5 月 6 日經美國維州法院判決離婚確定，有上訴人提出之戶籍謄本二件、認證書及美國維州法院離婚確定判決書暨中譯本影本各一件爲證，且爲被上訴人所不爭執，固堪信爲眞實。惟兩造均爲中華民國國民，分別在我國設有戶籍。縱上訴人曾在美國維吉尼亞州居住二年以上，亦無礙其中有中華民國國籍之事實。是民事訴訟法第 568 條第 1 項但書所定就婚姻事件有管轄權之居所地法院，在夫妻兩造均爲中華民國國民之情形，仍應以其在本國之居所地法院爲專屬管轄法院。不能以其外國居所之居所地法院，爲該條但書規定之專屬管轄法院。而該婚姻事件之專屬管轄，當事人又不得合意爲變更，足見本件上訴人於向美國維州法院提起離婚訴訟時，不論被上訴人是否應訴，該美國法院均無專屬管轄權。依民事訴訟法第 402 條第 1 款之規定，即不能認爲該外國法院之確定判決，有其效力。上訴人據以向戶籍機關申請所爲之離婚戶籍登記，自亦不生效力。兩造之婚姻關係既尚屬存在，被上訴人請求予以確認，爲有理由等詞，爲其判斷之基礎。

惟按民事訴訟法第 568 條有關專屬管轄權之規定，若謂僅於國內婚姻事件始有其適用，且該法條第 1 項所稱夫妻之住所地法院或居所地法院，亦僅指我國領域內之當事人住所地或居所地法院，而不及於涉外婚姻事件之管轄或夫妻在國外之住居所地法院。則涉外婚姻事件之管轄權，於民事訴訟法既未規定，涉外民事法律適用法亦乏明文之情形，如夫妻之住所地或其訴之原因事實發生之居所地在外國，或其已廢止國內之住所時，是否仍有強其返回國內進行訴訟

之必要？由其婚姻生活所在地之外國法院爲調查裁判是否更爲便捷，有助於訴訟之進行及形成正確之心證與妥適之裁判，而符合「專屬管轄」之法意？能否謂無民事訴訟法第 568 條第 1 項規定之類推適用，認該夫妻之住所地或居所地之外國法院有管轄權，即有再事研求之餘地。原審既認上訴人居住在美國維吉尼亞州達二年以上，乃疏未進一步查明審認：上訴人所主張離婚之原因事實是否發生於其國外之居所地，或上訴人苟於當時在國內已無住居所，由該外國法院爲管轄是否確與民事訴訟法第 402 條第 1 款及第 568 條第 1 項規定之本旨相違？遽以前揭美國維州法院對本件訴訟無管轄權爲由，認定該法院所爲之確定判決不生效力，而爲上訴人敗訴之判決，尚有可議。上訴論旨，執以指摘原判決不當，求予廢棄，非無理由。

　　據上論結，本件上訴爲有理由。依民事訴訟法第 477 條第 1 項、第 478 條第 1 項，判決如主文。

中　華　民　國　　87　　年　　7　　月　　23　　日

最高法院民事第七庭

審判長法官　蘇茂秋

法官　蘇達志

法官　顏南全

法官　葉賽鶯

法官　李慧兒

　　本件係駱香君持美國法院民事確定判決，經文件認證之後，向我國戶政事務所辦理離婚登記，杜振貳因而提起確認婚姻關係存在之民事訴訟。關鍵即在於我國法院是否承認該美國法院之判決？爭執重點在於民事訴訟法第 402 條第 1 項第 1 款之規定。

　　台灣高等法院認爲：「民事訴訟法第 568 條第 1 項但書所定就婚姻事件有管轄權之居所地法院，在夫妻兩造均爲中華民國國民之情形，仍應以其在本國之居所地法院爲專屬管轄法院。不能以其外國居所之居所地法院，爲該條但書規定之專屬管轄法院。而該婚姻事件之專屬管轄，當事人又不得合意爲變更，足見本件上訴人於向美國維州法院提起離婚訴訟時，不論被上訴人是否應訴，

該美國法院均無專屬管轄權。依民事訴訟法第 402 條第 1 款之規定，即不能認為該外國法院之確定判決，有其效力。」惟最高法院卻認為：

「惟按民事訴訟法第 568 條有關專屬管轄權之規定，若謂僅於國內婚姻事件始有其適用，且該法條第 1 項所稱夫妻之住所地法院或居所地法院，亦僅指我國領域內之當事人住所地或居所地法院，而不及於涉外婚姻事件之管轄或夫妻在國外之住居所地法院。則涉外婚姻事件之管轄權，於民事訴訟法既未規定，涉外民事法律適用法亦乏明文之情形，如夫妻之住所地或其訴之原因事實發生之居所地在外國，或其已廢止國內之住所時，是否仍有強其返回國內進行訴訟之必要？由其婚姻生活所在地之外國法院為調查裁判是否更為便捷，有助於訴訟之進行及形成正確之心證與妥適之裁判，而符合「專屬管轄」之法意？能否謂無民事訴訟法第 568 條第 1 項規定之類推適用，認該夫妻之住所地或居所地之外國法院有管轄權？」

【案例 6】

最高法院 92 年度台上字第 883 號民事判決

上　訴　人　美商麥克羅公司（MICREL, INC., dba MICREL, SEMICON-DUCTOR）

法定代理人　羅伯・巴洛克（Robert J.Barker）

訴訟代理人　轟開國律師

被上訴人　翰門企業股份有限公司

法定代理人　倪集熙

訴訟代理人　羅瑩雪律師

右當事人間請求認可外國法院判決並准予強制執行事件，上訴人對於中華民國 90 年 6 月 26 日台灣高等法院第二審判決（89 年度上字第 1019 號），提起上訴，本院判決如左：

主　文

上訴駁回。

第三審訴訟費用由上訴人負擔。

理　由

本件上訴人主張：伊與被上訴人於西元 1993 年（民國 82 年 8 月 1 日）訂立經銷契約，由被上訴人經銷伊所有積體電路設計產品，被上訴人至西元 1994 年 5 月 9 日止尚積欠伊貨款美金（下同）十二萬四千六百十四元八角二分未付。被上訴人依約應將所欠貨款匯至伊於美國加州舊金山 Bank of West 之存款帳戶，美國加州爲其債務履行地，依我國民事訴訟法第 12 條規定，該州法院有管轄權。伊向美國加利福尼亞州聖他克拉拉縣高級法院（下稱美國法院）訴請被上訴人給付上開貨款，被上訴人已委任美國律師事務所之律師 Dainel H.Qualls, Robbison G.Workman 及 Zino I.Macaluso 爲訴訟代理人，並提出答辯狀向美國法院應訴，爲本案言詞辯論。嗣美國法院於西元 1995 年 9 月 5 日爲簡易判決，命被上訴人如數給付，並加計利息二萬九千八百零四元六角七分及合理律師費與各項費用。於同年 11 月 9 日再以修正判決確定上開簡易判決所載合理律師費及各項費用爲三萬零七百四十四元四角，被上訴人共應給付十八萬五千一百六十三元八角九分。上開美國法院判決並無違反公序良俗，我國與美國間就兩國之判決向有互相承認之情形等情，爰依民事訴訟法第 402 條規定，求爲承認並許可強制執行美國聖他克拉拉縣高級法院於西元 1995 年 9 月 5 日及同年 11 月 9 日，案號爲 CV-740951 號之簡易判決（下稱系爭簡易判決）及法庭修正判決所載「被告應給付原告美金十八萬五千一百六十三元八角九分」（下稱系爭修正判決）之判決。

被上訴人則以：美國民事訴訟採言詞辯論主義，需當事人到庭行言詞辯論始符合應訴，伊雖於西元 1994 年 6 月 29 日收受起訴狀及美國法院之通知書，而於同年 8 月 22 日以書面提出答辯，並於其後委任訴訟代理人參加案件管理會議，惟該等行爲尚非法庭之言詞辯論，不得謂其已應訴。且上開美國法院之通知書中，並無言詞辯論期日等事項之記載，亦與民事訴訟法第 402 條第 2 款但書規定不合，又該項通知書非在美國對伊爲送達，亦非依我國法律協助送達，其送達並不合法。再該美國法院事後寄送予伊之訴訟文件，係以錯誤地址爲送達，伊並未收受，系爭美國判決有民事訴訟法第 402 條第 1、2 款之情形，不應承認等語，資爲抗辯。

原審以：上訴人主張伊向美國法院起訴請求被上訴人給付系爭貨款，經美國法院於西元 1995 年 9 月 5 日以簡易判決判命被上訴人給付本金十二萬四千六百十四元八角二分，及利息二萬九千八百零四元六角七分，另加合理律師費及各項費用。又於同年 11 月 9 日以修正該判決確定上開簡易判決所載合

理律師費及各項費用爲三萬零七百四十四元四角，被上訴人應給付之金額共爲十八萬五千一百六十三元八角九分等情，爲被上訴人所不爭執，並有美國法院判決書、修正判決書、法院書記官聲明書及各該中譯文、應訴答辯狀等件爲證，堪信爲眞實。按外國法院之確定判決，其敗訴之一造，爲中華民國人而未應訴者，不認其效力，民事訴訟法第 402 條第 2 款定有明文。所謂應訴，在採言詞審理主義之外國，需該當事人因應訴曾經到場，採書狀審理主義者，則曾用書狀應訴即爲已足。本件上訴人提出之美國法院通知書僅表明被上訴人應於三十日內以書面提出答辯狀，並未表示嗣後不進行言詞辯論程序。又系爭簡易判決書之首段則載有：「原告暨反訴被告 Micrel Semiconductor 請求作成簡易判決。

於西元 1995 年 9 月 5 日上午 9 時在本院第十六法庭開庭，由 Hon. Richard C. Turrone 擔任審判長，Hopkins & Carley 法律事務所之 Salley A.Reed Esq，代表 Micrel 出庭，本案其他當事人則無任何代表出庭」等語，顯見系爭簡易判決係經美國法院以言詞辯論方式作成。而被上訴人於行言詞辯論之前，雖曾以書面提出答辯，然並未到場參與言詞辯論，依前揭說明，即不符應訴之規定。又被上訴人雖於西元 1995 年 1 月 3 日委託律師參加案件審理會議，惟依美國加州法院規則（Cal Rules of Court）第 212 條 (a) 項規定，案件管理會議僅於符合一定要件下，始由法院依職權或依聲請舉行，非必須採行，與訴訟程序必須踐行言詞辯論之情形不同。且案件管理會議係由律師而非法官主持，且該案件管理會議係於聖荷西（San Jose）舉行，並非在聖他克拉拉縣高級法院舉行，該案件管理會議非爲言詞辯論程序之一部分。被上訴人雖曾委任律師參與前揭案件管理會議，亦不得認爲係應訴。至於民事訴訟法第 402 條第 2 款但書規定，外國確定判決之開始訴訟所需之通知或命令已在該國送達本人，或依中華民國法律上之協助送達者，雖敗訴之一造爲中華民國人而未應訴，亦應承認該判決之效力。其立法意旨在於保護本國人於外國審判中爲攻擊防禦之利益，此等規定，自應從嚴解釋。被上訴人於西元 1994 年 6 月 29 日固收受美國法院之通知書，惟該通知書，係經郵局於我國寄交被上訴人，非經我國法院協助送達，自與上開規定不符。且其後美國法院之通知書係依被上訴人錯誤之地址爲送達，而無法送達予被上訴人，被上訴人並未應訴，與民事訴訟法第 402 條第 2 款規定不符，應不予承認其效力。從而，上訴人求爲承認並許可強制執行系爭簡易判決及系爭修正判決，不應准許，爲其心證之理由。因而維持第一審所爲上訴人敗訴判決，駁回其上訴，經核於法並無不合。

　　按民事訴訟法第 402 條之立法本旨，在確保我國民於外國訴訟程序中，其訴訟權益獲得保障。所謂「應訴」應以被告之實質防禦權是否獲得充分保障行使爲斷。倘若被告所參與之程序或所爲之各項行爲與訴訟防禦權之行使無涉，自不宜視之爲「應訴」之行爲。原審既認系爭簡易判決美國法院之審理程序，採言詞辯論程序，被上訴人並未受合法之通知，且於言詞辯論期日亦未到場。則被上訴人未於言詞辯論時以言詞實質行使其防禦權，自難謂爲「應訴」。原審本此見解，認被上訴人未應訴，而就系爭美國簡易判決否准承認，並不許可強制執行，核無違背法令。上訴論旨，指摘原判決不當，聲明廢棄，不能認爲有理由。

　　據上論結，本件上訴爲無理由。依民事訴訟法第 481 條、第 449 條第 1 項、第 78 條，判決如主文。

中　　華　　民　　國　　92　　年　　5　　月　　1　　日

最高法院民事第五庭

審判長法官　朱錦娟

法官　顏南全

法官　許澍林

法官　葉勝利

法官　劉福來

　　本件係強制執行法第 4 條之 1 之宣示許可執行之訴，其要件爲不得有民事訴訟法第 402 條第 1 項所定各款情形之一。

　　「外國法院之確定判決，有下列各款情形之一者，不認其效力：一、依中華民國之法律，外國法院無管轄權者。二、敗訴之被告未應訴者。但開始訴訟之通知或命令已於相當時期在該國合法送達，或依中華民國法律上之協助送達者，不在此限。三、判決之內容或訴訟程序，有背中華民國之公共秩序或善良風俗者。四、無相互之承認者。」

　　台灣高等法院與最高法院法院主要在闡述「合法送達」、「應訴」之概念。

台灣高等法院

「所謂應訴，在採言詞審理主義之外國，需該當事人因應訴曾經到場，採書狀審理主義者，則曾用書狀應訴即爲已足。」案件管理會議僅於符合一定要件下，始由法院依職權或依聲請舉行，非必須採行，與訴訟程序必須踐行言詞辯論之情形不同。且案件管理會議係由律師而非法官主持，且該案件管理會議係於聖荷西（San Jose）舉行，並非在聖他克拉拉縣高級法院舉行，該案件管理會議非爲言詞辯論程序之一部分。被上訴人雖曾委任律師參與前揭案件管理會議，亦不得認爲係應訴。

本件上訴人提出之美國法院通知書僅表明被上訴人應於三十日內以書面提出答辯狀，並未表示嗣後不進行言詞辯論程序。系爭簡易判決係經美國法院以言詞辯論方式作成。而被上訴人於行言詞辯論之前，雖曾以書面提出答辯，然並未到場參與言詞辯論，依前揭說明，即不符應訴之規定。

被上訴人於西元 1994 年 6 月 29 日固收受美國法院之通知書，惟該通知書，係經郵局於我國寄交被上訴人，非經我國法院協助送達，自與上開規定不符。且其後美國法院之通知書係依被上訴人錯誤之地址爲送達，而無法送達予被上訴人，被上訴人並未應訴，與民事訴訟法第 402 條第 2 款規定不符，應不予承認其效力。

最高法院

所謂「應訴」應以被告之實質防禦權是否獲得充分保障行使爲斷。倘若被告所參與之程序或所爲之各項行爲與訴訟防禦權之行使無涉，自不宜視之爲「應訴」之行爲。原審既認系爭簡易判決美國法院之審理程序，採言詞辯論程序，被上訴人並未受合法之通知，且於言詞辯論期日亦未到場。則被上訴人未於言詞辯論時以言詞實質行使其防禦權，自難謂爲「應訴」。原審本此見解，認被上訴人未應訴，而就系爭美國簡易判決否准承認，並不許可強制執行，核無違背法令。

【案例 7】

最高法院民事判決　　91 年度台上字第 1924 號

　　上　訴　人　國賓大飯店股份有限公司

　　法定代理人　許淑貞

訴訟代理人　林發立律師

　　　　　　陳信至律師

被 上 訴 人　林武源

　　　　　　陳玉雲

右當事人間請求宣告准予強制執行事件，上訴人對於中華民國91年7月3日台灣高等法院第二審判決（91年度重上字第80號）提起上訴，本院判決如左：

主　文

原判決關於駁回上訴人備位聲明之上訴及該訴訟費用部分廢棄，發回台灣高等法院。

其他上訴駁回。

第三審訴訟費用關於駁回上訴部分，由上訴人負擔。

理　由

本件上訴人主張：伊對於被上訴人請求損害賠償事件，前經美國加州洛杉磯郡高等法院，於西元1999年7月9日，以第BC176479號判決，命被上訴人應負擔損害賠償責任確定在案。而依我國民事訴訟法第402條、強制執行法第4條之1第1項規定，該判決經我國法院判決宣示許可後，得爲強制執行。而美國加州洛杉磯郡高等法院判決，並無我國民事訴訟法第402條規定之情形等情。爰本於強制執行法第4條之1第1項規定，先位聲明：求爲命宣示美國加州洛杉磯郡高等法院第BC176479號判決，准予強制執行。此外，伊前另獲美國加州中部地院判決命訴外人黃照雄等應連帶給付伊美金一千八百九十萬元。詎被上訴人與訴外人黃照雄於西元1996年12月13日，基於通謀虛僞之意思表示，將訴外人黃照雄所有坐落美國加州聖加百列市西谷大道225號土地及其上之Sunny Cal汽車旅館之所有權讓與於被上訴人，再由被上訴人擅自將Sunny Cal汽車旅館出賣予善意第三人，因而使善意第三人取得Sunny Cal汽車旅館之所有權，被上訴人受有美金七十四萬三千五百九十九元八分之利益。另訴外人黃照雄與被上訴人，再於西元1999年1月31日，復基於通謀虛僞之意思表示，將訴外人黃照雄所有坐落美國加州聖馬力諾市金司伯羅街2905號之土地，以被上訴人爲受益人設定信託，作爲訴外人黃照雄與被上訴人間不存

在債權之擔保，被上訴人再於西元 1997 年 1 月 31 日，將坐落美國加州聖馬力諾市金司伯羅街 2905 號土地所有權出售，受有美金三十六萬八千七百元八角一分之利益。是被上訴人與訴外人黃照雄共謀，基於無效之通謀虛偽意思表示，受讓訴外人黃照雄之上開不動產，再予出售牟利等不法行為，共受有美金一百十一萬二千二百九十九元八角九分之利益，均損害伊之權益等情。爰本於民法第 179 條、第 184 條、第 185 條之規定，備位聲明：求為命被上訴人連帶給付美金一百十一萬二千二百九十九點八九元，及自西元 1996 年（即民國 85 年）10 月 18 日起算法定遲延利息之判決。（嗣於第二審變更備位聲明為「被上訴人應給付黃照雄美金一百十一萬二千二百九十九點八九元本息，並由上訴人代位受領」經原審裁定駁回其變更之聲明，上訴人對之提起抗告，業經本院認其抗告為有理由，裁定廢棄應由原審更為裁判在案）。

　　被上訴人則以：上訴人提出之美國加州洛杉磯郡高等法院第 BC176479 號判決，不僅伊從未應訴，亦未向伊送達；且該判決書中載明，對伊部分，為一造缺席判決，依我國民事訴訟法第 402 條第 2 款之規定，不應承認其效力。上訴人於上訴理由狀中指稱伊曾於美國加州提起訴訟，起訴狀自稱為加州居民，但該訴訟並非伊提起，伊對該訴訟一無所知，且上訴人僅提出訴狀第一頁，不足以證明該起訴狀之真正及確為伊所為。復依上訴人所提外國判決記載，所謂之處分行為，發生於西元 1997 年 9 月 11 日，則至上訴人提起本件訴訟即民國 89 年亦即西元 2000 年 9 月 13 日，已逾二年短期時效，伊自得拒絕其請求。另伊與他人合夥投資汽車旅館，並為旅館之所有權登記名義人，取得所有權與處分行為，均屬權利之行使，何有不當得利。又不當得利之利益與損害間，必須有因果關係存在，依據該外國判決所述，伊係基於信託關係受託持有汽車旅館之所有權，事後又出售，則該利益依信託關係並非伊享有，亦無不當得利。上訴人縱有損害，與伊之利益間，亦無因果關係，上訴人不得對伊主張不當得利之返還等語。資為抗辯。

　　原審以：上訴人於第一審之備位聲明為：「被告（即被上訴人）應連帶給付原告（即上訴人）美金一百十一萬二千二百九十九點八九元，及自民國 85 年 10 月 18 日起算之法定遲延之利息」。提起上訴後，其備位聲明為：「被上訴人應給付黃照雄美金一百十一萬二千二百九十九點八九元，及自 85 年 10 月 18 日起算之法定遲延利息，並由上訴人代位受領」。上訴人前後二次備位聲明，請求之基礎事實不同，被上訴人復不同意上訴人為此訴之變更，爰另以裁定駁回上訴人變更之備位之訴，並就原訴而為裁判，合先敘明。次查，關

於先位聲明部分：上訴人主張其對於被上訴人請求損害賠償事件，前經美國加州洛杉磯郡高等法院，於西元 1999 年 7 月 9 日，以第 BC176479 號判決，命被上訴人應負擔損害賠償責任確定在案之事實，業據其提出美國加州洛杉磯郡高等法院第 BC176479 號判決認證本、中譯本各一份，亦為被上訴人所自認，依我國強制執行法第 4 條之 1 第 1 項及民事訴訟法第 402 條第 2 款之立法理由之意旨，請求我國法院承認外國法院之確定判決，若該敗訴之一造，為我國籍國民而未應訴者，且開始訴訟所需之通知或命令未在該國送達本人，或依我國法律上之協助送達者，自屬該外國法院未使我國國民知悉訴訟之開始，而諭知敗訴時，自不應承認該外國確定判決之效力。而法條所規定「已在該國送達本人」，依文義解釋，公示送達或補充送達均不適用。本件上訴人請求宣告准許強制執行之美國加州洛杉磯郡高等法院第 BC176479 號判決，係基於未到庭所為之一造辯論判決，此有兩造均不爭執之美國加州洛杉磯郡高等法院第 BC176479 號判決足憑。至美國加州洛杉磯郡高等法院第 BC176479 號判決，於判決前對於被上訴人所為之送達，均係於西元 1997 年即民國 86 年 8 月 27 日，將傳票送達至「225 W.VALLEY BLVD.SAN GABRIEL, CA」，經由「John Doe（亞裔，男性，年約四十歲）」收受，此有上訴人提出之執達員送達報告影本足憑。惟被上訴人均否認曾收受上開傳票，亦否認為美國加州之居民，而居住於「225 W.VALLEY BLVD. SAN GABRIE-L,CA」。第一審法院依職權向內政部警政署入出境管理局，調閱被上訴人之入出境資料和國外住址，以及是否具有外國國籍之相關資料，得知被上訴人二人均曾同於民國 84 年 3 月 2 日入境台灣，於民國 86 年 10 月 8 日出境，再於民國 86 年 10 月 12 日入境。則被上訴人於西元 1997 年即民國 86 年 8 月 27 日，均應係在國內而未出境。且依內政部警政署入出境管理局之回覆，並無從知悉被上訴人林武源、陳玉雲是否在國外設有住居所，以及是否具有外國之國籍，得以持外國護照入出境，此有內政部警政署入出境管理局 90 年 8 月 16 日 90 境信昌字第 046883 號函及所附之被上訴人之入出境資料足證。另美國加州洛杉磯郡高等法院第 BC176479 號判決，亦未依我國之法律，對於被上訴人予以協助送達，亦為兩造所不爭執。則被上訴人抗辯未收受美國加州洛杉磯郡高等法院之送達通知，或知悉該美國加州洛杉磯郡高等法院訴訟之情事，尚非無據。而該外國法院未使我國國民知悉訴訟之開始，即為被上訴人未應訴所為之敗訴判決，自不應承認美國加州洛杉磯郡高等法院第 BC176479 號判決之效力。上訴人另以被上訴人曾於美國加州提起訴訟，起訴狀自稱為加州居民，已獲與加州居民相同之程序保障，應認可本件外國確定判決之效力云云。然查上訴人固提出以被上訴人

名義起訴之訴狀第一頁影本爲證，被上訴人則否認該訴狀爲眞正並否認係其所爲，上訴人就此有利之事實並未舉證以實其說，已非可採。縱該訴狀確係被上訴人所爲，被上訴人於訴狀上自稱爲加州居民是否其陳述爲眞，亦待調查。上訴人執此主張被上訴人爲加州居民，洵非可採。綜上所述，上訴人先位聲明部分，請求宣告美國加州洛杉磯郡高等法院第 BC176479 號判決，准予強制執行，自屬無據，應予駁回。關於備位聲明部分：上訴人僅提出美國加州洛杉磯郡高等法院第 BC176479 號判決，以及訴外人黃照雄於美國加州轉讓坐落美國加州聖加百列市西谷大道 225 號土地所有權於被上訴人之轉讓書爲證，依該等證據實難遽信被上訴人與黃照雄間之所有權移轉登記係屬通謀虛僞意思表示。從而，上訴人根據侵權行爲、不當得利之規定，備位聲明請求被上訴人連帶給付美金一百十一萬二千二百九十九元八角九分及利息，自無理由，不應准許。亦應併駁回之云云。爰將第一審所爲上訴人先位、備位均敗訴之判決予以維持，駁回其上訴。

　　一、關於先位聲明上訴部分：查原審本於上揭理由駁回上訴人該部分之上訴，經核於法洵無違誤。上訴論旨，就原審取捨證據、認定事實之職權行使，指摘原判決關此部分違背法令，求予廢棄，非有理由。

　　二、關於備位聲明上訴部分：查上訴人於第一審起訴，原以被上訴人與第三人黃照雄通謀虛僞意思表示，共謀損害伊之權益，而共同處分黃照雄所有位於美國加州之不動產，則該處分行爲自始無效，被上訴人應依不當得利之規定返還該利益於伊云云，備位聲明求爲命被上訴人應連帶給付上訴人美金一百十一萬二千二百九十九點八九元本息（見一審卷第 24、25 頁），嗣以：被上訴人與黃照雄爲脫免強制執行，乃通謀虛僞意思表示，黃照雄乃移轉 Sunny Cal 汽車旅館所有權於被上訴人，且將金司羅伯不動產信託於被上訴人，被上訴人將之出賣或接受信託受有利益，惟被上訴人與黃照雄上開處分行爲均屬無效，被上訴人應將該利益返還於黃照雄，由上訴人代位受領云云（見一審卷第 97 頁至 98 頁、原審卷第 88 頁至 91 頁），而變更備位聲明爲被上訴人應給付黃照雄美金一百十一萬二千二百九十九點八九元本息，並由上訴人代位受領，惟原審以兩者間基礎事實不同，且被上訴人不同意變更爲由，裁定駁回上訴人備位變更之訴。上訴人不服，提起抗告，業經本院於民國 91 年 9 月 19 日以 91 年度台抗字第 552 號裁定，以兩者證據資料具有共同性，基礎事實相同，而廢棄原審該駁回備位變更之訴之裁定，應由原審更爲裁判在案。則原審猶就上訴人變更前之備位聲明加以裁判，即有未洽。上訴論旨，指摘原判決

關此部分違背法令，求予廢棄，非無理由。

　　據上論結，本件上訴為一部有理由，一部無理由。依民事訴訟法第 481 條、第 449 條第 1 項、第 78 條、第 477 條第 1 項、第 478 條第 1 項，判決如主文。

中　　華　　民　　國　　91　　年　　9　　月　　19　　日

最高法院民事第五庭

審判長法官　　朱錦娟

法官　　顏南全

法官　　蘇達志

法官　　許澍林

法官　　葉勝利

　　本件，先位聲明為許可執行之訴。備位聲明則係依據侵權行為或不當得利之法律關係請求給付金錢。嗣變更為被告應給付訴外人黃照雄，並由原告代為受領。

　　關於先位聲明部分，兩造爭執重點為民事訴訟法第 402 條第 1 項第 2 款之送達程序合法與否。

　　原告「請求依我國強制執行法第 4 條之 1 第 1 項及民事訴訟法第 402 條第 2 款之立法理由之意旨，請求我國法院承認外國法院之確定判決，若該敗訴之一造，為我國籍國民而未應訴者，且開始訴訟所需之通知或命令未在該國送達本人，或依我國法律上之協助送達者，自屬該外國法院未使我國國民知悉訴訟之開始，而諭知敗訴時，自不應承認該外國確定判決之效力。而法條所規定「已在該國送達本人」，依文義解釋，公示送達或補充送達均不適用。法院認為該美國法院之判決在美國之送達程序不合法，且未依「囑託我國法院送達之方式」，送達訴訟程序之通知，因而不承認該美國法院之確定判決，駁回原告宣示許可執行之訴之請求。

【案例 8】

最高法院民事判決　　93 年度台上字第 1943 號

　　上　訴　人　林鴻銘

　　訴訟代理人　林詮勝律師

　　　　　　　　鍾永盛律師

　　　　　　　　邱　鴻律師

　　被 上 訴 人　林秀芬

　　訴訟代理人　尤美女律師

　　右當事人間請求離婚等事件，上訴人對於中華民國 91 年 10 月 8 日台灣高等法院第二審判決（90 年度家上字第 205 號），提起上訴，本院判決如下：

　　主　文

　　上訴駁回。

　　第三審訴訟費用由上訴人負擔。

　　理　由

　　本件上訴人主張：伊於民國 75 年間與被上訴人結婚，育有子林驛駿（78 年 2 月 6 日生）。被上訴人無任何理由長期滯留香港，拒絕履行同居義務，且奢侈浪費，並誣指伊通姦，顯已構成惡意遺棄，及不堪同居之虐待。兩造因上述事由，亦難以維持婚姻，伊自得依民法第 1052 條第 1 項第 3 款、第 5 款及第 2 項規定，請求離婚等情。求為准伊與被上訴人離婚，並命兩造所生之子林驛駿，由伊監護之判決。

　　被上訴人則以：兩造之婚姻業經香港特別行政區區域法院（下稱香港法院）於 89 年 10 月 10 日判決准予離婚確定，上訴人復提起本件訴訟，違反一事不再理原則等語，資爲抗辯。

　　原審以：上訴人爲中華民國人，被上訴人在香港出生、定居，並具有香港永久性居民身分。兩造均取得美國國籍，於 75 年結婚後，同住台灣。被上訴人於 81 年 2 月間遷回香港，82 年 6 月返台與上訴人同住。被上訴人因於 83 年 5 月間擔任中日集團香港公司董事長，兩造遂於香港購置房屋，被上訴人於同年 9 月間攜子遷回香港定居及就學。嗣被上訴人於 87 年 3 月 24 日向香港法

院訴請與上訴人離婚。上訴人於收受法院送達之起訴書後，提出送達認收書，聲明不提出辯護。香港法院乃於 87 年 12 月 7 日作成暫時離婚判決。上訴人於 88 年 1 月 22 日提出關於願支付林驛駿生活及教育費用之聲明書，於 89 年 2 月 6 日提出答辯及宣誓書，並於同年 4 月 15 日與被上訴人共同簽署兒童福利傳喚書，聲明接受法院作成之兒童福利裁定。香港法院遂於 89 年 5 月 2 日作成林驛駿由被上訴人監護，上訴人合理探親權之裁定，再於同年 10 月 11 日作成准兩造離婚之終局確定判決證明書，有戶籍謄本、入出境日期證明書、護照、香港永久性居民身分證、起訴書、送達認收書、聲明書、暫時判決書、判決確定證明書等件在卷可稽。查民事事件，涉及香港或澳門者，類推適用涉外民事法律適用法，涉外民事法律適用法未規定者，適用與民事法律關係最重要牽連關係地法律。又在香港或澳門作成之民事確定裁判，其效力、管轄及得為強制執行之要件，準用民事訴訟法第 402 條及強制執行法第 4 條之 1 之規定，為香港澳門關係條例第 38 條及第 42 條第 1 項所明定。又外國法院之確定判決，有左列各款情形之一者，不認其效力：一、依中華民國之法律，外國法院無管轄權者。二、敗訴之一造，為中華民國人而未應訴者；但開始訴訟所需之通知或命令已在該國送達本人，或依中華民國法律上之協助送達者，不在此限。三、外國法院之判決，有背公共秩序或善良風俗者。四、無國際相互之承認者，修正前民事訴訟法第 402 條定有明文。查涉外民事法律適用法並無關於離婚事件國際管轄權之規定，惟綜合民事訴訟法第 568 條關於離婚事件管轄權之規範意旨及原理，應解為我國就離婚事件之國際管轄權，係以當事人本國法院管轄為原則，輔以住所地法院管轄權及原因事實發生地法院之管轄權。被上訴人具有香港永久性居民身分，且上訴人於被上訴人攜子返港後，尚與之在香港共同賃屋居住，並自認於被上訴人向香港法院提起離婚訴訟前，兩造協議林驛駿在香港受教育，由被上訴人照顧屬實，堪信兩造改以香港為婚姻生活之共同住所，符合民事訴訟法第 568 條第 1 項規定之夫妻住所地之連結因素。且縱認香港僅係兩造之居所地，惟被上訴人向香港法院主張之離婚原因事實，其中關於上訴人對妻兒毫無關愛部分，係兩造婚姻關係存續期間繼續發生之事實，則被上訴人先後在台灣及香港居住，自可解為台灣及香港均為上開原因事實發生地，符合民事訴訟法第 568 條第 1 項但書規定之原因事實發生於夫或妻之居所地之連結因素，香港法院自有國際管轄權。又上訴人於被上訴人在香港提起離婚訴訟中，收受起訴書，提出送達認收書並應訴，經香港法院作成離婚暫時判決，該判決自無修正前民事訴訟法第 402 條第 2 款規定情形。再上訴人除提出聲明書，委任律師應訴，並於香港法院裁定林驛駿暫由被上訴人監護，上訴

人有探親權後,上訴人依法院指示,提出答辯及宣誓書,且與被上訴人共同提出兒童福利傳喚書,聲請法院於兩造同意之條件下作成裁定,嗣香港法院就該部分作成確定裁定時,上訴人雖未出庭,然其已在香港受合法通知而知悉訴訟開始,並參與部分程序,故該確定裁定亦無修正前民事訴訟法第 402 條第 2 款規定情形。香港法院判決兩造離婚,其理由主要為採信被上訴人之主張,認為無法合理期待兩造共同生活,兩造之婚姻已經破裂,無法挽回,與我國民法第 1052 條第 2 項所採婚姻破綻之離婚事由並無衝突。且香港法院依兩造聲請及社會調查報告,裁定由被上訴人監護林驛駿,並酌定上訴人之探親權,客觀上以考量林驛駿本身利益為出發點,兼顧兩造之意願及上訴人之身分法益,與我國民法第 1055 條規定亦無衝突。另香港法院作成該二裁判之訴訟程序,符合當事人地位平等、保障言詞辯論機會等訴訟原理、原則,應認未違反我國司法制度上所認為應實踐之程序正義,而無違背我國之公序良俗。是系爭離婚及監護權裁判亦均無修正前民事訴訟法第 402 條第 3 款規定情形。至同條第 4 款所謂國際相互之承認,非指該國與我國互為國際法上的國家承認或政府承認,而係指法院間相互承認判決的互惠而言。如該外國未明示拒絕承認我國判決之效力,應盡量從寬及主動立於互惠觀點,承認該國判決之效力。香港上訴法院於 87 年 7 月 2 日在 1997 年 178 號判決中,承認台灣台北地方法院所為破字第 18 號、破更字第 54 號裁定之效力;香港終審法院亦於 89 年 1 月 27 日在 Chen Li Hung & Anor v Ti-ng Lei Miao & Ors, 2000-1 HKC 461 判決中指出:台灣法院之判決涉及私權,且承認其效力符合正義之利益、一般通念及法治需求,於主權利益並無妨害,且未牴觸公共政策時,應為香港法院承認之。可見香港法院已承認我國法院之判決,故不得以我國與香港間欠缺承認判決之互惠關係,拒絕承認香港判決之效力。香港法院判決兩造離婚及酌定監護權之確定裁判,既均無修正前民事訴訟法第 402 條各款所列情形,即應自動發生承認之效力,兩造之婚姻關係應已消滅,林驛駿權利義務之行使亦確定由被上訴人任之,上訴人再提起本件離婚及酌定子女監護權訴訟,欠缺權利保護要件。因而廢棄第一審所為上訴人勝訴之判決,改判駁回其訴,並駁回上訴人請求改定監護人之上訴。經核於法並無違背。按涉外婚姻事件之國際管轄權,涉外民事法律適用法未有規定,應類推適用民事訴訟法第 568 條第 1 項規定,認除夫妻之本國法院有國際管轄權外,夫妻住所地之外國法院及訴之原因事實發生地之外國法院,亦有國際管轄權。又民法第 20 條第 2 項關於一人同時不得有兩住所之規定,係指在國內設籍之情形而言,並不禁止在國外亦得有其住所。原審認兩造在香港設有住所,且香港為兩造離婚原因事實之發生地,因認香港法院就兩造離婚

及酌定子女監護權事件有國際管轄權，於法並無不合。再者，民事訴訟法第402條第1項第4款所謂相互之承認，係指司法上之承認而言，並非指國際法上或政治上之承認。而司法上之相互承認，基於國際間司法權相互尊重及禮讓之原則，如外國法院已有具體承認我國判決之事實存在，或客觀上可期待其將來承認我國法院之判決，即可認有相互之承認。原審以香港法院已有承認我國法院判決之事實，因認我國亦應承認香港法院就兩造離婚及酌定子女監護權事件所為之裁判，於法亦無違誤。上訴論旨謂：涉外婚姻事件應以當事人本國法院管轄為優先，且伊於國內已設有戶籍，不得再認伊在香港亦有住所，又香港尚未通案承認我國裁判云云，指摘原判決為不當，求予廢棄，非有理由。

　　據上論結，本件上訴為無理由。依民事訴訟法第481條、第449條第1項、第78條，判決如主文。

中　　華　　民　　國　　93　　年　　9　　月　　23　　日

最高法院民事第二庭

審判長法官　林奇福

法官　陳國禎

法官　李彥文

法官　陳重瑜

法官　劉福聲

　　本件原告在台灣提起本件離婚等訴訟。被告則抗辯兩造業已經香港法院判決離婚，原告之訴違反一事不再理原則。爭執重點在於是否承認香港法院之民事確定判決。

　　涉外民事法律適用法並無關於離婚事件國際管轄權之規定，惟綜合民事訴訟法第568條關於離婚事件管轄權之規範意旨及原理，應解為我國就離婚事件之國際管轄權，係以當事人本國法院管轄為原則，輔以住所地法院管轄權及原因事實發生地法院之管轄權。被上訴人具有香港永久性居民身分，且上訴人於被上訴人攜子返港後，尚與之在香港共同賃屋居住，並自認於被上訴人向香港法院提起離婚訴訟前，兩造協議林驛駿在香港受教育，由被上訴人照顧屬實，堪信兩造改以香港為婚姻生活之共同住所，符合民事訴訟法第568條第1項規

定之夫妻住所地之連結因素。且縱認香港僅係兩造之居所地，惟被上訴人向香港法院主張之離婚原因事實，其中關於上訴人對妻兒毫無關愛部分，係兩造婚姻關係存續期間繼續發生之事實，則被上訴人先後在台灣及香港居住，自可解為台灣及香港均為上開原因事實發生地，符合民事訴訟法第568條第1項但書規定之原因事實發生於夫或妻之居所地之連結因素，香港法院自有國際管轄權。

香港法院判決兩造離婚及酌定監護權之確定裁判，既均無修正前民事訴訟法第402條各款所列情形，即應自動發生承認之效力，兩造之婚姻關係應已消滅，林驛駿權利義務之行使亦確定由被上訴人任之，上訴人再提起本件離婚及酌定子女監護權訴訟，欠缺權利保護要件。因而廢棄第一審所為上訴人勝訴之判決，改判駁回其訴，並駁回上訴人請求改定監護人之上訴。

民事訴訟法第402條第1項第4款所謂相互之承認，係指司法上之承認而言，並非指國際法上或政治上之承認。而司法上之相互承認，基於國際間司法權相互尊重及禮讓之原則，如外國法院已有具體承認我國判決之事實存在，或客觀上可期待其將來承認我國法院之判決，即可認有相互之承認。

【案例9】

最高法院96年度台上字第582號民事判決

上　訴　人　甲○○

訴訟代理人　彭郁欣律師

被 上 訴 人　乙○○

上列當事人間請求宣示許可執行事件，上訴人對於中華民國95年8月1日台灣高等法院第二審判決（95年度重上字第68號），提起上訴，本院判決如下：

主　文

原判決廢棄，發回台灣高等法院。

理　由

本件被上訴人主張：兩造於民國（以下除註明西元外，均同）78年5月間在我國結婚，婚後育有一子朱軔玄，全家於88年間移民紐西蘭，上訴人竟

在紐西蘭動手毆打伊及長子朱軔玄，伊向紐西蘭奧克蘭地方法院（下稱奧克蘭地院）聲請保護令，並請求分居、離婚等訴訟，並請求分配兩造在紐西蘭之財產，就伊請求分配財產訟訟，經奧克蘭地院於西元 2002 年 8 月 2 日判決：除兩造在紐西蘭之房地及動產，在紐西蘭及台灣之汽車應歸伊所有外，上訴人應給付伊紐西蘭幣（下稱紐幣）四十三萬七千七百二十三點六元確定在案，惟上訴人拒絕給付等情，先位聲明求爲：宣示奧克蘭地院於西元 2002 年 8 月 2 日所爲之第 004/995-C01 號民事確定判決（下稱系爭確定判決）所命「上訴人應給付伊紐幣四十三萬七千七百二十三點六元及自判決日起算至清償日止按年息百分之十一計算之利息」，許可在中華民國爲強制執行之判決；備位聲明：求爲命上訴人應給付伊紐幣四十三萬七千七百二十三點六元及自 91 年 8 月 2 日起至清償日止，按年息百分之五計算利息之判決。

上訴人則以：兩造均係在國內設有戶籍之中華民國國民，雖於 88 年間移民紐西蘭，但非紐西蘭公民，兩造嗣於 89 年 9、11 月間先後返回台灣，並改定桃園縣中壢市爲共同住居所，依民事訴訟法第 568 條第 1 項規定，奧克蘭地院就系爭事件並無管轄權；又被上訴人先以即將出租在紐西蘭之房屋，威脅伊前往紐西蘭，再於 90 年 9 月 6 日誘使伊開門，由一陌生男子將法院通知強塞予伊，未經伊簽收，自非合法送達，且其並未載明法院開庭日期及地點，致伊無從知悉何時何地開庭，而未應訴；我國法律不允許夫妻在分居中分析財產，奧克蘭法院以兩造分居爲由，逕行判決分配兩造間之財產，與我國法律規定不符，顯然違背我國公序良俗；我國與紐西蘭兩國間無判決效力之相互承認。依民事訴訟法第 402 條第 1 項之規定，不應承認其效力等語，資爲抗辯。

原審維持第一審所爲上訴人敗訴判決，駁回其上訴，無非以：系爭確定判決係依被上訴人請求就兩造於婚姻關係存續中所取得之在紐西蘭之財產，包括兩造於紐西蘭之房地及動產，及在紐西蘭和台灣之汽車等財產而爲分配，核其性質，與我民法第 1030 條之 1 關於夫妻剩餘財產分配請求權之規定相當。又涉外剩餘財產分配事件之國際管轄權，涉外民事法律適用法未有規定，應類推適用民事訴訟法之規定，而我國民事訴訟法就夫妻剩餘財產分配請求權之訴，並未有管轄之特別規定，雖依民事訴訟法第 572 條第 3 項前段之規定，得與同條第 1 項之訴合併提起，但依同條項後段規定：「其另行起訴者，法院得以裁定移送於訴訟繫屬中之第一審或第二審法院合併裁判」，足見夫妻剩餘財產分配請求權之訴，若未與同條第 1 項之訴合併提起時，仍應適用同法第一條之管轄規定，以被告住所地法院管轄爲原則。又民法第 20 條第 2 項關於一人不得

有兩住所之規定,係指在國內設籍之情形而言,並不禁止在國外亦得有其住所,此觀諸涉外民事法律適用法第 27 條第 2 項針對一人在國內及國外有多數住所之情形,設有準據法衝突之規定即明。兩造於婚姻關係存續期間之 88 年間,已舉家移民紐西蘭,並因符合「二年內住滿一年」之條件,已於 89 年 12 月間取得紐西蘭之永久居留簽證,此後須再符合「三年內住滿二年」之條件,始能取得紐西蘭國籍,徵諸兩造在此期間,除在紐西蘭購置住宅、汽車,並投保醫療保險外,上訴人更為移民紐西蘭後之工作積極鋪路,而於 89 年間進入紐西蘭 AUT 學校護理系就讀,並向紐西蘭政府申請貸款獲准,且於 90 年間申請外國醫師訓練銜接課程,名列候補第三十名,足見兩造為取得紐西蘭之國籍,確有久住紐西蘭之意思及事實,即已設定住所於紐西蘭,雖兩造在尚未取得紐西蘭之國籍前,曾分別於 89 年 8 月間、同年 11 月間先後返回國籍地之中華民國,並分別在私立六和高級工業職業學校、華陽醫院任職工作,然兩造並未改變移民紐西蘭之計畫;且被上訴人嗣於 90 年 6 月間已再度前往紐西蘭,上訴人隨後亦於 90 年 8 月間前往紐西蘭,並於同年 9 月 6 日在兩造於紐西蘭之住所收受訴訟文件,顯見兩造並未廢止彼等在紐西蘭之住所。從而紐西蘭奧克蘭地院對於被上訴人請求上訴人分配財產之上開訴訟,依我國民事訴訟法第一條之規定,即具有管轄權。被上訴人向奧克蘭地院起訴後,即依紐西蘭法律規定通知上訴人,上訴人於 90 年 9 月 6 日在紐西蘭住所親自收受奧克蘭地院之通知後,旋於同年 9 月 18 日離開紐西蘭返回台灣,嗣於同年 11 月 23 日向奧克蘭地院提出敘述性證詞(narrative affidavit),又於同年 11 月 30 日再向該法院提出「對管轄權異議宣誓書(Affidavit in Support of Appearance To Protest To Jurisdiction)」,內載:「…… I was served with the proceedings she filed in New Zealand on 6th September 2001〔我(指上訴人)被送達我太太(指被上訴人)在紐西蘭起訴的訴訟文件是在(西元)2001 年 9 月 6 日〕……」甚明,足見奧克蘭地院確已將開始訴訟之通知,合法送達於上訴人,上訴人知悉有此訴訟,即得進行訴訟上之防禦及抗辯,乃上訴人竟離開紐西蘭返回台灣,致未依奧克蘭地院指定之期日應訴,因而受敗訴判決,究與民事訴訟法第 402 條第 1 項第 2 款前段之規定不符。紐西蘭法院係依該國西元 1976 年財產(婚姻關係)法,以兩造於西元 2001 年 6 月 25 日分居之事實為基礎,在未經判決離婚之前,先就兩造婚姻關係存續中之財產分配,而作成系爭確定判決,稽之我國民法第 1001 但書就夫妻別居設有規定,同法第 1010 第 2 項亦規定夫妻別居六個月以上,法院得依夫妻之請求,宣告改用分別財產制,足見我國法律尚非不承認分居制度。又夫妻長期分居,若因而使婚姻關係出現破綻而難以

繼續維持，夫妻之一方得依我國民法第 1052 條第 2 項之規定，請求法院判決離婚，進而依同法第 1030 條之 1 之規定，請求判決分配剩餘財產，而依民法第 1030 條之 3 第 1 項前段之規定，得請求追加計算離婚前五年內所處分之婚後財產，其結果即與逕就夫妻分居時期財產分析之情形，並無不同；系爭確定判決雖依兩造分居之事實，逕為財產之分析，惟其係採平均分配原則，並參酌雙方經濟上不均等之情形予以調整，此與我國民法第 1030 條之 1 第 1 項、第 2 項之規定並無不符；況兩造間之婚姻嗣業已因分居期滿，終經紐西蘭法院於 92 年 8 月 19 日以命令註銷，俱見系爭確定判決與我國民法規定之精神並無違背。再我國與紐西蘭間雖未簽訂判決相互承認之條約或協定，而我國亦非紐西蘭「（西元）1943 年相互司法判決執行法」及「（西元）1908 年之審判權法」之適用對象，且在現階段紐西蘭法院尚未被具體請求執行我國法院之判決，但依據紐西蘭法院處理執行其他無雙邊關係存在之外國司法判決決定，我國法院之判決或有可能依習慣法被考量執行；在實務上，紐西蘭法院執行外國法院之判決並不需要外國先行認可紐西蘭法院之判決，如何判決仍由紐西蘭法官保留最後裁量權等情，此有外交部 94 年 3 月 29 日外條二字第 09404128740 號函附於台灣高等法院高雄分院 93 年度家上字第 8 號離婚事件卷宗可稽，足見紐西蘭法院並非不得依其習慣法，承認我國法院之判決。參諸該函所附送我國駐紐西蘭代表處電報所載：「……依習慣法執行外國判決：當外國法院判決當事人一方給付一筆錢予具合法權利之另一方，倘具下列要件，紐西蘭法院得准許執行：(I) 依紐西蘭法律，外國法院對債務人具管轄權─如判決中之債務人在訴訟開始時即居住該海外國家，並服從該外國法院之審判或對判決中之債權人提起反訴。(II) 該判決須係給付債務或屬明確之金額數目。(III) 該判決須屬終審並確定之判決。倘所提外國判決符合以上標準，紐法院將視該判決為最後決定（conclusive determination）而不會對該案重新作實質審查；除非發生以下情況，一方當事人得拒絕履行：(a) 該判決係因詐欺而取得；(b) 判決之執行有違紐西蘭公共政策；(c) 獲得該判決所進行之訴訟程序有悖於紐西蘭之善良風俗……」（見一審卷（一）317、318 頁），亦見紐西蘭依其習慣法承認並執行外國確定判決所需具備之要件，與我國民事訴訟法第 402 條第 1 項之規定相類似。準此，客觀上自得認為我國與紐西蘭間存在司法上之相互承認。系爭確定判決既無我國民事訴訟法第 402 條第 1 項第 1 至 4 款所列不應承認之情形，則被上訴人本於強制執行法第 4 條之 1 第 1 項之規定，先位聲明請求宣示系爭紐西蘭確定判決所命上訴人應給付被上訴人紐幣四十三萬七千七百二十三點六元及自判決日起算至清償日止按年息百分之十一算之利息，許可在中華民國為強

制執行，應予准許等詞，為其判決之基礎。

　　惟按民事訴訟法第402條第1項第2款之規定，旨在確保我國人民之訴訟權益，所指應訴自應以被告之實質防禦權是否獲得充分保障為斷。系爭確定判決係於91年8月2日為判決，原審未遑查明為系爭確定判決之奧克蘭地院於90年9月6日送達之文書究為何種訴訟文書？訴訟程序之通知，有無為合法送達？上訴人之實質防禦權是否獲得充分之保障？僅以上訴人在90年9月6日收受奧克蘭地院之通知，及上訴人曾兩次具狀為管轄權之異議，即認合於民事訴訟法第402條第1項第2款但書之規定，尚嫌疏略。又夫妻於婚姻關係存續中以聯合財產制為其夫妻財產制，依民法第1030條之1第1項規定，須於聯合財產關係消滅時，在婚姻關係存續中所取得之現存財產，扣除婚姻關係存續中所負債務後，如有剩餘，始得請求分配其差額。所謂法定財產關係消滅，係指夫或妻一方死亡、離婚、婚姻撤銷或結婚無效或更改其他夫妻財產制而言。我國民法第1001條之規定，僅係夫妻不能同居之抗辯，並非承認分居制度。夫妻分居並非夫妻法定聯合財產制當然消滅之原因，故夫妻分居，夫妻之一方，尚不得請求分配夫妻剩餘財產。系爭確定判決於91年8月2日為判決時，兩造夫妻婚關係倘未消滅，僅在分居狀態，兩造又無更改為其他夫妻財產制而使聯合財產關係消滅，被上訴人即無剩餘財產分配請求權，果爾，上訴人抗辯系爭確定判決有背於公序良俗，即非全無可取，實情究竟如何？原審未遑詳查究明，本件事實尚未臻明瞭，本院無從為法律上之判斷。上訴論旨，指摘原判決不當，求予廢棄，非無理由。

　　據上論結，本件上訴有理由。依民事訴訟法第477條第1項、第478條第2項，判決如主文。

中　　華　　民　　國　　96　　年　　3　　月　　22　　日

最高法院民事第七庭

審判長法官　劉延村

法官　劉福來

法官　黃秀得

法官　吳謀焰

法官　李寶堂

　　本件先位聲明求爲：宣示奧克蘭地院於西元 2002 年 8 月 2 日所爲之第 004/995-C01 號民事確定判決（下稱系爭確定判決）所命「上訴人應給付伊紐幣四十三萬七千七百二十三點六元及自判決日起算至清償日止按年息百分之十一計算之利息」，許可在中華民國爲強制執行之判決；備位聲明：求爲命上訴人應給付伊紐幣四十三萬七千七百二十三點六元及自 91 年 8 月 2 日起至清償日止，按年息百分之五計算利息之判決。

　　台灣高等法院認爲：「涉外剩餘財產分配事件之國際管轄權，涉外民事法律適用法未有規定，應類推適用民事訴訟法之規定，而我國民事訴訟法就夫妻剩餘財產分配請求權之訴，並未有管轄之特別規定，雖依民事訴訟法第 572 條第 3 項前段之規定，得與同條第 1 項之訴合併提起，但依同條項後段規定：「其另行起訴者，法院得以裁定移送於訴訟繫屬中之第一審或第二審法院合併裁判」，足見夫妻剩餘財產分配請求權之訴，若未與同條第 1 項之訴合併提起時，仍應適用同法第 1 條之管轄規定，以被告住所地法院管轄爲原則。」

　　「兩造爲取得紐西蘭之國籍，確有久住紐西蘭之意思及事實，即已設定住所於紐西蘭，雖兩造在尙未取得紐西蘭之國籍前，曾分別於 89 年 8 月間、同年 11 月間先後返回國籍地之中華民國，並分別在私立六和高級工業職業學校、華陽醫院任職工作，然兩造並未改變移民紐西蘭之計畫；且被上訴人嗣於 90 年 6 月間已再度前往紐西蘭，上訴人隨後亦於 90 年 8 月間前往紐西蘭，並於同年 9 月 6 日在兩造於紐西蘭之住所收受訴訟文件，顯見兩造並未廢止彼等在紐西蘭之住所。從而紐西蘭奧克蘭地院對於被上訴人請求上訴人分配財產之上開訴訟，依我國民事訴訟法第 1 條之規定，即具有管轄權。」

　　紐西蘭法院係依該國西元 1976 年財產（婚姻關係）法，以兩造於西元 2001 年 6 月 25 日分居之事實爲基礎，在未經判決離婚之前，先就兩造婚姻關係存續中之財產分配，而作成系爭確定判決，稽之我國民法第 1001 條但書就夫妻別居設有規定，同法第 1010 條第 2 項亦規定夫妻別居六個月以上，法院得依夫妻之請求，宣告改用分別財產制，足見我國法律尙非不承認分居制度。又夫妻長期分居，若因而使婚姻關係出現破綻而難以繼續維持，夫妻之一方得依我國民法第 1052 條第 2 項之規定，請求法院判決離婚，進而依同法第 1030 條之 1 之規定，請求判決分配剩餘財產，而依民法第 1030 條之 3 第 1 項前段之規定，得請求追加計算離婚前五年內所處分之婚後財產，其結果即與逕就夫妻分居時期財產分析之情形，並無不同；系爭確定判決雖依兩造分居之事實，逕爲財產之分析，惟其係採平均分配原則，並參酌雙方經濟上不均等之情形予

以調整，此與我國民法第 1030 條之 1 第 1 項、第 2 項之規定並無不符；況兩造間之婚姻嗣業已因分居期滿，終經紐西蘭法院於 92 年 8 月 19 日以命令註銷，俱見系爭確定判決與我國民法規定之精神並無違背。再我國與紐西蘭間雖未簽訂判決相互承認之條約或協定，而我國亦非紐西蘭「（西元）1943 年相互司法判決執行法」及「（西元）1908 年之審判權法」之適用對象，且在現階段紐西蘭法院尚未被具體請求執行我國法院之判決，但依據紐西蘭法院處理執行其他無雙邊關係存在之外國司法判決決定，我國法院之判決或有可能依習慣法被考量執行；在實務上，紐西蘭法院執行外國法院之判決並不需要外國先行認可紐西蘭法院之判決，如何判決仍由紐西蘭法官保留最後裁量權。」

「……依習慣法執行外國判決：當外國法院判決當事人一方給付一筆錢予具合法權利之另一方，倘具下列要件，紐西蘭法院得准許執行：(I) 依紐西蘭法律，外國法院對債務人具管轄權－如判決中之債務人在訴訟開始時即居住該海外國家，並服從該外國法院之審判或對判決中之債權人提起反訴。(II) 該判決須係給付債務或屬明確之金額數目。(III) 該判決須屬終審並確定之判決。倘所提外國判決符合以上標準，紐法院將視該判決為最後決定（conclusive determination）而不會對該案重新作實質審查；除非發生以下情況，一方當事人得拒絕履行：(a) 該判決係因詐欺而取得；(b) 判決之執行有違紐西蘭公共政策；(c) 獲得該判決所進行之訴訟程序有悖於紐西蘭之善良風俗……」（見一審卷（一）317、318 頁），亦見紐西蘭依其習慣法承認並執行外國確定判決所需具備之要件，與我國民事訴訟法第 402 條第 1 項之規定相類似。準此，客觀上自得認為我國與紐西蘭間存在司法上之相互承認。」

最高法院認為：「按民事訴訟法第 402 條第 1 項第 2 款之規定，旨在確保我國人民之訴訟權益，所指應訴自應以被告之實質防禦權是否獲得充分保障為斷。系爭確定判決係於 91 年 8 月 2 日為判決，原審未遑查明為系爭確定判決之奧克蘭地院於 90 年 9 月 6 日送達之文書究為何種訴訟文書？訴訟程序之通知，有無為合法送達？上訴人之實質防禦權是否獲得充分之保障？僅以上訴人在 90 年 9 月 6 日收受奧克蘭地院之通知，及上訴人曾兩次具狀為管轄權之異議，即認合於民事訴訟法第 402 條第 1 項第 2 款但書之規定，尚嫌疏略。又夫妻於婚姻關係存續中以聯合財產制為其夫妻財產制者，依民法第 1030 條之 1 第 1 項規定，須於聯合財產關係消滅時，在婚姻關係存續中所取得之現存財產，扣除婚姻關係存續中所負債務後，如有剩餘，始得請求分配其差額。所謂法定財產關係消滅，係指夫或妻一方死亡、離婚、婚姻撤銷或結婚無效或更

改其他夫妻財產制而言。我國民法第1001條之規定，僅係夫妻不能同居之抗辯，並非承認分居制度。夫妻分居並非夫妻法定聯合財產制當然消滅之原因，故夫妻分居，夫妻之一方，尚不得請求分配夫妻剩餘財產。系爭確定判決於91年8月2日爲判決時，兩造夫妻婚關係倘未消滅，僅在分居狀態，兩造又無更改爲其他夫妻財產制而使聯合財產關係消滅，被上訴人即無剩餘財產分配請求權，果爾，上訴人抗辯系爭確定判決有背於公序良俗，即非全無可取，實情究竟如何？」

【案例10】

最高法院民事判決　　96年度台上字第2531號

　　上　訴　人　○○國際儲運股份有限公司

　　法定代理人　葉○○

　　訴訟代理人　吳光陸律師

　　　　　　　　梁穗昌律師

　　被 上 訴 人　浙江省紡織品進出口集團有限公司

　　法定代理人　何○○

　　訴訟代理人　李永然律師

　　複 代 理 人　黃介南律師

上列當事人間因債務人異議之訴等事件，上訴人對於中華民國96年7月4日台灣高等法院第二審判決（96年度重上字第175號），提起上訴，本院判決如下：

　　主　文

原判決廢棄，發回台灣高等法院。

　　理　由

本件上訴人主張：被上訴人爲出口學生校服到伊拉克，於民國89年11月9日至12月14日間，輾轉由香港華海國際貨運有限公司等公司，在大陸地區之上海市將校服交予已由伊合併之立榮海運股份有限公司承運，指定運到伊拉克UMM QASR港，受貨人爲伊拉克高等教育及科研部（下稱高教部）。嗣伊

將該貨物運抵伊拉克，透過伊拉克國家水運公司交付高教部，被上訴人竟以其中二十一張提單（下稱系爭二十一張提單）伊未收回，違反運送契約爲由，在大陸地區訴請伊賠償，經上海海事法院（2001）滬海法商初字第441號判決、上海市高級人民法院（2003）滬高民四（海）終字第39號判決（下稱系爭大陸地區判決）伊敗訴確定，並持該大陸地區判決聲請台灣桃園地方法院以93年度聲字第1032號民事裁定（下稱系爭裁定）准予對伊強制執行，再聲請該法院94年度執字第17060號強制執行事件（下稱系爭強制執行事件）對伊財產爲強制執行。惟依台灣地區與大陸地區人民關係條例（下稱兩岸關係條例）第74條第1項、第2項規定，系爭裁定僅係強制執行法第4條第1項第6款所定之執行名義，並無確定判決同一之效力，在該裁定前有債權不成立事由，或裁定後有消滅、妨礙債權事由，均可提起債務人異議之訴。又被上訴人對伊實無據以強制執行之損害賠償債權，且被上訴人明知無此債權，竟虛構事實，利用大陸地區法院獲得勝訴判決，爲訴訟詐欺，對伊構成侵權行爲，伊得以之與所受損害（即判令賠償之金額）爲抵銷，且以訴狀繕本送達爲抵銷之通知。況被上訴人聲請強制執行已逾時效期間，其權利有妨礙事由，被上訴人尤不可聲請強制執行等情，爰求爲：（一）命被上訴人不可持系爭裁定對伊強制執行，及已實施之系爭強制執行事件強制執行程序應予撤銷，（二）確認兩造間就系爭裁定認可之系爭大陸地區判決所命伊賠償美金二百六十萬二千五百六十二元、人民幣三百一十一萬一千四百八十六‧三五元各本息及受理費人民幣十三萬二千五百一十‧七元等債權均不存在之判決。（上開（二）部分之聲明，上訴人係於原審始爲訴之追加。）

　　被上訴人則以：（一）系爭大陸地區判決既經系爭裁定認可，即具有台灣地區確定判決同一之效力，當事人應受其拘束，不得再爲相反之主張，法院不得就同一事件重爲實體審理，上訴人以前訴訟言詞辯論終結前發生之事由提起異議之訴，屬重複起訴。（二）伊僅與○○國際有限公司（下稱○○公司）交易，○○公司其後如何將系爭貨物輾轉買賣，伊不知情，該貨物買賣乃一般之國際貿易，裝箱單上顯示有聯合國批文，僅係依○○公司指示而爲，未因此劃歸爲聯合國以油換糧計畫項下之交易。縱認爲以油換糧項下之交易，仍應依正常商業慣例爲之，並須交付提單。（三）系爭提單既未約定可不憑提單交付貨物，依提單文義性觀之，已不容上訴人事後爲相反之主張。且上訴人明知其簽發正式提單之法效及責任，復願接受承運及簽發正式無批註之清潔提單，自應就無法收回提單而交付貨物之行爲負責，伊不知上訴人在伊拉克放貨收不回提

單，更未同意受貨人可以僅憑保證函領貨。（四）伊與○○公司交易後，○○
公司將該貨物轉賣，嗣因上訴人無單放貨致○○公司未能依信用狀取得貨款，
同時導致伊不能依信用狀取得貨款，巴黎銀行所付信用狀款項非系爭二十一張
提單之貨款，上訴人無單放貨之行爲與伊無法收到系爭提單貨款間，顯有因果
關係。（五）上訴人在大陸地區對伊及○○公司、HBZ 公司、巴黎銀行、巴
黎銀行紐約分行、西瑪泰克航運公司提起詐欺損害賠償訴訟，並對系爭大陸地
區判決申請再審，均分經上海海事法院、上海市高級人民法院判決敗訴確定，
其指伊有訴訟詐欺侵權行爲，實屬無據，抵銷之主張，亦不足採。（六）執行
時效乃屬程序事項，應適用未有執行時效規定之法庭地法即台灣地區法律，上
訴人逕引大陸地區法律爲據，顯有未合等語，資爲抗辯。

原審維持第一審所爲上訴人敗訴之判決，駁回其上訴及追加之訴，無非
以：（一）依民事訴訟法第 402 條之立法體例，係以外國法院之確定判決在我
國認其具有效力爲原則，如有該條第 1 項各款情形之一者，始例外不承認其
效力，係採自動承認制。又兩岸關係條例第 74 條乃特別規定：「在大陸地區
作成之民事確定裁判、民事仲裁判斷，不違背台灣地區公共秩序或善良風俗
者，得聲請法院裁定認可。前項經法院裁定認可之裁判或判斷，以給付爲內容
者，得爲執行名義。前二項規定，以在台灣地區作成之民事確定裁判、民事
仲裁判斷，得聲請大陸地區法院裁定認可或爲執行名義者，始適用之」，觀
其立法理由，顯然對於大陸地區判決未採自動承認制，必須經法院以裁定認可
者始予以承認並取得執行力，故該條項所稱「得爲執行名義」之主體應爲在大
陸地區作成之民事確定裁判，參諸系爭大陸地區判決對上訴人提出之攻擊方法
有詳盡之論述，上訴審亦針對託運人及無單放貨損失額等上訴理由，詳列其駁
回上訴人上訴之理由及依據，是被上訴人持系爭裁定認可之大陸地區判決聲請
強制執行，其執行名義應爲系爭大陸地區判決，而非認可該判決效力之系爭裁
定。按系爭大陸地區判決既給予當事人完整之程序保障，則系爭大陸地區判決
即已具有確定個案規範之正當性，不待法律明文規定，亦不因大陸地區非我國
法權所及而有異。故不論是認大陸地區判決本身即爲執行名義，或如將大陸地
區判決與認可裁定合一成爲執行名義，均應認已取得實質上之確定力。又大陸
地區對於台灣地區之判決，係依「有關中華人民共和國最高人民法院關於認可
台灣地區有關法院民事判決的規定」（下稱最高人民法院認可台灣判決規定）
辦理，其中第 12 條載明：「人民法院受理認可台灣地區有關法院民事判決的申
請後，對當事人就同一案件事實起訴的，不予受理」，即明文規定台灣地區法

院判決經認可後，不得更行起訴，我國雖未有相同之明文，但基於兩岸關係條例第74條第3項所採取之平等互惠政策原則，亦應認大陸地區判決經我國法院認可裁定後有與確定判決同一之效力，方符禮讓原則、平等互惠原則及對他國司法之尊重。且自法理層面而言，台灣地區與大陸地區目前並非本國與外國之關係，仍應適用我國與外國間國際法律衝突之相同法理，比較兩岸關係條例第74條與民事訴訟法第402條之規定，就形式審查方面，兩者固相同，然就審查之項目及審查程序，前者顯較後者採取更寬鬆之方式，例如對大陸地區判決之承認與否僅以裁定程序進行審查，而未如對外國判決一般要求以較為嚴格之訴訟程序為之。外國判決除非構成我國民事訴訟法第402條第1項各款事由，否則當然具有與我國法院確定判決同一之效力，依舉輕以明重之法理，大陸地區判決經我國法院依兩岸關係條例第74條規定裁定認可後，自應與我國法院確定判決有同一之效力。因此，系爭大陸地區判決業經系爭裁定認可，不論執行名義為該大陸地區判決，或應與系爭裁定合而為一，均應發生與我國法院確定判決同一之效力，禁止再訴、禁止重為實體審查。上訴人自不得以系爭大陸地區訴訟程序終結前發生之事由提起本件債務人異議之訴，而經第一審協議簡化之兩造爭點上訴人未收回提單放貨行為，是否導致被上訴人受有系爭二十一張提單無法取得貨款之損害，即上訴人未收回提單是否違反運送契約而須對被上訴人負損害賠償責任？被上訴人之系爭買賣交貨是否為在聯合國管制下以油換糧交易？在以油換糧計畫下，受貨人須否付款回贖提單？在上開管制下的交易，所有運送人包括上訴人，交貨是否無法收回提單？系爭貨物之受貨人是否有收受系爭貨物？即無加以審論之必要。（二）上訴人以被上訴人要求伊出具之提單均記載聯合國批准給AAF公司進口之文號，該批文號即係適用以油換糧計畫項下交易，被上訴人事後亦交付該三紙聯合國文件影本，提出之發票、裝箱單亦同有此准許文號，HBZ公司之信用狀並指示提單須載明受貨人為高教部，運輸商為AL HOSAN或AL FARIS出口，裝運港為蘇伊士港，校服需縫有AL HOSAN或AL FARIS或FAST等阿拉伯文，被上訴人與○○公司之售貨確認書亦記載目的地為埃及，及聯合國獨立調查委員會調查實施以油換糧計畫產生弊案出具報告，載明本件AAF公司之三家採購校服涉及回扣，並註明供應商即為其中之二家，據此推論被上訴人知悉以油換糧交易，然上開情節，僅能得出聯合國當時確有在伊拉克執行以油換糧政策，尚無具體事證足資證明被上訴人知悉本件屬以油換糧政策下之交易及使用不實之證據。又上開提單既未約定伊拉克可以不憑提單交付貨物，上訴人明知在伊拉克無法收回提單，卻願接受系爭貨物之承運且簽發正式無批註之清潔提單予被上訴人，

則其未憑提單交付貨物，依海商法第 60 條第 1 項準用民法第 627 條、第 630 條規定及中華人民共和國海商法第四節第 71 條規定，即應負損害賠償之責。上訴人僅憑未具名之傳眞單，欲證明被上訴人曾同意不憑提單放貨，不僅爲被上訴人所否認，且與上開規定未合，自難採信。參以上訴人在大陸地區對被上訴人及○○公司、HBZ 公司、巴黎銀行、巴黎銀行紐約分行、西瑪泰克航運公司提起詐欺損害賠償訴訟，並對系爭大陸地區判決申請再審，均分經上海海事法院、上海市高級人民法院判決敗訴確定，其指被上訴人有訴訟詐欺侵權行爲，顯屬未舉證以實其說，其抵銷之主張，要屬無據。（三）按基於程序法之屬地性、公法性格，以及場所支配原則、當事人任意服從原則，國際私法上推衍出「程序，依法院地法」之原則。上訴人所主張之「執行時效」，乃屬程序事項，自應適用法院地法，即我國法律之規定。惟我國法律既未有所謂執行時效之規定，上訴人援引大陸地區法律爲有關執行時效之抗辯一節，亦難採取。從而，上訴人依強制執行法第 14 條第 1 項、第 2 項規定，請求被上訴人不可持系爭裁定對其強制執行及系爭強制執行事件之強制執行程序應予撤銷，即無所據，另追加請求確認兩造間就系爭大陸地區判決所命其賠償上開金額美金、人民幣本息及受理費人民幣等債權均不存在，因該部分業經系爭大陸地區判決命上訴人如數給付，並經我國法院裁定認可，取得執行名義，依民事訴訟法第 400 條第 1 項之規定，債務人不得對債權人更行提起確認該給付請求權不存在之訴，上訴人追加提起此部分確認之訴，顯欠缺即受確認判決之利益而無權利保護之必要，不應准許等詞，爲其判斷之基礎。

　　按兩岸關係條例第 74 條僅規定，經法院裁定認可之大陸地區民事確定裁判，以給付爲內容者，得爲執行名義，並未明定在大陸地區作成之民事確定裁判，與確定判決有同一之效力，該執行名義核屬強制執行法第 4 條第 1 項第 6 款規定其他依法律之規定得爲強制執行名義，而非同條項第 1 款所稱我國確定之終局判決可比。又該條就大陸地區民事確定裁判之規範，係採「裁定認可執行制」，與外國法院或在香港、澳門作成之民事確定裁判（香港澳門關係條例第 42 條第 1 項明定其效力、管轄及得爲強制執行之要件，準用民事訴訟法第 402 條及強制執行法第 4 條之 1 之規定），仿德國及日本之例，依民事訴訟法第 402 條之規定，就外國法院或在香港、澳門作成之民事確定裁判，採「自動承認制」，原則上不待我國法院之承認裁判，即因符合承認要件而自動發生承認之效力未盡相同，是經我國法院裁定認可之大陸地區民事確定裁判，應祇具有執行力而無與我國法院確定判決同一效力之既判力，債務人自得依強制執行

法第14條第2項規定，以執行名義成立前，有債權不成立或消滅或妨礙債權人請求之事由發生，於強制執行程序終結前，提起債務人異議之訴。原審見未及此，徒以上述理由即認上訴人不得提起本件異議之訴，所持之法律見解，已有可議。且上訴人於原審一再表示：最高人民法院認可台灣判決規定第13條及第17條，另設有不平等互惠之限制規定，兩岸關係條例第74條更未如民事訴訟法第402條規定採自動承認制，經認可之大陸地區民事確定裁判，即無與確定判決之同一效力云云，並提出該規定全部條文爲憑（分見原審卷101、102、113、114、133～135、140～142頁），原審未予深究，僅以最高人民法院認可台灣判決規定第12條，明定台灣地區法院判決經認可後，不得更行起訴，及基於禮讓、平等互惠政策原則及對他國司法之尊重等由，遽認經法院認可之大陸地區判決，與我國法院確定判決有同一之效力，不免速斷。又原審既認定兩岸關係條例第74條與民事訴訟法第402條規定，就審查之項目及程序，前者較後者爲寬鬆，則能否依舉輕以明重之法理，逕謂經法院認可之系爭大陸地區判決，有與我國法院確定判決同一之效力？亦滋疑問。另原判決先則認定系爭大陸地區判決有與確定判決同一之效力，依民事訴訟法第四百條第1項之規定，上訴人不得對被上訴人追加提起確認該給付請求權不存在之訴（本應依同法第249條第1項第7款規定，以裁定駁回上訴人之追加之訴），繼卻謂上訴人追加提起此部分確認之訴，顯欠缺即受確認判決之利益而無權利保護之必要，一曰「一事不再理」，一稱「無權利保護之必要」，兩相齟齬，並有判決理由前後矛盾之違法。其次，上訴人就被上訴人在大陸地區法院爲訴訟詐欺及系爭裁定前有債權不成立之事由等節，迭於事實審主張：（一）被上訴人於90年6月20日致伊之信函已表示持有聯合國許可證，伊應其要求於出具之提單均記載聯合國批准給AAF公司進口之文號，該文號即適用於以油換糧計畫交易，甚爲因應聯合國檢查，被上訴人亦交付該文件，其提出之發票、裝箱單亦同有此准許文號。又被上訴人託運時指定提單記載託運人爲AAF公司，裝運港要求載爲埃及蘇伊士港，目的在AAF公司可憑提單向巴黎銀行請款，足見其交貨爲履行以油換糧交易，屬AAF公司之履行輔助人，參酌阿拉伯銀行及ＨＢＺ公司之信用狀設計，係要符合巴黎銀行開立給AAF公司之信用狀指示，益見其知悉此爲以油換糧交易。況被上訴人在大陸地區之律師事後於網站說明時，亦承認此爲其與○○公司在聯合國以油換糧決議背景下簽訂之買賣契約。（二）被上訴人之董事兼經理張曉華曾傳眞文件要伊憑受貨人擔保函放貨，該傳眞文件右上角是張曉華傳眞機號碼，且被上訴人於90年1月31日始將提單交付交通銀行杭州分行，已在系爭提單貨物運抵伊拉克之後，如何付款

贖單？更不符合託收常情，顯不存在一般國際貿易之付款贖單，被上訴人是否收到貨款？與提單是否收回無關。本件係以油換糧交易，受貨人本無付款責任，而係貨到後由巴黎銀行付款給第一手出賣人 AAF 公司，該公司收到貨款後未依約轉付 SMQ 公司、○○公司，致被上訴人未收到貨款，與伊放貨是否收到提單尤無因果關係。（三）伊在第一審已提出附表八，詳列被上訴人在大陸地區法院不實之主張，被上訴人係以不實且相互矛盾之單據、文件進行訴訟詐欺，所提其與○○公司之買賣契約、信用狀均矛盾不實，反顯示自始即非以託收收取貨款，亦不可能依其信用狀取得貨款，被上訴人係以油換糧作業之最後履行輔助人，其交易自受該作業之限制，故在以油換糧之正常流程，其提單應由 AAF 公司交付巴黎銀行領款後再輾轉付款給被上訴人，絕無可能如一般國際貿易為受貨人付款贖單，凡此事實，伊在大陸地區訴訟時曾就以油換糧作業特殊性為論述、攻擊防禦，被上訴人就此刻意為不實陳述及隱瞞，嗣因巴黎銀行於 93 年 10 月始陸續提出資料，及聯合國於 94 年 10 月間接續公布以油換糧作業相關報告，伊始悉上情。（四）系爭二十一張提單乃指示式提單，託運人均非被上訴人，受貨人皆載為高教部，被上訴人亦非與伊締結運送契約之當事人，且未經高教部背書轉讓，其縱屬持有，亦因未經合法背書轉讓而無效，被上訴人未合法取得提單，不得依該提單主張任何權利各等語，並提出原證 2、5、11、12、17、34、35、36、37、38、43 等件為證，復聲請被上訴人提出何時與買方變更買賣契約為託收交易及由何家銀行託收，及囑託外交部函查聯合國是否對伊拉克實施以油換糧交易，暨其交易程序是否如原證二之特殊性（分見一審卷（一）20～22、204～208 頁、一審卷（二）92～112 頁、一審卷（三）206～211、213、214、230～232、237、238、244～262 頁、一審卷（四）10～20、79～82 頁及原審卷 102～110、150～167 頁）。原審對上訴人此項重要之攻擊方法，恝置不論，遽行判決，亦有判決不備理由之違法。上訴論旨，執以指摘原判決不當，求予廢棄，不能認為無理由。

　　據上論結，本件上訴為有理由。依民事訴訟法第 477 條第 1 項、第 478 條第 2 項，判決如主文。

中　華　民　國　96　年　10　月　15　日

最高法院民事第六庭

審判長法官　朱建男

法官　顏南全

法官　黃義豐

法官　鄭傑夫

法官　蘇清恭

　　按兩岸關係條例第 74 條僅規定，經法院裁定認可之大陸地區民事確定裁判，以給付為內容者，得為執行名義，並未明定在大陸地區作成之民事確定裁判，與確定判決有同一之效力，該執行名義核屬強制執行法第 4 條第 1 項第 6 款規定其他依法律之規定得為強制執行名義，而非同條項第 1 款所稱我國確定之終局判決可比。又該條就大陸地區民事確定裁判之規範，係採「裁定認可執行制」，與外國法院或在香港、澳門作成之民事確定裁判（香港澳門關係條例第 42 條第 1 項明定其效力、管轄及得為強制執行之要件，準用民事訴訟法第 402 條及強制執行法第 4 條之 1 之規定），仿德國及日本之例，依民事訴訟法第 402 條之規定，就外國法院或在香港、澳門作成之民事確定裁判，採「自動承認制」，原則上不待我國法院之承認裁判，即因符合承認要件而自動發生承認之效力未盡相同，是經我國法院裁定認可之大陸地區民事確定裁判，應祇具有執行力而無與我國法院確定判決同一效力之既判力，債務人自得依強制執行法第 14 條第 2 項規定，以執行名義成立前，有債權不成立或消滅或妨礙債權人請求之事由發生，於強制執行程序終結前，提起債務人異議之訴。原審見未及此，徒以上述理由即認上訴人不得提起本件異議之訴，所持之法律見解，已有可議。且上訴人於原審一再表示：最高人民法院認可台灣判決規定第 13 條及第 17 條，另設有不平等互惠之限制規定，兩岸關係條例第 74 條更未如民事訴訟法第 402 條規定採自動承認制，經認可之大陸地區民事確定裁判，即無與確定判決之同一效力云云，並提出該規定全部條文為憑，原審未予深究，僅以最高人民法院認可台灣判決規定第 12 條，明定台灣地區法院判決經認可後，不得更行起訴，及基於禮讓、平等互惠政策原則及對他國司法之尊重等由，遽認經法院認可之大陸地區判決，與我國法院確定判決有同一之效力，不免速斷。又原審既認定兩岸關係條例第 74 條與民事訴訟法第 402 條規定，就審查之項目及程序，前者較後者為寬鬆，則能否依舉輕以明重之法理，遽謂經法院認可之系爭大陸地區判決，有與我國法院確定判決同一之效力？亦滋疑問。另原判決先則認定系爭大陸地區判決有與確定判決同一之效力，依民事訴訟法第 400 條第 1 項之規定，上訴人不得對被上訴人追加提起確認該給付請求權不存

在之訴（本應依同法第249條第1項第7款規定，以裁定駁回上訴人之追加之訴），繼卻謂上訴人追加提起此部分確認之訴，顯欠缺即受確認判決之利益而無權利保護之必要，一曰「一事不再理」，一稱「無權利保護之必要」，兩相齟齬，並有判決理由前後矛盾之違法。

【案例11】

最高法院民事判決　　97年度台上字第2376號

　　上　訴　人　浙江省紡織品進出口集團有限公司
　　法定代理人　乙○○
　　訴訟代理人　李永然律師
　　　　　　　　黃介南律師
　　　　　　　　曹馨方律師
　　　　　　　　彭郁欣律師
　　被上訴人　　長榮國際儲運股份有限公司
　　法定代理人　甲○○
　　訴訟代理人　梁穗昌律師
　　　　　　　　吳光陸律師

　　上列當事人間因債務人異議之訴等事件，上訴人對於中華民國97年6月17日台灣高等法院第二審更審判決（96年度重上更（一）字第210號），提起上訴，本院判決如下：

　　主　文

　　上訴駁回。

　　第三審訴訟費用由上訴人負擔。

　　理　由

　　本件被上訴人主張：受伊合併之立榮海運股份有限公司因與訴外人三星國際貨物有限公司（下稱三星公司）訂有運送契約，於民國89年11月9日至12月14日間，在大陸地區上海市承運訴外人香港華海國際貨運有限公司（下

稱華海公司）所交付由上訴人出售至伊拉克國之學生校服（下稱系爭貨物）。指定運到地點為伊拉克 UMM QASR 港，受貨人為伊拉克高等教育及科研部（下稱高教部）。嗣該貨物經運抵伊拉克，已由伊拉克國家水運公司交付高教部。上訴人並非系爭運送契約之託運人、受貨人、或經法定程序受讓載貨證券之人，原無權依據運送契約之法律關係訴請伊賠償或為其他之請求。詎上訴人竟以其中二十一張提單（下稱系爭二十一張提單）伊未收回，違反運送契約為由，虛構債權，在大陸地區為訴訟詐欺，訴請伊賠償。先後經上海海事法院（2001 滬海法商初字第 441 號）及上海市高級人民法院（2003 滬高民四（海）終字第 39 號）民事判決（下稱系爭大陸地區判決）伊敗訴確定，並持該大陸地區判決聲請台灣桃園地方法院以 93 年度聲字第 1032 號民事裁定（下稱系爭裁定）准予對伊強制執行。雖該法院再依其聲請以 94 年度執字第 17060 號強制執行事件（下稱系爭強制執行事件）對伊財產為強制執行，惟依台灣地區與大陸地區人民關係條例（下稱兩岸關係條例）第 74 條第 1 項、第 2 項規定，系爭裁定既僅屬我國強制執行法第 4 條第 1 項第 6 款所定之執行名義，並無確定判決同一之效力，伊於該執行名義成立前，有上訴人之前述債權不成立或消滅，或上訴人之聲請強制執行已逾時效期間而妨礙其請求之事由發生，即均可提起債務人異議之訴。爰依強制執行法第 14 條第 2 項規定，求為命上訴人不可持系爭裁定對伊強制執行；已實施之系爭強制執行事件強制執行程序應予撤銷；並於原審更審前「追加」請求確認兩造間就系爭裁定認可之系爭大陸地區判決所示對伊之損害賠償債權（即命伊賠償美金二百六十萬二千五百六十二元、人民幣三百十一萬一千四百八十六・三五元之本息及受理費人民幣十三萬二千五百一十・七元）均不存在之判決。

上訴人則以：系爭大陸地區判決經系爭裁定認可，已具有台灣地區確定判決同一之效力，當事人自應受其拘束，不得再為相反之主張，法院亦不得就同一事件重為實體審理。被上訴人以前訴訟言詞辯論終結前發生之事由提起本件異議之訴，屬重複起訴，依法即不應受理。又伊將系爭貨物出售予訴外人凱琳國際有限公司（下稱凱琳公司），屬一般國際貿易行為，凱琳公司如何將之輾轉出售，與伊無關。裝箱單上顯示之聯合國批文，係依凱琳公司指示而為，不得因此劃歸為聯合國對伊拉克國「以油換糧」計畫項下之交易。縱為該項下之交易，仍應依正常商業慣例交付提單。是系爭提單既未約定可不憑提單交付貨物，伊又未同意受貨人可以僅憑保證函領貨，被上訴人就其未能收回提單而交付貨物之行為，所致伊不能依信用狀取得貨款之損害即應負賠償責任。且被上

訴人在大陸地區對伊及凱琳公司、訴外人 HBZ 金融公司、巴黎銀行、巴黎銀行紐約分行、西瑪泰克航運公司等提起詐欺損害賠償訴訟，並對系爭大陸地區判決申（聲）請再審，均經判決被上訴人敗訴確定。被上訴人主張伊有訴訟詐欺之侵權行為，亦不足採。系爭強制執行事件之執行時效乃屬程序事項，應適用未有執行時效規定之法庭地法，即台灣地區法律。被上訴人逕引大陸地區法律為罹於時效之抗辯，尤有未合等語，資為抗辯。

原審以：兩岸關係條例第 74 條固規定，經法院裁定認可之大陸地區民事確定裁判，以給付為內容者，得為執行名義，然並未明定在大陸地區作成之民事確定裁判，與我國之確定判決有同一之效力。參以該條例立法理由所載，就大陸地區判決既未採自動承認制，而須經我國法院以裁定認可者始予以承認並取得執行力，上訴人所取得之系爭裁定之執行名義，即屬於強制執行法第 4 條第 1 項第 6 款規定：其他依法律之規定得為強制執行之名義。是以，經我國法院裁定認可之大陸地區民事確定裁判，應祇具有執行力而無與我國法院確定判決同一效力之既判力，兩造間或我國法院即均不受其拘束。被上訴人以其於系爭執行名義成立前，有消滅或妨礙債權人（上訴人）請求之事由發生，在系爭強制執行事件之程序終結前，依強制執行法第 14 條第 2 項規定，向執行法院對債權人即上訴人提起本件異議之訴，自無違一事不再理原則，且有權利保護之必要。查系爭貨物係由訴外人 AAF 公司出售予伊拉克高教部，該公司於取得向伊拉克進口學生校服許可證及巴黎銀行紐約分行出具之信用狀後，經賽普路斯 SMQ ENTERPRISES LTD 公司（下稱 SMQ 公司）向凱琳公司購買，並交付由 SMQ 公司申請之埃及阿拉伯國際銀行出具受益人為凱琳公司之二紙可轉讓信用狀，而後再由凱琳公司分別於 2000 年 7 月 31 日及 8 月 7 日向上訴人購買，凱琳公司並將以其為受益人之上開該信用狀轉讓給 HBZ 金融公司，由 HBZ 金融公司另開立信用狀四紙予上訴人。而系爭貨物之運送，則係首由上訴人與設於香港之華海公司訂定運送契約、支付運費予華海公司，次由華海公司以自己名義與第三人鴻海國際船務貨運公司（下稱鴻海公司）訂約、支付運費，再由鴻海公司以自己名義與第三人上海外聯發國際貨物有限公司（下稱外聯發公司）訂約並支付運費，外聯發公司又以自己名義與三星公司締約，最後始由三星公司以其自己名義與被上訴人締約並以自己名義交付運費，此為上訴人所不爭執。是以於大陸地區法規未規定貨主應先與香港貨運公司締約之情形下，與上訴人直接締訂運送契約，而非委任代理契約者，既係設於香港之華海公司，非大陸之貨代公司，而後華海公司、鴻海公司、外聯發公司、三星公

司亦均各以自己名義而非代理上訴人之名義簽約，基於債權契約之相對性，足認兩造間就系爭貨物之運送，並無運送契約關係存在。上訴人本於與華海公司間之契約關係，輾轉交付貨物、取得提單，仍係源於其與華海公司間之契約關係，不能因此直接對被上訴人取得運送契約上之權利，請求被上訴人交付貨物或損害賠償。況上訴人設於杭州，系爭貨物係於上海委運、交貨，上訴人顯非直接交付貨物予被上訴人之人，依大陸地區法規即不得認係系爭運送契約之託運人。再者，載貨證券為運送契約之證明，被上訴人簽發之系爭載貨證券上記載之託運人為第三人而非上訴人，收貨人為伊拉克高等教育部及科學研究部或其指定之人，上訴人未經上開收貨人背書轉讓指定為收貨人，有載貨證券在卷可稽。其未經合法背書而受讓、持有載貨證券，更不能行使載貨證券之權利。且上訴人亦非基於持有載貨證券之法律關係，向大陸地區法院訴請被上訴人賠償，為上訴人所自認。可見大陸地區法院認定：上訴人委託貨代公司向被上訴人交付貨物、支付運費，並提出繕制提單的具體要求，被上訴人完全按照上訴人的要求簽發提單，將三家國外公司記載為名義託運人，向上訴人委託的貨代公司交付提單，再從貨代公司處收取涉案運費，證明兩造間「事實」上建立了海上貨物運輸合同關係，上訴人為締約託運人等情，進而以被上訴人未收回系爭二十一張提單即行放貨，致上訴人受有損害為由，判命被上訴人應賠償上訴人未收到貨款及退稅款等損失，於法尚有未合。被上訴人本於強制執行法第14條第2項規定及確認訴訟法律關係，提起債務人異議之訴，請求命：上訴人不可持系爭民事裁定對其強制執行，系爭強制執行事件強制執行程序應予撤銷。並追加請求確認兩造間就系爭民事裁定認可之系爭大陸地區判決所示上訴人對被上訴人之損害賠償債權不存在，均為有理由，應予准許。因而將第一審所為被上訴人敗訴之判決廢棄，改判如其聲明。經核於法並無違誤。

　　按系爭大陸地區判決經我國法院依兩岸關係條例第74條規定裁定許可強制執行，固使該判決成為強制執行法第4條第1項第6款規定之執行名義而有執行力，然並無與我國確定判決同一效力之既判力。債務人如認於執行名義成立前，有債權不成立或消滅或妨礙債權人請求之事由發生者，在強制執行事件程序終結前，即得依同法第14條第2項規定，提起債務人異議之訴。至於確定判決之既判力，應以訴訟標的經表現於主文判斷之事項為限，判決理由原不生既判力問題，法院於確定判決理由中，就訴訟標的以外當事人主張之重要爭點，本於當事人辯論之結果，已為判斷時，除有顯然違背法令，或當事人已提出新訴訟資料，足以推翻原判斷之情形外，雖應解為在同一當事人就與該重要

爭點有關所提起之他訴訟，法院及當事人對該重要爭點之法律關係，皆不得任作相反之判斷或主張，以符民事訴訟上之誠信原則，此即所謂「爭點效原則」。惟依前所述，經我國法院裁定認可之大陸地區民事確定裁判，應祇具有執行力而無與我國法院確定判決同一效力之既判力。該大陸地區裁判，對於訴訟標的或訴訟標的以外當事人主張之重大爭點，不論有無為「實體」之認定，於我國當然無爭點效原則之適用。我國法院自得斟酌全辯論意旨及調查證據之結果，為不同之判斷，不受大陸地區法院裁判之拘束。縱該地區法院認定兩造間「事實」上建立了海上貨物運輸合同關係，上訴人為託運人等情，原審依其職權逕為：與上訴人直接簽訂運送契約之人為設於香港之華海公司，並非被上訴人。上訴人又未委託華海公司以上訴人之名義與被上訴人簽約，而後華海公司、鴻海公司、外聯發公司、三星公司均係各以自己名義，非以上訴人之代理人身分，或表示為上訴人簽訂契約之意思，其相互間所接續成立各自獨立之運送契約，基於債權契約之相對性，就兩造間對系爭貨物之運送而言，並無法律上運送契約關係存在。（參見大陸地區海商法第42條第3項第1目規定）。上訴人本於其與華海公司間之契約關係，輾轉交付貨物、取得提單，亦不得認兩造間因此成立以上訴人為託運人之「法律」上運送契約關係等論斷，而為上訴人敗訴之判決，應無違誤可言。上訴意旨，指摘原審採證、認事、解釋契約之職權行使及原判決贅述關於系爭貨物為聯合國「以油換糧」計畫項下之交易等理由為不當，求予廢棄，非有理由。

　　據上論結，本件上訴為無理由。依民事訴訟法第481條、第449條第1項、第78條，判決如主文。

中　華　民　國　97　年　11　月　13　日

最高法院民事第三庭

審判長法官　蘇茂秋

法官　陳碧玉

法官　王仁貴

法官　張宗權

法官　高孟焄

按系爭大陸地區判決經我國法院依兩岸關係條例第 74 條規定裁定許可強制執行，固使該判決成為強制執行法第 4 條第 1 項第 6 款規定之執行名義而有執行力，然並無與我國確定判決同一效力之既判力。債務人如認於執行名義成立前，有債權不成立或消滅或妨礙債權人請求之事由發生者，在強制執行事件程序終結前，即得依同法第 14 條第 2 項規定，提起債務人異議之訴。至於確定判決之既判力，應以訴訟標的經表現於主文判斷之事項為限，判決理由原不生既判力問題，法院於確定判決理由中，就訴訟標的以外當事人主張之重要爭點，本於當事人辯論之結果，已為判斷時，除有顯然違背法令，或當事人已提出新訴訟資料，足以推翻原判斷之情形外，雖應解為在同一當事人就與該重要爭點有關所提起之他訴訟，法院及當事人對該重要爭點之法律關係，皆不得任作相反之判斷或主張，以符民事訴訟上之誠信原則，此即所謂「爭點效原則」。惟依前所述，經我國法院裁定認可之大陸地區民事確定裁判，應祇具有執行力而無與我國法院確定判決同一效力之既判力。該大陸地區裁判，對於訴訟標的或訴訟標的以外當事人主張之重大爭點，不論有無為「實體」之認定，於我國當然無爭點效原則之適用。我國法院自得斟酌全辯論意旨及調查證據之結果，為不同之判斷，不受大陸地區法院裁判之拘束。

【案例 12】

最高法院民事判決　　97 年度台上字第 835 號

上　訴　人　甲○○

乙○○

劉志琰

共　　　同

訴訟代理人　周良貞律師

林政憲律師

黃英豪律師

詹茗文律師

上　訴　人　丙○○

丁○○

共　　　同

訴訟代理人　李文中律師

　　　　　　林佩儀律師

　　　　　　劉志鵬律師

　　　　　　陳希佳律師

　　　　　　陳德純律師

　　上列當事人間請求許可執行事件，兩造對於中華民國95年6月20日台灣高等法院第二審判決（94年度上字第1008號），各自提起上訴，本院判決如下：

　　主　文

　　原判決關於駁回上訴人丙○○、丁○○之訴暨該訴訟費用部分廢棄，發回台灣高等法院。

　　上訴人乙○○、甲○○、劉志琰之上訴駁回。

　　第三審訴訟費用，關於上訴駁回部分，由上訴人乙○○、甲○○、劉志琰負擔。

　　理　由

　　本件上訴人丙○○、丁○○（下稱丙○○等人）主張：伊等以訴外人劉志立及其配偶等人因詐欺而成立共同侵權行為為由，在美國加州洛杉磯郡高等法院（下稱加州法院）起訴請求損害賠償，經陪審團判定訴外人 Yu Shuan Trading Company 即香港鈺祥貿易有限公司（下稱鈺祥公司）應與劉志立等人連帶給付伊等實際損害美金（下同）三百六十萬元之三倍補償金及一百萬元懲罰性賠償金。伊等嗣提出增列對造上訴人乙○○、甲○○、劉志琰（下稱乙○○等人）為判決債務人動議通知書，經加州法院依該州民事訴訟法第187條、第1908條B項規定，修正增列乙○○等人為上開判決之判決債務人，並以第二修正民事判決（下稱系爭判決）命乙○○等人連帶給付伊等一千三百三十六萬六千三百六十三元及自判決宣判之日起至清償日止，按年息百分之十計算之利息。系爭判決已經確定，並無民事訴訟法第402條第1項所定不承認其效力之情形，伊為聲請強制執行等情，爰依強制執行法第4條之1規定，求為准就系爭判決為強制執行之判決。

　　對造上訴人乙○○等人則以：系爭判決之言詞辯論及增列判決債務人程序之開庭通知，均未合法送達伊等，伊等未能就此審判程序到庭應訴，剝奪伊等之程序保障權利，且系爭判決關於命伊等給付超過丙○○等人實際損害部分，為懲罰性賠償金，與我國損害賠償法制目的有所扞格，又命伊等給付律師費用遠高於丙○○等人主張之損害額，均違反我國公序良俗，不應認可等語，資為抗辯。

　　原審廢棄第一審准丙○○等人就超過五百十六萬六千三百六十三元本息強制執行部分之判決，改判駁回丙○○等人此部分之訴，並駁回乙○○等人其他上訴，無非以：丙○○等人於西元 2000 年 7 月 12 日對劉志立及其配偶等人起訴請求損害賠償，嗣於 2002 年 9 月 27 日修正起訴狀，追列鈺祥公司為被告，並依美國加州民事訴訟法第 187 條、第 1908 條 B 項提出聲請追加增列乙○○等人為判決債務人意向書，加州法院陪審團經開庭審理後，於 2003 年 1 月 21 日作成鈺祥公司與劉志立及其配偶成立共同詐欺，應連帶賠償丙○○等人實際損害三百六十萬元三倍補償金之決定，並於同年月 24 日再作成鈺祥公司應賠償丙○○等人一百萬元之懲罰性賠償金之決定，丙○○等人於同年 3 月 17 日提出增列乙○○等人為判決債務人動議之通知書，聲請加州法院依該州民事訴訟法上開規定，就上開事項進行判決。加州法院於同年 4 月 25 日作成判決，命乙○○等人為鈺祥公司之敗訴判決負連帶賠償一千一百八十萬元（即三百六十萬元三倍補償金加計一百萬元懲罰性賠償金）責任及負擔其他費用及律師費用百分之五十，嗣於同年 8 月 5 日將律師費用及其他費用加入賠償金額後作出系爭判決等事實，為兩造所不爭執，堪信為真實。乙○○具有美國公民身分，劉志琰、甲○○均持有美國綠卡，在美國加州均置有不動產，加州法院對乙○○等人均有管轄權。系爭判決已記載丙○○等人依據加州民事訴訟法上開規定，請求修正對鈺祥公司之敗訴判決，增加乙○○等人為判決敗訴債務人，經主審法官接受及考量證據、辯護人之論證，確定所有責任之證明要素已依加州民事訴訟法第 187 條規定出示予乙○○等人，並獲致正當理由，始命乙○○等人與鈺祥公司共負連帶賠償責任，乙○○等人應為判決效力所及，且系爭判決已經加州法院送達與乙○○等人委任之律師 Bingham 轉交與乙○○等人，乙○○等人曾於 2005 年 3 月以系爭判決未經合法送達為由，聲請加州法院撤銷系爭判決，遭該法院駁回，足見系爭判決已經確定。按民事訴訟法第 402 條第 1 項第 2 款規定：外國法院之確定判決，敗訴之被告未應訴者，不認其效力，但開始訴訟之通知或命令已於相當時期在該國送達，或依中華民國

法律上之協助送達者，不在此限。故外國法院之確定判決，其敗訴之被告已應訴，僅開始訴訟之通知或命令未合法送達，當事人之程序權未受實質損害，外國確定判決仍應予承認其效力。乙○○等人係鈺祥公司合夥人，代表鈺祥公司應訴，積極進行訴訟防禦，並就系爭事件加州法院無管轄權及未經合法送達提出抗辯，待加州法院駁回其抗辯後，乃以鈺祥公司繼受人地位應訴，並爲實質抗辯，且請求更換主審法官，在調查證據程序時，劉志本於甲○○、乙○○等人之授權，親自主導答辯，廣泛進行各種聲請及證據發現程序，並蒐集及編製數冊文件、進行採證程序，以及送達及回覆書面證據發現程序。嗣加州法院查明乙○○等人習慣性將鈺祥公司帳戶資金與私人資金混合在一起，並以鈺祥公司帳戶資金支付其私人費用及其他劉氏家族企業之相關費用，乃判斷該三人與鈺祥公司應屬同一主體，依加州民事訴訟法前開規定，得將鈺祥公司之應訴行爲視爲乙○○等人已經應訴，始增列乙○○等人爲判決債務人。是依美國加州民事訴訟法規定，足認乙○○等人已在加州法院應訴。且丙○○等人追加鈺祥公司爲被告後，乙○○等人即委任律師代表鈺祥公司應訴，丙○○等人於提出聲請增列乙○○等人爲判決債務人意向書後，乙○○等人於 2003 年 1 月 3 日向加州法院表示欲撤回所有答辯並退出訴訟，拒絕參加同年月 13 日之言詞辯論，加州法院爲避免其等不明瞭拒絕參加辯論之後果，經由律師告知，並使乙○○等人出具以個人名義作成宣誓書，宣誓其等瞭解退出訴訟可能導致承認丙○○等人之主張，並導致對鈺祥公司及其等個人不利判決之結果後，加州法院始進行言詞辯論，經陪審團作成認定鈺祥公司與劉志立成立共同詐欺及損害賠償決定，至其他法律爭議則應由法官判斷，丙○○等人始於同年 3 月 17 日再聲請增列乙○○等人爲判決債務人動議之通知書，聲請法院續行開庭，加州法院乃於同年 4 月 17 日開庭審理，並於同年 4 月 25 日作成系爭判決，足見該增列判決債務人動議之通知，並非新開啓之訴訟程序，加州法院既依加州民事訴訟法規定，認定乙○○等人與鈺祥公司屬同一主體，鈺祥公司經追加列爲被告後，乙○○等人均委任律師進行訴訟，嗣後始以個人名義出具宣誓書表示拒絕言詞辯論，該宣誓書記載乙○○等人知悉 2003 年 1 月 8 日爲聽審準備期間，同年 1 月 13 日爲審判期日，乙○○等人辯稱審理期日未合法通知云云，並不足採信，而乙○○等人選擇消極不爲應訴，自不得諉稱其等未到庭應訴，程序權受侵害。次按外國法院確定判決之內容，有背中華民國之公共秩序或善良風俗者，不認其效力，民事訴訟法第 402 條第 1 項第 3 款定有明文。又損害賠償，除法律另有規定或契約另有訂定外，應以塡補債權人所受損害及所失利益爲限；侵權行爲之損害賠償及其他處分之請求，以中華民國認許者爲限。民法

第216條第1項、涉外民事法律適用法第9條第2項分別定有明文。系爭判決關於命乙○○等人連帶給付實際損害額三百六十萬元並加計按週年利率百分之十之利息並負擔二分之一律師費用部分，無違我國公序良俗，自應承認許可強制執行，至所命給付實際損害金二倍之補償金即七百二十萬元及一百萬元懲罰性賠償金，合計八百二十萬元，其性質均屬懲罰性賠償，而懲罰性賠償之判決，係基於處罰及嚇阻爲目的，與以填補損害爲基本機制之我國損害賠償法體系有所扞格，至我國證券交易法、公平交易法、專利法、營業秘密法、消費者保護法雖有懲罰性倍數賠償之立法，惟各該特別法係針對特別事件之性質目的所爲之立法，系爭判決之定性爲移民投資詐欺之侵害財產法益之一般侵權行爲，不宜類推適用特別法之規定，上述懲罰性賠償判決與我國公序良俗有違，難以承認。綜上，系爭判決命乙○○等人給付一百萬元懲罰性賠償金及七百二十萬元補償金暨其利息部分，有背我國公序良俗，應不認其效力，不許可其強制執行；其餘實際損害及律師費用計五百十六萬六千三百六十三元本息部分，無民事訴訟法第402條第1項各款所列情形，應承認其效力而許可強制執行等詞，爲其判斷之基礎。

一　關於廢棄發回部分（即關於丙○○等人上訴部分）

惟依系爭判決（見原判決附件）第三頁記載，關於一百萬元懲罰性賠償金（Punitive damages）係美國加州法院陪審團所作出之裁決，另實際損害三百六十萬元之三倍補償金（Compensatory damages）係加州法院依據「加州商業及專業法案（California Business and Professions Code）第22444條及第22446‧5條規定所爲判決。該懲罰性賠償金與補償金之裁判，旣分由陪審團及法官作成，其性質似有不同。原審未說明所憑依據，逕認補償金之性質屬懲罰性賠償，而爲不利丙○○等人之認定，已有判決不備理由之違法。又外國法院之確定判決內容，有背中華民國之公共秩序或善良風俗者，不認其效力，民事訴訟法第402條第1項第3款定有明文。所謂有背於公共秩序者，係指外國法院所宣告之法律上效果或宣告法律效果所依據之原因，違反我國之基本立法政策或法律理念、社會之普遍價值或基本原則而言。查我國一般民事侵權行爲及債務不履行事件雖無懲罰性賠償金之規定，然諸如消費者保護法第51條、公平交易法第32條第1項等規定，已有損害額三倍懲罰性賠償金之明文規定，則外國法院所定在損害額三倍以下懲罰性賠償金之判決，該事件事實如該當於我國已經由特別法規定有懲罰性賠償金規定之要件事實時，是否仍然違反我國之公共秩序，即非無進一步推求餘地。丙○○等人上訴論旨，指摘原判決不利

於己部分爲不當，求予廢棄，非無理由。而加州商業及專業法案第 22446 · 5 條規定：移民顧問事業如有違反本法案情事者，法院應令其負擔實際損害額及相當於實際損害額三倍之補償金。其立法目的爲何？有無違反我國基本立法政策或法律理念等公共秩序，攸關系爭判決應否承認而得強制執行，案經發回，宜請注意研究。

二　關於駁回上訴部分（即關於乙〇〇等人上訴部分）

按外國法院之確定判決，其敗訴之被告未應訴者，不認其效力，但開始訴訟之通知或命令已於相當時期在該國合法送達，或依中華民國法律上之協助送達者，不在此限。民事訴訟法第 402 條第 1 項第 2 款定有明文。此項規定，係爲保障敗訴被告之程序權而設。故所謂「應訴」，應以被告之實質防禦權是否獲得充分保障行使爲斷，如當事人於外國訴訟程序中，客觀狀態下可知悉訴訟之開始，可充分準備應訴，可實質行使防禦權，即已符合應訴要件，不以當事人本人是否親收開始訴訟之通知，是否親自參與言詞辯論程序爲必要。乙〇〇具有美國公民身分，劉志、甲〇〇均持有美國綠卡，在美國加州均置有不動產，爲原審確定事實。原審認定乙〇〇等人代表鈺祥公司應訴，事實上參與系爭判決之訴訟程序，並實質地行使防禦權，已符合「應訴」之要件，且乙〇〇等人於訴訟程序中途退出訴訟拒絕辯論，自願放棄行使防禦權，並以個人名義簽立宣誓書，明示其了解退出訴訟可能導致對鈺祥公司及其等個人不利之判決結果，自不得再主張訴訟程序權受損，並無適用上開規定不當之違法。乙〇〇等人上訴論旨，指摘原判決不利於己部分爲不當，求予廢棄，不能認爲有理由。

據上論結，本件丙〇〇等人上訴爲有理由，乙〇〇等人上訴爲無理由。依民事訴訟法第 477 條第 1 項、第 478 條第 2 項、第 481 條、第 449 條第 1 項、第 78 條，判決如主文。

中　華　民　國　97　年　4　月　24　日

最高法院民事第六庭

審判長法官　朱建男

法官　顏南全

法官　林大洋

法官　鄭傑夫

法官　蘇清恭

本件係宣示許可執行之訴

爭執重點美國法院之民事確認判決有無民事訴訟法第 402 條第 1 項各款之情形。

台灣高等法院認爲：「按外國法院確定判決之內容，有背中華民國之公共秩序或善良風俗者，不認其效力，民事訴訟法第 402 條第 1 項第 3 款定有明文。又損害賠償，除法律另有規定或契約另有訂定外，應以塡補債權人所受損害及所失利益爲限；侵權行爲之損害賠償及其他處分之請求，以中華民國認許者爲限。民法第 216 條第 1 項、涉外民事法律適用法第 9 條第 2 項分別定有明文。系爭判決關於命乙○○等人連帶給付實際損害額三百六十萬元並加計按週年利率百分之十之利息並負擔二分之一律師費用部分，無違我國公序良俗，自應承認許可強制執行，至所命給付實際損害金二倍之補償金即七百二十萬元及一百萬元懲罰性賠償金，合計八百二十萬元，其性質均屬懲罰性賠償，而懲罰性賠償之判決，係基於處罰及嚇阻爲目的，與以塡補損害爲基本機制之我國損害賠償法體系有所扞格，至我國證券交易法、公平交易法、專利法、營業秘密法、消費者保護法雖有懲罰性倍數賠償之立法，惟各該特別法係針對特別事件之性質目的所爲之立法，系爭判決之定性爲移民投資詐欺之侵害財產法益之一般侵權行爲，不宜類推適用特別法之規定，上述懲罰性賠償判決與我國公序良俗有違，難以承認。」

最高法院則認爲：「惟依系爭判決（見原判決附件）第 3 頁記載，關於一百萬元懲罰性賠償金（Punitive damages）係美國加州法院陪審團所作出之裁決，另實際損害三百六十萬元之三倍補償金（Compensatory damages）係加州法院依據「加州商業及專業法案（California Business and Professions Code）第 22444 條及第 22446．5 條規定所爲判決。該懲罰性賠償金與補償金之裁判，既分由陪審團及法官作成，其性質似有不同。原審未說明所憑依據，遽認補償金之性質屬懲罰性賠償，而爲不利丙○○等人之認定，已有判決不備理由之違法。又外國法院之確定判決內容，有背中華民國之公共秩序或善良風俗者，不認其效力，民事訴訟法第 402 條第 1 項第 3 款定有明文。所謂有背於公共秩序者，係指外國法院所宣告之法律上效果或宣告法律效果所依據之原因，違反我國之基本立法政策或法律理念、社會之普遍價值或基本原則而言。查我國一般

民事侵權行為及債務不履行事件雖無懲罰性賠償金之規定，然諸如消費者保護法第 51 條、公平交易法第 32 條第 1 項等規定，已有損害額三倍懲罰性賠償金之明文規定，則外國法院所定在損害額三倍以下懲罰性賠償金之判決，該事件事實如該當於我國已經由特別法規定有懲罰性賠償金規定之要件事實時，是否仍然違反我國之公共秩序，即非無進一步推求餘地。丙○○等人上訴論旨，指摘原判決不利於己部分為不當，求予廢棄，非無理由。而加州商業及專業法案第 22446·5 條規定：移民顧問事業如有違反本法案情事者，法院應令其負擔實際損害額及相當於實際損害額三倍之補償金。其立法目的為何？有無違反我國基本立法政策或法律理念等公共秩序，攸關系爭判決應否承認而得強制執行，案經發回，宜請注意研究。」

　　「按外國法院之確定判決，其敗訴之被告未應訴者，不認其效力，但開始訴訟之通知或命令已於相當時期在該國合法送達，或依中華民國法律上之協助送達者，不在此限。民事訴訟法第 402 條第 1 項第 2 款定有明文。此項規定，係為保障敗訴被告之程序權而設。故所謂「應訴」，應以被告之實質防禦權是否獲得充分保障行使為斷，如當事人於外國訴訟程序中，客觀狀態下可知悉訴訟之開始，可充分準備應訴，可實質行使防禦權，即已符合應訴要件，不以當事人本人是否親收開始訴訟之通知，是否親自參與言詞辯論程序為必要。」

【案例 13】

最高法院民事判決　　98 年度台再字第 46 號

　　再　審　原　告　上友工業股份有限公司

　　法定代理人　甲○○

　　訴訟代理人　黃國鐘律師

　　再　審　被　告　德商萬寶龍文具有限公司（Montblanc-Simplo GmbH）

　　法定代理人　乙○○ Lutz .

　　法定代理人　丙○○ Hans-.

　　訴訟代理人　邵瓊慧律師

　　　　　　　　鍾薰嫻律師

上列當事人間請求宣告確定判決准予強制執行事件，再審原告對於中華民

國98年1月115日本院判決（98年度台上字第80號），提起再審之訴，本院判決如下：

主　文

再審之訴駁回。

再審訴訟費用由再審原告負擔。

理　由

本件再審原告主張本院98年度台上字第80號確定判決（下稱原確定判決）有民事訴訟法第496條第1項第1款適用法規顯有錯誤、同條項第2款判決理由與主文矛盾、同條項第5款當事人於訴訟未經合法代理違法之情形，提起再審之訴，係以：再審被告於原確定判決前之第一、二審判決均未經合法代理，未適用承受訴訟之程序規定，而當然違背法令，原確定判決竟未依民事訴訟法第469條規定予以廢棄，顯有適用法規錯誤之情形。又再審被告持以准予強制執行者係禁制令，爲本案訴訟前之假處分，不應在承認裁判之列。又再審被告所持關於訴訟費用之裁定實僅爲證明書，未表明訴訟費用計算之項目及理由，且將我國法所未承認之對造律師費算入，亦有違我國之公共秩序，而有未適用民事訴訟法第402條第1項第3款規定之顯然錯誤。又英國與我國欠缺國際相互承認，依民事訴訟法第402條第4款規定，亦不應承認其效力。又本件並無任何侵權行爲，再審被告亦非請求准許執行判決，又有適用涉外民事法律適用法第九條規定錯誤之情事。是原確定判決有民事訴訟法第496條第1項第1款之適用法規顯有錯誤之再審事由云云，爲其論據。

惟按民事訴訟法第496條第1項第1款所謂適用法規顯有錯誤，係指確定判決所適用之法規顯然不合於法律規定，或與司法院現尚有效及大法官（會議）之解釋，或本院現尚有效之判例顯有違反，或消極的不適用法規顯然影響裁判者而言。又第三審爲法律審，其所爲判決係以第二審判決所確定之事實爲基礎。故上揭所謂「適用法規顯有錯誤」，對第三審判決言，應以該判決依據第二審判決所確定之事實而爲之法律上判斷，有適用法規顯有錯誤之情形爲限。從而第二審法院取捨證據、認定事實及解釋契約之職權行使，是否妥當，與第三審判決適用法規是否顯有錯誤無關。次按當事人依民事訴訟法第496條第1項第5款之規定提起再審之訴，應僅限於代理權欠缺之一造當事人始得爲之。他造當事人不得據爲再審原因。又按同條項第2款所謂：判決理由與主文顯有矛盾，係指判決依據當事人主張之事實，認定其請求或對造抗辯爲有理由

或無理由，而於主文爲相反之諭示，且其矛盾爲顯然者而言。本件前訴訟程序第二審以：再審被告前以該公司智慧財產權副法務長費馬克（Marc Frisanco）爲法定代理人起訴，業經其於該第二審審理中之民國95年6月14日提出二位執行董事Lutz Bethge（乙○○）及Wolff Heinrichsdorff（伍夫瀚）所簽署經認證之聲明書，聲明費馬克自始即有權代理再審被告提起本件訴訟，已屬承認費馬克所爲之訴訟行爲，故法定代理權縱有欠缺，亦應認已補正，並溯及於行爲時發生效力。系爭英國確定判決及裁定應屬眞正，並經確定，有經我國駐英代表處認證之確定判決、禁制令、確定裁定、英國最高法院估費處法官所出具證明該訴訟費用裁定影本與留存於英國最高法院估費處原本一致之證明書等件可證。依民事訴訟法第356條但書規定，上開外國公文書即應推定爲眞正。再審原告雖否認其眞正，惟未舉證以實其說，自不足採。又修正前民事訴訟法第402條規定得請求承認及准予強制執行之外國裁判，不限於判決，凡就解決私法上權利義務爭執而爲之終局裁判行爲，而當事人已不能以通常聲明不服之方法，請求予以廢棄或變更者，即屬之，至於其使用之名稱如何，例如判決、裁定、判斷或命令等，皆非所問。況92年9月1日修正施行之民事訴訟法，新增第402條第2項規定：「前項規定，於外國法院之確定裁定準用之」，更見一斑。而系爭英國確定裁定係經法院詳細計算訴訟費用後，對外公開，給予再審原告提出異議之機會，於異議期限屆滿後，因再審原告未異議，再審被告始提出「未受異議費用證明」申請，經法院核可而核發，即具裁判效力。再者，本件係因商標侵害之侵權行爲涉訟，而英國爲侵權行爲地，則英國法院就再審被告之商標專用權在其境內受再審原告侵害，應有國際管轄權。依英國確定判決所載，該案件審理時，再審原告有委任訴訟代理人進行辯論，且其總經理曾親自出庭應訊，並無未應訴情事；至英國確定裁定，屬該侵權訴訟之附帶程序，僅須對受不利裁判者，已賦與程序權保障，縱再審原告未應訴，上開裁定效力仍不受影響。又基於各國就他國法院確定判決之承認程序已然確立之「禁止實質再審查」原則，須承認外國法院確定裁判之結果，將牴觸我國法秩序或倫理秩序之基本原則或基本理念時，始例外地排除該裁判在我國之效力；本件並無證據顯示再審原告之商標是否與再審被告之著名商標近似，在我國曾經訴訟或評決確定，則英國法院確定判決認定再審原告之註冊商標構成侵害再審被告著名商標，即難謂有何違背我國公共秩序之問題。而律師費用是否包含於訴訟費用中，難認涉及我國法秩序或倫理秩序之基本原則，且各國訴訟就律師費用是否當然包括於訴訟費用中，規定亦不盡相同，基於國際相互尊重，自不應僅因外國就訴訟費用構成之內容與我國有若干差異，即遽以公序爲理由排斥外

國確定判決。此外，依司法院（87）廳民一字第 04247 號函所示，英國高等法院王座法庭商事法院曾於 1996 年（1995 年第 1887 號）裁定中承認我國台灣高等法院高雄分院及最高法院判決之效力，足認我國與英國相互承認他方之確定判決。綜上所述，系爭英國確定判決及裁定並無民事訴訟法第 402 條規定不認其效力之情形，再審被告據以請求承認該確定判決及該確定裁定准予強制執行，爲有理由。原確定判決認第二審判決於法尚無違背，並說明依民事訴訟法第 48 條、德國「商法典」第 9 條第 3 項（Sect.9 para 3HGB）及第 15 條第 2 項、德國「有限責任公司法」第 35 條第 2 項第 2 款規定（Sect.35 para2phrase2 GmbHG），依再審被告公司商業登記資料所載，其公司代表人係採「共同代表權」制，得由兩名執行董事或一名執行董事與一名授權代表爲公司代表人。茲再審被告以二名執行董事即 Lutz Bethge 及 Wolff Heinrichsdorff 代表公司，先於 2006 年 5 月 24 日出具宣誓證明書，表明起訴之原法定代理人費馬克具有代表再審被告之職權，已見該公司代表人並未否認由費馬克任法定代理人所提起之本件訴訟；嗣於原審言詞辯論終結後、判決宣示前之 97 年 3 月 6 日，再審被告更補正上開二人爲法定代理人，並出具委任狀，嗣 Wolff Heinrichsdorff 部分再由公司商業登記資料所記載商業全權代理權人 Hans-Hubert H-atje 承受，仍與上揭公司章程規定無悖，自應認溯及於起訴行爲時發生效力，是並無再審原告所指再審被告於訴訟未經合法代理之情事。因而駁回再審原告之第三審上訴，核無適用法規顯有錯誤及判決理由與主文顯有矛盾之情形。再者，再審原告亦不能以再審被告之法定代理權有欠缺，依民事訴訟法第 496 條第 1 項第 5 款之規定提起再審之訴。再審原告據以提起本件再審之訴，非有理由。

　　據上論結，本件再審之訴爲無理由。依民事訴訟法第 78 條，判決如主文。

中　華　民　國　98　年　8　月　27　日

最高法院民事第七庭

審判長法官　劉福聲

法官　鄭玉山

法官　黃義豐

法官　袁靜文

法官　高孟焄

修正前民事訴訟法第 402 條規定得請求承認及准予強制執行之外國裁判，不限於判決，凡就解決私法上權利義務爭執而為之終局裁判行為，而當事人已不能以通常聲明不服之方法，請求予以廢棄或變更者，即屬之，至於其使用之名稱如何，例如判決、裁定、判斷或命令等，皆非所問。況 92 年 9 月 1 日修正施行之民事訴訟法，新增第 402 條第 2 項規定：「前項規定，於外國法院之確定裁定準用之」，更見一斑。

本件係因商標侵害之侵權行為涉訟，而英國為侵權行為地，則英國法院就再審被告之商標專用權在其境內受再審原告侵害，應有國際管轄權。

基於各國就他國法院確定判決之承認程序已然確立之「禁止實質再審查」原則，須承認外國法院確定裁判之結果，將牴觸我國法秩序或倫理秩序之基本原則或基本理念時，始例外地排除該裁判在我國之效力；本件並無證據顯示再審原告之商標是否與再審被告之著名商標近似，在我國曾經訴訟或評決確定，則英國法院確定判決認定再審原告之註冊商標構成侵害再審被告著名商標，即難謂有何違背我國公共秩序之問題。

【案例 14】

最高法院 100 年度台上字第 552 號民事判決

　　上　訴　人　何正程

　　訴訟代理人　陳麗如律師

　　被上訴人　謝式銘

　　訴訟代理人　榆政律師

　　　　　　　　黃聖棻律師

上列當事人間請求准予強制執行事件，上訴人對於中華民國 99 年 10 月 5 日台灣高等法院台中分院第二審更審判決（99 年度重上更（二）字第 27 號），提起上訴，本院判決如下：

主　文

上訴駁回。

第三審訴訟費用由上訴人負擔。

理　由

本件上訴人主張：兩造間因股東投資及貸款糾紛等事件（下稱系爭事件），於美國加州洛杉磯郡中區高等法院互提訴訟，經該法院於西元 2005 年 1 月 18 日作成第 BC277555 號判決（下稱系爭判決），命被上訴人給付伊懲罰性賠償金美金（下同）六百萬元及該部分律師費十一萬三千零四十六元，被上訴人不服提起上訴、再上訴，分別經美國加州上訴法院、加州最高法院判決駁回其上訴確定等情。依強制執行法第 4 條之 1 規定，求為宣示承認系爭確定判決之效力，並許可在我國強制執行之判決。〔上訴人請求准予執行關於逾上開金額之損害賠償款一百五十一萬二千三百二十二元五角暨判決前利息六十三萬零四百八十四元部分，業經本院前審判決上訴人勝訴，並駁回被上訴人之上訴而告確定。另請求准予執行關於律師費用三萬七千六百八十一元九角七分（原判決誤為「毛」）部分，被上訴人於原審更（二）審時受敗訴之判決，亦未據其聲明不服而確定，均未繫屬本院，不予贅載。〕

被上訴人則以：系爭判決命伊給付之懲罰性賠償金六百萬元，具有刑事懲罰性質，亦有違我國公序良俗，不應承認其效力等語，資為抗辯。

原審斟酌全辯論意旨及調查證據之結果，以：我國民事訴訟法第 402 條第 1 項第 3 款所謂：「公共秩序」、「善良風俗」，前者指立國精神與基本國策之具體表現，後者則為發源於民間之倫理觀念。質言之，我國法院得以該款規定拒絕承認外國法院確定判決效力者，乃承認該判決之結果，將牴觸我國法秩序或倫理秩序之基本原則或基本理念。我國立法例中，雖設有數倍懲罰性賠償金之立法，如證券交易法、公平交易法、專利法、營業秘密法、消費者保護法等，然其立法目的，或係因事件性質之特殊，或係為解決舉證困難，無法適用一般民事侵權行為及債務不履行損害賠償之法則。而系爭判決乃兩造因共同投資所衍生之商業糾紛，為一般民事侵權行為，就上訴人有關懲罰性賠償金之請求部分，係屬美國普通法上處罰錯誤行為、預防再犯之制度，並以行為人財產之多寡決定其賠償金額，該金額既不固定亦無上限，此與我國一般民事侵權行為，並無得請求懲罰性賠償金規定，且損害賠償以填補損害及回復原狀為目的，不具有制裁功能者，尚有不同。況我國就懲罰性賠償之立法例中，皆以損害之一定倍數為賠償上限，非以行為人財產為度，亦與美國法制不同。又美國懲罰性賠償制度，足使受害人獲得意外之財，復非舉世共認之法則，則系爭判決就懲罰性賠償之宣示，與我國法律秩序之基本原則相違背，亦與我國公共秩序不合，自不應准許其強制執行。此外，系爭判決宣示律師費用中之十一萬

三千零四十六元部分，上訴人並無法舉證證明係供損害賠償及判決前利息損失訴訟之用，而美國法院就懲罰性賠償金判決部分，不應承認其效力及許可其強制執行，業如前述，故與此相關之律師費用，無從歸由被上訴人負擔，亦不應准予強制執行，為其心證之所由得，並說明上訴人其餘主張與舉證因何不足採及無逐一論述必要之理由，因而廢棄第一審所為上訴人上開勝訴部分之判決，改判駁回其在第一審之訴，經核於法洵無違誤。上訴意旨，泛以我國民事特別立法例中有關懲罰性賠償之規定，作為解釋我國一般民事責任中有關損害賠償範圍規定之依憑，而認系爭美國法院判決所命給付懲罰性賠償金六百萬元及其相關之律師費用十一萬三千零四十六元，顯未違反我國民事賠償責任之公共秩序云云，提出學者論著為憑，並就原審本於取捨證據、認定事實之職權行使而為論斷說明者，暨其他與判決結果不生影響之理由，指摘原判決不當，聲明廢棄，非有理由。

　　據上論結，本件上訴為無理由。依民事訴訟法第 481 條、第 449 條第 1 項、第 78 條，判決如主文。

中　　華　　民　　國　　100　　年　　4　　月　　14　　日

最高法院民事第七庭

審判長法官　顏南全

法官　林大洋

法官　沈方維

法官　鄭傑夫

法官　吳麗女

　　本件係關於懲罰性之賠償是否違反中華民國公序良俗之問題。

　　我國民事訴訟法第 402 條第 1 項第 3 款所謂：「公共秩序」、「善良風俗」，前者指立國精神與基本國策之具體表現，後者則為發源於民間之倫理觀念。質言之，我國法院得以該款規定拒絕承認外國法院確定判決效力者，乃承認該判決之結果，將牴觸我國法秩序或倫理秩序之基本原則或基本理念。我國立法例中，雖設有數倍懲罰性賠償金之立法，如證券交易法、公平交易法、專利法、營業秘密法、消費者保護法等，然其立法目的，或係因事件性質之特

殊，或係為解決舉證困難，無法適用一般民事侵權行為及債務不履行損害賠償之法則。而系爭判決乃兩造因共同投資所衍生之商業糾紛，為一般民事侵權行為，就上訴人有關懲罰性賠償金之請求部分，係屬美國普通法上處罰錯誤行為、預防再犯之制度，並以行為人財產之多寡決定其賠償金額，該金額既不固定亦無上限，此與我國一般民事侵權行為，並無得請求懲罰性賠償金規定，且損害賠償以填補損害及回復原狀為目的，不具有制裁功能者，尚有不同。況我國就懲罰性賠償之立法例中，皆以損害之一定倍數為賠償上限，非以行為人財產為度，亦與美國法制不同。又美國懲罰性賠償制度，足使受害人獲得意外之財，復非舉世共認之法則，則系爭判決就懲罰性賠償之宣示，與我國法律秩序之基本原則相違背，亦與我國公共秩序不合，自不應准許其強制執行。此外，系爭判決宣示律師費用中之十一萬三千零四十六元部分，上訴人並無法舉證證明係供損害賠償及判決前利息損失訴訟之用，而美國法院就懲罰性賠償金判決部分，不應承認其效力及許可其強制執行，業如前述，故與此相關之律師費用，無從歸由被上訴人負擔，亦不應准予強制執行。

【案例 15】

最高法院 100 年度台上字第 470 號民事判決

  上 訴 人 單錫褘

  訴訟代理人 郭振茂律師

  上 訴 人 單篤文

  訴訟代理人 陳井星律師

  上 訴 人 單篤武

      劉單金秀

      羅孝威

      羅安莉

      單錫禎

      單篤蔚

      上列五人共同送達代收人 黃秋雄律師

上列當事人間請求分割遺產事件，兩造對於中華民國 98 年 11 月 30 日台灣高等法院第二審判決（96 年度重家上字第 20 號），各自提起上訴，本院判決如下：

主　文

原判決廢棄，發回台灣高等法院。

理　由

本件分割遺產事件，爲固有必要共同訴訟，其訴訟標的對各繼承人必須合一確定，故原審判決後，雖僅單錫禕、單篤文各自提起上訴，惟依民事訴訟法第 56 條第 1 款規定，單篤文上訴效力及於同造當事人之單篤武、劉單金秀、單錫禎、單篤蔚、羅孝威、羅安莉，爰併列其爲上訴人，合先敘明。

本件上訴人單錫禕（下稱單錫禕）主張：兩造被繼承人單永浩於民國 85 年 2 月 6 日死亡，其繼承人原有配偶單周慧君、對造上訴人單篤文（下稱單篤文）、伊、及上訴人單篤武、劉單金秀、單錫禎、單篤蔚、孫子女羅孝威、羅安莉（即已故之女單錫禔之繼承人，除單篤文、單篤武外，其餘上訴人下稱劉單金秀等五人）等人。惟單周慧君已於 89 年 9 月 22 日死亡，其繼承人則爲前開其他繼承人。故得分配單永浩遺產之全體繼承人僅餘兩造。而單永浩死亡時，於台灣、香港、美國各留有如原判決附表（下稱附表）一所示之財產，其中於美國之財產，依當地加利福尼亞州（即加州）法律係採聯權共有制（即單永浩去世時之財產，即歸屬其他存活之聯權共有人），且該部分財產於單周慧君去世時，業經美國加州高等法院判決分配予兩造，故該部分自非屬單永浩之遺產。又兩造就單永浩之遺產（不含美國部分）並無不分割之協議，且迄今仍無法爲遺產分割之協議，爰依民法第 1164 條規定，求爲將單永浩之遺產，依兩造應繼分比例准予分割之判決。

上訴人單篤文則以：單永浩死亡時既爲中華民國國民，則其在美國部分之財產，自屬其遺產。另單永浩原所有門牌號碼台北市○○○路○段 53 巷 1 之 3 號地下室（所有權應有部分三分之一，下稱長安東路地下室），雖經兩造用以抵繳單永浩之遺產稅，惟該地下室自 86 年 1 月至 88 年 9 月之管理費用新台幣（下同）十四萬四千二百二十一元因單篤武未繳納，伊同意承擔該債務，此部分自屬管理遺產所生之費用，應予扣抵等語，資爲抗辯。上訴人單篤武則以：單永浩死亡時既爲中華民國國民，則其在美國部分之財產，自屬其遺產；又伊曾受託管理單永浩在台灣之財產，故伊因管理而支出之如附表四之費用

一千七百三十一萬八千九百六十二元（詳如附表四所示）自應予扣抵等語，資爲抗辯。上訴人劉單金秀等五人則以：單永浩死亡時，在美國財產依加州法律係採聯權共有制，且該部分財產於單周慧君去世時，業經美國加州高等法院判決分配予兩造，故該部分自非屬單永浩之遺產等語，資爲抗辯。

　　原審廢棄第一審所爲如第一審判決附表一至十之分割遺產方法之判決，改判如附表五所示之分割方法，無非以：觀諸我國涉外民事法律適用法第22條前段規定：繼承，依被繼承人死亡時之本國法。可徵我國繼承之準據法係採統一主義。查單永浩於死亡時既爲具有中華民國國籍之人，本件因繼承而生之遺產分割訴訟，其準據法自應適用我國民法之規定。又單錫禕既係依民法第1164條規定提起本件遺產分割訴訟，則依該條所定遺產分割之目的，在遺產公同共有關係全部之廢止，而非個人財產公同共有關係之消滅，則美國財產既爲單永浩死亡時之財產，即屬單永浩遺產之一部分，應列入本件遺產範疇。又由原告依前開法條提起之分割遺產訴訟，須以其他共同繼承人全體爲被告而起訴，其當事人之適格，始無欠缺。又涉外民事法律適用法第10條第1項僅適用於個別物權，而對於構成一整體之總括財產則不適用，故於本件遺產分割訴訟，要無適用之餘地。單錫禕以涉外民事法律適用法第10條第1項規定，主張單永浩位於美國房地、存款因適用加州法律（即採聯權共有制），因單永浩死亡而歸屬其他存活之聯權共有人，自不應列爲單永浩之遺產云云，並無可取。又美國加州高等法院判決雖依請願人單錫禕、單錫禎之請求，將單周慧君含因聯權共有而取得單永浩美國財產在內之美國遺產（因該州法律採聯權共有制，單永浩死亡其房地、存款所有權即歸屬存活之聯權共有人）分配予除單篤文以外之其餘兩造（見單周慧君美國遺產申報表），並非以全體繼承人（即兩造）爲遺產分配，依我國民法第1164條規定，自不生遺產分割之效力。惟若依民法第828條、第829條規定，經全體公同共有人同意，可僅就特定財產爲分割，亦無違反遺產分割之立法意旨。然單錫禕無法舉證證明關於單永浩美國財產，業經兩造全體同意依民法第828條、第829條規定予以分割，則單錫禕執前開美國加州高等法院就單周慧君美國遺產分配之判決，主張單永浩美國房地不應列入本件遺產範疇云云，仍無可取。則兩造就單永浩遺產之應繼分比例除羅孝威、羅安莉各爲十四分之一外，其餘繼承人均爲七分之一；且兩造對於單永浩遺產爲附表一（一）台灣部分、（二）香港部分、（三）美國部分（除3.租金部分，單錫禕、劉單金秀等五人尚有爭議外）不爭執。其中單永浩所有於美國房地在未爲遺產分割前，屬全體繼承人所公同共有，單永浩死亡

後，該房地因出租而取得之租金計美金七十七萬四千三百六十三元亦應列入本件應分割遺產範圍。次按關於遺產管理、分割及執行遺囑之費用，由遺產中支付之，民法第1150條前段定有明文。又因遺產而生之稅捐及費用，應由繼承人按其應繼分負擔之，此為繼承人間之內部關係。則繼承人之一代他繼承人墊支上開稅捐及費用者，該墊支人即得向他繼承人請求返還其應負擔部分，並依民法第1150條規定自遺產中支取前開費用。故（一）單篤文為管理單永浩台灣遺產所支出費用二百十四萬二千三百九十元，為兩造所不爭執，應自單永浩遺產中之台灣房屋租金中予以扣抵支付。至於其抗辯長安東路地下室管理費用亦應扣抵部分，因該房屋顯係由單篤武負責管理（此為單篤文所自陳），單篤武於扣抵項目中亦為扣抵抗辯，且單篤文並未實際支付，故不應准許其扣抵之。（二）單篤武抗辯扣抵部分：(1) 單篤武抗辯扣抵金額（詳附表四所示）二百八十二萬零七百六十四元部分，為兩造所不爭執，係因管理單永浩遺產而生之稅捐及費用，應自單永浩遺產中之台灣房屋租金中予以扣抵支付。(2) 單篤武代墊84至89年補繳綜合所得稅款計三百三十七萬五千六百七十七元部分：本件訴訟係分割單永浩之遺產，並未含單周慧君遺產在內，故單篤武為單周慧君支付稅款三十一萬零六百十五元部分，非管理單永浩遺產而生之費用，此部分應不得扣抵。故單篤武為單永浩支付上開稅款中之三百零六萬五千零六十二元稅款費用部分，有綜合所得稅結算申報書、繳款書、各類所得扣繳暨免扣繳憑單、財政部台北市國稅局（下稱台北國稅局）綜合所得稅核定通知書附卷可稽，核屬因處理單永浩遺產而生之稅捐，應准許自單永浩遺產中之台灣房屋租金中予以扣抵。復按被繼承人死亡前，依法應納之各項稅捐、罰鍰及罰金，應自遺產總額中扣除，免徵遺產稅，遺產及贈與稅法第十七條第1項第八款固定有明文。惟因兩造係以長安東路地下室（所有權應有部分三分之一）作為抵繳遺產稅，遲至91年1月16日始完成繳納遺產稅款，有卷附台北國稅局遺產稅證明書及函可參。且單永浩遺產核定稅捐扣除額中，並未包含前開稅款三百零六萬五千零六十二元，足認前開84至89年單永浩應繳納稅款費用，無法依前開規定自遺產總額中予以扣除。又按遺產稅未繳清前，不得分割遺產、交付遺贈或辦理移轉登記，遺產及贈與稅法第八條第1項前段亦定有明文。因單永浩死亡後之85至89年房屋租金所得係屬全體繼承人所公同共有遺產，即屬全體繼承人所應繳納之稅款，則單篤武支付前開稅款費用，要難謂其執行管理單永浩台灣遺產有何過失可言。故單錫禕主張單篤武支付前開費用有過失，依民法第1150條但書規定，不得自單永浩遺產中予以扣抵該費用云云，並無可採。(3) 單錫禕、劉單金秀等五人授權單篤武自85年3月25日至85年9月

25 日止爲單永浩在台灣遺產之管理人，並於期間屆滿時終止該管理權之委任關係等情，有授權書及終止委任函在卷足參。則單篤武於該六個月期間爲管理單永浩遺產而支付生活費用每月七萬元，合計四十二萬元核屬允當，且爲單錫禕、劉單金秀等五人所不爭執，自准予自單永浩遺產中之台灣房屋租金予以扣抵。(4) 關於長安東路地下室（所有權應有部分三分之一）之管理費部分，因該房屋原爲單永浩遺產之一部分，嗣作爲抵繳遺產稅，遲至 91 年 1 月 16 日始完成繳納遺產稅款，此前支付之管理費用計三十六萬二千一百九十元部分，核屬因單永浩遺產而生之費用，亦應扣抵。(5) 支出之律師費用：其中陳井星律師費用三十四萬六千三百八十八元部分，業經單篤文抗辯爲單永浩遺產之管理費用，並經准予扣抵，此部分不能再爲扣抵。又單篤武因係單周慧君在台灣之法定監護人，需不定期委任美國黃蔚前律師向單錫禕、劉單金秀等五人報告其在台處理單周慧君財產事宜等情，有卷附經駐外單位認證之美國律師說明文件與美國加州高等法院判決可稽，故支出美國黃蔚前律師費用，顯非屬因管理單永浩遺產而生之費用，不應扣抵。另單永浩遺產中之台灣房地部分業已辦理爲公同共有登記，所支出之吳代書費用三萬元部分，係因處理單永浩遺產而生之費用，亦應准予扣抵。(6) 關於單周慧君所有坐落台北市○○段○○段 183 地號（下稱 183 地號土地）地價稅計五萬零二百五十九元（85 至 89 年爲四萬八千八百零九元、90 至 94 年爲一千四百五十元）部分，因該土地非屬單永浩遺產，亦爲兩造所不爭執，足徵該部分費用顯非屬爲管理單永浩遺產而生之稅捐及費用，不應扣抵。(7) 單篤武爲單永浩、單周慧君於寺廟立牌位及法師捐贈等費用計四十九萬三千六百元部分，非屬單永浩之喪葬費用，並與遺產之管理、執行遺囑無關，不應扣抵。(8) 自美國運車來台費用，不能證明係因管理單永浩遺產而生之費用，亦不應准許扣抵。(9) 另單篤武原抗辯關於附表四編號 8. 至 11.、13.、16. 至所列應自遺產中扣抵項目與金額部分，經第一審法院予以剔除，不准扣抵，其於原審法院不再爭執。則單篤武抗辯因管理單永浩遺產而生之費用及稅捐二百八十二萬零七百六十四元、三百零六萬五千零六十二元、四十二萬元、三十六萬二千一百九十元、三萬元，共計六百六十九萬八千零十六元部分，准予自單永浩遺產之台灣房屋租金中予以扣抵。則單永浩之遺產之分割方法爲：一、關於台灣部分：其中土地房屋由兩造依應繼分比例，以分別共有方式分割取得各該不動產之所有權如附表五（一）之 1.2. 所示。台灣房地租金由單篤文、單篤武分別收取詳如附表一 3. 所示，經扣抵前開應扣抵之管理費用二百十四萬二千三百九十元、六百六十九萬八千零十六元後，餘額依兩造應繼分比例予以分割如附表五（一）之 3. 所示。另關於銀行存款如附

表一 4. 所示，其中中國信託商業銀行 280 萬元部分，業經單篤武領取使用，此部分轉爲兩造對於單篤武之債權。另經扣抵劉單金秀主張因處理單永浩在香港之遺產而繳納遺產稅及規費，合計港幣四萬三千九百四十七元，折計爲新台幣十八萬五千八百零八元。餘額及孳息依兩造應繼分比例，予以分割如附表五（一）之 4. 所示。又兩造對於外幣部分同意依國稅局核定價額作爲分配基準，故此部分依兩造應繼分比例，准予分割如附表五（一）之 5. 所示。另有價證券部分，因已遭單篤武於 90 年 6 月間回贖得款一百八十六萬七千二百十二元領取使用，故轉化爲兩造對於單篤武之債權，並依兩造應繼分比例，予以分割如附表五（一）之 6. 所示。二、香港部分爲如附表一（一）所示股份，爲兩造所不爭執，依兩造應繼分比例，准予分割如附表五（二）所示。三、美國部分：關於美國存款美金爲五萬三千零十一元，依兩造應繼分比例分割如附表五（三）之 1. 所示。又兩造同意就美國房地部分，以該房地申報遺產稅時之價額作爲其計算分配價金之基準；依該稅額計算單永浩房地價額（如附表一（三）之 2. 所示），扣除單永浩房地貸款詳如附表一（三）之 2. 貸款金額欄所示後，再依兩造應繼分比例予以分割如附表五（三）之 2. 所示。又因該房地尚未爲變價處分，單篤武請求就美國房地准予價金分配後，並諭知其應向何人收取該金額云云，於法無據，不應准許。至於該美國房地租金美金七十七萬四千三百六十三元，依兩造應繼分比例准予分割如附表五（三）之 3. 所示。從而單錫褘依民法第一千一百六十四條規定，求爲將單永浩遺產准予分割之判決，爲有理由，應予准許，並分割如附表五所示等詞，爲其判斷之基礎。

　　惟按訴訟標的對於共同訴訟之各人必須合一確定者，共同訴訟中一人之上訴，其效力及於全體，此觀民事訴訟法第 56 條第 1 項第 1 款規定自明。又由原告依民法第 1164 條規定提起之分割遺產訴訟，須以其他共同繼承人全體爲被告而起訴，其當事人之適格，始無欠缺，爲原審所確定。本件既係由單錫褘依民法第 1164 條規定提起之分割遺產訴訟，其訴訟標的對於繼承人全體必須合一確定，且提起上訴就形式上觀之，係有利於共同訴訟人全體之行爲，故於第一審判決後，單篤文、單篤武提起上訴，其效力自應及於同造之當事人即劉單金秀等五人，乃原審未將劉單金秀等五人視同上訴，仍認劉單金秀等五人係被上訴人，其踐行之訴訟程序即有重大之瑕疵，基此所爲之判決自屬違背法令。次按我國是否不認外國法院確定判決之效力，應以該外國法院確定判決有無民事訴訟法第 402 條第 1 項所列各款情形爲認定標準。查系爭遺產中附表五（三）2. 美國房地第 (1)、(2)、(3) 欄所示係被繼承人單永浩與其配偶單周慧君

或單周慧君、單錫禕、單錫禎依美國加州法律登記爲聯權共有之財產，單永浩取得所有權範圍分別爲應有部分二分之一、四分之一，於被繼承人單永浩死亡後所有權歸單周慧君或單周慧君、單錫禕、單錫禎取得，嗣依請願人單錫禕、單錫禎之請求，美國加州高等法院判決將單周慧君含因聯權共有而取得單永浩美國財產在內之美國遺產分配予除單篤文以外之其餘兩造，爲原審所確定之事實。該美國法院之確定判決除有民事訴訟法第 402 條第 1 項所列各款情形外，原則似應承認其效力，且此亦關涉單永浩遺產之範圍。乃原審未遑審認說明該美國判決是否有民事訴訟法第 402 條第 1 項所列各款情形，逕認該美國判決非以全體繼承人（即兩造）爲遺產分配，依我國民法第 1164 條規定，不生遺產分割之效力。而將該美國房地列爲單永浩之遺產範圍，予以分割，是否允當，非無斟酌之餘地。次查被繼承人單永浩就上揭美國房地原取得所有權範圍既僅爲應有部分二分之一、四分之一，而系爭房地自 85 年起至 94 年止，合計收取租金爲美金七十七萬四千三百六十三元等情，亦爲原審所確認之事實。則該租金是否全屬單永浩之遺產，即滋疑義。又爲該房地支出之貸款固屬該房地之負擔，屬收取租金之必要支出費用，應予扣抵，惟爲該貸款所繳交之利息似亦應認同屬該房地之負擔，屬收取租金之必要支出費用。果爾，美國房地租金收入部分是否應予以扣抵該利息支出，再就餘額分配與兩造。原審未遑詳查細究該租金應扣抵之項目及金額爲何，逕將該租金全額依兩造應繼分比例予以分割，自嫌速斷。復查單永浩於 85 年 2 月 6 日去世，于斯時已發生繼承之事實，依民法第 1147 條、1148 條規定，嗣後因單永浩之遺產所生包括台灣房地之租賃所得、銀行存款滋生之利息似應屬全體繼承人所承受遺產之一部分，非屬單永浩所得，則自斯時起，得否將之與其配偶單周慧君合併申報綜合所得稅，亦非無疑。單篤武將之與單周慧君之所得自 84 年至 89 年間合併申報綜合所得稅，因此所生之稅款是否屬關於遺產管理所生之費用而得由單永浩之遺產中扣抵？能否謂單篤武就關於該稅款之繳納並無過失？原審未遑推闡明晰，逕認該部分係屬管理遺產所生之費用，予以扣抵，自欠允洽。又按以原物爲分配時，如共有人中有未受分配，或不能按其應有部分受分配者，得以金錢補償之，此觀民法第 824 條第 3 項規定自明。而其金錢補償之多寡，即應斟酌該共有物之市價定之。查單篤文於原審主張單永浩在美國之房地業經他繼承人全部實物分配完畢，且部分款項已經他繼承人領用完畢，已轉化爲債權，故請求就此部分分割應就全體繼承人相互間占有或持有台美遺產一併找回或找補之，或就其不能按其應有部分受分配者以金錢補償之，而轉爲對其他繼承人之債權等語（見第一審卷（三）第 189 頁、原審卷（一）第 29 頁、卷（三）第 45、149、175 至

177、227 至 229 頁），並舉單錫禕自認被繼承人單永浩去世後，系爭房地由依美國法律歸屬當時尚存活之聯權共有人單周慧君或單周慧君、單錫禕、單錫禎，而單周慧君去世後，其單獨所有之房地業經美國法院判決分割完畢，已無從依實物分配之方式分割予兩造等語（亦為兩造所不爭執）為證。原審未遑推闡明晰，逕以該房地尚未經變價處分，單篤武請求美國房地准予價金分配後，並諭知其應向何人收取該金額云云，於法無據，不應准許。進而僅就美國房地依房地價值及兩造應繼分比例予以分配，難謂允當。又單篤文於歷審一再抗辯單錫禕未經他繼承人同意就系爭美國房地辦理貸款，已違反我國民法第 828 條之規定，單錫禕不得就美國房地之租金主張扣抵房地貸款利息等語（見第一審卷（二）第 189、199 頁、卷（三）第 175 頁、原審卷（一）第 28 頁、卷（三）第 44、148、175、227 頁）原審未說明上開主張何以不可採，即以該房地申報遺產稅額計算該房地價額，扣除房地貸款後，逕依兩造應繼分比例予以分割，不免有判決理由不備之違法。兩造上訴意旨，分別指摘原判決不當，求予廢棄，非無理由。

　　據上論結，本件上訴為有理由。依民事訴訟法第 477 條第 1 項、第 478 條第 2 項，判決如主文。

中　華　民　國　100　年　3　月　31　日
最高法院民事第五庭
審判長法官　劉福聲
法官　黃義豐
法官　劉靜嫻
法官　袁靜文
法官　陳國禎

　　本件係關於分割遺產之訴。其中部分所謂「遺產」業經美國法院判決確定，是否列入遺產之範圍即應注意該美國法院之確定判決我國是否承認？

　　「我國是否不認外國法院確定判決之效力，應以該外國法院確定判決有無民事訴訟法第 402 條第 1 項所列各款情形為認定標準。查系爭遺產中附表五（三）2. 美國房地第 (1)、(2)、(3) 欄所示係被繼承人單永浩與其配偶單周慧君

或單周慧君、單錫禕、單錫禎依美國加州法律登記為聯權共有之財產，單永浩取得所有權範圍分別為應有部分二分之一、四分之一，於被繼承人單永浩死亡後所有權歸單周慧君或單周慧君、單錫禕、單錫禎取得，嗣依請願人單錫禕、單錫禎之請求，美國加州高等法院判決將單周慧君含因聯權共有而取得單永浩美國財產在內之美國遺產分配予除單篤文以外之其餘兩造，為原審所確定之事實。該美國法院之確定判決除有民事訴訟法第 402 條第 1 項所列各款情形外，原則似應承認其效力，且此亦關涉單永浩遺產之範圍。乃原審未遑審認說明該美國判決是否有民事訴訟法第 402 條第 1 項所列各款情形，逕認該美國判決非以全體繼承人（即兩造）為遺產分配，依我國民法第 1164 條規定，不生遺產分割之效力。而將該美國房地列為單永浩之遺產範圍，予以分割，是否允當，非無斟酌之餘地。」

【案例 16】

最高法院 100 年度台上字第 42 號民事判決

　　上　訴　人　台灣精材股份有限公司（原名啓成科技股份有限公司）

　　法定代理人　馬堅勇

　　上　訴　人　林麗玉

　　共　　　　同

　　訴訟代理人　魏啓翔律師

　　被 上 訴 人　萊斯布羅斯 Le.

　　訴訟代理人　何春源律師

　　上列當事人間請求許可執行外國法院判決事件，上訴人對於中華民國 99 年 7 月 7 日台灣高等法院第二審更審判決（98 年度重上更（二）字第 125 號），提起上訴，本院判決如下：

　　主　文

　　原判決廢棄，發回台灣高等法院。

　　理　由

　　本件被上訴人主張：伊於美國加州聖塔克拉諾縣高等法院（下稱美國法院）對上訴人及訴外人 SICA 公司提起損害賠償訴訟，經該法院於西元（下

同）2004 年 5 月 7 日以訴訟編號 1-03-CV000648 號判決命上訴人及 SICA 公司給付伊美金（下同）五十六萬六千五百十七元確定在案（下稱系爭外國確定判決）。嗣伊持系爭外國確定判決，在美國聲請對上訴人執行後，尚有五十四萬二千四百十二點八八元未受清償。系爭外國確定判決並無民事訴訟法第 402 條第 1 項所定各款情形，上訴人之住所地及財產所有地又均在台灣新竹地方法院轄區內，伊得據以請求許可強制執行等情，爰依強制執行法第 4 條之 1 第 1 項規定，求為系爭外國確定判決所命上訴人應給付中之五十四萬二千四百十二元部分，許可在中華民國為強制執行之判決。

　　上訴人則以：系爭外國確定判決之訴訟程序，依美國法院之送達證書所載，尚難證明上訴人林麗玉已合法收受送達。上訴人台灣精材股份有限公司（下稱啓成科技公司）設於台灣，美國法院迄未依民事訴訟法第 402 條第 1 項第 2 款但書規定為送達，而係由美國律師事務所自行向台灣寄送且經退回，該對啓成科技公司之送達，自非合法有效。系爭外國確定判決命伊給付，其判決理由、依據之法條，付諸闕如，有違我國之公序良俗。又被上訴人擔任伊與其在美國合資籌組之 SICA 公司之負責人，竟自為原告以雙方代理取得該確定判決，致實體之爭執未曾被審酌。且我國與美國並無判決相互承認情形，依民事訴訟法第 402 條第 1 項規定，系爭外國確定判決亦不應准在我國為強制執行等語，資為抗辯。

　　原審維持第一審所為如被上訴人聲明之判決，駁回上訴人之上訴，無非以：系爭外國確定判決為缺席判決，上訴人未於美國法院應訴，為兩造所不爭。依兩造所提之名片及傳真，足徵林麗玉即為「Tinny Lin」、啓成科技公司即為「SIC Electronics Co. Ltd」。據我國外交部駐舊金山辦事處覆函所檢送之美國法院回覆文件，其上記載：「……2.Tinny Lin, Individually and dba SICA Inc.and SIC Electronics, Ltd were considered one party（林麗玉個人、SICA 公司、啓成科技公司被視為同一造）……；4.SIC Electronics, Ltd was considered a doing business as along the same lines as SICA,Inc.,therefore a separate proff of service was not needed（啓成科技公司在執行業務上視為與 SICA 公司為同一公司，無分別送達必要之證明」，該美國法院回函為外國公文書，經我國外交部證明，應推定為真正。而就林麗玉部分，關於本案開始訴訟所需之通知，業經美國法院於 2003 年 7 月 10 日以傳票，將案號、法院名稱與地址、原告律師名稱、地址與電話號碼通知上訴人，並由林麗玉於同年月 15 日下午 4 時在加州舊金山 Mascone Center 以個人身分及代表啓成科技公司收受送達，堪認本

案開始訴訟之通知已於相當時期在美國境內合法送達林麗玉，給予林麗玉行使防禦權之機會。又林麗玉僅係啓成科技公司監察人，名片上職稱爲該公司副總經理，依兩造不爭之美國民事訴訟法第 416‧10 條規定，上開送達予林麗玉行爲，固不足認對啓成科技公司亦已合法送達。惟被上訴人前曾於 2004 年 2 月 3 日及同年 3 月間由其委任律師分別將傳票、起訴狀、損害賠償陳述及聲請一造辯論判決，掛號送達至啓成科技公司之台灣營業所，經收受開閱後再以拒收退回，依美國民事訴訟法第 413‧10(c)、415‧30(a) 條規定，應認系爭確定判決之開始訴訟通知已合法送達啓成科技公司，至於上訴人抗辯上開送達信封上當事人係「SIC Electronic, Ltd.」，與啓成科技公司之英文名稱不同云云，並無礙其同一性。再者，「禁止實質再審查」，乃爲普世各國就他國法院確定判決承認程序已然確立之原則，雖然我國就債務不履行之損害賠償，無得請求賠償精神損失之規定，但並無禁止請求之明文，難認系爭確定判決判命上訴人給付「非經濟賠償（General Damages）美金十五萬元」有背我國之公共秩序或善良風俗，另上訴人未能證明被上訴於系爭外國確定判決程序有爲雙方代理之事實，且我國與美國就法院所爲民事判決有相互承認之關係，系爭外國確定判決並無民事訴訟法第 402 條第 1 項規定不予承認情形。則被上訴人依強制執行法第 4 條之 1 第 1 項規定，請求准就系爭外國確定判決於五十四萬二千四百十二元範圍內得對上訴人強制執行，即無不合等詞，爲其判斷之基礎。

按外國法院爲被告敗訴判決，該被告倘於外國法院應訴，其程序權已受保障，原則上固應承認該外國法院確定判決於我國之效力。惟被告未應訴者，爲保障其程序權，必以開始訴訟之通知或命令已於相當時期在該外國域內對該被告爲合法送達，或依我國法律上之協助在該外國域外對該被告爲送達，給予被告相當期間以準備行使防禦權，始得承認該外國法院確定判決於我國對被告之效力。因此，外國法院對在中華民國之被告，送達有關訴訟程序開始之通知或命令時，揆之「送達，乃國家司法主權之展現」及「程序依據法庭地法之原則」，自應依我國制定公布之「外國法院委託事件協助法」、「司法協助事件之處理程序」及其他司法互助協定暨作業要點等相關法規爲協助送達，不得逕由外國法院依職權或由原告律師以郵送或直接交付在我國爲送達。否則，即難認該外國法院訴訟程序開始之通知或命令，已在我國發生合法送達被告之效力，且不因於該外國認對被告發生送達之效力而受影響，此觀民事訴訟法第 402 條第 1 項第 2 款但書前段係規定爲「但開始訴訟之通知或命令已於相當時期在『該國』（指該外國域內）合法送達」，而非以「但開始訴訟之通知或命

令已於相當時期依該國法律為合法送達」等文字予以規範；並於但書後段規定「或依中華民國法律上之協助送達者，不在此限」，以兼顧該被告如在該外國域外時，應如何送達，始承認其效力自明。

查系爭外國確定判決，上訴人並未應訴，其開始訴訟之通知，於美國對林麗玉之送達，不足認對啓成科技公司亦合法送達，既為原審所確定之事實，依上說明，自應由被上訴人就訴訟開始之通知，已於美國對啓成科技公司合法送達或依我國法律協助送達於營業所設在我國之啓成科技公司，始得承認系爭外國確定判決，在我國對啓成科技公司發生效力。乃原法院徒以被上訴人委任之律師將傳票、起訴狀及損害賠償陳述以航空掛號送達營業所設在我國之啓成科技公司，依美國民事訴訟法規定，應認系爭外國確定判決之開始訴訟通知於我國已合法送達啓成科技公司為由，即為啓成科技公司不利之判決，已有未合。究竟啓成科技公司在美國有無經合法送達或有無依我國法律為協助送達？似有未明。原審未予詳求，遽行判決，亦嫌速斷。其次，按依強制執行法第4條之1第1項規定，外國法院之確定判決聲請強制執行者，以該判決無民事訴訟法第402條第1項各款情形之一，並經中華民國法院以判決宣示許可其執行者為限，得為強制執行，且因執行名義尚須具備給付內容為確定及可能等要件，強制執行方克落實，足見外國確定判決，必以與我國法院許可執行判決相結合，始得認其為具執行力之執行名義。是以，我國法院就外國法院之確定判決許可執行之訴，除審查該外國法院判決是否為終局給付判決？是否確定？有無民事訴訟法第402條第1項所列不承認其效力之事由外，仍應就該外國法院之確定判決其內容是否明確、一定、具體、可能而適於強制執行等要件併予審究。查系爭外國確定判決所列被告為「Tinny Lin, Individually and dba SICA Inc. and SIC Electronics, LTD」（見一審卷（一）6頁），據我國外交部駐舊金山辦事處覆函所附之美國法院回覆文件，其上記載：「2. Tinny Lin, Individually and dba SICA Inc. and SIC Electronics, Ltd were considered one party」，其文義究係指「Tinny Lin」個人（Individually）與商業別名（dba）「SICA Inc」及「SIC Electronics, Ltd」三者均為同一造之被告（即被告為「Tinny Lin」、「SICA Inc」、「SIC Electronics, Ltd」三人）？或係指「Tinny Lin」個人與其商業別名「SICA Inc」及「SIC Electronics, Ltd」為同一（即被告係以「SICA Inc」及「SIC Electronics, Ltd」為商業別名之「Tinny Lin」），所指之被告有無將上訴人二人均包括在內？即有待進一步釐清，以確定系爭外國法院確定判決之主觀範圍。又倘被告為三人，系爭外國確定判決究係令三名被告就所命給付平均為

之？或任一被告就所命給付為給付即為已足，均攸關執行名義之客觀範圍即許可執行之訴其主文判決之內容，原審未遑深究，逕以上述理由而為系爭外國確定判決對上訴人均許可執行之論斷，尤有可議。上訴論旨，執以指摘原判決為不當，求予廢棄，非無理由。

　　據上論結，本件上訴為有理由。依民事訴訟法第477條第1項、第478條第2項，判決如主文。

中　華　民　國　100　年　1　月　13　日

最高法院民事第七庭

審判長法官　顏南全

法官　林大洋

法官　沈方維

法官　鄭傑夫

法官　鄭雅萍

　　本件亦係宣示許可執行之訴。

　　「查系爭外國確定判決，上訴人並未應訴，其開始訴訟之通知，於美國對林麗玉之送達，不足認對啓成科技公司亦合法送達，既為原審所確定之事實，依上說明，自應由被上訴人就訴訟開始之通知，已於美國對啓成科技公司合法送達或依我國法律協助送達於營業所設在我國之啓成科技公司，始得承認系爭外國確定判決，在我國對啓成科技公司發生效力。乃原法院徒以被上訴人委任之律師將傳票、起訴狀及損害賠償陳述以航空掛號送達營業所設在我國之啓成科技公司，依美國民事訴訟法規定，應認系爭外國確定判決之開始訴訟通知於我國已合法送達啓成科技公司為由，即為啓成科技公司不利之判決，已有未合。究竟啓成科技公司在美國有無經合法送達或有無依我國法律為協助送達？似有未明。原審未予詳求，遽行判決，亦嫌速斷。其次，按依強制執行法第4條之1第1項規定，外國法院之確定判決聲請強制執行者，以該判決無民事訴訟法第402條第1項各款情形之一，並經中華民國法院以判決宣示許可其執行者為限，得為強制執行，且因執行名義尚須具備給付內容為確定及可能等要件，強制執行方克落實，足見外國確定判決，必以與我國法院許可執行判決相

結合，始得認其為具執行力之執行名義。是以，我國法院就外國法院之確定判決許可執行之訴，除審查該外國法院判決是否為終局給付判決？是否確定？有無民事訴訟法第 402 條第 1 項所列不承認其效力之事由外，仍應就該外國法院之確定判決其內容是否明確、一定、具體、可能而適於強制執行等要件併予審究。」「查系爭外國確定判決所列被告為「Tinny Lin,Individually and dba SICA Inc.and SIC Electronics, LTD」（見一審卷（一）6 頁），據我國外交部駐舊金山辦事處覆函所附之美國法院回覆文件，其上記載：「2.Tinny Lin, Individually and dba SICA Inc.and SIC Electronics, Ltd were considered one party」，其文義究係指「Tinny Lin」個人（Individually）與商業別名（dba）「SICA Inc」及「SIC Electronics, Ltd」三者均為同一造之被告（即被告為「Tinny Lin」、「SICA Inc」、「SIC Electronics, Ltd」三人）？或係指「Tinny Lin」個人與其商業別名「SICA Inc」及「SIC Electronics,Ltd」為同一（即被告係以「SICA Inc」及「SIC Electronics, Ltd」為商業別名之「Tinny Lin」），所指之被告有無將上訴人二人均包括在內？即有待進一步釐清，以確定系爭外國法院確定判決之主觀範圍。又倘被告為三人，系爭外國確定判決究係令三名被告就所命給付平均為之？或任一被告就所命給付為給付即為已足，均攸關執行名義之客觀範圍即許可執行之訴其主文判決之內容，原審未遑深究，遽以上述理由而為系爭外國確定判決對上訴人均許可執行之論斷，尤有可議。」

第十章

經台灣地區認可之大陸地區裁判之效力與債務人異議之訴

第一節 案例事實及法院裁判要旨

壹、最高法院 97 年度台上字第 2376 號民事判決[1]

一、事實概要

當事人與利害關係人

長榮國際儲運股份有限公司（以下簡稱長榮公司）

浙江省紡織品進出口集團有限公司（以下簡稱浙江省公司）

案由　債務人異議之訴

---

[1] 最高法院 97 年度台上字第 2257 號民事判決：「台灣地區與大陸地區人民關係條例第 74 條僅規定經法院裁定認可之大陸地區民事確定裁判，以給付為內容者，得為執行名義，並未明定在大陸地區作成之民事確定裁判，與確定判決有同一之效力，該執行名義核屬強制執行法第 4 條第 1 項第 6 款規定其他依法律之規定得為強制執行名義，而非同條項第一款所稱我國確定之終局判決可比。又該條文就大陸地區民事確定裁判之規範，係採「裁定認可執行制」，與外國法院或在香港、澳門作成之民事確定裁判（香港澳門關係條例第 42 條第 1 項明定其效力、管轄及得為強制執行之要件，準用民事訴訟法第 402 條及強制執行法第 4 條之 1 之規定），仿德國及日本之例，依民事訴訟法第 402 條之規定，採「自動承認制」，原則上不待我國法院之承認裁判，即因符合承認要件而自動發生承認之效力不同，是經我國法院裁定認可之大陸地區民事確定裁判，應祇具有執行力而無與我國法院確定判決同一效力之既判力。」

二、訴之聲明

被告浙江省公司不可持台灣桃園地方法院 93 年度聲字第 1032 號民事裁定對原告長榮公司強制執行，台灣桃園地方法院 94 年度執字第 17060 號強制執行程序應撤銷。

三、事實

長榮公司為出口學生校服到伊拉克，於西元 2000 年 11 月 9 日至 12 月 14 日間，輾轉由香港華海國際貨運有限公司等公司，在上海將校服交付現已由浙江省公司合併之立榮海運股份有限公司承運，指定運到伊拉克 UMM QASR 港，受貨人為伊拉克高等教育及科研部（下稱高教部）。浙江省公司將貨物運抵伊拉克，透過伊拉克國家水運公司（下稱水運公司）交付高教部，但浙江省公司以其中 21 張提單（下稱系爭 21 張提單）長榮公司未收回為由，主張違反運送契約，在大陸地區上海海事法院訴請伊賠償，經上海海事法院（2001）滬海法商初字第 441 號判決、上海市高級人民法院（2003）滬高民四（海）終字第 39 號判決（下稱系爭大陸地區判決）長榮公司敗訴確定。浙江省公司持系爭大陸地區判決聲請台灣桃園地方法院 93 年度聲字第 1032 號民事裁定准予對長榮公司強制執行，再聲請原審法院 94 年度執字第 17060 號強制執行事件，對長榮公司財產為強制執行。

四、爭點

系爭大陸地區民事確定判決，經台灣地區法院裁定認可後，是否有與台灣地區民事確定判決同一的效力，即長榮公司得否以上開大陸地區判決言詞辯論終結前的事由，提起本件債務人異議之訴。

五、判決要旨：
甲、第一審判決（台灣桃園地方法院 94 年度重訴字第 208 號民事判決）

一、本件執行名義應係系爭大陸地區民事確定判決，而台灣地區認可裁定：

（一）按外國法律，乃該外國立法權之行使結果，其效力原則上應以其領域範圍為其範圍，在他國不生效力。而所以由內國法院予以適用，係因內國法院依據其國際私法之規定，適用某外國之實體法所致。相對於此，在外國法院

確定判決之承認與執行，則是對於外國司法權及其行使之承認，國際私法上有所謂「禮讓原則」，亦即適當考慮國際責任及實際便利，為尊重法律體系之完整與獨立，並防止同一事件在不同國家重複起訴。依據學者分析其重要理由包括：避免重複審判，以求訴訟經濟，就被告而言，可避免重複支出訴訟費用，並使其權利得以迅速實現，就法院而言，亦可減少同一訴訟重複審理之時間、精力浪費，此即終局性之原則；保護勝訴當事人，免受敗訴當事人不斷興訟侵擾或逃避責任所造成之損害；使長榮公司不以法院之有效執行性作為選擇法院之決定性因素；增進國際秩序之安定性及同一性，避免當事人之權利義務關係，因甲、乙兩國判決歧異、矛盾而無由確定；對於某些案件，基於方便性及利益關切等理由，為判決之法院較承認之法院，更具審理妥當性。

（二）至於對於外國確定判決之承認與執行，究應採取如何之審查標準，雖有實質審查主義、形式審查主義之分，惟晚近各國均已採取形式審查主義。準此，我國強制執行法第4條之1規定：「依外國法院確定判決聲請強制執行者，以該判決無民事訴訟法第402條各款情形之一，並經中華民國法院以判決宣示許可其執行者為限，得為強制執行。前項請求許可執行之訴，由債務人住所地之法院管轄。債務人於中華民國無住所者，由執行標的物所在地或應為執行行為地之法院管轄。」另依民事訴訟法第402條之規定：「外國法院之確定判決，有下列各款情形之一者，不認其效力：一、依中華民國之法律，外國法院無管轄權者。二、敗訴之被告未應訴者。但開始訴訟之通知或命令已於相當時期在該國合法送達，或依中華民國法律上之協助送達者，不在此限。三、判決之內容或訴訟程序，有背中華民國之公共秩序或善良風俗者。四、無相互之承認者。前項規定，於外國法院之確定裁定準用之。」。亦即，除民事訴訟法第402條所規範之4項審查項目外，對於實體爭執並不容許重為審查、重複審判。至於債權人提起之許可執行判決之訴，性質上容有給付判決、確認判決、形成判決之見，本院認為：我國法院之執行判決既未針對實體爭執重為判斷，且執行名義之內容均已外國判決所載之內容給付內容為準，我國許可執行之判決並無另外載明其他給付內容，故以採確認判決之見解為當。亦即我國法院之執行判決本身並非執行名義，僅係外國法院判決取得執行名義之要件而已。經許可執行之外國判決本身始為執行名義。

（三）承上，兩岸之間分屬不同法域，因此兩岸間之法律衝突，與我國與外國間之法律衝突，均屬區際間之法律衝突、訴訟競合，採取「禮讓原則」、「互惠原則」之法理一致，原應準用民事訴訟法第402條之規定，為完全相同

之處理模式，但因兩岸間政治情勢糾葛，互相敵對，不可能有國際間之相互承認，且有所謂法統爭議，故兩岸關係條例第 74 條乃不得不另設特別規定：「在大陸地區作成之民事確定裁判、民事仲裁判斷，不違背台灣地區公共秩序或善良風俗者，得聲請法院裁定認可。前項經法院裁定認可之裁判或判斷，以給付為內容者，得為執行名義。前二項規定，以在台灣地區作成之民事確定裁判、民事仲裁判斷，得聲請大陸地區法院裁定認可或為執行名義者，始適用之。」雖立法文字稍有歧異，惟前述區際法律衝突之適用原則、要件、效果均屬一致。雖長榮公司主張上開規定所指之執行名義，應係我國認可之裁定云云，然查：

1. 就法條文意觀之，同法條第 2 項所謂「前項經法院裁定認可之『裁判或判斷』，以給付為內容者，得為執行名義。」，明顯係以同法條第 1 項「在大陸地區作成之民事確定裁判、民事仲裁判斷」為執行名義，並非以認可裁定本身為執行名義。

2. 從立法理由來看，同法條第 3 項於 86 年 5 月 14 日增訂時之立法理由明載：「依本條例規定，在大陸地區作成之民事確定判決及民事仲裁判斷，不違背台灣地區公共秩序或善良風俗者，得聲請我法院裁定認可，並得為執行名義」。其所認「得為執行名義」之主體，亦為「在大陸地區作成之民事確定裁判及民事仲裁判斷」。

3. 自法理而言，兩岸之間之法律衝突，與我國與外國間之法律衝突，既然均屬區際間之法律衝突，均應適用「禮讓原則」之法理，而經許可執行之外國判決本身始為執行名義，已如前述。基於相同法理，應認大陸地區判決本身即為執行名義為當。

4. 就裁定認可之程序而論，依上開規定，聲請法院裁定認可在大陸地區作成之民事確定裁判，其性質為非訟事件，其裁定程序應適用非訟事件法總則之規定（最高法院 87 年度台聲字第 347 號判決意旨可資參照）。於此裁定程序，並非就當事人間所爭執之民事確定裁判重為判斷，亦非審查大陸地區作成之民事確定判決是否符合我國法律規定，唯一應審查者，乃該確定判決是否「違背台灣地區公共秩序或善良風俗」。長榮公司亦同肯認裁定認可程序「僅形式認可該判決在我國可為一定之權利義務證明」。

5. 就裁定認可之內容而言，亦僅於主文中宣示大陸地區判決「應予認可」，並非重為給付判決之內容，自無從單獨持該認可之裁定憑以聲請強制執

行。

6.長榮公司雖以系爭裁定性質上等同本票裁定、拍賣抵押物裁定，應逕以裁定本身為執行名義。然按本票裁定、拍賣抵押物裁定與系爭裁定固然均屬非訟事件裁定，惟前者全然未經實體審查，並未賦予債務人行使實體抗辯之機會，與後者曾經實體判決，當事人曾受程序保障，並有國際禮讓原則適用，畢竟不同，自難援引類比。

7.又依兩岸關係條例第74條規定觀之，我國法院對於大陸地區確定判決顯然係採取形式審查之立場，亦即，所需考慮者不應是判決是否由大陸地區法院作成，或是由台灣地區法院作成，而是考量法院判決之程序是否足以確保國民依照憲法所保障之權利，也就是平等而充分地去論證其權利之程序上保障。經查：浙江省公司主張系爭大陸地區判決之一審訴訟程序，係於西元2001年11月12日受理起訴，其後分別於同年11月29日、西元2002年1月16日、同年4月4日、4月11日、4月17日、7月1日、9月19日、11月28日陸續開庭調查，總計開庭次數為8次等情，業經載明於系爭大陸地區判決中，並為長榮公司所不爭執，形式上確實已給予長榮公司充分之答辯及提出證據資料之機會，此不因該案上訴審僅進行1次而有異。況且，參諸系爭大陸地區判決文中，對於長榮公司提出之攻擊方法已有詳盡之論述，上訴審亦有針對長榮公司所爭執之浙江省公司是否為託運人及無單放貨損失額等上訴理由，詳列其駁回長榮公司上訴之理由及依據。是長榮公司主張系爭大陸地區判決之法院未給予充分攻擊防禦機會，致其對於以油換糧等事實均無法及時提出云云，顯非可採。況且，系爭大陸地區判決業經本院系爭裁定確定，亦為長榮公司所不爭執，系爭裁定亦僅以系爭大陸地區判決未違背台灣地區公共秩序善良風俗為由，即逕予認定系爭大陸地區判決應予認可。從而，浙江省公司持經本院以系爭裁定認可之系爭大陸地區確定判決聲請強制執行，其執行名義即為系爭大陸地區之確定判決，而非認可其效力之本院系爭裁定，洵無疑問，長榮公司主張此際係以本院系爭裁定為執行名義，容有誤解。

二、系爭大陸地區確定判決經系爭裁定認可後，即有與台灣地區確定判決同一之效力：

（一）系爭大陸地區判決已給予當事人完整之程序保障，已如前述，則系爭大陸地區判決便已具有確定個案規範之正當性，不待法律明文規定，亦不因大陸地區非我國法權所及而有異。因此，不論是認大陸地區判決本身即為執行

名義，或如學者主張將大陸地區判決與認可裁定合一成為執行名義，均應認已取得實質上之確定力即既判力。至於長榮公司所引學者見解，認大陸地區判決僅具事實上效力，不具法律上之既判力，其所生法律上之效力，乃基於我國法院之認可裁定，並非大陸地區判決本身。惟所謂「事實上效力」究何所指？已有疑義，且核與前述「經許可執行之外國判決本身始為執行名義」之法理亦有歧異，諒係囿於「一國兩地區」或「中共政權非正統性」之觀念影響所致（按該篇文章發表於81年10月7日司法週刊591期）。是以，本院認為倘僅以大陸地區判決並非基於中華民國司法權所為，亦非外國法院之判決，而採取與外國判決不同之說理，當無可採。況且，縱然依據同一學者意見，認系爭裁定方為執行名義，惟其同時認為「如當事人仍就同一事件起訴者，應認該訴訟欠缺訴之利益（狹義），亦即欠缺保護必要之要件，應判決程序駁回長榮公司之訴」（見同上頁著作）。其結果，仍然尊重大陸地區判決之認定，肯認當事人應受該判決拘束，不得以同一實體事項提起訴訟，再為爭執。

（二）查兩岸對於彼此法院判決之認可及承認，我國係依據兩岸關係條例第74條規定，由我國法院形式審查該大陸地區法院判決有無違背台灣地區之公共秩序或善良風俗，資為是否認可之依據，並非就同一事件重為審判；而大陸地區對於台灣地區之判決，則係依據「有關『中共最高人民法院』關於認可台灣地區有關法院民事判決的規定」辦理，其中，大陸地區前揭規定第12條載明：「人民法院受理認可台灣地區有關法院民事判決的申請後，對當事人就同一案件事實起訴的，不予受理。」，即明文規定承認台灣地區法院判決經認可後有既判力，不得更行起訴。我國雖未有相同之明文規定，惟基於兩岸關係條例第74條第3項所採取之平等互惠政策原則，亦應認大陸地區判決經我國法院認可裁定後有與確定判決同一之效力，方符禮讓原則、平等互惠原則及對他國司法之尊重。

（三）自法理層面而言，台灣地區與大陸地區目前並非本國與外國之關係，惟仍應適用我國與外國間區際法律衝突之相同法理，已如前述。比較兩岸關係條例第74條與民事訴訟法第402條之規定，就採取形式審查方面，兩者相同，然就審查之項目及審查程序，顯見前者採取較後者更為寬鬆之方式，例如對大陸地區判決之承認與否僅以裁定程序進行審查，而未如對待外國判決一般要求以較為嚴格之訴訟程序為之。從而，外國判決除非構成我國民事訴訟法第402條各款事由，否則當然具有與我國法院確定判決同一之效力，依舉輕以明重之法理，大陸地區判決經台灣地區法院依兩岸關係條例第74條予以認可

後，自應同樣與台灣地區確定判決有同一之效力。

（四）綜上所述，系爭大陸地區判決業經本院依據兩岸關係條例第74條規定，予以裁定認可，不論肯認執行名義爲系爭大陸地區判決本身，或應與系爭裁定合一，均應已產生與台灣地區確定判決同一之效力。又不論該效力是否即「既判力」、「執行力」或「事實上效力」，均當然產生禁止再訴、禁止重爲實體審查之效力，應可認定。

三、長榮公司以系爭大陸地區訴訟程序終結前發生之事由提起本件債務人異議之訴，於法不合：

（一）按執行名義成立後，如有消滅或妨礙債權人請求之事由發生，債務人得於強制執行程序終結前，向執行法院對債權人提起異議之訴。如以裁判爲執行名義時，其爲異議原因之事實發生在前訴訟言詞辯論終結後者，亦得主張之。執行名義無確定判決同一之效力者，於執行名義成立前，如有債權不成立或消滅或妨礙債權人請求之事由發生，債務人亦得於強制執行程序終結前提起異議之訴。強制執行法第14條第1、2項規定甚明。又該條第2項之意旨，在於無實體上確定力之執行名義，因未經實體上權利存否之審查，債務人實無抗辯之機會，乃就此項執行名義成立前，所存實體上權利義務存否之爭執，許由債務人提起異議之訴，以謀救濟。即債務人就實體上權利義務之存否，在強制執行程序終結前，尚得提起異議之訴。倘未於該強制執行程序終結前加以爭執，依該執行名義所爲之強制執行程序始成爲終局之執行，以求程序之安定。準此，得依此項規定提起異議之訴者，應限於依非訟事件程序審查而許可對之強制執行之債務人，如准許拍賣抵押物、准許本票強制執行等可爲終局執行名義之裁定所載之債務人，始足當之。最高法院92年度台上字第2138號判決意旨參照。

（二）經查，系爭大陸地區判決業經本院系爭裁定准予認可，系爭裁定並已確定，又本件執行名義應屬系爭大陸地區判決，且已發生與台灣地區確定判決相同之效力，均已具論如前，自非上開准許拍賣抵押物、准許本票強制執行等未經實體上權利存否審查之裁定所可比擬，當無強制執行法第14條第2項適用之餘地，而應以同條第1項規定資爲適用準則。是以浙江省公司以系爭大陸地區判決爲執行名義聲請就長榮公司財產強制執行，依據上開法條，長榮公司僅得以原因事實發生在前訴訟言詞辯論終結後之事由，提起異議之訴，方爲合法，本院無從就該執行名義訴訟言詞辯論終結前之實體事項再爲審酌。惟本

件長榮公司仍係就系爭大陸地區判決訴訟程序言詞辯論終結前之實體事由再爲爭執，而提起本件債務人異議之訴，核諸前揭說明，自嫌無據。

乙、第二審判決（台灣高等法院96年度重上字第175號民事判決）

爭點：系爭大陸地區判決，經系爭裁定認可後，是否有與我國民事確定判決同一的效力，長榮公司得否以上開大陸地區判決言詞辯論終結前的事由，提起本件債務人異議之訴？

一、本件執行名義應爲系爭大陸地區判決：

（一）按執行名義成立後，如有消滅或妨礙債權人請求之事由發生，債務人得於強制執行程序終結前，向執行法院對債權人提起異議之訴。如以裁判爲執行名義時，其爲異議原因之事實發生在前訴訟言詞辯論終結後者，亦得主張之，強制執行法第14條第1項定有明文。從而，債務人提起異議之訴，須以其主張消滅或妨礙債權人請求之事由，係發生於執行名義成立後者，或係發生在前訴訟言詞辯論終結後者始得爲之。本件長榮公司主張浙江省公司對伊並無損害賠償債權，利用詐欺訴訟獲大陸地區法院之勝訴判決，根本無權利聲請強制執行，本件執行名義乃系爭裁定，而非大陸地區判決，依強制執行法第14條第2項之規定，伊得以於裁定前有債權不成立或裁定後有消滅或妨礙債權之事由提起債務人異議之訴，故法院應再次審究浙江省公司所主張之債權是否成立或已消滅云云，故本件強制執行之執行名義是前開大陸地區判決或系爭裁定，自有先釐清之必要。

（二）按外國法律，乃該外國立法權之行使結果，其效力原則上應以其領域範圍爲其範圍，在他國不生效力。而所以由內國法院予以適用，係因內國法院依據其國際私法之規定，適用某外國之實體法所致。相對於此，在外國法院確定判決之承認與執行，則是對於外國司法權及其行使之承認，國際私法上有所謂「禮讓原則」，亦即適當考慮國際責任及實際便利，爲尊重法律體系之完整與獨立，並防止同一事件在不同國家重複起訴。

（三）依民事訴訟法第402條之立法體例，係以外國法院之確定判決在我國認其具有效力爲原則，如有該條各款情形之一者，始例外不承認其效力，可見係採自動承認制度。但對於外國確定判決之執行力，依據強制執行法第4條之1規定，以該判決無民事訴訟法第402條各款情形，並經中華民國法院以判決宣示許可其執行者爲限，得爲強制執行，故外國確定判決仍須經向我國提起

許可執行之訴，始能取得執行力。

　　（四）至於對於大陸地區法院之判決，在政治上雖因情勢糾葛無法相互承認，但就實質貿易交通上，基於保護雙方人民之財產與權利，兩岸關係條例第74條乃特別規定：「在大陸地區作成之民事確定裁判、民事仲裁判斷，不違背台灣地區公共秩序或善良風俗者，得聲請法院裁定認可。前項經法院裁定認可之裁判或判斷，以給付爲內容者，得爲執行名義。前二項規定，以在台灣地區作成之民事確定裁判、民事仲裁判斷，得聲請大陸地區法院裁定認可或爲執行名義者，始適用之。」。觀其立法理由明載：「依本條例規定，在大陸地區作成之民事確定判決及民事仲裁判斷，不違背台灣地區公共秩序或善良風俗者，得聲請我法院裁定認可，並得爲執行名義」，顯然立法者對於大陸地區判決未採自動承認制，必須經法院以裁定認可者始予以承認並取得執行力，故該條第3項所認「得爲執行名義」之主體應爲「在大陸地區作成之民事確定裁判及民事仲裁判斷」。

　　（五）長榮公司雖以系爭裁定性質上等同本票裁定、拍賣抵押物裁定，應逕以裁定本身爲執行名義云云。然按本票裁定、拍賣抵押物裁定與系爭裁定固然均屬非訟事件裁定，惟前者全然未經實體審查，並未賦予債務人行使實體抗辯之機會，與後者曾經實體判決，當事人曾受程序保障，並有國際禮讓原則適用，畢竟不同，自難援引類比。

　　（六）又依兩岸關係條例第74條規定觀之，我國法院對於大陸地區確定判決係採形式審查之立場，亦即所需考慮者不應是判決是否由大陸地區法院作成，或是由台灣地區法院作成，而是考量法院判決之程序是否足以確保人民依照憲法所保障之權利，也就是平等而充分地去論證其權利之程序上保障。經查：浙江省公司主張系爭大陸地區判決之一審訴訟程序，係於西元2001年11月12日受理起訴，其後分別於同年11月29日、西元2002年1月16日、同年4月4日、4月11日、4月17日、7月1日、9月19日、11月28日陸續開庭調查，總計開庭次數爲8次等情，業經載明於系爭大陸地區判決中，並爲長榮公司所不爭執，形式上確實已給予長榮公司充分之答辯及提出證據資料之機會，此不因該案上訴審僅進行1次而有異。況且，參諸系爭大陸地區判決文中，對於長榮公司提出之攻擊方法已有詳盡之論述，上訴審亦針對長榮公司所爭執之浙江省公司是否爲託運人及無單放貨損失額等上訴理由，詳列其駁回長榮公司上訴之理由及依據。是長榮公司主張系爭大陸地區判決之法院未給予充分攻擊防禦機會，致其對於以油換糧等事實均無法及時提出云云，顯非可採。

況且，系爭大陸地區判決業經原審法院以系爭大陸地區判決未違背台灣地區公共秩序善良風俗爲由，逕予認定系爭大陸地區判決應予認可確定在案。從而，浙江省公司持經台灣地區法院以系爭裁定認可之大陸地區判決聲請強制執行，其執行名義應爲系爭大陸地區判決，而非認可該判決效力之系爭裁定，洵無疑問，長榮公司主張本件執行名義爲系爭裁定，殊非可採。

二、系爭大陸地區判決經系爭裁定認可後，有與台灣地區確定判決同一之效力：

（一）系爭大陸地區判決已給予當事人完整之程序保障，已如前述，則系爭大陸地區判決即已具有確定個案規範之正當性，不待法律明文規定，亦不因大陸地區非我國法權所及而有異。因此，不論是認大陸地區判決本身即爲執行名義，或如學者主張將大陸地區判決與認可裁定合一成爲執行名義，均應認已取得實質上之確定力即既判力。至於長榮公司所引學者見解，認大陸地區判決僅具事實上效力，不具法律上之既判力，其所生法律上之效力，乃基於我國法院之認可裁定，並非大陸地區判決本身。惟所謂「事實上效力」究何所指？已有疑義，且與前述「經許可執行之外國判決本身始爲執行名義」之法理亦有歧異，諒係囿於「一國兩地區」或「中共政權非正統性」之觀念影響所致（按該篇文章發表於 81 年 10 月 7 日司法週刊 591 期）。是以，本院認爲倘僅以大陸地區判決並非基於中華民國司法權所爲，亦非外國法院之判決，而採取與外國判決不同之說理，當無可採。況且，縱然依據同一學者意見，認系爭裁定方爲執行名義，惟其同時認爲「如當事人仍就同一事件起訴者，應認該訴訟欠缺訴之利益（狹義），亦即欠缺保護必要之要件，應判決程序駁回長榮公司之訴」（見同上頁著作）。其結果，仍然尊重大陸地區判決之認定，肯認當事人應受該判決拘束，不得以同一實體事項提起訴訟，再爲爭執。

（二）查兩岸對於彼此法院判決之認可及承認，依據兩岸關係條例第 74 條規定，由我國法院形式審查該大陸地區法院判決有無違背台灣地區之公共秩序或善良風俗，資爲是否認可之依據，並非就同一事件重爲審判；而大陸地區對於台灣地區之判決，則係依據「有關『中共最高人民法院』關於認可台灣地區有關法院民事判決的規定」辦理，其中，大陸地區前揭規定第 12 條載明：「人民法院受理認可台灣地區有關法院民事判決的申請後，對當事人就同一案件事實起訴的，不予受理。」，即明文規定承認台灣地區法院判決經認可後，不得更行起訴。我國雖未有相同之明文規定，惟基於兩岸關係條例第 74 條第 3 項所採取之平等互惠政策原則，亦應認大陸地區判決經我國法院認可裁定後有與

確定判決同一之效力，方符禮讓原則、平等互惠原則及對他國司法之尊重。

（三）自法理層面而言，台灣地區與大陸地區目前並非本國與外國之關係，惟仍應適用我國與外國間國際法律衝突之相同法理，已如前述。比較兩岸關係條例第 74 條與民事訴訟法第 402 條之規定，就採取形式審查方面，兩者相同，然就審查之項目及審查程序，顯見前者採取較後者更爲寬鬆之方式，例如對大陸地區判決之承認與否僅以裁定程序進行審查，而未如對待外國判決一般要求以較爲嚴格之訴訟程序爲之。外國判決除非構成我國民事訴訟法第 402 條各款事由，否則當然具有與我國法院確定判決同一之效力，依舉輕以明重之法理，大陸地區判決經台灣地區法院依兩岸關係條例第 74 條裁定予以認可後，自應同樣與台灣地區確定判決有同一之效力。

（四）綜上所述，系爭大陸地區判決業經原審法院依據兩岸關係條例第 74 條規定予以裁定認可，不論執行名義爲系爭大陸地區判決，或應與系爭裁定合而爲一，均應發生與台灣地區確定判決同一之效力，禁止再訴、禁止重爲實體審查，應可認定。

三、長榮公司以系爭大陸地區訴訟程序終結前發生之事由提起本件債務人異議之訴，於法不合：

依前所述，本件執行名義爲系爭大陸地區判決，並已經系爭裁定准予認可確定在案，顯然與准許拍賣抵押物、准許本票強制執行之裁定有別，當無強制執行法第 14 條第 2 項適用之餘地，而應以同法條第 1 項規定爲適用準則。故浙江省公司援用系爭大陸地區判決爲執行名義聲請就長榮公司財產強制執行，長榮公司僅得以原因事實發生在前訴訟言詞辯論終結後之事由，提起異議之訴，方爲合法。惟本件長榮公司仍係就系爭大陸地區判決訴訟程序言詞辯論終結前之實體事由再爲爭執，而提起本件債務人異議之訴，核諸前揭說明，自嫌無據。故就爭點（二）至（六）即無加以討論之必要。

丙、第三審第一次判決（最高法院 96 年度台上字第 2531 號民事判決）

按兩岸關係條例第 74 條僅規定，經法院裁定認可之大陸地區民事確定裁判，以給付爲內容者，得爲執行名義，並未明定在大陸地區作成之民事確定裁判，與確定判決有同一之效力，該執行名義核屬強制執行法第 4 條第 1 項第 6 款規定其他依法律之規定得爲強制執行名義，而非同條項第 1 款所稱我國確定

之終局判決可比。又該條就大陸地區民事確定裁判之規範，係採「裁定認可執行制」，與外國法院或在香港、澳門作成之民事確定裁判（香港澳門關係條例第42條第1項明定其效力、管轄及得為強制執行之要件，準用民事訴訟法第402條及強制執行法第4條之1之規定），仿德國及日本之例，依民事訴訟法第402條之規定，就外國法院或在香港、澳門作成之民事確定裁判，採「自動承認制」，原則上不待我國法院之承認裁判，即因符合承認要件而自動發生承認之效力未盡相同，是經我國法院裁定認可之大陸地區民事確定裁判，應祇具有執行力而無與我國法院確定判決同一效力之既判力，債務人自得依強制執行法第14條第2項規定，以執行名義成立前，有債權不成立或消滅或妨礙債權人請求之事由發生，於強制執行程序終結前，提起債務人異議之訴。原審見未及此，徒以上述理由即認長榮公司不得提起本件異議之訴，所持之法律見解，已有可議。且長榮公司於原審一再表示：最高人民法院認可台灣判決規定第13條及第17條，另設有不平等互惠之限制規定，兩岸關係條例第74條更未如民事訴訟法第402條規定採自動承認制，經認可之大陸地區民事確定裁判，即無與確定判決之同一效力云云，並提出該規定全部條文為憑，原審未予深究，僅以最高人民法院認可台灣判決規定第12條，明定台灣地區法院判決經認可後，不得更行起訴，及基於禮讓、平等互惠政策原則及對他國司法之尊重等由，遽認經法院認可之大陸地區判決，與我國法院確定判決有同一之效力，不免速斷。又原審既認定兩岸關係條例第74條與民事訴訟法第402條規定，就審查之項目及程序，前者較後者為寬鬆，則能否依舉輕以明重之法理，逕謂經法院認可之系爭大陸地區判決，有與我國法院確定判決同一之效力？亦滋疑問。另原判決先則認定系爭大陸地區判決有與確定判決同一之效力，依民事訴訟法第400條第1項之規定，長榮公司不得對浙江省公司追加提起確認該給付請求權不存在之訴（本應依同法第249條第1項第7款規定，以裁定駁回長榮公司之追加之訴），繼卻謂長榮公司追加提起此部分確認之訴，顯欠缺即受確認判決之利益而無權利保護之必要，一曰「一事不再理」，一稱「無權利保護之必要」，兩相齟齬，並有判決理由前後矛盾之違法。

丁、第二審更審判決（台灣高等法院96年度重上更（一）字第210號民事判決）

　　系爭大陸地區判決，經系爭裁定認可後，是否有與我國民事確定判決同一的效力，長榮公司得否以上開大陸地區判決言詞辯論終結前的事由，提起本件債務人異議之訴？

　　長榮公司主張：依兩岸關係條例第 74 條第 1 項、第 2 項規定，系爭裁定僅係強制執行法第 4 條第 1 項第 6 款所定之執行名義，並無確定判決同一之效力。且大陸地區最高人民法院認可台灣判決規定第 13 條及第 17 條，另設有不平等互惠之限制規定，兩岸關係條例第 74 條更未如民事訴訟法第 402 條規定採自動承認制，經認可之大陸地區民事確定裁判，即無與確定判決之同一效力。則在系爭裁定前有債權不成立事由，或裁定後有消滅、妨礙債權事由，均可提起債務人異議之訴等語。

　　浙江省公司則辯稱：按外國法院確定判決之承認與執行，是對於外國司法權及其行使之承認，國際私法上有所謂「禮讓原則」，亦即適當考慮國際責任及實際便利，為尊重法律體系之完整與獨立，並防止同一事件在不同國家重複起訴。依民事訴訟法第 402 條之立法體例，係以外國法院之確定判決在我國認其具有效力為原則，如有該條各款情形之一者，始例外不承認其效力，可見係採自動承認制度。但對於外國確定判決之執行力，依據強制執行法第 4 條之 1 規定，以該判決無民事訴訟法第 402 條各款情形，並經中華民國法院以判決宣示許可其執行者為限，得為強制執行，故外國確定判決仍須經向我國提起許可執行之訴，始能取得執行力。至於對於大陸地區法院之判決，在政治上雖因情勢糾葛無法相互承認，但就實質貿易交通上，基於保護雙方人民之財產與權利，兩岸關係條例第 74 條乃特別規定：「在大陸地區作成之民事確定裁判、民事仲裁判斷，不違背台灣地區公共秩序或善良風俗者，得聲請法院裁定認可。前項經法院裁定認可之裁判或判斷，以給付為內容者，得為執行名義。前二項規定，以在台灣地區作成之民事確定裁判、民事仲裁判斷，得聲請大陸地區法院裁定認可或為執行名者，始適用之。」。足見我國法院對於大陸地區確定判決係採形式審查之立場，亦即所需考慮者不應是判決是否由大陸地區法院作成，或是由台灣地區法院作成，而是考量法院判決之程序是否足以確保人民依照憲法所保障之權利，也就是平等而充分地去論證其權利之程序上保障。故該條第 3 項所認「得為執行名義」之主體應為「在大陸地區作成之民事確定裁判及民事仲裁判斷」。本件執行名義應為系爭大陸地區判決，且經系爭裁定認可後，有與台灣地區確定判決同一之效力。而大陸地區對於台灣地區之判決，則係依據有關「中共最高人民法院關於認可台灣地區有關法院民事判決的規定」辦理，其中，大陸地區前揭規定第 12 條載明：「人民法院受理認可台灣地區有關法院民事判決的申請後，對當事人就同一案件事實起訴的，不予受理。」，即明文規定承認台灣地區法院判決經認可後，不得更行起訴。我國雖未有相同

之明文規定，自法理層面而言，台灣地區與大陸地區目前並非本國與外國之關係，惟仍應適用我國與外國間國際法律衝突之相同法理，基於兩岸關係條例第74條第3項所採取之平等互惠政策原則，亦應認大陸地區判決經我國法院認可裁定後有與確定判決同一之效力，方符禮讓原則、平等互惠原則及對他國司法之尊重。系爭大陸地區判決有台灣地區確定判決同一之效力，當事人應受其拘束，不得再為相反之主張，法院不得就同一事件重為實體審理，長榮公司以前訴訟言詞辯論終結前發生之事由提起異議之訴，屬重複起訴。本件執行名義為系爭大陸地區判決，並已經系爭裁定准予認可確定在案，顯然與准許拍賣抵押物、准許本票強制執行之裁定有別，當無強制執行法第14條第2項適用之餘地，而應以同法條第1項規定為適用準則。故浙江省公司援用系爭大陸地區判決為執行名義聲請就長榮公司財產強制執行，長榮公司僅得以原因事實發生在前訴訟言詞辯論終結後之事由，提起異議之訴，方為合法。惟本件長榮公司仍係就系爭大陸地區判決訴訟程序言詞辯論終結前之實體事由再為爭執，而提起本件債務人異議之訴，核諸前揭說明，自嫌無據云云。

按「兩岸關係條例第74條僅規定，經法院裁定認可之大陸地區民事確定裁判，以給付為內容者，得為執行名義，並未明定在大陸地區作成之民事確定裁判，與確定判決有同一之效力，該執行名義核屬強制執行法第4條第1項第6款規定其他依法律之規定得為強制執行名義，而非同條項第一款所稱我國確定之終局判決可比。又該條就大陸地區民事確定裁判之規範，係採「裁定認可執行制」，與外國法院或在香港、澳門作成之民事確定裁判（香港澳門關係條例第42條第1項明定其效力、管轄及得為強制執行之要件，準用民事訴訟法第402條及強制執行法第4條之1之規定），仿德國及日本之例，依民事訴訟法第402條之規定，就外國法院或在香港、澳門作成之民事確定裁判，採「自動承認制」，原則上不待我國法院之承認裁判，即因符合承認要件而自動發生承認之效力未盡相同。原審既認定兩岸關係條例第74條與民事訴訟法第402條規定，就審查之項目及程序，前者較後者為寬鬆，則能否依舉輕以明重之法理，遽謂經法院認可之系爭大陸地區判決，有與我國法院確定判決同一之效力？亦滋疑問。是經我國法院裁定認可之大陸地區民事確定裁判，應祇具有執行力而無與我國法院確定判決同一效力之既判力。」，此為最高法院本次廢棄發回理由所為之法律上判斷，依民事訴訟法第478條第4項之規定，受發回法院即本院應以此為判決基礎。

觀之兩岸關係條例第74條立法理由明載：「依本條例規定，在大陸地區作

成之民事確定判決及民事仲裁判斷，不違背台灣地區公共秩序或善良風俗者，得聲請我法院裁定認可，並得為執行名義」，顯然立法者對於大陸地區判決未採自動承認制，必須經法院以裁定認可者始予以承認並取得執行力。是經我國法院裁定認可之大陸地區民事確定裁判，應祇具有執行力而無與我國法院確定判決同一效力之既判力。最高法院發回意旨更明白指出「大陸最高人民法院認可台灣判決規定第 13 條及第 17 條另設有不平等互惠之限制規定，若基於禮讓、平等互惠原則及對他國司法之尊重等由，遽認經法院認可之大陸地區判決與我國法院確定判決有同一之效力，不免速斷」等語，足見原判決以「系爭大陸地區判決業經法院依據兩岸關係條例第 74 條以予裁定認可，不論執行名義為系爭大陸地判決或應與台灣地區法院裁定合而為一，均應發生與台灣地區確定判決同一效力，禁止再訴，禁止為實體上之審查」云云，而拒絕就實體之事實、證據而為審查，確有違誤。

按執行名義成立後，如有消滅或妨礙債權人請求之事由發生，債務人得於強制執行程序終結前，向執行法院對債權人提起異議之訴。如以裁判為執行名義時，其為異議原因之事實發生在前訴訟言詞辯論終結後者，亦得主張之，強制執行法第 14 條第 1 項定有明文。查經我國法院裁定認可之大陸地區民事確定裁判，應祇具有執行力而無與我國法院確定判決同一效力，即無既判力，法理上自有強制執行法第 14 條第 2 項適用，況最高法院亦已指明執行名義為我國法院認可執行裁定，該裁定為非訟事件，自有上開規定適用。從而，債務人自得依強制執行法第 14 條第 2 項規定，以執行名義成立前，有債權不成立或消滅或妨礙債權人請求之事由發生，於強制執行程序終結前，提起債務人異議之訴。（最高法院 96 年台上字第 2531 號判決參照）。且大陸地區之判決，既無我國判決之既判力，本不得拘束兩造，我國法院更不受其拘束。另一方面債務人異議之訴之訴訟標的為異議權，並非實體事由，長榮公司提起本訴，自無一事不再理可言。又本件係因浙江省公司在台灣地區對長榮公司強制執行，影響長榮公司權利，長榮公司既可依強制執行法第 14 條提起本訴以為救濟，而此訴訟標的為異議權，與大陸地區判決不同，自有權利保護之必要。

己、最高法院 97 年度台上字第 2376 號民事判決

兩岸關係條例第 74 條固規定，經法院裁定認可之大陸地區民事確定裁判，以給付為內容者，得為執行名義，然並未明定在大陸地區作成之民事確定裁判，與我國之確定判決有同一之效力。參以該條例立法理由所載，就大陸地區判決既未採自動承認制，而須經我國法院以裁定認可者始予以承認並取得執

行力，長榮公司所取得之系爭裁定之執行名義，即屬於強制執行法第4條第1項第6款規定：其他依法律之規定得為強制執行之名義。是以，經我國法院裁定認可之大陸地區民事確定裁判，應祇具有執行力而無與我國法院確定判決同一效力之既判力，兩造間或我國法院即均不受其拘束。浙江省公司以其於系爭執行名義成立前，有消滅或妨礙債權人（長榮公司）請求之事由發生，在系爭強制執行事件之程序終結前，依強制執行法第14條第2項規定，向執行法院對債權人即長榮公司提起本件異議之訴，自無違一事不再理原則，且有權利保護之必要。

　　按系爭大陸地區判決經我國法院依兩岸關係條例第74條規定裁定許可強制執行，固使該判決成為強制執行法第4條第1項第6款規定之執行名義而有執行力，然並無與我國確定判決同一效力之既判力。債務人如認於執行名義成立前，有債權不成立或消滅或妨礙債權人請求之事由發生者，在強制執行事件程序終結前，即得依同法第14條第2項規定，提起債務人異議之訴。至於確定判決之既判力，應以訴訟標的經表現於主文判斷之事項為限，判決理由原不生既判力問題，法院於確定判決理由中，就訴訟標的以外當事人主張之重要爭點，本於當事人辯論之結果，已為判斷時，除有顯然違背法令，或當事人已提出新訴訟資料，足以推翻原判斷之情形外，雖應解為在同一當事人就與該重要爭點有關所提起之他訴訟，法院及當事人對該重要爭點之法律關係，皆不得任作相反之判斷或主張，以符民事訴訟上之誠信原則，此即所謂「爭點效原則」。惟依前所述，經我國法院裁定認可之大陸地區民事確定裁判，應祇具有執行力而無與我國法院確定判決同一效力之既判力。該大陸地區裁判，對於訴訟標的或訴訟標的以外當事人主張之重大爭點，不論有無為「實體」之認定，於我國當然無爭點效原則之適用。我國法院自得斟酌全辯論意旨及調查證據之結果，為不同之判斷，不受大陸地區法院裁判之拘束。

第二節　評　釋

壹、外國法院確定裁判承認之理論基礎

　　國際私法選法規則承認涉外民事事件得適用外國法作為準據法，係對於外國立法權及其行使之承認，外國法院確定判決之承認與執行，則是對於外國司法權及其行使之承認。司法權與立法權同係國家之表現之一，基本上，僅於其

國家之領域之內發生效力，而甲國之民事法律爲乙國所適用，係經由乙國國際私法規定及其適用之結果，甲國之法院之確定判決，在乙國發生效力，亦係乙國之民事訴訟法或其他法律規定及其適用之結果，而乙國之民事訴訟法或其他法律爲何規定承認甲國或其他國家之法院之確定判決，乃承認與執行外國法院確定判決之理論基礎所在。對於此一問題，可從兩個層面加以觀察。

其一，基於承認與執行外國法院確定判決之實際上的必要性。亦即，雖外國法院之判決僅於該國領域之內始有效力，但如爲使該判決所涉及之私法上之權利義務，在數個國家發生效力，例如，甲國法院命被告損害賠償之確定判決，因被告之財產在乙國或丙國而需在乙國或丙國執行，因而使當事人需在乙國甚至丙國提起相同內容之訴訟，則不但時間、勞費均需多倍投入，影響訴訟經濟。且獲得勝訴之原告，其權利無法迅速獲得實現，已失私權保護之意旨，而敗訴之被告亦可能脫免其責任。如在乙國提起確認該已受甲國法院判決敗訴確定之權利，如前述之損害賠償債務之不存在，則乙國法院之判決有可能否定該損害賠償請求權之存在或作不同之損害賠償之認定，亦有可能肯定該損害賠償請求權之存在。如此，當事人之權利義務亦因甲乙兩國之判決亦因而發生歧異與矛盾，而無由確定，則國際間跛行的法律關係因而發生，法的安定性亦無由確保。[2]

其二，承認與執行外國法院確定判決之制度面之正當性，亦即，除前述之承認與執行外國法院確定判決之必要性外，在制度之層面，如何可以承認並執行外國法院之確定判決？應有更深一層之根據，此即終局性之原則與正當性之原則。所謂終局性之原則係指基於實踐正義之要求，紛爭解決之終局性與確定性是必要的。排除同一紛爭之重覆審理，支持紛爭解決之終局性之理由，可以從幾方面加以觀察，就當事人而言，可以避免當事人重覆支出訴訟上時間與金錢之勞費，就法院而言，亦可減少同一訴訟（同一當事人間就同一訴訟原因之訴訟）重覆審理在時間與精力上之花費。所謂正當性原則，則係基於理念正義之要求，判決應係正當的。如不正當則無維持其效力之必要。惟此二種原則並非併行不悖，而係互相排斥。亦即，如過於強調其一，則必然排斥其他。例如，強調紛爭之一次解決，禁止同一紛爭之重覆審理，則不問判決之正當與否，均不得再行訴訟。在訴訟之審級制度上也採取比較嚴格的態度。例如，僅

---

[2] 馬漢寶，國際私法總論，頁180-181；高桑昭，外國判決の承認と執行，新實務民事訴訟法講座，第7卷，頁126。

以一級一審爲限。在民事訴訟、民事確定裁判既判力之範圍亦採取比較寬鬆的態度。

　　反之，如強調判決之正當，則凡判決不正當，則可就同一紛爭重覆審理，不受任何限制。既判力之觀念幾無存在之餘地。因此，就裁判制度之層面考量，問題即在於如何調和二者。此在所謂純粹內國事件，即無涉外成分之民事事件，有所謂既判力之制度與再審之制度，前者之目的在禁止同一紛爭之重覆審理，後者則在對於不正當裁判不承認其效力，而另以再審裁定或判決，否認其效力。在涉外民事事件亦然，甚至需更深入加以檢討。特別是在當事人勞費與法院負擔之考量。前述之訴訟經濟與法的安定性之強調，無非係基於紛爭解決之終局原則，但不可否認的，相對於內國法院彼此間，基於係同一國家之法院，有相當之同質性與互相的信賴性，對於既經判決確定之紛爭，原則上不許其再重覆審理，除非原確定判決之結果，已嚴重違背正義之要求，始准許再審。在外國法院確定判決之承認與執行，畢竟該外國法院並非內國之法院，其所行之程序或所適用之法律並非內國所熟悉，如何在彼此間存有相當之信賴性？進而承認並執行其判決？在考慮前述之終局性原則與正當性之原則之際，不免更爲愼重，而有所謂外國法院確定判決之形式審查主義與實質審查主義之制度之對立。[3]

貳、形式審查主義與實質審查主義

　　對於外國法院確定判決之承認與執行，在制度之層面，有所謂判決之終局性原則與判決之正義性原則之對立，二者之間，應以何者爲重，即影響對於外國法院確定判決之態度。詳言之，如全然重視外國法院確定判決之正義性，則在對於外國法院之訴訟制度陌生或不信任之前提下，對於其確定判決抱持疑懼之態度乃屬必然。因而，有所謂實質審查主義之發生。所謂實質審查主義[4]，

---

[3]　豬股孝史，外國財產關係判決の承認および執行制度に關する序論的考察—制度論および要件論，比較法雜誌，22卷2號，頁34-35；松岡博，國際取引における外國判決の承認と執行，阪大法學（大阪大學）133、134號，頁26-31。

[4]　曾陳明汝，國際私法原理，頁194；法國原採實質審查主義，但在1964年1月7日Munzer破毀院判決之後，即廢止實質審查主義，而在具備以下五個要件時，承認外國法院民事確定判決：一、外國判決確係有管轄權法院所爲；二、外國所進行之程序係正當的；三、外國法院適用法國國際私法所指定之準據法；四、外國法院判決不違反公序良俗；五、未迴避強行法規之適用；松岡博，前揭文，頁25，註12；豬股孝史，前揭文，頁39，註14。

即是內國對於外國法院之確定判決，無論，證據取捨、事實認定、適用法律乃至訴訟程序，均予以審查，如有一不妥適，即不予承認或執行該外國法院之確定判決。因此，在採取實質審查主義之下，外國法院確定判決之承認與執行程序，在訴訟上之時間與金錢之勞費上，與在外國法院重行起訴並無差異，且與承認外國法院確定判決之一般原則不符，故並不妥適。如對於外國法院確定判決之終局性原則較為重視，則基本上信任外國法院確定判決之正當性，而僅在一定情形之下，始不承認或執行該外國法院之確定判決，而採取所謂形式審查主義。所謂形式審查主義，即係由內國在民事訴訟法或其他法律設定一定要件，通常為消極性之要件，如不具備此等要件，即予以承認該外國法院之確定判決。是否不具有該等消極要件，係由法院作形式上之審查，以資決定。

參、外國法院確定裁判承認之要件

由於採取實質審查主義有如上所述之缺失，因此，晚近各國均已採取形式審查主義。惟各國對於判決正當性原則與判決終局性原則之認知未必相同，影響該國對於外國法院確定判決之態度，因而，即使採取形式審查主義，但對於承認或執行或不予承認或執行外國法院確定判決之要件，均有不同。我國取法德國、日本等大陸法系國家之立法例，採取形式審查主義，一般而言，尚屬妥適。惟其中仍有若干問題有若干問題，有待進一步檢討。

民事訴訟法第 402 條規定：「外國法院之確定判決，有下列各款情形之一者，不認其效力：一、依中華民國之法律，外國法院無管轄權者。二、敗訴之被告未應訴者。但開始訴訟之通知或命令已於相當時期在該國合法送達，或依中華民國法律上之協助送達者，不在此限。三、判決之內容或訴訟程序，有背中華民國之公共秩序或善良風俗者。四、無相互之承認者。前項規定，於外國法院之確定裁定準用之。」依此規定，可知外國法院確定判決之承認要件如下，爰分項敘述其要件及有關之問題。

一、外國法院之確定裁判

在依涉外民事法律適用法適用外國法之場合，常發生未經法院地國或其政府承認（指國際法上之政府承認或國家承認）之法律是否能予以適用之問題？在外國判決之承認與執行，是否亦有同一問題，即受內國（承認國）與該外國（判決國）有無外交關係之影響？不無疑義。有認為外國法院之確定判決之承認，涉及對於外國司法權乃至主權行使之承認與否，同時，亦生承認國主權與

判決國主權衝突與如何調整之問題[5]。因此，涉及對於外國主權之承認與否，即應以有無外交關係爲斷，俾使同爲主權行使一環之行政權與司法權之態度能夠一致。但一般於討論此等問題時，均係於相互承認之問題時論之，各國亦不無於其民事訴訟法定有關於相互承認主義之規定。惟如後所述，以相互承認作爲外國法院確定判決承認與執行之要件之一，並非妥適。因此，依本文所見，此處之外國，不以經法院地國或其政府爲國家承認或政府承認爲限。

應注意者乃「外國法院」之「判決」或「裁定」。

所謂法院，因各國法制之不同，而有不同之機關型態。因此，於此應重視者乃其機能，即如該機關係針對民事上之權利義務予以裁判，雖該機關在該國不稱爲法院，仍爲此處所稱之法院。所謂法院，不以民事法院爲限，雖爲刑事法院或行政法院，惟如係就私法上之權利義務予以裁判，仍係此之法院。又，如其訴訟之目的在於解決私法上權利義務之爭執即可，不必過問所行之程序究爲民事訴訟、刑事訴訟或行政訴訟，亦不問所爲之判定之名稱係判決或裁定或其他名稱[6]。但與判決有相同效力之其他執行名義，例如訴訟上之和解、支付命令、公證書等，均不在其內。前司法行政部認爲：「查外國法院之確定終局判決而無民事訴訟法（舊）第401條所列各款情形之一者，始得認許其效力，至外國法院所爲假扣押或假處分裁定，不得認其效力，故土地登記簿所載日據時代受日本大阪法院囑託而爲之假扣押登記，於台灣光復後，即難認爲有效。」[7]不僅不承認外國法院假扣押或假處分裁定之效力，且不承認其執行之結果，見解是否妥適，尚有疑義。而民事訴訟法第402條第2項業已將裁定納入，上開司法行政部之見解業已失其參考價值。

其次，凡是外國法院之確定判決（或裁定），均有本條之適用，而不問是給付判決、確定判決或形成判決。惟對於此仍有不同見解，認爲形成判決，特別是離婚判決，因無執行其判決之必要，故無適用本條之餘地，至於其理由則有不同，有認爲形成判決基本上與實體法之關係較爲密切，即如經判決確定，則發生實體法上權利義務得、喪、變更之法律效果，此種實體法上之法律效果與既判力、執行力等程序法上之法律效果不同，因而有與給付判決分別處理之

---

[5]　石黑一憲，現代國際私法（上），頁385以下。
[6]　高桑昭，前揭文，頁134；石黑一憲，前揭書，頁436以下。
[7]　民國47年度台函民第4769號，法務部行政解釋彙編第1冊，1047頁。

必要。至於其處理方法，即承認與執行之要件，則見解亦不一致。

第一說認為內國國際私法所指定之準據法國法院所為之判決，或該國所承認之第三國法院所為之判決，始予以承認。

第二說則認為應該形成判決只要係有裁判管轄權之國家之法院所為即予以承認。

第三說則認為除本條所定之第 1 款至第 3 款之要件外，另需適用內國國際私法所定之準據法，始予以承認。至於需附加準據法要件之理由則在於該涉外民事事件，如依法院地之國際私法所指定之準據法不承認其形成之效力，則法院地亦不承認該形成之效力。

第四說則認為應類推適用本條第 1 款至第 3 款之規定，而無第 4 款相互承認規定之適用，且不附加準據法之要件。至於不以相互主義為必要之理由在於一般的財產關係之判決，均得預想其將來獲得執行，而其執行首先需他國之協助，形成判決則既經判決確定，即發生法律關係得、喪、變更之法律效果，不期待他國之協助與執行，故不必有相互主義之要件[8]。

依本文所見，仍以全面適用說為妥，蓋如前所述，外國法院確定判決之承認與執行係建立於對於外國法人確定判決之終局性原則與正當性原則之上，此二原則對於給付判決、確認判決或形成判決均無不同，實無特別區別之必要。[9]

非訟事件之裁定，是否亦有本條之適用，亦有疑義。對於此一問題，見解並不一致[10]：

第一說認為應採取國際私法之立場，外國法院之非訟事件之裁判，除一般管轄權之要件外，應以所適用之準據法與內國國際私法所指定者相同，始予以

8　木棚照一，外國離婚判決の承認に關する一考察，立命館法學（立命館大學）1978 年 1 號採第一説；江川英文，外國判決の承認，法學協會雜誌（東京大學）50 卷 11 號，頁 2054 以下採第二説；炊場準一，判例評論 165 號，採第三説；渡邊惺之，形成判決の承認と民事訴訟法第 200 條，國際私法の爭點，頁 157 以下。

9　最高法院 89 年度台上字第 1231 號民事判決：「依民事訴訟法第 402 條規定：「外國法院之確定判決，有左列各款情形之一者不認其效力：一、依中華民國之法律，外國法院無管轄權者。……」。上開離婚判決既為判決之一種，自在該條適用範圍內。」見解相同。

10　桑田三郎，法學新報（中央大學）66 卷 1 號，採第一説；鈴木忠一，外國非訟裁判承認、取消變更，法曹時報 26 卷 9 號，採第二説；三井哲夫，注解強制執行法 (1) 採第三説；參閱，海老澤美廣，非訟事件裁判承認，國際私法爭點，頁 136。

承認，其理由在於非訟事件之裁判與其所適用之實體法有密切之關係之故。

第二說則認爲應採取國際民事訴訟法之立場，亦即外國法院非訟事件之裁判之承認，除一般管轄權之要件外，應不得違反內國之公序良俗，其理由在於此二者乃外國法院確定判決承認之核心，自應同樣適用於外國法院之非訟事件之裁判上，至於準據法之要件或相互承認主義，均非必要，因此民事訴訟法第402條並無適用或準用之餘地。

第三說則認爲非訟事件之裁判，法律並無特別明文規定，故仍應適用民事訴訟法上開規定。

第四說則認爲非訟事件之裁判與形成判決無異，不需內國法院之裁判執行，在內國即可生效，惟非訟事件係訴訟事件以外各種事件之總稱，宜就各事件，構築其裁判承認之要件始屬妥適。

依本文所見，似仍應以第三說爲可採。[11]

第三，應注意者乃該外國法院之判決必需爲已確定之判決。

所謂已確定之判決係指依該判決國之程序，不得再行聲明不服之狀態，即不得以普通上訴方法加以變更之階段。至於確定之理由如何，則非所問。以一審爲限、缺席判決、書面審理等均無不可。但僅有執行力之判決仍非確定判決。判決是否確定有不明確之情形，應由請求承認者提出證明書類證明之。[12]

二、一般管轄權

民事訴訟法第402條第1項規定之管轄權係指一般的管轄權或抽象的管轄權，且係指法院在受理外國判決之承認與執行時，判決國有無管轄權之間接一般管轄權。

有無間接一般管轄權之決定基準爲何，首先乃應依據判決國抑或承認國之法律定之？就此，學說並不一致。有認爲應依據判決國之法律定該國法院對於該涉外民事事件有無一般管轄權，亦有認爲應依據承認國之法律定判決國之法院，對於該涉外民事事件有無一般管轄權。如以民事訴訟法第402條之規定：

---

[11] 92年1月14日修正之民事訴訟法第402條第2項規定：「前項規定，於外國法院之確定裁定準用之。」究竟採何說，尚待觀察。

[12] 馬漢寶，國際私法總論，頁182；高桑昭，前揭文，頁136-137。

「依中華民國法律外國法院無管轄權者」之用語觀之，似採取後說。惟所謂依中華民國法律外國法院無管轄權者，係指依中華民國法律外國法院無一般管轄權，且係依中華民國法律否定外國法院之一般管轄權，而非指依中華民國法律肯定外國法院有一般管轄權。

其次，依中華民國法律外國法院一般管轄權之有無，係指有無間接一般管轄權，其決定基準如何，亦有疑問。有認為應採取與直接裁判管轄權相同之標準定之。亦有認為如該涉外民事事件並非屬於承認國或第三國之專屬管轄（專屬的一般管轄權），則有無一般管轄權完全取決於判決國之法律。亦即，原則上如判決國不生直接一般管轄權之問題，則在承認國亦不生間接一般管轄權之問題，以免因欠缺間接一般管轄權而影響外國法院確定判決之承認與執行，而使跛行的法律關係，亦即在某國承認其為有效而在另一國卻認為無效或得撤銷，或在某國認為係某種法律關係而在另一國卻認為係另一種法律關係之情形發生。亦有認為原則上直接裁判管轄權與間接一般管轄權應依據相同標準定之，但不妨在提高外國法院確定判決之承認與執行之可能性之目的下，放鬆間接一般管轄權之決定基準。[13]

依本文所見，如以承認與執行外國法院確定判決以一般管轄權有無為其要件之一之理由何在觀之，對於以上之疑問或許可得妥適之答案。亦即，在直接一般管轄權之決定基準，與純粹內國事件之管轄權有無之決定上相同，應重視者乃該受訴法院是否係一便利之法院，對於該涉外民事事件之審理能否在時間、勞費證據調查等方面，係經濟、迅速與便利之法院，則只要判決國法院係一便利妥適之法院，即無藉該判決國法院無一般管轄權為理由，而否定其所為確定判決之效力之必要。基於上述便利法院之原則，各國法制中有若干一般管轄權過度擴張行使之情形，其確定判決即不得予以承認，例如，對於一時滯留的被告送達訴訟通知，英美法上一般管轄權很重要的基礎之一，但因不合於便利法院之原則，其確定判決即不應予以承認。又，例如，法國民法第 14 條規定，凡法國人原告提起之訴訟法國法院均有一般管轄權，而不問法國與事件或當事人有無任何關連，亦與便利法院之原則未合，而不得承認其確定判決。又，例如，德國依其民事訴訟法第 23 條之規定，扣押被告之財產，為對於被告行使裁判管轄權之根據，不問該財產之價值如何，亦不問該財產是否與該事

---

[13] 豬股孝史，前揭文，頁 41。

件有關。此亦與便利法院之原則未合,而不得承認其確定判決。[14] 惟最高法院採類推適用說。[15]

　　第三,有無一般管轄權,應以何時爲準?即外國法院有無一般管轄權,應以起訴時爲準,或以承認時爲準?在民事訴訟法上有所謂管轄恆定原則,則在外國法院確定判決之承認上如何適用,不無疑義。如貫徹該原則,則似乎該涉外民事事件於該外國法院訴訟繫屬時,該外國法院有一般管轄權即爲已足,惟亦有認爲外國法院有無裁判管轄權屬於判決承認與否之問題,並非該外國法院受理該涉外民事事件是否合法之問題,自應以承認時爲判斷基準時。至於該外國法院有無一般管轄權,屬於職權調查事項,關於判決理由雖因實質審查禁止原則,而不得調查,但關於該外國法院是否有合理的一般管轄權之行使基礎,即關於行使一般管轄權之理由,仍在職權調查之範圍內。[16]

　　最高法院認爲:「本件外國法院確定判決,係基於兩造事前協議,並經兩造親自到場後爲之;與我國法律,並無牴觸;亦不違反公序良俗。而美國加州洛杉機高等法院就此子女監護事件,有初審管轄權,亦有美國在台協會致北美事務協調委員會證明函一件爲證;不生該法院無管轄權之問題。美國訂有「台灣關係法案」,與我國繼續實質上之關係;依美國最高法院判例揭示國際相互承認原則,該外國確定判決殊無民事訴訟法第 402 條各款情形之一,自應宣示許可強制執行。」[17] 似採取以判決國之法律,作爲決定外國法院有無一般管轄權之基準。司法院則認爲:「關於陳進福持憑美國紐約州初審法院判決書及台灣台北地方法院公證處認證書申請撤銷其與郭淑華間結婚登記疑義乙案,撤銷婚姻之訴,依民事訴訟法第 568 條規定,係屬專屬管轄,當事人不得以合意變更

---

[14] 松岡博,前揭文,頁 39-41。

[15] 例如,最高法院 81 年度台上字第 2517 號民事判決:「美國加州法院確定判決,並無民事訴訟法第 402 條所列各款情形之一,應承認其效力,上訴人提起本件離婚之訴,違反一事不再理原則,已於理由項下詳爲說明其依據,查涉外離婚事件之管轄權,涉外民事法律適用法並無明文規定,惟類推適用民事訴訟法第 568 條第 1 項規定,夫妻之住所地在外國者,亦有管轄權。」最高法院 93 年度台上字第 1943 號:「(一) 涉外民事法律適用法並無關於離婚事件國際管轄權之規定,惟綜合民事訴訟法第 568 條關於離婚事件管轄權之規範意旨及原理,應解爲我國就離婚事件之國際管轄權,係以當事人本國法院管轄爲原則,輔以住所地法院管轄權及原因事實發生地法院之管轄權。」

[16] 高桑昭,前揭文,頁 139。

[17] 最高法院 69 年度臺上字第 3729 號。

之，依上開中華民國之法律，外國法院就該專屬管轄事件似無管轄權。本件陳進福向戶政機關申請撤銷結婚登記乙案，請參考上開說明，斟酌處理。」[18]前司法行政部認為：「查我國民事訴訟法對於外國法院之判決效力，以承認為原則，不承認為例外。不承認部份於第402條（舊）列舉規定，其全文如下：『外國法院之確定判決，有左列各款情形之一者，不認其效力：一、依中華民國之法律，外國法院無管轄權者。二、敗訴之一造為中華民國人而未應訴者，但開始訴訟所需之傳喚或命令已在該國送達本人，或依中華民國法律上之協助送達者，不在此限。三、外國法院之判決，有背公共秩序或善良風俗者。四、無國際相互之承認者』。又同法第568條規定：『婚姻無效或撤銷婚姻與確認婚姻成立或不成立、離婚或夫妻同居之訴，專屬夫之住所地或其死亡時住所地之法院管轄。夫在中華民國無住所或住所不明者，準用第1條第2項之規定，定前項之住所地。夫或妻為中華民國人不能依前2項規定定管轄之法院者，由首都所在地之法院管轄』。本條係規定婚姻事件專屬管轄，當事人不得合意變更。同法第1條第2項之規定為：『被告在中華民國現無住所或住所不明者，以其在中華民國之居所視為其住所。無居所或居所不明者，以其在中華民國最後之住所視為其住所』。綜上規定，可知夫為中華民國人之離婚訴訟，必須由我國法院管轄。本件依駐比國大使館代電內容，瑪黛係住在察哈爾省，大陸陷罪後，於38年（即公曆1949年）9月逃往香港，嗣經由日本東京轉往西德波昂定居，同法第546條所定有權管轄其離婚事件之法院，事實上已不能行使審判權，依同法第23條之規定，應聲請指定管轄。其全文如下：『有左列各款情形之一者，直接上級法院（本案即指最高法院）應依當事人之聲請或受訴法院之請求，指定管轄：一、有管轄權之法院，因法律或事實不能行審判權者。二、因管轄區域境界不明，致不能辨別有管轄權法院者。前項聲請，得向受訴法院或直接上級法院為之。指定管轄之裁定，不得聲明不服』。茲瑪黛不依前揭規定向最高法院聲請指定管轄，以便訴請離婚，而向無管轄權之日本東京初級法院請求判決與乃妻Priclla離婚，依民事訴訟法第401條第1款之規定，我國自不能承認該離婚判決之效力。」[19]前司法行政部又認為：「本件我國旅德華僑與其德籍妻離婚，既因目前西德與我國尚無外交關係，因之並無是項相互承認之協議，則依民事訴訟法（舊）第401條規定，西德法院所為確定判決，我國

18　司法院秘書長民國81年9月21日81秘台廳（一）第14458號。
19　司法行政部53台函民第501號，民國53年1月28日，法務部行政解釋彙編第1冊第1048頁。

當難承認其效力，此項訴訟，可依同法第 564 條規定定其管轄法院，如不能依同條第 1、第 2 兩項規定定管轄之法院者，則依同條第 3 項規定，由首都所在地之法院管轄，如首都所在地之法院因法院或事實不能行審判權者，則可依同法第 23 條聲請指定管轄。至若雙方當事人均在外國，則仍可依法委任訴訟代理人代為訴訟行為，事實上應無不便之處。關於我國法院判決之效力是否獲該僑民僑居地政府之承認一節，關鍵仍在有無相互承認，在國際慣例上當難強人單方予以承認，此為無可避免之事，惟苟未經我國法院判決，則該華僑縱得有外國法院確定判決，既無相互承認，在我國仍將不發生法律上變更身分，或因身分喪失而影響及於財產繼承等法律關係之效力。於此情形，該僑民究以向外國或我國法院進行訴訟為宜，當事人因切身利害關係，當必考慮其實際情形自行決定，似亦不必代為解決。」[20]似採取應以中華民國法律作為外國法院有無一般管轄權之決定基準。且，似採取逆推知說之見解。

三、敗訴之一造已應訴或經合法送達而未應訴者

民事訴訟法第 402 條條第 1 項第 2 款規定，敗訴之一造未應訴者。但開始訴訟所需之通知已在該國送達本人或依中華民國法律協助送達者，不在此限。

本項要件之立法意旨在於保護被告。被告包括自然人及法人在內。並以開始訴訟所需之通知或送達時為準。送達方法原則上是依判決國所定之方法為之。是否合法送達，亦應以判決國之法律為準。但在判決國以公示送達方法通知當事人是否亦屬「開始訴訟所而通知已在該國送達本人」？不無疑義。

按本條之立法意旨在於保護當事人，使其受有適當之通知，進而能有充裕之攻擊防禦機會，保護自己之權益。公示送達基本上係以在一定場所公告或在一定新聞媒體刊登關於開始訴訟之通知，俾受通知之當事人得知進而應訴。只要有公告或刊登即認為該受送達之當事人已知開始訴訟之情事，而不必問該當事人實際上是否知悉，在程序上之保障未必對於該當事人為充分，故公示送達在判決國縱屬合法，亦非此之「開始訴訟所需通知已在該國送達本人」。[21]

---

20 司法行政部 47 年 8 月 23 日 47 台公參字第 4599 號，法務部行政解釋彙編第 1 冊，第 1046 頁。
21 最高法院 91 年度台上字第 1924 號民事判決：依我國強制執行法第四條之一第一項及民事訴訟法第 402 條第 2 款之立法理由之意旨，請求我國法院承認外國法院之確定判決，若該敗訴之一造，為我國籍國民而未應訴者，且開始訴訟所需之通知或命令未在該國送達本人，或依我國法律上之協助送達者，自屬該外國法院未使我國國民知悉訴訟之開始，而諭知敗訴時，

　　如兩國間關於兩國間訴訟文書之送達已訂有條約等，而判決國不依該關於送達條約之規定送達開始訴訟所需之文書，則是否仍屬合法的送達？按對於此一問題，一般認為兩國之間既訂有關於訴訟文書送達之條約，自應依該條約之規定為之，判決國如不依條約之規定送達，將使上開條約失其意義，故仍應認為不合法之送達。[22]

　　送達是否應附上關於通知之中文譯文，見解並不一致。有認為應一律附上中文譯文。亦有認為在現代國際社會，如以英文告知開始訴訟之內容，則已滿足民事訴訟法第 402 條第 1 項第 2 款之要件。亦有認為應視被告公司之情形決定之，如被告已能充分了解英文，能完全了解送達之意義，在辯論期日之前則有充裕機會進行攻擊防禦之準備，則已合於民事訴訟法第 402 條第 1 項第 2 款之規定。[23] 鑑於一、送達之基本目的在於讓受送達人了解送達之目的，方而此種內容之了解，不以了解其大要內容為已足，應讓受送達人能完全以日常用語了解他方當事人所表示之一切內容。因訴訟往往剝奪當事人之身分或財產之權利，如送達之內容受送達人不能完全了解其內容，不能說不是其身分或財產上權利之剝奪。又英文雖係相當普遍之外國文字，但並非一般人均能充分了解其內容，特別是涉及專門用語時。且，如考量受送達人之情況決定是否應附上中文譯文，則未免與法規或制度在於要求一致性，不因個案之情形不同而異其效果。且，要求原告附上中文譯文，並非顯著之負擔，因原告有充分之時間作訴訟上之準備，且翻譯為中文之費用，在訴訟上之花費僅佔有極小之比例，因此，仍以一律附上中文之見解為妥。至於是否送達？已送達者是否合法，均應由當事人舉證證明，惟關於其舉證責任如何分配，不無疑義。參照民事訴訟法第 277 條之規定與其立法精神，似應認為應由當事人先就敗訴之一造已應訴或未應訴而實際上已收受關於開始訴訟所需之通知舉證。應訴係指給予當事人攻擊防禦機會，且已採取攻擊防禦方法者而言，至於是否關於本案之言詞辯論，則非所問。惟最高法院見解不同：「民事訴訟法第 402 條之立法本旨，在確保我國民於外國訴訟程序中，其訴訟權益獲得保障。所謂「應訴」應以被告之實質防禦權是否獲得充分保障行使為斷。倘若被告所參與之程序或所為之各項行

　　自不應承認該外國確定判決之效力。而法條所規定「已在該國送達本人」，依文義解釋，公示送達或補充送達均不適用。

[22] 高桑昭，前揭文，頁 140-141。

[23] 後藤明史，外國判決承認執行，涉外訴訟法，裁判實務大系，卷 10，頁 119-120。

爲與訴訟防禦權之行使無涉，自不宜視之爲「應訴」之行爲。原審既認系爭簡易判決美國法院之審理程序，探言詞辯論程序，被上訴人並未受合法之通知，且於言詞辯論期日亦未到場。則被上訴人未於言詞辯論時以言詞實質行使其防禦權，自難謂爲「應訴」。原審本此見解，認被上訴人未應訴，而就系爭美國簡易判決否准承認，並不許可強制執行，核無違背法令。」[24] 另，最高法院92年度台上字第883號民事判決：「按外國法院之確定判決，其敗訴之一造，爲中華民國人而未應訴者，不認其效力，民事訴訟法第402條第2款定有明文。所謂應訴，在探言詞審理主義之外國，需該當事人因應訴曾經到場，探書狀審理主義者，則曾用書狀應訴即爲已足。」亦可供參考。

　　至於第402條第1項第2款但書之規定：「但開始訴訟之通知或命令已於相當時期在該國合法送達，或依中華民國法律上之協助送達者，不在此限。」最高法院認爲「被上訴人於西元1994年6月29日固收受美國法院之通知書，惟該通知書，係經郵局於我國寄交被上訴人，非經我國法院協助送達，自與上開規定不符。且其後美國法院之通知書係依被上訴人錯誤之地址爲送達，而無法送達予被上訴人，被上訴人並未應訴，與民事訴訟法第402條第2款規定不符，應不予承認其效力。」[25]

四、公序良俗

　　民事訴訟法第402條條第1項第3款規定，外國法院之確定判決不違反中華民國之公序良俗爲承認要件之一。

　　外國法院之確定判決如違反中華民國之公序良俗，即不予以承認其在中華民國有其效力。而其理由則在於：如前所述，外國法院確定判決之承認係建立在外國法院確定判決之終局性與確定性之上，在兩者之間求其調和，發展出實質審查禁止原則，基本應承認外國法院確定判決之效力，然如承認外國法院確定判決將導致內國法秩序之混亂，究非所宜，因此，有必要藉內國公序良俗之違反而否認該外國法院確定判決之效力，以維持法秩序之統一。[26]

　　所謂公序良俗與涉外民事法律適用法第25條相同，較諸民法第72條之公序良俗之觀念爲狹，即指所謂國際私法上之公序良俗爲限。又不能忽視者乃各

---

[24] 最高法院92年度台上字第883號民事判決。
[25] 最高法院民事判決92年度台上字第883號。
[26] 高田裕成，前揭文，頁390。

國對於其國際私法之立法均本於一定之立法政策，此等立法政策固未必均屬妥適，但不可否認者，乃在採取實質審查禁止原則之下，對於外國法院如何適用國際私法進而適用其所指定之準據法，因並非承認或執行該外國法確定判決之要件，勢必無法干涉介入，則國際私法之立法目的是否可以達成，進而，實質審查禁止原則是否妥適，不能不抱持懷疑之態度。但實質審查禁止原則既為各國所尊崇，則以上兩者如何調和，乃研究外國法院確定判決之承認與執行問題時，應予注意之處，而與之相關者乃外國法院確定判決承認與執行之要件中之公序良俗。

關於外國法院確定判決是否違反中華民國公序良俗之審查，是否以主文為限？固有認為外國法院確定判決是否承認之審查，在實質審查禁止原則之下，不得對於外國法院確定判決之內容加以審查，自應以判決主文為限，但通說仍認為不僅判決主文，事實與理由均在審查之範圍[27]。基於實質審查禁止原則，係禁止對於外國法院確定判決內容適當與否之審查，與承認外國法院確定判決程序中之是否違反中華民國公序良俗之審查不同，故在外國法院確定判決是否予以承認之審查，應不以判決主文為限，而應及於事實及理由，且就實際之情形而言，判決主文，特別是關於金錢債務之給付判決，僅有命債務人為一定金額之給付之表示，尚難遽以判斷該判決是否違反中華民國之公序良俗。

所謂公序良俗包括實體法上之公序良俗與程序法上之公序良俗二者。

所謂實體法上之公序良俗係指：外國法院確定判決之內容違反中華民國之公序良俗。至於外國法院確定判決之內容是否違反中華民國之公序良俗，應考慮該外國法院確定判決所適用之法律之立法目的、原理與其他事項，再就個案之具體情事分別判斷之。[28]

程序上公序良俗主要係關於當事人在程序上權利之保障問題。亦即，前述關於裁判管轄權認為判決國法院係適當之法院，與當事人之程序上之權利義務有關，而受敗訴判決之當事人應已為言詞辯論，或已受關於審理之通知而未參與言詞辯論，保障該當事人在程序上之權利，特別是防禦權，亦與當事人程序上之權利義務有關。但當事人程序上權利之保障顯不以此為已足，尚應注意其

---

[27] 高桑昭，前揭文，頁 142。

[28] 詳細討論，參閱岡田幸宏，外國判決の承認、執行要件としての公序について（一），法政論集（名古屋大學）147 號，頁 287 以下。

他方面，如外國法院確定判決於此方面有所不足，即得拒絕承認或執行該外國法院之確定判決。其根據即在於運用程序上公序良俗之觀念[29]。

所謂當事人程序上之權利基本上是建立在現代法治國家關於法官之獨立與中立之審判、當事人地位之平等、訴訟之構造及言詞辯論機會之保障等基本原則。因此，如以詐欺取得之判決、第三人以不法行為取得之判決、法院有應回避事由而未回避所為之判決及判決有其他關於一般管轄權與應訴與送達以外之程序上顯然不公平之事由，均得以該確定判決之成立過程違反程序上之公序良俗而拒絕予以承認[30]。

關於公序良俗之要件，最為困難的問題乃內外國法院判決之矛盾、衝突，是否亦得以違反公序良俗而拒絕予以承認？就此學說並不一致。茲先舉一例說明之。此即所謂關西鐵工事件。

「事實」

日本公司 Y，將公司所生產之車床，在日本賣予日本公司 A 經由 A 本輸出至美國，賣給紐約州之 A 公司在美國之子公司 B，再轉賣給中間商美國美國公司 X，再由 X 公司轉賣至飛機製造商美國公司 C 使用中。C 公司之工人 D 使用該車床時，因發生意外，而右手指被切斷，D 乃以 C、X、Y 三人為共同浙江省公司，基於製造物責任，提起損害賠償之訴，因 D 未能將訴狀送達 Y，X 乃以第三人長榮公司之身分，將若於該訴訟受敗訴判決，當會對 Y 請求損害賠償之意旨預告 Y，並於同法院提起第三人訴訟（Third Party Action）。Y 經由大阪地方裁判所收受 XY 間訴訟之訴狀之送達後，到美國法院應訴。嗣前開 XY 間之訴訟，經美國華盛頓州 KING 郡高等法院判決（第 713245 號事件），Y 應給付 X 美金八萬六千元，該判決並於 1974 年 10 月 17 日判決確定。對此 Y 以 X 為浙江省公司，在大阪地方裁判所提起確認損害賠償債務不存在之訴（昭和 45 年（ワ）第 668 號）該法院先就一般管轄權之有無作成中間判決，並於昭和 49 年 10 月 14 日判決：「確認 Y 於美國華盛頓州 King 郡高等法院第 713245 號事件敗訴，並由 X 履行損害賠償債務，Y 應對於 X 負擔之求償債務不存在。」，嗣該判決亦確定。因此，日本與美國兩國法院所宣示而內容互相矛盾之二件同時併存。X 基於美國法院之確定判決，向大阪地方裁判所，

---

[29] 高田裕成，頁 390-394。

[30] 松岡靖光，外國判決の承認執行 (3)，涉外訴訟法，裁判實務大系，卷 10，頁 124。

請求許可執行該判決。

「判決要旨」

　　X 主張日本裁判所就本件訴訟無一般管轄權，而製造物責任訴訟之一般管轄權，斟酌民事訴訟法第 15 條第 1 項之規定，依同條同項所稱之侵權行爲地，決定本件製造物責任之一般管轄權，是妥適的。且，此一基準，就製造物責任之有無，鑑於侵權行爲地有密切之利害關係，法理上亦屬適當。（原本，本訴乃對於美國之第二訴訟，即 X 對 Y 提起之基於製造物責任（侵權行爲）損害賠償債務，確認其不存在之訴，就此種侵權行爲損害賠償請求權之消極確認之訴，一般均認爲得適用民事訴訟法第 15 條第 1 項之規定，此乃因該條規定，原係基於証據上之便利所爲之關於承認管轄權規定，因此，本件之一般管轄權得依同一基準判斷之，勿待贅言。）而同條項所稱之侵權行爲地何在，自當包括加害行爲地，自有瑕疵之本件車床之製造（包含設計）之加害行爲所在土地之觀點觀之，本件侵權行爲地係在日本大阪市，則日本裁判所應有一般管轄權。

　　X 主張本件訴訟與已先繫屬於美國裁判所之第二訴訟，係所謂二重訴訟（民事訴訟法第 231 條），並不適法，惟同條所稱之裁判所僅指吾國之裁判所，不包括外國之裁判所在內。

　　X 基於本件訴訟即使 Y 勝訴於美國之第二訴訟亦無任何效果爲理由，主張本件確認之訴欠缺訴之利益，故不適法。惟 Y 若能取得本件勝訴判決，則其效果在於若其在美國之第二訴訟敗訴，亦能阻止該美國裁判所之判決在日本執行，於此意義，本件有訴之利益。（錄自大阪地裁昭和 48 年 10 月 9 日中間判決，昭和 45 年（ワ）第 6686 號損害賠償債務不在在之請求確認事件，判例時報 728 號 76 頁）

　　同一司法制度內，如許互相矛盾牴觸之判決併存，將紊亂法體制全體之秩序，則不問訴之提起、判決之宣示、確定之前後，倘於日本已有確定判決，則就同一事實，相同當事人間承認互相抵觸之外國法院判決，應認爲民事訴訟法第 200 條第 3 款所稱之「外國法院之判決，違反日本之公共秩序或善良風俗」。（錄自大阪地裁昭和 52 年 12 月 22 日判決，昭和 50 年（ワ）第 4257 號對於外國判決之執行判決請求本訴事件，昭和 51 年（ワ）第 5135 號損害賠償請求反訴事件，判例タムズ 361 號 127 頁）

　　從上述事實與判決要旨觀之，即發生所謂內外國法院確定判決之矛盾與衝突時，應如何處理之問題，即是否承認該與內國法院確定判決矛盾、衝突之外國法院之確定判決？如不予承認，則其理由何在？就此問題，各家學者之見解並不一致。計有下列諸說[31]：

　　有依據民事訴訟法第402條之規定處理，惟如何處理，見解仍有不同，故此說，又可分為以下數說：

　　第一說認為如外國法院判決時或確定時，內國法院之判決已確定，則應認為該外國法院確定判決係無視於內國法院確定判決之存在所為之判決，如予以承認將導致內國法律秩序之混亂，因此，該外國法院之確定判決不得不認為係違反內國之公序良俗之違反而不應予以承認。惟此說對於外國法院之判決在內國法院判決或確定之前已經確定時，應如何處理，並不能為任何說明，不無遺憾。

　　第二說認為不問是否確定，亦不問確定之先後，凡與內國法院之判決矛盾或衝突之外國法院判決，一概認為係違反內國之公序良俗，而不予以承認。

　　第三說認為與內國法院判決矛盾或衝突之外國法院確定判決並非違反內國之公序良俗而不予以承認，實係欠缺判決之一般要件所致。此說固非無據，惟其在外國法院確定判決之承認要件之外，另行增加要件，是否妥適，乃問題之所在。

　　有依據解決確定判決抵觸之一般法理解決之。此說認為此種情形在現行民事訴訟法並無明文規定，惟仍可參照民事訴訟法之一般原理、原則及外國法院確定判決承認與執行之法理處理之。此說尚可分為以下諸說：

　　第四說認為應依據民事訴訟法關於再審之規定，就與已確定之判決矛盾或衝突之判決，依據再審程序處理之。亦即，不問係內、外國法院判決，亦不問判決之先後一概以判決確定之先後決定其效力之優劣。

　　第五說認為應區別兩種情形處理之。即，如內國法院判決確定在後，而該判決又無從依據再審之規定撤銷時，該內國法院之確定判決仍應尊重，則對於確定在先而請求執行之外國法院確定判決，以確定在後之內國法院確定判決應予尊重之理由，不執行該確定在先之外國法院確定判決。如內國法院判決確定

---

[31] 松岡靖光，前揭文，頁126。

在先，則以已有既判力而不執行確定在後之外國法院確定判決。要之，皆非依據外國法院確定判決違反內國法院之公序良俗而不予執行。

第六說認為此種情形既非現行民事訴訟法之規定或其解釋所得解決，應借助於法律之修正或條約之規定解決之。

第七說則認為此種情形不應等至內國法院均已判決確定始討論如何解決之方法，而應在確定之前，即借助一般管轄權之妥適分配、外國法院之訴訟繫屬是否構成內國法院訴訟之停止事由、在內外國法院二重起訴是否禁止等國際民事訴訟法之基本問題與解決方策處理之。

以上諸說均各有見地，惟依本文所見，仍以第七說較為妥適。詳言之，民事訴訟法第 253 條，不僅禁止在內國法院之二重起訴，尚及於在內外國法院之二重乃至多重起訴。而在多重起訴之場合，如該訴訟繫屬之外國法院為有一般管轄權之妥適法院，則以裁定停止內國法院之訴訟，待該外國法院確定判決獲得內國之承認，再以已既判力之理由駁回在內國法院之訴訟。如該外國法院並非有一般管轄權或並非妥適之法院，則仍可繼續進行在內國法院繫屬之訴訟，待外國法院判決確定後，再以該法院無一般管轄權或違反程序上之公序良俗不承認該外國法院之確定判決。民事訴訟法第 182 條之 2 規定：「當事人就已繫屬於外國法院之事件更行起訴，如有相當理由足認該事件之外國法院判決在中華民國有承認其效力之可能，並於被告在外國應訴無重大不便者，法院得在外國法院判決確定前，以裁定停止訴訟程序。但兩造合意願由中華民國法院裁判者，不在此限。法院為前項裁定前，應使當事人有陳述意見之機會。」觀點相同，可供參考。

另關於懲罰性之賠償，最高法院 97 年度台上字第 835 號民事判決：「外國法院之確定判決內容，有背中華民國之公共秩序或善良風俗者，不認其效力，民事訴訟法第 402 條第 1 項第 3 款定有明文。所謂有背於公共秩序者，係指外國法院所宣告之法律上效果或宣告法律效果所依據之原因，違反我國之基本立法政策或法律理念、社會之普遍價值或基本原則而言。查我國一般民事侵權行為及債務不履行事件雖無懲罰性賠償金之規定，然諸如消費者保護法第 51 條、公平交易法第 32 條第 1 項等規定，已有損害額三倍懲罰性賠償金之明文規定，則外國法院所定在損害額三倍以下懲罰性賠償金之判決，該事件事實如該當於我國已經由特別法規定有懲罰性賠償金規定之要件事實時，是否仍然違反我國之公共秩序，即非無進一步推求餘地。」其見解值得重視。

五、相互主義

外國法院之確定判決需合於國際相互承認之原則，始予以承認。

按外國法院確定判決需中華民國之確定判決於該外國獲得承認，中華民國對於該國法院之確定判決始予以承認，此一限制，稱為相互承認主義或互惠主義。其立法理由在於藉不承認外國法院之確定判決，促使該外國承認中華民國之確定判決。並藉此保持外國與吾國關於確定判決承認利害關係之均衡[32]。

至於何種情形符合相互主義之要求，見解並不一致。有主張：外國應採取與吾國相同或更為寬大之承認條件，始符合相互主義之要求。日本大審院昭和8年12月5日判決採之。亦有認為判決如關於外國法院確定判決承認所定之條件與吾國民事訴訟法之規定重要之點所差幾，則已符合相互主義之要求。亦有認為只要該外國對於外國法院確定判決之承認不課予顯然嚴格之條件即可。

基於民事訴訟法第402條第1項第4款所定之相互主義之條件，應解為為該判決之法院所屬國（以下稱判決國）就與吾國所為之同種類判決，所定之承認外國法院確定判決之條件，在重要之點無異即可。蓋外國法院確定判決之承認與執行，即外國法院確定判決之在判決國以下之國家發生效力，如判決國就承認與執行該外國法院之確定判決，未與吾國以條約定其條件時，期待兩國能就此有相同之條件極其困難，而在現代國際化社會，為防止同一當事人間互相歧異之兩國以上之判決出現，謀求訴訟經濟與權利之救濟是必要的，則將同條第4款解為與吾國關於外國法院確定判決承認之條件在實質上相同即為已足，是合理的，況如要求該判決國應具有與吾國相同條件或更為寬大條件，則吾國關於外國法院確定判決承認之條件勢必比該外國嚴格，該外國將不承認吾國法院之確定判決，吾國亦將不承認該外國法院之確定判決，則外國法院確定判決之承認制度將有名無實。[33]

相互主義並不要求兩國之間以條約互相承認對方之確定判決，只要依該國之法令或實務見解實際上承認吾國法院之判決即為已足，且所謂承認吾國法院之確定判決不以實際上已承認為必要，僅以得期待其承認即為已足。又、對於吾國法院確定判決之承認，不以全部種類之確定判決均予承認為必要，只要就與現請求吾國法院承認之確定判決種類相同之確定判決，予以承認即為已足。

---

[32] 菊池洋一，外國判決の承認執行 (2)，涉外訴訟法，裁判實務大系，頁 131。
[33] 菊池洋一，前揭文，頁 133。

又相互主義之有無，以請求承認之時爲準，且是否合於相互主義之要求，應由承認國法院依職權調查之。

　　最高法院認爲：「美國訂有『台灣關係法案』，與我國繼續實質上之關係；依美國最高法院判例揭示國際相互承認原則，該外國確定判決殊無民事訴訟法第402條各款情形之一，自應宣示許可強制執行。」[34] 前司法行政部則認爲：「一、我國民事訴訟法第402條第4款所謂『國際相互之承認』，其承認方式，除依兩國法令、慣例或條約之外，是否尚須兩國有相互承認他方判決之協議，始符合其要件？本部認爲該條款所謂『國際相互之承認』，係指外國法院承認我國法院判決之效力者，我國法院始承認該外國法院判決之效力而言。其承認方式，除依雙方法令、慣例或條約外，如兩國基於互惠原則有相互承認他方判決之協議者，亦可承認該外國法院判決之效力，不以有外交關係爲必要。其已有法令、慣例或條約之承認者，當不必另有『協議』。」[35] 前司法行政部認爲：「本件我國旅德華僑與其德籍妻離婚，既因目前西德與我國尚無外交關係，因之並無是項相互承認之協議，則依民事訴訟法（舊）第401條規定，西德法院所爲確定判決，我國當難承認其效力，此項訴訟，可依同法第564條規定定其管轄法院，如不能依同條第1、第2兩項規定定管轄之法院者，則依同條第3項規定，由首都所在地之法院管轄，如首都所在地之法院因法院或事實不能行審判權者，則可依同法第23條聲請指定管轄。至若雙方當事人均在外國，則仍可依法委任訴訟代理人代爲訴訟行爲，事實上應無不便之處。關於我國法院判決之效力是否獲該僑民僑居地政府之承認一節，關鍵仍在有無相互承認，在國際慣例上當難強人單方予以承認，此爲無可避免之事，惟苟未經我國法院判決，則該華僑縱得有外國法院確定判決，既無相互承認，在我國仍將不發生法律上變更身分，或因身分喪失而影響及於財產繼承等法律關係之效力。於此情形，該僑民究以向外國或我國法院進行訴訟爲宜，當事人因切身利害關係，當必考慮其實際情形自行決定，似亦不必代爲解決。」[36] 見解似有不同。

---

[34] 最高法院69年度臺上字第3729號。

[35] 司法行政部68年3月6日68年台函民第02043號法務部行政解釋彙編，第1冊第1049頁。

[36] 司法行政部47年8月23日47台公參字第4599號，法務部行政解釋彙編第1冊第1046頁。

肆、經承認之外國法院確定裁判之效力

　　民事訴訟法第 402 條規定：「外國法院確定判決，有左列各款情形之一者，不認其效力：（下略）」由此規定，外國法院確定判決經中華民國法院承認之後，在中華民國境內發生效力。惟發生如何之效力？不無疑義，亦即，發生該外國法院確定判決在該國所原有之效力或發生與中華民國法院確定判決所具有之效力？特別是在外國法院確定判決之效力範圍與中華民國法院確定判決之效力範圍不同時，例如，外國法院確定判決之既判力客觀範圍或主觀範圍，與中華民國法院之確定判決不同，則應如何決定？此涉及外國法院確定判決效力之基準問題。就此問題，一般學者認為該外國法院確定判決經中華民國法院承認後，發生與該外國法院確定判決在該外國相同之效力，即採取判決國基準說[37]。惟是否妥適，容有檢討之餘地。詳言之，外國法院確定判決之承認問題，如前所述，原係基於外國法院確定判決之終局性與正當性，而在一定條件下，承認外國法院確定判決之效力，係建立在程序法之層面，但不可諱言者，外國法院確定判決經承認後即發生實體法之效力，此一實體法之效力，如何定其範圍，亦應依實體法之觀念處理之，而發生是否依承認國法定其效力範圍之問題。以下，就可能既判力及構成要件效果述之。

　　既判力之效果係抗辯事項或職權調查事項；既判力之作用係使後訴不合法（不具備訴訟要件）或訴無理由；既判力之主觀範圍以當事人或其繼受人為限，抑或及於其他第三人；如既判力及於第三人，則該第三人之範圍如何；既判力之客觀範圍以訴訟標的為限，或及於其他事項；既判力以判決確定時或事實審言詞辯論時為其基準時等，均易發生以判決國法或承認國法為基準之問題。

　　就既判力之基準時、既判力之主觀範圍或既判力之客觀範圍而言，依前述之判決國法說，自應以判決國法為準。此之判決國並不以其程序法為限，如該國係以實體法處理既判力之基準時或既判力之主觀或既判力之客觀範圍問題，則判決國法亦包括實體法在內[38]。但是否妥適，就既判力之主觀範圍或客觀範圍而言，即有認為原則上固應以判決國法為準，但若判決國法之範圍大於承認國法，則應受承認國法之限制，亦即，係就判決國法與承認國法關於既判力之

---

[37] 高桑昭，前揭文，頁 128。
[38] 高田裕成，前揭文，頁 374。

主觀範圍或客觀範圍加以比較，如兩者之範圍相同，自無基準之選擇之必要，如兩者之範圍不同，則以其範圍較狹窄者爲準[39]。至於其理由則有如下列：自程序法上之權益之保障而言，就外國法院確定判決之在該外國之既判力而言，因已考慮該事件當事人或利害關係人之程序法上地位或權能之保障，以判決國法決定既判力之客觀或主觀範圍，並不致使該當事人或利害關係人遭受不當之程序法上權益之剝奪，故無不妥。但在該外國法院確定判決在他國請求承認時，則應注意承認國民事訴訟法或其他法律關於程序法地位或權能之保障規定，依此等規定亦有相應之既判力主觀範圍與既判力客觀範圍，如判決國既判力之主觀範圍或客觀範圍大於承認國之既判力主觀範圍與客觀範圍，則顯然承認國民事訴訟法或其他法律關於程序法上地位或權能之保障規定之立法目的，不能落實。因此，判決國關於既判力之主觀範圍或既判力之客觀範圍之規定，不能完全適用於承認國，其理甚明[40]。另一方面，如判決國之既判力主觀範圍或既判力之客觀範圍小於承認既判力之主觀範圍或既判力之客觀範圍，則其情形亦同。亦即，當事人在判決國進行訴訟，在一般情形下，應係以該國之既判力主觀範圍或既判力客觀範圍爲念，因此，發生判決國法上之既判力乃屬當然，如在承認國發生較大之主觀範圍或客觀範圍之既判力，則非適當，特別是就敗訴之當事人爲如此[41]。至於，依據承認國關於既判力主觀範圍或既判力客觀範圍，對於判決國之既判力主觀範圍或客觀範圍加以約制，其根據何在，不無疑義。前述之準據法說或公序良俗說—指依據國際民事訴訟法之公序良俗限制既判力之主觀範圍或既判力之客觀範圍—，均非無見，但亦均乏明文依據。

對於前述立足於程序法之地位或權能保障之立論，亦有從實體法之觀點加以檢討者，亦即，以承認國之基準對於判決國既判力之主觀範圍或客觀範圍加以限制，易生跛行的法律關係發生之流弊，因此，完全以判決國之基準定既判力主觀範圍與既判力客觀範圍，較爲妥適[42]。

所謂確定判決構成要件效果，係指以確定判決作爲實體法律關係變動之

---

[39] 高田裕成，前揭文，頁 374。

[40] 高田裕成，前揭文，頁 375。

[41] 高田裕成，前揭文，頁 376。

[42] 高田裕成，前揭文，頁 377。最高法院似採此見解。最高法院民事判決 92 年度台上字第 985 號民事判決：「外國法院確定判決之確定力，仍應依該國相關之程序規定為斷，不以由我國法院依我國程序相關規定判決賦與為必要。」

構成要件，例如，婚姻關係以消滅，有以離婚之確定判決為必要之情形，該離婚之確定判決所生之效力即係構成要件效果[43]。又例如，消滅時效之中斷事由之一之判決確定，消滅時效之中斷即係確定判決之構成要件效果。確定判決之構成要件效果在判決國發生構成要件效果並無疑義，惟可否在判決國以外之國家亦為相同效果之主張，不無疑義。如可以主張，則其要件是否與既判力之承認之要件相同，亦有疑義。有學者認為確定判決既判力之承認純粹係基於程序法之考量，如前述之當事人程序法地位與權能保障之觀點，而確定判決之構成要件效果則有不同，即，確定判決構成要件效果主要係發生實體法之效力，因而，即使在判決國以外國家予以承認，其要件亦與既判力承認之要件不同，而應加上準據法之要件，亦即，如該外國法院之確定判決所適用之準據法與承認國之國際私法就該類型之法律關係所指定者相同，即可予以承認。此種見解係建立於對於自己之國際私法有相當的自信之基礎上，且認為如此方可貫徹國際私法對於準據法指定之立法意旨。但亦有學者持反對見解，認為外國法院確定判決承認之理論根據在於程序法之考量，即如其所述之對於外國法院確定判決之信賴性與終局性之考量，與判決所適用之準據法（實體法）無關，因此，不應附加準據法之要件。

依本文所見，以上二說均各有見地，但亦均有所失，詳言之，外國法院確定判決之承認，固係程序法之考量，係以對於外國法院確定判決之終局性與信賴性為考量因素，原則上不應附加準據法之要件，但法律關係變動事由之確定判決及該法律關係，則不能不考慮其所應適用之準據法及適用之結果。因此，陷於兩難在所難免，如何求其折衷調和，不無疑義。晚近，有學者認為在承認國之國際私法指定外國法為準據法之場合，如該準據法所屬國具有實際效力者，即準據法所屬國所為之確定判決或第三國所為之確定判決而在該準據法所屬國具有構成要件效果者，即可在內國承認其構成要件之效力。至於其理由則為內國所採取之態度與準據法所屬國相同之故。但在內國國際私法所指定之準據法為內國法時則如何？乃問題之所在。對此，採取此種見解之學者則認為此一問題，實可歸納為：以確定判決為法律關係變動之構成要件之實體法，其所稱之確定判決是否包括外國法院之確定判決在內？如包括在內，則是否以具備民事訴訟法第 402 條之要件之外國法院之確定判決為限？於此，應以各利害關係人之預測可能性與正當期待性之保護為考量之重點。

---

[43] 石黑一憲，國際私法，有斐閣，1991 年新版 2 刷，頁 232-234。

司法院認為：「關於陳進福持憑美國紐約州初審法院判決書及台灣台北地方法院公證處認證書申請撤銷其與郭淑華間結婚登記疑義乙案。按外國法院之確定判決，除據為執行名義請求本國法院強制執行者，依強制執行法第 43 條規定，應經本國法院以判決宣示許可其執行外，其有無民事訴訟法第 402 條所列各款情形，應否承認其效力，尚無應經我國法院以裁判確認之規定。各機關均可依民事訴訟法第 402 條規定為形式上之審查，據以承認外國法院確定判決之效力，惟有爭執時，可由利害關係人訴請法院確認之。」[44]法務部中華民國70 年 5 月 5 日，70 年法律第 5778 號認為：「一、民事訴訟法第 356 條，係有關證據法則之規定。外國公文書雖經推定為真正，僅具有形式上之證據力，至其有無實質上之證據力，即其內容是否足資證明某項事實，仍有待處理機關之審酌採認（最高法院 48 年台上字第 837 號判例參照）。至於同法第 402 條，係關於外國法院確定判決應否承認其效力之規定，倘經承認者，除在給付之訴，其執行尚須我國法院為許可之判決外（強制執行法第 43 條參照），即應具有與我國法院確定判決相等之效力。惟使用外國法院之確定判決，仍須符合同法第 356 條之規定，必經推定為真正後，始有同法第 402 條之適用。二、本部 70 年 4 月 15 日法 70 律字第 5020 號函，係就外國公文書之形式證據力而為立論。同年 2 月 24 日法 70 律字第 2910 號函，即在說明如何承認外國法院判決之效力，兩次函文所答覆之問題不同。戶政或駐外代表機構，對於人民所提出經推定為真正之外國一般公文書，有權審究其實質內容，非可當然採證。」[45]法務部又認為「查中華民國國民在外國結婚，若依其所提出之外國法院簽具之『結婚公證書』，足認其已經符合我國民法第 982 條規定之結婚方式或舉行地法律所規定之結婚方式者，依涉外民事法律適用法第 11 條第 1 項但書之規定，我國駐外單位當可據以更改當事人所持護照之婚姻狀況之記載。至於我旅外國人所提出之外國法院之『離婚判決書』，若該判決無民事訴訟法第402 條規定之情形者，我駐外單位可承認其效力。」[46]對於外國法院確定裁判對於行政機關之效力問題，與最高法院之見解：「外國法院之確定判決，有民事訴訟法第 402 條規定所列各款情形之一者，不認其效力，是外國法院之確定判決，須經我國法院審查確認並無前開規定各款情形之一者，始可認其效力，原

---

[44] 司法院秘書長民國 81 年 9 月 21 日 81 秘台廳第 14458 號。

[45] 法務部行政解釋彙編第 1 冊第 1033 頁。

[46] 法務部 70 年 2 月 24 日，70 年法律第 2910 號法務部行政解釋彙編第 1 冊第 1051 頁。

告取得美國法院所為「兩造婚姻關係解除」之判決，並未先經我國法院確認有無前述規定情形之一，即持該外國判決以代被告為意思表示，向戶政機關申請辦理離婚登記，於法尚有未合。」[47] 似有不同。

伍、強制執行請求權

執行法院適用強制力，對於債務人強制執行之權能，稱為強制執行權，係國家統治權之一種，專屬於國家。

依強制執行法之規定，債權人得依執行名義，對於執行法院，請求適用國家強制力，以實現其權利。債務人應忍受執行法院依執行名義，適用國家強制力所為之強制執行，而為給付。債權人與債務人，為強制執行程序之當事人。

債權人並非強制執行權之主體，只能對執行法院請求發動強制執行權，以實現其實體上請求權。債權人對執行法院得請求發動強制執行權之權利，稱為強制執行請求權。

執行法院因債權人行使強制執行請求權，為對債權人之義務，應實施強制執行，因此，強制執行請求權，為債權人對於國家執行法院之公法上之請求權，與依法執行應予實現之實體上請求權（指私法上之請求權，公法上之請求權則應依據行政執行法，由行政執行署依行政執行法執行），應加予區別。

強制執行請求權與實體請求權，其成立，內容及目的均有所不同，但兩者之關係如何？亦即，強制執行請求權是否以實體上請求權之存在為要件，計有3說：

具體之執行請求權說

此說主張強制執行程序，與判決程序不同，以一定之實體上請求權存在為前提，以強制其實現為目的，強制執行請求權之成立，當然以實體上請求權之存在為前提。

抽象之執行請求權說

此說主張強制執行程序上，執行法院不審查實體上請求權存否，專依執行名義為執行，實體是請求權之存在，並非強制執行請求權之成立要件。

---

[47] 最高法院 70 台上字第 952 號。

折衷說

此說主張強制執行請求權以實體上請求權為前提，但實體上請求權並非終局的，確定的，執行名義所表彰實體上請求權係於一定之時點（判決、和解之成立之時等）所確定，故執行法院直接依執行名義為強制執行，間接亦以執行名義成立時之實體上請求權為前提，債權人有執行名義即得認其有強制執行請求權，且其實體上請求權，除為以後更新的裁判所否定外，仍為存續。

具體請求權說認為如無實體上請求權即不得強制執行，否則應負損害賠償責任。

抽象請求權說則認為強制執行請求權，為具備強制執行法所定一定要件時所生公法上權利，此權利係為實體上請求權而存在，但不因實體上權利之「不存在」而妨礙其發生，亦不因實體上權利之消滅而影響其發生及存續，因此，債權人即使不具有實體上請求權，仍得依執行名義為強制執行，如債務人認為不當，應由債務人循異議之訴之程序尋求救濟。

實務見解採抽象請求權說。

最高法院 88 台抗字第 237 號

強制執行事件應為如何之執行，依執行名義之內容定之，至執行債權人有無執行名義所載之請求權，執行法院無審認判斷之權。又債務人異議之訴係以程序法上之異議權為訴訟標的，其判決對於債權人與債務人間債權之實體關係並無既判力。

最高法院 76 年台抗字第 477 號

執行名義成立後，債權人與債務人所訂拋棄強制執行請求權之特約，在強制執行法上不生強制執行請求權喪失之效力，債權人自得仍依原執行名義聲請強制執行。

司法院院字第 2776 號解釋 (8)

債權人與債務人所訂拋棄強制執行請求權之特約，在強制執行法上不生強制執行請求權喪失之效力，債權人與債務人在執行法院和解時，債權人表示拋棄其對於和解部分以外之強制執行請求權，縱令當事人間已成立合意，債權人且已向執行法院撤回強制執行之聲請，而債權人之強制執行請求權，要不因而喪失，自得仍依原執行名義聲請強制執行。

陸、外國法院民事確定判決之宣告許可執行判決

外國法院之確定裁判，均於一定條件之下，與確定判決有同一效力（民事訴訟法第 402 條），惟基此為執行時，須先以訴等主張其效力，經法院審查其要件後，以判決宣告准許或承認之旨時，始得執行，此項判決亦有稱為執行判決。

凡以判決為執行名義者，應為內國法院所為之判決，若外國法院之判決，與內國法院之判決有同一效力，則影響及於國家主權，然若絕對不許為強制執行，則於債權人之實行私權又多妨礙，故強制執行法第 4 條之 1 規定兩個條件，即以外國法院之確定判決，無民事訴訟法第 402 條第 1 項各款情形之 1，並經中華民國法院以判決宣示許可其執行者為限，得為強制執行，故外國法院之確定判決，合於上述要件者，亦屬法律所定，得為強制執行之執行名義（強制執行法第 4 條第 1 項第 6 款）。

外國法院之確定判決，固亦指給付判決而言，所謂無民事訴訟法第 402 條各款情形之 1，即須 1、依中華民國之法律，外國法院無管轄權者。2、敗訴之被告未應訴者。但開始訴訟之通知或命令已於相當時期在該國合法送達，或依中華民國法律上之協助送達者，不在此限。3、判決之內容或訴訟程序，有背中華民國之公共秩序或善良風俗者。4、無相互之承認者。前項規定，於外國法院之確定裁定準用之。[48]

關於許可執行判決之性質，有如下不同見解：

---

[48] 最高法院 69 年台上字第 3729 號判決：「本件外國法院確定判決，係基於兩造事前協議，並經兩造親自到場後為之；與我國法律，並無牴觸，亦不違反公序良俗。而美國加洲洛杉磯高等法院就此子女監護事件，有初審管轄權，亦有美國在台協會致北美事務協調委員會證明函 1 件為證；不生該法院無管轄權之問題。美國定有『台灣關係法案』，與我國繼續實質上之關係，依美國最高法院判力揭示國際相互承認原則，該外國確定判決書無民事訴訟法第 4 百零 2 條各款情形之 1，自宜宣示許可強制執行。」最高法院 75 年台抗字第 335 號裁定：「商務仲裁條例第 32 條第 2 項固規定：外國仲裁判斷，其判斷地國對於中華民國之仲裁判斷不予承諾者，法院得駁回其承認外國仲裁判斷之聲請。惟查此項互惠原則，並非謂外國仲裁判斷，須其判斷地國對於我國對於我國之仲裁判斷先予承認，我國法院使得承認該外國仲裁判斷，否則，非但有失禮讓之精神，且對於促進國際間之司法合作關係，亦屬有礙，參以上述法條規定，其判斷地國對於我國之仲裁判斷不予承認者，我國法院並非『應』駁回其承認該外國仲裁判斷之聲請，而係僅『得』駁回尤明。」

給付判決說者，認為執行判決為就外國法院之判決所確定之請求權命債務人為履行之判決。

確認判決說，認為執行判決為確認得基於該外國法院之判決而為執行之判決。

形成判決說，認為執行判決為外國法院之判決，因內國法院許可執行，其執行力始發生於內國，即付與外國法院判決以執行力之判決。

確認判決說為多數學者所取。

外國法院之判決，是否直接為執行名義，學說亦不一：

否定說謂外國法院之判決不能為執行名義，蓋外國法院之判決，若能為執行名義，則有害內國司法權之獨立，故必以內國法院許可執行之判決，為執行名義。

肯定說謂外國法院之判決可為執行名義，但非經過內國法院之執行判決，即在內國無執行力，故內國法院之執行判決，乃執行之條件，而執行名義，乃屬諸外國法院之判決，蓋應執行之請求權，自始為外國法院之判決所確定。

折衷說則認為外國法院之判決，須與內國法院之執行判決結合，始能成為執行名義，然依內國法院之執行判決，即可認其為合法之執行名義。

若執行判決有將外國法院之確定判決之內容援用再錄者，則該執行判決已足為執行名義，否則應解為兩者結合而為執行名義。法院為執行判決時，不得宣告假執行，蓋假執行，乃附於執行名義而宣告之，內國法院之執行判決，為執行之條件，並非執行名義，依訴訟法之一般規定，自不能宣告假執行。

依通常之判決程序，僅審查是否具備應准許執行之要件而已，不調查判決之內容當否，應許外國判決執行之條件有二：其一為其確定之證明。其二為具備民事訴訟法第 402 條之要件。於本訴訟不調查外國判決所揭載請求權之存在，為債務人之被告得以外國判決之既判力基準時所生請求異議之事由為抗弁。

最高法院 92 年度台上字第 985 號

按依民事訴訟法第 402 條之立法體例，係以外國法院之確定判決在我國認其具有效力為原則，如有該條各款情形之一者，始例外不認其效力。此與強制執行法第 4 條之 1 第 1 項規定依外國法院確定判決聲請強制執行者，以該判

決無民事訴訟法第402條各款情形之一，並經中華民國法院以判決宣示許可其執行者為限，得為強制執行，乃為外國法院確定判決在我國取得執行力、得由我國法院據以強制執行之要件規定尚有區別。至於該外國法院確定判決之確定力，仍應依該國相關之程序規定為斷，不以由我國法院依我國程序相關規定判決賦與為必要。

最高法院 93 年度台上字第 2082 號

我國法院以判決宣示許可外國法院之確定判決執行者，許可執行之範圍，應以該外國法院確定判決所載內容為準，不得就該外國法院確定判決所未記載之給付，宣示許可其執行。系爭判決既未記載關於利息部分之給付，VP 公司請求就上開利息部分宣示許可其執行，尚屬無據，不應准許。外國法院之確定判決，除給付判決據為執行名義向我國法院聲請強制執行者，依強制執行法第4條之1第1項規定，應經我國法院以判決宣示許可其執行外，並無須由我國法院以裁判予以承認之規定；而當事人就外國法院之確定給付判決，既已向我國法院起訴請求宣示許可其執行，如獲勝訴之判決確定，即可據以聲請執行，其併請求承認該外國法院之確定給付判決，自難認有保護之必要。

最高法院 88 台上字第 3073 號

依外國法院確定判決聲請強制執行者，以該判決無民事訴訟法第402條各款情形之一，並經我國法院以判決宣示許可其執行者為限，始得為強制執行，故請求許可外國法院確定判決強制執行，應以訴為之，其當事人除由該外國確定判決之債權人為原告，並以其債務人為被告外，雖依判決國法規定該外國確定判決效力所及之第三人，亦得為原告或被告，然必該判決國法律有此規定者，始得謂其當事人之適格無欠缺。

柒、債務人異議之訴

強制執行法第14條：「執行名義成立後，如有消滅或妨礙債權人請求之事由發生，債務人得於強制執行程序終結前，向執行法院對債權人提起異議之訴。如以裁判為執行名義時，其為異議原因之事實發生在前訴訟言詞辯論終結後者，亦得主張之。執行名義無確定判決同一之效力者，於執行名義成立前，如有債權不成立或消滅或妨礙債權人請求之事由發生，債務人亦得於強制執行程序終結前提起異議之訴。依前二項規定起訴，如有多數得主張之異議原因事實，應一併主張之。其未一併主張者，不得再行提起異議之訴。」第 14-1 條

規定：「債務人對於債權人依第4條之2規定聲請強制執行，如主張非執行名義效力所及者，得於強制執行程序終結前，向執行法院對債權人提起異議之訴。債權人依第4條之2規定聲請強制執行經執行法院裁定駁回者，得於裁定送達後十日之不變期間內，向執行法院對債務人提起許可執行之訴。」

債務人異議之訴，乃債務人請求確定執行名義上之實體上請求權與現在之實體狀態不符，以排除執行名義之執行力爲目的之訴。執行名義雖已成立而其所表彰之實體上請求權未必存在，例如，執行證書或准予拍賣質押物裁定，皆爲無既判力之執行名義，其實體上請求權自始不存在。如係有既判力之執行名義，例如，確定之終局判決或和解筆錄、調解筆錄，因其最後言詞辯論後或和解、調解成立後，債務人清償等，其實體上請求權嗣已消滅，執行名義本身並非當然失其效力。

債權人於執行名義成立以後，依據執行名義，聲請強制執行，本不因執行名義所表彰請求權之存否而受影響，執行法院亦無權就此項實體問題加予審究，惟若因特殊事由發生，該執行名義已不足以反映債權人在實體上之權利，如仍任該債權人執行，無以保護債務人之權益，爲阻止此不當之結果，於執行外，得請求返還不當得利或損害賠償，於執行時，強制執行法第14條特設債務人異議之訴，使債務得向審判機關即民事法院起訴，請求除排除執行名義之執行力，以資救濟，亦有稱之爲執行請求異議之訴。

關於本訴之性質，學說不一：

其一，給付之訴說，認爲本訴原在請求債權人爲不執行之旨之不作爲，或命債權人回復已執行之結果之給付之訴。

其二，確認之訴說，認爲本訴係確認執行名義之執行力不存在或強制執行請求權消滅之程序法上確認之訴，或確認執行名義所表彰實體上請求權不存在之實體法上確認之訴。

其三、形成之訴說，認爲本訴係基於請求有關實體上之事由，排除執行名義之執行力，使執行成爲違法而以訴訟法上之異議權爲訴訟標的之訴。

第三說爲多數學說與實務見解所採。

債務人異議之訴，其訴訟標的係排除執行名義執行力之異議權，求爲宣告不許強制執行之判決，其實體關係之主張，不過爲異議權發生之原因事由，其判決關於該實體關係之存否並無既判力，債務人雖敗訴而不能阻止執行，仍得

基於同一原因事由，更對債權人提起返還不當得利或損害賠償之訴。

　　債務人異議之訴之目的，在排除執行名義之執行力，即請求宣示該執行名義不適於強制執行或不許強制執行，並非請求消滅或變更執行名義，故撤銷宣告假執行之終局判決應依上訴，撤銷確定判決應依聲請回復原狀，或提起再審之訴，均無本訴之適用。又本訴之異議事由，係屬於實體上法律關係之範圍，故執行名義本身成立與否，或有無執行力之爭執，及執行方法或程序上之瑕疵，暨債務人僅認為強制執行有侵害自己利益之情事者，亦均非本訴之範圍，而應依強制執行法第 12 條之規定為聲請或聲明異議。

　　債務人異議之訴對於各種執行名義所示之各種請求有異議，均得提起。即執行名義，不問係確定判決，或係和解筆錄抑或係得為強制執行之公證書，均得提起債務人異議之訴。惟對於宣告假執行之終局判決，必俟確定後，始得提起債務人異議之訴，在其未確定之前，即其上訴審訴訟繫屬中，關於同一請求提起債務人異議之訴，實無起訴之法律上利益，應以債務人異議之訴無理由駁回之。對於保全執行之執行名義，即假扣押、假處分之裁定，亦無提起本訴之餘地，蓋此等執行名義不以請求權本身之表示為內容，且假扣押或假處分之原因消滅，或其他命保全處分之情事變更者，債務人得聲請撤銷該假扣押或假處分之裁定（民事訴訟法第 530 條第 1 項、第 533 條）。罰金等之檢察官之執行命令與民事執行名義有同一之效力（刑事訴訟第 470 條），但不得提起本訴，應依刑事訴訟法第 484 聲明異議。

　　得排除之執行名義所載請求，不問係金錢債權，或係特定物之交付請求，抑或係作為不作為之請求，均包括在內。

　　債務人異議之訴之訴訟上請求（訴訟標的），稱為異議或異議請求。構成異議或異議請求之原因事實，稱為異議事由。異議事由或異議之原因事實，主要有二：

　　其一，關於執行名義所表彰請求權之存在與內容，主要情形有四：

　　（一）妨礙請求權發生之事由，例如，因契約之不成立、通謀虛偽表示、撤銷錯誤之意思表示等之無效，使一旦發生之請求權消滅之事由；

　　（二）使請求權消滅之事由，例如，因清償、免除、抵銷、消滅時效、契約之解除等。

　　（三）使請求權之主體變動之事由，例如，債權讓與、免責的債務承擔

等。

（四）停止或限制請求權行使或使責任受限制或消滅之事由，例如，條件之變更、期限之猶豫、破產、重整等。

其二、關於執行名義成立過程之瑕疵，例如，作成執行名義之代理人，其代理權欠缺。

債權人已與債務人於執行名義成立後或強制執行中，為和解而不執行之合意成立，並非不得聲請執行或繼續執行，惟如其和解為消滅或妨礙債權人請求之事由，債務人自可提起本訴，要不得謂其和解當然有阻止執行之效力。

異議原因之有無，依言詞辯論終結時之狀態定之，於起訴時，其原因縱未完備，於判決時完備者，其請求亦應准許。

異議之事由，有數個時，應同時主張之，以防執行之拖延。蓋如無異議之事由有數個時，債務人應同時主張之規定，債務人得以一訴同時主張之，其先以一事由起訴，經法院審判認為不成立判決敗訴後，再以另一事由起訴，只須在強制執行程序終結以前，即無不可，蓋以因另一異議事由再提起異議之訴，則其訴訟標的為另一異議權，非前案訴訟之判決既判力所及。

異議之事由有數個時，雖屬相互衝突，然既只有一個異議之事由成立，即可勝訴，仍應許債務人得以同時主張，例如，以清償為異議事由，復以免除為異議事由。

異議事由之時之限制，依強制執行法第 14 條規定，其情形有二：

其一，執行名義成立後，有消滅或妨礙債權人請求之事由發生，如以裁判為執行名義時，其為異議原因之事實發生在前訴訟言詞辯論終結後：

其二，執行名義無確定判決同一之效力者，於執行名義成立前，如有債權不成立或消滅或妨礙債權人請求之事由發生。

債務人主張消滅或妨礙債權人請求之事由，原則上係發生於執行名義成立後，如執行名義為確定判決，其異議之事由發生於事實審言詞辯論終結後，執行名義成立前者，亦得據以提起債務人異議之訴。此係異議事由之時的限制，即確定判決之異議事由為既判力（確定力）被遮斷，債務人亦只得主張確定判決成立前溯及前訴訟言詞辯論終結後發生之異議事由。

執行名義無確定判決同一之效力者，於執行名義成立前，如有債權不成立

或消滅或妨礙債權人請求之事由發生，亦得為異議之訴之事由。確定判決以外之執行名義如無既判力，不僅各該執行名義成立後之異議事由，即使在執行名義成立前已發生之異議事由，債務人亦得主張之，並無時間之限制。[49]

最高法院 57 年台抗字第 76 號判例

「本票執票人，依票據法第 123 條規定，聲請法院裁定許可對發票人強制執行，係屬非訟事件，此項聲請之裁定，及抗告法院之裁定，僅依非訟事件程序，以審查強制執行許可與否，並無確定實體上法律關係存否之效力：……。」

執行名義無確定判決同一之效力者，固無既判力（確定力），但執行名義有確定判決同一之效力者，未必皆有既判力。依民事訴訟法成立之和解或調解，雖均與確定判決有同一效力（民事訴訟法第 380 條第 1 項、第 416 條第 1 項），惟有無既判力，見解不一。

第一說認為與確定判決有同一意義及內容之既判力，從而與確定判決同，限於有該當再審理由之事由時，準用再審之訴請求和解（調解）之撤銷及訴訟程序之再開，無以實體上之瑕疵為理由請求繼續審判或提起宣告調解無效或撤銷調解之訴。

第二說肯定和解或調解有既判力，但得以實體上之瑕疵為理由主張和解或調解之無效或撤銷。

第三說否定和解、調解之既判力，僅認訴訟程序（或調解程序）終結之效果及執行力為已足，其理由有四，一為既判力係確定判決特有之效力，不應認和解或調解等非裁判亦有既判力。二、為和解、調解並無主文，如認其有既判

---

[49] 最高法院 68 年第 10 次民事庭庭推總會議曾認為：「本票發票人已向債權人清償票款，未將本票收回，債權人復持已受清償之本票，向法院聲請裁定取得執行名義，對本票發票人實施強制執行時，因其消滅債權人請求之事由，非在執行名義成立後發生，本票發票人不得依強制執行法第 14 條規定，提起異議之訴。」殊不知，債務人提起異議之訴，不僅主張執行名義成立後發生之異議事由，亦得主張執行名義成立前發生之異議事由，觀諸該條後段規定自明，該條後段規定，不過為執行名義之確定判決有既判力（確定力），故規定債務人得主張之確定判決成立前之異議事由，祇能溯及既判力基準時後之事由，對於無既判力之執行名義，債務人得主張之執行名義成立前之異議事由即無何限制。」但與強制執行法強制執行法第 14 條第 2 項規定不符，於 92 年 5 月 13 日經最高法院 92 年第 8 次民事庭會議決議不再供參考。

力，其範圍必不明確，如認筆錄全體均有既判力，則與承認判決理由中之判斷亦有既判力無異。三、再審事由係以判決之瑕疵為著眼點所規定，和解、調解幾乎無救濟之餘地。四、和解、調解以當事人之意思為本旨之自治的解決，其效果意思之欠缺應置與判決時不同之比重。

按債務人就裁判以外執行名義之成立有異議者，亦得提起異議之訴，裁判以外執行名義包括公證書、和解及調解筆錄。民事訴訟法第 380 條第 2 項既規定和解有無效或得撤銷之原因者，當事人得請求繼續審判；民事訴訟法第 416 條第 2 項既規定調解有無效或得撤銷之原因者，當事人得向原法院提起宣告調解無效或撤銷調解之訴，自應以第三說為是。

和解在實體法上有無效之原因者，或調解有無效之原因，或有得撤銷之原因而經當事人合法表示撤銷者，基於無效之法律行為當然的、絕對的無效之法理，不因當事人於法定不變期間未為繼續審判之請求或未為起訴而成為有效，如不變期間經過，強制執行尚在施行中，債務人亦得提起異議之訴。

請求權之不發生或消滅之效果，非直接基於一定事實（例如，清償、法律行為之無效原因），而債務人有得依意思表示使生此等效果之形成權時（例如，撤銷權、解除權、抵銷權等），既判力之基準時前，此等權能已存在且得行使，於前訴訟不行使。嗣於執行名義成立後始行使，並主張其法律效果，是否為既判力所截斷，是否屬於既判力之基準時後所生之事由，見解不一。

肯定說認為行使之意思表示既在基準時後不妨為基準時後所生之事由。因判決之既判力，係僅關於為確定判決之事實審言詞辯論終結時之狀態而生，故在確定判決事實審言詞辯論終結後發生之事實，並不受其既判力之拘束。

否定說認為除基準時前此等形成權之行使已有法律上障礙外，在基準時後，關於因既判力而已確定之法律關係，應解為不得主張行使之效果為妥。

兩說以肯定說為妥。實務見解採之。

最高法院 29 年上字第 1123 號

抵銷固使雙方債務溯及最初得為抵銷時消滅，惟雙方互負得為抵銷之債務，並非當然發生抵銷之效力，必一方對於他方為抵銷之意思表示而後雙方之債務乃歸消滅，此觀民法第 335 條第 1 項規定自明。故給付之訴之被告，對於原告有得為抵銷之債權，而在言詞辯論終結前未主張抵銷，迨其敗訴判決確定後表示抵銷之意思者，其消滅債權人請求之事由，不得謂非發生在該訴訟言詞

辯論終結之後，依強制執行法第 14 條之規定，自得提起執行異議之訴。

捌、外國、港澳與大陸地區之確定判決之效力

民事訴訟法第 402 條規定：「外國法院之確定判決，有下列各款情形之一者，不認其效力：一、依中華民國之法律，外國法院無管轄權者。二、敗訴之被告未應訴者。但開始訴訟之通知或命令已於相當時期在該國合法送達，或依中華民國法律上之協助送達者，不在此限。三、判決之內容或訴訟程序，有背中華民國之公共秩序或善良風俗者。四、無相互之承認者。前項規定，於外國法院之確定裁定準用之。」香港澳門關係條例第 42 條：「在香港或澳門作成之民事確定裁判，其效力、管轄及得為強制執行之要件，準用民事訴訟法第 402 條及強制執行法第 4 條之 1 之規定。」台灣地區與大陸地區人民關係條例第 74 條：「在大陸地區作成之民事確定裁判、民事仲裁判斷，不違背台灣地區公共秩序或善良風俗者，得聲請法院裁定認可。前項經法院裁定認可之裁判或判斷，以給付為內容者，得為執行名義。前二項規定，以在台灣地區作成之民事確定裁判、民事仲裁判斷，得聲請大陸地區法院裁定認可或為執行名義者，始適用之。」

究竟三者有無不同？

本案，最高法院 97 年度台上字第 2376 號民事判決認為：「兩岸關係條例第 74 條固規定，經法院裁定認可之大陸地區民事確定裁判，以給付為內容者，得為執行名義，然並未明定在大陸地區作成之民事確定裁判，與我國之確定判決有同一之效力。參以該條例立法理由所載，就大陸地區判決既未採自動承認制，而須經我國法院以裁定認可者始予以承認並取得執行力，長榮公司所取得之系爭裁定之執行名義，即屬於強制執行法第 4 條第 1 項第 6 款規定：其他依法律之規定得為強制執行之名義。是以，經我國法院裁定認可之大陸地區民事確定裁判，應祇具有執行力而無與我國法院確定判決同一效力之既判力，兩造間或我國法院即均不受其拘束。浙江省公司以其於系爭執行名義成立前，有消滅或妨礙債權人（長榮公司）請求之事由發生，在系爭強制執行事件之程序終結前，依強制執行法第 14 條第 2 項規定，向執行法院對債權人即長榮公司提起本件異議之訴，自無違一事不再理原則，且有權利保護之必要。

按系爭大陸地區判決經我國法院依兩岸關係條例第 74 條規定裁定許可強制執行，固使該判決成為強制執行法第 4 條第 1 項第 6 款規定之執行名義而有

執行力，然並無與我國確定判決同一效力之既判力。債務人如認於執行名義成立前，有債權不成立或消滅或妨礙債權人請求之事由發生者，在強制執行事件程序終結前，即得依同法第 14 條第 2 項規定，提起債務人異議之訴。至於確定判決之既判力，應以訴訟標的經表現於主文判斷之事項為限，判決理由原不生既判力問題，法院於確定判決理由中，就訴訟標的以外當事人主張之重要爭點，本於當事人辯論之結果，已為判斷時，除有顯然違背法令，或當事人已提出新訴訟資料，足以推翻原判斷之情形外，雖應解為在同一當事人就與該重要爭點有關所提起之他訴訟，法院及當事人對該重要爭點之法律關係，皆不得任作相反之判斷或主張，以符民事訴訟上之誠信原則，此即所謂「爭點效原則」。惟依前所述，經我國法院裁定認可之大陸地區民事確定裁判，應祇具有執行力而無與我國法院確定判決同一效力之既判力。該大陸地區裁判，對於訴訟標的或訴訟標的以外當事人主張之重大爭點，不論有無為「實體」之認定，於我國當然無爭點效原則之適用。我國法院自得斟酌全辯論意旨及調查證據之結果，為不同之判斷，不受大陸地區法院裁判之拘束。」

最高法院認為外國法院民事確定判決，無民事訴訟法第 402 條之情形之一者，有與中華民國法院民事確定判決相同之效力，包括既判力、形成力與執行力。香港澳門地區之民事確定判決因準用民事訴訟法第 402 條暨強制執行法第 4 條之 1 之結果，與外國法院民事確定判決相同。大陸地區之民事確定判決則無既判力，只有執行力。惟：

（一）本件執行名義應為系爭大陸地區判決及台灣地區認可之裁定：

1. 按執行名義成立後，如有消滅或妨礙債權人請求之事由發生，債務人得於強制執行程序終結前，向執行法院對債權人提起異議之訴。如以裁判為執行名義時，其為異議原因之事實發生在前訴訟言詞辯論終結後者，亦得主張之。執行名義無確定判決同一之效力者，於執行名義成立前，如有債權不成立或消滅或妨礙債權人請求之事由發生，債務人亦得於強制執行程序終結前提起異議之訴，強制執行法第 14 條第 1 項、第 2 項定有明文。從而，債務人提起異議之訴，如執行名義為與確定判決同有既判力者，須以其主張消滅或妨礙債權人請求之事由，係發生於執行名義成立後者，或係發生在前訴訟言詞辯論終結後者始得為之。如非與確定判決同有既判力者，則其主張消滅或妨礙債權人請求之事由，係發生於執行名義成立前者，亦得為之。

2. 外國法院民事確定判決或裁定，僅於該國領域發生效力，內國承認與執

行，係對於外國司法權及其行使之承認，國際私法上有所謂「禮讓原則」，亦即適當考慮國際責任及實際便利，為尊重法律體系之完整與獨立，並防止同一事件在不同國家重複起訴。

3. 依民事訴訟法第 402 條之立法體例，係以外國法院之確定判決在我國認其具有效力為原則，如有該條各款情形之一者，始例外不承認其效力，採自動承認制度。但對於外國確定判決之執行力，依據強制執行法第 4 條之 1 規定，以該判決無民事訴訟法第 402 條各款情形，並經中華民國法院以判決宣示許可其執行者為限，得為強制執行，故外國確定判決仍須經向我國提起許可執行之訴，始能取得執行力，且以內國宣示許可執行判決與該外國民事確定判決併為強制執行法第 4 條第 1 項第 6 款之執行名義。

4. 大陸地區法院之判決，依台灣地區與大陸地區人民關係條例第 74 條之規定：「在大陸地區作成之民事確定裁判、民事仲裁判斷，不違背台灣地區公共秩序或善良風俗者，得聲請法院裁定認可。前項經法院裁定認可之裁判或判斷，以給付為內容者，得為執行名義。前二項規定，以在台灣地區作成之民事確定裁判、民事仲裁判斷，得聲請大陸地區法院裁定認可或為執行名義者，始適用之。」觀其立法理由：「依本條例規定，在大陸地區作成之民事確定判決及民事仲裁判斷，不違背台灣地區公共秩序或善良風俗者，得聲請我法院裁定認可，並得為執行名義」，對於大陸地區判決未採自動承認制，必須經法院以裁定認可者始予以承認並取得執行力，故該條第 2 項所認「得為執行名義」係指大陸地區之民事確定裁判及台灣地區之認可裁定，且係強制執行法第 4 條第 1 項第 6 款之執行名義。

5. 依台灣地區與大陸地區人民關係條例第 74 條與民事訴訟法第 402 條之規定比較觀之，我國法院對於外國民事確定判決與大陸地區民事確定判決，同採形式審查之立場。解釋上，台灣地區與大陸地區人民關係條例第 74 條之公序良俗應包括民事訴訟法第 402 條第 1 項第 3 款之程序上之公序良俗，亦即所需考慮者不應是判決是否由大陸地區法院作成，或是由台灣地區法院作成，而是考量法院判決之程序是否足以確保人民依照憲法所保障之權利，也就是平等而充分地去論證其權利之程序上保障。如確實已給予當事人充分之攻擊防禦之機會，即應認為符合程序上公序良俗之要件。

6. 大陸地區民事確定判決，經台灣地區裁定認可後，與外國法院民事確定判決同，均有與台灣地區民事確定判決同一之效力。詳言之，如大陸地區民

事確定判決，已給予當事人完整之程序保障，則大陸地區民事確定判決與外國民事確定判決，同具有確定個案規範之正當性，不待法律明文規定，亦不因外國是否與我國正式關係或大陸地區非我國法權所及而有異，亦與自動承認制無關。

玖、結　論

　　台灣地區對於大陸地區法院民事確定判決之認可及執行，依據台灣地區與大陸地區人民關係條例第 74 條之規定，係由台灣地區法院形式審查大陸地區法院民事確定判決有無違背台灣地區之公共秩序或善良風俗，並非就同一事件重為審判。大陸地區對於台灣地區民事確定判決，則係依據「最高人民法院關於認可台灣地區有關法院民事判決的規定」第 12 條之規定：「人民法院受理認可台灣地區有關法院民事判決的申請後，對當事人就同一案件事實起訴的，不予受理。」辦理。該條規定明文承認台灣地區法院判決經認可後，不得更行起訴。台灣地區與大陸地區人民關係條例雖未有相同之明文規定，惟基於兩岸關係條例第 74 條第 3 項所採取之平等互惠原則，亦應認大陸地區民事確定判決經台灣地區法院認可裁定後有與確定判決同一之效力，方符禮讓原則、平等互惠原則及對大陸地區司法之尊重。本件，最高法院判決拘泥於台灣地區與大陸地區人民關係條例第 74 條之規定，似有未當。惟為避免再生爭議，宜修正上開條例第 74 條第 1 項之規定：「在大陸地區作成之民事確定裁判、民事仲裁判斷，有違背台灣地區公共秩序或善良風俗者，不得聲請法院裁定認可其效力。」

第十一章

涉外破產之域外效力問題

第一節　前　言

　　近年由於國際交通之便利，某國國民與他國國民間之財產或身分上之往來，益見頻繁，涉及數國之法律上的爭議，亦日益增多。此外，更因為國際通商之頻繁，產生許多大型的跨國企業。此等跨國企業非僅為現今國際貿易之促進及推動者，更係國際經濟體系中不可或缺之要角。其資產分散於許多國家，在許多國家擁有分公司、營業據點、關係企業，頗為常見。如一旦此等企業發生財務困難，甚而宣告破產時，勢將牽動各相關國家之國民與其資產，形成所謂「涉外破產」之法律問題。此種法律問題，已成為 21 世紀之今日，國際通商必須面對之新課題。

　　所謂涉外破產主要涉及：

　　一、對於跨國性之企業，那一國家有權宣告其破產？此即涉外破產之一般管轄權的問題。與此有關的是所謂平行破產的問題。亦即，如果，該債務人已在外國受破產宣告，則可否再在內國宣告破產？反之亦然。

　　二、如果宣告破產，則該破產宣告在其他國家發生如何之效力？包括該公司在他國之資產是否亦受破產程序之限制？破產管理人得否對於該在他國之資產行使管理處分權？在宣告國之債權人是否得不依破產程序，對於該等資產為強制執行？在該他國之債權人得否不依破產程序，對於該等資產為強制執行？此等債權人可否以其債權不能獲得清償，而再次就該公司位於他國之分公司或關係企業宣告破產？

　　三、債權人中之債權有優先受償之抵押權、優先權等，是否亦受破產程序之限制，特別是抵押權等優先受償之權，依其準據法，可不受破產程序之限制，但依宣告國之法律，則受破產程序之限制，其間之法律衝突如何解決？其

他，如別除權、抵銷權、否認及契約關係之處理，均與涉外破產之實體問題有關，如何解決，亦有待檢討。

現今各國之破產法制大多極其完備，除破產法之外，公司重整之相關規定，亦可適用。惟此等規定大多係以國內破產或重整為主要之規範對象。一旦面臨此種涉外破產之新狀況，不免受到重大之衝擊，而面臨無法可用之窘境。是以近十多年來，各主要國家為謀因應對策，於立法及司法實踐上皆有重大之變革、突破。例如；美國於 1978 年，修正其破產法，增訂了 304-306 條有關附屬程序之規定。瑞士於 1989 年新頒布的國際私法第 166 條至第 175 條，對涉外破產事件，有專章的明文規範[1]。各國學者之研究亦有相當豐富的成果。

反觀我國，民國（下同）24 年制定施行的破產法僅於第 4 條規定：「和解在外國成立，或破產在外國宣告者，對於債務人或破產人在中國之財產，不生效力。」學者對於上開涉外破產的問題之探討亦相當有限。然晚近法務部提出之破產法修正草案，為因應經濟活動之國際化，參考聯合國的涉外破產模範法及歐盟倒產條約，認有承認外國法院許可之和解與破產之必要，新增訂第 5 章「外國法院之和解與破產」，就以重建或清算為目的，由外國法院管理或監督債務人財產或事務之程序，包含重整、再生、特別清算等相當於本法所定之清理債務程序，明定其聲請承認之管轄法院、聲請程序、法院裁定承認後應行之程序、法院於裁定前得為之保全處分、裁定承認後之效力、債務人或破產人於中華民國境內財產之處理及外國和解管理人或破產管理人之程序參加等相關規定。此等規定是否妥適，尚有進 1 步檢討之必要。本文爰以上開涉外破產之法律問題為主要研究範圍，並兼及介紹各國之涉外破產法制，圖對我國未來之司法實踐及相關立法，有所裨益。

第二節　涉外破產之概念

由於各國法制之不同，達成同一目的的制度，有不同的用語，即使用語相同，其內涵亦不相同。舉例言之，在破產法立法上有所謂和解前置主義與和解非前置主義之別，採取和解前置主義者，在宣告破產之前，應先進行和解程序，在採取和解非前置主義者，則不必先有和解不成始許宣告破產。因此，從

---

[1]　關於瑞士新國際私法，參閱劉鐵錚等合著，瑞士新國際私法，三民書局出版，民國 80 年。

比較法的觀點言之，和解是否破產程序一部，即有疑義。同理，各國對於破產法之適用，有認為僅限於自然人，而對於法人另為不同規定者，如公司重整等是；有認為法人亦得同等適用者。因此，談及涉外破產問題，不能不對於涉外破產之概念稍作了解。依筆者所見，由於我國法上之破產概念，實際運用上並不多見，反而以公司重整為多[2]。破產與公司重整復有類似之目的，所使用之方法或手段，亦有不謀而合者，因此，檢討涉外破產之法律問題，宜採取比較廣義的態度。[3]

第三節　各國涉外破產法制概說

壹、序　說

由於破產法係國內法，係一個國家基於其立法政策而制定，而各國之間，除經由公約或條約之外，如何立法，因多屬各國立法權限範圍而相當自由，因此有各種不同的立法主義。由於此等立法主義，係探討涉外破產問題之基礎，以下擬先簡單敘述之。[4]

一、在內、外國人之聲請宣告破產、申報債權、參加破產程序等方面，內、外國人平等主義係以內、外國人間之平等對待，不設差別待遇為其特色；內、外國人不平等主義則係以內、外國人間之差別待遇為其特色。在現代社會以內、外國人平等主義為多數國家所採取。

二、在破產聲請人方面，是否限於破產債權人、遺產之債權人、受遺贈人始有權聲請，或債務人或具有債務人類似地位之人，例如，無限責任之股東等亦有權聲請？各國立法不同。

三、對於何人得宣告破產？有採取商人破產主義，僅能對於商人聲請宣告

---

[2]　以日本學者針對該國涉外破產事件為例，共有涉外破產事件 17 件。其中，屬於法人涉外破產事件，有 13 件，屬於自然人之涉外破產事件有 4 件。惟屬於法人涉外破產事件中，屬於公司重整者有 7 件，屬於破產者有 4 件，屬於和解者有 2 件，足見，所謂涉外破產，不以狹義的破產為限。參閱，伊藤真、我妻學著，國際倒產實務問題點——國際倒產實務調查報告，頁 60-68。收於竹下守夫編，國際倒產法，商事法務研究會，平成 3 年。

[3]　相同見解，參見藍瀛芳教授著，國際私法導論，頁 113-115。民國 84 年，作者自版。

[4]　山戶嘉一著，破產，國際私法講座，卷 3，頁 882 以下，昭和 39 年初版，有斐閣。

破產。亦有採取一般破產主義，對於任何人均得聲請宣告破產。亦有採取折衷主義，商人或非商人均得聲請宣告其破產，但所適用之法律不同。

四、關於破產原因事由，有採取列舉不能清償債務的種種情形之立法方式者；亦有採取概括的方式者。

五、關於破產宣告之效力，有採取宣告主義，即自破產宣告之時起發生效力者。亦有採取揭示主義，自破產宣告公告之時起發生效力者。亦有採取支付停止主義者，溯及於債務人陷於不能支付或支付停止之時起發生效力者。

六、關於破產財團之構成，有採取膨脹主義者，即債務人新取得之財產均構成破產財團之一部分。亦有採取固定主義，即以破產宣告時債務人之全部財產構成破產財團，日後，破產人之財產雖有增加，亦不構成破產財團。

七、有關外國破產程序對於內國財產之效力問題，一直以內國是否採取了「屬地主義」或「普及主義」而有不同之結論。所謂屬地主義係指外國法院之破產宣告，僅於該宣告國始有效力，而不及於其他國家。所謂普及主義則係指外國法院之破產宣告效力及於任何國家。當然，也有介於兩者之間者。由於此一分類與涉外破產之關係密切，以下再詳細分述之。

採取屬地主義者認為破產是一般執行程序之一種，亦係國家主權行為之表現，因此破產宣告原則上僅及於該國之國境[5]，因而，發生左列結果：

（一）在宣告國以外之國家均不發生任何效力。債務人仍保有其財產之處分權，如同未被宣告破產一般。債權人對於屬於債務人之財產仍得行使其權利，不受任何限制，強制執行之權利亦然。

（二）既未宣告破產，則債權人仍得在該國法院有一般管轄權之前提下，以該債務人具有破產原因，再一次宣告其破產，即有所謂平行破產之情形。

所謂普及主義，係指在某個國家所為之破產宣告，不僅於宣告國發生效力，於該宣告國以外之國家仍有其效力[6]。因此，發生左列結果：

---

[5]　關於屬地主義之根據，學者間之見解不同，有認為破產係一般的執行程序，與公序良俗有關，因而僅以一國之領域為其範圍。亦有認為債權人係信賴債務人在一國之財產，因此，破產宣告之效力自以一國之內之財產為限。又有認為破產宣告係一國之訴訟行為、執行行為，其效力自以一國為限等等。不一而足，參閱，山戶嘉一著，前揭文，頁889。

[6]　關於普及主義之根據，學者見解亦有不同，有認為破產應有治外法權之效力。亦有認為破產

　　（一）債務人之任何財產，無論位於任何國家，均喪失其管理處分權，而移轉至破產管理人身上。破產管理人並有管理、處分及變價之權利及義務。

　　（二）債權人只能依破產程序行使權利，而不得再對於債務人提起訴訟或爲任何請求，包括強制執行之權利在內。

　　爲期對於各國之涉外破產制度能有更爲明確的認識，以下各節分別介紹若干先進國家關於涉外破產之制度。

貳、德國之涉外破產制度

　　德國向來採取屬地主義之見解，但自 1985 年 11 月 7 日聯邦最高法院之判決後，即改採普及主義。詳言之，德國破產法第 1 條第 1 項關於破產財團之範圍，規定：「破產程序包括破產開始時，屬於破產人而應受強制執行之一切財產。」同法第 238 條第 1 項、第 2 項規定：「於內國所開始之破產程序，於債務人在內國無普通審判籍，而僅有營業所或農場時，僅包括在內國之財產。」由於第 1 條所定，破產財團之財產不限於在內國之財產，加上第 238 條之反對解釋，破產人在德國有普通審判籍時，內國破產程序之效力及於在外國之財產，可謂已採取普及主義。採取普及主義之結果，破產管理人對於破產人在外國之財產有義務予以變賣；破產債務人依該外國法之規定，如對於其得自由管理處分之權者，破產管理人對於該財產之變賣亦有協助之義務。爲此，破產管理人得強制的自破產人取得變賣之代理權或接受破產人之信託讓與，破產人並不得撤回其代理權之授與或信託讓與。[7]

　　外國法院程序所受之分配，在德國應如何處理，涉及普及主義實際上能否在德國貫徹，亦與外國法院破產裁判是否予以承認其在德國之效力有關。如不予承認，對於在德國之財產即得予以強制執行。破產人受併行破產宣告時，其所受領之分配在德國法院如何處理，亦有疑義。

　　在帝國最高法院 1903 年 3 月 10 日民事判決一案[8]，債務人 A 係在漢堡之

　　係對於破產人全部財產之包括的扣押，自應有超越國境之效力。亦有認為一旦破產宣告，破產債權人概括繼承破產人之全部財產，當然包括破產在內、外國之財產。

[7]　參閱野村秀敏著，西ドイツ國際倒產手續，頁 286-287。收於竹下守夫編，國際倒產法。

[8]　RG v.28.3.1903,RGZ 54,193=JW 1903,182 引自貝瀨幸雄著，國際倒產法序說，頁 61-63，1989 年，東京大學出版會出版。另參閱野村秀敏著，西ドイツ國際倒產處理手續，頁 287-288，收於竹下守夫編，國際倒產法，平成 3 年，商事法務研究會。

保險公司，已受破產宣告。A 之債權人 Y 係一荷蘭公司，Y 就 A 對於其在荷蘭之代理商 B 在荷蘭之債權，爲強制執行，並已獲得清償。A 之破產管理人 X 乃以 Y 之受清償係不當得利，起訴 Y 返還。判決結果認爲：「依據破產法第 1 條、第 50 條、第 56 條及第 238 條第 2 項，德國破產法除第 238 條第 1 項之情形外，債務人在外財產均應加入破產財團。但關於債務人之全部財產，是否不問其所在地爲何，均爲破產效力所及之問題，應依據破產開始國家之法律定之。對此，關於破產宣告及於何等程度之在外財產之問題，應依據財產所在地法定之。規定內國開始之破產程序進行中，准許在外國對於債務人在外之財產予以假扣押或強制執行，其權不在內國而在外國。因此，第 4 條僅係關於在內國之假扣押及強制執行，並與第 237 條關於對於已在外國受破產宣告之債務人在內國之財產，准予爲假扣押或強制執行之規定，互相對應。在荷蘭，對於外國之破產程序亦不考慮。Y 在荷蘭之強制執行程序，在荷蘭並不違法。Y 因而獲得之清償，以破產法規定其因清償所獲得之利益應返還破產財團爲限，X 之訴即有理由。惟德國並無此一規定。」

在拜倫邦最高法院 1908 年 2 月 7 日民事判決一案[9]，債權人 Y（其後在德國請求異議之訴之被告）基於 1901 年在德國取得之判決，開始就債務人 X（前述在德國請求異議之訴之原告）在瑞士之財產爲強制執行。1904 年完成分配程序，Y 獲得 4476 馬克。另一方面，於 1902 年在德國就 X 之財產進行破產程序。1903 年上開破產程序因和解而終結。Y 之債權額之百分之二十（4566 馬克）分 10 年清償。1906 年以後，因 X 拒絕支付，Y 乃基於前述債權，在德國就 X 之財產爲強制執行。X 對此主張 Y 之債權額爲和解後之 4566 馬克，扣除在瑞士獲得清償之 4476 馬克後之餘額，且已完全清償。提起債務人異議之訴。法院判決結果認爲：「債權人並無必要將在外國所獲得之清償，算入破產財團，即使在外國之強制執行獲得完全之清償，亦無此一義務。亦即，在和解終了時，債權人在外國強制執行所獲得之清償，縱使超過和解所承認之部分債權額，亦無返還其超過額之必要。因此，債權人在外國獲得部分之清償，其金額以不超過原債權額扣除和解所承認之金額後之差額爲限，並無必要自和解所承認之債權額扣除之必要。破產法第 237 條第 1 項，就債務人在外之財產開始破產程序，對於債務人在德國之財產仍容許爲強制執行。此一規定，乃破產宣

---

[9] Bay Olbg v. 17.2.1908, Seuffers Arch.63.(1908), 302. 引自貝瀨幸雄著，前揭書，頁 63-64。並請參閱野村秀敏著，前揭文，頁 288-289。

告之效力以宣告破產法院所屬國家之領域為限（即所謂屬地主義）之原則之當然結論。」

在聯邦最高法院 1976 年 12 月 10 日民事判決 [10] 一案，對於科倫地區之商人 Y（被告，破產人）開始進行破產程序，X 為其破產管理人，意圖將 Y 所有之財產納入破產財團，但為 Y 所拒絕，X 乃請求就 Y 所有而應納入破產財團之財產之一部，為假扣押。但為法院駁回，法院認為：「原審以系爭財產位於，在內國（德國）開始之破產，不及於債務人在之財產，因而否認原告（在德國之破產管理人）之訴訟追行權，這是錯誤的。依據破產法第 71 條在內國所開始之破產程序，即使及於債務人可能扣押之財產，但在外財產實際上是否為在內國之破產宣告效力所及，應依該外國法決定。1973 年 10 月 1 日生效之 1973 年 7 月 17 日公布之破產法第 5 條第 2 項，僅於相互保證之情形存在，始承認在外國之破產宣告。德國與之某間，並無此等相互保證存在。破產管理人之訴訟追行權，係指應屬於破產財團之一切權利，在德國法院有所主張之權利。破產法第 1 條第 1 項與第 237 條得部分的導出。全部在外財產實際上是否納入在內國開始之破產程序，破產管理人之管理處分權是否及於此等財產，應依該財產所在之外國法定之。」

在聯邦普通法院 1983 年 7 月 13 日民事判決 [11] 一案，原告係破產債務人 K 之破產管理人，訴外人 V 係 K 所提攜之 G 公司之執行業務股東，K 及 V 均受破產宣告，其在被告銀行有存款帳戶，對於被告銀行亦負有債務。在 K 受破產宣告前，V 自被告領取存款，並前往瑞士，而於當地銀行以自己名義開設帳戶。在 K 及 V 受破產宣告後，原告與被告各自在瑞士對 V 進行假扣押，並各自因強制執行獲得清償。其後，V 之破產管理人，受讓被告自 V 所獲得清償所生之金錢債權，起訴請求被告應將其自瑞士受清償之金錢，返還予原告。第一審及第二審法院均駁回原告之請求。第三審法院則將原審判決廢棄發回。法院認為：「作為包括執行之破產制度之核心，在於全體債權人之平等的滿足。外國財產屬於破產財團，雙方並無爭執。此際，破產管理人為將該財產納入破產財團所取得之執行名義在外國是否確實貫徹，並不重要。依破產法第 14 條規定之用語，其適用限於在內國之情形，在外國個別執行之債權人，為無法律上原因而獲得利益（民法第 802 條），破產法第 237 條允許就外國破產債務人

---

[10]　BGH v.10.12.1976,BGHZ 68,16=KTS 1977,172. 引自貝瀨幸雄著，前揭書，頁 64-65。

[11]　BGHZ 88, 147=JZ 1983,898 mit Anm Grunsky. 引自野村秀敏著，前揭文，頁 289。

在內國財產強制執行，僅意味著在內國之強制執行為合法，並不妨害外國破產程序上德國強制執行程序之為不合法。因此，此一規定乃特別的限制。帝國法院 1903 年之判例不能適用。外國執行所獲得之清償，應否自債權額中扣除之問題，僅於排除已為強制執行之債權人而為分配時，始有問題。」

多數學說即依據前述早期的實務見解（即 1903 年及 1908 年之民事判決），認為：(1) 破產債權人在外國因強制執行所獲得之分配，不必交付內國破產財團；(2) 破產法第 14 條僅與在內國之強制執行有關；(3) 破產宣告僅於為宣告法院所屬國家領域之內始有效力；(4) 因強制和解而為債務之部分免除，破產債權人在外國因強制執行所受之分配，得算入原來之破產債權額；(5) 在德國及外國之破產程序行使權利，其所獲得之分配合計，不得超過其債權額。惟嗣後有愈來愈多的見解，對於前述立足於屬地主義觀點之實務見解及學說表示不滿。詳言之，有認為自外國強制執行程序所獲得之清償應自破產債權人之原來的債權額中扣除。亦有認為應自破產債權人應受分配之債權額扣除。[12]

至於外國破產宣告在德國之效力，主要涉及外國破產管理人在內國之權限、破產法第 237 條准予外國破產程序進行中，在德國之強制執行之規定之意義，以及開始併行破產之要件等問題方面。

在帝國最高法院 1882 年 3 月 28 日民事判決[13]，原告銀行對於本據在英國之被告銀行所有，目前在德國代理人占有中之八只錨鎖，為保全對於被告之債權，予以假扣押。嗣後，原告在德國對於被告起訴請求清償票據債務，訴狀未送達被告而係送達於被告之受託人（Trustee），受託人以被告在假扣押前已被宣告破產，且為原告所明知，請求駁回原告之訴，並提起反訴請求撤銷假扣押。第一審法院認為英國破產法上之受託人為當事人適格，但以得在破產程序得主張之債權，不許債權人以個別訴訟或強制執行主張優先受償，因而駁回原告之訴及被告之反訴。原告上訴，第二審法院撤銷原審判決，受託人上訴第三審。法院認為：「立法者關於外國破產對於破產人在內國財產之效力，未固執嚴格的屬地主義，而應採取較自由的國際主義的立場。特別是破產管理人將破產人在內國之財產納入外國的破產財團之情形。惟此一原則，為保護外國破產

---

[12] 參閱野村秀敏著，前揭文，頁 290-291。

[13] RGZ 6, 400. 參閱，野村秀敏著，前揭文，頁 296-297。

人在內國債權人之利益，破產法第 237 條、第 238 條打破此一原則。破產法第 237 條適用的必然的結果，在於必然承認對於破產人之強制執行及之前為取得執行名義的民事訴訟。破產財團之代表人以破產時破產人全部財產之管理處分權為原因，而以自己為當事人得視為破產債務人之代理人。」

在帝國最高法院 1884 年 2 月 1 日之民事判決 [14] 中，居住於倫敦之被告開始破產後，居住於新加坡之原告在漢堡假扣押被告之財產，並起訴請求被告給付基於一定交易之價金，債權準據法為英國法，第一、二審均判決原告勝訴，被告上訴第三審。法院認為：「在破產法第 237 條之立法理由書中，就此點（當事人適格之點）採取較自由、國際的態度，係值得追求的目標。學說中亦有持贊同的見解者出現。惟理由書中所述之見解，在最後所作成之破產法中看不出有此種表現，確屬事實。毋寧有相當證據顯示採取相反的立場，其理由毫無疑問的在於於此有若干法律規定，即破產法第 237 條與第 238 條之規定使然。」

在帝國最高法院 1916 年 1 月 7 日之民事判決 [15] 中，被告係已破產之俄國公司，在俄國並任命清算委員會，被告在漢堡有從營業所，並對於被告在德國之財產開始破產程序。另一方面，在倫敦有本據之某公司，對於被告有相當之金錢債權，為被告保證債務之原告，清償其所保證之主債務，並對被告取得求償權，另外，被告對於德國之公司亦有相當的債權存在。被告在德國的破產管理人與俄國的清算委員會訂定協議，合意平分對於德國公司債權可獲得利益之一半。其後，原告假扣押此筆債權，並起訴請求被告應清償此筆債務，同時請求確認原告有自該筆債務獲得清償之權利。第一、二審法院均准許原告之請求，被告提起第三審上訴。法院認為：「被告在俄國陷於破產一事，依據破產法第 230 條之規定所導出，在被告財產所在之德國允許對於被告起訴請求清償，此等訴訟原則上應向被告本人而非向破產機關為之。但被告依據俄國法律，係在清算之狀態，由法院所任命之清算委員會代表該公司而繼續存在。本訴向被告機關之清算委員會為之，亦無不當。依清算委員會與破產管理人之協定，對於德國公司之債權之一半，自破產程序之限制中解放，而委之於俄國之管理機關之手。因此，此筆債權之金額不納入內國破產財團。原告對此筆債權為強制執行，符合破產法第 237 條之要件。」

---

[14] RGZ 14, 405 參閱，野村秀敏著，前揭文，頁 297-298。
[15] RGZ 89, 101 野村秀敏著，前揭文，頁 298。

　　在聯邦普通法院 1985 年 7 月 1 日之民事判決[16]，原告係比利時法人之破產人之破產管理人，被告將果汁之生產、交付委託原告。此一交易之準據法爲德國法律，並合意選定德國漢堡的法院爲管轄法院。此一委託後開始破產，破產債務人將貨品交付被告，並取得 610 萬比利時法郎的債權，原告請求清償此筆債權，提起本件訴訟，被告則基於種種理由提出預備的抵銷抗辯。第一、二審均判決原告勝訴。被告上訴第三審，並提出外國破產管理人得否以自己名義主張債權？破產程序上之抵銷之準據法爲何？等等問題。法院判決認爲：「1. 外國開始之破產效力及於破產人在內國之全部財產。外國之破產管理人因而有權將之納入破產財團。2. 德國破產法係以基於債權人平等對待之普及主義爲出發點。此與一般不承認外國之破產開始行爲不及於內國財產之點，係相互矛盾的。此種不承認，係對於外國法律秩序與其機關之不信任與非難。就德國與比利時間之關係而言，雖承認比利時法律上外國破產管理人行爲之權限。但關於德國之破產管理人，由於無相互的保證，故設有基於比利時公序良俗之例外。3. 作爲國家高權行爲之破產開始行爲，不得超過破產開始國之領域範圍，係不適當的。開始國於其領域內，不予任何限制之高權行爲之法律效果，應依據效果發生地國之法律判斷之。破產開始之高權行爲之法律整序與射程範圍乃問題所在。德國法律承認外國法院所爲之法人解散、禁治產宣告、監護人之選任、解任等多數外國國家行爲。一般言之，若係私權的形成、處分問題，外國國家行爲將被承認。若係針對國家經濟政策等國家利益之貫徹行爲，則未能獲得承認。與破產扣押具有相同效果之徵收、沒收，其效力以命令發布國爲限，乃國際私法普遍承認之原則，但破產之開始行爲，與前述各行爲有異，其並非爲國家之利益，而係爲全體債權人之利益。依破產制度之目的與效果，破產開始之國家行爲近於非訟事件領域之裁判。德國原則上予以承認。4. 破產法第 237 條第 1 項不應成爲外國破產承認之障礙。依該規定之文義，不得解釋爲排除外國破產在內國之效力之規定。立法者係以外國破產在內國有效，爲保護內國債權人而於內國得以執行爲其出發點。5. 判例對於因外國破產開始行爲而解散之外國法人，將外國法人之代表權，由原來之機關移轉至破產管理人，承認其效力。此並不妨害破產法第 237 條第 1 項之保護目的。破產管理人之權限，一般而言，係與破產目的之實現有關，在法律體系上，法人與自然人應適用相同的規定。6. 破產法第 237 條第 1 項之目的與旨趣，應就現代經濟生活之實際予以

---

[16] BGHZ 95, 256=JZ 1986, 91 mit Anm Luuderiz 參閱，野村秀敏著，前揭文，頁 298-301。

考慮，外國破產知悉及參與之困難之可能性，對於內國債權人而言，係因外國破產與內國不同而生。對此不利益，可運用外國破產承認與公序良俗之保留處理之。另一面，破產債權人之有效保護，亦因外國破產優先於內國破產而獲得保障（破產法第238條）。7. 關於開始破產之一般管轄權雖不在德國，但德國破產法得因外國破產法之參與而被有利的援用。8. 全體破產債權人之平等處理，對於債權人而言，與作為破產人與債權人間交易基礎之財產所在地無關，而要求應包括的予以處理。9. 但外國破產之承認有限制。此應將破產法之規定與法律原則之全體構造納入。10. 外國破產不得成為內國破產處理程序之障礙，並意味著內國應優先。破產法第237條第1項就此原則已有所超越，並允許在外國破產時，許可已有執行名義之債權對於內國財產之個別執行。11. 外國破產行為依據內國之法律原則，應已可認係破產。12. 破產開始國有一般管轄權。13. 破產開始行為依破產開始國之法律為有效。14. 外國破產之承認不侵害內國公序良俗。15. 關於破產上抵銷之適法性，依破產開始國之法律，就此點而言，原審判決之見解並無違誤。內國破產效果之射程距離，不必就與破產程序有關所生之全部法律效果均統一的予以處理。基本上，應平等的對待全部債權人，惟在抵銷之場合，抵銷之適法性應統一的處理認定。抵銷之實體法上之有效與否，則應適用受動債權之準據法。但在內國承認抵銷之實體法上之效果時，原則上應特別考慮破產法上關於抵銷之特別的規定，此係以抵銷之適法性，依破產開始國對於全體破產債權人平等的處理，且不違反內國之公序良俗為其前提。作為訴訟上債權人保護規定之破產法第237條第1項之規定，不構成前述見解之障礙。」

參、美國之涉外破產制度

美國在傳統上，特別是受到自英國獨立的意識之影響，對於外國破產裁判之承認，採取消極的態度。但自19世紀後半以後，法院往往基於禮讓，逐漸改變消極的態度。另一方面，立法者於1898年之破產法，於第2條（A）(1) 設有關於外國破產程序在美國之效力規定。首先，關於破產之一般管轄，不僅主營業所在美國者，即使僅有財產在美國者，亦得為破產宣告，即使該債務人於外國已受破產宣告者亦然。換言之，債務人有住所或居所於美國，或有營業所於美國，或有財產於美國，美國法院即有權宣告該債務人破產。此一般管轄權對於其他美國法院係專屬的（exclusive）。相對的，對於其他國家則非絕對的，除非破產程序能規範位於美國之債權人，並得藉以控制並保護債務人

之財產；或其他國家願意進行國際合作，以協助美國得以就該債務人行使一般管轄權。1962 年之修正，則增設第 2 條 (A)(22)，規定如該債務人已受外國破產宣告，則法院在不妨害債權人權益之條件下，得暫緩行使其一般管轄權，或停止其在美國已開始之破產程序。另又增設第 605 條 (D)，規定：「若有在外國已受破產程序之分配之債權人及在外國未受破產程序之分配之債權人同時存在時，未受分配之債權人，在其受分配之債權額未達該已受分配之債權人所受分配之債權額前，有優先受分配之權。」[17] 從此，外國破產管理人之權限基於禮讓，逐漸受到美國法院之承認。對於內國之假扣押，亦因禮讓而被排除，但破產管理人是否有內國財產之管理處分權，美國法院的態度則不清楚。

1987 年再度修正其破產法，其態度亦未改變，即凡於美國有住所、慣常居所、營業所及財產者，美國法院均有破產之一般管轄權。另外，第 303 條 (A)(4) 規定債務人已在外國受破產宣告，其外國財團之代表人，例如，破產管理人亦得聲請破產。如其他利害關係人不爭執，即應開始破產程序；如其他利害關係人有爭執，如可確定已有債務超過情事，即得開始破產程序。此一破產程序係完全的破產程序，與後述之附隨的破產程序不同。[18]

上述修正，最大的意義在於增訂第 304 條。此一破產程序為附隨程序，以已有外國破產宣告為前提，因外國破產之破產管理人向美國法院聲請附隨程序而開始，法院考慮：(1) 對於債權人等利害關係人之正當處理；(2) 美國債權人之保護；(3) 關於債務人財產之偏頗、詐害行為之防止；(4) 外國破產之破產管理人對於財產之分配採取與美國破產法所採取之基準相同之基準；(5) 禮讓；(6) 提供債務人重生之機會；(7) 債務人財產迅速有效的管理等因素，決定是否准許。

另外，依據第 304 條之規定，聲請附隨程序之破產，需具備下列要件：(1) 須有外國程序進行中。所謂外國程序係規定於破產法第 109 條 (20) 項，即凡是一個司法或行政的程序，不論是否依破產法，只要係在債務人之住所、居所、主營業所、主財產所在地，為清理其破產財產，藉和解、延展期間、免除或改組之方法調整債務關係者，均屬之。(2) 外國破產管理人須有提出聲請

---

17 參閱，竹內康二著，國際取引と債權保全，現代契約法大系 (9)，頁 293（1985 年）；竹內康二著，外國倒產手續の效力に關する米國判例，ジユリスト，第 870 號；伊藤真著，アメリ力合眾國國際倒產處理手續，竹下守夫編，前揭書，頁 227 以下。
18 參閱，伊藤真著，前揭文，頁 243。

之權限。(3) 法院需有管轄權，即凡在該法院管轄區域內，債務人有住所、居所、營業所或財產者，均有管轄權。聲請如獲准，其法律效果使在美國之訴訟程序、執行程序、擔保權之設定及執行均停止，及破產財團之財產移轉予破產管理人等。

依美國破產法之規定，只要某企業具有破產適格，即有絕對的權利聲請破產。且無任何要件限制。惟如企業本身不聲請破產時，3 個以上無擔保債權人，其總債權金額超過 5 千美元，亦得聲請該企業破產。一旦宣告破產，關於該企業之任何強制執行均需停止，否則即構成藐視法庭罪。

肆、法國之涉外破產制度

法國的涉外破產制度具有：(1) 在其國內法，無論是國際私法或破產法，均欠缺關於涉外破產之原則之一般性的規定；(2) 法國與其他間有關於涉外破產之雙邊條約之特色。詳言之，就第 (1) 點而言，法國在其「關於企業再建及清算之 1985 年 1 月 25 日法律第 98 號」、「關於企業再建及清算之 1985 年 2 月 27 日法律第 1388 號」，以及自 1807 年至 1967 年為止之商法，均無關於涉外破產之原則的一般的規定。就第 (2) 點而言，法國與其鄰國或原所屬殖民地國家間，為判決之承認、執行及司法互助等事項，訂有兩國間之條約，規定涉外破產之事項。亦有專門為涉外破產事項訂定條約者。[19]

因此，法國在兩國間沒有關於涉外破產條約時，學說與實務見解均有普及主義（統一主義）與屬地主義（併行主義）之對立。此外，亦有折衷其間之折衷主義。

主張普及主義者認為：(1) 基於破產程序之目的，使債權人獲得平等清償，使債務人得以重生，普及主義更為適宜；(2) 破產程序之手續特質在於債務人全部財產之一次處分，普及主義更為適宜；(3) 破產程序之效果在於剝奪債務人之財產管理權，並將之移轉予破產管理人，普及主義更為適宜；(4) 採取普及主義程序上較為簡便；(5) 採取普及主義，費用較為經濟、程序進行較為迅速、可避免發生裁判之矛盾。因而，應採取普及主義。但主張普及主義者亦承認各國在主權方面斤形成之障礙，因而極力主張應依賴條約或公約消除此等障礙。

---

[19] 參閱西澤宗英著，フランス國際倒產手續，頁 530-531，收於竹下守夫編，國際倒產法。

　　主張屬地主義者認爲：(1) 屬地主義符合各國主權獨立之原則；(2) 破產手續之目的在於債權人之平等受清償，屬地主義更爲合適；(3) 破產程序之特質在於一次處分債務人之財產，屬地主義更爲適宜；(4) 對於信賴在內國財產而與債務人交易之相對人，採取屬地主義可以更爲周延的保護；(5) 在各國不同法制下，可使債務人更適於再生。惟主張屬地主義者，亦不無承認應採取普及主義之例外。

　　採取折衷主義者則認爲破產程序不僅影響債務人之財產，更影響債務人之身分。關於債務人之財產，如屬於動產，應採取普及主義，如屬於不動產，或關於債務人之身分則應採取折衷主義。[20]

　　至於實務見解方面，根據學說之分析，有採取以普及主義爲基本，例外採取屬地主義者；亦有以屬地主義爲基本，例外採取普及主義者。不過，原則與例外之間往往分際不明顯，所以，以何者爲基本，以何者爲例外，尚難斷言。[21]

　　關於內國破產程序開始之要件，應具備：(1) 外國人具有破產能力。法國法院對於外國人之破產宣告，向來即採內外國人平等原則，對於外國人，凡具有破產原因者，法國法院均得宣告破產。(2) 關於破產之一般管轄權方面，一般係將法國（內國）法關於管轄之規定，特別是關於土地管轄之規定，擴張適用於涉外破產之情形。易言之，凡在法國有住所或主營業所者，不問債務人之國籍爲何，均有破產之一般管轄權。住所在外國之債務人，如其在法國有支店或副營業所，或曾在法國爲營業行爲或交易者，法國法院亦有破產宣告之一般管轄權。進而，有依據法國民法第 14 條之規定：「外國人在法國無住居所，因與法國人爲締約行爲，爲該契約之履行，得在法國法院訴訟。外國人在外國與法國人締約，爲該契約之履行，亦得在法國訴訟。」及 15 條之規定：「法國人就在外國締約所生之債務，相對人即使爲外國人，亦得在法國法院爲訴訟。」對於外國法人行使一般管轄權。即使在法國無任何營業所、交易關係及財產亦然。法國破毀院 1962 年 7 月 2 日民事部判決即認爲一家主營業所在里約熱那盧之巴西公司，法國法院有一般管轄權。法院認爲：「有商事公司破產宣告之一般管轄權者，應係其主營業所所在之法院。然即使在法國無任何營業所、以

---

20 參閱，西澤宗英著，前揭文，頁 335-336。
21 參閱，西澤宗英著，前揭文，頁 336-337。

無明文相反之規定，且無詐欺情事為限，得依聲請人之聲請，由法國法院傳喚到庭。1979 年 3 月 9 日破毀院民事部判決，亦認為：「依民法第 14 條，以無相反規定及詐欺情事為限，與債務人約定債務而在法國無營業所之外國法人，法國人得依其選擇向法國法院聲請就該外國法人之破產宣告傳喚。」[22]

法國法院依前述規定對於外國人宣告破產時，基於破產程序為廣義之執行程序之一，破產處理與交易秩序維護之公共秩序有密切關係，因而，原則上適用法院地之法國法。但在破產程序進行中，關於各種問題，並不當然如此。詳言之：

1. 關於破產開始之實質要件，例如，商人資格（在商人破產時）或破產宣告原因，應適用法院地法之法國法。

2. 關於破產開始之形式要件，例如，破產宣告之聲請，亦適用法院地法之法國法。[23]

3. 破產宣告之效力原則上僅及於法國領域之內，即採取屬地主義。法國上訴審法院判決即認為：「法國破產宣告判決，在薩爾無宣告執行之可能，在薩爾破產管理人亦不能進行任何破產程序，因此，法國之破產宣告判決在薩爾不生效力。法國法院依此判例拒絕承認法國法院破產宣告有普及效力，並使在薩爾之扣押失效，尚屬正當。」但亦有判例認為在法國受破產宣告之破產人，其後，如關於支付條件成立和解並獲得認可時，對於在法國以外之破產債權人亦有效力。[24]

4. 破產程序開始後發生如何之效力，適用法國法之規定，破產人財產之管理處分權之剝奪、破產管理人之選任及權限亦適用法國法之規定。關於否認權（在可疑期間不得對抗或無效之行為），由於並非契約本身之瑕疵，而係開始破產之結果，破產程序復與公共秩序有關，因此，應適用法國法之規定。但亦有認為應適用契約本身之準據法。關於破產債權人之權利，基本上應適用法國法。各債權人應依法國法申報其債權。在法國進行中之訴訟程序因而當然停止，但對於在外國之個別的權利行使，由於在該外國實際上並未進行破產程

---

[22] 參閱，西澤宗英著，前揭文，頁 339-340。

[23] 參閱，西澤宗英著，前揭文，頁 341。

[24] 參閱，西澤宗英著，前揭文，頁 341。

序，故不受破產宣告之影響。[25]

5. 外國債權人亦得服從法國破產程序。1913 年 3 月 11 日破毀院判決即認爲：「在法國巴黎及里昂分別有本店及支店之商人，分別在兩地受破產宣告，在佛萊堡之債權人以其與破產人在佛萊堡之交易，向兩地之破產法院申報債權，但在里昂之申報被聲明異議。法國原審法院爲維持債權人平等原則，以外國破產管理人係以破產財團之名而爲，外國破產除爲在法國之債權人而有相互保證之情形外，不許外國債權人之申報。惟債務人之財產全部，係全體債權人之一般的擔保，而不問債權人之國籍及擔保之有無。」[26]

6. 法國破產法上相當於我國破產法撤銷權之可疑期間則不能對抗或無效之制度，其準據法如何，則有爭論。有認爲是否不能對抗，係契約瑕疵的問題，應依據契約準據法，但多數見解認爲破產程序開始之結果，亦即其期間之決定係以破產宣告時回溯一定期間，且破產法具有公序良俗之性質，又屬於程序法，自應適用破產開始國之法律即法國法。[27]

7. 關於債權人之權利，基本上應適用破產開始國之法律即法國法。各債權人應依據法國法所定程序呈報債權，且在法國個別權利之行使應中斷，但在外國個別權利之行使則不得妨害外國破產程序之進行。但亦有判例認爲在外國成立之債權，其證明應適用債權成立地之法律。[28]

8. 在法國及外國併行宣告破產時，破產債權人之權利行使問題，頗爲複雜。由於破產財團係分別在各個破產開始國法院爲破產債權人之利益而形成，外國債權人均得參加法國之破產程序，有如前述，不問該外國法院與法國間是否有相互保證，亦不問該債權係發生於何地。此時，如破產債權人在外國破產程序獲得任何程度之滿足，則其破產債權在法國如何處理？有認爲外國債權人在外國破產程序所獲得者，應提供法國破產程序分配之用。但多數見解仍認爲在外國所獲得之清償係一種既得權，各國之破產程序亦相互獨立，故只能依債權人受清償之比例，減少其在法國之破產債權。[29]

---

25 參閱，西澤宗英著，前揭文，頁 341。
26 參閱，西澤宗英著，前揭文，頁 341。
27 參閱，西澤宗英著，前揭文，頁 341-342。
28 參閱，西澤宗英著，前揭文，頁 342。
29 參閱，西澤宗英著，前揭文，頁 342-343。

9. 在取回權方面，可分爲一般的取回權與特殊的取回權。如屬一般的取回權，因係其實體法權利之反映而已，故適用所在地法。惟如取回權基礎之所有權何屬係適用契約準據法，則取回權仍適用契約準據法。如果是特殊的取回權，則因係破產法上所特別承認之權利，故仍應適用法院地法即破產開始國之法律。[30]

10. 在抵銷權方面，則眾說紛紜。有認爲應採取法院地法說者，有認爲應採取反對債權取得地法說者，亦有認爲應採取新舊債權準據法之累積適用者，亦有認爲應採取被請求履行債權之準據法，亦有採取抵銷事實發生地法，亦有主張應適用當事人本國法，亦有主張應累積適用依據國際私法所選定之準據法及破產開始國之法律。[31]

11. 關於擔保物權之準據法如何有爭議，有認爲應適用物權準據法、有認爲應適用法院地法，亦有主張應累積適用兩者，判例則有採法院地法說，亦有採物之所在地法說。[32]

關於外國破產裁判在法國之效力方面，係在屬地主義與普及主義間求一折衷。亦即，在一定要件之下，承認外國法院破產裁判在法國之效力。詳言之：

1. 外國法院破產裁判在法國並非當然發生效力，而須獲得執行認許狀。在獲得執行認許狀之前，視爲未存在，而不生任何效力。因此，雖在外國受破產宣告，由於在法國不生效力，故債務人（在外國之破產人）在法國之財產不喪失其管理處分權。惟一旦發給執行認許狀，則債務人在此段期間所爲之行爲，有被判定係在可疑期間之行爲之可能。另一方面，債權人亦不喪失就債務人在內國財產個別請求之權利。已參加外國破產程序之債權人，亦同。因此，法國之債權人得以抵銷對抗之。1905 年 6 月 26 日破毀院關於債務人爲英國人之破產事件，即認爲：「外國法院所爲之裁判，以未在法國法院宣示得執行者爲限，在法國不生任何效力。法律亦無任何給與外國法院裁判此項原則之例外，法國法院給與執行認可狀亦無溯及效力，因而不得妨害在執行認許前之權利。因此，本件外國破產裁判後成爲破產人之債務人之債權人所爲之抵銷，係在該外國破產裁判尚未生效時所爲。外國法院所選任之破產管理人亦不認爲其有破

---

[30] 參閱，西澤宗英著，前揭文，頁 343。

[31] 參閱，西澤宗英著，前揭文，頁 344。

[32] 參閱，西澤宗英著，前揭文，頁 344。

產管理人，而得變賣債務人在法國之財產之權利。又，外國調協認可裁判，未獲得執行認許判決，在內國亦不生效力。」[33]

2. 以上原則，在法國法院實務上承認例外，即雖然執行認許爲執行程序所必要，但如開始破產之裁判，如係形成一種新的狀態的判決，則當然在法國具有一定的權威；外國破產裁判本身亦具有一定的證明力。1912 年 1 月 30 日破毀院民事部的判決即認爲以自破產公司移轉至新成立公司債權移轉之破產和解，如經該外國法院認可，在法國雖未獲得執行認許，亦得作爲債權移轉之證據。又例如，對於外國破產管理人之資格不爭執，該外國法院破產裁判雖未經法國法院之認許，對於保存行爲（保全程序）等，由於並非執行行爲，破產管理人仍得爲之。但外國法院破產宣告如欲發生完全效力，須經法國法院之認許。至於其要件，仍以 1964 年 1 月 7 日破毀院民事部之判決，即 Munzer 判決所示之要件爲準，即：(1) 原判決之外國法院有一般管轄權；所謂有一般管轄權係指外國法院係破產人住所所在地或主營業所所在地或公司所在地之法院。(2) 該外國法院所進行之程序是適當的；如在法國已開始破產程序，則不得認許該外國法院之破產宣告。(3) 適用依據法國國際私法所選定之準據法。(4) 與國際的公序良俗符合。(5) 不構成法律之侵害；而不再進行外國法院確定裁判之實質審查。[34]

伍、英國之涉外破產制度

英國依其舊破產法[35] 凡外國自然人之債務人，具有：(1) 現人在英國；(2) 通常居住於英國或在英國有居所；(3) 在國內親自或使用代理人或管理人，爲營業行爲。係在英國營業之商事協會或合夥之成員之情形之一者，均得聲請

---

33 參閱，西澤宗英著，前揭文，頁 345。

34 參閱，西澤宗英著，前揭文，頁 345-350。

35 英國迄 1985 年為止，其關於破產之主要法源，在自然人方面為 1914 年之破產法（Bank-ruptcy Act 1914, 4&5 Geo. 5. c59），在法人方面則為 1948 年公司法（Company Act 1948, 11 & 12 Geo. 6. c38）第 5 編之法人清算。債務人為自然人或法人，適用不同之法規。1985 年修正破產法為倒產法（Insovency Act 1985, 1985 c.65）。在自然人之破產及法人之清算外，另有自然人及法人之和議（Voluntary Arrangements）及非以法人清算為目的之財產管理命令（Administration Order）。同時，雖法人之清算仍受公司法之規範。但自然人與法人關於破產事務，已可受同一法律之規範。1986 年，公司法中關於清算之規定與 1985 年之倒產法合而為一，長久以來，相互對立關於法人與自然人破產之法律即成為一體。參閱，長谷部由起子，國際倒產處理手續，竹下守夫編，國際倒產法，頁 205-206。

英國法院宣告破產。如係債權人聲請，則需另加上債務人在英國有住所之要件。在新破產法之規定下，不問聲請人係債權人或債務人，凡具備以下情形之一者，即得對於債務人宣告破產：(1) 債務人在英國有住所；(2) 聲請時，債務人在英國；(3) 聲請時之前 3 年，債務人通常居住於英國或在英國有居所；(4) 聲請時之前 3 年，債務人在英國親自或使用代理人或管理人，爲營業行爲；(5) 聲請時之前 3 年，係親自或使用代理人或管理人，在英國營業之商事協會或合夥之成員。[36] 又，在舊法之下，如債務人在外國受破產宣告，即使其已具有前述情形之一者，如再度在英國法院受破產宣告將違反衡平時，法院仍得不行使前述破產事件之管轄權。在新法之下，依第 266 條第 3 項，法院仍得依裁量，駁回破產聲請或停止正在進行中之破產程序。[37] 又，在舊法之下，除前述要件外，同時要求債務人須爲英國人，至於債務人或債權人是否爲外國人，對於管轄權行使與否之決定，不具有重要性。又，外國破產宣告雖係考慮是否行使管轄權之因素之一，但不能直接據以否認英國法院之管轄權。此 2 點在新法之下，仍屬如此。又，爲就外國法人行使強制清算之一般管轄權，以該外國法人之資產在英國，或因強制清算而受利益之債權人在英國爲必要。關於資產之要件，不以該資產得由清算人依強制清算程序而分配清償予債權人者爲必要。且，不必是法人本身之資產，只要是有依清算命令，由法人以外之主體提供，供聲請之債權人藉以獲得利益之合理的可能性即可。因而，放寬關於管轄之要件，有判例即認爲外國法人在英國有資產，並非英國法院行使管轄權之要件。在 Re A Company 一案中 [38] 即認爲即使在內國沒有資產之外國公司，如與英國的一般管轄權有充分的牽連時，且無其他更爲適宜行使一般管轄權之國家時，英國法院即得爲強制清算之命令。於此所謂充分的牽連係指公司對於聲請人所負債務原因之契約，係在英國訂立，且係在英國履行，而公司之董事全體均居住於英國，公司之銀行帳戶亦係在英國，並有公司在英國營業之證據等。[39]

外國破產在英國具有如何之效力，舊法及新法均未明文規定，基本上係依據權利移轉（Assignment）理論來說明。亦即，一旦在外國法院宣告破產，破產人在內國不動產以外之財產之權源均移轉予外國破產管理人，在蘇格蘭及北

---

[36] 參閱，長谷部由起子，前揭文，頁 208。

[37] 參閱 Dicey & Morris, *The Conflict of Laws*, 11th ed., p.1098; CHeshire & North, *Private International Law*, 11th ed., 1987, p.910.

[38] No.00359of1987（1987）3 W.L.R.399

[39] 參閱長谷部由起子著，前揭文，頁 209-210。

愛爾蘭受破產宣告時，破產人任何財產，包括不動產在內，均移轉予破產管理人。外國破產管理人當然得為破產債權人之利益管理、處分，且處分時，不必經外國破產宣告之承認與執行之特別程序。易言之，外國破產宣告在英國之效力問題，係採取普及主義。[40]

在普及主義之下，在外國法院宣告破產之後，債權人在內國假扣押破產人之財產，不得對抗破產管理人。假扣押係在破產宣告之前，在破產宣告之時尚未完成時，如何解決，有二種不同見解。其一，認為外國破產宣告與內國破產宣告同樣適用溯及主義，破產管理人之權源溯及於破產原因發生時，故假扣押失其效力。[41] 其二，認為破產人之權利自破產宣告時起，始移轉予破產管理人，故破產宣告不影響假扣押債權人所取得之優先權[42]，依此見解，破產債權人與破產管理人何者優先，與英國之法律或為破產宣告之外國法律，是否採取溯及主義無關，而與破產管理人權源發生時，系爭內國財產是否移轉予破產管理人有關。易言之，假扣押係在外國破產宣告之前為之，則假扣押債權人優先，假扣押係破產宣告之後所為，則破產宣告優先。以上二種見解，目前以後者為多數說所採。不過，應注意者乃採取所謂普及主義，並非完全沒有任何條件，而係在具備下列要件之下，外國法院破產宣告始在內國法院發生效力。即：一、該外國法院必須為有一般管轄權之法院。有無一般管轄權取決於破產人在該破產開始國是否有住所，如無住所，是否有自動服從該破產開始國之一般管轄權之情事而定。所謂服從該破產開始國一般管轄權之情事，係指：(1)

---

40 Dicey & Morris supra note at 1117-1118; Cheshire & North supra note at 915 1120.

41 參閱 Solomons v. Ross (1764) 126. E.R. 80. 在該案中，A 係荷蘭商人，1759 年 12 月 8 日陷於不能支付之情形，1760 年 1 月 2 日在荷蘭受破產宣告，並選任 X 為破產管理人，在破產宣告前 1759 年 12 月 20 日，英國債權人 Y 假扣押 A 對於居住於倫敦之 Z 之債權，並於 1760 年 3 月因強制執行受領相當於債權額之本票，X 在英國對於 Y 起訴，主張 Z 對於 A 之債務應為全體債權人利益，向 X 清償，Y 不得自 Z 受領系爭本票而受清償其債權。法院認可 X 之主張，但未詳細說明其理由。

42 在 Galbraith v. Grimshaw (1910) A.C. 508. 一案，Y 在蘇格蘭獲得對於 A 之金錢給付判決，基於 Judgement Extension Act (1868) 在英格蘭登錄該判決，並在英格蘭獲得扣押 A 在英格蘭之債權之命令後，A 在蘇格蘭受破產宣告，蘇格蘭法律採取溯及主義，A 之破產管理人援用前述 Solomons v. Ross 一案，爭執 Y 假扣押之效力。法院認為：「在外國宣告破產之前已假扣押在內國之財產，扣押之效力尺影響外國破產管理人之權源。其理由在於外國法即使規定破產管理人之權源有溯及於債務人為法律行為之時，在內國亦不生效力。而採取溯及主義之英國法僅適用於內國之破產事件之故。」另請參閱，Dicey & Morris supra noteat 1120.

破產人自己提出破產聲請書；(2) 債權人聲請破產宣告時，債務人自己參與破產程序，例如，為免責、上訴等主張等。破產債務人在破產開始國擁有財產並不具備取得一般管轄權之要件。二、破產開始國法律亦承認其破產宣告有及於外國之效力，否則，該破產宣告既不願其破產宣告效力及於其他國家，英國自無必要認為其破產宣告效力及於英國。[43]

若該外國法院破產宣告在英國發生效力，則在英國是否得再以破產人具有破產原因，再宣告破產人破產？就此問題，似有三種不同態度：其一為單一破產主義（Doctrine of the unity of bankruptcy），即債務人之住所地國法院既已宣告債務人破產，則英國法院不得再為破產之宣告。其二為優先主義（Doctrine of Priority），即依複數破產宣告之時間先後，設有不同效力之差別。亦即，破產債務人在外國受破產宣告，在英國亦得再為破產之宣告，不過宣告在後之破產僅有輔助之效力。其三，複數破產主義（Doctrine of plurality）即在外國破產程序進行中，仍得為獨立的破產宣告。

英國對於以上三種見解，係採用修正的複數破產主義。即在內國是否宣告破產，完全由英國法院視外國破產程序之效果如何，裁量的決定之。例如，在外國宣告破產後，在內國之破產人之財產均已移轉破產管理人而納入破產財團，無其他財產留存，則無必要再在英國宣告破產。若在內國尚有破產管理人所未能掌握之財產，或破產債權人不當的處理外國破產，則有必要再度宣告破產。至於複數的破產宣告之間，應將破產人在內國及外國之財產合而為一破產財團，依全部債權人債權比例分配之。雙方破產管理人亦得基於合意，聲請對方之法院認可他方之破產宣告，再據以處理全部債權。當然，在此種情況下，優先權、約定擔保物權、別除權、租稅債權等如何處理極其複雜與麻煩，而亟待立法或條約之簽訂解決之。[44]

陸、日本之涉外破產制度

日本在其現行破產法成立前，其商法第三編破產（明治 23 年法律第 302 號）並無關於涉外破產之規定。當時，亦僅止於學理探討之階段。詳言之：

主張屬地主義者認為：

---

[43] 參閱，長谷部由起子著，前揭文，頁 219。

[44] 參閱，長谷部由起子著，前揭文，頁 219-220。

1. 破產係一般的強制執行，國家權力之一之執行權，當然不及於外國。破產宣告法院命令破產人之破產管理人管理在外國之財產，係對於外國主權之侵害。

2. 依據禮讓使外國破產管理人之權利較內國假扣押債權人之權利優先，使內國假扣押債權人所受保護有所欠缺。

3. 商法關於破產之國際效力（涉外破產）未爲任何規定。

4. 若破產之效力當然及於外國，則破產程序將非常煩雜，破產管理人執行職務極其不便。[45]

主張普及主義者認爲：

1. 在外國受破產宣告之破產人，若證明其事實，得用以對抗在內國債權人之強制執行或破產聲請。

2. 在外國受破產宣告之破產債務人當然的喪失在內國財產之管理處分權，以後權利行使全部無效。

3. 外國所選任之破產管理人，當然在內國保有其資格，關於破產財團之訴訟均得爲當事人。

4. 占有屬於破產人所有之物或屬於破產財團之物者，得發交付轉給命令。

5. 破產管理人就屬於破產人在內國之財產得予以變賣。

6. 關於債權確定程序，除關於實體問題外，依據場所支配原則，適用破產管轄法院所在地國法。

7. 關於破產債務人在破產宣告前所負之債務：(1) 契約締結能力適用當事人之本國法；(2) 關於債務發生之旅行車，適用當事人之本國法或行爲地法；(3) 行爲之效果若當事人有合意選定準據法，則適用該準據法；若當事人無合意選定之準據法，則同國籍當事人適用共通本國法，不同國籍者適用行爲地法；(4) 破產宣告時，破產人與其相對人尚未履行之雙務契約之解除、破產人受破產宣告所爲行爲之效力，並非契約包括事項本身所生之問題，而係當事人一方陷於停止支付之情況後所生之情事，不適用契約準據法，而應適用破產宣告地國

---

[45] 參閱，平岡定太郎著，破產／國際的效力，法學新報，26 號，頁 5，明治 26 年。松岡正義著，破產宣告／涉外的效力，法學志林，2 卷 6 號，頁 1，明治 33 年。

法；(5) 破產債權人依據抵押權等主張優先權時，與一國之公益事項有關，原則上適用財產所在地法。若與公益無關之事項，則適用法院地法。若該抵押權等係因法院裁判而生，則適用判決國法；(6) 終結破產程序之分配，適用財產所在地法；(7) 終結破產程序之調協程序，亦適用財產所在地法。

在破產法立法時，屬地主義取得優勢，而形成破產法（大正 2 年 1 月 1 日開始實施）第 3 條之規定：「於日本宣告之破產僅就破產人在日本之財產有其效力。在外國宣告之破產，就破產人在日本之財產不生效力。得依民事訴訟法之規定為裁判上請求之債權，視為在日本之財產。」在同日開始施行之和議法第 11 條、昭和 27 年 8 月 1 日施行之會社更生法第 4 條：「在日本國內開始之更生程序，就日本國內之財產有其效力。在外國開始之更生程序，就日本國內之財產不生效力。依民事訴訟法得為裁判上請求之債權，視為在日本。」均引用破產法第 3 條之立法理由，採取屬地主義。在屬地主義之下：(1) 破產財團之範圍，以在日本國內之財產（內國財產）為限。在外國之財產並非自由財產，在日本的破產宣告後，破產人自己將該外國財產帶入國內，該財產仍屬於破產財團；(2) 對於在日本已受破產宣告之破產人，在外國仍得為破產宣告，致形成一人數破產之現象；(3) 日本之破產管理人就在日本之財產有管理處分權，不得直接自外國機關受讓破產人在外國之財產，但經過自外國機關移轉予內國機關再移轉予破產人之迂迴的途徑則無不可；(4) 就破產人在外國財產之訴訟，不因日本之破產宣告而當然停止。應由破產人自行繼續訴訟；(5) 若無應否認之行為而應屬於破產財團之財產，得否認其行為。破產人將內國動產帶出外國而予以變賣之行為即屬之；(6) 日本之破產管理人得個別受破產債權人之委任，就破產人在外國之財產強制執行；(7) 內國債權人得就破產人在外國之財產起訴或強制執行。[46]

又在屬地主義之下，(1) 即使在外國已受破產宣告，債權人仍得就同一債務人在內國之財產聲請宣告破產；(2) 關於在日本財產之訴訟，不因債務人在外國受破產宣告而當然停止；(3) 就內國財產不得行使否認權；(4) 外國破產管理人得個別受債權人之委任，就破產人在內國之財產強制執行；(5) 在外國即使受破產宣告，債權人對於債務人在內國之財產仍得起訴或強制執行；(6) 在外國成立之強制和解或預防破產之和議，日本不承認其效力；(7) 關於外國破

---

[46] 參閱加藤正治，破產宣告／國際的效力，國際法雜誌，2 卷 9 號，頁 27。

產程序所爲之裁判，不得在日本請求執行判決。[47]

　　不過，在實務見解方面，似有修正嚴格的屬地主義之傾向，採取較緩和的態度。在東京高等裁判所 34 年 1 月 12 日民事裁定[48]該案係日本法人 X（破產聲請人、債權人）以沉沒於琉球宮古島之船舶及其上之貨載爲其唯一財產之另一日本法人 Y，已陷於給付不能爲由，聲請宣告 Y 破產，並就 Y 之財產爲禁止處分之保全處分。法院同意 X 之請求，Y 則以依據破產法第 3 條，前述財產並不屬於破產財團，提起抗告。法院裁定撤銷原審裁定，發回原審法院。其理由略以：「(1) 破產程序係對於破產人財產之一般的執行程序，不得爲強制執行對象之財產不構成破產財團。此觀之於破產法第 3 條之規定甚明；(2) 琉球曾爲日本的領土，但依據和平條約，已排除於日本統治權之外。在該地之動產日本不得爲強制執行；(3) 因此，琉球就破產法之適用準用關於外國之規定。在該地之動產不構成在日本宣告之破產之破產財團；(4) 破產管理人爲管理破產財團，得經法院之認可，繼續營業。如右述沈船及其上之貨載，移動至吉林一國內，則可轉變爲得靜待之財產而成爲破產財團之財產（但不會溯及的成爲破產財團之財產）；(5) 就在外財產即使日本法院禁止其處分。當事人又於日本統治權所不及之地域處分，其意思表示，外國不得否定其效力。藉破產人之繼續營業，將該財產納入將來的破產財團之法律上之途徑，將無由確保，故就該財產將來請求權之破產法第 6 條第 2 項之規定，無類推適用之餘地。」可以得知法院的態度。

　　在東京高決昭和 56 年 1 月 30 日[49]，該案係 A 公司（破產人、設立準據法瑞士法、本店所在地日內瓦）於昭和 54 年 10 月 26 日在日內瓦地方法院受破產宣告，X（聲請人、相對人、日內瓦州司法部破產局次長）被選任爲破產管理人。Y 公司（被聲請人、抗告人）爲保全對於 A 之債權之執行而於同年 12 月 10 日，以 A 爲債務人，向東京地方裁判所假扣押 A 向日本特許廳登錄之 A 名義之商標權，並獲得假扣押裁定及執行。瑞士之破產管理人 X 提出供擔保免予假扣押之金額，聲請撤銷假扣押，並獲得法院准許。對此裁定，Y 以系爭商標權係向日本特許廳登錄之權利，係破產法第 3 條第 2 項所稱之在日本之財產，瑞士破產宣告對於該商標權不生效力，因此，破產管理人 X 對於該商標

[47] 參閱加藤正治，前揭文，頁 36-39。

[48] 下民集 10 卷 1 號，頁 1。

[49] 下民集 32 卷 1-4 號，頁 10。

權並無管理處分之權，請求撤銷本件假扣押之聲請爲當事人不適格，原審裁定應予撤銷之理由，提起抗告。第二審法院駁回其抗告，其理由爲：「本件商標權據 Y 主張爲在日本之財產。惟破產法第 3 條第 2 項之『在外國宣告之破產，其效力不及於日本之財產。』僅係宣示其效力，特別是執行力不及於在日本之財產，並非否定外國破產宣告、破產管理人之選任本身、破產管理人取得破產人所有財產之管理處分權。亦即，在外國宣告破產時，其破產管理人就在日本之財產，主張其係當然歸屬於破產財團之財產，爲自己管理處分之對象，並對於第 3 人就該財產所爲之個別的執行（包含假扣押在內），係抵觸破產效力之不法執行，應予停止或撤銷一節，係不得爲之，勿待贅言。但破產開始國法律承認破產管理人就破產人全部財產，且該財產中包括在他國（包括日本在內）之財產，其破產管理人依據該外國法所承認之就破產人全部財產有管理處分權，爲保全其財產，就在日本之財產，在日本行使依日本法律原應由破產人行使之權利（因該外國破產宣告之效力不及於在日本之財產，因此破產人就在日本之財產，依然有管理處分之權，及基於此等權利之實體法及訴訟法上之權利）並非法所不許。而此之所謂行使破產人之權利，係以破產人之權利爲前提，並非行使破產管理人自己固有的權利，破產管理人亦因其並非爲破產人而代爲行使，故亦非破產人之代理，如以破產人之權利由破產管理人以自己破產管理人之資格行使，與代位之概念相近。前述情形，破產管理人與破產人之關係，就在他國之財產（包括日本）是否取得管理處分之權，應依據破產開始國之法律定之。另一方面，就在日本之財產，破產管理人以何種形式、行使破產人何種權利，則應依據財產所在地國之日本法律定之，此乃國際私法及國際民事訴訟法所當然。以上解釋並不違反破產法第 3 條第 2 項之『外國破產宣告效力不及於在日本之財產』之規定。而且係合乎現代日益飛躍的發展、增大、迅速的國際交易實況之需要。依據瑞士債務收取、破產法第 197 條、第 240 條之規定，破產開始時破產人所有之全部財產，不問其所在地，形成破產財團，由破產管理人就財團之利益負責，擔任清算事務，爲訴訟上之代表，因此，破產管理人在瑞士，取得破產人破產開始時全部財產之管理處分權。而其財產包括在日本之商標權在內。本件破產係在假扣押裁定及執行前所爲，因其效力當然不及於在日本之商標權，因而假扣押之裁定及執行不受破產之影響。本件假扣押裁定主文中記載破產人 A 有提供代替假扣押標的物之金額，請求將假扣押執行撤銷之權，X 則基於破產效果及瑞士法律，取得破產人全部財產之管理處分權，基於此等權利，爲保全其財產，得行使 A 依據日本法律所取得，請求將假扣押執行撤銷之權利。據上所述，X 就本件假扣押執行撤銷之聲請爲當事

人適格，但於日本本件商標權並不當然移轉予破產管理人。前述破產宣告後 A
依然有其管理處分權。又，本件假扣押裁定及執行並無違法可言，自不得請求
予以撤銷，且就假扣押裁定及執行本身，並不爭執。僅承認提供代替假扣押標
的物之金額，將假扣押撤銷而已，故不違反破產法第 3 條第 2 項，亦不違反內
國之公序良俗。」態度更爲明顯。

在實務見解傾向縮小破產法第 3 條之屬地主義的影響，有如前述之外，學
說亦從各種角度縮小甚至推翻破產法第 3 條之屬地主義。茲舉其比較重要者之
見解如次：

有認爲破產法第 3 條之規定不過是否定一債務人一破產主義，亦即，認爲
日本的破產宣告裁定效力當然不及於外國，外國破產宣告裁定效力當然亦不及
於日本。但日本的破產程序如經外國承認，效力及於定國，或外國破產程序符
合日本民事訴訟法第 200 條之規定，獲得日本之承認及執行判決，效力亦及於
日本。如外國不承認日本之破產程序，部分債權人就債務人在外國之財產獲得
清償，該債權人如亦參加日本之破產程序，則其債權額應予調整或構成不當得
利。[50]

有將屬地主義區分爲財產之屬地主義與權限之屬地主義，不知日本的破產
宣告而未參加之外國債權人，得自外國之債務人財產爲強制執行獲得清償。於
此意義，外國財產爲日本破產宣告效力所不及。此即財產上之屬地主義。破產
管理人之管理處分權則及於在外國之財產，除得將之搬入內國之外，已參加日
本的破產程序之債權人不得再就在外國財產爲強制執行，若因個別執行獲得滿
足，則構成不當得利。[51]

有認爲依據日本通說及實務見解，在日本破產程序開始後，將在外國財
產帶入日本，則爲破產管理人權限所及，又，破產管理人就在外國財產無管理
處分權，但其依據繼續的僱用契約，使受僱人或第三人藉事實上之回復，使該
在外國財產帶入日本領域內，並非爲法所不許。且該外國不承認得爲此等行爲
時，破產管理人亦得請求債務人協助，債務人亦有協助之義務，因此，日本之
債權人不得就在外國財產獲得個別執行之滿足，外國債權人參加日本之破產程

---

[50] 參閱，小林秀之著，國際取引紛爭，頁 221 以下。三井哲夫著，涉外判例百選（增補版），
頁 188。高桑昭著，768 號，頁 288。
[51] 參閱石黑一憲著，國際私法と國際民事訴訟法との交錯，頁 249（註 557）。

序亦同，若獲得滿足，則亦構成不當得利。[52]

有認為破產法第 3 條所否定者係所謂包括的執行力。在破產債權人管理處分權之繼受上，破產管理人之權限係及於在外國之財產，但為使債權人不得就在外國之財產為強制執行，應在外國另行開始破產程序。已參加內國破產程序之債權人，若自在外國財產獲得滿足，則其金額應自內國破產程序可分配之金額中扣除。[53]

有認為破產程序之包括執行力與破產管理人之管理處分權應予區分。(1) 關於外國之破產程序，包括的執行力不及於在日本之財產，破產管理人之權限如承認該外國法上之對外的效力，則效力及於在日本之財產；(2) 相對的，日本之破產程序，因破產法第 3 條否定對外之效力，破產管理人之權限亦不及於在外國之財產。但對方破產人或其代理人，得請求其協力將在外國財產帶入內國，破產人有協力之義務。若債權人就在外國財產個別的獲得滿足，則與在日本獲得清償分配具有相同效力。[54]

要之，以上學說不外在突破其破產法第 3 條之屬地主義。但理由構成是否允當，容有進一步檢討之餘地。

至於在一般管轄權方面，由於其相關法規中均無關於一般管轄之規定，致其一般管轄如何決定，原有疑義。實務見解採取法理說。[55] 而關於破產之一般

---

[52] 參閱谷口安平著，倒產程序と在外財產の差押え，吉川追悼，手續法の理論と實踐，頁 587 以下。

[53] 參閱伊藤真著，破產財團の國際的範圍，法學教室 48 號，頁 66。

[54] 參閱竹下守夫著，判例批評，判例ダイムズ 472 號，頁 274。

[55] 例如，在最高裁判所昭和 56 年 10 月 16 日民事判決一案，民集 35 卷 7 號，頁 1244，該案係關於：日本商人 A 在馬來西亞國內，搭乘在馬國設立且主事務所設於馬國之馬來西亞航空公司之國內航線班機，因遇劫機致發生意外事故，飛機墜毀，機上人員全部罹難，A 之家屬 X 等係日本人且於名古屋有住所，乃向名古屋地方裁判所提起本件繼承 A 之契約不履行損害賠償債權之訴訟。馬來西亞航空公司雖於東京設有營業所，但與本件訴訟無任何的關連。法院認為：「本來國家的管轄權是其主權的作用之一，裁判權所及的範圍，原則上和其主權的範圍相同。被告如係在外國有主事務所之外國法人，除非其主動的服從，否則原則上為吾國之裁判權所不及。然而就關於吾國領土一部之土地的案件，或者被告與吾國有任何法的關連的任何案件，不問被告國籍或住所何在，則很難否定其應服從吾國之裁判權，而此等例外的處理方式之規範，因就國際的裁判管轄權，並無法規直接明文規定，且有關的條約或者明確而為一般所承認之國際法原則，均未確立，在此現狀下，應基於期待當事人間裁判之公立、適當或迅速之理念，以條理定之。吾國民事訴訟法關於土地管轄之規定，例如：被告之居住

管轄如何決定，則有爭議。

有認爲日本破產法第 105 條規定：「債務人爲營業人時，而於外國有主營業所時，其破產事件由在管轄其日本主營業所所在地之地方法院專屬管轄。債務人非營業人且無營業所時，其破產事件由管轄其普通裁判籍所在地之地方法院專屬管轄。」同法第 107 條規定：「無右述規定之管轄法院時，由管轄財產所在地之地方法院專屬管轄。」依和議法第 3 條，準用於和議事件。又關於公司重整事件，依其會社更生法第 6 條，主營業所在外國之外國公司，其重整事件由管轄在日本主營業所所在地之地方法院專屬管轄。」此等規定即係以日本法院有一般管轄爲前提，如依前述規定日本地方法院有具體管轄（土地管轄）時，可推知日本法院有一般管轄。此說可說是日本的通說。[56]

有認爲土地管轄係關於內國法院裁判事務之分配之規定，以此推知日本法院之一般管轄，似有不妥。[57]日本法院之一般管轄應從破產程序之效率、公平之涉外破產之理念及條理決定之。具體言之，如債務人爲自然人時，其經濟社會生活中心地或營業所所在地之國家，債務人爲法人時，其意思決定機關所在地之國家，有一般管轄權。[58]

在破產問題之準據法選擇方面：(1) 關於破產能力、破產原因等破產宣告之要件、破產程序之機關、破產宣告裁定、破產債權之申報、調查、確定、破產財團之範圍、管理、變賣及破產終結等程序事項，依據「程序，依法院地法」之原則，應適用破產開始國之法律；(2) 關於實體事項，例如，破產宣告對於未完全履行之雙務契約之效力、抵銷之要件、容許性之範圍、抵銷權行使

所（民事訴訟法第 2 條）、法人或其他團體之營業所或事務所（同法第 4 條）、義務履行地（同法第 5 條）、被告之財產所在地（同法第 8 條）、侵權行爲地（同法第 15 條）或其他民事訴訟法所規定之裁判籍如在吾國時，就其有關之案件，使被告服從吾國之裁判權，係與前開條理相合。依前審所認定，上訴人馬來西亞航空公司雖係依據馬來西亞聯邦公司法所設立，主事務所設於馬國聯邦內之公司，但於日本既已指定 B 爲代表人，於東京都港區新橋 3 丁目 3 番 9 號設有營業所，則上訴人雖係於外國有主事務所之外國法人，仍應服從吾國之裁判權。」即是。

[56] 谷口安平著，國際倒產の現狀とその問題，NBL384 號，頁 10；小林秀之著，國際取引紛爭，頁 225，日本評論社，1987 年出版。

[57] 此係關於涉外民事事件一般管轄之批評，參閱，池原季雄、平塚眞合著，涉外訴訟裁判管轄，實務民事訴訟講座，第 6 卷，頁 11。（1971 年）新實務民事訴訟講座，第 7 卷，頁 16-17（1982 年）。

[58] 竹內康二著，涉外破產へ試論，法學志林 76 卷 2 號，頁 98（1978 年）。

之方法、承認別除權之擔保權之範圍、否認權之要件、行使方法等，應適用破產宣告地國之法律，一般的取回權，因係破產法以外私法上之權利，故其存在與否、應適用取回對象之物之所在地法；(3) 關於二相互抵銷債權之成立，應適用各債權發生原因之準據法。關於抵銷之效力，應累積適用該二債權之準據法。關於別除權，其根據所在之擔保物權之成立及效力，應適用擔保物權之準據法。要言之，實體的事項中，為實現債權人平等、公平滿足、破產的私法程序之維持之破產制度之目的，而於破產法為特別的規定。換言之，受破產制度之目的所支配之事項，屬於破產開始地國之公序良俗，適用破產開始地國之法律。相對的，除以上事項外，應適用國際私法所選定之準據法。[59]

柒、瑞士之涉外破產制度

瑞士關於涉外破產之判例，就內國破產宣告對外之效力採取普及主義，就外國破產宣告之效力則採取屬地主義。但日漸有檢討反省的意見出現。1987年12月18日公布，1989年1月1日施行之關於國際私法之聯邦法典（下稱瑞士國際私法），就涉外破產問題，是以外國法院之破產裁判之承認為主，其規定如下：

依瑞士國際私法第166條第1項之規定：「債務人住所地國法院所為之外國破產裁定，於左列情形，經外國破產管理機關或破產債權人之聲請，得予以承認：一、命令在為命令之國家執行為可能。二、依第27條無拒絕承認之理由。三、與為命令之國家有相互之權利。」同法第27條則規定：「外國法院所為之裁判，如其承認明顯與瑞士之公共秩序不相同時，不予承認。外國所為之裁判，經當事人為左列之證明，則不予承認：一、除該當事人未保留而為應訴者外，該當事人未依住所地法或慣常居所地法為正當的傳喚。二、該裁判違反瑞士程序法上之重要原則而作成，特別是拒絕審訊該當事人。三、同一當事人間就同一訴訟標的之訴訟，已在瑞士提起；或已在瑞士裁判；或已在第三國，並獲得瑞士之承認。且該裁判事實上已不得再審。」[60]。

因此，外國外國法院破產裁判在瑞士獲得承認之要件為：(1) 該外國法院

---

[59] 參閱，寺尾亨著，國際私法（明治30年），頁849-852。

[60] 條文日譯，參閱，笠原俊宏編，國際私法立法總攬，頁134、153；條文中譯，參閱，劉鐵錚著，瑞士新國際私法。

之破產裁判係有一般管轄權之債務人住所地國法院所爲；(2) 該裁判在宣告國已確定而可執行；(3) 有相互承認之情事；(4) 未違反瑞士之公共秩序；(5) 未違反程序權保障之規定；(6) 就同一事件未訴訟繫屬或裁判。[61]

關於外國法院破產裁判之承認，應向有管轄權之法院聲請。所謂有管轄權之法院，並非指一般管轄權，而係民事訴訟法上之管轄權。依同法第 167 條之規定，有管轄權之法院係指在瑞士之財產所在地。第 29 條之規定 [62] 於前項情形亦適用之。

依同法第 168 條，法院於受理外國法院破產裁判承認之聲請時，得因聲請人之聲請，命令爲關於強制執行及破產之聯邦法律第 162 條至第 165 條及第 170 條所規定之保全措施。又依同法第 169 條，外國法院破產裁判承認之裁判，應公告之。該法院並應通知強制徵收機關、破產機關、不動產登記所及財產所在地之商業登記機關，必要時，亦應通知著作權之聯邦主管機關。破產程序終結、廢止及破產撤銷時亦同。又依同法第 170 條，經承認之外國法院破產裁判，僅就債務人在瑞士之財產，有瑞士破產法上之效果。依瑞士法之期間自關於破產承認之裁判公告時起算。債權人會議及債權人委員會不得組織。[63]

依同法第 171 條規定，撤銷之訴適用關於強制執行及破產之聯邦法律第 285 條至第 292 條之規定，並得由外國之破產管理機關或有此權限之破產債權人提起。所謂撤銷之訴即係債務人有不當行爲致破產財團財產有減損之行爲之撤銷。[64]

另，外國法院破產裁判經承認後，應作成分配計畫，作爲執行之依據。分配計畫上應記載左列債權：(1) 關於強制執行及破產之聯邦法律第 209 條第

61　參閱，野村秀敏著，前揭文，頁 324。

62　第 29 條係規定聲請承認外國法院確定裁判承認之程序。該條規定：「承認或執行之聲請，應向就該外國法院裁判主張有管轄權之邦爲之。申請時，應添附左列文件：(1) 經完全認證之裁判正本；(2) 對於該裁判不得依通常程序再主張，或該裁判為終審的法院所為之確實證明；(3) 缺席裁判，對於敗訴當事人已正當、適時通知該當事人，使其得為自己辯護之明顯文件。於承認及執行程序，應訊問得抗拒之當事人，該當事人亦得提出證據。主張裁判為先決問題，受理機關得就裁判之承認為裁判。」

63　該條第 3 項規定不得組織債權人會議及債權人委員會，係因該法將在瑞士之程序定位為外國破產程序之輔助程序。債權人會議或債權人委員會依瑞士法之權限，由外國相對應的機關行使之。參閱，野村秀敏著，前揭文，頁 325。

64　參閱，野村秀敏著，前揭文，頁 325。

4 項所規定之有擔保債權；(2) 在瑞士有住所之債權人，依關於強制執行及破產之聯邦法律第 250 條所定之無擔保債權。關於強制執行及破產之聯邦法律第 250 條所定分配之訴，僅第 1 項之債權人有權提起。債權人已因與破產有關之破產程序受部分清償時，該部分應扣除其費用後，算入瑞士之破產分配程序。又依同法第 173 條之規定，對於第 172 條第 1 項之債權人爲清償後，如有剩餘，應供外國之破產管理機關或有權之破產債權人處分。剩餘於外國之分配計畫被承認時，始得供處分。關於外國分配計畫之承認，對於外國破產命令有管轄權之法院有權管轄。法院應特別審訊在瑞士有住所之債權人，以審查其債權在外國分配計畫是否適當。外國分配計畫未獲承認時，其剩餘由在瑞士有住所之債權人，分配予依關於強制執行及破產之聯邦法律第 209 條第 4 項第 5 等級之債權人。未依法官所定承認期間提出清償計畫時，亦同。[65]

又依同法第 166 條第 2 項規定：「對於居住於外國而在瑞士有營業所之債務人，在依本法第 172 條之順位計畫生效之前，關於強制執行及破產之聯邦法律第 50 條第 1 項所定之程序允許爲之。」對於居住於外國而在瑞士有營業所之被告，就可歸責於該營業所之債務，允許爲破產之宣告，採取併行破產之程序，亦係屬地主義之表現。

捌、歐洲聯盟公約

在採取普及主義之下，固然可以解決種種因屬地主義所生之問題。但只有一個國家採取普及主義，其他國家仍然採取屬地主義，則無法達成破產之目的。例如，在破產宣告國，破產人雖喪失財產之管理處分權，但在財產所在地國，該財產仍未能移轉予破產管理人，如此，仍未能達成破產之目的。爲充分達成破產之目的，歸根究底，宜從公約著手。藉由公約之規定，普遍採取普及主義，方有可能充分實現破產之目的。因此，國際法學會（Institut droit international）乃於 1894 年巴黎會期，作成國際破產之條約案。海牙國際私法會議亦於 1925 年 10 月 12 日至 11 月 7 日召開之第五會期，作成關於國際破產之公約案。另外，布氏法典，及 1933 年 11 月 7 日開始簽署關於破產之斯堪地那維亞公約亦係基於相同目的之下作成者。[66]

---

[65] 參閱，野村秀敏著，前揭文，頁 326。

[66] 參閱，山田鐐一著，國際私法，頁 30-31。

　　歐洲聯盟亦爲解決關於國際破產之各種問題而進行條約案之研究，並於 1970 年作成「關於破產、和解及類似程序之條約案」。該案於 1973 年因英國加入歐洲聯盟而加以檢討。1980 年作成條約案之修正案，連同 Lemontey 之報告，向理事會提出，經理事會於 1984 年略加修正後即成目前之條約案（下稱條約）。[67]

　　該條約基本上以國際破產之一般管轄、關於承認、執行之規定及法律的衝突爲其內容。並以普及主義爲其基本。詳言之：

　　關於其所適用之程序，依附則第 1 條 (A) 及 (B) 項所列，包括清算型之程序及再建型之程序，並詳細規定清算型之程序，至於再建型之程序則準用清算型之程序。[68]

　　依條約第 3 條之規定，債務人之 Center of Administration 所在地國有破產宣告之第一順位的一般管轄權。若債務人在締約國無 Center of Admintration 時，Establishment 所在之締約國有第二順位的一般管轄權。所謂 Center of Administration 係指債務人，不問是商人或非商人，通常管理其利害關係之地稱之（第 3 條第 2 項）。公司或法人則推定爲其本店所在地。所謂 Establishment 所在地，係指債務人爲交易活動之所在地，無論是債務人本身所爲，或他人爲債務人所爲均屬之。由於 Establishment 可以想見不以一處爲限，所以發生一般管轄權競合之情形應屬可能。爲解決此一般管轄權競合之問題，條約規定債務人在多數締約國有 Estabishment 時，若在某締約國聲請宣告破產之前六個月間，債務人將其 Center ofAdministration 或 Establishment 自他締約國遷移，由各締約國就債務人在其國內是否有 Center of Administration 判斷之。爲避免並行破產宣告情形之發生，第 13 條第 1 項規定，締約國若認爲自己之一般管轄權較他國的一般管轄權劣後時，得以無一般管轄權，中止在該國之破產程序。第 13 條第 2 項規定，若締約國具有同一基準之一般管轄權時，他締約國之法院得爲最先宣告破產之締約國，而中止其破產程序。但由於無法期待締約國法院在宣告破產時，對於已在他締約國聲請破產宣告之情形，均能知悉，在多數締約國宣告之情形即無法避免。又依第 14 條之規定，若已

---

[67] 參閱，橫山潤著，EC 倒產條約案におはる統一・普及主義と法の抵觸，竹下守夫編，國際倒產法，頁 186。

[68] 參閱橫山潤著，前揭文，頁 187，註 5。

在內國聲請宣告破產，而在具有更優先順位一般管轄權之國家尚未聲請宣告破產時，已聲請破產宣告之法院應否定自己之一般管轄權。但該他締約國亦否定自己之一般管轄權而認為第三國有一般管轄權時，即發生一般管轄權之消極競合，惟此種情形條約並未規定其解決辦法。[69]

依條約案第 2 條之規定：「本條約所適用之程序，於締約國之一開始時，於他締約國當然亦有效力，在該程序終了之前，他締約國不得開始別的程序。」依條約第 20 條之規定：「破產於各締約國，特別是關於債務人就其財產管理處分權之喪失，有其效力。」依條約第 34 條之規定：「依本條約就債務人在約國之財產全部有其效力。」明白的採取普及主義。且依第 56 條及第 60 條之規定，某一締約國所為之破產宣告，不須經過任何特別的程序，即得在他締約國獲得承認及強制執行。惟數締約國對於同一債務人為破產宣告時，此等規定即無法解決，蓋多數破產宣告將在全部締約國有其效力。為於多數破產宣告中選擇其一執行，以維持條約第二條所定之普及主義，第 57 條因而規定，不同締約國就同一債務人為破產宣告時，若此等為破產宣告之法院中有優先的一般管轄權時，該有優先的一般管轄權之法院所為破產宣告有優先的效力，於他為破產宣告之法院亦有相同效力。若數為破產宣告之法院，其一般管轄權基於相同基準，而無優劣可言時，依第 58 條之規定，以最先為破產宣告之法院優先，於他為破產宣告之法院亦同。易言之，在無法完全貫徹條約的普及主義之下，藉外國法院確定裁判之承認與執行，以維持條約之普及主義。[70]

除前述普及主義之外，亦兼採並行破產宣告之制度。亦即，依條約案第 10 條及第 61 條以下之規定，非商人在採取商人破產主義之締約國有一般管轄權行使基準之 Center of Adminstration 時，在有補充的一般管轄權基準之 Establishment 之締約國，得宣告破產。但此一破產宣告在採取商人破產主義而有 Center of Administration 之締約國，不生效力。又依條約第 66 條之規定，在某一締約國宣告破產時，如在他締約國聲明異議，且聲明異議有理由時，可由該國宣告破產。[71]

依條約第 29 條第 1 項及第 33 條第 1 項之規定，破產管理人在破產開始國

---

[69] 參閱，橫山潤著，前揭文，頁 190。
[70] 參閱，橫山潤著，前揭文，頁 188、191。
[71] 參閱，橫山潤著，前揭文，頁 188。

以外之國家活動時，就其管理、變價之方法應遵守行為地國之規定，而非完全適用破產宣告國之法律。[72]

　　關於破產宣告之要件，依條約第 17 條之規定，適用依該條約有一般管轄權之締約國之國際私法。[73] 至於破產宣告之程序，依條約第 18 條第 1 項之規定，適用破產開始地國之國際私法。[74]

　　依條約第 18 條第 2 項之規定，破產對於破產人、破產債權人及第三人之效力，適用包括其國際私法之破產開始地國之法律。至於為何不直接適用破產開始國實體法，而適用破產開始國之國際私法，主要的原因在於對於系爭破產事件，不得無視於與該事件具有更密切關係之國家存在，如不適用將發生不妥適的結果。問題不在於破產開始國與其他國家法律之適用，而在於締約國關於國際私法之規定，尚未統一。又，所謂國際私法之規定，不包括其涉外實體法。否則將導致各締約國間不一致之結果。例如，以破產人之財產在美國為理由而在美國開始破產，並在歐洲聯盟開始破產，且在美國首先為破產之分配，則在歐洲聯盟計算同一債權人應受分配之金額時，應否將在美國所受之分配額算入？不無疑義。若破產開始國在荷蘭或英國，則應予算入，若破產開始國在德國則否。因此，同是締約國，但因破產開始國不同，而有不同的分配結果，此乃因締約國涉外實體法不同之故。[75]

　　又關於破產宣告之一般效力，條約為實體規定，此外，另規定特別的國際私法規定。此等規定皆構成「破產效果適用破產開始地國之國際私法之規定」之特別規定，應優先適用。

　　所謂國際私法之特別規定，主要指：

　　1. 依第 29 條之規定，破產管理人在全部締約國保有其於破產開始地國所給予之權限，但於破產開始地國以外之國家行使其權限時，關於行使所必要之程序，應適用行為地法之規定。又關於得否選任多數之破產管理人，破產管理人是否得將其權限之部分授與其他破產管理人，雖應適用破產開始地國法，但

---

[72] 參閱，橫山潤著，前揭文，頁 188-189。

[73] 就此點而言，1980 年之條約案與 1984 年之規定顯有不同，前者規定應適用破產開始地國之實體法。參閱，橫山潤著，前揭文，頁 194-195。

[74] 同前註。

[75] 參閱，橫山潤著，前揭文，頁 195。

依第 29 條第 3 項之規定，關於破產管理人之資格則適用行為地法。

2. 依第 33 條第 1 項之規定，關於破產管理人就屬於破產財團管理、變價之權限有無及範圍，適用破產開始地國法，關於變價之方法適用行為地法。又依同條第 2 項之規定，若破產開始地國就變價規定其採取拍賣等方法時，自應適用，惟拍賣之程序則適用行為地法。

3. 第 34 條第 1 項雖規定採取普及主義，但同條第 2 項則又規定普及主義不及於在破產開始地國為自由財產之新取得之財產。第 3 項更規定，在財產所在地法為自由財產之禁止扣押之財產等，亦同。雖依同條第 2 項之規定，在破產開始地國並非自由財產，亦不構成破產財團之一部。

4. 在締約國之法律中雖有規定夫婦之一方受破產宣告，他方配偶之財產推定係自應屬於破產財團之財產取得者。但依第 35 條之規定，即使在具有上開規定之締約國開始破產，財產所在地法不承認此等規定時，該規定亦不生任何作用。

5. 以下之事項適用財產所在地法而不管破產開始地國之規定如何：(1) 破產宣告對於不動產租賃契約（第 39 條）及不動產買賣契約之效力（第 40 條）；(2) 對於破產人特定財產之優先權（特別優先權）之對象、範圍及次序（第 46 條）；(3) 關於為破產債權人全體利益之債務，相對人所具有之債權（第 44 條）。及對於破產人一般財產所具有之優先權（一般優先權）；(4) 一般優先權與特別優先權間之順序；(5) 留置權；(6) 對於航空器或船舶之權利而不得登記之對象、範圍及順位（第 47 條第 1 項、第 3 項）。

6.(1) 破產對於已登記或登錄財產，適用登記或登錄地國法；(2) 關於已登記或登錄之航空器或船舶之擔保權，適用登記或登錄地國法。

7. 破產對於僱傭契約之效果，適用僱傭契約之準據法。[76]

上開關於國際私法之特別規定，主要是基於下列理由。詳言之，一般而言，契約之一方當事人受破產宣告，在如何之要件下，契約關係仍存續或消滅，何人有解除權、解除或履行之效果如何，均應適用破產開始地國，且可依據破產管理人之權限解決之。但：

---

[76] 參閱，橫山潤著，前揭文，頁 196-197。

1. 關於不動產之租賃契約與不動產買賣契約與不動產所在地法具有密切之關係之故。而且關於不動產租賃契約，所在地法往往有社會政策考量之立法，自應予以重視。

2. 特別優先權與一般優先權，雖可適用破產開始地國法，但若只適用破產開始地國法，而不累積適用所在地法，不但與物權應適用所在地法之國際私法原則相背，亦將使依據所在地法而受保護之優先權人受不可預測之損害，顯有不妥。

3. 特別優先權既適用財產所在地法，則同屬優先權之留置權，適用所在地法亦屬適當。

4. 已登記或登錄財產權，為保護信賴登記或登錄之利害關係人，自應適用登記或登錄地之法律。

5. 僱傭契約適用僱傭契約之準據法，目的亦在於保護信賴僱傭契約準據法之保護之當事人。惟應注意者乃僱傭契約準據法必須係締約國法，始有適用餘地。若非締約國法，則不適用之，而應回到破產開始地國法之適用。[77]

條約在破產之實體法方面作特別的規定，係因：

1. 破產人就屬於破產財團之財產，喪失其管理處分權，其效力及於全部締約國，乃國際破產之主要的效果，並無適用國際私法之必要。

2. 破產債權人個別權利行使之禁止，且及於全部締約國，亦屬於國際破產之主要效果，並無適用國際私法之必要。易言之，若在某締約國受破產宣告，則對於應屬於破產財團之財產所為之訴訟及強制執行均受妨害。進行中之訴訟亦應當然停止。破產宣告前已開始之強制執行程序亦同。

3. 為距離破產開始地國較遠之利害關係人之利益，如其於破產開始地國無 Center of Administration 或居所者，而在他締約國有 Center of Administration 或居所者應最少給予 31 天對於破產宣告不服之期限（第 35 條）。

4. 破產宣告公告之效力，在無條約時，僅及於一國。有條約時，則得擴張。依第 26 條第 1 項之規定，若於破產開始地國或其他締約國有破產人之 Establishment 時，破產管理人應將破產宣告之裁定登載於歐洲聯盟之公報。此

---

[77] 參閱，橫山潤著，前揭文，頁 198-199。

乃破產管理人之義務，至於其他情形則破產管理人得決定是否登載於歐洲聯盟公報。又即使無此一公報之登載，一締約國破產宣告仍在其他締約國全部發生效力。只是對於第三人之效力則係自登載公報之翌日起第八日發生效力。亦即，自第八日起所爲之行爲有害於債權人團體者，對於債權人團體不生效力（第27條第1項）。登載公報前所爲之行爲或自登載公報第七日內所爲之行爲，以第三人於行爲時知悉破產宣告或可得而知者爲限，對於債權人團體不生效力（第37條第2項）。

5. 破產管理人之權限，包括收受寄給在破產宣告地國以外，而具有一定關連性之國家之破產人之郵件。

6. 第31條規定破產債權之呈報方法，及應對於居住於破產開始國以外國家，而已知悉之破產債權人爲破產宣告之通知。

7. 依第36條之規定，自動債權與受動債權於破產開始時已存在時，各締約國應容許抵銷。即使受動債權尚未屆清償期，或破產債權爲非金錢債權或爲外國貨幣債權，均得抵銷。[78]

前述特別規定固應優先適用，但破產開始地國法並非完全排斥不用。詳言之，若前述特別規定未規定之事項，破產開始地國法仍有適用餘地。例如，破產債務人喪失管理處分權，但自何時喪失？移轉予何人，仍應適用破產開始地國法。又例如，個別權利之行使雖受禁止，但自何時開始禁止？當然停止之程序如何續行，均應適用破產開始地國法。又例如，對於破產宣告是否得表示不服？其期間何時開始起算？如期間之末日爲假日時，應否延長，其要件爲何，均應適用破產開始地國法。[79]

第四節　我國涉外破產法之發展及有關問題之檢討

關於涉外破產問題，破產法第4條規定：「和解在外國成立或破產在外國宣告者，對於債務人或破產人在中國之財產，不生效力。」其他則未明文規

---

[78] 參閱，橫山潤著，前揭文，頁200-201。

[79] 參閱，前揭文，頁202。

定，且該依規定是否因而採取屬地主義，亦有爭議。不過，爭議之中心均在於內國破產在外國之效力上。詳言之，外國破產宣告，依破產法第 4 條前述規定，對於破產人在內國（即中華民國）之財產不生效力。至於對於破產人在破產開始國以外國家之財產是否有效，並無明文可據。又，內國破產宣告之效力是否亦及於破產人在外國之財產，亦無明文規定，致在解釋上有不同意見。

壹、涉外破產三大主義之對立

關於涉外破產之效力，向有三大主義之對立，即屬地主義、普及主義及折衷主義。採取屬地主義者，係基於國家領土主權之原理，外國法院所進行之程序，僅能及於破產人在該外國之財產，而不能及於在內國之財產。同理，在內國宣告之破產，其效力亦不及於在外國之財產。採取普及主義者，認為應採取一人一破產原則，即破產制度之目的在於一次解決破產人對於全體債權人之債務，故對於破產人不能有二次以上之破產宣告。破產宣告之效力及於破產人在國內、外之全部財產。破產程序無論係在內國或外國進行，對於破產人之任何財產，應有適用。採取折衷主義者，認為不動產與一國之公序良俗關係較為密切，不許外國人任意取得，且不動產之價值較為昂貴，常為破產人信用之基礎，如對之採取普及主義，難免有損及內國債權人之利益，故以採取屬地主義為宜。至於動產，因與一國之公序良俗關係較不密切，且價值較低，通常並非破產人信用之基礎，又因其具有流動性，採取屬地主義，有其困難。[80]

由於破產法第 4 條之前述規定，外國破產宣告對於破產人在內國之財產不生效力，至於內國之破產宣告效力是否及於破產人在外國之財產，不無疑義。

採取屬地主義者，認為不及於破產人在外國之財產，其理由在於破產法第 4 條之反面解釋。惟又認為如外國有相反規定者，應從其規定。其理由在於：破產人在外國之財產，如破產管理人能不受外國之阻礙，而予以取回或破產人本於真誠，將其在國外之財產帶回國內交付破產管理人，該財產既已回到國內，依據膨脹主義，即可認係破產人之國內財產而列入破產財團。再就理論而言，債務人之總財產應為全體債權人之總擔保，破產係以破產人之總財產公平分配予全體破產人為其目的，而在國際交通發達，國際貿易盛行之今日，破產

---

[80] 關於三種主義之討論，參閱，陳國樑著，論破產之國際效力，原載於法學叢刊第 39 期，收於強制執行法、破產法論文選輯，頁 408 以下。

人之財產往往遍及國內外，故以一次破產處理破產人國內外之全部財產，自較合理。但各國均有其主權，我國破產法當然僅能適用於我國，破產管理人之能管理處分破產人在外國之財產，自須該外國法律有承認我國破產宣告之效力，即外國係採普及主義之立法例，且不受我國不承認外國所宣告破產不及於破產人在中國財產之影響，或與我國訂有國際條約，相互承認對方法院宣告破產之效力。但到目前為止，我國尚無與他國訂有此類國際條約，且各國對於涉外破產效力所採取之之立法例尚未一致，在採取屬地主義之國家，例如日本破產法第 3 條規定，在日本宣告之破產，對破產人之財產，僅以在日本者有其效力，在外國宣告之破產，對破產人在日本之財產不生效力。德國破產法第 237 條第 1 項、第 238 條第 2 項亦有相同之規定，我國破產法之規定自無適用於該國之破產人之財產之效力，且縱外國法律承認我國破產宣告之效力可及於破產人在該國之財產，破產管理人欲調查在外國是否確實存在，管理並處分該財產，均有事實上之困難存在，將外國財產列入破產財團，所支付之費用必然浩大，破產程序之進行勢必不易，曠日持久，難予終結，因此將外國財產列入破產財團，事實上對於破產人未必有利。而未將破產人在外國之財產列入破產財團，並不表示自我放棄權利，國內債權人亦非勢必無法清償，蓋內國之債權人仍可就破產人在外國之財產至該國聲請強制執行，或宣告破產。[81]

採取普及主義之觀點，認為破產法第 4 條之規定本意在於保護內國債權人之利益，使在外國不能清償債務者，進行破產程序時，僅能就破產人在外國之財產執行，不致影響破產人在內國之財產，因而使內國之破產人有較多的受償機會。且時至今日，國際交通發達，國際貿易盛行，個人或公司在外國擁有財產的情形非常普遍，若破產人在外國之財產可以不受破產程序之影響，則破產人儘可以將財產移轉至外國，內國之債權人將無法獲得清償。此舉顯失保護內國債權人之利益之用意。況今國際實務，欲處理破產人在外國之財產已不若往昔那麼困難，破產債務人在外國之財產，如破產管理人不受外國之阻礙取回，當無不可將之列入破產財團之理。若破產人財產所在之外國不否認內國破產宣告之效力，則更無執行之困難。另外，財產所在地之認定往往發生疑義，例如，破產人對於外國人因國際借貸或國際貿易所生之債權，應認係在內國之財產或在外國之財產，是否為內國破產宣告效力所及，更有疑義。要之，為保護

81　採取屬地主義者有：錢國成著，破產法要義，頁 20；劉清波著，破產法新論，頁 55；李肇偉著，破產法，頁 18-19；陳國樑著，前揭文，頁 417。

內國債權人之利益，實不宜拘泥於破產法第 4 條之反面解釋，認為內國破產宣告之效力不及於破產人在外國之財產。[82]

　　按破產法第 4 條僅規定：「和解在外國成立或破產在外國宣告者，對於債務人或破產人在中國之財產，不生效力。」對於內國之破產宣告效力是否及於在外國之財產，未明文規定，致解釋上是否仍維持屬地主義，學者間之見解不同。鑑於如採取屬地主義，則破產管理人對於在外國之財產並無管理處分之權，破產人得自由處分該在外國之財產，破產人亦得個別的就破產人在外國之財產為強制執行，則有害於內、外債權人間之平等，亦無助於破產人藉破產程序獲得重生之機會（例如，破產上之和解或調協等）應採取普及主義之觀點。在普及主義之下，內國之破產宣告效力，如係第一、第二順位一般管轄權所為者，則可及於破產人在內外國之財產，如係基於第三順位之一般管轄權所為，則其效力僅及於在內國之財產，而不及於在外國之財產。然無可諱言的僅我國採取普及主義，並不足以保證我國之破產程序可獲得他國之承認，仍應透過公約或條約解決之。

貳、我國法院之實務見解

　　關於涉外破產，我國實務見解原則上採屬地主義之觀點。

　　一、關於外國破產宣告在內國之效力，依據破產法第 4 條，原則上採屬地主義的觀點。

　　最高法院 70 年度台上字第 2285 判決認為，我國破產法第 4 條明文規定：「和解在外國成立或破產在外國宣告者，對於債務人或破產人在中國之財產，不生效力。」此項規定，無論債務人或破產人為中國人或外國人，亦均有其適用。本件第一審被告旭工藝株式會社於訴訟中，雖經日本大阪地方裁判所裁定宣告破產，依前開法條規定，對於該株式會社在我國之財產自不生效力。亦即，該株式會社所有系爭臺灣旭工股份有限公司之股份，並不歸屬於破產財團，而屬於該會社之自由財產，該會社對之仍有管理處分之權力。從而，旭工株式會社因該股份在我國法院涉訟，當然有實施訴訟之權能，而得為適格之當事人。原審誤認旭工株式會社經日本法院宣告破產後，就本件移轉登記之訴已

---

[82] 採取普及主義者，有陳榮宗著，破產法，頁 52、53、198-199；耿雲卿著，破產法釋義，頁 51-53；陳計男著，破產法，頁 45-46、159。

喪失當事人能力，而准由破產管理人田行正承受訴訟，並逕行裁判，於法自有違誤。」認為外國破產宣告效力不及於在中華民國之財產，破產人對於該在中華民國之財產仍享有管理、處分之權，自得提起訴訟，而不必由破產管理人承受訴訟。

二、內國破產宣告對於破產人在外國財產之效力，依破產法第 4 條亦採屬地主義。

最高法院 85 年台上字第 1592 號民事判決[83]即認為，和解在外國成立或破

---

[83] 事實概要：被上訴人主張訴外人丁磊淼經台灣台北地方法院（以下稱台北地院）宣告破產後，伊為丁磊淼之破產管理人。丁磊淼曾於民國 77 年間將龍祥投資機構向投資人吸取之資金，購買香港商日航香港酒店有限公司（以下稱香港酒店）之全部股份，其中百分之二十股份計一百萬股信託登記在上訴人名下，因上訴人於丁磊淼宣告破產後，竟否認其與丁磊淼間之信託關係，拒絕將受託之前開股份之股票返還與破產管理人，俾便破產管理人依破產程序清償與各債權人，爰以本件起訴狀繕本之送達，為終止上訴人與丁磊淼間之信託關係之意思表示等情，求為命上訴人交付系爭股票及協同辦理股票之移轉登記之判決。

上訴人則以：系爭股票在外國，不屬我國破產財團之範圍，被上訴人對之無管理、處分權，被上訴人以破產管理人名義起訴，為當事人不適格。依丁磊淼於 77 年 10 月 14 日所出具之協議書，於丁磊淼所簽發之九千萬元港幣支票未兌現時，伊與丁磊淼間之信託關係即自動消滅，伊之八千餘萬元港幣之投資或墊款，即轉換為本件之一百萬股股票之權利。因丁磊淼於 77 年 10 月 14 日起算六個月後，並未支付伊九千萬元港幣，伊已成系爭股票之真正權利人，伊與丁磊淼間已無任何信託之法律關係。且被上訴人就同一事件，已在香港之法院起訴，不得再提起本件訴訟等語，資為抗辯。原審維持第一審所為上訴人敗訴之判決，駁回其上訴，無非以：香港法院不承認我國民事確定判決之效力，依民事訴訟法第 402 條第 4 款之規定，我國自不承認香港法院判決之效力，故同一事件縱經香港法院判決後，復在我國法院起訴，亦無違背一事不再理之原則。查丁磊淼確於 79 年 10 月 20 日經台北地院裁定宣告其破產，並選任被上訴人為破產管理人，該裁定並已確定，有台北地院民事裁定影本附卷可憑。

我國破產法第 4 條雖規定破產在外國宣告者，對於債務人或破產人在中國之財產，不生效力。惟其立法精神在於保護我國境內債權人之利益，尚難據以認定或擴張解釋謂在我國宣告之破產，其效力不及於破產人在外國之財產。為確保一般債權人之利益，以求合理之受償，及避免破產人藉財產之對外移轉而達脫產或規避破產程序之目的，自應認在我國成立之和解或破產宣告之效力，及於債務人或破產人在外國之財產。本件破產人丁磊淼既被法院宣告破產確定，則關於破產財團之訴訟，破產人即喪失其訴訟實施權，而應由破產管理人行之。本件訴訟標的為信託關係終止後之股票返還請求權，乃屬將來行使之財產請求權，應列入破產財團，其權利之處分、管理及訴訟實施，應由被上訴人即破產管理人為之。上訴人抗辯系爭股票在外國，不屬破產財團範圍，被上訴人提起本件訴訟，當事人不適格云云，自無可採。被上訴人主張上訴人與破產人丁磊淼間，就系爭股票成立信託關係之事實，業據其提出上訴人承認為真正之信託聲明書為證（一審卷 11、95 頁），並經證人蔡繼興於本件到場，及

產在外國宣告者，對於債務人或破產人在中國之財產不生效力，破產法第四條定有明文。則自國際間平等互惠之原則而言，在我國成立和解或宣告破產者，債務人或破產人財產所在地之外國，當亦可否認其效力。本件原審既認我國與香港之間，互不承認對方法院判決之效力，竟又認本件台灣台北地方法院所為丁磊淼破產宣告之效力，及於破產人丁磊淼在香港之財產，並進而認定本件系爭股票亦屬破產財團之財產，因而為上訴人不利之判決，尚嫌率斷。

參、破產法修正草案之規定

一、破產法修正草案[84]（下稱草案）為因應經濟活動國際化之需求，外國法院許可之和解與破產，有承認之必要，增訂第五章，規定外國法院之和解與破產（指以重建或清算為目的，由外國法院管理或監督債務人財產或事務之程序，包含重整、再生、特別清算等清理債務程序。）在中華民國之承認程序。

證人藍榮典於另案宣告破產事件到場證述屬實（一審卷 36、119 至 121 頁），上訴人確為受託人，與丁磊淼就系爭股票成立信託關係甚明。上訴人提出之香港酒店協議書（一審卷 100 頁），被上訴人否其真正，另上訴人提出之由丁磊淼出具內載有關系爭股票事宜之聲明書（原審卷 127、128 頁），係屬影本，均無足取。且上訴人自承其與丁磊淼曾共同養育子女五人，二人關係密切，縱予傳訊丁磊淼，亦有偏頗上訴人之虞，自無必要。上訴人所辯因丁磊淼未依協議書履行支付九千萬元港幣予上訴人，系爭股票已歸上訴人所有云云，自非可採。至上訴人所提出之香港帳戶支出律師證明書（一審卷 129 至 136 頁），僅足證明上訴人於 77 年 1 月間以後自香港銀行帳戶支出六千七百三十四萬零五百七十五元二角五分港幣，而該金額究以何方式？或支付予何人？是否確為支付予香港酒店股權之出賣人？則均無法證明，上訴人復自承無法提出代墊本件酒店股權買賣價金或投資予龍祥公司之證據，再參酌前開信託聲明書記載內容及證人蔡繼興、藍榮典之證言，難認上訴人確有投資或墊款八千多萬元港幣之事實。再另案即台灣高等法院 81 年度上訴字第 2284 號刑事判決所認定之事實，於本件獨立民事訴訟亦不受其拘束。上訴人與破產人丁磊淼間就系爭股票既存有信託關係，則被上訴人以破產管理人之地位，主張以起訴狀繕本之送達，為終止雙方信託關係之意思表示，上訴人並於 82 年 9 月 27 日收受起訴狀繕本，兩造間之信託關係已於 82 年 9 月 27 日終止，自可認定。從而被上訴人依信託物返還請求權，請求上訴人交付返還如第一審判決主文第 1 項所示之股票並協同辦理移轉登記予被上訴人，洵屬有據，應予准許等詞，為其判斷之基礎。按和解在外國成立或破產在外國宣告者，對於債務人或破產人在中國之財產不生效力，破產法第 4 條定有明文。則自國際間平等互惠之原則而言，在我國成立和解或宣告破產者，債務人或破產人財產所在地之外國，當亦可否認其效力。本件原審既認我國與香港之間，互不承認對方法院判決之效力，竟又認本件台灣台北地方法院所為丁磊淼破產宣告之效力，及於破產人丁磊淼在香港之財產，並進而認定本件系爭股票亦屬破產財團之財產，因而為上訴人不利之判決，尚嫌率斷。

[84] 司法院 93 年 5 月 6 日院台廳民二字第 0930012286 號函。

此一規定，顯採取屬地主義，亦即，外國法院之和解與破產，原則上除非經中華民國之承認，否則不生效力。至於中華民國法院之破產裁定，在外國之效力如何，則非我國破產法所得規定，至為灼然。

二、草案第 208 條規定：「外國法院許可之和解或宣告之破產聲請法院承認者，由債務人或破產人在中華民國主要財產所在地之地方法院管轄。前項聲請，由和解管理人或破產管理人為之。」規定聲明承認之管轄法院及當事人適格。至於聲請時應提出之文件，依草案第 209 條：「聲請承認外國法院許可之和解或宣告之破產，應提出聲請狀，並附具下列文件：一、外國法院許可和解或宣告破產之裁判書正本或經認證之繕本。二、具有和解管理人或破產管理人資格之證明文件。三、和解債務人或破產人在外國之財產狀況說明書及其債權人、債務人清冊。四、外國法院許可和解或宣告破產所適用外國法規之全文。五、前四款文書以外文作成者，其中文譯本。但第四款之外國法規，得僅提出其所適用之條文。前項聲請狀，應記載和解管理人或破產管理人在中華民國境內處理事務之代理人及其處所。」

三、關於承認之要件，規定於草案第 210 條：「外國法院許可之和解或宣告之破產，有下列各款情形之一者，法院不得以裁定承認之：一、依中華民國之法律，外國法院無管轄權者。二、不當損及國內債權人利益者。三、有背公共秩序或善良風俗者。外國法院許可之和解或宣告之破產，其所屬國對於中華民國法院許可之和解或宣告之破產不予承認者，法院得以裁定駁回聲請人之聲請。」其規定與民事訴訟法第 402 條第 1 項大同小異。其中，第一項之規定旨在兼顧該和解或破產宣告依本國法律規範之程序合法性、國內債權人利益並本國公共秩序及善良風俗之維護。第二項規定則為互惠主義（相互承認原則）之規定，亦即，如外國法院許可之和解或宣告之破產，其所屬國對於我國法院許可之和解或宣告之破產不予承認者，基於相互承認之原則，我國法院自得不予承認。

四、草案第 211 條規定，法院承認外國法院許可之和解或宣告之破產者，應將下列事項公告之：(1) 承認之要旨；(2) 該外國許可和解或宣告破產之裁判；(3) 外國和解或破產程序進行之重要內容及效力；(4) 在中華民國境內處理破產事務之代理人及其處所。蓋法院承認外國法院許可之和解或宣告之破產，宜使本國債權人及利害關係人知悉，爰明定法院應予公告及應公告之事項。經承認之外國法院許可和解或宣告破產，對於債務人、破產人或利害關係人在中華民國之財產，亦有效力。

五、草案第 213 條與第 214 條分別規定：「經承認之外國法院許可和解或宣告破產，其程序及效力依開始國之法律。但本法另有規定者，不在此限。」「外國法院許可和解或宣告破產，經法院裁定承認後，債務人或破產人於中華民國境內之財產，由和解管理人或破產管理人適用本法及其他中華民國法律有關之規定處理之。」規定破產程序之準據法。其理由在於外國法院許可和解或宣告破產經法院裁定承認後，其程序及效力，應依開始國之法律；為保護我國境內債權人之利益，就債務人或破產人於我國境內財產之管理、處分及分配等，宜適用我國法律有關之規定處理。

六、草案第 215 條規定：「經承認之外國法院許可和解或宣告破產，除另有規定外，溯及外國法院許可和解或宣告破產時發生效力。於外國法院許可和解或宣告破產後，至中華民國法院承認之裁定公告前，債務人或破產人就中華民國境內財產所為之法律行為，相對人不知其事實並為有償行為者，得對抗和解或破產債權人；知其事實者，以和解債權人或破產財團所受之利益為限，始得對抗之。和解債務人或破產人之債務人於前項期間內對之為清償者，準用第 92 條之規定。」我國法院裁定承認外國法院許可之和解或宣告之破產前，為避免債務人或破產人趁機處分其國內財產，損害國內外債權人之權益，明定經承認之外國法院許可和解或宣告破產，溯及發生效力；惟我國就有關外國和解或破產之實體法或程序法另有規定時，則應予除外。另，債務人或破產人有外國法院許可和解或宣告破產之情事，於我國法院承認之裁定公告前，國內未必知悉，為保護與債務人或破產人為交易行為之善意第三人及兼顧交易安全，爰設得對抗或不得對抗之規定。外國法院許可和解或宣告破產後，至中華民國法院承認之裁定公告前，和解債務人或破產人之債務人對之為清償者，如為善意，應受保護，為明舉證責任而利判斷。

七、草案第 216 條規定：「經承認之外國法院許可和解或宣告破產，有下列各款情形之一者，法院應依利害關係人之聲請或依職權，以裁定撤銷之：一、外國法院許可和解或宣告破產有第 210 條第 1 項各款情形之一者。二、外國法院許可和解或宣告破產，於該程序之開始國業經終止或撤銷者。三、和解管理人或破產管理人依第 209 條第 1 項提出之文件係偽造、變造或有其他虛偽情事者。四、和解管理人或破產管理人違反法定義務情節重大者。」蓋經承認之外國法院許可和解或宣告破產，如有不應承認而誤予承認，或事後發生不應承認或其他影響重大之情形，宜有救濟途徑，爰明定法院應予撤銷承認之情形，例如：該經承認之外國程序有法定不得承認之情形而誤予承認；或該外國

程序於其程序開始國業經終止或撤銷，則我國法院所爲之承認自失所依據；又如和解管理人或破產管理人聲請承認時提出之文件係僞造、變造或有其他虛僞情事者，則該外國程序原不應予承認，如誤予承認，自應撤銷之；另和解管理人或破產管理人應善盡法定義務，如有違反法定義務致損害利害關係人權益或影響程序進行，情節重大，則該外國程序亦不宜續予承認，而應予撤銷。

八、草案第 217 條規定，經承認之外國法院許可和解或宣告破產，不影響和解、清算或破產程序之進行。前項外國和解管理人或破產管理人，得爲已於外國法院許可和解或宣告破產程序申報之和解或破產債權人參加中華民國法院許可和解、清算或宣告破產之程序。我國法院許可和解或宣告破產之程序進行中，復有外國法院許可之和解或宣告之破產向我國法院聲請承認而獲裁定承認者，該二程序間之關係宜設規範，明定後者不影響我國法院許可和解或宣告破產程序之進行。我國法院許可和解或宣告破產之程序進行中，外國法院許可之和解或宣告之破產經我國法院裁定承認者，宜賦予該外國程序之和解管理人或破產管理人於我國和解、清算或破產程序之參加權。

九、草案第 218 條規定：「法院有許可和解或宣告破產之聲請者，於其裁定確定前，應停止外國法院許可和解或宣告破產聲請承認之程序。但承認較有利於國內債權人者，不在此限。」於我國法院有許可和解或宣告破產之聲請中，復有外國法院許可之和解或宣告之破產聲請承認時，爲保護國內債權人之利益，應以我國法院許可和解或宣告破產之程序爲優先。惟如承認該外國程序較有利於國內債權人時，例如外國程序係於債務人在外國之主要利益中心發生，債務人之主要財產所在地在該外國，而在我國之財產甚少者，宜先予承認。

十、草案第 219 條規定，和解管理人、清算人或破產管理人，得爲已申報之和解、清算或破產債權人，參加外國法院許可和解或宣告破產之程序。債務人於外國有和解或破產程序進行中，爲顧及我國債權人至外國申報債權之不便，宜賦予和解管理人、清算人或破產管理人有代爲參加外國和解或破產程序之權限，以保護國內債權人之權益。

肆、結論：涉外破產選法問題

綜前所述關於破產法修正草案之規定，大抵上可以有如下結論，爰分項檢討如下，以代結論：

一、破產法與涉外民事法律適用法

首先關於涉外破產之立法體制，究竟應於涉外民事法律適用法規定或破產法規定，涉及涉外民事法律適用法及破產法等相關法律之修正範圍。

就此，涉外民事法律適用法研修過程中，曾提出供研修委員會討論之版本，曾規定關於涉外破產之相關事項。破產法修正草案則傾向於破產法規定。究竟應於破產法或涉外民事法律適用法規定，見仁見智，尚難斷言。

二、涉外破產程序與實體之準據法

涉外破產所涉及的不僅是涉外破產程序，更與破產之實體有關。

關於涉外破產程序，依程序依法院地法之原則，固應適用破產開始國之法律，惟關於涉外破產之實體，則應適用涉外民事法律適用法選定其應適用之準據法。

關於涉外破產之程序，無論是破產程序中有關問題之處理，或因破產所生之民事訴訟（例如，關於破產法上之撤銷訴訟、關於別除權之訴訟等），或與破產有關之民事訴訟（例如，關於破產人屬於破產財團財產之訴訟），均有可能面臨該民事訴訟為涉外民事事件，應否及如何決定其所應適用之準據法問題。

在此等場合，由於破產法與民事訴訟法相同，大部分均屬於程序法或公法之性格，故在破產開始時，其準據法應適用破產開始國之法律[85]。破產程序係一般的執行程序，係就破產人之全部財產為一般性的處分，供全體破產人獲得平等的清償，破產人之權利行使，原應依據破產開始國之破產法，亦不生依據

---

[85] 在國際私法上向有所謂「程序，依法院地法」之原則。即關於實體事項，依國際私法選法法則選擇所應適用之準據法。程序則一概適用法院地法。其理由在於關於程序事項，例如起訴之方式、辯論之程序、審理之程序、裁判之方式等所謂訴訟程序，依據外國法或內國法，均不致影響當事人之實體權益，而訴訟程序適用外國法將影響訴訟程序統一的處理之程序法之要求，增加法院之負擔，並不妥適，而依據國際私法上之「場所支配原則」，訴訟程序適用行為時行為地國之法律，即法院地法，亦無不妥。當然主要的問題在於何等事項屬於程序事項，何等事項屬於實體事項。此一問題基本上屬於國際私法上之定性問題。內國法院裁判事務分配之管轄問題、起訴之方式、訴訟期日與期間、送達、辯論的程序、上訴要件等均屬於程序事項，至於應否經陪審審判，亦屬於程序事項。不過，消滅時效、舉證責任等事項會影響當事人訴訟結果及其權利義務，不宜直接適用法院地法。參閱，三浦正人編，國際私法，頁 257-258。

涉外民事法律適用法決定準據法之問題。惟破產人之權利有許多種類，其性質爲實體權利，其間之效力又不同，亦有破產開始國破產法所未規定者，一概適用破產開始國之法律頗有不妥，而有借助破產開始國破產法以外之實體法之必要，因而，發生涉外破產之選法問題。

　　破產法修正草案，規定外國法院宣告破產經法院裁定承認後，其程序及效力，應依開始國之法律，符合程序依法院地之原則，固無疑義。然關於涉外破產程序之實體，則規定應適用我國法律有關之規定處理。所謂有關之規定，應指破產法之規定。破產法之規定則係關於破產之實體規定，並無關於選定準據法之規定。因此，有必要增訂之。惜破產法修正草案就此並未明文規定，有必要進一步檢討。

國家圖書館出版品預行編目資料

國際民事訴訟法論／李後政著. ――三版.
――臺北市：五南, 2015.07
　面；　公分
ISBN 978-957-11-8019-9（平裝）
1.國際民事訴訟法　2.論述分析
579.98　　　　　　　　　104001530

4T15

國際民事訴訟法論

作　　　者— 李後政（97.2）

發 行 人— 楊榮川

總 編 輯— 王翠華

主　　　編— 蔡惠芝

責任編輯— 張婉婷

封面設計— 斐類設計工作室

出 版 者— 五南圖書出版股份有限公司

地　　　址：106台北市大安區和平東路二段339號4樓

電　　　話：(02)2705-5066　傳　　　真：(02)2706-6100

網　　　址：http://www.wunan.com.tw

電子郵件：wunan@wunan.com.tw

劃撥帳號：01068953

戶　　　名：五南圖書出版股份有限公司

法律顧問　林勝安律師事務所　林勝安律師

出版日期　2003年4月初版一刷
　　　　　2007年3月二版一刷
　　　　　2015年7月三版一刷

定　　　價　新臺幣600元